李运富 ◎ 主编
张素凤 何余华 ◎ 协编

汉字职用研究·
使用现象考察

中国社会科学出版社

图书在版编目(CIP)数据

汉字职用研究·使用现象考察/李运富主编.—北京：中国社会科学出版社，2016.9
ISBN 978-7-5161-8987-0

Ⅰ.①汉… Ⅱ.①李… Ⅲ.①汉字-研究 Ⅳ.①H12

中国版本图书馆 CIP 数据核字(2016)第 225064 号

出 版 人	赵剑英
责任编辑	任　明
特约编辑	李晓丽
责任校对	周　昊
责任印制	何　艳

出　　版	中国社会科学出版社
社　　址	北京鼓楼西大街甲 158 号
邮　　编	100720
网　　址	http://www.csspw.cn
发 行 部	010-84083685
门 市 部	010-84029450
经　　销	新华书店及其他书店

印刷装订	北京市兴怀印刷厂
版　　次	2016 年 9 月第 1 版
印　　次	2016 年 9 月第 1 次印刷

开　　本	787×1092　1/16
印　　张	38.5
插　　页	2
字　　数	912 千字
定　　价	125.00 元

凡购买中国社会科学出版社图书，如有质量问题请与本社营销中心联系调换
电话：010-84083683
版权所有　侵权必究

前　言

　　古代的汉字研究称为"小学"，实际上相当于"语言文字学"，文字跟语言不分，皆为文献解读服务，内容非常广泛；20世纪初开始语言文字学脱离经学独立，语言与文字也明确区分，汉字学排除语言的"音义"后只剩下材料性的"形体"。我在跟随王宁先生学习汉字构形学的过程中，逐渐意识到汉字学范围或过宽或过窄的弊端，并努力分析造成这种局面的原因，尝试提出解决问题的方案。

　　经过十多年的探索，我们认为汉字学过宽过窄的主要原因是对汉字的本体属性缺乏正确认识，所谓"汉字三要素"（形音义）、"汉字工具论"和"汉字文化学"都或多或少违背了汉字的本体研究原则，这不是说它们没有研究意义和价值，而是说据此难以建立科学的汉字学体系。汉字的本体属性是"符号"，关系属性是"泛文化"。就本体属性而言，作为符号的汉字应该在形体、结构和职用三个方面跟别的符号相区别，从而体现自己的特性。就关系属性而言，作为一个文化项的汉字，可以跟任何其他文化项发生关系，从而实现彼此之间的互证。如果以汉字作为研究对象，那其学科体系的范畴应该限定在形体、结构、职用三个本体属性上，描写和阐释本体属性时可以利用有关系的文化项（特别是语言项）来说明或证明，这是研究方法问题，不是研究范围和体系问题。把关系属性当作本体属性的话，任何学科都难以界定自己的范围和构建科学的体系。

　　如果认可汉字研究应该以本体属性为基本范畴，那汉字学研究的主要内容就应该是汉字的形体、结构和职用，这样的研究会自然显示汉字的形体系统、结构系统和职用系统。形体、结构、职用三个系统不是并列关系和层叠关系，而是处于不同视角的三个学术平面，可以形成共属一体的三个分支学科。这就是我们多年来一直倡导的"汉字学三个平面理论"，它是从汉字本体属性出发构建的新体系，很好地克服了传统文字学广而杂的非科学性，也有效解决了现代汉字学窄而单的纯形体问题。

　　在汉字学的三个平面中，结构平面是研究得最充分的，从许慎的《说文解字》到王宁先生的《汉字构形学导论》[①]，这个分支学科已经相当成熟；形体平面的研究也不少，蒋善国出版过《汉字形体学》[②]，但汉字形体的研究多数时候跟结构混在一起，或者延伸到艺术角度，真正的形体系统研究还需继续努力；职用层面是研究得最薄弱的，不是说没有涉及，事实上汉字的职用是汉字存在的价值，谁也无法回避和忽视。从汉代开始，学者们已关注到用字问题，到宋代和清代，甚至有了一些专门谈用字现象的札记，但前人触及汉字的职用往往是以解读文献为目的的，并没有站在汉字本体的立场从学理上研究汉字的

[①] 王宁：《汉字构形学导论》，商务印书馆2015年版。
[②] 蒋善国：《汉字形体学》，文字改革出版社1959年版。

职用规律和体系，因而"汉字职用"的研究尚处于无意识状态，谈不上"学"。"汉字职用学"的名称是王宁先生最先提出的（1994）①，我们在王先生的启发下，从1996年开始有意识地研究汉字职用问题，到2004年提出"三个平面理论"②，2005年发表《汉字语用学论纲》③，正式倡议建立"汉字职用学"（当时称"汉字语用学"），并在《汉字学新论》(2012)④中首次给予汉字职用独立的地位。我们先后从多个角度展开对汉字职用的调查研究，并给研究生讲授"汉字职用学"，指导研究生撰写系列汉字职用方面的学位论文，同时在不同场合宣讲我们的"汉字本体三属性""汉字研究三平面"以及"汉字职用学"思想，希望引起学术界的重视和讨论。我们高兴地看到，十多年来，文字学界出现了大批与"汉字三平面理论"相关，特别是与"汉字职用学"相关的应用成果，研究字词关系和文献用字现象已经蔚然成为时尚。我们的一些同道，如黄德宽先生、陈斯鹏先生等也在字用方面做了许多探索和研究。在这种形势下，我们认为有必要也有基础写出一部概论性的《汉字职用学》了，下面就是我们拟定的《汉字职用学》框架：

汉字职用学（提纲）
第一章　汉字职用学的提出
　　第一节　汉字的三维属性
　　第二节　汉字学研究的三个平面
　　第三节　汉字职用学的任务
　　第四节　汉字职用学与训诂学的关系
　　第五节　汉字职用学的理论意义与应用价值
第二章　汉字的"职"与"用"
　　第一节　汉字与汉语的关系
　　第二节　汉字的本职与兼职
　　第三节　汉字的借用与误用
　　第四节　一字多职与多字同用
　　第五节　汉字职用的考察角度
第三章　汉字职用考察的材料
　　第一节　语料与字料
　　第二节　字典词书的利用与局限
　　第三节　原始文本与后出文本
　　第四节　文献的同时代文本
　　第五节　各种材料的综合利用

---

① 王宁：《〈说文解字〉与汉字学》，河南人民出版社1994年版，第47页。
② 2004年北京师范大学民俗典籍文字研究中心举办"传统语言文字学高级研讨班"，李运富作"汉字学研究的三个平面"的学术报告，第一次使用了"三个平面"的说法。
③ 李运富：《汉字语用学论纲》，载《励耘学刊》（语言卷）2005年第1辑，学苑出版社2005年版。
④ 李运富：《汉字学新论》，北京师范大学出版社2012年版。

第四章　字符职能考察
　　第一节　字符职能的考察方法
　　第二节　单字构意本职的确定
　　第三节　单字职能的扩展
　　第四节　单字职能的减缩
　　第五节　单字职能变化总图
第五章　语符用字考察
　　第一节　语符用字的考察方法
　　第二节　一语符仅用一字
　　第三节　一语符可用多字
　　第四节　语符用字变化的历史
　　第五节　语符用字变化的原因
第六章　字组的职用调整
　　第一节　字符职用的转移
　　第二节　字符职用的兼并
　　第三节　字符的孳乳与职用的调整
　　第四节　字符的行废与职用的调整
　　第五节　职用调整的原因
第七章　文本用字考察
　　第一节　文本用字的考察方法
　　第二节　文本的字位与字频考察
　　第三节　文本单字的职能考察
　　第四节　文本语符的用字考察
　　第五节　文本用字现象讨论
第八章　汉字职用的系统比较
　　第一节　比较的目的与方法
　　第二节　同时职用比较（不同文本、地域、集团、行业的用字）
　　第三节　异时职用比较（同书异版、不同时代的字符与用字）
　　第四节　出土文献与传世文献的用字比较
　　第五节　用字的变化规律及其成因
第九章　汉字的超语符职用
　　第一节　史前文字的图载职能
　　第二节　利用汉字笔画表意
　　第三节　利用汉字构件表意
　　第四节　利用汉字外形表意
　　第五节　改变正常形体表意
　　第六节　汉字的艺术魅力
第十章　汉字职用的规范

第一节　汉字职用的理据性与社会性
　　第二节　汉字职用的现实调查
　　第三节　汉字职用的刚性规范
　　第四节　汉字职用的柔性规范
　　第五节　汉字职用规范的时代性

　　这个框架基本上反映了"汉字职用学"的内容，也体现了我们对汉字职用研究的一些看法，如果完整地拿出来，既是对此前研究汉字职用实践的总结，也会对目前正在兴起的汉字职用研究热潮起到引领和指导作用。我们已经有了讲义性的简单初稿，但作为理论专著增补加工，写起来并不轻松，经常为一种现象的表述或一个问题的解释是否妥当、一个小标题的拟定或一段论述的摆布是否合理而犹豫不决，费心斟酌。眼下我们更紧迫的任务是要按时完成国家社科基金的一个重点项目和一个重大项目，所以实际上很难保证有充足时间让我们来慢慢打磨《汉字职用学》，如果把尚不成熟的想法包装成理论专著出版，心中难免不安，甚至抱憾终生。在这种窘迫矛盾的情况下，想起古人在正式推出某种学术专著之前，往往会先行发表某种资料性的"长编"，一则展示前期工作成果，二则征求学界意见建议。那么我们似乎也可以把十多年来研究汉字职用的一些论文和有关材料汇集起来先行出版，它们大致能够反映我们这些年对汉字属性、汉字研究三个平面和汉字职用学的认识和探索过程，同时也是我们撰写《汉字职用学》理论专著的主要依据。于是，我们编辑了这套《汉字职用研究》论文集。

　　论文集的内容大致分三个方面，一是有关汉字职用的理论性认识和讨论，涉及汉字三平面理论、汉字发展理论、汉字职用理论、字词关系与字际关系论述，以及对前人有关汉字职用认识的研究等；二是对汉字三平面理论、汉字职用学理论的评述，以及学界对这些理论的有意识应用（限于篇幅，只收部分论文，不收应用了这些理论的专著、硕博士论文和没有明引的论文）；三是对汉字职用情况的实际考察，包括字符职能的考察、语符用字的考察以及用字的比较考察。前两个方面的内容比较杂，不全是讨论汉字职用本身，但都与汉字职用相关，如"汉字三平面理论"是汉字职用研究的理论背景，没有"三平面说"，就没有汉字职用的地位；又如"古今字"反映了不同时代用字的差异，"异体字""通假字"等反映了多字同用的现象，所以都具有汉字职用学方面的价值。我们根据以上内容的篇幅和主题，将第一、第二方面编为一册，命名为《汉字职用研究·理论与应用》；第三方面编为一册，命名为《汉字职用研究·使用现象考察》。

　　编入集子中的文章，除评述和应用性质的外，都是我本人或由我指导学生撰写的（绝大多数跟学位论文相关），所以思想和方法大体一致，体现出团队学术意识。这些论文大多数是公开发表过的（集中注明原刊出处），编入时如有修改则加说明；也有一些是未刊稿，或刚写出还来不及发表，或是从相关硕博士论文中节选和改写，也有出于文集专题需要而临时增写的。选自硕博士论文的，大都限定字数由原作者改写；一时无法联系到的，则委托专人改写，改写者共同署名。未刊稿虽然署了原作者姓名，但并非原作者主动投稿，也许还有单位不承认这样的论文成果，那么原作者可能因为本集的收录而无法获得论文发表的利益。这套论文集实际上也确实与一般的论文集不同，它是围绕"汉字职用研究"这个主题而进行的专题性研究资料汇编，无论已刊稿还是未刊稿，都应该属于编辑成果。因此我们特别声明，编入本集的未刊论文只是编者对有关资料的收集，不算作者投稿的正式公开发表，原作者还可以用其他方式刊布自己的成果（不应算一稿两投），以享受作者应得的权益。另外，本集评述和应用性质的文章意在部分反映"汉字三平面理论"和"汉字职用学"的影响和价值，其中的具体内容并不代表本书编者的观点，有关学术创获和文责也由原作者享受和承担。

集中收编的文章虽然大体上有统一的指导思想和研究方法，但成于众手，跨时漫长，前后不一致甚至矛盾的地方在所难免。就我本人的文章而言，由于认识不断变化，思路常有调整，加上写作目的、读者对象、发表场合的不同，某些文章之间也可能存在内容重复、观点参差、表述不一的情况。还有少数几篇原已收入过《汉字汉语论稿》（2008），这次因专题需要再次收入本集，特此说明。本集文章的编排大致按照主题和内容，也适当照顾发表时间的先后；为了节省篇幅，原文发表时的中英文内容提要、关键词和作者简介等都予以删除；根据出版社的规范要求，不管原文发表时是用繁体还是用简体，本集收录时全都转换为简体，涉及字形分析和字际关系说解的字，如转换为简体有可能说不清楚或引起误解，则仍保留繁体或隶古定形体。文集作者众多，稿件浩繁，既要编，又要增，还要删改，加工表述，统一格式，直至校对出版，工作量特别大，个人精力有限，故请何余华、张素凤协助，在此对他们的辛勤劳动表示感谢。

总之，这个论文集是为《汉字职用学》所做的材料准备，也是《汉字职用学》主要思想和方法的提前展示，杂集草创，参差不齐，唯虑无拘小节，总观大局，或有一二可取焉；亦望学界批沙去泥，点石成金，共铸"汉字职用学"之辉煌。

李运富

2016年5月8日

目 录

论汉字职用的考察与描写 ……………………………………… 李运富（1）

字符职能考察

"两"字职用演变研究 ……………………………… 李运富 何余华（15）
"内"字职能及相关字词研究 ……………………………… 时玲玲（36）
"取"字职用研究 ……………………………………………… 姜雯洁（56）
试论"自"字从古至今记录职能的演变 ……………………… 李 娟（80）
"北"字职用演变研究 ………………………………………… 陈安琪（86）
"的"字职用演变研究 ………………………………………… 孙 倩（101）
《说文解字》部首中头部字的职能演变考察 …… 王旭燕 张素凤（113）
现代常用汉字职能属性考察 ………………………………… 温 敏（151）
清末元素用字同形异用考察 ………………………………… 牛 振（168）
《郭店楚墓竹简》中一形数用现象分析 …………………… 张素凤（177）
清华简《系年》中的文字分工现象 ………………………… 徐多懿（186）

语符用字考察

地积单位｛亩｝的历时用字考察 …………………………… 何余华（199）
船只单位｛艘｝的历时用字考察 …………………………… 何余华（217）
数词｛三｝的用字演变研究 ………………………………… 武媛媛（228）
数词｛七｝的历时用字考察 ………………………………… 陈安琪（249）
动词｛得｝的历时用字考察 ………………………………… 孙 倩（263）
清末外来元素词音译用字考察 ……………………………… 牛 振（274）
现代政区地名非常用字整理研究 …………………… 赵莲峰 牛 振（283）
《说文解字注》古今字的行废关系研究 …………………… 刘 琳（298）
《集韵》古文研究 …………………………………………… 刘珊珊（305）
汉语量词用字特点论析 ……………………………………… 何余华（327）
汉语词历时用字演变动因刍议
　　——以常用量词为例 …………………………………… 何余华（336）

文本用字考察

论包山楚简中的字用现象	刘　畅	(347)
中山王错方壶和鼎铭文字用研究	张素凤	(352)
出土春秋文字中字词对应情况的测查与分析	吴国升	(363)
阮刻本《论语》字词关系研究	喻英贤　温　敏	(375)
民国《申报》异形同用字研究	刘　琼	(392)
宋代碑刻楷书异体字研究	张长弘　徐多懿	(410)
郭店楚墓竹简异体字研究	王　丽	(422)
郭店楚简借字研究	张素凤	(438)
《诗经》及其注解文献中草字部假借字研究	张道升　张　捷	(447)
内蒙古集宁区公共场所用字情况调查研究	李秀林　蒋志远	(455)
帛书《周易》字用研究述评	张　喆	(463)

用字比较考察

秦楚玺印文献用字比较	肖晓晖	(473)
《老子》简本与帛书乙本异文用字比较研究	赵菁华　吴吉煌	(488)
定州汉墓简本《论语》与传世《论语》异文研究	叶峻荣	(503)
《易经》出土本及今本用字比较研究	张　喆	(518)
景祐本《史记》《汉书》用字异文研究	李　娟	(527)
两种出土《缁衣》篇与传世《缁衣》篇用字比较	张素凤	(539)
太平天国文献特殊用字研究	韦良玉	(547)
宋代碑刻字书未收字研究	于笑妍　韩　琳	(561)
传世文献的改字及其考证	李运富　李　娟	(573)
《史记》三家注"一作"研究	李　娟	(587)
由清华简三篇论《逸周书》在后世的改动	黄甜甜	(596)

论汉字职用的考察与描写

李运富

汉字职用学要以全面考察汉字的"职能"演变和汉字的"使用"现象为基础来建立。汉字的"职能"是指汉字本身所具有的表示各种信息和情感的能力，如汉字可以通过构造理据表达相关的事物或记录语言的某个单位，也可以通过外形来显示某些信息和意图。汉字的"使用"是指用字者根据表达需要把汉字当作符号来加以利用的行为，有的使用跟汉字的构造目的一致，是为"本用"；有的使用不能直接体现汉字的构意但跟构意相关，是为"兼用"；有的使用不是从汉字构造出发，而是利用汉字已有的音义功能来表达另一同音（依声托事）或同义（同义换读）的对象，是为"借用"；如果仅仅利用汉字的外形或全字中的部分形体表示某些特定含义，则为"偏用"。"偏用"往往是超语符的，不跟语符单位的具体音义对应[①]。

汉字的"职能"和"使用"是从不同的角度来表述的，实际上它们既有联系又有区别，有的职能是构造汉字时赋予的，有的职能是在使用中产生的。我们在不加区别的时候统称为"职用"。汉字的职用情况很复杂，考察与描写需要真实有效的材料、关系清晰的术语、合适可行的视角和丰富实用的内容。

一 汉字职用的考察材料

要考察汉字的职用，材料必须真实有效。我们看到的汉字材料大致有三种类型：一是文献文本中的使用文字；二是字典辞书中的贮存文字；三是艺术作品中的艺术文字。考察职用的主要材料当然是第一种。第二种虽然收集排列了个体字符的某些职用项别，但它属于第二手材料，可能存在集项不全、来源不明、解释不准、字形讹变、书证错误等问题，因此应该谨慎利用，最好有文献实例用来验证。第三种也能体现汉字的某种职用，如艺术欣赏价值和偏用修辞效果等，但属于特殊领域，范围有限，不是汉字职用学考察的主要对象。所以下面主要谈文献文本中的文字材料。

文献是比较笼统的说法，具体呈现则是一个个文本。文本可以从文字形成的角度分为手写本和铸刻本等，也可以从载体的角度分为甲骨本、铜器本、简本、帛本、石碑本、纸本等，还可以从时代的角度分为唐写本、宋刊本等。广义地说，文字的所有载体形式都可以称为文本，包括青铜器、玺印、砖瓦等。称文献的时候，着重于内容，提供的是语料；称文本的时候，着重于文字，提供的是字料。字料跟语料不同，语料反映的是话语，只要

[①] 李运富、何余华：《论汉字的超语符功能》（英文），韩国《世界汉字通报》（创刊号）2015年10月版。

话语的结构和意义不变，用字可以不同；字料反映的是文字现象，要求记录语言的文字保持原形原貌。① 现在研究语言的历史，有许多的语料库可供利用；而研究汉字的使用历史，却缺乏保持了原形原貌的字料库。有的所谓"字料库"只是单字形体的集合，脱离了使用环境，那也是不能用来考察职用的。所以我们考察文字职用情况，目前条件下只能利用书写时代明确的文本。

关于文献材料，太田辰夫《中国语历史文法·跋》中有"同时资料"和"后时资料"的说法：

> 所谓"同时资料"，指的是某种资料的内容和它的外形（即文字）是同一时期产生的。……不过即使不是这样严格地考虑，粗略地说，比如宋人著作的宋刊本，姑且看作同时资料也可以。语言的大变动大约是和朝代的更迭一起产生的，因此，可以认为，如果是同一朝代之内，某种资料外形即使比内容产生得晚，两者的差距也不会太大的。
>
> 所谓"后时资料"，基本上是指外形比内容产生得晚的那些资料，即经过转写转刊的资料，但根据对同时资料的不严格的规定，后时资料的内容和外形间有无朝代的差异就很重要。比如唐人集子宋刊本就是后时资料。中国的资料几乎大部分是后时资料，它们尤其成为语言研究的障碍。②

太田先生是就语言研究而言的，注重的是文献内容的时代性和真实性，利用"后时资料"的目的仍然在研究文献内容所代表的时代的语言现象，而不是文献形式（文字）产生时代的语言现象。但就文字研究而言，文献内容的时代性并不是很重要，文字书写使用的时代才是最重要的。只要文献的文字形式形成的时代明确，无论是"同时资料"还是"后时资料"，都可以用来研究文字形成时代的职用现象，即利用"同时资料"可以研究文献内容形成时代（当然也是文字形式形成时代）的用字现象，而利用"后时资料"也可以研究"后时"（文本形成时代）的用字现象。因为研究汉字职用主要看字符跟语符的对应关系，而不是字符跟文章的关系，所以不受文献内容的局限。比如《老子》这部文献，假设其成书在战国时期，那郭店楚简中的简本《老子》可以看作"同时资料"，根据郭店简本可以研究战国时期的语言现象和用字现象；后来又有西汉马王堆帛书本《老子》，当然属于"后时资料"，它不能据以研究西汉的语言现象，却可以用来研究西汉的用字现象；同理，现代的简化字版本《老子》当然不代表现代的语言，但也可以用来研究现代的用字。因此对汉字职用研究来说，文献内容的时代性虽然可能对后时文献的用字产生影响，但考察文献内容的语言时代跟考察文字的使用时代并不是一回事，要区别对待。考察文字的职用当以文字的书写使用时代为准，而不以文献内容的形成时代为据。事实上，即使"同时资料"对"后时资料"产生影响，本质上仍然是原始文本或前代文本在用字上的影响，而不是文献内容的影响。

---

① 李国英、周晓文：《字料库建设的必要性与可行性》，《北京师范大学学报》（社会科学版）2009 年第 5 期。
② ［日］太田辰夫：《中国语历史文法》，蒋绍愚、徐昌华译，北京大学出版社 2003 年版，第 374—375 页。

如此来说，汉字职用研究在材料上主要关注文本。通过原始文本和后出文本（抄本、翻刻和重版等）及其相互关系，来研究不同个体文本、不同时代文本、不同地域文本的文字职用情况及其演变关系。所以考察和研究汉字职用应该具有版本学知识。

如果某种文献只有后出文本流传，而我们却希望研究该文献产生时原始文本的用字面貌，并考证流传文本和后出文本中的改字现象，那最有效的材料不是该文献的内容，也不是该文献的后出文本，而是跟该文献产生同时代的其他文献的同时文本。例如西汉形成的文献《史记》已经见不到"原始文本"，那如果要考察《史记》原文的用字情况，就应该借助西汉时期形成的各种文本，如西汉的简帛文本、碑刻文本、青铜文本、玺印文本等，这些文本可以是"同时资料"（文献内容是西汉产生的），也可以是"后时资料"（文献内容是秦代以前的），只要文本的书写时代是西汉（如先秦文献的西汉抄本等），就是有效的。我们可以通过这些材料考证西汉时代的已有字符和用字习惯，从而判断《史记》后时文本中不合西汉文字情况的用字，以求尽量恢复《史记》原本的用字面貌。当然，《史记》的后时资料，以及跟《史记》文献同时的其他文献的后时资料并非毫无用处，通过后时资料中用字现象的大数据统计，也可以发现原文献时代的用字习惯，从而帮助判断原文献的用字真伪。

在考证文献的原始文本用字和后出文本改字情况时，古代的某些文献注释材料也是可以利用的。因为原文献的用字一经注释家选为注释对象而出注，就相当于加了一层保鲜膜，通常能体现用字的原貌。例如今本《史记》："岂学此啬夫谍谍利口捷给哉。"我们判断其中的"谍谍"原本应该是"喋喋"，根据就主要是古人的注释。因为南朝刘宋时的裴骃在给《史记》作集解时引用了晋朝晋灼《汉书音义》中的"喋，音牒"，说明他所见到的《史记》文本用字是"喋"而非现在所见的"谍"，否则他不会引用晋灼的这条注音。而到唐代司马贞作《史记索隐》时早已改成了"谍"字，因为司马贞的注释说："《汉书》作'喋喋'。喋喋，多言也。"这说明司马贞见到的《史记》文本已经是改用"谍"字了，否则他没有必要拿《汉书》作异文出注。

二　汉字职用描写的用语

时代明确的文本字样是考察汉字职用的基础材料，从基础材料中归纳离析出字符单位和语符单位，并建立相关的一套术语，实际的职用情况才能清晰地描写出来。

（一）字符单位

文本中自然呈现的是一个个定形的"字样"，将构形属性相同的字样归并到一起，就形成字符的基本单位"字位"。如果字样之间具有构形属性的差异（包括构件类型、构件数量、构件分布、构件功能、构件关系、构件变异等），就区分为不同的字位。如"户""戶""戸"虽然外形不同，但构形属性相同，应该归纳为同一个字位；而"户"与"門"构形属性不同，就应该区别为两个字位。同一个字位内部具有不同形体时，可以根据某种原则任选其一作为这个字位的"基形"，其余则称为这个字位的"变形"。如"户"作为基形的话，则"戶""戸"可称变形。不同的字位如果构形指向的表达功能基本相同，就可能形成更大的字符单位，即"字种"。一个字种可以有多个字位，也可以只有一个字位。如"衣"作为字种，从古到今虽然有许多变形，但基本上都属于一个字位；而"裤"这个字种，则有"裤""绔""袴"等多个字位。同一个字种具有多个字位时，多个字位之间可以互称"异构字"，也可以根据某种原则任选其一作为这个字种的"代表字"，其余则称为这个代表字的"异构字"。如"裤""绔""袴"是一组异构字，而假定"裤"为代表字的话，则"绔""袴"为"裤"的异构字。

（二）语符单位

文本的表面是字符，而字符的背后是语符。语符的基本单位有"词音""词项""词位""词族"。"词音"是某个词中的特定音节（不等于泛音节），词音带有某项意义时就成为"词项"，意义上具有关联的若干词项构成"词位"，源自同一词位而发生音变或形变的亲缘词位形成"词族"。如"斯大林"的 {斯₀}（{ } 表示语符单位，0 表示无义）是特定词里一个没有意义的音节；《诗·陈风·墓门》"墓门有棘，斧以斯之"的 {斯₁} 是表示劈砍义的词项；而词项 {斯₁}（劈砍）、{斯₂}（分散）、{斯₃}（离开）（1、2、3 表示义项）等属于同一词位 {斯}；由词位 {斯} 派生出 {撕} {嘶} {澌} 等新词位，则形成一个词族 {斯＋}（＋表示派生）。词族不是汉字职用考察的直接对象，只用来说明词位关系。通常讲的某"词"在没有区分需要的情况下既可以指词项，也可以指词位，但不能指称词族和词音。

（三）字符与语符的关系

文本的字符记录着承载内容的语符。如果某字符是为某语符专门构造的（形体与语符的音义密切相关），那该字符就是该语符的"本字"，该语符就是该字符的"本词"，用本字（包括变形和异构）记录本词（同一词位中跟字符形体密切相关的词项）的用法称为"本用"。用本词的本字记录同一词位的其他相关词项以及分化为不同词位的派生词项的用法叫作"兼用"，用甲词的本字去记录没有意义关联的乙词的用法叫作"借用"，甲词的本字相对于乙词而言叫作"借字"。

如果以"字位"作基本考察单位，以"词音"和"词项"作基本语符单位。那字符与语符可能构成如下关系：

字符之间关系

字1…… 字2…… 字3

字符与语符关系

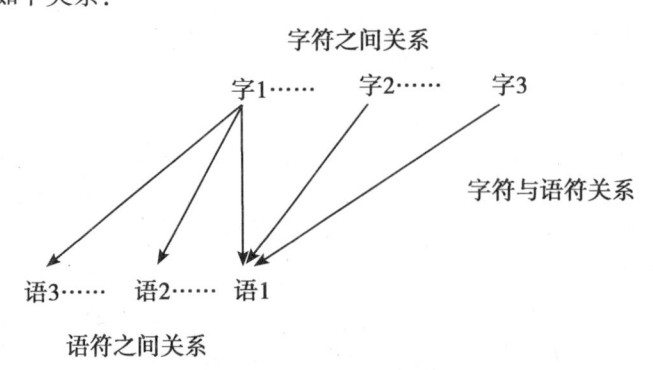

语3…… 语2…… 语1

语符之间关系

图 1　字符语符关系示意图

当一个字符对应一个语符时，那可能是"1字位（1字种）—1词音"，如"喫—{喫}"；也可能是"1字位（1字种）—1词项（词位）"，如"郑—{郑}（地名）"。如果考察的文本材料充足，这种单一对应的情况是很少的。

当多个字符对应一个语符（词音或词项）时，那多个字符之间的关系可能是：

本用—本用。即记录同一语符的字都是这个语符的本字，包括"异构字"和"古本字—重造本字"。"古本字"和"重造本字"也是异构关系，只是具有明显的时间先后和字形孳乳关系，如"云、雲—{云彩}""戉、钺—{钺斧}""莫、暮—{暮晚}"等。

本用—借用。即记录同一语符的几个字位，有的是这个语符的本字，有的是这个语符的借字。包括"本字—通假字"和"假借字—后起本字"。前者如"伸、信—{伸展}"，后者如"采、彩—{彩色}"。

借用—借用。即记录同一语符的字都是这个语符的借字。包括"假借字—假借字"和"通假字—通假字"。前者如"女、汝—{汝}（你）""斯、史—{斯}（斯坦福）"；后者如"裁、财、纔—{才}"。

当一个字符对应多个语符（词音或词项）时，那多个语符之间的关系可能有：

无意义关系的同音（音近）语符（词音或词项），如"史—{历史} {史丹福}""信—{信任} {伸展}"。

有引申关系的同位语符（词位），如"节—{竹节} {关节} {节气} {节操} {节制} {节约} {调节}"。

音义皆有关系的同源语符（词族），如"斯—{撕} {嘶} {澌} {廝}"等。

采用上述名称术语及关系类型，庶几能将文本中实际存在的字符和语符的各种复杂现象描写清楚。

三　汉字职用的考察视角与基本内容

汉字数以万计，汉字的使用历史悠久，异时异地变化多端，要一下子呈现所有汉字的职用情况是不可能的。有效的办法是化整为零，从个体、类别、局部入手，积累材料，汇聚现象，总结规律，比较异同，最后才能获得汉字使用的总体面貌和贯通历史。就个体的考察而言，大致有两个角度，一是从字位出发，考察某个字位自产生以后记录职能和表达使用的变化情况；二是从词位出发，考察某个词位产生以后使用过哪些字来记录它。以这两个视角的个体考察为基础，就可以将所有文本材料根据需要按人、按时、按地、按题材等分类进行局部考察和描写。

（一）字符的职能考察

我们以字位作为字符职能的基本考察单位。一个字位的产生，必然具有某种表达职能。在记录语言的前提下，初生的字位只跟某个语符单位对应，或是某个音节，或是某个词位。如果某个词位具有多个词项，那初生的字位通常也只跟其中的一个词项（偶尔也有两个词项的）对应。考证初生字位对应的语符单位（跟形体密切相关的词项），就是考证字位的本用，这是字符职能考察的起点，是非常重要也很不容易的一件工作。字符本用的考证要以字形的构意分析和文本的实际职能为依据。

确定字符的本用职能以后,得考察该字符的职能变化情况。一个字符永远只对应一个语符(音节或词项)的情况是极少的,绝大多数字符的职能都会在使用过程中发生变化。变化的情况通常有三种,一是职能增多(扩展),二是职能减少(减缩),三是时增时减反复交错。这是就特定的某个字符而言。如果涉及两个以上的相关字符,则还有职能转移和职能兼并的情况。

职能增多的途径不外乎兼用和借用。一个字符本用时通常只对应一个语符单位,但语符单位是不封闭的,随时都在滋生变化,而字符不可能毫无节制地新生,所以利用已有的字符扩展其职用就成为解决字符记录语符矛盾的有效手段。当字符突破本用局限,兼用记录引申词项及派生词位,或借用记录同音词位时,该字符的实用职能就增多了。

字符职能的不断增多,可能影响文本表达的清晰度,于是字符职能在增加的前提下也有减少的情况。除了被记语符单位的自然死亡外,减少特定字符职能的手段主要是把某项职能分工或转移给别的字符承担,如同字种的不同字位各自分担某种职能、改变原字形产生新字位或重新另造字位分担原字符的某项职能,从而使原字符的记录职能得以减少。

字符职能的增减往往涉及别的字符。例如一个字符增加了职能,那这增加的职能所对应的语符单位是新产生的,还是原来就有的?如果是原来就有的,那原来是由哪个字符记录的,原来的这个字符跟换用的现在的字符是什么关系?为什么要换用?如果是新产生的,那它跟这个字符原来记录的语符之间是什么关系?为什么还可以用这个字符记录而不产生新的字符?又如一个字符减少了职能,那这减少的职能是因为所记录的语符死亡了,还是把职能转移给别的字符了?如果是转移给了别的字符,那这别的字符跟原字符是什么关系,别的字符接受转移来的新职能后,原职能有无变化,是否引起连锁反应(互换职能或多位传递)?凡此等等,在进行字符职能考察时都是应该详细描写和逐项解释的。

最后,我们希望能用一个总表直观地全面反映每个被考察字符的职能演变情况。例如"两"字职用情况一览表[①]。

表1　　　　　　　　　　"两"字职用情况一览表

用字（相关字）	记录词项	义值	词项关系	使用属性	字际关系	殷商	西周早	西周中	西周晚	战国	秦汉	魏晋	唐宋	元明	清	现代
两	{两$_1$}	马二匹	本词	本用			+	+								
两	{两$_2$}	车一辆	由1引申	兼用	源本字	+	+	+	+	+						
（辆）				本用	分化本字							+	+	+	+	+

[①] 李运富、何余华:《"两"字职用演变研究》,载《励耘语言学刊》2014年第2辑,学苑出版社2014年12月版。

续表

用字（相关字）	记录词项	义值	词项关系	使用属性	字际关系	使用时代									
						殷商	西周			战国	秦汉	魏晋	唐宋	元明	清	现代
							早	中	晚							
两	{两₃}	军队编制单位	由2引申	兼用			+	+	+							
两	{两₄}	数词二	由1引申	兼用				+	+	**+**	**+**	**+**	**+**	**+**	**+**
以下略																

注：表中的"+"号表示该时代使用了该字，加粗则表示为主用功能。

（二）语符的用字考察

语符的考察单位可以是"词音"，也可以是"词（词项或词位）"。如"斯大林"的{斯}用过哪些字、"葡萄"的{葡}用过哪些字，属于词音用字的考察；"吃饭"的{吃}用过哪些字、"饮食"的{饮}用过哪些字属于词用字的考察。

语符用字考察的第一步是确定词或词音的产生时代及最初用字。最初用字可能是这个语符的专造本字，也可能是原有字的借用（借字）。

一个语符单位从产生开始，一直使用同一个字符的情况很少，往往都先后使用过多个字符。在确定语符的最初用字后，还需要把该语符在历史上用过的所有字符都考辨出来。进而分析每个字的来源和彼此之间的属性关系，说明为什么同一个语符可以用不同的字符来记录，解释每次历时替换用字的原因。如果同一语符共时使用了不同字符，也需说明这些不同字符之间的关系。除了说明历时用字和共时用字的各种关系，还得测查不同字符的历时分布和共时分布情况，用数据频率反映谁是主用字、谁是陪用字、谁是偶用字等。不同的字符记录同一个语符，表达功能是不是完全相等，有没有选择用字的主观心理和特殊用意，这些也是需要注意考察的。例如所谓"异体字"通常认为"任何时候都可以互换"，但理论上讲，如果异体字的使用功能真的完全相同，就没有同时存在的价值。可历史上所谓"异体字"却是大量地长期地共时存在着，而且许多异体字是明知有别的字而特意另造出来的，这些"异体字"在古代文献中能否被统一规范，古籍整理时全部替换为当代通行字，这样做也许会丢失古人选择用字时的某些语用信息。其实"异体字"的价值在"同用"而不在"异体"，书面上的"异体字"相当于语言中的"同义词"，同义词可供选用，异体字也是可供选用的。之所以要选，就说明同中有异。那么考察同一语符的不同用字，留意其功能之异就是理所应当的。

最后，我们也希望能用一个图表直观地展现某个语符单位的全部用字情况，例如数词{三}的用字情况如下[①]：

[①] 表节选自武媛媛《数词{三}的用字演变研究》，硕士学位论文，北京师范大学，2015年。

表 2　　　　　　　　　　数词｛三｝的用字情况一览表

所用字位	字位变体	字形分析	使用属性	字际关系	殷商	西周	春秋战国	秦汉	魏晋六朝	隋唐	五代十国	宋辽金	元	明	清	民国
1 三		从三一	本用	本字	+	+	+	+	+	+	+	+	+	+	+	+
2 参	叁	象参宿三星形，彡声	借用	1—2 本字借字		+	+	+								
3 品	晶	截取参字上部象征三数	本用	1—3 异构本字 2—3 借字本字			+									
4 叁	叁	改造专用字。三表义，"参"省声	本用	1—4 异构本字 2—4 借字本字 3—4 异构本字								+	+	+	+	+

注：表中的"+"表示该时代的文献中出现了该字，加粗则表示是习用字。

（三）文本用字考察

文本用字考察面对的不是一字一词，而是构成文本的所有字词。虽然个位字数构成的文本也叫文本，但单个文本的职用考察一般要求字位数在 100 个以上，低于 100 个字位的文本缺乏系统描写价值，可以作为单字考察的材料或进行文本归类考察。文本职用考察的具体内容应该包括：

1. 字样数、字位数、字种数。字样数是文本中自然书写的可见字符单位，基本相当于文献内容的音节数。文本中的合文可以拆开为单文计算，重文符号可以重复单字计算。字位数是根据结构属性对字样进行的归纳，结构属性以直接构件为分析对象，直接构件的功能相同、组合关系和布局位置也相同的算作一个字位，同一字位中不具有结构功能区别价值的间接构件和具体写法可以不同。一个词位对应的专造字符称为一个字种，几个不同的字位如果都是为了记录同一词位而造，结构属性不同而表达对象相同，可以归并为一个字种。

2. 词项数、词位数。根据文本内容，将表达功能相同的最小语言单位归纳为词项，词项处于语言的组合之中；语音相同、意义相关的若干词项可以聚合为一个词位，词位处于语言的系统之中。特定文本中的词位不一定呈现完整系统。

3. 字频统计。字频统计的对象是字位。一个字位使用次数的多少，可以反映它在文字系统中的地位和使用者的用字习惯。通常把全部用字中见次率排在前 10% 的字叫高频字，见次率排在后 10% 的字叫低频字，其余为中频字。为什么这些字频次高，那些字频次低，需要从多方面解释原因。

4. 字符职能。根据字位跟词项（词位）的对应关系，找出单用字，归纳多用字。一个字位记录多个词项时，应该说明所记多个词项之间的关系，区别同位词、同族词、同音词等。

5. 语符用字。根据字符单位跟语符单位的对应关系，反向考察每个语符单位的用字情况。有的语符只用一个字位记录，有的语符会用多个字位记录。对一个语符使用了多个字符的，要进一步考察这多个字符的分布及其关系，细致分析选择不同字符使用的心理因素和附加效能。

6. 使用属性。根据使用字符跟所记词项之间有无构意直接关联，定性每个字属于本用还是借用，分别统计本用和借用的数量和占比，从而分析该文本用字是以本用为主还是以借用为主，为什么会如此。

7. 用字现象的归纳讨论。在上述考察基础上，对文本中带有规律性、普遍性和有探讨追究价值的用字现象进行专题讨论。

（四）类别材料的用字比较考察

以上考察角度无论从"字符"出发，还是从"语符"出发，或者着眼于文本的"字—词"综合，都是就单一的对象而言（一个字符单位、一个语符单位、一个语篇的文本单位），其实这些单一的对象又都是可以扩展成"组""类"来进行考察的。如"独体字"的职用考察、"常用词"的用字考察、甲骨文用字考察、战国楚简用字考察、汉赋用字考察、韩愈诗文用字考察、清代御批文档用字考察，等等。类别材料的考察以单一材料的考察为基础，除了单位数量的增多外，基本考察方法和考察内容大致相同。但有了类别考察，才会有同一类别各成员之间的比较。

类别比较是发现某类材料职用特点和观察汉字职用发展演变的有效途径。比较考察可以按照各种标准分类进行。同一标准划分的各类别材料的比较，在比较单位、参数设置、概念内涵、指称用语等方面应该一致。下面举例说明一些主要的比较形式（可类推）。

独体字符的职能与合体字符的职能比较。理论上讲，独体字是汉字系统的基础，产生时代通常较早，使用历史往往较长，记录职能一般都比较丰富且变化较多，跟其他字符的职能关系更为复杂。合体字，特别是分化专用字，由于出现时代较晚，使用范围有限，职能的复杂程度一般不及独体字。但实际情况如何，各种不同类型的字符之间有无使用职能的明显差别，需要分类考察和系统比较才能清楚。

自源语符的用字跟他源语符的用字比较。自源语符指汉语自身的词项、词位和词音，往往有专门构造的本用字符（本字），有些临时借用的字符后来也大都分化出专用本字，长期借用的情况当然也是存在的。他源语符指来自其他语种的词项、词位和词音，这些词语的用字应该会跟自源语符的用字有很大不同，特别是音译时的用字，有的专门新造音译字，有的借用已有同音字。如果借用同音字，初期选字的分歧和后期逐步地规范，这样的用字过程和有关现象是很值得考究的。

同一文献不同文本的用字比较。同一种文献在流传过程中往往会产生不同的文本，后出的文本除了抄写或翻刻的无意识错讹外，还往往受当代用字习惯和个人用字爱好的影响而有意改换前文本的用字，如果将同一文献的不同文本进行比较考察，就会发现各文本的用字变化。例如《老子》一书成于春秋末年，现在能看到的各种文本很多，如战国郭店竹简本、西汉马王堆帛书《老子》甲乙本、西汉竹书本（又名北大竹简本）、汉严遵《老子指归》本、汉河上公本、魏晋王弼本、唐初傅奕本、唐景龙碑本、唐敦煌手抄本、宋徽宗《老子注》道藏本、元刻老子道德经麻沙本、明刊薛蕙《老子集解》本、清世祖御注道德经《四库全书》手抄本，等等，这些不同的版本或全或残，章节和文字数量也不完全一致，但主要内容相同，绝大多数的词语可以对应，将它们按时代先后串起来，比较各自的用字情况，就能展现同一文献的用字变化情况，考证文献的早期文本面貌和后世的改字换字过程。

不同时代的用字比较。历时比较是汉字职用发展研究的必由之路。为了说明汉字发展跟社会形态的关系，汉字职用的历时考察可以按照一般的历史朝代划分。先把每个朝代的文本集中或抽样，考察该时代材料范围内的字位、字种、词项、词位、字符职能、语符用字、字频、字符使用属性、用字现象和用字习惯等，然后将不同时代的各项参数进行比较，看后代新增了哪些字位和字种，消失了哪些字位和字种，字符职能有无增减调整、一字多用和多字同用现象有无变化、本用和借用的属性占比有无变化，等等。通过这样的历代比较，汉字职用的发展历史才能贯通，各时代的汉字使用习惯和特点才能显现，与汉字发展相关的各种理论问题才能得到实事求是的解释。

不同地域的用字比较。战国文字曾作为文字具有地域区别的典型，但现在提供的各地域系别的"文字特点"其实并非"特点"，而只是该地文字具有的一些现象，这些现象在别的地域也可能出现。要真实反映战国文字有无地域特点，应该拿各地域的文字现象进行全面的属性比较，通过比较显示的各地域差异才能算是特点。地域特点应该对本地具有普遍性，对别地具有排他性。战国文字的地域特点也可以从用字角度进行考察，看同样的语符单位在不同地域是否习惯用不同的字符表达。实际上，地域文字的比较不限于战国时期，任何时代的不同地域都可以进行比较，例如春秋时代的不同诸侯国、三国、南北朝、北宋南宋、江南江北、关内关外、国内国外等。比较不等于差异，没有差异也可能成为比较的结果。

不同作者的用字比较。用字是人为现象，除了社会的约定俗成，个人爱好也会有所体现。例如司马迁和班固的用字就不完全相同，故有"班固好古文"之说；章太炎先生喜欢初文本字，所以他的用字风格也跟整个时代的用字习惯不同。这些现象通过比较来认识是很有意思的。

不同社会集团的用字比较。某个集团建立特有的用字规则，集团中的个人用字服从于集体规则的话，就会形成某个集团或某个行业的用字特点。如王莽篡汉、武则天治唐，都曾新造一些字符、颁行一些特殊用字规则，因而使王莽政权和武则天政权下的汉字使用与前代不尽相同。再如太平天国作为一个临时的小政权，也有自己的语言文字政策，使太平天国的文献用字不同于同时的清代社会用字。还有一些行业，如古代的布业、盐业、粮业、医药业，甚至某些丐帮、黑帮、土匪等特殊集团，都有自己的一些用字规则，形成集团用字特征。

除上述外，凡不同性质的文献，其用字现象都是可以比较的。如出土文献与传世文献用字比较，官方文书与民间文书用字比较，手写文献和版刻文献用字比较，韵文诗赋和小说散文用字比较，等等。

总之，用字材料的考察角度多种多样，有效比较的用字材料也多种多样，可根据研究汉字职用的目的需要自由选择考察对象和材料范围。

四　结语

　　以上是我们研究汉字职用进行材料考察和描写的一些基本思路和方法。十多年来，不少硕士生、博士生甚至本科生，愿意从事汉字职用方面的研究，跟着我用这些思路和方法，从不同的角度对某一范围的材料进行过考察。虽然基本思路和方法一致，或者说目标一致，但具体材料不同，能力程度不同，目的要求也不尽相同，所以实际上各人的做法和表述并不完全一致。我们觉得这没有关系，通过不同的探索和尝试，才能找到最合适的路径，这正是我们探索过程的真实反映。所以我们不揣浅陋，抛砖引玉，选录几十篇相关文章结为本集，作为我们前段工作的展示，也作为我们以后总结提炼"汉字职用学"的材料依据。

字符职能考察

"两"字职用演变研究*

李运富　何余华

"字"与"词"相对，"词"有语言系统的"词位"（包含一个或多个互相联系的义项的词语单位）和言语系统的"词项"（只有一个义项的词语形式）之分。由于"字"跟"词位"的不对应性及"词位"的同一性难以判断，我们研究汉字的职用只针对文献言语系统，所谓"汉字的职能"具体表现为在文献中用某个字符记录汉语的某个词项。互有差异的义值表述为不同的义项，负载某一义项的语音形式就是言语中的词项，所以某个字符在使用中记录某个词项就会具有一定的读音和表达义值。

现代汉语中的"两"字主要有三种用法：一是记录｛数词二｝①，如"两本书""过两天再说"；二是记录指代性副词｛双方都｝，如"两可""两全其美"；三是记录｛重量单位｝，如"半斤八两""50 克为 1 两"。②

但在汉语史上，"两"字的记录职能变化非常大，与"两"字有关的一系列字词关系、词际关系长期纠缠不清。这与前人在论述"两"字有关问题时缺乏对文献材料的全面测查有关，也跟理论认识模糊有关。如"字""词"不分，"词位"与"词项"不分，"字用"（字符的职能属性）与"用字"（词语的书面形式）不分，等等。本文运用"字用学"有关理论和方法③，尝试从"字用"角度，对"两"字的职用演变作系统梳理，细致描写"两"字的本用（记录表达义值与字符形体构意有密切联系的词项）、兼用（记录与本用义值有某种联系的词项）、借用（记录与本用义值无关的词项或音节）情况，厘清其中的字词关系，探讨"两"字职用变化的规律和原因。

一　"两"字的形体构意及其本用职能

"两"字的构形理据及其本义，历来众说纷纭，前贤信守《说文》，为弥合《说文》难免多方牵附；后来学者结合出土文献，也创有诸多新论。本文无法一一介绍④，只就跟

---

* 本文原载《励耘语言学刊》2014 年第 2 辑（总第 20 辑），学苑出版社 2014 年版，收入本集时略有改动。

① 本文用"｛｝"号表示某一词项，以与"字"区别和对应。"｛｝"号里面可能是词项的代码，也可能是词项义值或其他能区别词项的说明。

② 中国社会科学院语言研究所词典编辑室：《现代汉语词典》（第 6 版），商务印书馆 2012 年版，第 811 页。

③ 李运富：《汉字语用学论纲》，载《励耘学刊》（语言卷）2005 年第 1 辑，学苑出版社 2005 年版；李运富：《汉字学新论》，北京师范大学出版社 2012 年版。

④ 李圃主编：《古文字诂林》第 7 卷，上海教育出版社 2003 年版，第 109—119 页。

我们意见密切相关的结合论述。

"两"字的初形作"𠔝",始见西周初期金文,如🔲(盠驹尊)、🔲(卫盉)。春秋时出现上面加横的同功能字"两",并逐渐替代"𠔝"成为社会习用字,汉代以后无论是出土文献还是传世文献,都只见"两"形而难见"𠔝"形。但《说文解字·𠔏部》将"𠔝"和"两"作为两个不同的字收录:

"𠔝,再也。从冂,阙。《易》曰:参天𠔝地。凡𠔝之属,皆从𠔝。"
"两,二十四铢为一两。从一,从𠔝。𠔝,平分也。𠔝亦声。"

段玉裁注:"𠔝,再也。《再部》曰:再者,一举而二也。凡物有二,其字作𠔝,不作两。两者,二十四铢之称也。今字两行而𠔝废矣。"

可见许、段都认为"𠔝"记录数词{二},"两"记录重量单位{二十四铢},是两个不同的字。对此,徐灏[①]、张舜徽[②]、于省吾[③]等认为"𠔝、两本一字","两字从一,乃后增体",其说甚详。我们认同"𠔝两一字"说,下文"𠔝"形亦用"两"字代指,不作区分。

"两"字的形体来源及形义关系有不同说法,最有影响力的是于省吾[④]、沈镜澄[⑤]等认为"两"的字形来源于"车"的前部,即车辕、车衡和两个车軛的组合,其构形本义即以部分代整体,表示{车}。汤余惠[⑥]进一步认为"丙"字是"两"字初文:"丙"字甲骨文作🔲或🔲形,像车衡缚有只軛;"两"字作🔲或🔲,像车衡缚有双軛。"丙""两"的本用都是{车}。

说"两"字和"丙"字的形体取自车驾的前部或者象形"车"字的前部,也属于表示{车}义的象形字,似有可疑之处。第一,殷商至周初实行的车制是一车配两马,车体用单辕连接前端的衡木,衡木左右各缚一軛用于套马,如图1所示。所以"车"字初文🔲、🔲或🔲等跟商代车辆实物是吻合的。但如果是截取"车"的前部而产生🔲或🔲,则形体有所不合,一则车衡是直木或两头向上翘起,何以🔲、🔲的衡两端都有那么长的折垂线?二则车軛应该是捆缚在车衡上,何以🔲、🔲的车軛大都远离车衡?我们没有看到任何象形的"车"字有如此处理车衡和车軛的。或许可以用衡上两端的饰物来解释🔲、🔲的边垂线,因为如图2所示,西安张家坡周墓的车衡两端有垂着用朱色织物串上贝、蚌而成的饰物[⑦],其他墓葬出土的车马坑中也常发现衡末装置有垂流苏、钟铃之类的饰物,所以金文中的"车"字也有在衡上画出饰物的,如🔲(父己车鼎)🔲(车父己簋)。但

---

① 徐灏:《说文解字注笺》(续修四库全书),上海古籍出版社2002年版,第94页。
② 张舜徽:《说文解字约注》,华中师范大学出版社2009年版,第1852—1854页。
③ 于省吾:《释两》,载《古文字研究》第10辑,中华书局1983年版,第1—10页。
④ 同上。
⑤ 沈镜澄:《说"𠔝"》,《中国语文》1984年第5期,第388—389页。
⑥ 汤余惠:《商代甲骨文中的"丙"和"两"》,《史学集刊》1991年第2期。
⑦ 郭宝钧:《殷周车器研究》,文物出版社1998年版,第38页。

用金文形体说明甲骨文形体的来源似不合适，何况金文"车"的饰物也是"挂"在衡上的（衡端伸出），怎么会两端折转为"冂"形呢？

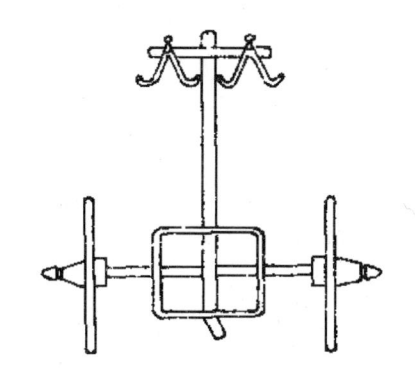

图 1　安阳大司空村出土的殷车复原

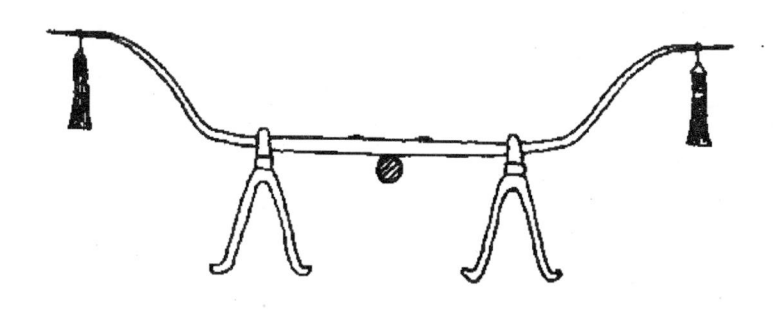

图 2　张家坡第 2 号墓 2 号车的错衡复原

第二，凡象形表义，如果以部分代整体，那这"部分"大都应该是实物的主体部分或具有代表性特征的部分，所以用车厢、车轮和车轴的组合代表整辆车合情合理，而用车的前半部分代表整辆车已不太合适，怎么还可能用半边衡一个軏的"丙"来代表整辆车呢！

第三，如果"丙""两"真是用部分象形的构字方法来表示｛车｝，那就应该是"车"的异体字才对，怎么可能是另外两个仍然表示｛车｝的不同的词（读音不同）呢？"丙""两""车"如果都表示｛车｝，其区别何在？如果没有区别，为什么能够共存？

第四，说"丙""两"的本义是｛车｝，关键问题还在于没有用例证明。通常举《甲骨文合集》（36481）"车二丙，盾百八十三"为例来证明"丙"有｛车｝义，但该片甲骨"二丙"上面的字很不清晰，是否必为"车"字尚待考察，即使是"车二丙"，由于出现了名词"车"，"丙"也应该是量词而不是指称车体的名词。同理，出现于西周金文的"两"字早期用法也限于"名 + 数 + 两"的结构中，显然也应该是量词而不是名词。真正脱离数词的限制并且没有名词共现因而确实表示车辆实体的所谓名词"两"是到唐代以后才出现的修辞用法，如"圣两归丹禁，承乾动四夷"（《读玄宗幸蜀记》）。

鉴于以上说法形义皆不合，其他此处未提及的种种形体分析也大都与"丙""两"的初期用例无关，所以我们觉得"丙""两"的构意可以存疑。如果非得提供一种说法的话，我们宁可做出这样一种假设："丙""两"确实取形义于车驾前部，但不是直接的象形表义，而是取现成的字加以"变异"，产生跟原字形义既相关又相异的新字。即取"车"字的一部分加以改造，使其不再像车衡缚一軛或两軛之形，而变成一个近似的新符号；也不再表示原来的{车}义，而用变异于"衡木缚有只軛"形的"丙"表示{马一匹}，用变异于"衡木缚有双軛"形的"两"表示{马两匹}。无论表示{马一匹}的"丙"，还是表示{马两匹}的"两"，都是用"变异"手段为量词所造的专用字。这种"变异"造字的手段，许慎《说文解字》早有揭示，如"冖"为"从一而下垂"，"丗"为"从卅而曳长之"，"帀"为"从反之而帀也"，等等。

汉语量词的来源主要有两种，一是名词和动词的量词化，二是专用量词。有人认为专用量词产生较晚，所以把"丙""两"的本义定为名词的{车}。其实像"朋"（贝二串）、"珏"（玉二块）、"隻"（鸟一只）、"雙"（鸟二只）、"秉"（禾一把）、"兼"（禾二把）等专用量词大都产生得较早，"丙""两"应该也属于这类专用量词。专用量词实际上等于"（名物）+数词+量词"，既有特定的对象，也有确定的数量，因而不同于普通量词。汉语的普通量词确实产生得相对较晚，有些就是专用量词使用范围扩大而形成的。

如上所述，"两（网）"字是截取"车"字前面部分加以改造而产生的"变异"字符，用来计量跟车軛相应的马匹的量，我们记为{两$_1$}（马二匹或马一对）。这种形义密切相合的本义就是"两"字的本用职能，见于西周早中期的金文。例如：

(1) 伯赐小臣宅画冊，戈九；易（锡）金车，马两。（西周早期《小臣宅簋》8.4201）

(2) 宾马两，金十钧（西周早期《小臣守簋盖》8.4179—4181）

(3) 师黄宾蒴章（璋）一，马两。（西周中期《蒴簋》8.4195）

(4) 王乎虢叔召瘝，赐驹两。（西周中期《瘝鼎》5.2742）

"两"作为专门计量"马二匹"的量词用法的历史并不长，随着车马制度的变化，到西周晚期就不太使用了。

二 "两"字的兼用职能

所谓兼用职能，是指记录与本用义值有某种联系的引申或派生词项。"两"字在记录形义密切相关的本用词项{马二匹}的基础上，记录了如下兼用词项。

（一）记录词项{两$_2$}，表示车辆单位

殷商的车制是"一车配两马"或者"两马驾一车"，故表示"共驾一车的马两匹"的量词{两$_1$}也可以用来计量一辆车，从而派生出新的专用量词{两$_2$}（车一辆）。如果直接将字形的两軛跟一辆车的关系对应起来，则表示"车一辆"的{两$_2$}也可以看作

"两"字的本用。字形构意直接关联两个词项的情况并不罕见①。这里将记录 {两₂} 的用法看作兼用，比较便于描写。"两"字记录 {两₂} 的用法始见于西周早期，沿用至魏晋，后来另造专用字"辆"记录。例如：

(5) 俘车卅两（西周早期《小盂鼎》5.2839）

(6) 俘车百□两（西周早期《小盂鼎》5.2839）

(7) 嘉遣我赐卤（滷）责（积）千两。（春秋早期《晋姜鼎》5.2826）

(8) 之子于归，百两御之。(《诗经·召南·鹊巢》) 毛传："百两，百乘也。诸侯之子嫁于诸侯，送御皆百乘。"

(9) 子产曰："丧焉用币，用币必百两。"（《左传·昭公十年》）杜预注："载币用车百乘。"

该项记录职能使用的时限较长，但使用量并不多。这是因为西周中晚期开始车制发生变化，多为四匹马拉一辆车，因而出现另外两个量词：表示 {马四匹} 的 {乘₁}，表示 {四匹马拉的车一辆} 的 {乘₂}。于是量词 {两₂} 和量词 {乘₂} 都可表示 {车一辆}。实际使用中 {乘₂} 的频率高于 {两₂}，如先秦简帛文献中量词 {两₂} 秦简2例，楚简2例，而量词 {乘₂} 在楚简中却高达50多例。但如果是牛车的话，通常只能用"两"字记录而不使用"乘"字，这大概是因为牛车没有用四头牛拉的吧。例如：

(10) 十人，车牛一两，见牛者一人。（《睡虎地秦简·秦律十八种·金布律》72）

(11) 十五人，车牛一两，见牛者一人。（《睡虎地秦简·秦律十八种·金布律》73）

(12) 轺车一两，牛车十两。（《马王堆三号墓汉简·遣策》73）

(13) 牛车一两。（《居延汉简》11.4）

魏晋时期产生了专门用于记录车辆数量的"辆"字，于是"两"字的该项记录职能很快被"辆"取代，而"乘"作为车辆量词仍然通行。到唐代，一般人已经不太熟悉魏晋以前"两"作为车辆量词的用法，所以颜师古注释《汉书》时常常对"两"字的这种用法加以说明。例如：

(14) 初，大司农取民牛车三万两为僦，载沙便桥下，送致方上，车直千钱，延年上簿诈增僦直车二千，凡六千万，盗取其半。（《汉书·酷吏传》）师古曰："一乘为一两。"

(15) 船长千丈，木千章，竹竿万个，轺车百乘，牛车千两。（《汉书·货殖传》）师古曰："车一乘曰一两，谓之两者，言其辕轮两两而耦。"

---

① 李运富：《汉字学新论》，北京师范大学出版社2012年版，第196—198页。

(二) 记录词项 {两₃}，表示军队编制单位

先秦时期盛行车战，战车的多寡甚至成了综合国力的象征，而周代军队编制每辆战车配备二十五名士卒，所以量词 {两₂}（车一辆）派生出军队编制单位 {两₃}，用于计量车辆配备的士卒，二十五人为 {两₃}。因该军事编制只在周代施行过，"两"字记录 {两₃} 的用例也多见于周代文献，后世罕见。例如：

(16) 乃会万民之卒伍而用之，五人为伍，五伍为两，四两为卒。（《周礼·地官·小司徒》）郑玄注："伍、两、卒、师、军皆众之名。两，二十五人。"

(17) 乃通吴于晋，以两之一卒适吴，舍偏两之一焉。（《左传·成公七年》）杜预注："《司马法》：'百人为卒，二十五人为两。军九乘为小偏，十五乘为大偏。'盖留九乘车及一两二十五人，令吴习之。"

(18) 我曲楚直，不可谓老。其君之戎分为二广，广有一卒，卒偏之两。（《左传·宣公十二年》）杜预注："十五乘为一广，《司马法》：'百人为卒，二十五人为两。'"

(三) 记录词项 {两₄}，表数词"二"

"两"字本义词项 {两₁}（马二匹或马一对）在数量上是"一加一的和"，故派生出表"二"数的词项 {两₄}。从西周至今，记录数词 {两₄} 始终是"两"字最主要的职能。例如：

(19) 叔向父为备宝毁两，宝鼎二。（西周晚期《叔向父为备簋》7.3870）
(20) 于大无𨟻折（誓）、于大𨟻命用璧、两壶、八鼎。（春秋时期《洹子孟姜壶》15.9729）
(21) 两堂间百毛（尺），两堂间八十毛（尺）。（战国晚期《兆域图铜版》16.10478）
(22) 舌出齐唇吻，下遗矢弱，污两卻（脚）。（《睡虎地秦简·封诊式》66）
(23) 若两轮之相转，而终不相败。（《郭店楚墓竹简·语丛》4·20）

数词 {两₄} 作为词素还可大量参构其他复合词，如"两仪、两珥、两袒、两握、两视、两雄、两当"等，其中"两"字所记录的都是数词义。"两当"类似今天的背心，也写作"两当、两裆、裲裆"。《释名·释衣服》："裲裆，其一当胸，其一当背，因以名之也。"毕沅云："一当胸一当背，此两当之义也。亦不当有衣旁。"皮锡瑞曰："裲裆字古作两当。"① 毕沅、皮锡瑞认为"不当有衣旁""裲裆字古作两当"，诚为卓见！通检唐以

---

① 王先谦：《释名疏证补·释衣服》，中华书局2008年版。

前文献材料，在吐鲁番出土文书中俱作"两当"，唐以前的传世文献中也多作"两当"，隋唐前后才开始增衣旁造出专用字形"裲裆"。《释名》成书于汉末，其中的"裲裆"疑是后世传抄刊刻过程中用字"当代化"的结果。如下"两当"的用例：

(24) 故两当一领，故绢衫一领。(阿斯塔那408号墓文书)

(25) 清（绮）尖一枚，两当一枚，紫孺（襦）一枚，帛绁根一枚。(阿斯塔那62号墓文书北凉缘禾五年随葬衣物疏1—2)

(26) 故帛练两当一领，故帛练襦一领，故帛练小裈一立。(阿斯塔那2号墓文书北凉缘禾六年翟万随葬衣物疏3)

(27) 先帝赐臣铠，黑、光明各一领，两当铠一领。今代以升平，兵革无事，乞悉以付铠曹自理。(曹植《上先帝赐铠表》)

(四) 记录词项 {两₅}，表"两次、两度"

南北朝时期开始出现表示动作行为频率的副词用法 {两₅}，具体含义为 {两次、两度}，这应该是由表示"二"义的数词 {两₄} 引申而来。例如：

(28) 妇告翼，翼便为于道开卤簿盘马，始两转，坠马堕地，意色自若。(《世说新语·雅量》)

(29) 遭逢二明主，前后两迁逐。(李白《流夜郎半道承恩放还，兼欣克复之美书怀示息秀才》)

(30) 比年两见之，宾主更献酬。(苏轼《送李公择》)

(五) 记录词项 {两₆}，表"加倍、翻一番"

表示增加跟原数相等的数，即加倍、翻一番，是为词项 {两₆}。这个词项也是由数词 {两₄} 派生出来的，因为"加倍"的结果蕴含"一加一"的语义特征。除几个经典用例反复出现外，"两"字记录该职能的频次较少，因为汉语史上表示"加倍"义多使用 {二} 和 {倍}。

(31) 有天道焉，有人道焉，有地道焉。兼三才而两之，故六。(《易传》)

(32) 一龠容千二百黍，重十二铢，两之为两，二十四铢为两，十六两为斤。(《汉书·律历志》)

(六) 记录词项 {两₇}，表"不专一、三心二意"

由于数词 {两₄} 所表达的概念"二"是非单一的、变动不居的，进而抽象出"不专一、三心二意"义用于描述人的心理状态。但"两"字的该项记录职能并不常见，这与该概念的表达多用语词｛贰｝有关，且｛两₇｝的产生多是受｛贰｝影响同步引申的结果。

(33) 心未尝不臧也，然而有所谓虚；心未尝不两也，然而有所谓壹；心未尝不动也，然而有所谓静。(《荀子·解蔽》)

(七) 记录词项｛两₈｝，用于称量成双分开的鞋子、袜子或裤子

《诗经》中已有"两"字记录称量鞋子义的｛两₈｝的用例，信阳楚简和睡虎地秦简中用例更多，汉代称量范围进一步扩展到袜子、裤子等具有成双特点的衣物。量词｛两₈｝显然由本义词项｛两₁｝的对称配置特征派生而来，在魏晋以前量词｛两₈｝都由"两"字记录，后来虽然借用"量、辆"字或造专字"緉、鞆"等来分担，但直到该词项消亡，"两"字都没有把记录｛两₈｝的职能全部转交给其他字。例如：

(34) 葛屦五两。(《诗经·齐风·南山》) 孔颖达疏："履必两只相配，故以一两为一物。"
(35) 男子西有纍秦綦履一两。(《睡虎地秦墓竹简·封诊式》59)
(36) 一两缘繹屦；一两丝纴屦；一两郤缇屦；一两諰屦。(《信阳汉简·遣策》2)
(37) 丝履一两……缯履一两，……絑(袜)三两。(《尹湾汉墓简牍》M6D12反)
(38) 牛皮绔二两，革履二两。(《敦煌汉简》1146)

(八) 记录词项｛两₉｝，称量布帛的一匹

古代布帛由于是从两端往中间卷起，每匹布可以卷成两卷，故用量词｛两₉｝计量，相当于量词｛匹｝。量词｛两₉｝也是由本义词项｛两₁｝派生而来，配置的二物为布帛的两端。西周金文已有"两"字记录｛两₉｝(布帛单位) 的用例，但因词义与｛匹｝相同，加之"两"字记录职能过于繁重且极易与重量单位｛两₁₀｝混淆，并未行用开来，至两汉零星散见，隋唐以后除在某些仿古文献中出现外，逐渐消亡。

(39) 舍矩姜帛三两。(西周中期《九年卫鼎》5.2831)
(40) 司男女之无夫家者而会之，凡嫁子娶妻，入币纯帛无过五两。(《周礼·地官·司徒》) 郑玄注："五两十端也，必言两者，欲得其配合之名，十者，象五行十日相成也。"
(41) 重锦三十两。(《左传·闵公三年》) 杜预注："以二丈双行故名两，三十两，三十匹也。"
(42) 申丰从女贾，以币锦二两，缚一如瑱，适齐师。(《左传·昭公二十六年》)

杜预注："二丈为一端，二端为一两，所谓匹也；二两二匹。"

(43) 布□绛一两，见。……丝绨一两，见。行藤一两，见。裘绛一两，见。（敦煌汉简 2327）

（九）记录词项 {两$_{10}$}，表重量单位"二十四铢"

前贤研究多认为"两"字记录重量单位 {两$_{10}$}（二十四铢）的用法汉代始见，但在战国金文和包山楚简、睡虎地秦简中发现大量"斤、两、铢"共现同一语境的现象，其用例很难说记录的不是重量单位。两汉时期"两"字记录重量单位大量出现于简帛材料和传世文献中，和数词 {两$_4$} 作为"两"字最为稳固高频的记录职能持续至今。

(44) 四斤十二两（战国时期《秦王子鼎》4.2530）
(45) 十一斤十四两（战国晚期《三年诏事鼎》5.2651）
(46) 十三斤八两四朱（铢）（战国晚期《卅年私官鼎》5.2658）
(47) 货陇异之黄金十益一益四两以翟种。（《包山楚简》111）
(48) 货陇异之采金一百益二益四两。（《包山楚简》115）
(49) 衡石不正，十六两以上，赀官啬夫一甲；不盈十六两到八两，赀一盾。（《睡虎地秦简·效律》3）

"两"字何以能够记录"重量单位"，段玉裁、徐灏认为 {两$_{10}$} 相当于两个"十二铢"的黄钟之重，所引书证为《汉书·律历志》："衡权本起于黄钟之重，一龠容千二百黍，重十二铢，两之为两，二十四铢为两。"或引《宋书·律志序》："十二铢而当半两。衡有左右，因而倍之，故二十四铢而当一两。"从出土文物来看，虽然战国时代"诸侯力政，不统于王"，但各国重量单位的差异逐渐消除，几个主要诸侯国几乎都是以 250g 为一斤，15.6g 为一两，0.65g 为一铢①。而在楚国左家公山铜环权、钧益铜环权、雨台山铜环权中都发现有"十二铢"的铜权，且两个"十二铢"铜权之重恰等于"一两"铜权之重，证明段玉裁、徐灏等人观点不谬。{两$_{10}$} 由两个半两之重配合而成，与"两"字的本义特征是相通的，所以"两"字记录重量单位不应看作假借的用法②。

（十）记录词项 {两$_{11}$}，表"两件事物、两个人"或"双方"

"两"字构形理据中包含两件事物（马两匹），于是派生出词项 {两$_{11}$}，表"两件事物"或"两个人"，也指"同一事物的两个方面"或"双方"。清代中叶以前该词项都用"两"字记录，清代中叶以后用专造字"俩"分化记录"两个人"。

---

① 丘光明：《试论战国衡制》，《考古》1982 年第 5 期。
② 有的学者认为"两"字记录重量单位"二十四铢"是假借的用法，如杜鹃《量词"两"考辨》，《北方论丛》2005 年第 3 期。

（50）吾未至乎事之情也，而既有阴阳之患矣；事若不成，必有人道之患。是两也，为人臣者不足以任之，子其有以语我来。(《庄子·人间世》)

（51）蛇遂分为两，径开。行数里，醉，因卧。后人来至蛇所，有一老妪夜哭。(《史记·高祖本纪》)

（52）夫高祖命当自王，信、良之辈时当自兴，两相遭遇，若故相求。(王充《论衡》)

（53）你若不煞我，我还却煞你。两既忽相逢，终须一个死。(王梵志《死去长眠乐》)

{两11} 在组合中如果带上宾语，就会形成特殊用法，产生"意动"或"使动"的临时含义，表示把同类事件看作性质不同的两种事件，或者把同一事件实际分作不同的两件事物。例如：

（54）秋，楚人围陈，纳顿子于顿。何以不言遂？两之也。(《公羊传·僖公二十五年》)

（55）二十有八年春，晋侯侵曹，晋侯伐卫。曷为再言晋侯？非两之也。(《公羊传·僖公二十八年》)

（56）禘袷既是一祭，分而两之，事无所据。(《魏书》)

（十一）记录词项 {两12}，表"同时兼具二事或同时涉及双方"

"两"的构形本义为"一车对称配置二马"，由此引申指同时兼具二物或一物的两个方面，从而派生出词项 {两12}。这种用法的"两"早见于先秦文献，例如：

（57）秋早寒则冬必暖矣，春多雨则夏必旱矣。天地不能两，而况于人类乎？人之与天地也同。(《吕氏春秋·情欲》)

（58）二曰：利不可两，忠不可兼。不去小利则大利不得，不去小忠则大忠不至。(《吕氏春秋·权勋》)

（59）心生而有知，知而有异，异也者，同时兼知之；同时兼知之，两也。(《荀子·解蔽》)

（十二）记录词项 {两13}，表"双方同时、双方都"

西周晚期，由词项 {两12}（同时兼具二事或同时涉及双方）派生出指代性副词 {两13}，表示"双方同时、双方都"之类的意义。"两"字的这项记录职能先秦时期已经非常成熟，出现频率一直较高，并持续稳固到现代汉语中。例如：

（60）姜，大岳之后也。山岳则配天。物莫能两大。(《左传·庄公二十二年》)

(61) 及罗，罗与卢戎两军之，大败之。(《左传·桓公十三年》)

(62) 闻所不知若所知，则两知之，说在告。(《墨子·经下第四十一》)

(63) 公两赐之，曰："以晏子不夺人之功，以占梦者不蔽人之能。"(《晏子春秋》)

(64) 宣王谓摎留曰："吾欲两用公仲、公叔，其可乎？"(《战国策》)

(65) 子驷畏诛，故两亲晋、楚。(《史记·郑世家》)

(66) 怠惰之为安，若者必危；情胜之为安，若者必灭。故圣人一之于礼义，则两得之矣。(《史记·礼书》)

现代成语"两全其美""两败俱伤""势不两立"等，其中的"两"用法同上。

（十三）记录词项｛两₁₄｝，表"等同、匹敌"

"两"的构形本义"一车对称配置马二匹"，其中的两匹马地位等同、构成匹敌对当关系，由此派生出词项｛两₁₄｝，表示"等同、匹敌"义。先秦至明清"两"字的该职能较为常见，"无两""一时无两"甚至成为习用语。例如：

(67) 并后，匹嫡，两政，耦国，乱之本也。(《左传·桓公十八年》) 王引之："两政者，宠臣之权与正卿相敌也。"

(68) 人言善亦勿听，人言恶亦勿听，持而待之，空然勿两之，淑然自清。(《管子·白心》) 翔凤案："'勿两之'，勿与为耦。即言善不以为善，言恶不以为恶也。"

(69) 佚而无穷、贵而不傲、富而不骄、两而不争、闻而不遥、遥而不绝、穷而不匮者，鲜矣。(《逸周书》) 朱右曾集训集释："两，谓权相侔也。"

(70) 君后三岁而侯。侯八岁为将相，持国秉，贵重矣，于人臣无两。(《史记·绛侯周勃世家》)

(71) 惟晚与璁、萼异，为所轧，不获以恩礼终。然其才一时无两，或比之姚崇云。(《明史·杨一清传》)

（十四）记录词项｛两₁₅｝，表"使马匹比并整齐"

因驾一车的两匹马始终并驾齐驱，在｛两₁｝的基础上派生出"使马匹比并整齐"义。《左传·宣公十二年》"御下两马"中的"两"记录的就是该词项，俞樾《群经评议》说："两者，两两排比之也。一车有四马，两马在中曰服，两马在边曰骖。……然则两马者，使服与服耦，骖与骖耦也。"①杜注孔疏释为"整饰"是随文释义的结果，并不符合词义引申规律，《汉语大词典》"两"条据此归纳的义项"整治，修饰"②，应予以修订。该项记录职能用例较少，历代注疏辞书反复转引的均为《左传》用例。

---

① 俞樾：《群经评议》(续修四库全书)，上海古籍出版社 2002 年版，第 416 页。
② 罗竹风主编：《汉语大词典》，上海辞书出版社 1986 年版，第 555 页。

(72) 吾闻致师者，左射以菆，代御执辔，御下两马，掉鞅而还。(《左传·宣公十二年》) 杜预注："两，饰也。"、孔颖达疏："饰马者，谓随宜刷刮马。"

三 "两"字的借用职能

"借用"是指将字形当作语音符号去记录与该字形体无关但音同、音近的词语或音节。汉字的借用是以音同、音近为前提条件的，不管被记录的对象原本是否有本字。"两"字借用只见有记录音节的情况。

（一）记录{魍魉}的第二个音节

"魍魉"表"古代传说中的山川精怪、鬼怪"、"影子外层的淡影"、"恍惚、迷茫无所依"等，一般认为它是个双音单纯词，有"蝄蜽""罔閬""方良""罔两"等不同的书写形式，而写作"罔两"之"两"与{魍魉}的词义并无联系，只是根据音同音近借去记录该词项的一个音节，后才根据相关意义增"虫"旁或"鬼"旁造出专用字"蝄"或"魍"记录。《说文》已收"蝄"字，但"两"字的这种用法明清时仍较为常见。例如：

(73) 故民入川泽、山林，不逢不若。螭魅罔两，莫能逢之。(《左传·宣公三年》) 杜预注："罔两，水神。"

(74) 罔两问景曰："曩子行，今子止；曩子坐，今子起。何其无特操与？"(《庄子·齐物论》) 郭象注："罔两，景外之微阴也。"

(75) 哀形体之离解兮，神罔两而无舍。(《楚辞·七谏·哀命》) 王逸注："罔两，无所据依貌。"

（二）记录{伎俩}的第二个音节

现代汉语表示{花招、诡计}义的"伎俩"一词，最初表{技能}义，在近代以前也写作"技俩"。其中的音节"俩"有时候借用"两"字记录，例如：

(76) 邯郸郭公九十九，技两渐尽入滕口。大儿缘高冈，雏子东南走。不信吾时言，当看岁在酉。(《乐府诗集·杂歌谣辞五·邯郸郭公歌》)

(77) 但此等丧心病狂徒随处游荡，若肆其妄诞伎两则亦何所不至，臣现在督率各属严为查访，如续有查获访出别项情节应据实具奏。(《清代文字狱档》)

四 "两"字职用的演变

汉字的职能不是一成不变的，由于字符数量与言语词项的严重失衡，扩展字符的使用职能是必然的手段。单个字符的职能被扩展后，可能造成阅读理解障碍或者系统内部的纠纷，于是重新调整——减缩或转移个体汉字的职能也是常见的现象。要梳理清楚个体汉字职能的演变，必须将字形分析与文献用例结合起来考察。有的字符构意清晰，本用明确，发展线索会比较容易梳理；但也有不少字符初形构意难以解释，因而本用不明，其职用情况就只能根据文献调查来描写了。所以相对来说，文献调查对于字用的研究应该是根本性的，任何一个字符的职能来源及其演变情况都会在文献中有所反映。就"两"字的文献使用情况看，其职能演变大致以汉末魏初为分水岭，汉末魏初以前通过兼用、借用实现职能的扩展，汉末魏初以后通过借用他字分担、增旁分化新字等方式实现职能的不断减缩，最后形成现代"两"字职用的简单格局。

（一）"两"字职用的扩展

西周初期"两"字产生时仅记录专用量词{马二匹}，相关职能较为单一，字词关系也比较简单，但随着使用的日益频繁，"两"字的职能通过兼用、借用两种途径不断扩展。

1. 兼用扩展

字符职能的兼用扩展是以对应词语的词义引申和词项派生为前提的，有其义，有其词，才会有此用。殷商制度"一车配备两马"，根据"二匹马"的数量特征产生{两$_1$}词项，其核心义是"对称配置的两个"。由此出发，{两$_1$}不断派生新的词项，"两"字也相应地扩展使用职能。派生的主要线索有：①由两马共驾一车，引申指"车一辆"，派生专用量词{两$_2$}；据周代军制每辆车配25名士卒，故由{两$_2$}派生出表示军队编制单位的{两$_3$}。②本义词项{两$_1$}在数量上具有"一加一"的特点，故派生出表数词"二"的{两$_4$}；由名物计数转记动作行为的频率，则数词{两$_4$}可派生出表频度"两次、两度"的副词{两$_5$}；数词{两$_4$}表示"一加一的和"，也就是"一"的两倍，故可引申指"加倍、翻番"，从而派生出{两$_6$}；数词{两$_4$}的数值不单一，转指心理状态的不单一（多心），表示"不专一、三心二意"，就派生出{两$_7$}。③一车所配二马谓之"两"，引申凡有两个对称配置的事物（由两对称部分组成）都可用"两"来计量，故由{两$_1$}可以派生出衣物（如鞋、袜、裤、上衣等）量词{两$_8$}、布帛长度单位量词{两$_9$}（一匹布帛有对称卷起的两端）、重量单位量词{两$_{10}$}（包含两个相同的十二铢）。④由{两$_1$}"对称配置的二马"中"二马"的语义特征，引申泛指其他两件事物或两个人，于是产生{两$_{11}$}；或一件事物同时兼具的两个方面，于是有{两$_{12}$}；{两$_{12}$}进一步虚化则派生出表示"双方都"义的指代性副词{两$_{13}$}。⑤共驾一车的二马对称并列，故由{两$_1$}引申指两物势均力敌，派生出表示"等同、匹敌"义的{两$_{14}$}；从"二马对称并列"的语义特征出发，还产生一种特殊用法：把处于不对称并列状态的马排列整齐，这就是出现于《左传》中的{两$_{15}$}。

由此可见，从记录{两$_1$}到记录{两$_{15}$}，"两"字的职能逐渐扩展，这个职能扩展的过程到魏晋时期已经基本完成。"两"字之所以能够用来记录{两$_1$}～{两$_{15}$}，是因为这些词项互为关联，具有内在的引申或派生性血缘关系。如图3所示。

2. 借用扩展

"两"字还分别记录过{魍魉}和{伎俩}的第二个音节，这属于职能的借用扩展。

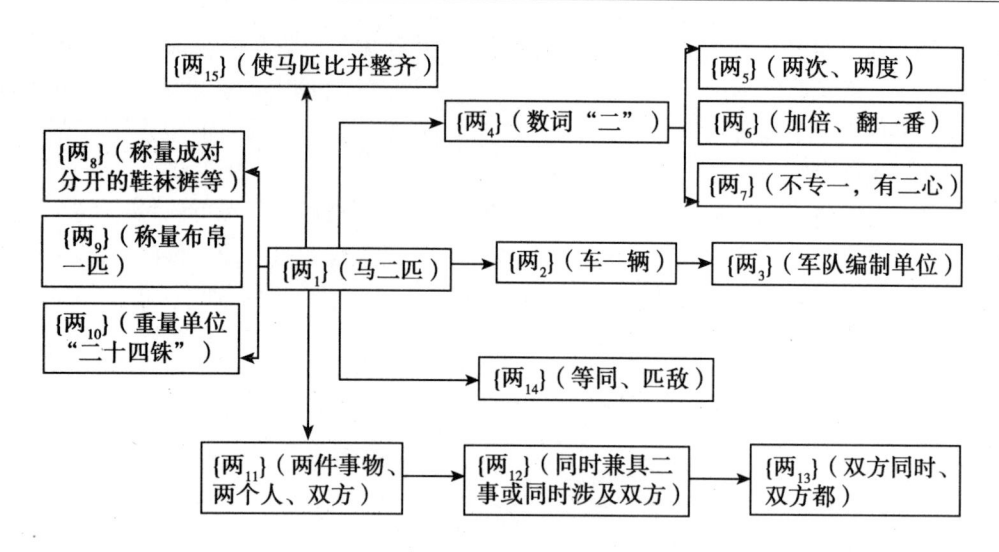

```
                                    ┌─ {两₅}（两次、两度）
          {两₁₅}（使马匹比并整齐）          ├─ {两₆}（加倍、翻一番）
                              {两₄}（数词"二"）
  {两₈}（称量成对                          └─ {两₇}（不专一，有二心）
       分开的鞋袜裤等）
  {两₉}（称量布帛    {两₁}（马二匹）─→ {两₂}（车一辆）─→ {两₃}（军队编制单位）
       一匹）
  {两₁₀}（重量单位
       "二十四铢"）           {两₁₄}（等同、匹敌）

  {两₁₁}（两件事物、   {两₁₂}（同时兼具二   {两₁₃}（双方同时、
       两个人、双方） ─→ 事或同时涉及双方） ─→ 双方都）
```

图3 "两"字所记各词项引申、派生关系

前一种用法出现在西汉以前，后一种用法见于南北朝以后。文字借用以同音或音近为条件，所记录的语言单位可以是词项（音义结合体），也可以是纯音节。"两"字的借用职能只见记录音节。

（二）"两"字职用的缩减

通过兼用、借用极大地缓解了汉字与汉语的矛盾，不需为每个语词都专造一个新字记录。但随着记录职能的不断扩展，"两"字记录的语词过多，常给交际带来误解歧义。例如：

（78）布缕八斤，绵十两，靴六两……叠缕卌两。（《哈拉和卓99号墓文书·高昌某家失火烧损财物帐》）

（79）□一□，履一两，缟一两，不一两……县官帛布一两，七斤。（《居延汉简》卷三）①

其中的"两"有的表示一双，有的表示一匹，有的表示重量，有的也可能表示长度，它们在字形上没有区分，都由"两"字记录，这样势必造成理解的障碍。于是语言文字要求表达清晰的规律开始起调整作用，往往会通过新造字形或借用其他字形来分化和减少"两"字繁重的记录职能，这就是汉字职能的缩减。

汉字职能缩减可能是所记词项数的减少，也包括记录同一词项使用频率的降低。除了个别语词消亡外，所谓"减缩"并非针对整个汉字系统而言，因为整个汉字系统的职能要与语言系统相对应，是无法减缩的。单个字符减缩后的职能往往会被其他字符（借用

---

① 该例转引自刘世儒《魏晋南北朝量词研究》，中华书局1965年版，第201页。

的某字符、原字符的分化字、新造字等）承担，所以就总体而言是通过字符职能的调整以达到新的平衡。

如上所述，"两"字总体上至少有17种使用职能，但这些职能并不是全都同时共用的，伴随某些职能项的扩展，也随时会有另一些职能的减缩，现代我们看到的"两"字常用功能只记录三个词项（量词、数词、副词），其他职用就是在历史的不同时期被减缩掉了。

1. "两"字原记的某个词项消失

汉字职能的发展变化不仅受文字自身发展规律的制约，也受汉语词汇系统发展演变的影响。如果词汇系统中某个词项消亡，记录它的字符就不再具有这项职能，如随着军事制度的变迁，秦汉后表示军队编制单位的 $\{两_3\}$ 已经消失，那么"两"字也就不再记录 $\{两_3\}$，等于"两"字在原来基础上减缩了一项职能。语词的历时更替也是导致原字职能减缩的一个途径，如衣物量词 $\{两_8\}$ 产生于《诗经》时代，明清时期彻底被量词 $\{双\}$、$\{条\}$ 取代，"两"字记录该词项的职能也就消亡；布帛长度单位 $\{两_9\}$ 产生于西周消亡于魏晋，隋唐以后除极个别仿古文献已很难看到"两"字记录该词项。再如"两"字记录的 $\{两_6\}$（加倍、翻番）、$\{两_7\}$（不专心、三心二意）、$\{两_{15}\}$（使马匹比并整齐）等弱势词项都只有短暂的历史，只有少数用例出现于某个时期，后代未见新用例，实际上已经消亡，因而"两"字也不再具有这些职能。

2. 造新字分担"两"字的记录职能

从汉末魏初开始，陆续开始为"两"字记录的不同词项造增旁分化字分担"两"字的某些记录职能，有的分化字完全取代了"两"字某项记录职能，有的分化字与"两"字共同分担某项记录职能。

A. 增旁分化"緉""䩺"分担词项 $\{两_8\}$

东汉末年增"糸"旁造"緉"字分担量词 $\{两_8\}$。《说文》："緉，履两枚也。……从糸从两，两亦声。"据此"緉"字构意可以理解为成双成对的丝织物，专用来记录 $\{两_8\}$[①]。"緉"字产生的目的应该是为了分化"两"字的这项职能，但实际上分化没有完全成功，文献中"緉"字记录 $\{两_8\}$ 的用例较少，占绝对优势的仍是使用"两"字。例如：

(80) 今致龙虎组缇履一緉。（秦嘉《与妇淑书》）
(81) 并献文履七緉，袜百副。（曹植《冬至献履袜颂表》）

唐五代以后除"緉、两"字记录词项 $\{两_8\}$ 外，又新造异体字"䩺"来记录，同时还借用"量"字来记录（见下文）。这几个字长期共用，频率分布仍以"两"占优势，

[①] 《说文》还有"緉，……一曰绞也"的解释，那个"緉$_2$"可以看作记录量词 $\{两_8\}$ 的"緉$_1$"的同形字。"緉$_2$"训为"绞也"可能源于扬雄《方言》："緉，音两。䋆，音爽。绞也。谓履中绞也，音校。关之东西或谓之緉，或谓之䋆。绞，通语也。"戴震《方言疏证》："朱骏声《说文通训定声》：'緉，绳单曰纽，两股曰纆，亦曰緉。'是'緉'谓两股相交之绳，特指'履中绞'。"表两股相交之绳义与称量鞋子的量词义相差较远，二者应是形体的偶合。

相沿至明清。"鞾"的用例如：

(82) 曾于讲堂阶上临阶而立，取鞋一鞾以臂夹，令有力者后拔之，鞋底中断，博通脚终不移。(《朝野佥载》卷六)
(83) 又买内乡新麻鞋数百鞾。(温庭筠《干膜子》)
(84) 凡娶妇之家，先下丝麻鞋一鞾，取其和鞋之义。(马缟《中华古今注·麻鞋》)

"緉""鞾"在记录 ${两_8}$ 的功能上虽然没有能够完全取代"两"字，但无疑降低了"两"字记录 ${两_8}$ 的频率，也可以算作"两"字职用的一种减缩。

B. 增旁分化"辆"分担词项 ${两_2}$

为分担"两"记录车辆单位 ${两_2}$ 的职能，南北朝时为该词项专造"辆"字记录，但并没有立即取代，而是长期与"两"字共用，明清时期"辆"字才占据使用优势，到现代汉语中"两"字的该项职能已彻底转让给了"辆"字。

(85) 及碑始立，其观视及笔写者车乘日千余辆，填塞街陌矣。(《水经注》卷16)
(86) 镇西将军厚追击之，获其辎重千余辆，士女六千余人。(崔鸿《十六国春秋》明万历刻本)
(87) 四月，乙连饥甚，段辽以车数千辆，输乙连粟，兰勃要击获之。(崔鸿《十六国春秋》明万历刻本)

对于"辆"字的产生时代，略有争议。林宛蓉据例(88)以为睡虎地秦简已产生"辆"形[1]，复核原简秦律十八种第130支简作"两"形，当是引用释文不当所致错讹。也有学者据例(89)以为居延汉简即已产生"辆"形，但居延汉简记录量词 ${两_2}$ 50多例无一例外均作"两"字，传世文献《史记》《汉书》也无"辆"字用例；若秦汉确已分化，何以《说文》收录"緉"形未见"辆"字，更不应在南北朝中期以前如此长时期内中断，此"辆"字恐别有解释而非用于记录车辆单位[2]。而我们在北魏《冠军将军妻刘氏墓志》："桃夭有时，百輌(辆)于归"发现"輌"字，该字当为"辆"字的省写，至此我们可以推论"辆"字的产生约在南北朝时期或以前。[3]

(88) 一脂、攻间大车一两，用胶一两、脂二锤。(《睡虎地竹简·秦律十八种·司空》130)
(89) ☑□□贾不四百，车辆折轴一。(《居延汉简》136.26)

---

[1] 林宛蓉：《殷周金文数量词研究》，硕士学位论文，东吴大学(台湾)，2006年。
[2] 刘世儒：《魏晋南北朝量词研究》，中华书局1965年版，第183页。
[3] 按：北魏《冠军将军妻刘氏墓志》所见材料是收入本集时增补的例证。

C. 增旁分化"裲"分担词项{两₄}中{两当}一词的记录职能

隋唐以前,前当胸后当背类似今背心的衣物都用"两当"记录,隋唐开始增加"衣旁"分化出"裲"字记录其中的语素{两₄},文献中虽仍可见"两"字记录的用例,但出现频率已经大为下降,比例以"裲"字为胜。

（90）直阁将军、诸殿主帅,朱服,正直绛衫,从则裲裆衫。（唐代杜佑《通典》）

（91）右自清游以下诸卫将军,并平巾帻,紫裲裆,大口绔,锦螣蛇金隐起,带弓箭横刀。（《大唐开元礼》）

D. 增旁分化"挬"分担词项{两₁₅}

前文已述《左传·宣公十二年》:"御下两马,掉鞅而还"中"两"字记录{两₁₅}（使马匹比并整齐）,有的版本"两"字写作"挬、㭁",㭁字《玉篇》（元刊本）、《广韵》、《集韵》都有收录,释作"松脂",《正字通》:"㭁,槔字之讹,旧注松脂,训同。"足见"㭁"与车马无涉,而在用字史上"木"旁"手"旁因形近发生讹混,文献往往而是,有的版本作"㭁",当是与"挬"字讹混的结果。"挬"字则是基于{两₁₅}（使马匹比并整齐）增手旁分化的字形。因诸家训释均拘泥杜注孔疏,《汉语大字典》"挬"条袭用旧说释作"整饬",当予以修订。但这个字形并没有新的用例,为了一个用例而造一个专字,与其说是"分化",毋宁说是为了凸显动作意义。

E. 增旁分化"魉""蜽""俩₁"字分担"两"借记纯音节的职能

"两"字被当作语音符号借去记录他词,扩展了"两"字的职能,后世往往将"两"作为表音构件与某个表义构件组合起来,另造专用新字取代"两"字的借用职能。如"蜩蜽""魍魉"中的第二个音节秦汉以后用"两"字记录的频率下降,"伎俩₁"的第二个音节唐宋以后用"两"字记录的频率也大为下降。"两"字的职能相应得到减缩。

F. 增旁分化"俩₂"字取代"两"记录{两个人}的职能

清代中叶开始,随着{两个人}从{两₁₁}中变音分化出来,原来"两"字记录{两个人}的职能被新造分化字"俩₂"取代。"俩₂"（liǎ）与"伎俩"的"俩₁"（liǎng）应看作同形字,它们记录的是音义不同的词项。

（92）原来是假温柔,我今奉劝你把冷性儿拿回,看奴的行为,重叙佳期,咱俩交情更比从前分外厚。（《白雪遗音》卷一,马头调岭儿调）

（93）今见兄弟撒起泼来,一面竭力抵挡,一面嘴里说:"你打死我罢!"起先他兄弟俩斗嘴的时候,一众家人都在外间。静悄悄的不敢则声。（《官场现形记》）

（94）小金子道:"不瞒三爷说,我们俩今儿都有客。"只听陶三爷把桌子一拍,茶碗一摔……（《老残游记》）

3. 借字分担"两"字的记录职能

在《五里牌楚简》11-1"□屦三良,鞑屦"中便出现借用音近字"良"分担"两"

字记录鞋袜单位的用法，刘国胜先生指出"良、两"音近可通，"三两"也就是"三双"。① 汉魏之际开始借同音字"量"记录词项 {两$_8$}，《匡谬正俗》曰："或问曰：今人呼屦、舄、屐、履之属，一具为一量，于义何邪？答曰：字当作两；诗云'葛履五两'，相偶之名，屦之属二乃成具，故谓之两，两音转变，故为量尔。"

（95）操一量不借，挂屋后楮上。（应劭《风俗通义·怪神》）
（96）并遗足下贵室错彩罗谷裘一领，织成靴一量。（曹操《与太尉杨彪书》）

魏晋南北朝借字"量"取代了"两"字的优势地位记录量词 {两$_8$}，在吐鲁番出土文书中俯拾即是，致使"两"字记录的频率大为下降。借用"量"字是因为"两"字记录职能过于繁重，加之魏晋南北朝社会动荡，国家对社会用字缺乏有力的规范，"量"字较为常见且易于书写，以致专造字"緉"未能广泛行用。

（97）绛地丝履一量（阿斯塔那305号墓文书缺名衣物疏1—5）
（98）帛絓袜一量。（阿斯塔那305号墓文书缺名衣物疏2—4）
（99）或有诣阮，见自吹火蜡屐，因叹曰："未知一生当着几量履！"（《世说新语·雅量》）

宋元时期"辆"字被大量借去记录量词 {两$_8$}，用例频繁，借字"量"除在一些刻意仿古的诗文中偶有存用外，已呈消亡趋势。此后因量词 {双}、{对} 开始大规模使用，成为计量成双成对事物的主要量词，"两"字记录 {两$_8$} 的使用频率急剧下降，到明清已很难看到用例。

（100）安州土出丝履，敬立赍十数辆，散甥侄。竞取之，唯乂独不取。俄而所余之一辆，又稍大，诸甥侄之剩者，乂再拜而受之。（《太平广记》卷二百四十三治生）
（101）又令小儿拾破麻鞋，每三辆以新麻鞋一辆换之，远近知之，送破麻鞋者云集，数日获千余量。（《太平广记》卷二百四十三治生）
（102）归去后，安排着，一辆麻鞵，定期踏遍名山。（《松隐集》卷四十）

战国至今，"两"字记录重量单位 {两$_{10}$} 在历史上始终占绝对优势，但个别时期也出现借用"量"字来记录词项 {两$_{10}$} 的现象。

（103）粟三硕，张兵马使买银一量打椀用。（敦煌籍帐文书·净土寺直岁愿达牒）
（104）黄麻陆斗，高孔目入熟铜肆量造佛焰用。（敦煌籍帐文书·净土寺直岁愿达牒）

---

① 按：此则材料系收入本集时所增补。

经过上述职能减缩，现代的"两"字只剩下三项常用职能：①记录表数二的数词｛两｝；②记录重量单位词｛两｝；③记录"两败俱伤"的副词｛两｝。

五 "两"字职用总结

综上所述，"两"字的职用及其演变情况可用下表展示：

表1　　　　　　　　　　　　　　"两"字职用一览表

用字（相关字）	记录词项	义值	音义关系	使用属性	字际关系	殷商	西周早	西周中	西周晚	战国	秦汉	魏晋南北朝	唐宋	元明	清	现代
两	｛两₁｝	马二匹	本义	本用		+	+									
两	｛两₂｝	车一辆	由｛两₁｝引申	兼用	源本字	+	+	+	+	+	+	+	+	+		
（辆）				本用	分化本字								+	+	+	+
两	｛两₃｝	军队编制单位	由｛两₂｝引申	兼用			+	+	+							
两	｛两₄｝	数词二	由｛两₁｝引申	兼用	源本字					+	+	+	+	+	+	+
（兩）				本用	分化本字								+	+	+	+
两	｛两₅｝	两次、两度	由｛两₄｝引申	兼用								+	+	+	+	+
两	｛两₆｝	加倍、翻一番	由｛两₄｝引申	兼用							+	+	+			
两	｛两₇｝	不专一、三心二意	由｛两₄｝引申	兼用						+						
两	｛两₈｝	称量成对分开的鞋袜裤等	由｛两₁｝引申	兼用	源本字			+	+	+	+	+	+	+		
（緉）				本用	分化本字							+	+	+	+	
（緉）				本用	分化本字								+	+		
（量）				借用	借字							+	+			
（辆）				借用	借字								+	+		
（良）				借用	借字					+						
两	｛两₉｝	称量布帛一匹	由｛两₁｝引申	兼用					+	+	+	+	+①			
两	｛两₁₀｝	重量单位二十四铢	由｛两₁｝引申	兼用	本字					+	+	+	+	+	+	+
（量）				借用	借字								+			

---

① 仅见于个别文人用典文献中，可不计。另表中涂色部分为以相关字分化"两"字记录职能的情形。

续表

用字（相关字）	记录词项	义值	音义关系	使用属性	字际关系	殷商	西周早	西周中	西周晚	战国	秦汉	魏晋南北朝	唐宋	元明	清	现代
两（俩₂）	{两₁₁}	两件事物、两个人、双方	由{两₁}引申	兼用	源本字					+	+	+	+	+	+	+
				本用	分化本字										+	+
两	{两₁₂}	同时兼具二事或同时涉及两方面	由{两₁₁}引申	兼用						+	+					
两	{两₁₃}	双方同时、双方都	由{两₁₂}引申	兼用						+	+	+	+	+	+	+
两	{两₁₄}	等同、匹敌	由{两₁}引申	兼用						+	+	+	+	+	+	+
两（挧）	{两₁₅}	使马匹比并整齐	由{两₁}引申	兼用	源本字					+						
				本用	分化本字								+			
两（魉）（蜽）	记录{魍魉}中的第二个音节		同音，义无关	借用	借字					+	+					
				本用	后起本字							+	+	+	+	+
				本用	后起本字							+	+	+	+	
两（俩₁）	记录{伎俩}中的第二个音节		同音，义无关	借用	借字								+	+	+	
				本用	本字								+	+	+	+

表1完整反映了"两"字职用从古到今的情形。以本用为起点，通过兼用和借用的方式，"两"字职能先后扩展到17项之多；又由于某些词项的消亡，另造新字的分化，借用他字调整等，"两"字的职能也在随时减缩，真正共时使用的职能并不太多，如最多的魏晋时期，共时使用的职能也只有11项，其中还有6项的使用频率极低，这是因为字词关系总体上要求对应明确，表达清晰。发展到现代只剩下3项主要职能，这3项职能在历史上一直处于优势地位，所以能够比较稳定地传承下来。

个体字符产生之初，其职能应该是单纯明确的。后来在使用过程中职能或增或减，往往出现复杂曲折的变化。这种变化是语言和文字辩证互动的结果。由于语言的繁衍派生，新事物的层出不穷，理论上说词项的增益是无止境的，而汉字的字种不能无限制地增加，所以利用既有字符来兼记或借记新生词项就成为字符职能扩展的必然；但到了一定程度，当某字的记录职能扩展得过于繁重开始影响文献阅读的准确性时，文字系统就会进行内部调整，开始采取增旁分化、另造新字、借用他字等方式来分担原字的某些记录职能。还有当文字本身发生变化不能准确或明显地反映语言时，也会对文字进行改造或重新调整字词关系。这些应该属于总体规律，在"两"字的职用演变史上得到了具体验证。先后跟"两"字职用演变发生直接关系的字有"辆""緉""鞆""蜽""魉""俩₁""俩₂""挧""裲""量"等，这些字种有的取代"两"字独立记录某个词项或某个音节，使

"两"字原来的职能项别减少，有的在某个时段跟"两"字共用，只起到减少"两"字某项职能使用频率的作用。

参考文献

1. 中国社会科学院语言研究所词典编辑室：《现代汉语词典》第 6 版，商务印书馆 2012 年版。
2. 李运富：《汉字语用学论纲》，《励耘学刊》（语言卷）第 1 辑，学苑出版社 2005 年版。
3. 李运富：《汉字学新论》，北京师范大学出版社 2012 年版。
4. 李圃主编：《古文字诂林》第 7 卷，上海教育出版社 2003 年版。
5. 徐灏：《说文解字注笺》（续修四库全书），上海古籍出版社 2002 年版。
6. 张舜徽：《说文解字约注》，华中师范大学出版社 2009 年版。
7. 于省吾：《释两》，《古文字研究》第 10 辑，中华书局 1983 年版。
8. 沈镜澄：《说"网"》，《中国语文》1984 年第 5 期。
9. 汤余惠：《商代甲骨文中的"丙"和"两"》，《史学集刊》，1991 年第 2 期。
10. 郭宝钧：《殷周车器研究》，文物出版社 1998 年版。
11. 王先谦：《释名疏证补》，中华书局 2008 年版。
12. 丘光明：《试论战国衡制》，《考古》1982 年第 5 期。
13. 俞樾：《群经评议》（续修四库全书），上海古籍出版社 2002 年版。
14. 罗竹风主编：《汉语大词典》，上海辞书出版社 1986 年版。
15. 林宛蓉：《殷周金文数量词研究》，硕士学位论文，东吴大学（台湾），2006 年。
16. 刘世儒：《魏晋南北朝量词研究》，中华书局 1965 年版。

"内"字职能及相关字词研究*

时玲玲

一 前言

汉字的本体研究包括"字样、字构和字用"三个方面。从汉字学研究的现状来看，研究者比较注重汉字形体的发展演变，很少对文献中的字用职能进行测查，单字职能的考察更是薄弱环节。因此，有些汉字使用现象和职能发展演变现象得不到合理的、规律性的解释。

本文拟运用字用学理论对常用字"内"的记录职能做全面测查和描写。主要内容包括考察"内"字所记录的各个词项；梳理这些词项何时由"内"字来记录，何时不再使用"内"字记录；厘清"内"字记录词语过程中产生的字词关系、字际关系和词际关系。在全面测查"内"字记录职能的基础上，梳理"内"字职能的发展演变脉络，并根据需要统计使用频率和分布比例，揭示汉字使用的某些规律。

二 "内"字记词职能考察

（一）"内"字的本用：记录词项｛入｝

李运富先生指出，"所谓本用，是指用本字来记录本词的用法"。[①] 他认为，本字的本用既包括记录与本字构形密切相关的本义，又包括记录与本义相关的引申义。引申义如果成为派生词，那记录派生词的字就属于兼用。但在形体和语音没有区分的情况下，词义引申与词语派生实际上很难判别，为了避免纠缠，本文中的本用限指记录与本字构形密切相关的本义，记录引申义则放在"内"字的兼用部分跟记录派生词一起讨论。

关于"内"字的本义，主要有以下两种观点：

第一种观点，认为"内"字记录的本义是表示方位词项｛里面｝[②]，以徐灏、陈年福为代表。徐灏在《说文解字注笺》中提道："古义当先有外内，而后有出纳。"按照他的

＊ 本文由时玲玲《"内"字职能及相关字词研究》节选改写而成，硕士学位论文，北京师范大学，2014 年。
① 李运富：《汉字汉语论稿》，学苑出版社 2008 年版，第 179 页。
② 为了区别"字"与"词项"，我们用"｛ ｝"号标识"词项"，填在"｛ ｝"号内的可能是该词项的音义结合体，也可能只是义项的简单表述，通过义项可以联想到对应的语音形式。

表述，"出纳"这两个词应该是处在同一个语义场的，即"出"与"纳"是对应的。此处的"纳"应该记录的是进入义。他认为应该先有表示处所的"内"，而后才有表示"进入"义的"纳"。在他看来，表示方位是其本义。陈年福在其论著《甲骨文词义论稿》中指出"戍卜……亡内疒"中的"内"记录的是词项｛里面｝，表示方位。

第二种观点，以段玉裁、章太炎和张舜徽为代表。段氏认为："今人谓所入之处为内，乃以其引申之义为本义也。互易之。故分别读奴答切。又多假纳为之矣。《周礼》注云，职内，主入也。内府，主良货贿藏在内者。然则职内之内是本义。内府之内是引申之义。"① 章太炎在《文始》中提道："古文本以入为内，入者，像从上俱下。为初文。内乃变易字也。入本在缉部，转入队而内声之軜。诗亦与合邑为韵读入缉部。明入即内也。"② 张舜徽在"入"字条下云："物之从上俱下者，无如日光。日光下射至地，上小下大，∧实像之，后乃变而为入耳。体增为内，入也。从门，自外而入也。则象日光自门窗或壁隙间射入之形，故曰自外而入也。∧象日光放射之状，故曰入实为一字，犹乌之与於耳。"③ 在"内"字条下，他如是说："此篆所从之门谓门户也。门户开则日光直射而入。"在古文字中，内有的作从宀从入，张氏按，宀者屋也，亦谓日光自外入室也，引申为内外之称。段、章、张三人均认为"内"字记录的本义是表示动作的词项｛进入｝，词项｛里面｝则是该字记录的引申义。

这两种观点分别指出了"内"字记录的本义是词项｛里面｝，词项｛进入｝。徐灏立足于逻辑角度，认为应当先有出入的地方，即内外的概念，再有出入的动作。逻辑思维与词义的发展和引申有着比较密切的关系，而对用字并没有制约作用。人们在造字时，考虑的是能否造出字，造出的字能否具体地表现客观事物或概念。从构形上看，"内"字表示具体的进入的动作。所以我们不同意徐灏的观点。而陈年福所引用例当为"戍卜……亡入疒"。由此来看，词项｛进入｝作为"内"字记录的本义比较合适。

虽然徐灏从逻辑的角度来分析用字不妥，但是他的说解也启发了我们对"内"字记录词项｛进入｝和｛里面｝的认识。"内"字的构形实际上表现进入里面的意思，既包含进入的动作又包含里面的方位，词项｛进入｝和｛里面｝都可以看作"内"字记录的本义。"内"字记录的本义到底是进入，还是里面，抑或两个都可以？除了考察字形外，我们还要有文献用例的佐证。

"内"字最早出现在殷商时期的甲骨文中，主要有两项记录职能。

A. 记录词项｛进入｝

（1）甲戌……步内乙。（H22088 二）

与这则用例相对应的一句是："壬申卜，酒步入乙。"它们出现在同一片甲骨中，"乙"表示地名，"内"字与"入"记录职能在这里是相同的。

---

① 段玉裁：《说文解字注》，上海古籍出版社 2006 年版，第 224 页。
② 章炳麟：《文始》，台湾世界书局 1982 年版，第 77 页。
③ 张舜徽：《说文解字约注》，华中师范大学出版社 2009 年版，第 1282 页。

B. 记录词项｛贡纳｝

（2）己未邑示四屯，岳内。（H17561）

实际上，这一词项是从进入义引申而来。可以看到，在"内"字最早的记录职能中，只用来记录词项｛进入｝，不用来记录词项｛里面｝。综合考虑"内"字的构形及文献用例，可以确定"内"字记录的本义应该是词项｛进入｝。

（二）"内"字的兼用

所谓兼用"是指用本字记录另一个跟本词有音义联系的派生词的现象"①。本文中凡是与"内"字本义有密切关系的词项都看作该字的兼用。

我们测查从殷商时期至清代的文献，总结出"内"字的兼用职能。我们会在下面的叙述中对这些职能分别说明。

1. "内"字记录词项｛内$_1$｝（里面）

"内"字的这一职能是从进入这一动作义引申出来表示方位义。该职能最早出现在西周夷王时期。例如：

（3）东（董）裁内外，母（毋）敢否（不）善。（《师獣簋》）
（4）司王家内外，母（毋）敢又（有）不闻。（《蔡簋》）

此后的出土文献及传世文献中仍然沿用"内"字该项职能。

（5）会在天地之间而囊在四海之内，毕能其事而立为天子。（《上二·容成氏》）
（6）为桑杖倚户内。（《睡虎地秦简·日书甲种》）
（7）夫本仁祖义褒德禄贤劝善刑暴五帝三王所繇昌也。朕凤兴夜寐嘉与宇内之士臻于斯路。（《汉书·武帝纪》）
（8）六年，天子复大兴舟师征吴，复命帝居守，内镇百姓，外供军资。（《晋书·帝纪》）

在现代汉语中，还在使用"内"的这一职能。从使用语体上来看，主要出现在书面语中。从组合关系上来看，它不再单独使用，而是与名词、动词、介词、时间词和方位词等搭配使用。

（9）在15年左右的时间内，在钢铁和其他主要工业产品产量方面赶上和超过英国。②

---

① 李运富：《汉字汉语论稿》，学苑出版社2008年版，第196页。
② 引自北大语料库，网址 http：//ccl.pku.edu.cn：8080/ccl_corpus/index.jsp？dir=xiandai。

（10）这些生物群落在一定范围和区域内相互依存，在同一个生存环境中组成动态平衡系统，就叫作生态系统。①

（11）太阳系的成员除了太阳外，还包括地球在内的九大行星。②

2. 记录词项 {内₂}（内室、房屋）

词项 {内₂} 是由词项 {内₁} 引申而来的，记录在某个方位具有里面的位置特点的建筑物。"内"字的这一记录职能最早出现在战国晚期，是以单音节的形式出现的。

（12）丙死悬其室东内中北廦权，南向。（《睡虎地秦简·封诊式》）
（13）其穴壤在小堂上，直穴播壤，破入内中。（《睡虎地秦简·封诊式》）
（14）先为筑室，家有一堂二内。（《汉书·晁错传》）
（15）许便回入内，既见妇，即欲出。（《世说新语·贤媛》）

"内"字的这项职能一直沿用到魏晋时期，后世文献中"内"字这种用法多沿用前代的用例。例如最常见的是"卧内"。王念孙在《读书杂志》中的"卧内"条如下解释："室谓之内，故卧室谓之卧内。"

（16）及帝不念，召昉及之仪俱入卧内，属以后事。（《隋书·任昉列传》）
（17）庭竹垂卧内，村烟隔南阜。（《裴尹东溪别业》）
（18）偶病中把玩，搬在卧内者，魏然独存。（《〈金石录〉后序》）
（19）凉月侵卧内，捣药闻禽语。（《晚晴簃诗汇·洞霄宫》）

虽然后来"内"字的这项职能消失了，但是"内"字记录的这个词项并没有消失，取而代之的是"室""房"等词。

3. 记录词项 {内₃}（妻妾）

词项 {内₃} 是由 {内₂} 引申出来的，指生活在内室中的人。约在战国晚期至秦始皇时期，"内"字就有了这项职能。

（20）取妇为小内。（《睡虎地秦简·日书乙种》）
（21）齐侯好内。（《左传·僖公十七年》）
（22）妖王慌了手脚道："怪哉怪哉！世情变了，这铃儿想是惧内，雄见了雌，所以不出来了。"（《西游记·第七十一回》）

在文献中，"内"字也可以与别的字组合表示这个词项。如：内子、内人。

---

① 引自北大语料库，网址 http://ccl.pku.edu.cn:8080/ccl_corpus/index.jsp?dir=xiandai。

② 同上。

（23）后周制，皇后乘翠辂，率三妃、三㚤、御媛、御婉、三公夫人、三孤内子至蚕所，以一太牢亲祭，进奠先蚕西陵氏神。（《隋书·礼仪志二》）
（24）及其死也，朋友诸臣未有出涕者，而内人皆行哭失声。（《礼记·檀弓下》）郑玄注："内人，妻妾。"

"内"的这一职能一直保留到现代汉语。

（25）这是内人，她身体不太好。（《青春之歌》）
（26）但是这个人耳朵软，惧内，怕老婆，他有西部牛仔的风格，不受拘束，但是却信任部属。①

4. 记录词项 {内₄}（心里）

该词项是由 {内₁} 引申出来记录具体的人体方位，"内"字的这个职能最早见于战国时期的《上博简》中。

（27）尧乃为之教曰："自内焉，余穴窥焉，以求贤者而让焉。"（《上二·容成氏》）
（28）见贤思齐焉，见不贤而内自省也。（《论语·里仁》）
（29）王平子形甚散朗，内实劲侠。（《世说新语·逸险》）
（30）我为同州牧，内愧无才术。（《六年春赠分司东都诸公》）

在现代汉语中偶或用"内"表示心里之义，但是往往是与其他的词组成双音节词出现，如"内疚"。

（31）他还表示对自己在团体决赛中的失误感到很内疚。②

5. 记录词项 {内₅}（内脏、五脏）

该项职能是由词项 {内₄} 引申出来的记录人体内脏器官。"内"字的这一职能最早见于汉代的《太平经》。

（32）多五内疾者，是五行气战也；多病四肢者，四时气不悦也。（《太平经·钞乙部》）
（33）仰惟先后平日，近集群官，共论政治，平秩民务。何图一旦祸酷奄钟，独见公卿，言及丧事，追惟荼毒，五内崩摧。（《三国志·魏书》）

---

① 引自北大语料库，网址：http://ccl.pku.edu.cn:8080/ccl_corpus/index.jsp?dir=xiandai。
② 同上。

（34）忽忆父兄枉被诛，即得五内心肠烂。（《伍子胥变文》）
（35）此时黄道台早已急得五内如焚，一句话也回答不出来。（《官场现形记·卷三》）
（36）吾祖宗坟墓，久为发掘，每念及此，五内惨烈。（《清史稿·朱之渝传》）

"内"字的这一职能一直使用到清代，现代汉语中"内"字记录的这一词项并没有消失，用"脏"字来记录。例如：

（37）俗话说：麻雀虽小，五脏俱全。①
（38）我国古代就提出了关于情绪的脏腑说理论，认为不良情绪会导致五脏六腑的病变，如认为"怒伤肝、思伤脾、忧伤肺、恐伤肾"等。②

6. 记录词项 {内$_6$}（皇宫）

该词项是由词项 {内$_2$} 引申出来专指"方位在里面的建筑物"。《古今韵会举要·队韵》"天子宫禁谓之内"，在文献中"内"可以记录"皇宫"义。"内"字的这一职能最早出现于西周时期，见于《周礼》。其后的用例有：

（39）西宫南内多秋草，落叶满街红不扫。（《长恨歌》）
（40）今闻陛下令群臣迎佛骨于凤翔，御楼以观，舁入大内。（《论佛骨表》）
（41）洪武八年改建大内宫殿，十年告成。（《明史·舆服志》）
（42）太尉见说，随即便入内里，奏知天子。（《水浒传·第八十二回》）
（43）上崩，年六十九，即夕移入大内，发丧。（《清史稿·世宗本纪》）

民国时期，皇宫这一客观事物消失，"内"字所记录的"皇宫"义也退出了历史舞台。现代汉语中"内"已经没有这个职能，这一用法只保留在古籍中。

"内"与一些词组合成的专有名词在历史上也活跃了很长时间，如自西周就已经出现的"内史"一词。不过由于古代官员制度改革，它所表示的具体含义也有所变化，这些专有名词中的"内"字都是"皇宫"义的词素化。

第一，内史，见于西周青铜器铭文。掌管策命诸侯及孤卿大夫，凡四方之事书则读之。

（44）唯王九月丁亥，王客于般宫，井白内右立中廷，北向。王乎乍命内史册命利。（《利鼎》）

战国时掌管"大内"之官，主管租赋与财务。秦代时治理京师之地，还设有治粟内史，掌理国家财政。汉初沿置，掌管全国财经事务与京师地区。隋代设中书令，因避隋文

---

① 引自北大语料库，网址：http：//ccl. pku. edu. cn：8080/ccl_ corpus/index. jsp? dir = xiandai。
② 同上。

帝父杨忠讳，改为内史令，属于宰相职。唐沿用。至明朝，朱元璋废内史不设。清置内史，相当于大学士。民国初年，袁世凯曾改秘书为内史，掌函牍。

第二，大内，出现在《睡虎地秦墓竹简》中，表示京城的库房。

（45）都官远大内者输县，县受卖之。（《金布律》）

第三，少内，最早见于睡虎地秦简。朝廷管理钱财的机构。

（46）少内以收责之。其入赢者，亦官与辨券，入之。（《金布律》）

第四，内坊，皇太子东宫所属官署之一，管理宫内事务。

（47）初，内坊隶东宫。开元二十七年，隶内侍省，为局，改典内曰令，置丞。（《新唐书·百官志二》）

第五，内侍，官名。

（48）有《名宦录》，臣昔年于江南无锡道中，曾呈御览，内侍梁九功传旨"知道"。（《鸥陂渔话·邹广文效忠图》）

第六，内务府，为清代特有，管理宫廷事务的机构。

（49）遇有外廷典礼应需之物，即由礼部向内务府行取谨慎预备。（《大清光绪新法令》）

7. 记录词项 {纳}

"交纳"和"接收"是就一个动作的两个方面来说的，故我们将其放在一起说明，均由 {纳} 来表示。这两个词项由词项 {进入} 引申而来。"内"字的这项记录职能在甲骨文中就出现了，但是用例不多，到了金文、战国文字中逐渐增多。

（50）望肇帅型皇考，虔夙夜出内王命。（《师望鼎》）
（51）其言有所载而后内，或前之而后交，人不可触也。（《上博简一·诗论》）
（52）距关，毋内诸侯，秦地可尽王也。《史记·项羽本纪》

大约在秦到汉代这一时间段内，借用"纳"字来专门记录此义项，到了南朝时期，"内"字的这一职能完全由"纳"字来承担。

8. 记录词项 {汭}

词项 {汭} 由词项 {入} 派生而来专门记录一条河流进入另一河流的特点。"内"

字的这一职能最早出现在春秋晚期。

(53) 弱水既西，泾属渭内。(《尚书·禹贡》)
(54) 勿迎之于水内，令半济而击之。(《孙子·行军》)
(55) 晋兵解而去，当此时晋疆西有河，西与秦接境，北边翟东至河内。(《史记·晋世家》)

"内"字的这项记录职能很快就消失了，由同时期的"汭"字取而代之。

9. 记录词项 {枘}

这个意义由进入义派生出来记录插入其他物体的榫头。这项职能出现在汉代。

(56) 淳于髡曰：方内而员釭，如何？(《新序·杂事第二》)

"内"字的这项记录职能使用时间不是很长，在汉代很快就由"枘"字取代了。

10. 记录词项 {讷}

由 {内₁} 派生而来，即话憋在心里说不出。"内"字的这项记录职能在战国时期已有用例：

(57) 文质疏内兮，众不知吾之异采。① (《楚辞·九章·怀沙》)
(58) 赵文子其言内内不出诸其口。(《礼记·赵文子与叔誉观乎九原》)

"内"字的这一职能由与之同时的"讷"字迅速取代，并且一直沿用到现代汉语。

在厘清"内"字本用和兼用职能的基础上，我们总结出"内"字所记录义项的引申脉络（见图1）。

（三）"内"字的借用

所谓借用，是将字形当作语音符号去记录与该字形体无关但音同音近的语词②。借用不仅是记录他词的本义，还是记录他词引申义的现象。一般人们会根据借字所记录的他词是否有本字，分为两种情况：有本字的借用和无本字的借用。我们所讨论的借用也包括这两类，在行文中不作详细区分，均视作借用。

1. 记录词项 {退}

"内"字的这项记录职能大约出现于汉代。用例很少，目前只见到马王堆帛书中的一处用例：

(59) 进内，利武人之贞。(《马王堆帛书·六十四卦（巽）》)

---

① 洪兴祖补注：内，旧音讷。讷，木讷也。
② 李运富：《汉字汉语论稿》，学苑出版社2008年版，第187页。

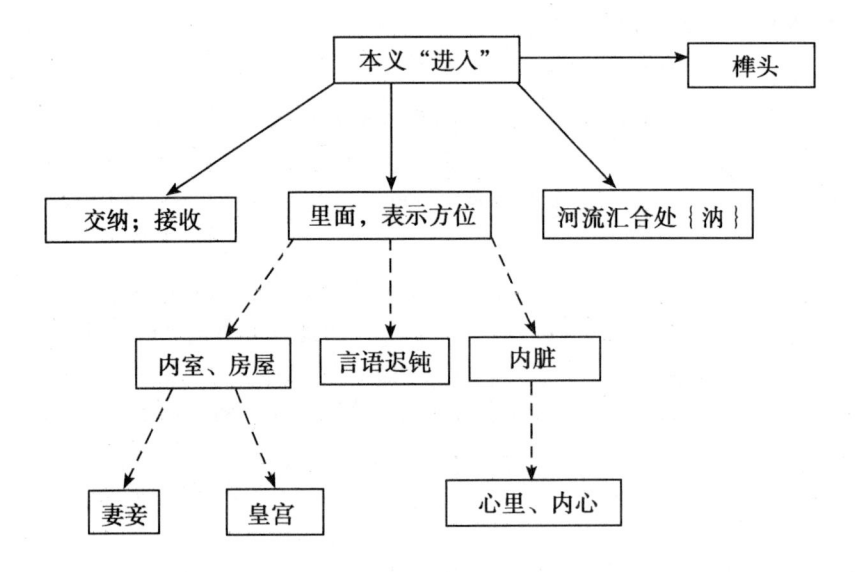

```
                    本义"进入" ──────→ 榫头
                   ↙      ↓       ↘
          交纳；接收   里面，表示方位   河流汇合处{汭}
                   ↙    ↓    ↘
           内室、房屋  言语迟钝  内脏
              ↙  ↘              ↓
           妻妾  皇宫          心里、内心
```

图 1 "内"字所记录各义项的引申脉络

该项职能很快由"退"字取代，一直沿用至今。

2. 记录词项｛芮｝

在西周晚期的青铜器铭文中，"内"字有了记录诸侯国、地名、姓氏的职能。

（60）内（芮）公乍铸飤鼎，子孙永宝用享。（《商周青铜器铭文选·芮公鼎》）

（61）内（芮）公乍铸京氏妇帛（叔）姬（媵），子子孙孙永宝享用。（《商周青铜器铭文选·芮公鬲》）

（62）内（芮）公乍从钟，子孙永宝用。（《商周青铜器铭文选·芮公钟》）

（63）吕王**廟**乍内（芮）姬尊壶，其永宝用享。（《商周青铜器铭文选·吕王壶》）

西汉初期，"内"字的这项职能消失，它记录的这个词项由"芮"字来接替，一直沿用到现代汉语。

（64）诗人道西伯，盖受命之年称王而断虞芮之讼。（《史记·周本纪》）

（65）芮城霪雨四旬，房舍多圮；和顺霪雨二十余日，害稼。（《清史稿·灾异志三》）

三 "内"字跟其他职用相关的字

前文我们总结了"内"的本用、兼用和借用职能。测查的过程中，"内"字与一些字有着密切的关系。本章重点探讨"内"字与相关字词的关系。

（一）"内"字与"入"字

对"内"字的记录职能进行测查时我们发现，在记录词项｛入｝和｛纳｝时，除了"内"字还有"入"字，那么二者是什么关系呢？从字形上看，"内"和"入"字显示的均是从外到里的动作，它们构形密切相关。"内"字泥母微部，"入"字日母缉部，音义相近。

从记录职能的角度看，"入"字最早出现于殷商时代，用来记录词项｛入｝和词项｛纳｝。"入"字的职用概括起来有三大类：本用，记录词项｛入｝（进入）；兼用，记录词项｛纳｝（交纳；接收）及词项｛契合｝；借用，记录词项｛声调的一种｝。兼用所记录的这两个词项，一个是由本用派生出的，另一个是由本用引申出来的。① 也就是说，"入"字所记录的这几个职能是由词项｛入｝这条途径而来的。

"内"字记录词项的发展途径，共有两条：第一条，由本用派生出三个词项｛讷｝｛汭｝｛枘｝，引申出一个词项｛内₁｝（里面）；第二条，在兼用｛内₁｝的基础上发展出五项职能，派生出一个词项｛纳｝。从殷商时期到秦代初期，"内"字和"入"字都可以用来记录词项｛入｝和｛纳｝。② 例如：

(66) 贞今日王入。贞王辛入。（H766）
(67) 隹廿又七年三月既生霸戊戌，王才周，各大室，即立，南伯入右裘卫，入门，立中廷，北向。（《廿七年卫簋》）

这一时间段内，"内"字和"入"字有两个相同的职能，结合字形、读音，可以看作异体关系。后来由于异体字分工，"内"字和"入"字各自承担不同的职能。

（二）"内"字与"纳"字

文献中，记录词项｛纳｝时，既可以用"内"字，又可以用"纳"字。那么，"内"与"纳"之间是什么关系呢？

对"纳"字的论述，主要有两种观点：

第一种观点，以王力先生和王凤阳先生为代表，认为"纳"记录词项｛进入｝。王凤阳先生指出纳的基本意义：一是从内在角度说的，是"接受进来"；二是从外在角度说的，是"使其进去"。③

第二种观点，以许慎为代表，认为"纳"就是丝湿的样子。④ 许慎之后的一些说文家也将"纳"释为丝湿的样子。

---

① 借用不属于我们这部分的讨论范围，故不再说明。
② 前文中已列举过"内"字这两项职能的用例，此处不再赘述，仅列举"入"字的用例。
③ 王凤阳：《古辞辨》，吉林文史出版社1993年版，第569页。
④ 见《说文解字》"纳"字条。

从字形上看，"纳"字从糸，内声。"糸，细丝也。凡糸之属皆从糸。"① 增加形符通常是为了表义的明确，"纳"字从糸，则是专门指称丝织品的，这个意义与"贡纳"之间没有任何联系。虽然在我国古代的贡纳制度中，有贡纳丝织品的史实，但是可以贡纳的物品众多，"纳"字从"糸"并不一定是贡纳义的理据。

所以，我们认为"纳"的本义当为丝湿的状态，而非"接受进入""交纳"。这样处理更符合"糸"作为表义构件参与构形的系统性。

在讨论"内"与"纳"的关系时，也存在着两种不同的观点。

王力和王凤阳认为二者是同源分化字的关系。王凤阳指出："这三个词古代同源，都写作'内'……'入'是'内'的简化字，'纳'是'内'的分化字。"②

段玉裁、朱骏声等人认为这两个字在意义上没联系，"内"字借"纳"字记录"交纳、贡献"和"接收"这两个义项。今人王辉在其著作《古文字通假字典》中也将"纳"释作"内"的借字。

《说文解字注》："纳，丝湿纳纳也。纳纳，湿意。刘向《九叹》'衣纳纳而掩露'。王逸注'纳纳，濡湿貌'。《汉·酷吏传》'阿邑人主'。苏林曰：邑音人相悒纳之悒，按悒纳当作浥纳，媕阿之状。于濡湿义近也。古多叚纳为内字。内者，入也。从糸，内声。奴荅切。古音亦在十五部。"③

《说文通训定声》："纳，丝湿纳纳也，从糸内声。《楚辞·逢纷》'衣纳纳而掩露'。注，濡湿貌也。按纳纳重言形况字。本训絮也。《吕览·必已》'不衣芮温'。注，芮，絮也，以芮为之。假借为内，《广雅·释诂三》'纳，入也'。《易》'纳约自牖'。《虞书》'纳于大麓'。"④

段玉裁和朱骏声认为在记录词项{入}时，"纳"字曾借用"内"字。"交纳"义由"进入"义引申而来。由此，可以看出"纳"字记录"交纳"义也属于借用。二王由于没有准确地判断出"纳"的本义，导致在讨论"内"和"纳"的关系时也出现了错误。由此我们可以得出如下结论："纳"字本义为丝湿的样子。

我们知道，在用字上，可以借用"纳"字来记录词项{纳}，但是这并不否定{纳}与"内"字所记{进入}词项的同源派生关系。即从词汇上说，{纳}与{进入}同源，从用字上说，"纳"也可以看作是对"内"字职能的分化，但其分化的方式并非"原字+义符"的另造新字，而是借用了一个现成的"纳"。"纳"字的职能只有一个，为了减轻"内"字的负担，于是在记录"交纳；接收"义项时，并没有另造新字，而是借用"纳"字来记录。所以在记录{纳}词项上，"纳"跟"内"不是"源本字—分化本字"的关系，而是"源本字—分化借字"的关系。随着使用频率的增加，人们便只用"纳"字来记录词项{纳}，"内"字的这一职能则退出了历史的舞台。

在先秦的出土文献中一般用"内"字来记录"交纳；接收"，未见到"纳"字的这

---

① 段玉裁：《说文解字注》，上海古籍出版社2011年版，第645页。
② 王凤阳：《古辞辨》，吉林文史出版社1993年版，第569页。
③ 段玉裁：《说文解字注》，中华书局2011年版，第645页。
④ 朱骏声：《说文通训定声》，中华书局1984年版，第601页。

一用法。但是，在传世的文献中此类的用法倒有一些。例如：

(68) 九月筑场圃，十月纳禾稼。(《诗经·豳风·七月》)
(69) 夏四月，取郜大鼎于宋。戊申，纳于大庙。(《春秋左氏传·桓公二年》)

我们选取了古文字中的部分材料，《左传》《诗经》《史记》《汉书》《后汉书》中的全部材料进行测查，得出表1中的数据。

表1　　　　　　　　　　　记录词项｛纳｝的字形分布

书目	取例范围	内	入	纳
《甲骨文合集》	全书	1	159	0
《商周金文》和《商周金文选》	全书	7	10	0
《上博简》	全书	5	0	0
《睡虎地秦简》	全书	2	63	0
《左传》	全书	2	20	141
《诗经》	全书	0	3	3
《史记》	全书	37	15	26
《汉书》	全书	27	20	83
《后汉书》	全书	7	4	226

根据表1数据显示，从殷商时期一直到秦代初期，没有出现"纳"字记录"接纳"的职能，这项职能由"内"字和"入"字承担；在先秦的传世文献中，"纳"字则有这项职能。那么"纳"字的这项职能何时产生的，由于材料所限，不能做出准确的判断，我们只能大致推测约为战国时期。在之后的文献中，或用"内"字，或用"入"字，或用"纳"字。一直到东汉时期，"纳"在记录词项｛纳｝的职能上获得了绝对的优势。在现代汉语中，"纳"的这项功能一直存在。

（三）"内"字与"汭"字

在记录词项｛汭｝上，"内"和"汭"是同职能的。｛汭｝包含两个义项，分别是：一条河流入另一条河；河流汇合处。在记录后一个义项时，可以用"内"或者"汭"。
前文已列举"内"字记录该职能的用例，此处只列举"汭"字用例。

(70) 莫敖以王命入盟，随侯且请为会于汉汭而还。杜注：汭，内也。水曲曰汭。(《左传·庄公四年》)

(71) 东过洛汭，至于大伾。① (《汉书·地理志》)

关于"内"和"汭"字之间的关系，有两种观点："内"为借字，"汭"为本字；② 刘钧杰在《同源字典补》一书中明确指出"内"与"汭"同源。

许慎在《说文解字》里提道："汭，水相入也。从水从内，内亦声。"③ 朱骏声曰："汭，水相入也。从水从内会意，内亦声。"王筠在《说文解字句读》中指出："异源同归即水相入也。汭字以内为声，明是水之隈曲之内也。"④

许慎、朱骏声及王筠认为"内"与"汭"有着音义上的联系。从声音上看，"内"属泥母物部字；"汭"属日母月部字。泥、日准双声，物月旁转，构成同源的声音条件。从意义上看，内就是入的意思。桂馥在《说文解字义证》中指出："凡自外入为内，所入之处亦为内。汭，本义或表示一条河流入另一条河，或表示河流汇合处。""内"字本义为进入，通过派生新词的手段来表示"河流汇合处"。在用字上则是在"内"的基础上增加义符，专门记录词项{汭}，"内"字与"汭"字是源本字与新造分化字的关系。

(四)"内"字与"枘"字

在记录{枘}这个词项上，"内"字与"枘"字是同职能的。枘，从字形上看，从木，内声。从声音上看，日母缉部字。从文献用例来看，枘有两个义项。一为名词，榫头，器物两部分利用凹凸相接的突出部分。《广韵·祭韵》释"枘"为柄枘。一为动词，楔入。例：

(72) 圜凿而方枘兮，吾固知其鉏铻而难入。(《楚辞·九辩》)
(73) 吾未知圣知之不为桁杨椄槢也，仁义之不为桎梏凿枘也。⑤ (《庄子·在宥》)

"枘"字的本义是"榫头"，在此基础上引申出表示动作的"楔入"。"枘"字最早用来记录词项{枘}是在战国时期。到了汉代，人们又偶或用"内"字来记录这个词项。在这时"内"字和"枘"字便有相同的功能。那么这两个字到底是什么关系呢？

"枘"字所记录的词义特点与"内"字的本义所表示的特点是相同的。"内"字与"枘"字应是源本字与新造分化字的关系。

"枘"字在记录词项{枘}时，往往出现于双音节词或四音节成语中。虽然仍在现代汉语中使用，往往是古汉语用法的沿袭，多出现在具有书面语色彩的诗文、史书、法律文书等内容中。在信札等略有口语色彩的文体中，偶或有用例。例如：

---

① 颜师古曰：洛汭，洛入河处，盖今所谓洛口也。
② 《汉语大字典》，"内"字条，第97页。
③ 许慎：《说文解字》，中华书局2011年版，第229页。
④ 王筠：《说文解字句读》，中华书局1998年版。
⑤ 成玄英疏：凿，孔也。以物内孔中曰枘。

(74) 不顾中国的特点去搬用西方现代语言学理论难免出现方枘圆凿的笑话。①
(75) 文化本来是"君处北海,寡人处南海,唯是风马牛不相及也",因而枘凿难入,方圆难周。②

(五)"内"字与"讷"字

在记录词项{言语迟钝}时,"内"字与"讷"字职能相同。"讷"字用例如下:

(76) 君子欲讷于言而敏于行。(《论语·里仁》)
(77) 子曰:"刚毅、木讷,近仁。"(《论语·子路》)
(78) 广讷口少言,与人居则画地为军阵,射阔狭以饮。(《史记·李将军列传》)

在我们测查的范围内,先秦时期用"讷"记录词项{言语迟钝}的用例只见到《论语》中的两处。从汉代以后,"讷"字记录词项{言语迟钝}的用例越来越多。如:

(79) 崔琰,字季珪,清河东武城人也。少朴讷,好击剑尚武。(《汉书·崔琰传》)
(80) 额勒和布木讷寡言,时同列渐揽权纳贿,独廉洁自守,时颇称之。(《清史稿·额勒和布传》)

因材料所限,我们只能依据《论语》中的用例,大致判断"讷"字记录词项{言语迟钝}的时间约在战国时期。到汉代则取代了"内"字的这项职能。那么,"内"字与"讷"字是什么关系呢?

讷,言难也,从言,内声,泥母缉部。声音上与内相近。从意义上看,"讷"指话憋在口里说不出,与"内"字所记词项{里面}有关系。"言语迟钝"这个意义可以看作是从表示"里面"的意思引申而来的。在"内"字基础上增加"言"分化出"讷"字专门记录{言语迟钝}。所以,"内"字与"讷"字是源本字与新造分化字的关系。

"讷"字的这项职能一直沿用到现代汉语。不过所表示的感情色彩从中性变成了贬义。

(81) 梁慈安,这位朴实、仁厚近于木讷的老党员、老镇长,以一种沉稳、坚忍的人格力量支撑着自己的信念。③
(82) 在这位木讷的朋友面前,我再一次确认,选择文学实际上就是选择一种精

---

① 引自北大语料库,网址:http://ccl.pku.edu.cn:8080/ccl_corpus/index.jsp?dir=xiandai。
② 同上。
③ 同上。

神方向。①

（六）"内"字与"芮"字

在记录词项｛诸侯国名｝② 时，"内"字和"芮"字的功能相同。在西周时期，人们并没有专门为这个词项造字，而是用"内"字来记录。那么，"芮"字是否是记录这个词项的本字？与"内"字又是什么关系呢？

《说文解字》："芮，芮芮，草生貌。从草，内声。读若汭，而锐切。"芮，就是芮芮的意思，是草生长的样子。由此来看，记录词项｛诸侯国名｝与本用毫无关系，应为其借用职能。这一记录职能在文献中可以看到多处用例。如：

（83）西伯阴行善，诸侯皆来决平。于是虞、芮之人有狱不能决，乃如周。（《史记·周本纪》）
（84）十八年齐桓公卒，二十年秦灭梁芮。（《史记·秦本纪》）
（85）芮伯万之母芮姜恶芮伯之多宠人，故逐之，出居魏。（《左传·桓公三年》）

记录词项｛诸侯国名｝时，先借用"内"字，后来为了减少"内"字的负担便借用"芮"字来记录这个词项。"内"字与"芮"字实为借字与借字的关系。

（七）"内"字与"退"字

"内"与"退"在记录词项｛后退｝时功能是一样的。先秦时期，人们往往用"退"字来记录词项｛后退｝，仅《左传》中就有131处用例。例如：

（86）进退不可，周旋不能，君必悔之。（《左传》）
（87）文王闻崇德乱而伐之，军三旬而不降，退修教而复伐之，因垒而降。（《左传》）

而用"内"字记录这个词项的用例只有汉代马王堆帛书中的一处。"内"字与"退"字是什么关系呢？明明已经有记录该词项的专门用字，为何还要用别的字？为何又废弃"内"字，只用"退"字呢？退，就是后退的意思。字形上，从辵，与行走有关。结合文献用例，得出其本义为后退；字用上，记录词项｛后退｝是其本用。故记录该词项，"退"为本字，"内"是借字，二者是本字与借字的关系。

上面我们提到的用字现象在汉字使用的过程中很普遍。或许因为书写仓促，随便用一个字来代替，后来发现这个字不如原来的字表义清楚，就不再使用。

---

① 引自北大语料库，网址：http：//ccl.pku.edu.cn：8080/ccl_corpus/index.jsp？dir=xiandai。
② "内"字和"芮"都可以记录词项｛姓氏｝。古人往往以某个诸侯国的名称来作为自己的姓，这一词项也是由词项｛诸侯国名｝发展而来，二者密切相关。所以，将二者归并到一个词项中。

四　总结

造字之初，字与词的关系是一一对应的，用何字记录何词是固定的。这种固定的理据对应关系反映了汉字的本来用法，即汉字的本用。汉字的职能除了本用之外还有"兼用"和"借用"等情况，所以从事实上来讲，用哪个字来记录某个词是因时因地因人而有所不同的，也就是说"汉字的职能是一个动态系统，经常处于变化之中"[①]。"内"字产生于公元前一千多年前，经过如此长的时间，它的职能也是经历了很多变化的，从变化的结果来看，主要有增益和减损两种情况。

（一）"内"字职用的增益

"内"字在产生的时候，其职能是确定的，用来记录"进入"义。在甲骨文时期，其职能是单一的。后来，为了表达的需要，它可以同时或历时地记录几个词，"内"的职能得到了扩展。其扩展主要有两条途径。

1. 兼用扩展

甲骨文中"内"可以用来记录词项｛进入｝及由该词项引申出来的｛纳｝。在东西周时期，"内"字在词项｛进入｝的基础上引申出词项｛里面｝，又由词项｛里面｝引申出其他兼用的用法。这一时间段内，"内"字的记录职能是增多了的。

"内"字兼用扩展的情况见表2：

表2　　　　　　　　　　"内"字兼用扩展一览

"内"所记录的词项	该记录职能产生的大致时间	该词项与"内"字本义的关系
｛里面｝	西周时期	引申
｛纳｝	殷商时期	引申
｛房屋｝	战国晚期	引申
｛妻妾｝	战国晚期至秦始皇时期	引申
｛心里｝	战国晚期	引申
｛内脏｝	东汉	引申
｛皇宫｝	西周	引申
｛汭｝	春秋末期	引申
｛讷｝	战国	引申
｛枘｝	战国	引申

2. 借用扩展

"内"字的很多职能是通过借用获得拓展的，在统计借用部分时，并没有区分是否有

[①] 李运富：《汉字汉语论稿》，学苑出版社2008年版，第195页。

无本字。同样，我们采用列表的形式来展示"内"字的借用扩展情况。

表3　　　　　　　　　　　"内"字借用扩展一览

"内"所记录的词项	该词项产生的大致时间	该词项与"内"字本义的关系
{退}	西汉时期	借义
{芮}	西周时期	借义

正是由于"兼用"和"借用"，汉字在"本用"的基础上，职能得到充分的扩展，极大地缓和了汉语字词之间的矛盾，使得数千汉字能够基本满足不同时代不同地域记录汉语的需要。通过上面的论述，我们看到，就"内"字存在的全过程来说，它的使用主要靠职能的扩展，或兼用或借用，真正本字本用的情况并非主流。

（二）"内"字职用的减损

通过兼用和借用，汉字的职能获得了充分的扩展，这是有利的一方面。但是，另一方面因为字符职能不断扩展，字词对应关系变得越来越模糊，一定程度上影响了文献阅读的理解。为了克服这一弊端，需要对汉字职能的扩展进行适当限制。对于已经扩展的，如果影响职能分辨，可以减少其中的一项或几项职能，这就是汉字职能的减缩。[①] 此外，我们在分析汉字职能减缩的时候，不仅仅指义项个数的减少，也包括该字使用频率的降低。

根据李运富先生对汉字职能减缩的分类，汉字职能减缩分为三种情况：异体字分工、母字分化和另造新字。"内"字职能的减缩情况，既有本用、兼用的减缩，也有借用的减缩，我们也采用这三种分类根据实际情况进行划分。

表4　　　　　　　　　　　"内"字职能减缩一览表

职用的分类	减缩的词项	减缩时间	取代该词项的字	与"内"字的关系
本用	{进入}	战国晚期至秦始皇时期	入	异体
兼用	{里面}			
	{房屋}	魏晋时期		
	{汭}	春秋末期	汭	分化
	{内脏}	晚清时期		
	{皇宫}	晚清至民国时期		
	{妻妾}			
	{心里}			
	{纳}	南朝时期	纳	借用分化字
	{讷}	战国时期	讷	分化
	{枘}	战国时期	枘	分化

---

① 李运富：《汉字汉语论稿》，学苑出版社2008年版，第200页。

续表

职用的分类	减缩的词项	减缩时间	取代该词项的字	与"内"字的关系
借用	{退}	西汉时期	退	借用他字
	{芮}	西汉初期	芮	借用他字

通过对"内"字职能历时演变的考察，我们看到"内"字的记录职能处于一个动态系统中，既有扩展又有减缩。在现代汉语中"内"字的职能还有以下几个：记录词项{里面}、记录词项{妻妾}①、记录词项{心里}，这是其职能扩展之后又减缩的结果。

（三）"内"字职能及字词关系总表

从"内"字产生一直到现在，其职能经历了很大的变化。"内"就现代汉语来看，"内"字的职能是减少的。我们将以表格的形式呈现其职能及变化过程（见表5）。

表5　　　　　　　　　　"内"字及相关各字职用

用字（相关字）	记录词项	义值	音义关系	使用属性	字际关系	使用时代② 殷商	西周	战国	秦汉	唐宋	元明	清	消失时代③ 殷商	西周	战国	秦汉	唐宋	元明	清
内	{入}	进入	本义	本用	异体	√	√	√									√		
入			本义	本用		√	√	√	√	√	√	√							
内₁	{内₁}	里面	由{内}引申	兼用			√	√	√	√	√	√							
内₂	{内₂}	房屋	由{内₁}引申	兼用		·	√	√								√			
内₃	{内₃}	妻妾	由{内₂}引申	兼用				√	√	√	√	√							
内₄	{内₄}	内心	由{内₁}引申	兼用				√	√	√	√	√							
内₅	{内₅}	内脏	由{内₄}引申	兼用				√	√	√	√	√							√
内₆	{内₆}	皇宫	由{内₂}引申	兼用		√	√	√	√	√	√								√
内	{纳}	交纳接收	由{入}引申	兼用	本字与借用分化字	√	√	√								√			
纳				本用				√	√	√	√	√							
内	{汭}	河流汇合处	由{入}引申	兼用	源本字与分化本字		√	√								√			
汭				本用			√	√	√	√	√	√							

---

① 在现代生活中是一夫一妻，不包括"妾"，此处仅指妻子。
② 此处的使用时代包括某字记录某项职能的最早时代与从出现到消失的一段时间。
③ 此处仅在某字某记录职能消失的最早时代作标记。

续表

用字（相关字）	记录词项	义值	音义关系	使用属性	字际关系	使用时代① 殷商	西周	战国	秦汉	唐宋	元明	清	消失时代② 殷商	西周	战国	秦汉	唐宋	元明	清
内（枘）	{枘}	榫头，纳入榫头	由{入}引申	兼用	源本字与分化本字			√	√							√			
			本用					√	√	√	√	√							
内（讷）	{讷}	言语迟钝	由{内1}引申	兼用	源本字与分化本字				√							√			
			本用					√	√	√	√								
内 退	{退}	后退	与{内}音义无关	借用	借字与本字			√							√				
			本用		√	√	√												
内 芮	{芮}	诸侯国名	与{内}同音而义不同	借用	借字与借字	√	√												
			借用				√	√	√									√	

（四）"内"字职用变化的原因

李运富先生在《汉字语用学论纲》一文中指出，汉字职能变化的原因有如下几个："济字用之穷（借用）；应语言之变（分化）；求书写之便（简化、异写）；为避讳之需（同音避讳、同义避讳、变形避讳）；呈修辞之异（以形寓褒吉、以形示贬凶）；玩游戏之趣（联边、离合字）；讹错误之形（讹变字、错别字）；合规范之制（正字标准、异体字整理）。"③

根据李先生分析的这些原因，我们认为"内"字职能变化的影响因素主要有：

（1）应语言之变

语言发生了变化，文字相应地也会发生变化。造字之初"内"是用来记录其本用的，由于词义的引申并伴随着读音的变化，就分化出了新的词，并用新的字形来记录。如由"内"字派生出了"汭""枘""讷"。另外，通过异体字分工来分化"内"字职能，如"内"和"入"两个字都可以用来记录词项{进入}。由于这两个字记录的词项沿着不同的途径发展，最后由"入"字专记{进入}，"内"字专记{里面}。

（2）济文字之穷

在文献中"内"常被借用来记录与本用无关的词项，如{芮}{退}等词项。早期文献字少词多，人们便借用已有的字来记录，后来又另造本字或者是借用其他的字。如"纳"字古已有之，人们用它来分化"内"字记录{纳}词项的职能。

正是由于语言之变和济文字之穷等因素的综合影响，"内"字记录职能发生不断的变化。

---

① 此处的使用时代包括某字记录某项职能的最早时代与从出现到消失的一段时间。
② 此处仅在某字某记录职能消失的最早时代作标记。
③ 李运富：《汉字汉语论稿》，学苑出版社2008年版，第63页。

（五）"内"字职用考察中值得注意的几个问题

通过对"内"字职能的测查，我们掌握了"内"所记本词本义及引申义，派生词同源义及他词借义；梳理了"内"所记词的各义项产生及消亡年代；厘清了"内"记录词语过程中产生的字词关系、字际关系、词际关系。在全面测查"内"字记录职能的基础上，梳理了"内"字职能的发展演变脉络，并统计出相关字的分布情况。但是，在测查的过程中仍有一些问题需要进一步地探讨。

第一，"内"字的构形是进入的动作，这个动作与进入的处所应该是密切相关的。但是，这两项记录职能的最早时代却不是一致的。是否因为测查材料所限，还是另有他因？这需要我们在今后的学习中继续探索。

第二，在测查楚系文字时，我们发现只有"内"字，没有"入"字。在此之前的文字以及之后的文字都不存在这一现象，我们猜测，这大概是由于用字的地域特点造成的。

第三，出土文献与传世文献在用字上不是完全一致的。文献在后世流传的过程中，经过一次次地转引或翻刻，导致与文献最初形成时的原貌渐行渐远。非常明显的例子就是"纳"字。我们测查了《甲骨文合集》《商周金文》《商周金文选》《上博简》《睡虎地秦墓竹简》，都没有发现"纳"字，一直到汉代初期才有这个字形。而在先秦典籍中则出现多例，例如在《左传》中出现了一百多个用例。我们不能仅凭一类文献就判断某字产生及消亡时代，需要将两者结合起来进行参考。这也就提示我们考察用字情况，不仅要注意书写的时代性，还要考虑用字的当代化。

第四，后世文献中的用例多是前代文献用例的因袭相承。"内"字最开始记录引申义，后来为了分化其职能，或分化新字或另造新字。后出的本字在文献中用例多承袭前代的。例如，{枘}最先出现的用例是"圜凿而方枘"，在后代的用例中或者是用"方枘"或者是"凿枘""枘凿""正枘""方枘""圆凿方枘"等。

通过测查结果，我们还看到有些后出的字一出现就取代了"内"字的某一个义项；有些字在出现后很快就消失了。这些情况可能与人们的使用习惯、当时的用字规范有一定的关系，还没有来得及普及就消失了。

"取"字职用研究[*]

姜雯洁

一 绪论

汉字是记录汉语的视觉符号系统。汉字的职能是指汉字作为字符记录汉语的功能。就现阶段研究成果来看，汉字研究主要是集中在字形的发展演变、汉字结构等方面，对汉字记录汉语职能的研究较少。个体字符究竟有哪些记录职能？这些职能是如何分布和演变的？为什么一个字可以记录多个词？同字异词及同词异字究竟反映了怎样的词际关系和字际关系？不同时代、不同地域、不同作者、不同文体的用字现象是否各有特点？汉字使用是否有总体规律？这些都是字用学将要解决的问题。

本文运用字用学理论对常用字"取"的字用职能做全面测查和描写。主要内容包括：考察"取"字记录的本用词项[①]、兼用词项和借用词项；梳理"取"记录各词项职能产生及消亡的年代；厘清"取"记录词项过程中产生的字词关系、字际关系和词际关系；在全面测查"取"字记录职能的基础上，梳理"取"字职用的发展演变脉络，并根据需要统计分布比例和使用频率，揭示汉字使用的某些规律。按照这样的选题思路，逐一考察汉字的使用情况，将相关字词的纠葛梳理清楚，不仅可以充实字用学的内容、完善字用学的理论，还可以为大型字典的编撰和修订提供穷尽性历时性成果，为汉字史研究和词汇史研究提供个案实例，为词汇学和训诂学理论研究提供论证素材，为训诂工作和字词考释提供可靠依据。

对单字"取"的研究，现在可见的多是从语法的角度分析词语｛取｝。这些文章与本文的研究角度完全不同，但为我们分析"取"所记词项提供了参考。

对"取"所记词项作全面梳理的成果主要表现在大型的辞书中，如《汉语大字典》《故训汇纂》《汉语大词典》等。以《汉语大词典》为例，其中"取"字共记录29个义项，分列如下：

取₁　［qǔ ㄑㄩˇ］

---

[*] 本文由姜雯洁《"取"字职能研究》改写而成，硕士学位论文，北京师范大学，2014年。

[①] 一般所说的"词"有时指"词位"，有时指"词项"。"词位"是计量"词"的单位，同一语音形式（包括异读等变体）下可以有多个相互关联的义项；"词项"是负载单项意义的语音形式，是"词位"的下属项别。"词位"是储存域概念，"词项"是使用域概念。"字"的职能在使用域中只相对"词项"而言，出于习惯，文中也说某"字"记录某个"义项"或某个"词"，实际指的都是单音单义的"词项"。

1.（捕获到野兽或战俘时）割下左耳。2. 称斩获敌人的首级为取。3. 拿。4. 收受；索取。5. 容易地征服别国或打败敌军。6. 泛指夺得。7. 捕捉；捉拿。8. 迎接。9. 邀请；召唤。10. 求。11. 招致；遭到。12. 得到。13. 引申为达到目的。14. 采取；选拔。15. 听从。16. 任凭。17. 依托，凭借。18. 治理。19. 副词。表示范围，相当于"才"、"仅"。20. 助词。表动态。犹"得"。21. 助词。表动态。犹"着"。22. 取妻。后多作"娶"。23. 通"聚"。24. 通"邹"。春秋诸侯国名，与鲁相邻。25. 姓。

取$_2$ ［qū ㄑㄩ］［《集韵》逡须切，平虞，清。］

1. 通"趋"。趋向。2. 通"趋"。疾走。3. 距离；相隔。4. 见"取$_2$虑"。

大型工具书中列举的义项是我们确立"取"本用、兼用、借用职能的基础。我们以《汉语大词典》为基础，参照《故训汇纂》和《汉语大字典》，对《汉语大词典》中的义项或词项进行校补。

李运富在《论汉语字词形义关系的表述》中提道："'取'作为一个字符在文献中曾记录过'割耳''获得''寻求''战胜''聚集''趋奔'等义项，这些义项就都是'取'的字符义。""'取'字符的诸义项中，割耳朵一义与以手持耳的字形理据义密切相关，是其目的义；战胜、获得、寻求诸义虽不必以手持耳但与其义理有某方面的联系，是为相关义；聚集、趋奔义与持耳之事无关，实为'聚''趣'二字符之借用，故为假借义。"[①]《论汉字的字际关系》提道"源本字'取'和分化本字'娶'在记录娶妻义上同职能。"[②] 李运富说明了"取"的本用和部分兼用、借用用法，并且简要说明了"取"与"娶"的字际关系，但并没有全面测查"取"的字用职能。如"取"还有哪些兼用用法，"取"与其他相关字词关系如何，"取"各个义项产生和消亡于何时，等等，这些都是本文要解决的问题。

本文使用的语料限定在甲骨文、金文、战国文字、十三经和二十五史等书范围内。甲骨文我们只选取姚孝遂主编的《殷墟甲骨刻辞类纂》中的语例。金文语料我们主要取自《殷周金文集成》和《金文编》两书。战国时期的语料都采自《战国文字编》和《战国古文字典》两书。十三经和二十五史我们选取阮元刻本的十三经以及南开大学组合数学研究中心和天津永川软件技术有限公司联合开发的"二十五史全文阅读检索系统"作为语料库。

本文旨在全面梳理"取"字的记词职能，剔除辞书中不规范的文意训释，并对义项或词项进行适当归纳。然后通过对历时语料的分析，详细描写"取"字职能的演变情况，为今后辞书编纂以及大规模的汉字职能研究积累经验。具体目标分述如下：

（1）"取"字的本用职能。

（2）"取"字的兼用职能。

（3）"取"字的借用职能。

（4）对"取"字及相关各字的使用属性和职能关系进行共时和历时的统计、比较、分析，总结用字规律，探讨变化原因。

---

① 李运富：《论汉语字词形义关系的表述》，《湖北民族学院学报》1997 年第 4 期。
② 李运富：《论汉字的字际关系》，载《语言》第 3 辑，首都师范大学出版社 2002 年版。

二 "取"字职用的总体呈现

本部分的主要任务是对"取"字的记词职能进行总体整理和描写。我们对《汉语大词典》中的"取"所记义项进行概括归纳，总结出"取"在整个历史过程中所记录过的义项或词项，同时参照《汉语大字典》和《故训汇纂》，力求收录义项的全面性。

（一）辞书对"取"字职用的归纳

《汉语大词典》"取"列两个字头，共 29 个义项。（见上文）

（二）本文对"取"字职用的整理

辞书对"取"字职用的归纳作为我们研究"取"字职用的参考。厘清"取"的记录职能，还须对辞书列出的"取"字的职用进行整理。

1. "取"字职用合并

《汉语大词典》所列义项较多，意义差别较大。有些直接将古代注释借来列为义项。我们在考察"取"字职能演变时必须要对这些义项进行概括，原因如下：

其一，这些义项往往是一般的"获取"义在不同语境中的具体体现，也就是传统训诂学所说的"文意训释"，而非"词义训释"。

其二，义项太过细碎，不便于历时描写。我们对"取"字职能的历时描写是基于"取"曾记录过的词项或义项。若是义项太过具体，一则不具有普遍性，二则数据也会太过分散，不利于表现"取"字记词职能演变的总体趋势。

基于以上两点理由，我们对字书中的"取"所记的引申义项作了合并操作。

下面我们将《汉语大词典》中的义项[①]归并如下：

（1）（捕获到战俘时）割下左耳。按："取"的本义为"割取"，从字形上来说像以手取耳之形。其词义特征可以表示如下：

词项/义项	动程	目的	工具	对象
取（获取）	获得	占有	刀、斧等	耳朵

《汉语大词典》中第一个义项的解释与上表中的割取义的语义特征皆吻合，故归并为"割取"。

（2）拿。按：这一义项与以上义项存在很大差别，主要表现在目的要素、工具要素和对象要素都发生了变化，我们同样可以列表如下：

词项/义项	动程	目的	工具	对象
取（获取）	获得	运用	手	书、礼物等

[①] 《汉语大词典》中所列的"义项"有些并不是真正的义项，但为了称说方便，我们还是以"义项"称之。

故而我们将这一类义项归并为"获取"义。

(3) 取妻。后多作"娶"。"嫁娶"义与"割取"和"获取"义距离较远，且后世为它造出分化字形"娶"。在现代汉语语境中，这两者的区别非常明显。"接取"仅仅是将某人从异地迎接往某地；而"嫁娶"是一种仪式，其主要目的不是迎接，而是男女双方通过一定的仪式，结为社会学意义上的夫妻。但是在古代社会，情况就比较复杂了。上古时期，"嫁娶"义与"接取"义非常接近。当时女性地位低下，娶某女往往就是将某女接取来。女性有时甚至被当作战利品或抢夺的对象。如：

(1) 呼取女于林。(《甲骨文合集》9741 正)
(2) 宋督攻孔氏，杀孔父而取其妻。(《左传·桓公二年》)
(3) 楚公子围杀大司马蒍掩而取其室。(《左传·襄公三十年》)

这里的"取"还或多或少地留有"获取、接取"的痕迹。而且古时尚有抢亲的风俗，所以说，当时的婚嫁含义当与现代社会有别，"娶"早期的含义或许就是将女子从娘家"接取"过来。后来随着婚嫁社会意义的变化，"嫁娶"和"接取"已经大不相同。因此"嫁娶"义分化出新的字形，成了一个独立的词项。(当然"娶"从"取"中分化出来，还有其他因素的推动。)按照后代意义的"娶"我们分析语义特征如下：

词项/义项	动程	目的	工具	对象
取(嫁娶)	结婚	婚姻关系	无	女子

因为该义项的"动程"已经不是简单的"获取"了，与上面的诸多义项大不相同，因而我们将此单独概括为一个义项"嫁娶"。

2. "取"字职用增补

甲骨文时期"取"可以记录{槱}，表示一种祭祀。《说文解字》："槱，积木燎之也。从木火，酉声。""取"古音清纽侯部，"槱"当从"酉"得声，古音余纽幽部。侯幽旁转，可得假借。而"取"的此种职能《汉语大词典》等书未收入，应当增补。

3. "取"字职用概观

经过上文的整理，我们共得"取"字的职用项九项，列表如下：

职用	词项/义项	用字
本用	01 动词：割取	取
兼用	02 动词：获取	取
	03 动词：嫁娶	取/娶
	04 助词：得着	取

续表

职用	词项/义项	用字
借用	05 名词：地名	取/邹/陬
	06 动词：檋祭	取/檋
	07 动词：疾趋	取/趋/趣
	08 动词：聚集	取/聚
	09 动词：离开	取/去

（1）本用

本用是指用本字记录本词的用法。研究"取"字的本用首先要确定"取"是为记录哪个词而造的，即确定"取"的本义。本义并非词语最早出现的意义，而是与字形密切相关的意义。确定本义有三个要点：①字形与意义密切相关。②文献中有过实际用例。③能够成为独立的义项。[①]

"取"字甲骨字形作"𠂎"（前一·九·七）。《甲骨文字典》："取，从又从耳，象以手持耳之形。"《说文解字·又部》："取，捕取也。从又耳。《周礼》：'获者取左耳。'《司马法》曰：'载献聝。'"段注："聝者，耳也。"

从"取"的早期字形分析，用手割下耳朵，其本用当为记录"割取"义。而在实际的文献用例中"取"也确实记录过"割取、捕取"义。如《史记》中的"愿取吴王若将军头，以报父之仇"。正是因为{割取}与"取"字的字形相符，因而我们将它独立出来，而不并入{获取}义。据此，我们将"取"记录{割取}视为"取"字的本用。

（2）兼用

兼用是指本字记录另一个与本词有音义联系的派生词的现象。本字所记录的本词经过词义引申可能派生出新词。本字记录本词引申义仍为本用，记录派生出的新词则为兼用。但事实上除非有音变和分化字的形式标志，一般情况下我们很难区分"引申"和"派生"。为方便操作，我们将"取"记录引申义和派生义都视作兼用。我们以记录{割取}为"取"的本用，那么记录由{割取}引申出来的词项视作"取"的兼用。上文我们已经将《汉语大词典》中的义项作了概括，其中记录{获取}{嫁娶}{得、着}的用法皆为兼用。

（3）借用

"取"字的借用是指用"取"字记录与本字构形无关而与本词语音近同的他词的现象。"取"的借用历代各有不同，总体来看，主要有记录"邹地""檋祭""疾趋""聚集"等用法。

a. 借用"取"字记录{邹}

"邹"，地名。《说文解字》："鲁县，古邾娄国，帝颛顼之后所封。""邹"在早期又

[①] 李运富：《论汉字的记录职能》，《徐州师范大学学报》2003年第1期。

写作"聊",与"取"是形符相同,声符不同的异体字。"邹"庄纽侯部,故与"取"可得通假。

(4) 于取(聊)子孜鼓铸罐元乔。(西周《取子钺》)
(5) 且此亡王之俗,取鲁之民所以自美,而穆公独贵之,不亦倒乎!(《韩非子·难三》)陈奇猷集释:"太田方曰:'井子章曰:取、邹音通。'是。"

这两例中的"取"字都通"邹",表示地名。尤其是《韩非子》中用例,"取""鲁"连言,十分明显。

b. 借用"取"字记录{櫹}

这一假借用法只见于甲骨文时期,"取"古音清纽侯部,"櫹"当从"酉"得声,古音余纽幽部。侯幽旁转,可得假借。

(6) 乙亥卜贞:取唐(《甲骨文合集》1293)
(7) 癸酉卜贞:取岳廼燎(《甲骨文合集》14457)

c. 借用"取"字记录{趋}(趣)

"趋"《说文解字》:"走也。"

(8) 礼闻取于人,不闻取人。(《礼记·曲礼上》)
(9) 故末产不禁,则野不辟;赏罚不信,则民无取。(《管子·权修》)

d. 借用"取"字记录{聚}

"聚",《说文解字》:"会也。从似取声。"历代文献中"取""聚"相通的用例很少。如:

(10) 郑国多盗,取人于萑苻之泽。(《左传·昭公二十一年》)
(11) 内取兹谓禽。(《汉书·五行志》)

e. 借用"取"字记录{去}

"去",《说文解字》:"人相违也。""去"字文献中主要有两个义项:一是离开,二是距离。我们此处所讨论的是"取"在"距离"义项上与"去"相通。"去"古音溪纽鱼部。历史上如此通假的用例不多(可能是因为带有方言的音读),如:

(12) 盖立表近南,则取日近……盖立表近北,则取日远。(《朱子语类》)
(13) 渡淡洋可抵其地,曰干傍,取城五十里。(《真腊风土记》)

三 "取"字职用的历时考察

我们拟就前文所归纳的词项/义项为基本单位,对不同的历史层面的用字情况进行详细描写。文献搜索范围限定在甲金文、简帛文字、十三经和二十五史。希望通过对这些语料的分析,全面展示"取"字的记词职能在不同历史时期的演变情况。在检索过程中,为方便操作,我们以字形为出发点,只考察历代的"取""娶""㝵""赵""聚""趣""邹(郰)""去"九个字形。(按:邹、趋等有多种异体字,一般来说不纳入考察范围。)且这些字形所记录的义项必须是上面所列举的,不相关的用法皆不纳入统计。但凡涉及人名的,同样不纳入统计。

(一)先秦时期"取"字职用描写

该时段内部我们按文献材料的性质分为四类:一是甲骨文;二是金文;三是十三经;四是战国文物文字材料。它们也大致反映了时代的先后关系。

1. 甲骨文中"取"字职用描写

甲骨文以《殷墟甲骨刻辞类纂》中的语料为考察对象。甲骨文中"取"记录的词项一般分为三个:

a. 获取义,如:

(14) 戊寅卜,亘贞:取牛,不齿。(《甲骨文合集》8803)

b. 通"㝵",一种祭祀仪式,其对象可以是先王,也可以是山川河岳,如:

(15) 取岳有雨。(《甲骨文合集》14468 正)

c. 嫁娶义,如:

(16) 丙戌卜,争贞:取效丁人嬉。(《甲骨文合集》3097)

经过甄别,共得237个"取"字。其统计结果如下:

字形	词项/义项	数量	比例
取	动词:获取	92	38.8%
	动词:嫁娶	13	5.5%
	动词:㝵祭	132	55.7%

2. 金文中"取"字职用描写

金文我们收集范围只限定在《殷周金文集成》和《金文编》两书范围内。文献中可见的"取"字用法有二。

a. 记录"获取"义,如:

(17) 取五铧。(《扬簋》)

b. 记录地名,通"郰"或"邹",如:

(18) 取它人之善鼎。(《取它人鼎》)

具体字用情况见下表:

字形	词项/义项	数量	比例
取	动词:获取	17	77.3%
	名词:地名	5	22.7%

3. 十三经中"取"字职用描写

十三经的时间跨度较大,大致是从周初到汉初,较多集中于春秋前后。可视为商周至西汉的过渡阶段。"取"字记录的词项或义项主要有:

a. 割取义,如:

(19) 大兽公之,小禽私之,获者取左耳。(《周礼·夏官司马第四》)

b. 获取义,如:

(20) 且夫大伐小,取其所得以作彝器。(《左传·襄公十九年》)
(21) 近取诸身,远取诸物。(《周易·系辞下》)

c. 嫁娶义,如:

(22) 取妻如之何?匪媒不得。(《诗经·南山》)
(23) 取妻不取同姓,故买妾不知其姓则卜之。(《礼记·曲礼》)

d. 疾趋义,如:

(24) 礼闻取于人,不闻取人。(《礼记·曲礼》)

e. 聚集义,如:

(25) 郑国多盗，取人于萑苻之泽。(《左传·昭公二十年》)

具体统计如下：

字形	词项/义项	数量	比例
取	动词：割取	19	2.0%
	动词：获取	867	92.1%
	动词：嫁娶	52	5.6%
	动词：疾趋	2	0.2%
	动词：聚集	1	0.1%

4. 战国文物文字中"取"字职用描写

战国文物文字以《战国文字编》以及《战国古文字典》为主要材料来源。战国文字中的"取"共收集相关用例12例。其记录的词项或义项如下：

a. 获取义，如：

(26) 以取鲜篙。(《中山王圆壶》)

b. 嫁娶义，如：

(27) 余取女。(《帛书丙四》)

具体统计如下：

字形	词项/义项	数量	比例
取	动词：获取	6	50.0%
	动词：嫁娶	4	33.3%
	名词：青赤	1	8.3%
	名词：月名	1	8.3%

（二）两汉时期"取"字职用描写

两汉时期以司马迁的《史记》、班固的《汉书》为参照。"取"字在这两部史书中用作人名、地名的例子因无参考价值，皆从略。下同。

1. 《史记》中"取"字职用描写

《史记》中的"取"字主要记录以下几个义项：

a. 割取义，如：

(28) 王翳取其头，余骑相蹂践争项王。(《史记·项羽本纪》)
(29) 郑侵周地，取禾。(《史记·郑世家》)

b. 获取义，如：

(30) 尽取周赂而去。(《史记·周本纪》)
(31) 取之不足以更费。(《史记·货殖传》)

c. 嫁娶义，如：

(32) 如秦为太子建取妇。(《史记·楚世家》)
(33) 兄弟死，皆取其妻妻之。(《史记·匈奴列传》)

具体统计如下：

字形	词项/义项	数量	比例
取	动词：割取	8	1.1%
	动词：获取	645	91.5%
	动词：嫁娶	52	7.4%

2. 《汉书》中"取"字职用描写

《汉书》是中国古代断代史体的奠基者，其距离《史记》约两百年。《汉书》中"取"字所记义项与《史记》基本相同。列举如下：

a. 割取义，如：

(34) 王翳取其头。(《汉书·陈胜项籍传》)
(35) 奋曰："愿取吴王若将军头以报父仇。"(《汉书·窦田灌韩传》)

b. 获取义，如：

(36) 取大鸟翮为两翼。(《汉书·王莽传》)
(37) 取其绶。(《汉书·王莽传》)

c. 嫁娶义，如：

(38) 勿取齐女，淫而迷国。(《汉书·五行志》)
(39) 取邯郸摎氏女。(《汉书·西南夷两粤朝鲜传》)

d. 聚集义，如：

(40) 内取兹谓禽。(《汉书·五行志》)
(41) 取不达兹谓不知，蜺白夺明而大温，温而雨。(《汉书·五行志》)

具体统计如下：

字形	词项/义项	数量	比例
取	动词：割取	2	0.4%
	动词：获取	476	89.5%
	动词：嫁娶	52	9.8%
	动词：聚集	2	0.4%

总结：《汉书》中"取"字的记词职能与《史记》略同。只是偶有借用。

（三）魏晋时期"取"字职用描写

我们将南北朝时期的几部史书一并归入魏晋。有以下几部：西晋陈寿的《三国志》，南朝范晔的《后汉书》，南朝沈约的《宋书》，南朝萧子显的《南齐书》，北齐魏收的《魏书》，等等。

1. 《三国志》中"取"字职用描写

《三国志》中的"取"字记录义项有：

a. 割取义，如：

(42) 取其头，传观之。(《三国志·魏志》)

b. 获取义，如：

(43) 独见据使人取大船以备害。(《三国志·吴志》)

c. 嫁娶义，如：

(44) 为子彭祖取鲁女。(《三国志·魏志》)

具体统计如下：

字形	词项/义项	数量	比例
取	动词：割取	1	0.3%
	动词：获取	313	97.2%
	动词：嫁娶	8	2.5%

2. 《后汉书》中"取"字职用描写

《后汉书》作者南朝范晔（398—445），其成书时间约在《三国志》后 150 年。《后汉书》中的"取"字记录义项有：

a. 割取义，如：

（45）令左右取其首诣操。（《后汉书·吕布传》）
（46）取其头以示子张。（《后汉书·郅恽传》）

b. 获取义，如：

（47）莫不取言于羲和、常占之官。（《后汉书·律历志》）
（48）掠取财畜，夺居其地大榆中。（《后汉书·西羌传》）

c. 嫁娶义，如：

（49）取妻美，则让其兄。（《后汉书·南蛮西南夷传》）
（50）后钧取掖庭出女李娆为小妻。（《后汉书·陈敬王羡传》）

d. 虚词，体标记，相当于"得"，如：

（51）又闻取降者岁数千人。（《后汉书·南匈奴列传》）

这个例子中的"取"已经基本完成虚化了。

具体数据统计如下：

字形	词项/义项	数量	比例
取	动词：割取	4	1.3%
	动词：获取	282	94.6%
	动词：嫁娶	11	3.7%
	助词：得着	1	0.4%

3.《宋书》中"取"字职用描写

《宋书》作者沈约(441—513)。《宋书》中的"取"字记录义项有:
a. 获取义,如:

(52)便无取于诸华邪。(《宋书·夷蛮列传》)
(53)然往取扬州。(《宋书·索虏列传》)

b. 嫁娶义,如:

(54)无禁取妇、嫁女、祠祀、饮酒、食肉。(《宋书·礼二》)
(55)亦不取汝,取汝正足乱人耳。《宋书·文九王》)

具体数据统计如下:

字形	词项/义项	数量	比例
取	动词:获取	343	98.8%
	动词:嫁娶	4	1.2%

4.《南齐书》中"取"字职用描写

《南齐书》是现存关于南齐最早的纪传体断代史,晚于《宋书》约15年。
《南齐书》中"取"字记录义项有:
a. 获取义,如:

(56)舍华效夷,义将安取?(《南齐书·顾欢传》)
(57)今臣所立,易以取信。(《南齐书·祖冲之传》)

b. 嫁娶义,如:

(58)乡里称为义门,多欲取为妇。(《南齐书·孝义传》)

其具体统计结果如下:

字形	词项/义项	数量	比例
取	动词:获取	186	99.5%
	动词:嫁娶	1	0.5%

5.《魏书》中"取"字职用描写

《魏书》作者魏收(505—572),晚于《南齐书》约30年。

《魏书》中"取"记录义项如下：
a. 获取义，如：

(59) 取邑治城，而失众心，则虫为害矣。（《魏书·灵征八上》）
(60) 赦律何以取信于天下。（《魏书·刑罚七》）

b. 嫁娶义，如：

(61) 皓之取妻也，详亲至其家。（《魏书·北海王传》）
(62) 为家僮取民女为妇妾。（《魏书·京兆王传》）

c. 虚词，得，如：

(63) 平常劫掠，卖取猪狗而已。（《魏书·獠传》）

按："卖取"之"取"当表示"卖"这一动作的完成。全文只此一例。

字形	词项/义项	数量	比例
取	动词：获取	426	97.7%
	动词：嫁娶	9	2.1%
	助词：得着	1	0.2%

（四）隋唐时期"取"字职用描写

隋唐阶段的史书主要有《晋书》《梁书》《北齐书》《周书》《隋书》《北史》。
1. 《梁书》中"取"字职用描写
《梁书》中"取"字记录的仅有"获取"义。

(64) 盖悬象在天，四时取则于辰斗。（《梁书·侯景传》）
(65) 以此取名位也。（《梁书·孙谦传》）

具体统计如下：

字形	词项/义项	数量	比例
取	动词：获取	180	100%

2. 《北齐书》中"取"字职用描写

《北齐书》中"取"记录义项如下：

a. 割取义，如：

（66）人有死者，即取其肉。(《北齐书·慕容俨传》)

b. 获取义，如：

（67）受诛取辱，何可尤人。(《北齐书·樊逊传》)
（68）将直取扬州。(《北齐书·王琳传》)

c. 嫁娶义，如：

（69）遂为其兄子取景仁第二息子瑜之女。(《北齐书·张景仁传》)
（70）斑曰："不敢诽谤，陛下取人女。"(《北齐书·祖珽传》)

具体列表如下：

字形	词项/义项	数量	比例
	动词：割取	1	0.7%
取	动词：获取	142	97.9%
	动词：嫁娶	2	1.4%

3. 《周书》中"取"字职用描写

《周书》由令狐德棻（583—666）主编，成书与《梁书》基本同时。

《周书》中"取"记录义项如下：

a. 获取义，如：

（71）竞小廉，以取名誉。(《周书·萧詧传》)
（72）迁哲亦自取供食。(《周书·李迁哲传》)

b. 嫁娶义，如：

（73）不肯取妻，岂复欲南乎？(《周书·薛憕传》)

具体列表如下：

字形	词项/义项	数量	比例
取	动词：获取	147	99.3%
	动词：嫁娶	1	0.7%

4. 《隋书》中"取"字职用描写

《隋书》由魏徵（580—643）主编，成书与《梁书》基本同时。

《隋书》中"取"记录义项如下：

a. 割取义，如：

（74）贵人死，剥取皮。（《隋书·女国》）

b. 获取义，如：

（75）乃取姑洗为角。（《隋书·音乐志》）
（76）亦取而用也。（《隋书·音乐志》）

c. 嫁娶义，如：

（77）通得取妇。（《隋书·礼仪三》）
（78）昔晋太子取屠家女。（《隋书·文四子传》）

具体列表如下：

字形	词项/义项	数量	比例
取	动词：割取	1	0.2%
	动词：获取	399	98.5%
	动词：嫁娶	5	1.3%

5. 《晋书》中"取"字职用描写

《晋书》作者唐房玄龄（579—648）等二十一人。晚于《隋书》等12年。《晋书》中"取"记录义项如下：

a. 获取义，如：

（79）孤取天下，有易于汉祖。（《晋书·载记·苻洪》）
（80）无为相逼，自取死也。（《晋书·载记·慕容皝》）

b. 嫁娶义，如：

（81）常杀人而取其妻。（《晋书·载记·李势》）
（82）《礼》，取妇三日不举乐。（《晋书·礼下》）

具体列表如下：

字形	词项/义项	数量	比例
取	动词：获取	602	98.5%
	动词：嫁娶	9	1.5%

6. 《北史》中"取"字职用描写

《北史》作者李延寿（581—600），晚于《晋书》等11年左右。
《北史》中"取"记录义项如下：
a. 割取义，如：

（83）取稻、麦于邻国，有五果。（《北史·列传第八十五》）
（84）愿取名王之首。（《北史·列传第八十七》）

b. 获取义，如：

（85）乃取死罪囚试之。（《北史·列传第八十五》）
（86）取得本船，泛达其国。（《北史·列传第八十二》）

c. 嫁娶义，如：

（87）女多男少，婚嫁不取同姓。（《北史·列传第八十二》）
（88）后取娄定远妾董氏。（《北史·段荣传》）

具体列表如下：

字形	词项/义项	数量	比例
取	动词：割取	2	0.3%
	动词：获取	672	98.1%
	动词：嫁娶	11	1.6%

(五)宋元时期"取"字职用描写

宋元时期的史作有:《新唐书》《旧五代史》《宋史》《旧唐书》。

1.《旧唐书》中"取"字职用描写

《旧唐书》中"取"字记录义项如下:

a. 割取义,如:

(89) 取禾稼,西境骚然。(《旧唐书·吐蕃下》)
(90) 计日取逆胡之首悬于阙下。(《旧唐书·封常清列传》)

b. 获取义,如:

(91) 不合取之。(《旧唐书·吐蕃上》)
(92) 盛陈攻取安戎之策。(《旧唐书·吐蕃上》)

c. 嫁娶义,如:

(93) 嫁娶之法,得取同姓。(《旧唐书·林邑传》)
(94) 取平原公主。(《旧唐书·本纪·昭宗》)

具体例表如下:

字形	词项/义项	数量	比例
取	动词:割取	3	0.3%
	动词:获取	1178	99.2%
	动词:嫁娶	6	0.5%

2.《旧五代史》中"取"字职用描写

《旧五代史》由薛居正(912—981)监修,其成书晚于《旧唐书》约30年。《旧五代史》中"取"字仅记录"获取"义。

(95) 一无所取。(《旧五代史·唐书·列传九》)
(96) 臣自攻取。(《旧五代史·唐书·列传十一》)

具体例表如下:

字形	词项/义项	数量	比例
取	动词:获取	166	100%

3. 《新唐书》中"取"字职用描写

《新唐书》前后修史历经 17 年，其成书晚于《旧五代史》86 年。

《新唐书》中"取"字记录义项如下：

a. 割取义，如：

(97) 三品以上得罪诛殛，剔取喉验其已死。(《新唐书·列传第一百九》)
(98) 取麦他国以酿酒。(《新唐书·西域列传》)

b. 获取义，如：

(99) 黄门侍郎跪取巾于篚。(《新唐书·礼乐志第一》)
(100) 侍中取受命宝跪以进。(《新唐书·礼乐志第四》)

c. 嫁娶义，如：

(101) 俄而征蕲，乃取女。(《新唐书·列传第三十七》)
(102) 柬之奏："古无天子取夷狄女者。"(《新唐书·张柬之传》)

字形	词项/义项	数量	比例
取	动词：割取	5	0.3%
	动词：获取	1548	99.0%
	动词：嫁娶	10	0.7%

4. 《宋史》中"取"字职用描写

《宋史》作者脱脱（1314—1355），其成书晚于《新唐书》285 年。

《宋史》中"取"字记录义项如下：

a. 割取义，如：

(103) 将取稼。(《宋史·列传第九十三》)
(104) 待与都统提兵取若头尔。(《宋史·列传第二百三十五》)

b. 获取义，如：

(105) 授攻取方略。(《宋史·本纪第一·太祖一》)

c. 嫁娶义，如：

(106) 悦官妓取以为妾。(《宋史·列传第六十二》)

(107) 定舆服等差及婚取丧葬仪制。(《宋史·本纪第四·太宗一》)

字形	词项/义项	数量	比例
取	动词：割取	3	0.1%
	动词：获取	3180	99.6%
	动词：嫁娶	9	0.3%

（六）明清时期"取"字职用描写

明清时期的正史只有明宋濂等所编《元史》，清张廷玉等所编《明史》。

1. 《元史》中"取"字职用描写

《元史》中"取"字记录义项如下：

a. 割取义，如：

(108) 鲜汝忠等将取蟠龙之麦。(《元史·列传第四十八》)

b. 获取义，如：

(109) 保为陛下取江南。(《元史·叛臣列传》)
(110) 欲取富贵，其言诞妄难信。(《元史·瑠求列传》)

c. 嫁娶义，如：

(111) 禁取姬妾于海外。(《元史·朵尔直班传》)
(112) 取女子三十人。(《元史·本纪·泰定帝一》)

字形	词项/义项	数量	比例
取	动词：割取	1	0.1%
	动词：获取	1353	99.3%
	动词：嫁娶	9	0.6%

2. 《明史》中"取"字职用描写

《明史》中"取"字记录义项如下：

a. 获取义，如：

(113) 寅等乃取他道渡河。(《明史·列传第一百三十五》)

（114）分兵取邵武、吉安。（《明史·陈友谅传》）

b. 嫁娶义，如：

（115）强取部民女为妾。（《明史·杨善传》）
（116）永顺宣慰使彭世麒取胜祖女。（《明史·土司传》）

字形	词项/义项	数量	比例
取	动词：获取	1353	99.3%
	动词：嫁娶	9	0.7%

四 "取"字职用的总结

前文我们以词项或义项为纵轴，对"取"字记录过的词项或义项作了历时的用字分析。下面，我们主要从"取"字职用的增加和缩减两方面对"取"字的记词职能的演变加以说明。

（一）"取"字职用的增加

汉字记词职能增加的原因基本包括两个方面，一是词义本身的引申；二是文字被借用去记录他词。李运富认为，"兼用"和"借用"是字符职能扩展的两条主要途径。从附录统计表中可以看出，早期"取"字的职用多是借用，在先秦，"取"字除了助词"得、着"和动词"离开"两个词项没有记录过外，其他的都有过记录。随着时间的推移，"取"字渐渐通过兼用记录"嫁娶"和"得、着"两个词项。所以下面将分别从引申和借用的两个方面来说明。

1. 因词义的引申而增加

1）嫁娶义

"嫁娶"义是从"获取"义引申发展而来。甲金文中皆不见"娶"这一词项。十三经中"娶"义较多。可见至少在两周时期，"嫁娶"义就从"获取"义中分化出来了。并一直延续至明清时期。根据附录表我们可以看到，从两周时期"取"字就开始记录"嫁娶"义，但其记录"嫁娶"义的比例是逐渐缩小的。从战国时期的50%左右，降到明清时期的10%左右。

2）体标记

关于"取"字记录助词的用法，从所统计的语料看，"取"字虚化为"得、着"最早始于《后汉书·南匈奴列传》："北虏众以南部为汉所厚，又闻取降者岁数千人。"但全书仅此一例。后在《魏书》中也出现一例。所以就语料所反映的情况看，"取"字的助词用法，集中于魏晋时期。

在两汉以前，尚没有表示"得、着"的词项产生，故而在虚词用法产生后，"取"字的记词职能自然就增加了。

2. 因文字的借用而增加

"取"字在造字时当只是为"割取"义而造，但早期的情况是"禷祭""趋近""聚集""郰地"等词项都还没有造出本字，因而借"取"来表示。早期的"取"字职能较多，主要是由于借用而导致的。

1）"禷祭"义。"取"借作"禷"主要发生在甲骨文中。一来当时"禷"字尚未产生；二来禷祭在甲骨文时代出现频率高。甲骨文以后皆不见有通用用例。

2）"疾趋"义。"取"借作"趋"只见于十三经中，战国以后皆不见有通用用例。

3）"聚集"义。"取"借作"聚"在十三经和《三国志》中各有一例，故"取"借用作"聚集"义起自上古，大约结束于魏晋时期。

4）"地名"义。"取"借作"郰"在金文中发现五例，随后的十三经以及战国文字中无一例外皆用"郰"字。因而这一借用职能在春秋时期就已经结束。

从附录总表中可以看出，"取"字的借用例在上古文献中，除用作地名比较常见外，大多只有零星的一两例，所占比例很低。

（二）"取"字职用的缩减

随着历史的发展，汉字的数量不断增多，字词对应关系日趋精细。所以对个别汉字而言，其记录职能一般是不断缩减的。"取"字也不例外。无论是早期的借用还是本用，都发生了分化，从而使得"取"字在后代的职能相对单一，只记录一般的"获取"义了。

1. 因词项的湮灭而缩减

在正史的语料中显示，"取"字的体标记用法在隋唐以后就很少用了。曹广顺认为，"取"字的虚化用法真正是在宋代开始逐渐减少，至元明时期大为减少，明代以后几近绝迹。因而，"取"字的记录职能少了一个。

2. 因文字的分化而缩减

早期汉字职能太多导致表意不精确。随着汉语的发展，过于集中的汉字职能往往要分离出去。李运富指出汉字职能缩减的主要方式有异体字分工、母字分化、另造新字三种方式。汉字职能的减缩包括记词职能的减少和频率的降低。

1）"嫁娶"义。"嫁娶"义用"娶"字记录最早始于十三经中（战国古文字中借用"取"字，这个问题下文还有论述）。"娶"字是从"取"字分化而来。随着字形的分化，"嫁娶"义逐渐从"取"字中剥离出来，至现代汉语中完全用"娶"字记录了。

从附表中可见，在战国文字以前，所有的"嫁娶"义全都由"取"字记录，但从十三经和《史记》开始"娶"字逐渐分担记录"嫁娶"义职能，而且比例不断增高。详见下表：

嫁娶	甲骨文	十三经	战国文字	史记	汉书	三国志	后汉书	宋书	南齐书	魏书	梁书
取	100%	43.3%	100%	50%	74.3%	36.4%	16.9%	16%	5%	15.5%	0
娶	0	56.7%	0	50%	25.7%	63.6%	83.1%	84%	95%	84.5%	100%

续表

嫁娶	北齐书	周书	隋书	晋书	北史	旧唐书	旧五代史	新唐书	宋史	元史	明史
取	10.5%	6.3%	14.3%	13.2%	11.6%	7.9%	0	11.4%	4.6%	11.1%	13.5%
娶	89.5%	93.7%	85.7%	86.8%	88.4%	92.1%	100%	88.6%	95.4%	88.9%	86.5%

注：由于金文中没有找到嫁娶义的相关用字情况，故此表缺。

由上表可见，在"嫁娶"义上，"取""娶"二字的分化关系十分明显。"娶"字所占比例在历代文献中逐渐增加。

但上表也出现了几个不"和谐"的例外情况。一个是十三经里的数据，还有一个是《汉书》中的数据。这分别反映了两个问题：一是文献用字当代化的现象；二是作者个人用字的喜好。

对字用研究来说，最可靠的语料当数出土资料，因为它就是当时用字情况的真实反映。但出土文献限于规模，大多不能全面反映当时的语词。我们主用的文献基本还是传世文献。在用传世文献统计字用时一个绕不开的问题是文献在传抄过程中用字的"当代化"。在我们所统计的语料中，用字当代化的问题在十三经中表现非常明显。还以"取"记录"嫁娶"义为例。在我们所统计的战国出土文献中，"嫁娶"义百分之百地用"取"字记录。即使是《史记》中，"取"字所占比例仍然有50%。十三经大部分写于春秋前后，其时间早于战国出土文献，更早于《史记》。按理来说，"取"字记录"嫁娶"义的比例当非常高。但结果相反，十三经中"取"字在嫁娶义项上只占40%多，甚至低于《史记》。所以说，这一现象预示着十三经在流传过程中存在大量的文字当代化的现象，从而对我们字用的统计造成了影响。这也是以后类似的字用研究需要注意的。

作者的喜好会对传世文献用字产生影响。最典型的表现就是班固的《汉书》。班固在《汉书》中喜用古字，当时的人阅读多有障碍。《史记》中"嫁娶"义的用字情况是"取"字占50%，"娶"字也占50%，从《史记》往后，总体趋势是"取"字的比例越来越小。但唯独《汉书》中的"取"字比例不降反升，而且"取"字比例高达74.3%。这是没法用常理解释的。正是因为班固在《汉书》中喜用古字，因而在表达"嫁娶"义时多用"取"字。

2)"櫇祭"义。上一节已经说明"取"借作"櫇"主要发生在甲骨文中。到后代，为"櫇祭"义另造了"櫇"字，从而使得"取"减少了这一职能。

3)"疾趋"义。"取"字的"疾趋"义春秋以后完全为"趣""趋"等字取代。"趣"字从走"取"声，可以看作"取"的分化字；"趋"字从走"刍"声，则是另造新字了。

4)"聚集"义。"取"字的"聚集"义在魏晋以后完全为"聚"等字取代。"聚"从仦取声，是"取"字的分化字。

5)"地名"义。"取"字借作地名的用法约于西周以后结束。春秋战国时期为"地名"新造"邹"字，从邑"刍"声。

"取"字以记录｛割取｝｛获取｝为基础，通过兼用和借用，先后增加了｛嫁娶｝

{得着} {櫏祭} {疾趋} {地名} 等记录职能，又由于语言变化和文字分化等原因，先后缩减了 {嫁娶} {得着} {櫏祭} {疾趋} {地名} 等记录职能，结果清代以后的"取"又回到了初始阶段，只能记录 {割取} 和 {获取} 两个词项了。

参考文献

1. 曹广顺：《近代汉语助词》，语文出版社 1995 年版。
2. 陈灿：《"字用学"的构建与汉字学本体研究的"三个平面"——读李运富先生〈汉字汉语论稿〉》，《语文知识》2008 年第 4 期。
3. 戴家祥主编：《金文大字典》，学林出版社 1999 年版。
4. 段玉裁：《说文解字注》，上海古籍出版社 2006 年版。
5. 樊莹莹：《左传用字研究》，硕士学位论文，新疆师范大学，2011 年。
6. 桂馥：《说文解字义证》，中华书局 1987 年版。
7. 韩琳：《字际关系研究述评》，载《励耘学刊》（语言卷）2005 年第 2 辑，学苑出版社 2005 年版。
8. 韩同兰：《战国楚文字用字调查》，博士学位论文，华东师范大学，2003 年。
9. 何琳仪：《战国古文字典》，中华书局 1998 年版。
10. 黄易青：《上古汉语同源词意义系统研究》，商务印书馆 2007 年版。
11. 蒋善国：《汉字学》，上海教育出版社 1987 年版。
12. 蒋绍愚：《古汉语词汇纲要》，商务印书馆 2005 年版。
13. 李运富：《汉字语用学论纲》，载《励耘学刊》（语言卷）第 1 辑，学苑出版社 2005 年版。

试论"自"字从古至今记录职能的演变*

李 娟

在汉字学范畴中，从字形本体出发，汉字至少可以归纳出三种指称：指称外部形态、指称内部结构、指称记录职能。① 从人们阅读和理解文献的角度看，汉字的外部形态造成阅读和理解障碍的可能性最小，其次是汉字的内部结构，影响最大的是汉字的记录职能。汉字在产生之初，字词关系比较单一，但随着生产和生活的提高，汉字为了适应人们日益复杂的交际需求，一字多词或一词多字的现象变得非常普遍。

纵观各个历史时代的文本，"自"字的使用频率都比较高。但是，对于这样一个常用的"自"字的各种用法人们了解得并不深入，一般人对它的认识仅限于现代常用的几个词义上。事实上，"自"的用法非常复杂，会随着时代的不同而产生不同的记录职能。为了对它有一个深入而全面的理解，本文试着从本用职能、兼用职能和借用职能三个方面对"自"字从古至今的记录职能作一个大致的梳理，并尝试分析"自"字与其他字在共同分担某些记录职能时的关系。

一 本用职能

一般而言，当汉字用来记录能够体现其造字理据的词义，即我们通常所说的本义时，体现的就是汉字的本用职能。但是，从历时的角度看，我们认为汉字的本用职能还应该包括记录与本义密切相关的引申义。

（一）记录词项｛鼻子｝

"自"的甲骨文字形为 ，是个典型的象形字。由此可见，"自"是为记录鼻子这个词义而造的，即当"自"表示鼻子的意思时，字和词的关系是本字记本词。如甲骨卜辞"贞：有疾自惟有咎。贞：有疾自不惟有咎"。（Ⅰ11506 正）② 中的"自"用的就是鼻子这个本义。《说文》："自，鼻也。象鼻形。"此外，从"臭"这个字形中，我们也可以看出"自"的本义是鼻子。《说文》："臭，禽走，臭而知其迹者，犬也。从犬，从自。"徐铉等曰："自，古鼻字。犬走以鼻知臭，故从自。"到后来，鼻子这个词义不再用"自"来记录，而是用在"自"的下面加上表音符号的"畀"组成的"鼻"字来记录。《说

---

* 本文原载《德州学院学报》2014 年第 3 期。
① 李运富：《汉字语用学论纲》，《励耘学刊》（语言卷）第 1 辑，学苑出版社 2005 年版。
② 郭沫若：《甲骨文合集》，中华书局 1980 年版。

文》："鼻，引气自畀也。"《老子》注曰："天食有以五气，从鼻入。地食人以五味，从口入。"当用"鼻"字来记录鼻子义时，字和词之间也是本字记本词的关系。而"自"和"鼻"二者之间的字际关系是古本字与重造本字的关系。

（二）记录词项｛自己、自我｝

虽说"自"是为记录"鼻子"这个词义而造的，但产生之后，它的记录职能并不单一。在卜辞中，"自"已经可以用来记录自己、自我义，如"戊午卜，争贞：惟王自往陷。十二月。二告"。（Ⅰ787）① 徐灏《说文解字注笺》云："人之自谓，或指其鼻，故有自己之称。""自"的这项记录职能是由鼻子义引申而来，属于由事物的部分代替事物整体的借代相关引申。记录"自己、自我"义的"自"一直沿用到现在，如现代汉语中习见的"自尊、自爱、自作自受"等。用"自"来记录自己、自我义时，字和词的关系是本字记本词。在古代，除了可以用"自"来记录自己、自我义，"己"字也具有这个功能。"己"的本义为中宫，《说文》："己，中宫也。象万物辟藏诎形也。己承戊，象人腹。"后引申表示自己，如《书·大禹谟》："稽于众，舍己从人。""己"的这个词义一直保留到现在，如现代汉语中习见的"己方、己见"等。用"己"来记录自己、自我义时，字和词的关系是本字记本词。"自"和"己"单独使用时可以记录自己、自我义，合在一起也有该项记录职能。"自己"组合在一起表示自己、自我义最早出现在春秋战国时期，如《孟子·公孙丑上》："今国家闲暇，及是时，般乐怠敖，是自求祸也。祸福无不自己求之者。""自己"表自我、自己义一直沿用到现在。并且，在现代汉语中，表示自己、自我之义大部分用"自己"两个字来记录，很少单独用"自"或"己"来记录。例如我们对《骆驼祥子》全文进行检索后发现自己、自我这个词义共出现了602次，词语｛自己｝的出现次数多达499次。

（三）记录词项｛亲自｝

同时，由"自己、自我"义进而可以引申出"亲自"义，如卜辞"庚戌，惟王自征刀方"。（Ⅳ33035）② 《诗·小雅·节南山》："不自为政，卒劳百姓。"这个表示"亲自"的"自"至少在民国还有使用，如《清史稿·太祖本纪》："杜松留师壁萨尔浒，而自攻吉林崖。""自"表示亲自义时，字和词的关系是本字记本词。在古代，除了可以用"自"来记录亲自这个词义，"亲"字也具有这个功能。"亲"的本义是至，《说文》："親，至也。从见，亲声。"后引申表示亲自，如《左传·僖公六年》："武王亲释其缚，受其璧而祓之。""亲"的亲自义一直保留到现在，如亲眼、亲口、亲手等。用"亲"来记录亲自义时，字和词的关系是本字记本词。发展到现代汉语中，亲自义一般用"亲"和"自"两个字来表示。"亲自"二字组合表示亲自义最早出现在战国时期，《墨子·兼爱中》："'越国之宝在此！'越王亲自鼓其士而进之。"

---

① 郭沫若：《甲骨文合集》，中华书局1980年版。

② 同上。

（四）记录词项〔使用〕

从"自"的鼻子义，可以引申出使用义。因为鼻子对于人体而言，有识别气味和呼吸等方面的作用。"自"最早记录使用义的职能出现在《尚书》中，《书·皋陶谟》："天秩有礼，自我五礼有庸哉。"孔传："自，用也。"《广韵》："自，用也。"这说明到宋代，"自"还可以记录使用义。但是这个记录职能并没有保留到现在，《现代汉语词典》对"自"的释义中就没有这个义项。"自"记录使用义时，字和词的关系是本字记本词。在古代，除了可以用"自"来记录亲自义，"用"字也具有这个功能。"用"的本义是使用，《说文》："用，可施行也。"《诗·大雅·公刘》："执豕于牢，酌之用匏。"在现代，"用"还保留使用义，如用力、用兵、大材小用等。用"用"来记录使用义时，字和词的关系是本字记本词。

二 兼用职能

关于兼用，李运富认为"所谓兼用，是指用本字记录另一个跟本词有音义关系的派生词的现象"。并认为"不只是读音不同才算是兼用，许多派生词并没有读音的变化"，[1]由此得出"虚化也是一种派生，它们不再是同一个词，但读音没有变化，也都用源词的本字来记录"[2]。

（一）记录词项〔由、从〕

古人在造字记词时遵循的规律是"近取诸身，远取诸物"（《说文·叙》），由己及他，由近及远，因而表示自己义的"自"在卜辞中就有虚化表示由、从的用法，如"辛酉卜，尹贞：王步自商，亡灾"。（Ⅰ24228）[3]《诗·邶风·北门》："出自北门，忧心殷殷。"《论语·颜渊》："自古皆有死，民无信不立。"章太炎《新方言》："自夏口而下，谓甚曰曼，音如蛮。"记录"由、从"义的"自"从产生之后一直沿用到现在，如自古、自小、自此等。用"自"来记录由、从义时，字和词的关系是源字记派生词。在汉语中，除了可以用"自"来记录由、从义，"打"字也具有这个功能。"打"的本义是打击，《说文新附·手部》："打，击也。从手，丁声。"后经过词义的虚化，可以表示由、从义，如唐代李德裕《代石雄与刘稹书》："昨打暮宿寨收得文书云：陈许游奕使贺意密报云：官军二十五日齐进雄牒报，王尚书请勘虚实。"《红楼梦》第三一回："你打那里来？""打"的这种用法，在现代汉语中还保留着，如"他打心眼里喜欢学习"。用"打"来记录由、从义时，字和词的关系是源字记派生词。

---

[1] 李运富：《汉字学新论》，北京师范大学出版社2012年版，第200页。
[2] 同上书，第201页。
[3] 郭沫若：《甲骨文合集》，中华书局1980年版。

（二）记录词项｛开始｝

"由、从"本身具有表示事物缘起的特点，所以在"由、从"这个点上，可以引申出开始义。"自"的这个用法最早出现在《礼记·中庸》："知风之自，知微之显，可以入德矣。"到唐朝还在使用，如《南史·夷貊传下·武兴》："文德弟文度立，以弟文弘为白水太守，屯武兴。宋世以为武都王。武兴之国自于此矣。"在汉语中，除了可以用"自"来记录开始义，很多字都具有这方面的功能，仅从《尔雅·释诂》"初、哉、首、基、肇、祖、元、胎、俶、落、权舆，始也"的记载中就可见一斑。如《说文》："初，始也。"即初的本义为开始，《书·伊训》："今王嗣厥德，罔不在初。"《说文》："哉，言之间也。"说话间歇之处也是下次说话的开始之处，因而"哉"可以引申出开始义，《诗·大雅·文王》："陈锡哉周。""首"的甲骨文字形为 &，像动物的头，所以其本义应为头，《诗·邶风·静女》："爱而不见，搔首踟蹰。"观察人或者动物一般是从头开始，因而"首"可以引申出开始义，《老子》："夫礼者，忠信之薄而乱之首。"《说文》："基，墙始也。"《诗·周颂·丝衣》："自堂徂基，自羊徂牛。"郑玄笺："基，门塾之基。"由墙之始可以引申为一切事物的开始，《国语·晋语九》："基于其身，以克复其所。""肇"的甲骨文字形为 𠂇，像手持兵器之形。《说文》："肇，击也。"后引申有开始义，《书·舜典》："肇十有二州。"孔传："肇，始也。"总之，在这些字中，有的本义就是表示开始义，如"初"；有的引申后有开始义，如"首、哉、基、肇"。

（三）记录词项｛本来｝

事物的开始之处往往呈现出来的是事物本来的样子，所以由开始之义可引申出本来义。"自"的这项记录职能最早出现在汉朝，王充《论衡·问孔》："人之死生自有长短，不在操行善恶也。"直到民国时期还保有这项职能，如《蕙风词·水调歌头》"人世自桑海，金石讵消磨"。在汉语中，除了"自"可以记录本来义，"本"字也可以。"本"是个指事字，《说文》："本，木下曰本。"由此可见，"本"字的本义是树根。由树根义经过引申，可以用来记录本来义。《庄子·至乐》："是其始死也，我独何能无概然！察其始而本无生，非徒无生也而本无形，非徒无形也而本无气。""本"的这个职能一直保留到现在，如"他本不想去，可是迫于无奈，最终还是去了"。

（四）记录词项｛因为、缘由｝

从另一个角度上看，事物的开始同时也就是后续结果发生的原因，所以由开始义还可以引申出因为、缘由义。"自"的这个记录职能最早出现在《易·需》："自我致寇，敬慎不败也。"到金朝还有这项职能，如王若虚《赠昭毅大将军》："高氏世居畎亩，没没于常流，殆与草木共腐，而一旦子孙蕃昌，门地烜赫，以为邦人之荣，推原其自，岂偶然也哉！"在汉语中，除了"自"可以记录因为、缘由义，"因"字也可以。"因"的甲骨文字形为 𱁈，像人睡在席子上，表示茵席，是个会意字。本义应为茵席。《说文》："因，就也。"这是许慎根据小篆字形得出的结论，是"因"的引申义而不是本义。经过进一步地引申，"因"字可以用来记录因为、缘由义。《汉书·王商传》："自古无道之国，水犹不冒城郭。今政治和平，世无兵革，上下相安，何因当有大水一日暴至？此必讹言也。"《红楼梦》第四二回："众人不知话内有因。""因"的这种用法一直保留到现在。

（五）记录词项｛自然｝

由本来义可以引申出自然，不受人为因素影响义，"自"的这项记录职能最早出现在春秋战国时期，如《老子》："法令滋彰，盗贼多有，故圣人云：我无为而民自化。"《吕氏春秋》："故荣富非自至也，缘攻伐也。"直到元朝还有使用，如《南村辍耕录》："凡纳婢仆，初来时，曰擂盘珠，言不拨自动。""自"的这个义项在现代汉语中一般用复音词"自然"来记录。"自"和"然"组合在一起表示自然，不受人为因素影响义最早出现在周朝，如《亢仓子·用道》："同病者相爱，同壮者相嫉，人情自然也。"在这个组合中，词义主要附着在"自"身上，"然"字本身不表义，它主要起的是一个凑足音节的作用。

三　借用职能

"自"不仅可以记录本义鼻子，引申义自己、自身、亲自、用、由、从、开始、本来、自然、因为、缘由等，还具有一系列的假借用法。

（一）记录介词｛在、于｝

"自"可借用为介词在、于，《易·小畜》："密云不雨，自我西郊。"《诗·小雅·正月》："不自我先，不自我后。"《吕氏春秋·古乐》："帝颛顼生自若水，实处空桑。"《水经注·江水》："自三峡七百里中，两岸连山，略无阙处。"用"自"来记录在、于义时，字和词的关系是借字记他词。在汉语中，"在"也有引申为介词在、于的用法。"在"的本义是存在，《说文》："在，存也。"《史记·十二诸侯年表》："齐、晋、秦、楚其在成周微甚，封或百里或五十里。"

（二）记录连词｛即使/如果｝

"自"又可以借用为连词，如表示让步的即使义，《礼记·檀弓下》："自吾母而不得吾情，吾恶乎用吾情？"《庄子·列御寇》："自是有德者以不知也，而况有道者乎？"《西游记》第十九回："师父，我自持斋，却不曾断酒。"在汉语中，"虽"也可以假借为让步关系的连词。"虽"的本义是虫名，一种有花纹的蜥蜴。《说文》："雖，似蜥蜴而大，从虫，唯声。"清代桂馥《札朴·乡里旧闻·虽》："曩者济南苦旱，祷雨师求水蜥易，得之瀦塘中，其虫身有花斑。案：即雖也。"后假借为表示让步关系的连词，《书·召诰》："呜呼，有王虽小，元子哉。"在这里，"自"和"虽"之间的字际关系属于假借字与假借字关系。还可表示假设关系的如果义，如《左传·成公十六年》："唯圣人能内外无患，自非圣人，外宁必有内忧。"宋代吴曾《能改斋漫录·事始二》："禁天下妇人不得施粉黛，自非宫人，皆黄眉墨妆。"在汉语中，"如"也可以假借为表示假设关系的连词。"如"的本义是跟从、跟随，《说文》："如，从随也。"《白虎通·嫁娶》："女者，如也，从如人也。"后假借为表示假设关系的连词，《诗·秦风·黄鸟》："如可赎兮，人百其身。"

（三）记录副词｛仅仅、只是｝

"自"还可假借为副词仅仅、只是。《世说新语·言语》："此未关至极，自是金华殿之语。"到了现代汉语中，这种假借还保留着，如《骆驼祥子》："他放了心，缓缓的走着，自要老天保佑他，什么也不必怕。""在这儿丢不了车，您自管放心，对过儿就是巡警阁子。"用"自"来记录仅仅、只是义时，字和词的关系是借字记他词。副词仅仅、只是除了假借"自"来记录，还假借本义表示地神的"只（祇）"记录。《说文》："祇，地祇。提出万物者也。"后产生了假借用法，杜甫《遣闷奉呈严公二十韵》："胡为来幕下，祇合在舟中。""只"是"祇"的简化字。用"只（祇）"来记录仅仅、只是义也是借字记他词。

综上所述，我们可以发现"自"字从产生之初的只记录本义鼻子，到现代汉语中可以记录自己、自然、由、从的漫长过程中经历了一系列的变化。由本义鼻子以及在本义基础上引申出来自我、自身、亲自、使用义构成了"自"的本用职能，在引申义自己的基础上虚化出的由、从、开始、本来、因为、缘由、自然义构成了"自"的兼用职能。此外，"自"还可以借用为介词、连词和副词（见图1）。虽然，"自"的这些记录职能在各个历史时期出现和消亡的时间参差不齐，分担它的各项记录职能的字形千差万别，但是，这不影响我们得出这样一个结论，那就是：从历时的角度看，"自"的记录职能是朝着扩展的方向发展。

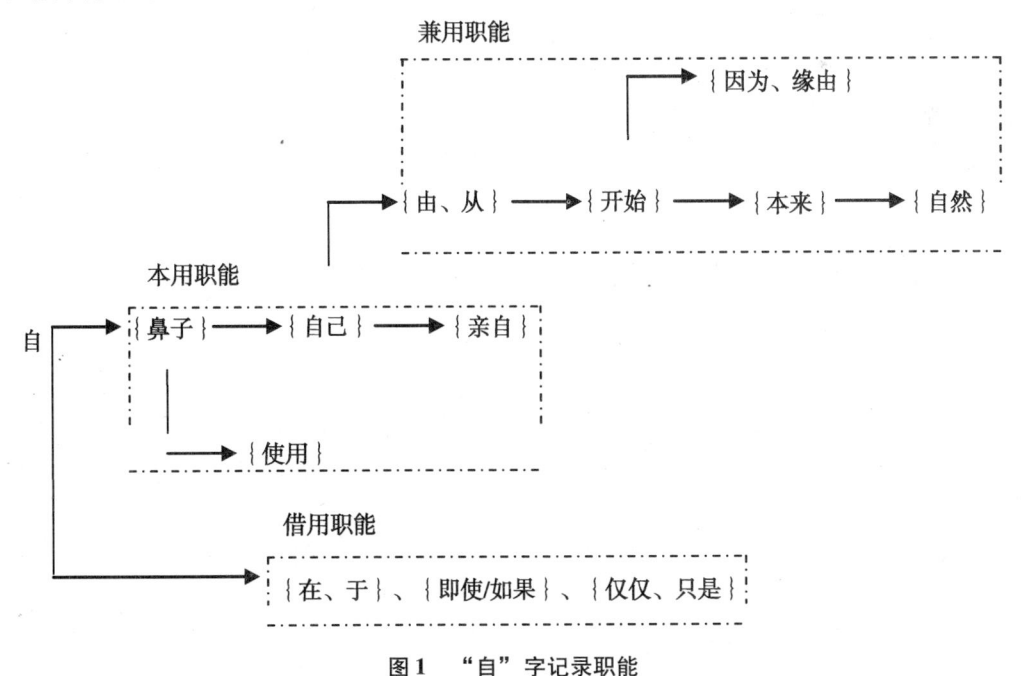

图1 "自"字记录职能

"北"字职用演变研究

陈安琪

一 "北"字的形体构意及其本用职能

《说文·北部》："北，乖也。从二人相背。""北"字从产生开始就是常用字，频繁见于各时代的文献中。从殷商文字到《说文》小篆，"北"的形体构意都十分清晰，像两人相背之形。这个形体构意从未发生变化，只是书写的形态随时代变化有所不同。如甲骨文写作"𠦴"（甲骨文合集6057）、"𠦴"（合集29401）；殷商金文写作"𠬝"（㝬簋鼎·殷周金文集成2710）；西周金文写作"𠬝"（利鼎·集成2804）、"𠬝"（寰鼎·集成2819）；战国楚简写作"𠦴"（上博楚简《容成氏》14·43）、"𠬝"（郭店楚简《太一生水》13）；秦简写作"𠬝"（放马滩秦简《日书甲种》56）、"𠬝"（睡虎地秦简《封诊式》174）。

从"北"的形体构意可知，"北"的本义应当是 {乖背、违背}，这也是"北"字的本用职能，我们把"北"记录的这一个词记为 {北₁}。但在目前所能见到的出土文献中，几乎无法找到可以确认是记录 {北₁} 的"北"字。在上博简《周易》和马王堆帛书《周易》中都有一个疑为记录 {北₁} 的用例，但尚未成为定论：

(1) 𢙃（弗）经于北洍（颐）。（上博三《周易》24）
(2) 艴（弗）经于北颐。（马王堆帛书《周易》18上）

廖名春先生《楚简〈周易·颐〉卦试释》释"北"字云："疑'北'当读为'背'，'北洍'即'背颐'，也就是违背颐养。"①

除此之外，在笔者掌握的出土文献材料中无法找到可以确认是记录 {北₁} 的"北"字。甲骨文绝大多数是占卜的记录，殷商金文以族氏铭文和其他短篇铭文为主，往往只有一两个字，而西周金文则多记接受周王赏赐并作器祭祀祖先之事，内容单一，所用语言也比较程式化。我们不妨作出这样的假设：因甲骨文、金文的书写材料和内容所限，需要用到 {北₁} 这一本义的情况比较少，所以在目前所见的甲骨文金文材料中难以找到"北"字本义的用例。在商周时期的日常书写中，"北"字记录本义 {北₁} 的情况应当是存在

---

① 廖名春：《楚简〈周易·颐〉卦试释》（http://www.bamboosilk.org/showarticle.asp?articleid=901）。

的，只是由于书写材料不像龟甲兽骨和青铜器那样不易腐烂，因而没能保存下来，无法为今人所见罢了。而在战国楚简中，词项 {北₁} 以及与它有意义关系的词项 {北₂} 至 {北₇}，一般用"伓"字记录，用"北"记录者较少。

虽然如此，但从"北"字记录 {脊背} {背面} {背叛} 等派生词项的职能来看，"北"的本用职能的确应当是记录表示乖背、违背的词项 {北₁}。且在传世的先秦文献中，{乖背、违背} 这个词项并不少见，只是用"背"字来记录。出土殷周、战国文字中都不见"背"字，秦简牍中 {北₁} {北₂} {北₃} 等词项也都用"北"记录，"背"字的产生应不早于秦汉之际。(详后。)因此，传世先秦文献中记录词项 {北₁} 及其相关引申义的"背"字，在文献产生的当时应该只写作"北"，"背"字是后人传抄古书时按照后代用字习惯所改而来。例如：

(3) 忘儇媚以背众兮，待明君其知之。(《九章·惜诵》)
(4) 人臣者，非名誉请谒无以进取，非背法专制无以为威，非假于忠信无以不禁。(《韩非子·南面》)

二 "北"字的兼用职能

"北"字的兼用职能，记录与其本用义值有联系的引申或派生词项。在说明"北"字的兼用职能时，我们尽量以同时材料举例。但鉴于出土文献中用到"北"字的情况实在有限，可能无法反映"北"字在当时的全部职能，一些先秦、秦汉时期的传世文献，我们也取作例证。如前所论，我们认为大量传世先秦文献中的"背"字是后人所改，在文献产生的当时都应该写作"北"，所以当某一引申或派生词项在出土或传世文献中无法找到用"北"字记录，却能在传世先秦文献中找到用"背"字记录之例时，我们也用以说明"北"字的兼用职能。

(一) 记录词项 {北₂}，表示"脊背"

"乖背"是两人朝着相反的方向，朝着相反的方向就会脊背对脊背，所以由 {北₁} 又引申出表示"脊背"的 {北₂}。"北"字记录 {北₂} 的职能，在秦汉简牍帛书中十分常见。如：

(5) 某头左角刃痏一所，北（背）二所，皆从（纵）头北（背），……，被（被）污头北（背）及地。(睡虎地秦简《封诊式》57)
(6) □黑善病北瘽瘇。(放马滩秦简·乙种240)
(7) 其所产病：头痛……北（背）痛，要（腰）痛……(马王堆帛书《阴阳十一脉经·巨阳脉》)
(8) 治（笞）毛北（背），不审伐数。(张家山汉简《奏谳书》115)

写于西汉早期或秦汉之际的张家山汉简在使用"北"记录词项{脊背}的同时,也使用了一个从肉北声的字"䏱"记录词项{北₂},但记录词项{北₂}的字中还是"北"字占大多数。写于东汉早期的武威汉代医简第一种第22简中有"人生三歲(岁)勿灸背,廿日死"之句,其中"背"字写作"背"。《说文·肉部》有"背"字,训为"脊也",且其他字头下的说解大量使用"背"字,如"北"字下云:"从二人相背。"《舛部》"舛"下云:"对卧也。从夂、㐄相背。"这些事实说明,从"北"字分化出来,专门用来记录{北₂}的"背"字在秦汉之际已经产生,到东汉时期已经取代"北",成为记录这个词项的常用字了。"背"字是根据{北₂}的意义构形的,但其职能不限于记录{北₂},除了记录表示"败走"义的{北₈}和表示"败走者"义的{北₉}之外,原属于"北"字的所有本用和兼用职能,后代也转交给"背"字承担。

(二) 记录词项{北₃},表示"背面,后面"

人的脊背在人身的背面,所以由表示"脊背"的{北₂}引申出表示"背面,后面"的{北₃}。这一意义在秦汉简牍帛书中也较为常见,如:

(9) 其襦北(背)直痏者,以刀夬(决)二所。(睡虎地秦简《封诊式》98)
(10) 即疏书甲等名事关牒(牒)北(背)。(睡虎地秦简《封诊式》91—92)
(11) 耳脉,起手北(背),出臂外廉两股之间。(张家山汉简《脉书》)

"北"记录{北₃}的职能,后代也由"背"字承担。

(三) 记录词项{北₄},表示"用后背对着,背对着"

"脊背"义又引申出"用后背对着,背对着"义,用"北"字记录。我们记为词项{北₄}。这一职能在笔者所掌握的出土文献材料中没有发现,但在传世先秦文献中可以找到词项{北₄},只不过用"背"字记录。这些"背"字在文献产生的当时,应该也是写作"北"的。如:

(12) 不正其主面,亦不背客。(《周礼·秋官·司仪》)
(13) 背夏浦而西思兮,哀故都之日远。(《九章·涉江》)
(14) 王背屏而立,夫人向屏。(《国语·吴语》)

(四) 记录词项{北₅},表示"背着,瞒着,背地里"

背对着别人做的事情是不想让别人知道的,所以由表示"用后背对着"的{北₄}又引申出表"背着,瞒着,背地里"的{北₅}。"北"字记录词项{北₅},在笔者所掌握的出土文献中也未见用例,但传世先秦文献却能找到用"背"记录{北₅}者,如:

(15) 好面誉人者，亦好背而毁之。(《庄子·盗跖》)

"北"记录{北₅}的职能，后代由"背"字承担。

（五）记录词项{北₆}，表示"背叛"

由{北₁}的"乖背、违背"义，引申出"背叛"义。我们将这个表示"背叛"义的词项记为{北₆}。"北"字记录{北₆}的职能，在传世文献和出土文献中都能找到例子。如：

(16) 乱至则虐，腾至则北。(《管子·君臣篇》)
(17) 食人炊骨，士无反北之心，是孙膑、吴起之兵也。(《战国策·齐策六》)
(18) 大夫悸（闵），乃虡（皆）北（背）之曰："我莫命卲（招）之。"（清华简《系年》052）
(19) 力分者弱，心疑者北。（银雀山汉简《尉缭子·二》495）

值得一提的是，银雀山汉简《尉缭子·二》"心疑者北"一句，传世本作"心疑者背"，这也从一个侧面证明了传世先秦文献中的"背"是后人所改。

"北"记录{北₆}的职能，后代也由"背"字承担。

（六）记录词项{北₇}，表示"离弃，抛弃"

背叛的结果是离开和抛弃，所以由词项{北₆}又引申出表示"离弃，抛弃"的词项{北₇}。在传世先秦文献中我们仍然可以找到这个词项，如：

(20) 其王桀背弃懿行，为璇室玉门，殷之衰也。(《晏子春秋·谏下》)

前文已经讨论过，"背"字的产生应该不早于秦汉之际，而《晏子春秋》成书时间大约在战国中后期，"背弃懿行"之"背"，在成书时应当写作"北"。

"北"字记录{北₇}的职能后代也转交给"背"字承担，传世文献中十分常见，汉代出土文献中也有用例，如：

(21) 背人忘义，唯色是存。（流沙坠简·简牍遗文·四十）

（七）记录词项{北₈}，表示"败逃，失败"

乖背、违背是朝相反的方向走，而军队败逃也是朝着进攻的反方向走，因此由"乖背，违背"义引申出表示"军队败逃"之义，段玉裁《说文解字注》"北"字下说："军奔曰北，其引伸之义也。谓背而走也。""北"字记录"失败"相关之义，不限于军队败逃，一般的失败也可以用。我们将表示"败逃，失败"义的词项记为{北₈}。例如：

（22）又与之遇，七遇皆北。(《左传·文公十六年》)
（23）㥲（弱）生于眚（性），悸（疑）生于㥲（弱），北生于悸（疑）。(郭店楚简《语丛二》36—37)
（24）期于北，勿期于得。(银雀山汉简《孙膑兵法》259)
（25）一有违者，兵辄败北。(欧阳修《孙子后序》)
（26）奕秋向少年道："汝棋北了。"(明《七十二朝人物演义·奕秋通国之善奕者也》)

例（22）、例（24）、例（25）都表示"军队败逃"，而例（23）、例（26）则表示一般的失败。

（八）记录词项{北₉}，表示"败逃的军队"

军队败逃曰"北"，败逃的军队也叫"北"。因为表示"败逃的军队"义十分常用，是一个固定而非临时的意义，我们不把它看作是词项{北₈}的活用现象，而认为是由{北₈}引申出来的一个独立的词项，记为{北₉}。例如：

（27）上不事马于战斗逐北，而民不以马远淫通物。(《韩非子·解老》)
（28）逐北，旬有五日而后反。(《庄子·则阳》)
（29）项羽追北。(《汉书·高帝纪》)

三 "北"字的借用职能

（一）记录词项{北₁₀}，表示与{南}相对的方位

"北"假借记录与南方相对的方位北方，我们记为词项{北₁₀}。"北"的这一职能在殷商时已非常普遍，后世一直沿用，且始终是"北"字最主要的职能。到现代，"北"除了记录{败北}等由前代固定下来的词之外，基本上只用来记录方位{北₁₀}了。"北"字记录方位{北₁₀}，用例如下：

（30）北土受年。吉。(《甲骨文合集》36975)
（31）伯懋父北征。(西周早期《吕行壶》9689)
（32）北乡（嚮）。(西周中期《利鼎》2804；西周晚期《大克鼎》2836)
（33）尻（居）西北秭（利）。(九店楚简·五六49)

（二）记录词项{北₁₁}，表示"北方神祇之名"

商人尚鬼神，认为天地四方都有神祇掌管，各方神祇之名往往就用方位之名。北方的

神祇因为在北而得名"北"。表示北方神祇之名的词项{北₁₁}由{北₁₀}引申而来，仍假借"北"字记录：

(34) 帝（禘）于北。（《甲骨文合集》14332）

非独商人用"北"记录{北₁₁}，战国时楚国卜筮祭祷之风甚重，战国楚简中所见"北"字，亦不乏记录神祇之名者。例如：

(35) 又（有）祱（祟）于大、北。（新蔡葛陵楚简·甲三 110）
(36) 〔祝〕韄（融）、穴㷔（熊），敚（就）祷北。（新蔡葛陵楚简·零 254、162）

楚简中北方神祇之名，除"北"之外，还有"公北""北方""北宗"，如：

(37) 折、公北、司命、司禤（祸）（新蔡葛陵楚简·零 266）
(38) 祷北方一精，先之一璧。（新蔡葛陵楚简·乙四 14）
(39) □塞祷北宗一环。（望山楚简·一 125）

例（37）至例（39）中的神祇之名都是双音节复合词，其中的语素"北"，可能源于神祇名{北₁₁}，也可能源于方位{北₁₀}。

（三）记录词项{北₁₂}，表示方国名

以{北}为名的方国，在殷商早期已经存在，因其在商之北，故得名{北}，或称{北方}。从西周青铜器铭文中的"北子""北伯"可知，西周时亦有北国，即《诗经》中的邶国。西周的北国是否继承自殷商的北国，以及西周北国的位置在北还是在南学界尚有争议，但根据目前所见的出土文献材料，不难确定方国名{北₁₂}，应该就是因为在殷商之北而由{北₁₀}引申而来的。{北₁₀}假借"北"字记录，这个北方方国的国名{北₁₂}也假借"北"字来记录。后来虽然在原来的"北"字上加上"邑"旁为方国名新造了分化本字"邶"，但"北"记录方国名的职能一直沿用到汉代。例如：

(40) 贞：在北史出获羌？贞：在北史亡其获羌？（《甲骨文合集》914 正）
(41) 辛亥卜，北方其出？（《甲骨文合集》32030）
(42) 北子乍（作）母癸宝尊彝。（西周早期《北子作母癸方鼎》2329）
(43) 王之北子各冢酉（酒）飤（食）。（望山楚简·一 117）
(44) 《北（邶）·白（柏）舟》闷。（上博楚简《孔子诗论》26）
(45) 右方北（邶）国。（阜阳汉简《诗经》S051）

《说文·邑部》有"邶"字，说明至迟到东汉时，"邶"字已经产生了。后代"北"

字记录方国名{北₁₂}的职能,转交给"邶""鄁"等字承担。

(四)假借为"别",记录词项{分离、分别}

在出土秦简中,"北"有假借为"别",记录词项{分离、分别}之例。如:

(46)女子为隶臣妾,有子焉,今隶臣死,女子北其子,以为非隶臣子殹(也)。(睡虎地秦简《法律答问》174)

"女子北其子",即女子将其子从自家分出。睡虎地秦简整理者认为"北"假借为"别"。
《三国志·虞翻传》裴松之注引《虞翻别传》中虞翻解《尚书》"分北三苗"之言云:"北,古别字。"《说文·八部》有"仌"字,形体与"北"相近,训为"分也",前人多认为此字即裴注之"古别字"。段玉裁则认为"仌"本为"兆"字,后人附会裴注才讲其改训为"分也"。从出土秦简来看,段玉裁的看法是有道理的。睡虎地秦简中所有的"别"字,都没有写作《说文》中的"仌"的,全部写作"别"。且秦简中"北""别"通假,不止此一例,如睡虎地秦简中也有假借"别"为"北"者:

(47)"害盗别徼而盗,驾(加)皋(罪)之。"(睡虎地秦简《法律答问》1)

"害盗别徼而盗"的"别",假借为"北",表示背着、瞒着。
《虞翻别传》所说的虞翻以"北"为"古别字",未必能说明"别"在先秦时期的古字是"北",但却能说明在魏晋南北朝时可能尚能见到先秦时期"北""别"通用的文字材料。因此,我们认为,《尚书》"分北三苗",也可以看成是先秦时期假借"北"为"别"的一个用例,表示词项{分离、分别}。

(五)假借为"鄙",记录词项{卑贱}

出土秦简中,"北"字有假借为"鄙"的用法:

(48)产子占:东首者贵,南首者富,西首者寿,北首者北。(周家台秦简145、146、147、148、151贰)

整理者注此"北"字说:"'北''鄙'古音相近。上古音'北'属帮母职部,'鄙'属帮母之部,声母相同,之、职二部阴入对转,此文'北'应该读为'鄙'。《左传·昭公十六年》'夫犹鄙我',杜预注:'鄙,贱也。'"
睡虎地秦简《日书》乙种中有一段与此意义完全相同的内容:

(49)生东郷(嚮)者贵,南郷(嚮)者富,西郷(嚮)寿,北郷(嚮)者贱。(睡虎地秦简《日书》乙种74贰—75贰)

从睡虎地秦简《日书》来看，周家台秦简中的"北"确实表示的是"卑贱"之义。

（六）假借记录人名中的一个音节

在战国铜器铭文中有"越王丌北古"字样，"丌北古"是越王之名：

（50）唯戉（越）王丌（其）北古，自乍（作）元之用之金（剑），戉（越）王丌（其）北古，自乍（作）用旨自。（战国早期《越王其北古剑》11703）

马承源先生认为"丌北古"即越王勾践之孙越王盲姑（越王不寿），"丌北古"与"盲姑"上古音近，中原文献将其名记为"盲姑"是声转的原因。① "丌北古"作为人名，其来源、含义都难以知晓，因此姑且先只将其看作记录人名语音之用，那么其中的"北"字自然是假借记录人名中的一个音节了。

四 "北"字职用的演变

本用和兼用职能，除了"败北"之外，后代都由"背"字承担，是由于"北"的借用职能成为了主要职能，所以分化出"背"字。而本用、兼用职能处于同一个引申系列上，所以都用分化字"背"来记录。

"北"字的职能演变大致可以分为三个阶段：先秦时期、秦汉时期和汉代以后。先秦时期，主要通过兼用和借用实现职能扩展；秦汉时期通过增旁分化新字的方法实现职能的缩减；汉代以后职能相对稳定，变化不大，其职能格局基本保持到现代。

（一）"北"字职用的扩展

先秦时期"北"字的职能通过兼用借用两种途径不断扩展。

1. 兼用扩展

"北"的本义是"乖背，违背"，其核心意义是"朝着相反方向"，由此不断引申出新的意义，派生出新的词项，"北"的职能也相应地扩展。派生的主要线索有：①朝着相反方向是两人背对背，派生出表示脊背的 {北$_2$}；脊背在人身的后面，故由 {北$_2$} 派生出表示背面、后面的 {北$_3$}；由 {北$_3$} 派生出表示用背对着的 {北$_4$}；背对着别人做的事情是不想让人知道的，因此由 {北$_4$} 派生出表示背着、瞒着、背地里的 {北$_5$}。②"违背"发展到一定程度可能变成"背叛"，因此由 {北$_1$} 派生出表示背叛的 {北$_6$}；背叛的结果是离开和抛弃，由 {北$_6$} 又派生出表示离弃、抛弃的 {北$_7$}。③军队作战，应该朝着敌军方向进攻，失败逃跑是往回跑，与进攻方向相反，所以由 {北$_1$} 也派生出表示军队败逃和失败的 {北$_8$}；败逃叫"北"，败逃的军队也叫"北"，由 {北$_8$} 又派生出表示败逃的军队的 {北$_9$}。

---

① 马承源：《越王剑、永康元年群神禽兽镜》，《文物》1962年第12期，第53页。

从 {北₁} 到 {北₉}，"北"字职能通过兼用途径进行扩展的过程在先秦时期就已经完成。"北"字记录的 {北₁} 到 {北₉} 九个词项之间有着密切的引申派生关系。以上职能及演变如图1所示：

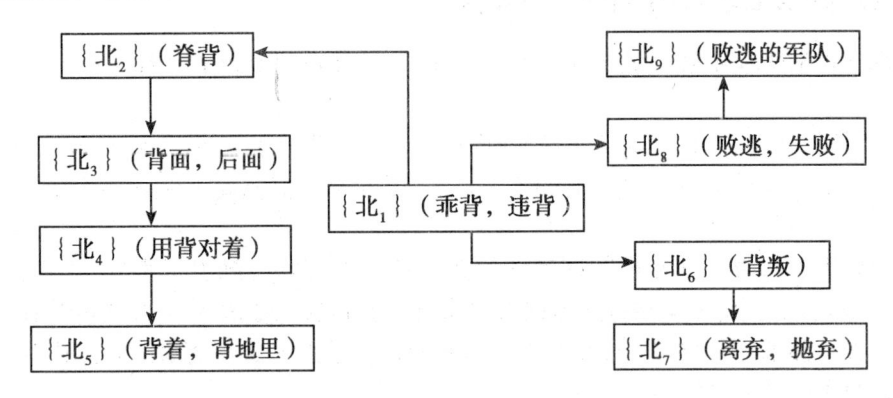

```
{北₂}（脊背）←──────┐         ┌→{北₉}（败逃的军队）
    ↓              │         │      ↑
{北₃}（背面，后面）  │         {北₈}（败逃，失败）
    ↓              │         ↑
{北₄}（用背对着）  {北₁}（乖背，违背）
    ↓              │         ↓
{北₅}（背着，背地里）│         {北₆}（背叛）
                   │         ↓
                             {北₇}（离弃，抛弃）
```

图1　"北"字所记各词项引申、派生关系

2. 借用扩展

"北"字从殷商开始就假借记录与南相对的方位 {北₁₀}，在先秦、秦汉时期，"北"也用来记录由 {北₁₀} 派生的北方神祇之名 {北₁₁} 和方国名 {北₁₂}。

除此之外，"北"字还假借为"别""鄙"，分别记录 {分离、分别} 和 {卑贱} 义。"北"字也假借记录过人名中的一个音节。

以上用法都属于"北"字的借用扩展，先秦时期已经全部产生。"北"字记录 {北₁₀} 的职能从殷商一直延续到现代，一直都是"北"字最主要的职能。记录 {北₁₂} 在汉代还有部分用例。

（二）"北"字职用的缩减

"北"字的职能在先秦时期通过兼用和借用得到了极大的扩展。但"北"字记录的某些词项在后代消失了，"北"字记录该词项的职能也就相应地消亡了。而且"北"字作为一个十分常用的字，记录的词项不宜过多，否则可能造成歧义。比如"北国"表示的是北方的国家还是叫"北"的国家，这在理解上会造成很大的障碍。因此"北"字的职能往往会通过新造字形来分化，使"北"字复杂的职能朝着简单的方向缩减。

1. "北"字原记的某个词项消失

文字是记录语言的视觉符号系统，当语言的词汇系统中的某个词项消失时，记录它的字符的相应功能也就随之消失。

随着卜筮祭祷之风的减弱，表示北方神祇之名的词项 {北₁₁} 逐渐消亡，用新的复合词表示北方神祇之名。秦简中北方神祇之名，已不单用"北"字，而全部使用双音节复合词。如抄写于战国晚期的放马滩秦简中的"北君"（《日书》乙种265）、"北公"（《日书》乙种350）。在"北君""北公"等词中，"北"字只记录一个语素而不独立记录一个词项。而且"北"字所记录的语素分析为"北方"之义更为恰当，"北君""北公"都是偏正结构的复合词。由此，我们可以认为"北"字记录词项 {北₁₁} 的职能在秦汉之后就消失了。

2. 造新字分担"北"字的记录职能

从先秦时期就开始，陆续为"北"字记录的词项造新字去分担"北"字的职能。在先秦时期造新字的主要手段是另造一字，而到了汉代则主要通过增旁分化的途径造新字。

（1）增旁分化"背"分担词项 {北₁} {北₂} {北₃} {北₄} {北₅} {北₆} {北₇}

汉代在"北"字下加"肉"旁，分化出一个形体构意与表示"脊背"义密切相关的"背"字，用来记录"北"字的本用义值及由此引申出来的绝大部分兼用义值。出土文献中较早的从肉北声的字，见于西汉早期的张家山汉简《引书》，写作""，记录表示"脊背"的词项 {北₂}。但在张家山汉简中，记录词项 {北₂} 的字，仍以"北"字为多，可见西汉早期"背"字仍处于萌芽阶段。写于两汉之际的武威汉代医简第一种第22简中有"人生三歲（岁）勿灸背，廿日死"之句，其中"背"字写作""。《说文·肉部》有"背"字，训为"脊也"，且其他字头下的说解大量使用"背"字。这些事实说明，在"北"字的基础上增加"肉"旁分化出来，专门用来记录 {北₂} 的"背"字在秦汉之际已经产生，到东汉已经取代"北"，成为记录这个词项的常用字了。"背"字是根据 {北₂} 的意义构形的，但其职能不限于记录 {北₂}，与 {北₂} 意义有联系的 {北₁} {北₃} {北₄} {北₅} {北₆} {北₇} 在此之后也都用"背"字记录，一直沿用到现代。

（2）增旁分化"邶""鄁"分担词项 {北₁₂}

汉代在"北"字基础上增加"邑"旁造"邶"字分担方国名 {北₁₂}。《说文·邑部》："邶，故商邑，在河内朝歌以北是也。从邑，北声。""邶"字的具体产生时代难以确认，写于西汉早期的阜阳汉简《诗经》尚以"北"记录 {北₁₂}，今本《毛诗》作"邶"不作"北"，但不知是其原貌还是经过后人改造。从《说文》收"邶"字来看，最晚在东汉时"邶"已经产生并分化"北"字承担记录 {北₁₂} 的职能了，而且能收入《说文》，应该已经产生并使用了不短的时间了。

在汉以后的传世文献中还有一个从邑背声的"鄁"字，记录 {北₁₂}。韦昭注《国语》引用《诗经》就作"鄁"：

（51）匏有苦叶，《诗·鄁风》篇名也。（《国语·鲁语下》"匏有苦叶"韦昭注）

唐代训注材料中有不少指出前代"邶""鄁"异文现象者：

（52）邶，蒲对反。本又作鄁。（《经典释文·毛诗·邶柏舟第三》）
（53）邶，音步内反。字或作鄁。（《汉书·地理志》"诗风邶庸卫国是也"颜师古注）

韦注《国语》说明至迟在三国时期"鄁"字已经产生了，而《经典释文》所列异文则说明了唐以前流传的《诗经》中有以"鄁"字记录 $\{北_{12}\}$ 者。唐代敦煌写卷《毛诗故训传》亦有作"鄁"者：

(54) 鄁柏舟故训传第三（敦煌．P. 2529（22 – 7））
(55) 鄁国十有九篇，七十一章，三百六十三句。（敦煌．P. 2529（22 – 7））

从唐代开始，在官方颁布的经书中，方国名 $\{北_{12}\}$ 皆以"邶"字记录，如《毛诗正义》、开成石经《诗经》写作"邶"。甚至唐代官方颁布的字书中，"邶"也放在"鄁"之前作为通行字形，而"鄁"被视为错字。《五经文字》："邶，《诗·风》作鄁者讹。"唐以后的绝大多数字书、韵书也将"邶"编排在"鄁"之前，甚至不为"鄁"单独立一个字头，而是在"邶"字下云"亦作鄁""别作鄁"等。这些现象都说明，"鄁"始终未能成为记录 $\{北_{12}\}$ 的规范、通行的字形，分化不甚成功。但"邶"的分化是十分成功的，直到现代，$\{北_{12}\}$ 一直都用"邶"记录。

(3) 另造新字"伓"分担词项 $\{北_1\}$ $\{北_2\}$ $\{北_3\}$ $\{北_6\}$

战国楚文字中有一个从人、不声的"伓"字，记录词项 $\{北_1\}$ $\{北_2\}$ $\{北_3\}$ $\{北_6\}$。如：

(56) 庚（更）民輤（怫）乐，歓（敦）遄（堪）伓（背）忢（愿）。（上博五《鲍叔牙与隰朋之谏》4）
(57) 伓（背）、膚疾。（新蔡葛陵楚简·甲一 13）
(58) 艮：亓（其）伓（背），不虁（获）亓（其）身。（上博三《周易》48）
(59) 古（故）孳（慈）以忢（爱）之，则民又（有）新（亲）；信以结之，则民不伓。（郭店楚简《缁衣》25）

以上四例中的"伓"字依次记录词项 $\{北_1\}$ $\{北_2\}$ $\{北_3\}$ $\{北_6\}$。在楚文字中，这些词项绝大多数都用"伓"字记录，只有极个别例子用"北"记录。笔者认为，此当为楚地特殊的用字习惯。因"北"假借记录表示方位的 $\{北_{10}\}$ 十分常用，所以为了避免歧义，楚人重新造了一个从人、不声的"伓"字来记录"北"字的本用义值及兼用义值（$\{败逃，失败\}$ 和 $\{败逃的军队\}$ 除外）。虽然在笔者所见的楚地简帛文献中只找到了记录 $\{北_1\}$ $\{北_2\}$ $\{北_3\}$ $\{北_6\}$ 的用例，但笔者以为，$\{北_1\}$ 到 $\{北_7\}$ 七个项之间意义联系紧密，楚文字中的"伓"字应该具备记录 $\{北_1\}$ 到 $\{北_7\}$ 所有七个词项的职能，只是尚未在出土的材料中见到。

"伓"字分化"北"的本用和兼用职能，在楚文字中应该说是相当成功的，但是由于后代文字是在秦文字的基础上发展而来的，因此"伓"字没能承袭下来。

(4) 另造新字"偝"分担词项 $\{北_1\}$ $\{北_4\}$ $\{北_6\}$ $\{北_7\}$

从人、音声的"偝"字，分担记录词项 $\{北_1\}$ $\{北_4\}$ $\{北_6\}$ $\{北_7\}$，在出土秦汉文献和传世文献中都有用例。如：

(60) 约而倍（背）之，胃（谓）之襦传。（马王堆《老子》乙本64下）
(61) 已入月，皷（数）朔日以到六日，倍之；七日以到十二日，左之；十三日以到十八日，乡（向）之；十九日以到廿四日，右之；廿五日以到卅日，复倍之。（周家台秦简262—264）
(62) 敢数楚王熊相之倍盟犯诅。（诅楚文·湫渊）
(63) 信以结之，则民不倍。（《礼记·缁衣》）
(64) 公下车，从晏子曰："寡人有罪，夫子倍弃不援。"（《晏子春秋·谏上》）
(65) 下无倍畔之心，上无诛伐之志。（《汉书·贾谊传》）
(66) 今经正纬奇，倍摘千里。（《文心雕龙·正纬》）

以上例句"倍"字记录词项 {北$_1$} {北$_4$} {北$_6$} {北$_7$}。《说文·人部》："反也。从人，音声。""倍"是为了分担记录 {北$_1$} 至 {北$_7$} 这七个密切相关的词项而专门造的新字。与"怀"字一样，"倍"字一开始应该也具备记录 {北$_1$} 到 {北$_7$} 所有七个词项的职能，但在后代则只记录"违背""背叛""背弃"义，即 {北$_1$} {北$_6$} {北$_7$} 三个词项，不再记录其他词项了。汉代"背"字产生以后，"倍"记录 {北$_1$} {北$_6$} {北$_7$} 的数量和频率就开始减少。到唐宋以后，"倍"记录 {北$_1$} {北$_6$} {北$_7$}，就只剩下两种情况：古书存留"倍"字不改为"背"；个别作者用字仿古。除了这两种情况之外，唐宋及之后新产生的文献，已经不用"倍"字记录 {北$_1$} {北$_6$} {北$_7$} 了。而且需要指出的是，即使是唐宋古文家，也少有故意用"倍"字仿古者，多数还是使用当时通行的"背"字。

"倍"字对"北"字本用和兼用职能的分化是不太成功的。秦汉出土文献中用"北"记录 {北$_1$} 至 {北$_7$} 的情况不在少数，且传世先秦文献中大量的"背"字，在当时应该也是写作"北"的，"倍"从来没有在这些职能上取代"北"字。而在"背"字产生、流行之后，"倍"字也就失去了生命力。

(5) 另造新字"忎"分担词项 {北$_7$}

楚简中有一个从心、不声的"忎"字，记录词项 {北$_7$}：

(67)《北（邶）·白（柏）舟》冈，《浴（谷）风》忎（背）。（上博一《孔子诗论》26）

从形体构意上看，"忎"从心，应是为表示背叛、抛弃等与心理活动有关的意义的词项 {北$_6$} {北$_7$} 专门造的字，用来分担"北"字的职能。"忎"仅见于楚文字，且用例极少。"忎"字在笔者所见楚文字材料中，仅此一例，其他 {北$_7$} 都用"怀"字记录，其他文献中也不见此字，可见"忎"字对"北"字职能的分化从一开始就未能通行。

3. 借字分担"北"字的记录职能

汉碑和敦煌文献中还有假借"背"字记录方国名 {北$_{12}$} 者，如：

(68) 感背人之凯风。(东汉建宁元年《衡方碑》)
(69) 背国十九篇,七十章,三百六十句。(敦煌.S.789/7)

汉代假借"背"字记录{北₁₂},可能是"邶"字产生之前为了避免"北"字的歧义而用,而在"邶"字已经产生但尚未全面取代"北"字时,假借"背"字记录{北₁₂}的现象仍然存在。而在敦煌文献书写的时代,"邶""鄁"都已经产生并广泛使用了,但敦煌文献中仍有假借"背"字记录{北₁₂}的情况,这可能是一种偶然、临时的现象,或者也可能是"鄁"字之误。这种假借"背"字记录{北₁₂}的用法并不常见,一是因为"邶""鄁"两字的流行,二是因为"背"字产生歧义的可能性也很大,于是"邶""鄁"两字更为通行。唐代以后,假借"背"字记录{北₁₂}的现象就消失了。

(三) 其他

除了以上所述,"北"字在实际使用中还曾因为形近混讹而记录过其他词项。笔者认为这已经超出了"北"字的职用范围,而是传抄和刻印过程中的失误,所以放在最后加以说明。

"北"与"比""此"字形近,因此三字时有混讹。在敦煌写卷中,"北"字左边的一横一提两笔往往超出左边一竖的右侧,而左边一提又往往写在竖画的最下方,如"北""北",字形与"比""此"十分相近,以至于敦煌文献中还有把"背"误写成"皆"的现象。宋以后的手写体里"北"可能仍与"比""此"形近,而雕刻书版的刻工往往文化水平不高,依葫芦画瓢地雕版,就容易产生错误。宋刻苏洵《嘉祐集》中有"此"误刻作"北"者,元刻曾巩《元丰类稿》有"北"误刻成"比"者,孙诒让在《十三经注疏校记》中也提到一些明代版本"比""北"互讹的现象。宋刻本中的"北"作"北""北"者不少,仍然与"比""此"形近。既然三字形近,刻工在刻书的过程中也就有可能把"比""此"误刻为"北"。作为形近讹误字的"北",在一些文献中实际上记录的是"比"或"此"的音义。如:

(70) 可为谏法者五:理谕之,势禁之,利诱之,激怒之,隐讽之之谓也。……此理而谕之也。……北(此)势而禁之也。(《嘉祐集·谏论上》四部丛刊景宋巾箱本)

经过上述演变,"北"字在现代只剩下两个主要职能:①记录方位{北₁₀};②记录表示失败的{北₈}。其中,前者是最常用的,后者则一般出现在"败北"等从古代汉语中凝固下来的词中,不单独使用。

五 "北"字职用总结

综上所述,"北"字的职用及其演变情况如表 1 所示:

表 1   "北"字职用一览表

用字（相关字）	记录词项	义值	音义关系	使用属性	字际关系	殷商	西周早	西周中	西周晚	战国	秦汉	魏晋南北朝	唐宋	元明	清	现代
北	{北₁}	乖背,违背	本义	本用	源本字					+	+					
背				本用	分化本字							+	+	+	+	+	+
怀				本用	分化本字					+	+					
倍				本用	分化本字					+	+	+	+			
北	{北₂}	脊背	由{北₁}引申	兼用	源本字					+	+					
背					兼用	分化本字							+	+	+	+	+	+
怀					兼用	分化本字					+						
北	{北₃}	背面,后面	由{北₂}引申	兼用	源本字					+	+					
背					兼用	分化本字							+	+	+	+	+	+
怀					兼用	分化本字					+						
北	{北₄}	用背对着	由{北₃}引申	兼用	源本字					+	+					
背					兼用	分化本字							+	+	+	+	+	+
倍					兼用	分化本字					+						
北	{北₅}	背着,瞒着,背地里	由{北₄}引申	兼用	源本字					+	+					
背					兼用	分化本字								+	+	+	+	+
北	{北₆}	背叛	由{北₁}引申	兼用	源本字					+						
背					兼用	分化本字						+	+	+	+	+	+
倍					兼用	分化本字					+	+		+			
怀					兼用	分化本字					+						
北	{北₇}	离弃,抛弃	由{北₆}引申	兼用	源本字					+						
背					兼用	分化本字						+	+	+	+	+	+
倍					兼用	分化本字					+	+		+			
悊					本用	分化本字					+						
北	{北₈}	败逃,失败	由{北₁}引申	兼用						+	+	+	+	+	+	+
北	{北₉}	败逃的军队	由{北₈}引申	兼用							+	+	+	+	+	
北	{北₁₀}	方位名,与"南"相对	同音,义无关	借用	借字	+	+	+	+	+	+	+	+	+	+	+

续表

用字(相关字)	记录词项	义值	音义关系	使用属性	字际关系	殷商	西周早	西周中	西周晚	战国	秦汉	魏晋南北朝	唐宋	元明	清	现代
北	{北11}	北方神祇之名	由{北10}引申	借用	借字	+				+	+					
北	{北12}	方国名	由{北10}引申	借用	借字	+	+	+		+	+					
邶				本用	分化本字						+	+	+	+	+	+
背				借用	借字						+		+			
鄁				本用	分化本字							+	+			
北	假借为"别"	音近，意义无关	借用	借字						+						
别				兼用	本字					+	+	+	+	+	+	+
北	假借为"鄙"	音近，意义无关	借用	借字						+						
鄙				兼用	本字						+	+	+	+	+	+
北	假借记录人名中的一个音节	音近，意义无关	借用	借字						+						
盲				借用	借字							+	+	+	+	+

表1反映了"北"字职用从古到今的情况。表中对某一时代有无某职能的判断标准是：在新产生的文献中是否还使用该字记录该职能。若只有存古（如保留在古代文献中）现象，则不视为有此职能。"北"字的职能先后共有15项之多，由于某些词项的消亡、另造新字的分化等，"北"字的职能也随之在发生变化。同时使用的职能最多的时期在战国，有12项，秦汉也有11项之多。秦汉之后由于"背"字的产生和通行，"北"字的职能大大缩减。到现代就只剩下两项主要职能，这两项职能在历史上都未曾造分化字去分担，表示方位的{北10}从古至今也一直处于绝对优势地位，因此较为稳定地保留了下来。

参考文献

1. （清）段玉裁：《说文解字注》，上海古籍出版社1988年版。
2. 李学勤主编：《字源》，天津古籍出版社2012年版。
3. 李运富：《汉字学新论》，北京师范大学出版社2012年版。
4. 李运富、何余华：《"两"字职用演变研究》，载《励耘语言学刊》第20辑，学苑出版社2014年版。

"的"字职用演变研究

孙 倩

李运富先生曾指出汉字学的研究不能仅仅局限于汉字的形体和结构，更要关注汉字与所记录音义之间的关系，梳理同词使用的不同字形、同字所记录的不同职能。[①] 中国传统训诂学对汉字的记录职能其实是有关注的，但往往是局限于具体语境的、零散的，以解经、释读疑难词义作为出发点和落脚点，对汉字记录职能缺少总账式梳理，因此对记录职能的演变、对汉字如何真实记录汉语以及对汉字记录汉语过程中所呈现规律的揭示都很不够。[②] 本文尝试以"的"字作为立足点，梳理"的"字记录职能的历时演变，并对相关问题试作探析。

"的"字不见于汉代以前的出土文献中，早期传世文献用例也不多，汉以后其引申义和假借义增多，职能慢慢扩展，直至宋代以后"的"字取代"底"记录助词｛的｝，且助词用法逐渐成为常用用法，使得本义及其引申义除了在仿古用法和固定语词中有遗存外便不再使用。现代以来有些音译词借用"的"记录其中一个音节。因而"的"字实际上经历了职能扩展与缩减进而再扩展的过程。

一 "的"的原始字形和本用职能[③]

"的"字初文当作从日的"旳"字，《说文》篆形作𣅌，出土文献较早出现"的"字约在东汉时期，如汉印《平旳国丞》作𣅌[④]，东汉灵帝光和四年《溧阳长潘乾校官碑》作𣅌，《汉书·地理志》："平的侯国。"颜师古注曰："的，音丁历反，其字从白。"宋祁曰："的当作旳，从日。"说明颜师古和宋祁所见《汉书》版本中"旳"也是写作"的"，可见"的"应是"旳"字在汉代俗写变异的结果。那么，构件"日"为什么会变异作"白"呢？我们认为或许是"变形义化"的结果，即当构件"日"旁不足以提示词语意义时，将其改造成形近且更能提示词义的"白"。段玉裁注："旳者，白之明也，故俗字

[①] 李运富：《汉字语用学论纲》，载《励耘学刊》（语言卷）第1辑，学苑出版社2005年版；李运富：《"汉字学三平面理论"申论》，《北京师范大学学报》（社会科学版）2016年第3期。

[②] 何余华：《汉字"形构用"三平面研究的回顾与展望》，《语文研究》2016年第2期。

[③] 本文所指的"本用"（记录表达义值与字符形体构意有密切联系的词项）、"兼用"（记录与本用义值有某种联系的词项）、"借用"（记录与本用义值无关的词项或音节）。参见李运富《汉字学新论》，北京师范大学出版社2012年版。

[④] 罗福颐：《汉印文字征》第7卷，文物出版社1978年版。

作'的'。"其说甚是。

"旳"或"的"字的本义为{明亮、鲜明}。《说文》:"旳,明也,从日勺声,《易》曰:'为的颡。'"段注认为是"白之明也",《说文解字约注》认为:"旳之言灼也,凡物之灼然易辨者皆曰旳,《新序·杂事篇》云:'此旳旳然若白黑'是也。"《广雅·释诂》:"旳,明也。"王念孙疏证:"旳之言灼灼也。"因而可知"旳"的本义是"鲜明的",与其形符"日"所提示的"明亮"等义相合,这种形义统一的本义用法即为本用职能,即{的₁},以下是几个较早的本用用例:

(1) 宋玉《神女赋》:"眉联娟以蛾扬兮,朱唇的其若丹。"
(2)《史记·司马相如列传》:"宜笑旳皪。"司马贞索隐引郭璞曰:"旳皪,鲜明皃也。"
(3)《淮南子·说林》:"旳旳者获,提提者射。"高诱注:"旳旳,明也,为众所见,故获。"
(4) 故君子之道,闇然而日章;小人之道,的然而日亡。(《礼记·中庸》)

例(1)中"的"是形容朱唇之光泽、鲜亮;例(2)、例(3)、例(4)或通过重叠"旳"或加上形容词词尾"然"表示鲜明、明亮的样子。汉以后"旳"或"的"本用用例也很多:

(5) 珠帘的晓光,玉颜艳春彩。(《代闺人春日》)
(6) 风蒲半折涵雁起,竹间的皪横江梅。(《分类东坡诗·赵令晏崔白大图幅径三丈》)
(7) 万象森罗影现中,一颗圆明光的历。(《古尊宿语录》)

例(5)中"的"表现出珠帘在晨光照耀下发出明亮光芒的样子;例(6)、例(7)中的"的皪"(的历)是一个叠韵连绵词,义为明亮,"的"实际上是记录了其中一个音节,然而"皪"(历)应是"的"的衍音,"的"是整个词的意义来源与重心,故也列于此处。宋代以后本用的用法逐渐减少近于消失,元代之后由于"的"主要用来记录助词,其他用法消失殆尽。即使有使用也属于偶见的仿古用法。

二 "的"的兼用职能

出于经济性原则的考虑,新词不断派生出来后,不可能为每个新词专造一个新字记录,较为经济省便的方法是仍用源词的字形记录,由此使得源词记录字形的职能不断扩展。

（一）记录词项｛的₂｝，表示"白"

该词项主要用于形容动物（一般为马，也有例外）的毛色，也有少数用来形容人发色的，大片暗色毛发中的浅色毛发，会显得极为鲜明，因而是｛的₁｝的引申义，后来在该用法中总结出"白"的义项。用例如：

(8) 其于马也，为善鸣，为馵足，为作足，为的颡。（《周易·说卦》）
(9) 赤菟之腾声，的颅之济主。（《全梁文·元帝三》）
(10) 备急曰："的卢，今日厄矣，可努力！"的卢乃一踊三丈，遂得过。（《三国志》）

例（8）中明显看出"的"是形容马额之白，例（9）、例（10）则反映出"的卢"和"的颅"两个词形。"的卢"常被解释为"黑白相间的马"，"卢"有黑色之义，"的"指白色；而例（9）写作"头颅"的"颅"，则构词理据不同，然而如果从最早《周易》中"的颡"来看，指白额的马，字形作"颡"符合源初理据，"的卢"应是理据被重新解释后的新词。

除用来形容马毛色外，亦有形容其他动物及人毛色的，如：

(11) 太兴中，吴民华隆，养一快犬，号的尾，常将自随。（《搜神记》）
(12) 亲咏《关山月》，归吟鬓的霜。（黄韬《送友人边游》）

例（11）中"的"用来形容犬尾之白，例（12）中"的"用来形容鬓发之白，都较为少见。

（二）记录词项｛的₃｝或双音节中的语素，表示"明确的，确切的"

具体的"鲜明"之义引申为抽象事物的明确与确切，极为自然，用例如：

(13) 孰不称贤于此，取伦于的史。（《唐代墓志汇编续集》）
(14) 又云：近得的信，李邻德船回。（《入唐求法·巡礼行记》）
(15) 空将白马，由恐狐疑。车匿鄙词，难为的实。（《敦煌变文选》）
(16) 原约在今年，今足下知其人，必是有的信，望乞见教。（《二刻拍案惊奇》）

｛的₃｝作为单音节形容词的用例多见于宋元之前，如例（13）、例（14）、例（15），基本上都可以对译为"明确的，确切的"。宋元以后只偶见类似用例，如例（16）。

宋元之后，由于"的"主要用于表示助词｛的｝，且口语中双音化过程已经基本完成，单音节形容词｛的₃｝开始经常地用"的确""的当"等双音词来表达，实际上"的"已经用来记录不成词语素，例如：

(17) 你丈夫的确未死，小娘子他日夫妇相逢有日。(《沈小霞相会出师表》)
(18) 听说眷中丞写信到长沙，请憩亭招募士兵几千，到长江增援，不知道的确不的确？(《曾国藩家书》)

另有一双音词{的证}（确凿的证据），唐以前或已产生，一直沿用至今：

(19) 李善注"萧曹绛灌之属"："……又引《外戚窦皇后传》实书绛侯灌将军，为绛灌二人的证。"(《文选·刘子骏移书让太常博士》)

（三）记录副词{的4}，表示"确实"

表"确实"的副词是由表示"明确的，确切的"的形容词{的3}虚化而来，常用在动词前作状语，用例如：

(20) 逸少学钟的可知，近有二十许首，此外字细画短，多是钟法。(《全梁文》)
(21) 今既六遍造，六遍皆摧裂，的应不称大圣之心。(《入唐求法》)
(22) 待知的死不疑，追夺亦应未晚。(《敦煌文献·唐安西判集残卷》)
(23) 的非仁明之用心也，若长怀此志，果为后悔。(《大金吊伐录》)

副词{的4}经常性地置于谓语前作状语也多见于宋元之前，如例（20）至例（23），义为"明确地，确切地"，宋元之后用例逐渐减少，但仍零星可见，如：

(24) 彼桀骜者遂欲以招抚狃我，谓我于招抚之外，的无别智略可为彼制，不亦谬乎！(李贽《〈西征奏议〉后语》)
(25) 余闻岳州更有公墓，但未知的在何许。(刘献廷《广阳杂记》卷二)

（四）记录词项{的5}或成语中的语素，表示"靶心"

马匹的白色额头处在马首的中心位置，是颜色和位置最鲜明的部位，射箭打靶的靶心也常用鲜明色彩标志，因而靶上目标鲜明部分也称"的"，表明该义项是由本义直接引申而得。该词项用例的时代较早，在《诗经》中已见，在宋元以前是{的}的常用义，传世、出土文献用例都有大量用例，如：

(26)《发彼有的，以祈尔爵。(《诗经·小雅·彼之初筵》)
(27) 发彼有的，雅容其闲。(东汉《潘乾墓碑》)
(28)《汉书》："欠道同的。"颜师古注："的，谓所射之准臬也。"
(29)《文选·曹植〈白马篇〉》："控弦破左的，右发摧月支。"李善注："的，射质也。"

（30）破的由来事，先锋孰敢争。（杜甫《敬赠郑谏议十韵》）
（31）宝马嘶群行杂锦，红旗悬的射穿杨。（徐渭《奉侍少保公宴集龙游之翠光岩》）

以上各例中"的"均用为单音节名词，义为靶心，或代指整个靶子。清代以后直到当今，"靶心"义项保留在"一语中的""无的放矢""众矢之的"等少数几个固定语词中，如：

（32）幸而欧洲各国互相猜忌，莫敢先发以树众矢之的。（《清经世文三编》）

（五）记录词项 {的₆}，表示"目的、标准"

该义项是由 {的₅} 引申而来，具体的靶子、靶心抽象化为"目的、标准"。各时代用例如：

（33）人主之听言也，不以功用为的，则说者多棘刺、白马之说。（《韩非子·外储说上》）
（34）观色以窥心，皆有因缘以准的之。（《论衡·知实》）
（35）方当追踪上古，准的来今，享万钟之殊荣，尽色养之深愿。（北魏《元飔妃李媛华墓志》）
（36）行为师范，则天下挹其清徽；言为准的，则海内称其博识。（《唐代墓志汇编续集》）

例（33）中用单音节名词来表示"目的、标准"之义，较为少见，大部分情况都是与"准""指"等名词连用。

（六）记录词项 {的₇}，表示"要点、大义"

该义项是由 {的₅} 引申而来，"靶心"是射箭的目标，因此引申出 {的₆}，然而也是二维平面上靶子的中心，因而引申出义为"要点、大义"的 {的₇}，用例如：

（37）享五帝于明堂，则泛配文武，泛之为言无的之辞，其礼既盛，故祖宗并配。（《全梁文》）
（38）师遂嘱曰，吾在云岩先师处，亲印宝镜三昧，事穷的要，今付于汝。（《筠州洞山悟本禅师语录》）
（39）孰知其指的。（李白《草创大还赠柳官迪》）
（40）其指示心法，广大分晓，如云廓天布。而后之学者，失其旨的。（《禅林僧宝传》）

例（37）中"的"作为单音节名词使用，其余例子则与"指""旨"连用，以进一步明确其"要点"之义。

（七）记录词项｛的$_8$｝，表示"女子面部的装饰"

《释名·释首饰》："以丹注面为的，的，灼也，此本天子诸侯之群妾以次进御，其有月事者止而不御，重以口说，故注此丹于面，的然为饰，女史见之，则不书名于其第录也。"面部的这种特别的装饰具有"的然可识"（即鲜明）的特征，故用"的"或"的子"来命名它。用例如：

（41）施华的，结羽钗。（王粲《神女赋》）
（42）珥明珰之迢迢，照双以发姿。（傅玄《镜赋》）
（43）无由飘一的，娇杀寿阳眉。（徐渭《画红梅》）

例中可见"的"作为面部饰物有时成双而饰，如例（42），有时似只一处，如例（43）。

（八）记录词项｛的$_9$｝，表示"莲实"的"菂"

《尔雅·释草》："荷其实，莲其中，的。"莲实色白且位于莲蓬中心，所以莲实也被称为"的"，《集韵》："的，莲子也。""菂"字后出，是为记录莲实义专造的字形：

（44）青房兮规接，紫的兮圆罗。（鲍照《芙蓉赋》）
（45）剩结茱萸枝，多擎秋莲的。（李商隐《李夫人》之二）
（46）船中有诸谷，唯麻子大如莲的，苏人种之，初岁亦如莲的，次年渐小。（《梦溪笔谈》）

就我们的测查结果来看，宋以前多用"的"字记录，宋以后多用后出本字"菂"记录。

（九）记录词项｛的$_{10}$｝，表示琴上指示音阶的标志

《汉语大字典》认为"的"字还可以表示琴上指示音阶的标志，这应该是由鲜明义引申出来的，所引例证：《文选·枚乘〈七发〉》"九寡之珥以为约"。唐·李善注："《字书》曰：'约亦的字也，都狄切。'的，琴徽也。"不过我们认为"约"也有可能是"的"字书写变异致误的结果。

（十）记录词项｛的$_{11}$｝，表示尖耸的山峰

尖耸的山峰特异于其他地形，成为地理形势中的鲜明突出部位，所以也被称为"的"，这也是由本用职能引申出来的。例如：南朝梁宣帝《游七山寺赋》："神簪岊岊而独立，仙的皎皎以孤临。"明代王志坚《表异录·山川》："壑之凸凹者曰嚣，峰之尖射者

曰的。"

三 "的"的借用职能

（一）借用表示助词{的}

姚振武（1995）①、苏政杰（2010）② 认为表示助词"的₈"源自结构助词"底"，是由"底"转写而成的，这其中主要是"的"字语音变化（入声消失，元音央化）及职能缩减的影响。助词{的} 最早见于南宋佛语录和话本中（一说为元代所改写），元代之后变得常见，且成为"的"的主要职能，一直延续到今天。元、明、清时期{的} 基本涵盖了今天助词{的}{地}{得} 三个词项的功能。以下将按照语法功能对{的} 进行分类考察③：

a. 用于修饰语（包括状语和补语，即今天助词"地"与"得"的职能）和中心语之间表示修饰、领属等语义关系：

（47）还有超佛越祖的道理么。僧云。(《古尊宿语录》)
（48）主上赐与我团花战袍，却寻甚么奇巧的物事献与官家？(《碾玉观音》)

b. 用来造成没有中心词的"的"字结构。

（49）忽一日，方早开门，见两个着皂衫的，一似虞候府干打扮，人来铺里坐地，问道："本官听得说，有个行在……"(《碾玉观音》)

c. 用于谓语动词之后，强调与动作相关的施事、时间、地点、方式等。

（50）是今日杀的新鲜的好猪肉，多少钱一斤。(《老乞大新释》)

d. 用在陈述句末表示语气。

（51）有曾到都下的，得知府中当夜失火，不见了一个养娘，出赏钱寻了几日，不知下落。(《碾玉观音》)

e. 用在两个同类词或词组之后表示"等等""之类"，未见其例。
f. 用在动词后，同"着"。

---

① 姚振武：《现代汉语的"N 的 V"与上古汉语的"N 之 V"》，《语文研究》1995 年第 2 期。
② 苏政杰：《结构助词"的"的语法化历程》，《汉语学报》2010 年第 1 期。
③ 此处助词{的} 的语法功能分类参照《汉语大字典》。

(52) 爱钱买东西，夹着屁眼家里坐的去。(《朴通事》)

笔者通过考察发现，现代汉语中已总结出的助词 {的$_8$} 的功能，只有功能 e 没有找到用例。

(二) 通假记录 {嫡}

"的"有时充当"嫡"的借字，如：

(53) 可谓的亲；守䑛猿门，理戎徒而元无偏傥。(《敦煌文献·碑铭赞·后晋故归义军节度班首都头知管内都牢城使阎府君胜全（盈进）写真赞〔并序〕》)

(54) 突骑施、乌质勒，西突厥别部也。自贺鲁破灭，二部可汗皆先入侍，虏无的君。(《新唐书·突厥传下》)

(55) 关公言曰："刘封乃罗侯之子，刘禅乃的子。"(《三国志平话》)

例中"的"都是"嫡"的借字，义为血统亲近或正妻及其子。

(三) 通假记录 {滴}

"的"有时充当"滴"的借字，只见于敦煌文献中：

(56) 岂知红脸泪的如珠，往（枉）把金钗卜，卦卦皆虚。(《敦煌曲子词·凤归云》)

(57) 寒蛩响，夜夜堪伤，泪珠串的，旋流枕上。(《敦煌曲子词·洞仙歌》)

例中"的"都是"滴"的借字，义为"一点一点向下落的液体"，例中指泪滴。

(四) 记录 {的士} (英语单词 taxi 的音译) 中的前一个音节

这一用法应是近几十年形成的，例如：

(58) 6月12日22时05分，湖里大队接指挥中心指令：高崎海堤旧收费站附近有人抢劫的士。(1999-10-10《厦门日报》)

(59) 武龙依旧不动声色，但叫了一辆的士，跟踪在后。(《李碧华文集·潘金莲之前世今生》)

值得说明的是，虽然最初"的"只是用来记录 {的士} (英语单词 taxi 的音译) 中的前一个音节，但后来逐渐词汇化，且构词能力较强，如构成 {打的} {的哥} 等词。

(五) 记录 {的确良} (英语单词 dacron 的音译兼义译) 中的第一个音节

"的"用来记录 {的确良} (某种衣料材质) 中的第一个音节，如：

（60）这些商品有沪产华生电风扇，杭州金鱼牌洗衣机，广州产的确良花布和京津沪的啤酒等。(1983-7-21《厦门日报》)

（61）巧珍来了，穿着那身他所喜爱的衣服：米黄色短袖上衣，深蓝的确良裤子。(路遥《人生》)

四 "的"字职用的演变

我们认为"的"字的职用可以以唐宋时期和近代为界，整体而言经历了扩展（大型扩展，主要是兼用扩展）、缩减（被用作记录助词{的}之后）和再扩展（小型扩展，多是音译词中用来记音）这样一个过程。第一次扩展到唐宋时期已基本结束，"的"的职能达到十余个，而唐宋以后则急剧缩减，常用职能只剩下助词{的$_9$}一个，其他剩余的职能与其相比数量极少，当代以来，西方音译词（或兼义译）的产生，使得"的"的职能再次略微扩展。

（一）"的"字职用的扩展

"的"字历史上实际上经历了两次职用扩展，第一次主要是兼用扩展，第二次则主要是借用扩展，以下分别说明。

1. 兼用扩展

词义引申推动"的"字职用不断扩展，整体来看，引申链条以放射型为主，由本用{的$_1$}（鲜明）直接平行引申出{的$_2$}（白）、{的$_3$}（明确的）、{的$_5$}（靶心）和{的$_8$}（女子面部装饰）四个词项。进而{的$_3$}虚化成副词，形成{的$_4$}（副词，确实），又{的$_5$}由于是位移上的瞄准目标和水平上的箭靶中心，而分别引申为{的$_6$}（目的、标准）、{的$_7$}（要点、大义）。各词项引申关系如下图所示。

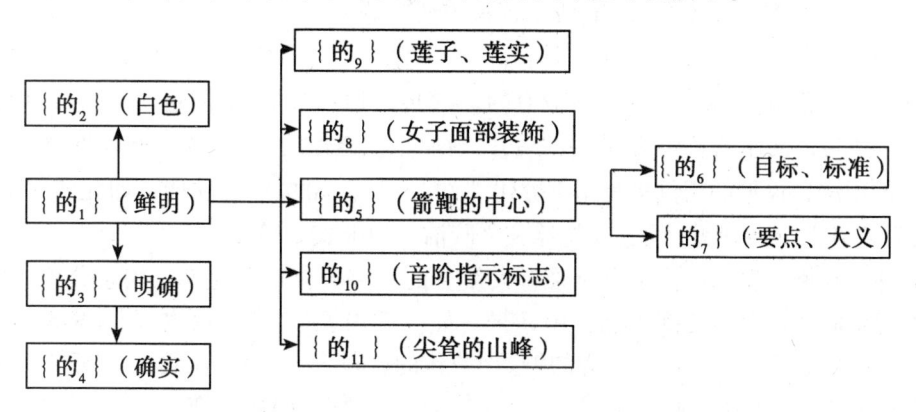

图1 "的"字所记各词项引申、派生关系

2. 借用扩展

第一次扩展过程中，"的"字被借用记录{的$_9$}、助词{的}以及{嫡}{滴}，前两者分别见于魏晋南北朝时期、宋元时期，后两者主要见于敦煌文献中。这里值得论述的是借用"的"字记录助词 {的} 的过程，苏政杰等认为之所以用"的"来替代"底"承担助词 {的} 的职能①，是由于"底"的职能更复杂而"的"更单纯，笔者通过考察认为这个说法并不恰当，"的"字职能在被借用为助词 {的} 之前有十余个，并不能被认为职用单纯，笔者认为只能说"的"在被借用为助词 {的} 之前总的使用频率较低，且常用职能（这里必须指出是常用职能，唐宋时期 {的}$_1$ {的}$_2$ {的}$_5$ {的}$_8$ 用例已极少）较少，又加之与"底"音近，书写相对简便，故而才改写作"的"。

（二）"的"字职用的缩减

笔者认为唐宋之后"的"字职用缩减是由多方面因素造成的，以下按照词项分别说明。

1. 原记词项的弱化

词汇系统中某些词项的消失是字符职能缩减的重要原因，例如 {的}$_1$ {的}$_2$ {的}$_5$ {的}$_8$ 几个词项在唐宋之后的词汇系统中逐渐弱化，{的}$_1$ 虽是"的"字本用，但历来用例不是很多，加之汉语词汇系统中表"明亮"义的词历来较多，故唐以后不再以单音节词的形式使用；{的}$_2$ 由于本来使用范围有限，多用于形容马毛色，后来只保留在"的卢"等特殊名词中；{的}$_5$ 在上古时期是"的"的常用职能，汉以后由于箭靶有了很大改进，以前的靶只有靶身和靶心，而汉以后出现了环靶，靶心变为多层次的，因而起用了"臬"用来形容最小一圈的"靶心"②，故除固定成语外不再使用；{的}$_8$ 是某个时期流行的妆容，后来则成为古词汇，除了极少数例子外几乎不再使用。

2. 造新字分担

记录 {的}$_9$（莲实）的本字"菂"不见于《说文》，早期表达莲实之义都用"的"来表示，后来分化出"菂"来单独表示，见《增修笺注妙选草堂诗余·卷下》"戏抛莲菂种横塘"，《豫章黄先生文集》"新收千百秋莲菂"等。

另据玄应《一切经音义·卷第十七》："一的：古文'弘'，《说文》作'的'，同，都历反。的，明也。《诗》云：'发彼有的。'《传》曰：'的，射质也，谓的然明见也。'"《玉篇》："弘，又作的。"《集韵》："弘，射质也，通作的。"文献用例未见"弘"分化 {的}$_1$ 的用法，仅见的用例多是用于分化"的"记录 {的}$_{10}$ 的功能，如北宋《彭城集》"抚弘置鸣弦"，《晚晴簃诗汇》"抚冰弦之皎洁，扣玉弘之玲珑"。

此外，我们还看到古代字书收录有大量"的"字异体或分化字，用于分担"的"字的相关记录职能，但多数都未能行用开来。如《玉篇》："皥，白也。"《集韵》："旳，《说文》：'明也。'引《易》：'为的颡。'或作的、皥。"又如《玉篇》："墒，入射也。"《正字通》："墒，射墒，通作的。"再如《集韵》："黓，妇人面饰。"《正字通·黑部》："黓，与'的'通。《集韵》'的'作'黓'。妇人以黓点颊上。《史记》注：'施炫的，言以丹注面，表其有月事难进御也。'"

---

① 苏政杰：《结构助词"的"的语法化历程》，《汉语学报》2010 年第 1 期。
② 王凤阳：《古辞辨》，中华书局 2011 年版，第 267 页。

3. 其他因素

笔者认为，除了以上两点之外，助词 {的} 词项产生后对固有实词词项有一定的排挤作用，从现象上来说，助词 {的} 词项产生后，{的}$_3$（明确的）、{的}$_4$（副词，确实）、{的}$_6$（目的、标准）、{的}$_7$（要点、大义）几个本来唐宋时期的常用职能几乎消失殆尽，{的}$_3$ 选择与 {当} {确} 等组成双音词继续表此义，{的}$_4$ 残存在文人的仿古书面语中，{的}$_6$ {的}$_7$ 等更是暂未见用例；从理论上而言，由于助词 {的} 使用频率极大（现代汉语中应为所有字中频率最高者，宋元之后使用频率也极高），如果相较之下使用频率极少的实词词项与助词 {的} 混用，则实词词项极容易产生误读与误解，助词 {的} 的高频率使用要求"的"字在职能上尽可能单纯，至少都为意义空灵的虚词或音译词，这样才不容易引起阅读上障碍。

五 结语

综观"的"字职能演变过程，职能过多时会在各种因素影响下逐渐减轻职能"负担"；而职能较少时，如宋元时期和现代，由于字符系统中的其他符号职能负担过重、亟须分担，或者新兴词汇产生，亟须字符形式表示，其职能又会逐渐增加。因而整个过程是一个动态平衡的过程，体现出汉字符号系统自身以及与词汇系统之间的密切联系和相互作用。

表1　　　　　　　　　　"的"字职用一览表

用字	记录词项	义值	音义关系	使用属性	字际关系	殷商	西周早	西周中	西周晚	战国	秦汉	魏晋南北朝	唐宋	元明	清	现代
的	{的}$_1$	鲜明的	本义	本用						+	+	+	+			
的	{的}$_2$	白	由{的}$_1$引申	兼用								+	+	+		
的	{的}$_3$	明确的，确切的	{的}$_1$引申	兼用									+	+	+	+
的	{的}$_4$	副词"确实"	由{的}$_3$引申	兼用									+	+	+	+
的 / 弓 / 墒 / 稿	{的}$_5$	靶心	由{的}$_1$引申	兼用					+	+	+	+	+	+	+
				本用									+	+		
				借用										+		
				借用									+			

续表

用字	记录词项	义值	音义关系	使用属性	字际关系	殷商	西周早	西周中	西周晚	战国	秦汉	魏晋南北朝	唐宋	元明	清	现代
的	{的₆}	目的、标准	由{的₅}引申	兼用						+	+	+	+			
的	{的₇}	要点、大义	由{的₅}引申	兼用									+	+		
的	{的₈}	女子面部的装饰	由{的₁}引申	兼用									+		+	
的	{的₉}	莲实	由{的₁}引申	兼用	同源通用								+	+		
菂				本用	后出本字									+	+	+
的	{的₁₀}	琴徽	由{的₁}引申	兼用							+					
的	{的₁₁}	尖耸的山峰	由{的₁}引申	兼用									+	+		
的	助词{的}	助词	音近，义无关	借用	初字								+	+	+	+
底				借用	借字									+	+	
的	通假记录{嫡}	嫡长		借用	借字								+			
的	通假记录{滴}	点滴		借用	借字								+			
的	{的士}的音节	记音，无义		借用												+
的	{的确良}的音节	记音，无义		借用												+

参考文献

1. 李运富：《汉字学新论》，北京师范大学出版社2012年版。
2. 李运富、何余华：《"两"字职用演变研究》，载《励耘语言学刊》第19辑，学苑出版社2014年版。
3. 苏政杰：《结构助词"的"的语法化历程》，《汉语学报》2010年第1期。
4. 王凤阳：《古辞辨》，中华书局2011年版。
5. 姚振武：《现代汉语的"N的V"与上古汉语的"N之V"》，《语文研究》1995年第2期。
6. 张舜徽：《说文解字约注》，华中师范大学出版社2009年版。

《说文解字》部首中头部字的职能演变考察

王旭燕 张素凤

本文从《说文解字》（下简称《说文》）540个部首中选取表示头、头部器官及头部具体部位的字，具体包括"首、页、囟、口、耳、目、自、白、鼻、舌、牙、齿、眉、亢、面、须、而"。以这些字记录的本词为出发点，按上古（三国以前）、中近古（魏晋至清）、现代（民国以后）的时间序列，根据这些字所负载的音义实例，逐字整理出它们在不同时期所记录的词的情况，看它们是怎样从记录一个词变为记录几个词，或者怎样从记录某个词变为不再记录那个词的。通过对这些字在不同时期记词职能的比较，系统描写字词的对应状态，弄清楚每个字新的记词职能是怎么来的，原有的记词职能又到哪里去了，进而探讨字词对应关系演变的原因与规律。

一 字例考察

本节对选取的17个目标字的记词职能按照上古、中近古、现代三个时间序列依次进行分析归纳。鉴于目前字书对很多字在文献中所记录的实际音义收集不全，而且对义项之间的关系缺乏科学的说明，所以我们不只是取用现有字典辞书的材料，还从上古时期的《诗经》《论语》、中古时期的《全唐诗》中检索有关字形的用例作为归纳义项的根据。现代的用例大家比较熟悉，《现代汉语词典》归纳得也较全，我们就以它作为研究现代词义的主要材料。当然，这种对时间的三段式划分相对于整个词义发展史来说是比较粗略的，但目前只能先做个大概。

（一）自

《说文·自部》："自，鼻也，象鼻形。""自"的本义就是人的鼻子。"自"在三个时期的记录职能分别是：

1. 上古

自$_1$：鼻子。

> 贞：有疾自，惟有凷？贞：有疾自，不惟有凷？（《甲骨文·乙编》）

---

* 本文由王旭燕《〈说文解字〉部首中头部字的职能演变考察》节选改写而成，硕士学位论文，北京师范大学，2003年。

其中"自"就是鼻子,"疾自"就是鼻子有伤病。

自$_2$①

(1) 自己。

> 天行健,君子以自强不息。(《易·乾卦》)
> 已矣乎,吾未见能见其过而内自讼者也。(《论语·公冶长》)

(2) 亲自。

> 早自来谢项王。(《史记·项羽本纪》)
> 自抱持武。(《汉书·李广苏建传》)

(3) 初始,开头,起源。

> 故法者,王之本也;刑者,爱之自也。(《韩非子》)
> 知风之自,知微之显,可以入德也。(《礼记》)

(4) 介词,表示"由,从;在,于"等义。

> 有朋自远方来,不亦乐乎?(《论语·学而》)
> 密云不雨,自我西郊。(《易·小畜》)
> 二者之咎,皆自于朕之德薄而不能远达也。(《史记·孝文本纪》)

(5) 副词,表示"本来,原来;自然,当然;仍旧,依然"等义。

> 重罚不用而民自治。(《韩非子·五蠹》)
> 神明自得。(《荀子·劝学》)
> 人之死生自有长短,不在操行善恶也。(王充《论衡》)

以上这些意义互有联系,又无语音变化,因而属于同一个词。

自$_3$

连词,表示"即使、如果"之类的意义。借用。

> 吾悔之。自吾母而不得吾情,吾恶乎用吾情。(《礼记·檀弓》)

---

① 可能由于人们总是指着鼻子称说自己,所以由名词"鼻子"义引申出代词"自己"义。意义上虽然有联系,但语音已经发生了变化,所以应该看作派生的新词。这个派生的新词没有另造新字记录,而是兼用源词的本字。

这类意义跟"自₁""自₂"的意义都无关系,来源不明,所以区别为另一个词。

2. 中古

自₂

(1) 自己。

> 自云良家子,零落依草木。(杜甫《佳人》)
> 自惭居处崇,未睹斯民康。(韦应物《郡斋雨中与诸文士燕集》)

(2) 亲自,独自。

> 王自往临视。(干宝《搜神记》)
> 北山白云里,隐者自怡悦。(孟浩然《秋登兰山寄张五》)

(3) 副词,表示"本来,原来;自然,当然;仍旧,依然"等义。

> 神欢体自轻,意欲凌风翔。(韦应物《郡斋雨中与诸文士燕集》)
> 他自姓张,我自姓蔡。(关汉卿《窦娥冤》第二折)

(4) 介词,表示"从、由"义。

> 挥手自兹去,萧萧班马鸣。(李白《送友人》)
> 自兹唯委命,名利心双息。(白居易《遣怀》)

(5) 词缀,仍然跟"自己"义相关。

> 高栋层轩已自凉,秋风此日洒衣裳。(杜甫《七月一日》)
> 郴江幸自绕郴山,为谁流下潇湘去?(秦观《踏莎行》)

自₃

连词,表示"如果"义。

> 自非停午夜分,不见曦月。(《水经注·江水》)

3. 现代

(1) 自己。如"自立""自动"。
(2) 亲自,独自。
(3) 自然,当然。如"自不待言""公道自在人心"。
(4) 介词,由。如"自小""自上而下"。

小结:"自"的本字本用是记录本词"鼻子",但这项职能只见于上古时期,中古以后另造了后起本字"鼻",于是"自"不再记录"鼻子"一词。自₁在本义的基础上,派生出"自己/自我"义,并改变读音,分化为新词自₂,并引申出"初始/开头/起源""亲自/独自""本来/原来/自然/当然/仍然""从/由/在"等意义,仍然兼用"自"字记录,这项职能从上古到现代没有变化。同时,"自"字上古时期开始记录义为"即使,如果"之类的连词,这些意义跟"自"的本义和引申义都没有联系,当是借用,我们称为自₃。中近古时期,借用"自"字记录自₃。记录连词的功能仍然保留;到现代,这个连词消亡,因而"自"字的这项记录职能也随之消亡。

相关的字际关系:"自"与"鼻"是古本字与后出本字的关系,它们对自₁的记录都是本用,"自"字对自₂的记录是兼用,对自₃的记录则为借用。

(二) 鼻

鼻是后起形声字,从自畀声。

1. 上古

(1) 鼻子。

> 《荀子·荣辱》:"口辨酸咸甘苦,鼻辨芬芳腥臊。"
> 《素问·阴阳应象大论》:"在窍为鼻。"

(2) 开始。

> 有周氏之婵嫣兮,或鼻祖于汾隅。① (《汉书·扬雄传》)
> 鼻,始也。兽之初生谓之鼻。梁益之间谓鼻为初或谓之祖。(扬雄《方言》)

此时的"鼻"意义得到了引申扩展,但记录词义的字形与语音都没有发生改变,也就是说记录职能并未在不同的字形之间转移或重新分布。

2. 中古

鼻₁

(1) 义为鼻子或像鼻子的物品。

> 悲喘与寒气,并入鼻中辛。(白居易《秦中吟十首之二》)
> 泷水天际来,鼻山地中圻。(戴叔伦《下鼻亭泷行八十里聊状艰险寄青苗郑副端朔阳》)

(2) 开始。

---

① 颜师古注:"鼻,始也。"

启族承家，鼻于柱史。(欧阳洵《大唐宗圣观记》)

(3) 猎人穿兽鼻。

猎人穿兽鼻曰鼻。(《正字通·鼻部》)
鼻赤象，圈白貒。(张衡《西京赋》)

鼻₂
(1) 假借为"庳"，国名。

昆庸致爱，邑鼻以赋富。①(柳宗元《天对》)

(2) 记录外来词的音节。

杀它鸡犬命，身死堕阿鼻。(拾得《诗》)

其中"鼻"字只记录外来音译词的音节，不表示意义。

3. 现代

鼻₁
(1) 鼻子。主要作为语素在双音词或多音节词中出现。如"门鼻、针鼻"。
(2) 开始，开创。这个意义是"表示书面上的文言语词"②。如"鼻祖"。

小结：上古时期，记录本词鼻₁的本用是由自₁转移而来。到中古，"鼻"增加了鼻₂借用职能；到现代，又减少了鼻₂借用职能。而"鼻"的本用词鼻₁始终没有变化，它们的字词关系相对稳定。

相关字际关系：上古时期，"自"的本用职能转移给"鼻"，"鼻"开始记录本义"鼻子"与相关引申义，也就是本词鼻₁。"自"与"鼻"是古本字与后出本字的关系。中古时，"鼻"被用来记录鼻₂，这个职能属于借用。

(三) 𦣹

《说文》540部中还有一个表示"鼻子"的形体，这就是"𦣹"，楷定为"𦣹"（不同于"白色"之"白"）。对于"𦣹"的字形，徐锴在《系传》中指出"此自字之省，别为一体也"。"𦣹"当是"自"的异写字，同为"鼻子"的象形。

"𦣹"的用例极少，"番君鬲"中有"惟番君酓𦣹作宝鬲"③，《素问》中有"𦣹

---

① 童宗说注："鼻即有庳，象所封邑。"《集韵·至韵》中也记有"庳，有庳，国名，象所封。通作鼻"。
② 见商务印书馆《现代汉语词典》凡例。
③ 周法高主编：《金文诂林》卷四，香港中文大学出版社1974年版，第2237页。

汗"①，马王堆汉墓古医书中有"🗆杀"②。这些"🗆"的职能均与"自"记录"自己"的职能及属性相同。它的职能演变情况相对简单，除在汉以前记录过本义"鼻子"、派生义"自己"外，并无其他用法。而它的职能也由于字形的废弃早已消失了。

小结：以上三字的本用职能相同，都曾记录"鼻子"义。就用字属性来说，"自"与"白"属于本字与本字的关系，"自"与"鼻"属于古本字和后起本字的关系；就构形属性来说，"自"与"白"属于异写字，"自"与"鼻"属于异构字。

（四）页

"页"字古文字形像人头，《说文》篆下"头也"，是它的本义。

页$_1$

头。这是"页"的本义。

> 页趾趡，足首出。③（北周·卫元嵩《元包经·太阴》）

页$_2$

（1）假借为"葉"，意思是纸张。如"活页"。
（2）量词。如"一页纸""第十页"。

"页"的本字用法很少见。对此，段玉裁、徐灏与朱骏声都有很精辟的说明：他们认为"页"和"首"本为同一词，所以"古今书传未尝有用页字者"④；"页"主要作为义符体现"头"的意义，而"首"则单用。后来，"页"字被借用来记录同音词"葉"，因此得以保留而未被废弃。"页"和"首"在最初可以看作是异体字的分工，后来则各自有了演变轨迹。

（五）首

"首"的古文字形像人头，本义就是人头。

1. 上古

首$_1$

（1）人头，头发。

> 两服齐首，两骖如手。（《国风·郑·大叔于田》）
> 虎拜稽首，天子万年。虎拜稽首，对扬王休。（《大雅·荡之什·江汉》）

（2）首领。

---

① 李戎：《"蚤通早"与"白汗"、"白杀"辨疑》，《社会科学研究》2000年第2期。
② 同上。
③ 苏源明《传》："页，音颉，头也。"
④ 见《说文诂林》第8790页《徐笺》。

有正考甫者，得《商颂》十二篇于周之大师，以那为首。(《商颂·那》)
股肱喜哉，元首起哉，百工熙哉。(《尚书·益稷》)

(3) 第一，开端，最前的，最先的，最重要的。

令尹享赵孟，赋《大明》之首章。(《左传·昭公元年》)
夫私者，忠信之薄而乱之首。(《老子》)
公曰："嗟！我士！听无哗。予誓要告汝群言之首。"(《尚书·盟誓》)

(4) 开始，首创，首倡。

且楚首事，当令于天下。(《史记·陈涉世家》)
北平侯张苍首律历事。(《汉书·律历志上》)

(5) 依据，根据。

今之祭者不首其义，故诬于祭也。(《礼记·曾子问》)
各首其义也。(《礼记·礼运》)

(6) 方位词的后缀，相当于面、边。

因自沐居楼上东首，开户牖而卧。(汉·刘向《列女传·京师节女》)

现代汉语还保留着"上首、下首"的说法。

(7) 剑柄上的环。

进剑者左首，进戈者前其鐏后其刃，进矛戟者前其镦。①(《礼记·曲礼上》)

(8) 也指装在戈戟柄下端的圆锥形的金属套。

凡为殳……五分其晋围，去一以为首围。②(《周礼·考工记·庐人》)

(9) 伏罪，自首，告发。

---

① 孔颖达疏："首，剑拊环也。"见《十三经注疏·礼记注疏》，第 1244 页。
② 郑玄注："首，殳上鐏也。"见《十三经注疏·周礼注疏》，第 926—927 页。

王阳病抵谰，置辞骄嫚，不首主令，舆背畔亡异。① (《汉书·梁孝王刘武传》)
虽有降首，曾莫惩革，自此浸以疏慢矣。② (《后汉书·西域传序》)

以上各义联系紧密，我们认为同是本词首$_1$。

首$_2$
动词。向，朝着。音"狩"。

疾，君视之，东首，加朝服，拖绅。③ (《论语·乡党》)
登阜仑而北首兮。(《楚辞·远逝》)

首$_3$
（1）量词，古代绶组的记数单位。

絩，绮丝之数也。《汉律》曰：绮丝数谓之絩，布谓之總，绶组谓之首。(《说文·系部》)
凡先合单纺为一系，四系为一扶，五扶为一首，五首为一文。(《后汉书·舆服志下》)

（2）量词，同"篇"。

蒯通者，善为长短说，论战国之权变，为八十一首。(《史记·田儋列传论》)

首$_4$
通"道"，道路。

明夷于南狩，得其大首，不可疾贞。(《易·明夷》)
范匄趋进，曰："塞井夷竈，陈于军中而疏行首。"④ (《左传·成公十六年》)

2. 中古
首$_1$
（1）头，头发。

---

① 颜师古注："不首谓不伏其罪也。"
② 李贤注："首，犹服也。"
③ 杨伯峻注："古人卧榻一般设在南窗的西面，国君来，从东边台阶走上来，所以孔子面朝东来迎接他。"
④ 杜预注："疏行首者，当陈前决开营垒为战道。"王引之曰："首当读为道。疏，通也。谓通陈列队伍之道也。井竈已除，则队伍之道疏通无所窒碍矣。"见《经义述闻·左传》。

愈拜稽首蹈且舞,金石刻画臣能为。(李商隐《韩碑》)
自从弃置便衰朽,世事蹉跎成白首。(王维《老将行》)

(2) 事物的顶端,前端,开始部分。

颎追之,且斗且行……遂至河首积石山。(《后汉书·段颎传》)

其中"河首"就是指河的前端。
首$_2$
(1) 顶着,斩首。

头首无锡,足蹑松江。(晋·杨泉《五湖赋》)
或首于都市,或身为逐客。(《新唐书·刘總传》)

(2) 伏罪,自首,告发。

窃者急遽,乃首出之。(《晋书·艺术传·幸灵》)
有能指首到官者,所首得实,定加重赏。(清·林则徐《关防告示》)

首$_3$
(1) 量词,篇。

谨献旧所为文一十八首。(韩愈《与于襄阳书》)

(2) 其他量词。

(陈桃根)又表上织成罗文锦被各二百首。(《资治通鉴·陈纪六》)
铠四十万首。(《新唐书·裴寂传》)
坚豫取洛、汴、宋山东小斛舟三百首贮之潭。(《新唐书·韦坚传》)

以上三例中"首"作量词,分别相当于"幅""副""艘"。
3. 现代
首$_1$
(1) 头。比如"首饰""昂首挺胸"。
(2) 第一;最高的。比如"首相""首领""首长""首先""首创"。
(3) 出头告发。比如"自首"。
首$_3$
量词,用于诗词等。如"一首诗"。

小结：上古时，"首"除了记录本用的首₁之外，还记录了同源的首₂，借用的首₃、首₄。首₂的读音发生变化，标志着新词的出现，但由于意义与本义有联系，所以是兼用。到中古，本用的首₁意义有了新的引申，而兼用的首₂和借用的首₄消失，借用的首₃量词功能有减有增。到现代，首₁一般作为语素出现在双音词或成语里，首₃的量词功能减少。

（六）耳

"耳"是象形字，《说文》："耳，主听者也。象形。""耳朵"是它的本义。

1. 上古

耳₁

（1）耳朵，像耳朵的物品。

> 匪面命之，言提其耳。（《大雅·荡之什·抑》）
> 采采卷耳，不盈顷筐。嗟我怀人，寘彼周行。（《国风·周南·卷耳》）

（2）听到；听说。

> 君其耳而未之目耶？（《韩非子·外储说左上》）
> 又耳囊者所梦日符。①（《汉书·外戚传上》）

耳₂

句尾语气词。借用。

> 子曰："二三子！偃之言是也，前言戏之耳。"（《论语·阳货》）
> 君子小人之所以相悬者在此耳！（《荀子·天论》）

耳₃

连词，表示转折，相当于"而"。借用。

> 故化成俗定，则为人臣者，主耳忘身，国耳忘家，公耳忘私。（汉·贾谊《治安策》）

耳₄

耳孙，指远代子孙。② 音"仍"。

> 上造以上及内外公孙、耳孙有罪当刑及当为城旦、舂者，皆耐为鬼薪白粲。

---

① 颜师古注："耳常听闻而记之也。"
② 颜师古注引应劭曰："耳孙者，玄孙之子也。言去其曾高益远，但耳闻之也。"

(《汉书·惠帝纪》)

2. 中古
耳$_1$
耳朵，像耳的物品。

  夹帽长覆耳，重裘宽裹身。(白居易《岁暮》)
  与君歌一曲，请君为我侧耳听！(李白《将进酒》)
  秋甲子雨，禾头生耳。(唐·张鹭《朝野佥载》卷一)

耳$_2$
句尾语气词。借用。

  惟甫漂泊楚山，终当为庞公高隐耳。(杜甫《昔游序》)
  水火与祸福，岂有先言耳！(谢陶《杂言》)

3. 现代
耳$_1$
耳朵。如："耳廓""耳目""抓耳挠腮"。
耳$_2$
助词。用于书面语。如"想当然耳""不过耳耳"。

小结：上古时期，"耳"一共记录了四个词：本词耳$_1$、语气词耳$_2$、连词耳$_3$、"耳孙"之耳$_4$。到了中古时期，本词耳$_1$的动词义项消失，同时，耳$_3$、耳$_4$功能消失。到现代汉语，本词耳$_1$的本义继续使用，耳$_2$的使用频率降低，只在书面语中还保留痕迹。在使用上，耳$_1$是本用，其他均为借用。

(七) 口

《说文》"人所以言食也，象形"。"口"的本义就是我们说话吃饭的器官。

1. 上古
口$_1$
(1) 人的嘴巴。

  人之彦圣，其心好之，不啻若自其口出，是能容之。(《尚书·秦誓》)
  克岐克嶷，以就口食。(《大雅·生民之什·生民》)

(2) 告诉；说；询问；称道。

  臣恃之诏，是故无不以口齐王而得用焉。(《战国纵横家书·苏秦自齐献书于燕

王章》)

　　于是谓桓曰："吾为子口隐矣；隐曰，吾不反也。"①（《公羊传·隐公元年》）

（3）连通内外的地方。这是根据口连通身体内外的特性所作的引申。

　　必令明习橐事者，勿令离灶口。（《墨子·备穴》）

（4）口腹；口的味欲；口味。

　　为肥甘不足于口与？（《孟子·梁惠王上》）
　　爱我哉，忘其口而念我！（《史记·老子韩非列传》）

（5）量词，用于人。

　　郗回父无辜戮人数百口，取其财宝，殃考深重。（《真诰·甄命》）

2. 中古
口₁
（1）人的嘴巴。

　　愿书万本诵万过，口角流沫右手胝。（李商隐《韩碑》）
　　有耳莫洗颍川水，有口莫食首阳蕨。（李白《行路难三首》之三）

（2）出入的通道；物体内外相通的地方；口岸。

　　去来江口守空船，绕船月明江水寒。（白居易《琵琶行并序》）
　　朱雀桥边野草花，乌衣巷口夕阳斜。（刘禹锡《乌衣巷》）

（3）状如口形的（破裂处）。

　　候实口开，便速收之。（北魏·贾思勰《齐民要术·种椒》）

（4）言语；口才。

　　安能以此上论列，愿借辩口如悬河。（韩愈《石鼓歌》）

---

① 何休注："口，犹口（叩）。语相发动也。"

(5) 量词，用于言语；指口腔的容量或动作；用于牲畜；用于器物。

> 有口话你明明的记：饱时休走，饮了休驰。（马致远《耍孩儿·借马》）
> 兴祖家饷糜，中下药，食两口便觉。（《南齐书·王奂传》）
> 垄种千口牛，泉连百壶酒。（北齐·高昂《征行诗》）
> 晋武帝司马炎以咸宁元年造八千口刀。（南朝·梁·陶弘景《刀剑录》）

(6) 刀剑的刃。

> 杨志道："第一件，砍铜剁铁，刀口不卷。"（《水浒传》第十二回）

3. 现代

口₁

(1) 嘴巴。如：口水；口香糖。
(2) 出入的通道；物体内外相通的地方；口岸。如：门口；海口；瓶口；关口。
(3) 状如口形的（破裂处）。如：口子；裂口。
(4) 口味。如：口轻；口重。
(5) 量词。用于人、刀以及口圆而深的物品等。如：三口人；一口钢刀；一口缸。
(6) 刀剑的刃。如：刀口。
(7) 人口。如：户口；拖家带口。
(8) 指牲口的年龄。如：口小。
(9) 指性质相同或相近的单位所构成的整体；系统。如：农口；政法口；公交口。

小结："口"字所记录的意义都在"口"的引申义列之上，因此这些变化只是意义上的而非职能上的。

（八）目

"目"字《说文》说解为"人眼也，象形"。本义就是人的眼睛。

1. 上古

目₁

(1) 眼睛。

> 巧笑倩兮，美目盼兮。（《国风·卫风·硕人》）
> 巽而耳目聪明。（《易·鼎》）

(2) 总纲；条目；目录；题目；名目；罪名。

> 颜渊曰："请问其目。"子曰："非礼勿视，非礼勿听，非礼勿言，非礼勿动。"

(《论语·颜渊》)
　　凡杀人皆磔尸车上，随其罪目，宣示属县。(《后汉书·酷吏传·王吉》)

(3) 指眼力；眼色。

　　国人莫敢言，道路以目。① (《国语·周语上》)
　　酒阑，吕公因目固留高祖。② (《汉书·高帝纪上》)

(4) 观看；注视；看待；看作；品评；品题。

　　船人目之欲杀平。(《史记·陈丞相世家》)
　　杀世子母弟，目君。以其目君，知其为弟也。(《谷梁传·隐公元年》)

(5) 孔，眼。

　　上纲苟直，百目皆开。(《尸子》卷上)
　　夫少目之网不可以得鱼，三章之法不可以为治。(桓宽《盐铁论·诏圣》)

(6) 指竹节或其他植物的一节。

　　斲，目必荼。③ (《考工记·弓人》)

(7) 指重要精要的东西或地方。

　　三曰司，掌官法以治目。(《周礼·宰夫》)
　　四曰巫目。(《周礼·筮人》)

2. 中古
目₁
(1) 眼睛，视力，视野，看法。

　　昔日横波目，今成流泪泉。(李白《长相思二首》之二)
　　欲穷千里目，更上一层楼。(王之涣《登鹳雀楼》)
　　跨马出郊时极目，不堪人事日萧条！(杜甫《野望》)

---

① 韦昭注："不敢发言，以目相眄而已。"
② 颜师古注："不欲对坐者显言，故动目而留之。"
③ 郑司农注："目，干节目也。"

(2) 指条目、书目。

> 禁漏初停兰省开，列仙名目上清来。（刘沧《看榜日》）
> 尝执四部书目曰："若读此毕，可言优仕矣。"（《南史·张缵传》）

(3) 指射箭的目标。

> 昔时飞箭无全目，今日垂杨生左肘。（王维《老将行》）

(4) 看待；看作；称。

> 不知天壤内，目我为何人？（白居易《不出门》）
> 泉溪之上，源麓之侧有一祠，目之为冶泉祠。（郦道元《水经注·巨洋水》）

(5) 指首领，头目。

> 我守兵炮沉其数小舟，伤其洋目、洋兵数十。（清·魏源《道光洋艘征抚记上》）

(6) 指竹节或其他植物的一节。

> 龙竹养根凡几年，工人截之为长鞭，一节一目皆天然。（高适《咏马鞭》）

3. 现代

目$_1$
(1) 眼睛。但一般不再单用。如：历历在目；目不暇接；目光；目测。
(2) 指网眼。如：八十目筛。
(3) 看，看待。一般是书面上的文言词语。如：目为奇迹。
(4) 大项中再分的小项，特指生物学分类的一个单位。如：项目；细目；银杏目。
(5) 目录，如：书目；剧目。
(6) 名称。如：题目；巧立名目。
(7) 目标。
(8) 围棋用语。

小结：从上古到中古再到现代，"目"的词义虽然经历了许多演变，但始终都在本义与引申义列之内，没有假借出现也没有音变与新字形的产生，因此，"目"的记词职能没变。

（九）眉

《说文》"眉，目上毛也"。本义就是眉毛。

1. 上古
眉₁
（1）眉毛。

> 齿如瓠犀，蓁首蛾眉。(《国风·卫风·硕人》)
> 射其目，身横九亩，断其首而载之。眉见于轼。(《谷梁传·文公十一年》)

（2）上端，特指题额。

> 天子遂驱升于舁山之石，而树之槐，眉曰"西王母之山"。(《穆天子传》卷三)

眉₂
通"瀰"。满，全，终。借用。

> 八月剥枣，十月获稻。为此春酒，以介眉寿。(《诗经·豳风·七月》)
> 绥我眉寿，介以繁祉。(《周颂·臣工之什·雝》)

"眉寿"和"眉耇"的用例在金文中多达120余例①；"眉"在《诗经》中出现8次，有7次都是"眉寿"的形式。
眉₃
通"媚"。
《仲定碑》"不眉近戚"字原作"媚"，刘向《列仙传》"娥眉"作"娥媚"。
眉₄
水边。

> 观瓶之居，居井之眉。② (《汉书·游侠传·陈遵》)

在"水边"这个意义上，"湄"是"眉"的后出分化字，在"湄"字通行以后，"眉"字依然承担它的记录职能。这时的"眉"在使用上是兼用而非借用。

2. 中古
眉₁
（1）眉毛；也喻指美人。

> 低眉信手续续弹，说尽心中无限事。(白居易《琵琶行》)

---

① 夏渌：《"眉寿"释义商榷》，《中国语文》1984年第4期。
② 颜师古注："眉，井边地，若人目上之有眉。"

五纪归来鬓未霜，十眉环列坐生光。（苏轼《苏州闾丘江君二家雨中饮酒》）

（2）量词。多用于称新月，因为二者在形状上相似。

画楼朱户玉人家，帘外一眉新月浸梨花。（谢逸《南歌子》）

（3）隆起。意义来源在于眉毛隆起的特征。

瓦珑矿殼混沌钱，文如建瓴，外眉而内渠，其名瓦珑。（赵令畤《侯鲭录》卷三）

3. 现代
眉$_1$
（1）眉毛。如"描眉""画眉""文眉"。
（2）上端。如"页眉""书眉"。

小结：上古时期，"眉"不仅有本用眉$_1$，还被借用作眉$_2$（瀰）和眉$_3$（媚），并分担了已经通行的后起分化字"湄"的职能，即眉$_4$。到中古，眉$_2$、眉$_3$、眉$_4$的用法消失，只剩下眉$_1$，但眉$_1$的词义更丰富。到现代，眉$_1$的词义又减少到与上古时期眉$_1$相同。

在字用上，眉$_1$是本用，眉$_4$是兼用，眉$_2$、眉$_3$是借用。

（十）须

《说文解字》"须，面毛也"，可见"须"的本义是"胡须，胡子"。后人又造了一个"鬚"字，作为它的后出本字，但这个字在现代汉语中已经废弃不用了。现代汉字中，本义"胡须，胡子"仍由"须"来记录。

1. 上古
须$_1$
（1）胡须，胡子。

六二：贲其须。①（《易·贲》）

（2）触须，植物及其他物体上像须的东西。

靡鱼须之桡旃，曳明月之珠旗。（汉·司马相如《子虚赋》）

须$_2$
（1）止；停留；等待。借用。

---

① 王弼注："须之为物，上附者也。"孔颖达疏："须，是上须（附）于面。"

人涉卬否，卬须我友。① (《诗经·邶风·匏有苦叶》)
自天子至于庶人，未有不须友以成者。(《小雅·鹿鸣之什·伐木》)

(2) 片刻，一会儿。

贤能不待次而举，罢不能不待须而废。(《荀子·王制》)②

(3) 迟缓。

故天子七月，诸侯五月，大夫三月，皆使其须足以容事。③ (《荀子·礼论》)

须₃：地名。借用。

思须与漕，我心悠悠。驾言出游，以写我忧。(《诗经·邶风·泉水》)

须₄：通"嬃"。借用。

六三：归妹以须，反归以娣。④ (《易·归妹》)

须₅：依靠；任用；采用；需要。

昔陈平虽贤，须魏倩而后进；韩信虽奇，赖萧公而后信。(《汉书·循吏传·朱邑》)
奉世上言："愿得其众，不须烦大将。"(《汉书·冯奉世传》)

2. 中古

须₁：胡须，须状物。

陈侯立身何坦荡，虬须虎眉仍大颡。(李颀《送陈章甫》)
何人称相对？清瘦白须翁。(白居易《白羽扇》)

须₂：片刻，一会儿。

---

① 《毛传》："人皆涉，我反未至，我独待之而不涉。"
② 杨倞注："须，须臾也。"
③ 王念孙《读书杂志·〈荀子〉补遗》引之曰："须者，迟也。《论语》'樊须，字迟'。谓迟其期，使足以容事也。杨云'须，待也，谓所待之期也'，则失之迂矣。"
④ 高亨注："须，借为嬃，姊也。"

须臾路欲迷，顷刻山尽白。(唐彦谦《早行遇雪》)
不敢长语临交衢，且为王孙立斯须。(杜甫《哀王孙》)

须_5：需要；要求；索取。

末学俗士，愿沥丹恳，须至仙伯山居中，具起居礼。(《太平广记》引唐卢□《逸史》)
笺曰："承复须古物，今奉李斯狗枷，相如犊鼻。"(唐·赵璘《因话录·角附谐戏》)

须_6
(1) 副词。必须；必要；要。

须知流辈年年失，莫叹衰容日日非。(白居易《感秋咏意》)
暂伴月将影，行乐须及春。(李白《月下独酌》)

(2) 副词。一定。

冯公用手挽扶道："不须如此。"(《京本通俗小说·冯玉梅团圆》)
科举君须中，危科子必登。(洪迈《夷坚支志乙·涂文伯》)

(3) 本来，理所当然。

适有事务，须自经营，不获侍坐，良增邑邑。(应璩《与满公谈书》)
我须是读书人凌云豪气，偏遇这泼虔婆全无顾忌。(关汉卿《金线池》)

(4) 到底，终于。

一向破除愁不尽，百方回避老须来。(王建《岁晚自感》)

(5) 副词。稍许，稍微。

虬少而抗节好学，须得禄便隐。(《南齐书·高逸传·刘虬》)

(6) 副词，却，虽然，即使，自，自然，正。

中秋一轮月，只和旧青冥。都缘人意，须道今夕别般明。(朱敦儒《水调歌头》)

莫嫌白发不思量，也须有思量去里。① （辛弃疾《鹊桥仙·送粉卿行》）

3. 现代

须₁

（1）胡须，须子。如：须发；触须；花须。

须₆

（2）必须，必要。

另外，文言书面语中"须"还有"等待；等到"的意思，但对于整个现代汉语来说，"须"的这个职能已经不再使用了。

小结：上古时期，"须"除了记录本词须₁，还被借用记录同音的他词须₂、须₃、须₄、须₅；到中古时期，须₃、须₄职能消失，而增加了记录须₆的职能；到了现代，须₅职能又消失，须₆的大部分意义也消失，只留下须₁和须₆的部分职能。记录本词的"须"与"鬚"是古本字与后起本字的关系。"鬚"的记词职能本是从"须"分化出来的，到了现代，"须"又重新接过了这个担子，而一度曾为它分担职能的"鬚"字，则由于丧失记词职能而废弃了。

（十一）牙

1. 上古

牙₁

（1）大牙，也指形状像牙齿的器物。特指象牙。

> 谁谓鼠无牙？何以穿我墉？（《诗经·召南·行露》）
> 佩玉有冲牙。② （《礼记·玉藻》）

（2）咬。

> 投之一骨，轻起相牙者，何则？有争意也。③ （《战国策·秦策三》）

（3）指得力助手。

> 祈父，予王之爪牙。胡转予于恤，靡所止居。（《小雅·鸿雁之什·祈父》）

（4）牙旗的简称。

---

① 邓广铭笺注："'须'即'自'，'去'即'处'，'里'即'哩'。意即'也自有思量处哩'。"
② 皇氏注："冲居中央，牙是外畔两边之璜。"孔颖达疏："所触之玉，其形似牙，故曰冲牙。"不管是哪一种，都是在形状或位置上与牙相似。
③ 鲍彪注："牙，言以牙相噬。"

设业设虡，崇牙树羽。(《周颂·臣工之什·有瞽》)

(5) 由于古代军营门口置牙旗，所以营门也称牙门。

牙门旗长大，人莫能胜，韦一手建之。(《三国志·魏志·典韦传》)
遂到营，拔其牙门。(《后汉书·袁绍传》)

牙$_2$：通"芽"，指萌芽、萌生。

利端始萌，害渐亦牙。(《后汉书·蔡邕传》)

牙$_3$：音 yà，指车辋，车轮的外周部分。

辐也者，以为直指也；牙也者，以为固抱也。① (《周礼·考工记·轮人》)

2. 中古

牙$_1$

(1) 大牙。也特指象牙或质地为象牙的器物。

磨牙吮血，杀人如麻。(李白《蜀道难》)
琉璃作碗牙作盘，金鼎玉匙合神丹。(鲍照《代淮南王》)

(2) 得力助手。

恳武古通作牙爪，仪曹外郎载笔随。(李商隐《韩碑》)

(3) 旗名。

桓桓梁征，高牙乃建。② (《文选·潘岳〈关中〉诗》)
边声一夜殷秋聱，牙帐连烽拥万蹄。(赵嘏《平戎》)

(4) 扎营；驻军。

(乌介可汗) 牙于塞上，遣使求助兵粮。(《旧唐书·李德裕传》)

---

① 郑玄注引郑司农曰："牙……谓轮轹也，世间或谓之罔。"罔，"辋"的古字。孙诒让正义引阮元曰："辋非一木，其曲须揉，合抱之处必有牡齿以相交固，为其象牙，故谓之牙。"
② 李善注："牙，牙旗也。《兵书》曰：牙旗，将军之旗。"

（5）古代对西北少数民族王庭的称呼。

  因遣晟副汝南公宇文神庆送千金公主至其牙。(《北史·长孙晟传》)

牙$_2$：通"芽"，指植物的幼芽。

  以铜铛盛水，于火上微煮韭子，须臾芽生者好。(贾思勰《齐民要术·种韭》)

牙$_4$：指交易的中间人或机构，称牙人或牙行等。

  有自贸易不用市牙者，验其私簿，无私簿者，投状首集。（《旧唐书·食货志下》）

牙$_5$：量词。绺。

  六尺五六长身体，团团的一个白脸，三牙细黑髭髯。(《水浒传》第五十七回)

牙$_6$：通"伢"，指小孩。如"牙子"等。
牙$_7$："牙牙"，小儿学语声。

  二女则牙牙学语，五男则雁雁成行。(司空图《障车文》)

3. 现代
牙$_1$
指牙齿；特指象牙；形状像牙齿的东西。
牙$_4$
指交易的中间人或机构，称牙人或牙行。
牙$_7$
"牙牙"，小儿学语声。主要用于书面语。

小结：上古时期，"牙"的主要职能包括记录本词牙$_1$和借词牙$_2$、牙$_3$；到中古时期，记录牙$_3$的职能消失，而新增了记录牙$_4$、牙$_5$、牙$_6$、牙$_7$四种假借用法；到现代汉语，牙$_2$、牙$_6$的职能分别转移给了"芽""伢"，同时，牙$_5$职能消失，这样，"牙"的职能除了本用的牙$_1$，仅剩牙$_4$和牙$_7$，而牙$_7$主要用于书面语。

（十二）齿

1. 上古
齿$_1$
（1）门牙。也特指象牙。

领如蝤蛴,齿如瓠犀。(《诗经·卫风·硕人》)
元龟象齿,大赂南金。(《鲁颂·駉之什·泮水》)

(2) 排比如齿状。

与之定其券契之齿。(《管子·轻重甲》)

(3) 指牛马的岁数。也指人的年龄。
因为牛马出生以后到成年,每年生一齿,所以就以齿的数目来计算岁数。

天下有达尊三:爵一、齿一、德一……乡党莫如齿。(《孟子·公孙丑下》)
齿路马,有诛。① (《礼记·曲礼上》)

(4) 指同类人。

同嗛以齿。② (《管子·弟子职》)

(5) 并列,在一起。录用;收纳。

卫文公能以道化其民,淫奔之耻,国人不齿也。(《国风·鄘风·蝃蝀》)
寡人若朝于薛,不敢与诸任齿。(《左传·隐公十一年》)

(6) 提到;说及,引申为重视。

屏之远方,终生不齿。(《礼记·王制》)

以上词义的来源与引申义列很清晰,所以我们将其归为一个词。
2. 中古
齿$_1$
(1) 指牙齿。

汲井漱寒齿,清心拂尘服。(柳宗元《晨诣超师院读禅经》)
明眸皓齿今何在?血污游魂归不得!(杜甫《哀江头》)

(2) 排比如齿状。

---

① 孔希旦《集解》引郑玄曰:"齿,数年也。"
② 尹知章注:"齿,类也。不敢与齿,谓不敢与并列。"

花落没屐齿，风动群木香。（独孤及《山中春思》）
牵藏机轮之绳，自下而上，其最下级有齿。（沈大成《西洋测时仪记》）

(3) 指牛马的岁数。也指人的年龄。

试数班行中，几人及暮齿。（白居易《把酒》）
生因问莺齿，夫人曰："十七岁矣。"（董解元《西厢记诸宫调》卷三）

(4) 指同类人。也可指同辈；类别。

亲友多零落，旧齿皆凋丧。（陆机《门有车马客行》）

(5) 并列，在一起。录用；收纳。

少孤微，不为乡党所齿。（《陈书·任忠传》）

(6) 提到；说及，引申为重视。

抚臣庸愚何足齿，奈何经略也惜死。（邵长蘅《熊经略》）

(7) 咬啮。

始徐氏甚妒，自齿石之后，遂不复妒。（徐士銮《宋艳·奇异》）

(8) 刻为齿形。

齿木为杷，削竹为枪。（《续资治通鉴·元顺帝至正十二年》）

(9) 发音。

忽有声如人哨，齿甚清丽。（文天祥《得风难》诗序）

(10) 挡；触。

夫举吴兵以訾于汉，譬犹蝇蚋之附群牛，腐肉之齿利剑。① （枚乘《上书重谏吴王》）

---

① 李善注："齿，犹当也。"

齿₂：骰子。借用。

　　无所爱玩，不知棋局几道，樗蒲齿名。(《晋书·葛洪传》)
　　博，尽关塞之宜，得周通之路，而不能制齿之大小，在遇者也。(《艺文类聚》卷七四引《尹文子》)

3. 现代
齿₁
（1）牙齿。如"健齿""龋齿"。
（2）排比如齿状。如"锯齿儿""梳齿儿""齿轮"。
（3）并列；引为同类。如"齿列""不齿于人类"。
（4）年龄；序。如"序齿""齿德俱尊"。
（5）说到；提及。如"齿及""不足之齿"。
小结："齿"的词义虽然有所变化，但本词职能一直传承。最大的变化就是在中古时记录了借词齿₂，后来这种用法又消失。

（十三）囟

《说文》："囟，头会脑盖也。""囟"在《诗经》《论语》《全唐诗》中都没有出现过，就字形看，"囟"的本义就是"囟门"。
囟₁
（1）囟门。
《礼记·内则》"男角女羁"，汉郑玄注："夹囟曰角。"孔颖达疏："囟是首脑之上缝。"《医宗金鉴·刺灸心法要决·周身名位骨度》"囟"注："囟者，颠前之头骨也。"这就是"囟"的本用职能。
（2）斯。借用。

　　询其万囟年，子子孙孙永宝用。①(《师询簋铭》)

到现代，"囟"的借用职能囟₂消失，本用职能囟₁虽不常用，却一直保留至今。

（十四）而

1. 上古
而₁：胡须。本用。

　　而，颊毛也，象毛之形。(《说文》)

---

① 张玉金：《周原甲骨文"囟"字释义》，《语言文字学》2000年第8期。

凡攫鸋援噬之类必深其爪，出其目，作其鳞之而。(《周礼·考工记·梓人》)

而₂：如同。借用。

彼都人士，垂带而厉；彼君子女，卷发如虿。①(《诗·小雅·都人士》)
财利至，则言善而不及也。②(《荀子·仲尼》)

而₃：代词，你（的），他（的）；这个，那个。借用。

且而与其从辟人之士也，岂若从辟世之士哉？(《论语·微子》)
若归，试私从容问而父。(《史记·曹相国世家》)

而₄
（1）连词。表示并列。

夫达也者，质直而好义，察言而观色，虑以下人。(《论语·颜渊》)
君子见机而作，不俟终日。(《易·系辞下》)

（2）表示递进。相当于"并且"。

君子博学而日参省乎己，则知明而行无过矣。(《荀子·劝学》)
孙权据有江东，已历三世，国险而民附，贤能为之用。(《三国志·蜀志·诸葛亮传》)

（3）表转折。义为然而，却。

贫而无谄，富而无骄，何如？(《论语·学而》)
今臣之刀十九年矣，所解数千牛矣，而刀刃若新发于硎。(《庄子·养生主》)

（4）表假设。犹如果。

管氏而知礼，孰不知礼？(《论语·八佾》)
子产而死，谁其嗣之？(《左传·襄公三十年》)

（5）表因果。因而，所以。

---

① 郑玄笺："而，亦如也。"
② 杨倞注："而，如也。"

玉在山而草木润，渊生珠而崖不枯。(《荀子·劝学》)

(6) 连接状语于动词。

子路率尔而对。(《论语·先进》)
启呱呱而泣。(《书·益稷》)

(7) 用在主谓之间以强调主语，含有"竟然""却"之义。

相鼠有皮，人而无仪。人而无仪，不死何为？(《诗经·鄘风·相鼠》)

而$_5$：介词。用，拿。

欲衷对，言不从，恐为子胥身离凶，进谏不听，到而独鹿弃之江。① (《荀子·成相》)

而$_6$
(1) 助词。用于句末，表感叹语气。

俟我于著乎而，充耳以素乎而，尚之以琼华乎而。(《诗经·齐风·著》)
已而！已而！今之从政者殆而！(《论语·微子》)

(2) 用作形容词、副词的后缀。相当于"然"。

舒而脱脱兮，无感我帨兮，无使尨也吠。(《诗经·召南·野有死麕》)
宋忠、贾谊忽而自失，芒乎无色，怅然噤口不能言。(《史记·日者列传》)

(3) 用于能愿动词后，类似词的后缀。

使天下为善者可而劝也，为暴者可而沮也。② (《墨子·尚贤下》)

(4) 用于方位词前，表时间、方位、数量的界限。如"而后、而外、而下"等。
(5) 用于句中，表示语句的舒缓。

孝如增（曾）参，乃不离亲，不足而益国⋯⋯(《战国纵横家书·苏秦谓燕

---

① 王念孙《读书杂志·荀子八》："而犹以也，谓到以独鹿也。古者而与以同义。"
② 王念孙《读书杂志·墨子一》："可而犹可以也。"

王章》）

而₇
（1）能够，动词。音"能"。

> 故古者圣王，唯而审以尚同。① （《墨子·尚同中》）
> 士不偏不党，柔而坚，虚而实。② （《吕氏春秋·上容》）

（2）能力；才能。名词。

> 若是，则人臣轻职业，让贤而，安随其后。③ （《荀子·王霸》）

（3）安定。形容词。

> 天造草昧，宜建侯而不宁。④ （《易·屯》）

2. 中古
而₂：如同。

> 然则虚者固不为空洞无物，静者固不谓兀然而木石也。（宋·司马光《答韩秉国书》）

而₃：代词，你（的），他（的），这个、那个。

> 观而人之所患，则穷其病之始终也。（南朝·齐·褚澄《褚氏遗书·除疾》）
> 而家小郎子，大不端好。（清·蒲松龄《聊斋志异·翩翩》）

而₄
（1）连词。表示承接。就；然后。

> 癸卯岁，西原贼入道州，焚烧杀掠，几尽而去。（元结《贼退示官吏并序》）
> 忽魂悸以魄动，恍惊起而长嗟。（李白《梦游天姥吟留别》）

---

① 毕沅校注："而读与'能'同。"
② 高诱注："而，能也。"
③ 于省吾《双剑誃诸子新证·荀子二》："让贤而即让贤能，而、能古音近，字通。"
④ 陆德明释文："郑读而为'能'，能犹安也。"高亨《周易大传今注·屯附考》："能训安，实借为宁……言定国家之不宁也。"

(2) 表示递进。相当于并且。

> 郡楼何其旷，亭亭广而深。（顾况《酬房杭州》）
> 苟爱而知其丑，憎而知其善，善恶必书，斯为实录。（刘知己《史通·惑经》）

(3) 表转折。义为然而，却。可用在主谓之间以强调主语，含有"竟然""却"之义。

> 当东而西，当啄而飞。（韩愈《琴操·雉朝飞操》）
> 匹夫而为百世师，一言而为天下法。（苏轼《潮州修韩文公庙记》）

(4) 表假设。犹如果。

> 死之长短而在宗祝，则谁不择良宗祝而择寿也？（柳宗元《非国语下·祈死》）
> 周公而非圣人则可，周公而圣人也，岂为之哉！（恽敬《周公居东辩二》）

(5) 表因果。因而，所以。

> 锄其直，遏其生气，以求重价，而江浙之梅皆病。（龚自珍《病梅馆记》）

(6) 连接状语于动词。

> 念天地之悠悠，独怆然而涕下！（陈子昂《登幽州台歌》）
> 吾恂恂而起。（柳宗元《捕蛇者说》）

而$_5$：介词。到；往。

> 其实孕育时，此亲生之身，而少而壮而老，亦莫非亲生之身。（黄宗羲《陈乾初墓志铭》）

而$_6$
(1) 助词。用于句末，表感叹语气。

> 春蛾出蛹，修眉扬而！（唐寅《娇女赋》）

(2) 用于方位词前，表时间、方位、数量的界限。如"而后、而外、而下"等。
(3) 表示限止语气。

盖蒙其伤怜而已！（元结《贼退示官吏并序》）
晓是舞者，圣文神武皇帝初，公孙一人而已。（杜甫《观公孙大娘弟子舞剑器行并序》）

3. 现代

而$_4$

（1）连词，表示承接。
（2）连接肯定和否定互相补充的成分。如"浓而不烈、清而不淡"。
（3）表示转折。
（4）连词，有"到"的意思，如"一而再，再而三"，"由南而北"。

小结：从上古到中古，最大的变化是"而"的本用职能而$_1$消失，同时借词职能而$_7$消失；而$_5$、而$_6$虽然词义有所增减，但职能没有变化。到了现代，"而"的记录职能大幅减少，记录借词的而$_2$、而$_3$、而$_5$、而$_6$消失，只剩下记录连词而$_4$一类职能，且连接作用也有所改变。

（十五）舌

《说文》"舌，在口所以言也、别味也"。从古文字看，"舌"是象形字，本义就是舌头。

1. 上古

舌$_1$

（1）指舌头，也泛称舌状物。

哀哉不能言，匪舌是出，维躬是瘁。（《诗经·小雅·雨无正》）
维南有箕，载翕其舌①。（《诗经·小雅·大东》）

（2）指语言。

惜乎，夫子之说君子也！驷不及舌。（《论语·颜渊》）
上怒，骂敬曰："齐虏！以舌得官，乃今妄言沮吾军。"（《汉书·娄敬传》）

2. 中古

舌$_1$

（1）舌头，泛称舌状物。

但存舌在口，当冀身遂心。（贾岛《寄友人》）

---

① 特指畚箕外伸的部分。

夏簧三舌音，春钟几乳鸣。(庾信《道士步虚词》之七)

(2) 语言。

桂生平日惯听老婆舌的。(《警世通言·桂员外穷途忏悔》)

3. 现代
舌$_1$：舌头，泛称舌状物。如"舌尖""鸭舌帽""火舌"。
小结："舌"在三个不同时期的意义变化并不大，只是本义与引申义的增减，而它的记词职能并无变化。

（十六）面

《说文》把"面"说解为"颜前也"，从其字形看，正是"象人面形"。本义就是"脸、头的前部"。

1. 上古
面$_1$
(1) 脸、头的前部。

谏于其君而不受，则怒，悻悻然见于其面。(《孟子·公孙丑下》)
君子不镜于水镜于人。镜于水，见面之容；镜于人，则知吉与凶。(《墨子·非攻中》)

(2) 当面，面向，面对着。

匪面命之，言提其耳。(《大雅·荡之什·抑》)
圣人南面而听天下，向明而治。(《易·说卦》)

(3) 面部表情。

君子豹变，小人革面。①(《易·革》)
狄人归其元，面如生。(《左传·僖公三十三年》)

(4) 面具；假面。

吹箫鼓鼗，倒挈面者更进，舞者蹈者时作。②(贾谊《新书·匈奴》)

---

① 孔颖达疏："小人革面者，小人处之但能变其颜面容色顺之而已。"
② 卢文弨校注："面，假面也。"

(5) 神色表现在脸上；见，会面。

> 君子之于子，爱之而勿面，使之而勿貌。① (《荀子·大略》)

(6) 方位名词，前；面前。

> 大辂，在宾阶面，缀辂，在阼阶面。(《书·顾命》)
> 上大夫相见以羔，饰之以布，四维之结于面，左头如麛执之。② (《仪礼·士相见礼》)

面₂：通"偭"。

> 马童面之。③ (《史记·项羽本纪》)
> 为涕泣面而封之。④ (《汉书·张欧传》)

2. 中古
面₁
(1) 脸、头的前部。

> 风头如刀面如割，马毛带雪汗气蒸。(岑参《走马川行奉送封大夫出师西征》)
> 君王掩面救不得，回看血泪相和流。(白居易《长恨歌》)

(2) 脸色，指面部表情。

> 今子使万里外国，独无几微出于言面，岂不真知轻重大丈夫哉。(韩愈《送殷员外序》)

(3) 特指面具；假面。

> 夏口之战，伺用铁面自卫。(《晋书·朱伺传》)
> 舞者八十人，刻木为面，狗喙兽耳，以金饰之。(《旧唐书·音乐志二》)

(4) 指神色表现在脸上；见，会面。

---

① 杨倞注："面、貌，谓以颜色慰悦之，不欲施小惠也。"王先谦集解引郝懿行曰："勿面，谓不形见于面。"
② 郑玄注："面，前也。系联四足交出背上于胸前结之也。"
③ 集解："不正视也。"
④ 注："谓偭之也。"

而使听政之初,将帅不得一面天颜而去。(苏轼《朝辞赴定州论事状》)

(5) 副词。当面;亲自。

又欲面其事,上书求诏徵。(韩愈《送侯参谋赴河中幕》)

(6) 方位名词。前;面前。

陪京泝洛,面郊后市。① (《文选·潘岳〈闲居赋〉》)

(7) 指面向;对着。

憩榭面曲汜,临流对回潮。(谢惠连《泛湖归出楼中望月》)
开轩面场圃,把酒话桑麻。(孟浩然《过故人庄》)

3. 现代

面₁
(1) 指头的前部;脸。
(2) 向着;朝着。如"敢于直面惨淡的人生。"(鲁迅《记念刘和珍君》)
(3) 当面。如"面谈""面议"。
(4) 指物体的表面,有时特指某些物体的上部的一层。如"桌面"。
(5) 东西露在外面的那一层或纺织品的正面。如"水面""鞋面""被面"。
(6) 几何学上指一条线移动所构成的图形,有长有宽,没有厚度。
(7) 部位或方面。如"山的那面""事情的另一面"。
(8) 量词,与中古的使用范围有所不同:用于扁平的物件,如"一面红旗""一面镜子"。
(9) 量词。用于会见的次数。如"见了两面"。
(10) 方位词后缀,如"东面""上面"等。

小结:"面"的职能变化较少。记录本词面₁的本用职能一直存在,虽然词义在不同的时期有不同的变化,但却都在这个多义词的范围之内。中古以后,记录借词面₂的职能消失。现代汉语中"面"可以做方位词后缀,在这种用法是词义虚化的结果,不影响记词职能。

(十七) 亢

《说文》:"亢,人颈也。从大省,象颈脉形。颃,亢或从页。"徐灏《说文解字注笺》:"颈为头茎之大名,其前曰亢,亢之内为喉。浑言则颈亦谓之亢。"可见,"亢"的

---

① 李善注:"《周礼》曰:'面朝后市。'郑玄《仪礼》注曰:'面,前也。'"

本义就是人的颈部。

1. 上古

亢₁

（1）人的颈部，喉咙。

> 夫与人斗，不搤其亢，拊其背，未能全其胜也。①（《史记·刘敬叔孙通列传》）
> 乃仰绝亢而死。②（《汉书·陈馀传》）

（2）要害，要害部位。

> 批亢捣虚。（《史记·孙子吴起列传》）

亢₂

通"迒"。音为"háng"。野兽经过后留下的痕迹。

> 《释名·释道》："鹿兔之道曰亢。"毕沅疏证："亢，当作迒。"

亢₃

（1）高；性情的高傲；刚强，强硬。

> 膺性简亢，无所交接。（《后汉书·李膺传》）
> 天子幼弱，诸侯亢强。（《管子·轻重戊》）

（2）举，抗。

> 宁与骐骥亢轭乎！③（《楚辞·卜居》）

（3）副词。极；太过。

> 先纳之，可以亢宠。④（《左传·宣公三年》）
> 亢则害。⑤（《素问·六微旨大论》）

---

① 裴骃集解引张晏曰："亢，喉咙也。"
② 颜师古注："亢者，总谓颈耳。《尔雅》云：'亢，鸟咙。'即也。"
③ 王逸注："亢，一作抗。"洪兴祖补注引五臣云：骐骥抗轭，谓与贤才齐列也。抗，举也。"
④ 杜预注："亢，极也。"
⑤ 王冰注："亢，过极也。物恶其极。"

(4) 亢，指正梁。

> 咸有四阿、反坫、重亢、重郎。① （《逸周书·作雒》）

亢₄
遮蔽；庇护。

> 吉不能亢身，焉能亢宗?② （《左传·昭公元年》）

亢₅
(1) 干旱；干燥。

> 鸣蛇化蛇，见则并灾，或淫或亢。（郭璞《山海经图赞》）
> 纯阳实久亢，云汉乃昭回。（庾信《和李司录喜雨》）

亢₆：星名。
亢₇：通"伉"。相当；匹敌。

> 惠帝与齐王燕饮，亢礼如家人。③ （《史记·齐悼惠王世家》）
> 料敌制胜，威谋靡亢。（扬雄《赵充国颂》）

亢₈：通"抗"，抵御；抵挡。

> 我则为政，而亢大国之讨，将以谁任?④ （《左传·宣公十三年》）

2. 中古
亢₃
(1) 高；性情的高傲；强硬、刚强。

> 屠龙破千金，为艺亦云亢。（韩愈《岳阳楼别窦司直》）
> 既亢而后求，异哉龙之德。（卢仝《感古四首》）

(2) 副词。极；太过。

---

① 孔晁注："重亢，累栋也。"朱右曾校释："亢，极也。极，即栋。"
② 杜预注："亢，蔽也。"
③ 司马贞索隐："谓齐王是兄，不为君臣礼，而乃亢敌如家人兄弟之礼。"
④ 杜预注："亢，御也。"

王无妃媵主无婿，阳亢阴淫结灾累。（元稹《和李校书新题乐府十二首》）
荣之亢，辱之始；辩之亢，诽之始也。（龚自珍《古史钩沉论》）
亢阳乘秋热，百谷皆已弃。（杜甫《雨》）

亢₄：遮蔽；庇护。

永意久知处，嘉言能亢宗。（高适《酬秘书弟兼寄幕下诸公》）
因言伯恭《大事记》，忒藏头亢脑，如扪谜相似。（《朱子语类·论自注书》）

亢₆：星名。
亢₈：通"抗"，抵御；抵挡。

而行营军十五万，不能亢两镇万余之众。（《新唐书·食货志二》）

3. 现代

亢₃

（1）高；高傲。如：高亢、不卑不亢。
（2）过度；极；很。如：亢奋、亢进。

亢₆：星名，二十八宿之一。

小结："亢"字在上古时期所记录的本词亢₁虽然与亢₂同音，但并非一个词；而亢₃有了音变，因而也不能算同一词；而后面的亢₄、亢₅、亢₆、亢₇、亢₈则都是假借"亢"来记录同音近音的他词，因此说，上古"亢"字一共有8个记词职能。到了中古，"亢"字共有4个记词职能，即亢₃、亢₄、亢₆、亢₈，其他则消亡了。在现代汉语中，"亢"的记词职能有2个，即亢₃和亢₆。

二 原因与规律的探讨

（一）演变的原因

汉字的记词职能是一个动态的变化过程。词义本身是一个独立的系统，与词义系统相应的是字记录词的职能系统。词义、词、职能，三者的变化是一种连锁关系，单个词义的变化可能不会引起词与职能的演变，但词义系统的变化必然导致词与相应记词职能系统的演变。所以字的职能演变离不开意义的作用。需要指出的是，意义系统是独立的但不是孤立的，它只要被使用，就与使用它的社会环境密切相关。下面我们将从社会使用与词义两方面来探讨职能演变的原因。

1. 社会使用的作用

毋庸赘述，每个字被使用的次数是不均衡的。"词的使用率主宰字的分化"①，即当一个字被使用的频率过高，它在表达意义的准确性、明晰性上必定会受到影响，此时这些使用频度过高的字必定要将自己的职能分一些给别的字，职能演变由此而来。职能演变的途径主要有三：一是词产生新义，到一定程度就会出现新词，因此产生新的记词职能；二是职能过多而重新分配，致使得到与失去的双方记词职能都产生了变化。还有一种特殊的变化，即所记词死亡或改由别的字记录，则该字的相应记词职能随之消失。如前文所说的"白"字，因其意义改由别的字形记录，因此废弃不用；"麵"字现代也退出使用，因为它的记录职能已经全部转移给"面"字。

2. 词义的作用

随着社会生活的不断发展，语言也日益丰富，因此不断有新词产生。记录新词产生的途径有两种：一种是旧词引申产生新义，新义引申发展到一定程度，就会引起读音的改变，即出现新词，如果新旧词共用一字，就成了字用上的同源通用。② 本用与兼用之间就是同源通用关系。另一种就是使用与意义无关的同音近音字记录，这就是字用上的同音借用。

正是以上两种原因促使字的记词职能不断演变，成为一个不断适应社会需要、满足词义系统平衡发展、充满活力的生命体。

（二）演变规律

记录职能的发展变化并非一个无规律可寻的随意过程，也不是一种彼此孤立的变化，它是有规律、相互配合的发展过程：

1. 是一个由少至多，再由多至少的过程

在这个过程中，字与字的记录职能之间不断寻求着平衡，以适应社会与词义变化的需要。当然，"由少至多，再由多至少"是汉字记录职能变化的完整过程，但并非所有的演变都这么完整，比如"白"字，它的职能自产生至消失是个相对短暂而变化较少的过程，而"自"、"目"等字记录职能的发展就比较成熟、完整，职能变化的过程已完整展开。

2. 职能变化伴随着职能的互补

所谓互补就是职能在两个或多个相关字形间的合理分配。如"鼻、自""牙、齿""口、嘴""面、脸"等，在使用中它们和平共处，各尽其责。而且基本上是根据书面语与口语使用场合的不同而互补。

职能的互补还表现在另一层面上：组字、组词职能与单独使用职能的互补。比如，"口"与"嘴"，"口"作为部首，它的组字能力是"嘴"无法比的；但在使用中，"口"与"嘴"各司其职，"口"无法取代"嘴"，如"嘴角"不能用"口角"代替，"嘴硬"不能作"口硬"。再如，"页"只作为一个借用的语音形式在单独使用，真正保留本义的是它作为部首的组字能力；"面"和"脸"的职能分工也十分明确，"面"比较书面化，

---

① 王凤阳：《词的使用率和字的分化》，《中国语文》1984 年第 5 期。
② 李国英：《试论"同源通用字"与"同音借用字"》，《北京师范大学学报》（社会科学版）1989 年第 4 期。

"脸"则更口语化。

3. 职能变化往往伴随着音变

虽然职能的演变与音变并没有必然的联系，但音变现象确实普遍存在，这或许是人们对同字不同词的一种不太明确的区分方式。比如："耳"在"耳朵"与"耳孙"中有不同的音，"眉""牙""面""亢""页"也都有通过改变读音来标志新词的特点。

4. 虚化是职能变化的重要标志

在我们描写的这些词中，绝大多数的职能变化都伴随着词义的虚化，都是由具体而抽象，由实而虚。如"自"，原指鼻子，这是很具体、很实在的；后来的介词、副词就变得抽象而虚化了。"耳""而""面""口"等词也都有由实而虚的变化过程，只不过有的表现更充分、更完整，有的就只有大致的特征和一部分演变轨迹。

5. 单音词向双音词的转变

这些词的发展，都有一个双音化的过程。特别是到了现代，它们已经无一例外地有了相应的双音词。如"自"变成了"自己""自从"等；"鼻"变成了"鼻子""鼻祖"等；"目"用"眼睛"代替；"眉"对应"眉毛"；"须"对应"胡子"或"胡须"等。

（三）演变实例数据统计与分析

以下是对所选字例的职能演变过程进行的数据统计与分析。

"自""鼻""首""耳""口""目""眉""须""牙""齿""囟""舌""面"的本用保留，而"白（自的异体字）""页""而""亢"的本用减缩，也就是说本用保留的占总字例的76%，而减缩的占24%。

由本用扩展为兼用的字有"自""首""眉"，占18%；其他字没有扩展为兼用，占82%。

由本用扩展为借用的字有"自""鼻""页""首""耳""眉""牙""齿""亢""须""囟""而"，占71%；没有扩展为借用职能的占29%。

从以上数据可以看出：本用的废弃按比例是较少的。本用被废弃的字或者因为异体字或后起本字的通行（如"白""亢"），或者由于本用职能改用同义词记录而原字形被借用记录同音他词（如"页""而"）。可见，本用的减缩或废弃并不意味着字形所记录的词义的消失，只是记录这些词义的职能被其他相关字形分担。

参考文献

1. 裘锡圭：《文字学概要》，商务印书馆1988年版。
2. 王凤阳：《汉字学》，吉林文史出版社1989年版。
3. 苏宝荣：《词义研究与辞书释义》，商务印书馆2000年版。
4. 王梦华：《试论汉字字形的分化》，《东北师范大学学报》1985年第3期。
5. 汤可敬：《部首说略》，《益阳师专学报》1984年第2期。
6. 王凤阳：《词的使用率和字的分化》，《中国语文》1984年第5期。

现代常用汉字职能属性考察[*]

温 敏

汉字的"形音义"三要素说长期以来是汉字学研究方面的基本理论，但汉字的"形"和"音义"在理论上并不属于同一层次。近代以来学界逐渐认为汉字学是纯形体之学，将音义剔除出汉字学的研究领域，但实际汉字研究、教学中又不可避免"音义"；而词汇学是以语素和词为立足点的，这样汉字的字形与其所记词的关系无处安放。在对传统的"形音义"三要素说客观评判的基础上，李运富先生提出了汉字的"形体、结构、职用"三属性说，并认为职用属性是汉字的本质属性。本文以李运富汉字职用学理论为指导，"职用"包括以字为基点的"字用"和以词为基点的"用字"，本文以国家语委颁布的《现代汉语常用字表》中的3500个常用字为测查对象，以其在《现代汉语词典》（以下简称《现汉》）中的所记词位为依据，对常用字的记录单位、字词对应关系、字用属性进行系统考察，借以初步探讨现代汉字的使用特点。

一 常用字的记录职能概况

考察字用状况的核心问题是字与词的关系。"字词关系中，'词'有语言系统的'词位'（包含一个或多个互相联系的义项的词语单位）和言语系统的'词项'（只有一个义项的词语形式）之分。"[①] 本文考察的字词关系立足于贮存状态下的"词"，需要确立"词的同一性"原则，重新整理所选字形在现代所记录的词位。根据汉语无形态标记的实际，结合研究需要，确立分词标准如下：

1. 义项之间毫无联系或在现代汉语使用层面感觉不到联系的算不同词。
2. 意义之间有联系但语音不同的算不同词。（不包括异读词）
3. 意义之间有联系但具有虚实词性差别的算不同词。（不包括意义联系紧密的兼类实词）
4. 同为虚词而语法意义类属不同的，算不同词。

可以看出，本文是以意义标准为主，以语音、语法标准为参照来区别不同的词和词的不同变体。具体操作中，由于词典所列的共时词义是历时的累积体，语义关系以客观引申规律及普通人的集体语感为基准，凡是在现代汉语层面，词义引申已经有断裂环节需要寻找历时联系或寻找词源特点的我们处理为分词；凡是可以通过辐射、串联、并联、综合式

---

[*] 本文由温敏《现代常用汉字职能属性考察》节选改写而成，硕士学位论文，北京师范大学，2004年。

[①] 李运富、何余华：《"两"字职用演变研究》，载《励耘语言学刊》总第20辑，学苑出版社2014年版。

彼此连接的义项，归纳为同词，试举例如下：

  管，《现汉》：管$_1$：管子；吹奏的乐器：管弦乐；形状像管的电器件。
  管$_2$：管理；管辖；管教。

  虽然考察其词义联系是可考的，古代"管"有钥匙的意思，引申为"管理"，但在现代汉语层面，"管子"和"管理"词义联系已经相距很远了。与之相比照：

  辖，《现汉》：大车轴头上穿着的小铁棍，可以管住轮子使不脱落；管辖、管理；直辖。

  其第一个义项在现代汉语中仍存在，人们可以感觉到其词义联系，属于"同所引申"，所以不分词。

  程：①规则，法则：章程；②程序：议程；③（旅行的）道路，一段路：启程；④路程、距离：行程；⑤衡量、估量：计日程功。

  《说文解字》（以下简称《说文》）："程，品也。十发为程，十程为分，十分为寸。"段玉裁注："程，程品也……与粢米也一例。浅人概谓复字而删之。品者、众庶也。因众庶而立之法则。斯谓之程品。上文言诸程品可证矣。"
  "程"的本义是古代长度单位，引申为度量衡的总称。《荀子·致仕》："程者，物之准也。"度量衡是衡量物品长度、容量和重量的标准。词义由具体到抽象，①"规则、法则"；⑤为动词义"衡量"，实为一事的动作和结果，①→⑤。"度"的"度量""尺度"可以作为旁证。衡量有规则，做事有程式，相似引申为②程序；衡量的结果为长短、大小、轻重的单位，相似引申为③→④，所以这些义项是属于一个词位的。
  汉字记录汉语的语言单位包括：词、语素和音节。根据以上分词标准，测查结果为：3500 字中能记录词的个体字符有 2005 个，占常用字的 57.3%。3500 字中一字一语素 1188 个，一字多语素 211 个，这样不能记录词而只能记录语素的个体字符共有 1399 个，占常用字的 40%。这说明，在汉语双音化趋势中，常用字单独成词的比例仍然很大。不过，很明显，同样的字在现代汉语和古代汉语中的词频不同。有些字在现代大多数情况下是语素，特殊情况下才成词，比如专有名词、姓氏、地名、术语，有些只在书面语、方言、口语中才独立成词。
  而在成词的情况中，一字一词 40 个；一字一词（语素）1416 例，一字一语素 1188 个，那么一字一词（语素）2644 个，比率为 75.5%；一字多词 6 个，一字多词（语素）543 个，一字多语素 211 个，那么，一字多词（语素）760 个，占常用字比例 21.7%；音节 96 个，占常用字的 2.7%。

二　字词对应情况考察

　　字是字符，对应的是语言中的词，词典的贮存义来自实际的言语义。就字的记录功能而言，字词对应关系包括一字一词、一字多词和多字一词等。一字一词是指在现代汉语的使用层面，某一个字用来记录一个词或语素（为了称说方便，没有特殊需要，下文中用一字一词表示），字与词的对应关系是一对一的关系。在我们所测查的《现代汉语词典》材料中共有2644例，占总数的75.5%。一字一词现象，词义可以是一个义项，一种语法属性，一个读音，这种情况是常态，本文不再赘述。另外，词义也可能包含多个义项、多个读音或多种语法属性，也就是词的语义、语音和语法变体。

（一）字词对应关系描写

1. 一字一词

（1）语义变体：字形记录了多个义项，而各义项间的关系符合引申规律，没有超越"词"的限度，那么这些义项属于一个词位，是一个词的语义变体，如：

　　乘：①用交通工具或牲畜代替步行：乘船；②利用：乘人之危；③佛教的教义；④进行乘法运算。

　　《说文》："乘，覆也。"甲骨文 (粹一一〇九) 像人立于木上，金文 (师同鼎) 突出两脚，所以"登、升""乘船、乘车"为其本义和引申义。乘车船是利用车船达到目的地，词义虚化为"利用"。而佛教把众生修行看作是一个漫长的历程，把凭借佛法完成这个历程比作乘车，所以叫"乘"。算术中几个相同的数连续相加（加其上）的算法也叫"乘"。这些义项是属于一个词位的。

（2）语音变体：字形记录的词义包含多个读音，但词汇意义未变，只是区别词在某些固定组合中、某些特殊环境中的不同读音，我们判定为语音变体。如：

　　削：xiāo　用力斜着切去物体的表皮，如削铅笔。
　　　　xuē　专用于合成词，如剥削、削弱等。

（3）语法变体：字形记录的词义词性发生了变化，但意义联系不可分割，属于词的语法差异表现出的变体。如：

　　团：①圆形的：团扇；②团子：汤团；③把东西揉成球形：团泥球；④呈球形的东西：纸团；⑤会合在一起：团聚；⑥工作或活动的集体：主席团；⑦军队的编制单位；⑧青少年的政治性组织；⑨旧时某些地区相当于乡一级的政权机关；⑩量词，用于成团的东西。

"团"的义项①是形容词性的，②④⑥⑦⑧⑨是名词性的，③⑤是动词性的，⑩是量词，意义之间的联系紧密，没有发生音变，属于一个词位。

2. 一字多词

一字多词是指在现代汉语的使用层面，某一个字用来记录几个不同的词，字与词的对应关系是一对多的关系，共有 760 例，占常用字比例 21.7%。一字多词（语素）包括以下几种情况：

（1）派生新词。历史上属于同一来源，意义之间有联系，但由于语义引申、语音变化或语法虚化逐渐独立成词，但仍用本字记录这些跟本词有音义联系的派生词，属于兼用情况。

（2）假借的原因。将字形当作语音符号去记录与该字形体无关但音同音近的语词，借字记录他词，属于借用情况。

（3）简化汉字中的同形字。简化汉字中由于职能兼并而同形的词，如出：出去的"出"与一出出戏的"齣"；斗：一斗米的"斗"和争斗的"鬥"；在《简化字总表》中这样的同音替代字共有 105 组①，根据不同的情况定义其字用属性。

（4）历史上来源不同，如站：站立的"站"和车站的"站"。

（5）由于音译外来词构成，如米：大米、一米（metre）；焦：烧焦、焦耳（joule）；打：打击、一打（dozen）；胎：胎儿、轮胎（tyre）等。

（二）字词对应关系分析

语言中词语不断增加，文字却不可能毫无节制地重造。所以要解决字词之间的矛盾，一字记录多词符合字符使用的经济性原则。但是过多的兼职，又容易造成记词不明晰，所以一字多词到了一定限度，又会重新分化，增加字符，以实现记词明确。

现代汉语常用字 3500 字中，一字一词（语素）共计 2644 例，占 75.5%，居绝对优势，汉字的这种职能记录规律与语言的发展性和渐变性是相适应的。即汉字在记录汉语的过程中摒弃了爆发式的突变，既保持了字义的相对稳定性，有利于交际职能的实现；又不断发展，不断调适，其内部是充满活力的。在一字一词内部，记录本义、引申义，而只记单义共计 703 例，仅占总数的 20%。这表明，汉字记录职能的变化是绝对的，稳定是相对的，它受社会发展、民族习俗和语言内部引申规律的双重影响。社会文化、思维认识的发展、物质生活的变化要求作为语言载体的文字去适应这种动态性的变化。

与一字一词相比，一字多词（语素）共有 760 例，占常用字比例 21.7%。一字多词容易造成记词不明晰，所以不可能是无限扩展的。就现代汉语的现状来看，汉字适度分化和双音化趋势的影响，都有利于汉字实现记词明晰。

在汉字字词关系中，和一字一词、一字多词相对应的是多字记录一词现象，二者立足点不同：前者属于职能扩展，包括一个字兼并其他字形的职能来记录多个词；后者是语言中的一个词可以由多个字形来记录，如汉语规范化中的同音代替字职能兼并和异形词的词形选择都和汉字的字词关系密不可分。

---

① 张书岩：《简化与同形字》，《语言文字应用》1996 年第 3 期。

三 字用现象考察

字用即字的记词功能属性。李运富先生在《汉字的记录功能》[①] 中把汉字字用属性分成三种情况：本用、兼用和借用。本文主要参照这个分类标准。

（一）字用现象描写

1. 本用

"所谓本用，是指用本字来记录本词的用法。本字的构形是以本词的音义为理据的。立足于某词，根据该词的音义而造专用来记录该词的字形叫作该词的本字；立足于某字，与该字的构形理据密切相关的语词就是该字本来应该记录的本词。本字的本用包括记录本词中与本字构形密切相关的本义以及与本义密切相关的引申义。"在我们考察的 4340 个词位中，本用的 3215 项，占 74%。如：

纪，《说文》："纪，丝别也。"王筠《说文句读》："纪者，端绪之谓也。"段注："纪，别丝也……别丝者，一丝必有其首，别之是为纪。众丝皆得其首，是为统。统与纪义互足也，故许不析言之。《礼器》曰：'众之纪也。纪散而众乱。'注曰：'纪者丝缕之数有纪也。'此纪之本义也。引申之为凡经理之称。"《墨子》："譬若丝缕之有纪，罔罟之有纲。"从其本义"丝缕的头绪"，引申为"纪律、法纪"等义，其记录职能属于本用。

销，《说文》："销，铄金也。"从其本义"熔化金属"引申为"撤销、开销、销售"等意义。这些意义都是"销"字记录的本词，其字用属性为本用。

逸，《说文》："逸，失也。"本义为"逃跑"。"逸"，逃跑意味着摆脱约束，引申为"无拘束、放纵、安闲"等义。所以现代汉语记录的"逃逸、安逸"都是其记录的本词，属于本用。

盘，《说文》："盘，承盘也。"本义是"盘子，浅而敞口的盛物器"。从其具体物象性引申开来的"盘子、盘旋、盘问"是其记录的本义和引申义，属于本用。

本用是用本字记录本词，从字词对应关系的角度，记录本词的字就是本字，它们的字用属性都属于本用。本字类型主要包括古已有之的本字、后出分化字、新造本字、同形本字等。

A. 古已有之的传承字

字形与字义能建立直接的形义联系，字形传承而来。如：

刃，《说文》："刃，刀坚也。"其记录"刀刃"义，是本字本用。

卜，《说文》："卜，灼剥龟也。"其记录"占卜"义，是本字本用。

丹，《说文》："丹，巴越之赤石也。"其记录"丹砂""红色的"等义，是本字本用。

现代使用的汉字中许多象形、指事、会意、形声字都是古传承而来的。

B. 后出分化字

（1）为本义再造本字，如：

---

① 李运富：《论汉字的记录职能》，《徐州师范大学学报》2003 年第 1、2 期。

其，甲骨文 ✡（铁二一八·二）字形像簸箕形，即"箕"本字。它记录"人称代词、指示代词"义，我们定义为记录他词，属性为借用。重造本字"箕"记录"簸箕"是本字本用。

因，《说文》："因，就也。从大从口。"这已经是符号化以后的笔势了。追溯其造意，"因" ✡（前五·三八·三）像人在席上，✡（後二·四三·三）一说像古代的席纹之形，所以"席子"是其本义。其记录的"凭借"义已经是引申义了。后来又为"席"义另造"茵"字。

久，《说文》："久，以后灸之，像人两胫后有距也。""久"是"灸"的本字，但后来常用来记录"长久"义，所以为"针灸"另造"灸"字。

巨，《说文》："巨，规巨也。""巨"，✡（伯矩盘）像人持矩形，是"矩"的本字，象形，其记录"巨大"义后，又为"规矩"义另造"矩"字。

它，甲骨文 ✡（甲一六五四）像蛇形，本义为蛇，后经常借用作代词后，另造"蛇"字。

其他，如"乎""台""主"记录假借义、引申义后，重造"呼""怡""燭（烛）"；又如"易"记录"容易"，另造"蜴"字；"无"记录"没有"义，另造"舞"字；"免"记录"免除"义，另造"冕"字；"然"记录虚词"然而"，另造"燃"字；"酉"字记录"天干地支"，另造"酒"字；等等，后者都属于后出本字。

（2）为引申义或借义再造本字，如：

坐，《说文》："坐，止也。""坐"曾记录"坐车、座位"义，如《史记·魏公子列传》："侯生坐上坐。"后来分化出"座"字，专门承担"座位"的记词职能，"座"为分化本字。

齐，《说文》："齐，禾麦吐穗上平也。""齐"曾记录"整齐、齐全、剂量"等义，后用"剂"字专门记录"剂量"义。

辟，《说文》："辟，法也。""辟"曾记录"开辟""躲避""偏僻"义，后为其引申义、借义另造后出分化字。

其他如"见、现""正、政""取、娶""戒、诫""责、债""鱼、渔""受、授"后者都是后出分化字。

C. 简化、规范汉字时两个词共用一个新造字形来记录，而且都可以建立字词对应关系。那么，新造字记录的两个词都是其本词。如：

"纤"记录"纤细""拉纤用的绳"两个词。考察两个词都是古有本字，《说文》："纖，细也。"《正字通》："縴，挽船索也。"后来纖、縴同时简化为"纤"。从字词关系看，"纤细""拉纤用的绳"都可以与"纤"建立形义联系，"纤"记录"纤细""拉纤用的绳"都是本字本用。

"历"记录"经历、历年""日历、月历"两个词。考察两个词都是古有本字："歷"记录"经历"，"曆"记录"日历"等义，后来歷、曆同时简化为"历"。从字词对应关系看，"历"作为形声字记录"经历、月历"义都是本字本用。

D. 现在的字形和古已存在的字形重合，但古本义消失或两个词在造字的过程中偶然同形，而字形与其所记的词可以建立新的形义联系，字用属性属于本字本用。如：

泥，《说文》："泥，泥水也。出北地郁郅北蛮中。"现在"泥"作为形声字记录"泥土、泥状物"等义，取得了新的命名理据，属于本字本用。

沫，《说文》："沫，沫水也。出蜀西徼外东南入江。""沫"现在记录"沫子""唾沫"等义，可以取得新的命名理据，字词之间建立新的联系，属于本字本用。

椅，《说文》："梓也。"现在记录"椅子"，属于本字本用。

炮，《说文》："炮，毛炙肉也。"现在记录"炮制""枪炮"等词，从不同的角度词义与字形都可以建立形义关系，二者属于本字本用。

又如："油""泄""渐""溜""沛""潭"古本义都是水名，现在记录的意义和字形取得新的形义联系，本文定义为本字本用。

E. 字形变化，但字词对应关系未变，形义之间有了新的命名理据，属于本字本用。如：

仙，《说文》："僊，长生迁去也。"现在构形方式可以理解为会意字，"仙"记录"神仙"，属于本字本用。

艺，《说文》："藝，种也。""艺"记录"技艺""艺术"，构形方式属于形声字，属于本字本用。

点，《说文》："點，小黑也，黑也。从黑占声。"现在"点"记录"小点""起点""点名"等义，形义之间建立新的形义联系，属于本字本用。

草，《说文》："艸，百芔也，象形字，象草形。""草"从艹早声。"草"记录"草木"和《说文》中"斗栎实"之"草"可看作同形字，属于本字本用。

F. 新造本字

高更生采用贾娇燕《谈新造字法》的观点，认为新造字包括《现代汉语通用字表》（1988）收录，《康熙字典》（1717）未收录的这270年间的字，共有271个。① 新造字注意形义之间的联系，多属于本字本用。如：记录自然科学元素的用字"氢、氧、氟、氮、氨、钛、钙"，区分疾病的用字"痧、癍、疙瘩"等字都采用形声造字法。还有象声词"咕、咚、哞、啪、啦、喵、嗨"等。据高更生的统计，新造字中形声字共有258个，占总数的95.2%，都属于本字本用。

在本用中，本用本字是从字用层面，指的是字符与其所记词项的关系。从字的结构层面，有关"字"和"义"，李运富将其分成了"构件义""字形义"和"目的义"。②"'目的义'是按照字形的构造意图来使用的意义"，即与字形密切相关并在文献中有使用的意义。那么在字词关系对应的情况下，从字形与字义的联系看，又可以分为三种情况：非记号字、记号字、半记号字。③

非记号字：现行汉字的形体结构和它所记录的意义能建立形义联系。现行象形、指事、会意、形声字中，都存在大量的非记号字。在3500个常用字中，本用3202项，其中非记号字2611例，本用中非记号字占82%。

现代汉语象形字中，有些还保留了构形意图，形义之间可以建立联系。如"田、井、

---

① 高更生：《现代汉字规范问题》，商务印书馆2002年版。
② 李运富：《论汉语字词形义关系的表达》，《湖北民族学院学报》1997年第4期。
③ 高更生：《现代汉字规范问题》，商务印书馆2002年版。

雨、凸、凹"等。指事字中有些保留了构形意图，可以看作非记号字。如"一、二、三、刃、上、下"等。有些后起字能看出构形意图，也可以看作指事字，如合并笔画的"卡"。

会意字中有些传承而来，仍然可以看作是会意字。如"朋、众、休、男、明"。有些繁体字本来是会意字，简化后仍是会意字，取得了新的命名理据。如："尘"，《说文》："鹿行扬土也。"从三鹿从土，楷书简化保留一个"鹿"，现行简化字"小土"会意为"尘"，属于非记号字。有些字从形声字变为会意字，如"帘"，从穴从巾会意，繁体字"簾"原是从竹廉声的形声字。有些古文字中的象形字，现在可以理解为会意字，如"泉"，还有新造会意字，如"甭、歪、孬"等。

非记号字中，形声字数量较多。传承的形声字不少。而且形声字中存在类声符和类义符现象。① 如"者"读 zhě，在"堵、赌、睹、都"等字中读 du，虽然声和韵都不同，但是由于它们符合语音发展规律，而且可以成系统地构字，可以看作是类声符。"是"读 shì，但在"提、堤、题、缇、醍"都读 ti 或 di，可见"是"在这类字中承担标音作用。又如"页"，《说文》："页，头也。"其现在记录的"书页、活页"义是借义。但是其本义保留在构形系统内，从"页"的字大多与人的头部相关，如"额、颈、顿"等。虽然"页"的使用义与"题、额、颈、顿"无关，但是从系统的观点出发，"页"可以看作类义符。"不能独立使用的义符和声符往往是字词演变的结果，其实它们曾单用过，才具有一定的音和义，后来虽然不再单用，但仍然保留在构形系统中，我们仍然能感到它们的构形理据。"② 我们把上述字都定义为非记号字的形声字。

也有后起的形声字，如"鼠"，从鼠，从穴，会意字。而简化后的"窜"，从穴，串声，成为形声字。又如："琴"，《说文》："琴，禁也。神农所作，洞越，练朱五弦，周加二弦。象形。"《说文》古文珡像乐器之形。简化字"琴"成为形声字。也有的形声字保留义符，声符用别的字符简化，如："釀、讓"简化为"酿、让"，仍然属于非记号字中的形声字。

总之，只要能建立形义联系的字，我们都定义为非记号字。

记号字：现行的汉字形体结构和字所记录的意义不能建立形义联系，由笔画和部件构成。记号字的形体虽然与所记词义无关，但它是由本字变异而成，也是所记词位的专用字，亦即字形变化了，而字词的对应关系并没有变，所以应视为本用的特殊一种。本用中的记号字共有 329 例，占 10%。

记号字中有些字，由于历时的字形演变，笔画已经黏合在一起，不能分析出部件。如古代属于会意字的"秉""及""兵"；原来属于形声字的"更、书、奉"现在都已经记号化了。有些象形字如"鹿、虎、马、燕、壶"也记号化了。

还有一些字在原有字形的基础上增笔或改笔，人为地约定俗成去记录某义，从字用上讲，专字记专词，属于本用。如：根据"子"的笔画造字"孑、孓"，从字词对应关系讲，属于本用，但从形义联系讲，是记号字。

---

① 李运富：《汉字构形原理与中小学汉字教学》，长春出版社 2001 年版。

② 同上。

半记号字：半记号字指现行汉字的结构与它所记录的意义，只能部分地建立形义联系。半记号字共有 262 例，占 8%。半记号字中有会意字，其部分部件能分析成义符，另外的部件由于笔画变异理据丢失，字形与字义只能部分地建立联系。如"肥"，从"月"，"巴"已经记号化了。形声字中一类是有形旁无声旁，如"币"，简化前为"幣"，从巾，敝声。现行字"币"除了"巾"保留了构形理据外，其他部件已经成为记号。如"布"，简化前从巾父声。现行字"巾"表义很清楚，但声旁记号化了。类似的字还有"春、扫、责、柳"等。

汉字简化中有些用记号代替的类推简化字，保留义符，声符用符号代替，如"歡、勸、觀"类推简化为"欢、劝、观"；"懷、壞、還、環"简化为"怀、坏、还、环"等。这类的字应看作半记号字。

从非记号字、半记号字、记号字的比例看，虽然汉字在发展过程中以线条化、记号化求简，但非记号字仍占绝对优势。这说明，汉字作为表意文字，虽然不能完全做到"见形知义"，但是人们造字和用字时，非常重视理据，不管是历史传承字，还是新造字。记号字是简化的必然结果，是不可避免的，但是也有一定限度，因为记号字的直观性减弱，抽象性增强，好书写但难理解。半记号字是处于笔画求简意义求明的"简""明"之间，是简易律和表达律的协调，是汉字顽强坚持表义性的表现。类推简化字多属于半记号字，具有很强的系统性。

2. 兼用

"所谓兼用，是指用本字记录另一个跟本词有音义联系的派生词的现象。词义引申如果伴随读音或字形的变化，往往会派生出新词。如果派生词仍然用源词的本字来记录，这就是本字的兼用。"[①] 这种本字记录派生词的兼用现象在我们的考察范围内共有 484 例，占 11.2%。

从新词产生途径看，本字记录的派生词，包含语义分化、读音变化、语法化三种情况：

（1）语义分词，共有 214 例，占兼用的 44.1%。

苞，《现汉》：苞$_1$：花没开时包着花骨朵的消叶片：花苞。
苞$_2$：〈书〉丛生而茂密：竹苞。

《说文》："苞，苞草也，南阳以为麤履。"从"苞草"意义引申，现在记录"花苞"义，如"含苞未放"；记录"草木茂盛，丛生"，如《尔雅·释诂》："苞，丰也。"《诗·小雅·斯干》："如竹苞也，如松茂矣。"二者从现时的意义看，没有必然联系。但是二者是一个情况的两个方面："花苞"还未长成，是最脆弱的时候也是生命力最强的时候，所以"苞"记录了"花苞""草木丛生"义，二词意义之间有引申关系，派生新词后，共享一个字形，属于字的兼用。

我们可以参见"夭"的意义引申方向：

---

① 李运富：《论汉字的记录职能》，《徐州师范大学学报》2003 年第 1、2 期。

夭，《说文》："夭，屈也。"段注："象首夭屈之形也。隰有苌楚，传曰：夭、少也……《月令》注曰：少长曰夭。此皆谓物初长可观也。物初长者尚屈而未申。段令不成遂，则终于夭而已矣。故《左传》《国语》注曰：'短折曰夭。'《国语》注又曰，不终曰夭。"《说文通训定声》："凡草木枝叶其秒（苗）有旁侧附之形故曰夭。"

而《诗·周南·桃夭》："桃之夭夭，灼灼其华。"传曰："夭夭，桃之少壮也。"《诗·邶风·凯风》："棘心夭夭，母氏劬劳。"传曰："夭夭，盛貌也。"《诗集传》："夭夭，少好之貌。"《诗·桧风·隰有苌楚》："夭之沃沃，乐子之无家。"《诗集传》："夭，少好貌。""夭"在《现汉》中记录"夭折"和"草木茂盛"义，分词。

靡，《现汉》：靡₁：浪费：奢靡。
靡₂：顺风倒下：披靡；美好：靡丽。

《说文》："靡，披靡也。"段注："披各本作披……盖其字本作披。从木。析也……披靡，分散下垂之貌。凡物分散则微细，引申之谓精细可喜曰靡丽。""靡"记录"浪费、奢靡"义是其引申义，属于本用。记录"靡丽"属于兼用。

志，《现汉》：志₁：志向、志愿。
志₂：〈方〉称轻重、量长短、多少：志一志。
志₃：记：志哀（用文字记录：县志；记号：标志）。

《说文》："志，意也。""志"与"识"本是一个字，"志"可以当"旗"讲，旌旗用来指挥，代表将帅的意向，分化新词"意志"，字写作"志"。① 旗帜作为标记，可以记录"记"义，属于兼用；方言中"称轻重、量长短"，也用"志"记录，属于兼用。

艾，《现汉》：艾₁：多年生草本植物，叶子有香气，可入药。
艾₂：年老的，也指老年人：耆艾。
艾₃：停止：方兴未艾。
艾₄：美好、漂亮。
艾₅：yì：同"刈"；惩治：惩艾。

《说文》："艾，冰台也。"艾₁是"艾"记录的本义。而其记录的其他意义在现时层面无关联。《辞源》："艾，又名艾蒿、冰台。艾的颜色，苍白色。"《礼记·曲礼上》："五十曰艾，服官政。"孔颖达疏："四十九以前通曰强。年至五十，气力已衰，发苍白色如艾也。"汉桓宽《盐铁论》："五十以上曰艾老，杖于家，不从力役。"从这一具体物象引申为"年老的"；进一步引申为"停止"。"美好、漂亮"看似与"停止"义相背，实则是从"艾"这种植物的不同特点引申而来，与上述"苞""夭"同理。"艾"记录"植

---

① 陆宗达、王宁：《训诂与训诂学》，山西教育出版社1994年版。

物"义外的其他意义"年老的""停止""美好"属于字的兼用,其记录"惩治"义属于借用。

料,《现汉》：料₁：预料、料想；照看、管理。
料₂：材料、原料（喂牲口用的谷物）。

《说文》："料,量也。从斗,米在其中,会意。"在现时意义上,"预料"和"材料"没有联系,但是联系其本义"量米",从"米"引申出"材料"；从"米在斗中,称量"引申出"料想、预料"。二者正是本义从不同角度引申的结果,在字用上属于兼用。"分"记录"成分""料想"义可做参照。

"帮",记录"鞋帮、帮助""帮会"；"陈"记录"陈列""陈旧"；"徒"记录"步行、徒然""徒弟、道徒"；"零"记录"飘零、凋零""零碎"等,后者都属于字的兼用。

(2) 语音分词,共有208例,占43.1%。

薄,《现汉》：薄₁：báo 扁平物上下两面之间的距离小；感情冷淡、不深；酒味薄；不肥沃,地薄。
薄₂：bó 迫近、靠近,日薄西山。

《说文》："薄,林薄也。"段注："《吴都赋》'倾薮薄'刘注曰：薄,不入之丛也。按林木相迫不可入曰薄。引申凡相迫皆曰薄……相迫则无间可入,凡物之单薄不厚者亦无间可入。故引申为厚薄之薄。"《楚辞·九章》："露申辛夷,死林薄兮。"王逸注：丛木曰林,草木交错曰薄。

从"林薄""相迫、逼近"引申到无间可入的"厚薄",意义引申音变造词,本字记录派生词,属于兼用。

切,《现汉》：切₁：qiē 用刀把物体分开（直线、圆与弧、球的交点）。
切₂：qiè 符合：切合（贴近、急切、切实）。

《说文》："刌也。从刀,寸声。"本义为"分割"。"切"字记录的意义体现了汉语思维的辩证统一性,从一个角度看有"切分"义,从另一角度又有"切合"义,引申出"贴切、切合、切中要害"等义,音变造词用本字记录,属于字的兼用,可以与"副"字记录的"判分、符合"义相参照。

正如上文所述,多音字多属源词与派生词共享一字的现象。如"乘"：chéng 乘车,shèng 千乘、史乘；"分"：fēn 分开,fèn 成分；"间"：jiàn 离间,jiān 时间；"否"：pǐ 否极泰来,fǒu 否定；"数"：shǔ 数一数,shù 数目等。

(3) 语法分词，共有 62 例，占 12.8%。

以，《现汉》：以$_1$：动词：用、拿。
以$_2$：介词：(依、按照、时间)。
以$_3$：连词：因为（表目的）。

《说文》："以，用也。"裘锡圭、李亚农认为"以"本义是"提携、携带"。引申为抽象的"率领"义。在甲骨卜辞中多有用例。词义进一步虚化，作介词，引进动作行为赖以进行的工具、凭借、原因。由于介词宾语可以是动词，宾语又可以前置，具备了词义进一步虚化的条件，虚化为连词，表示顺承、目的、因果等关系。语法构词新词派生，从动词到介词、连词，字形不变，属于兼用。兼用是解决同形的同源词问题，即派生词未造新的字形。

既，《现汉》：既$_1$：已经；完了、尽。
既$_2$：连词，既然；既……又，表示两种情况兼而有之。

甲骨文字形"既"（粹四九六），左边食器形，右边像一人吃罢而掉头将要离开之形。罗振玉《殷虚书契考释三种》："即，象人就食；既，象人食既。"所以"已经、完"是其记录的本词（引申义）。词义进一步虚化为连词"既然、既……又"仍然用"既"来记录，属于兼用。

其他如"被、即、同、将、则、从、把、纵、便、就"等虚词都由实词虚化而来，意义之间有引申关系，虚词用法仍用本字表示，属于字的兼用。

3. 借用

"所谓借用，是将字形当作语音符号去记录与该字形体无关但音同音近的语词。"[①] 这种用借字记录借词的借用现象共有 469 例，占 10.8%。借用现象在造字阶段和使用阶段都不可避免。根据是否有本字，可以分为两类：本无其字的借用和本有其字的借用。其中本有其字的借用又分两种情况：一是职务转移的借字，即本有其字而不用本字，借同音字记录，同音字成为通行字，但本字可以追溯。二是在现代使用的层面上，有本字却不用，用音同或音近字来记录。

(1) 本无其字的借用，共有 314 例，占 66.9%。

清代学者孙诒让在《与王子壮论假借书》中对假借的产生和功用做了说明："天下之事无穷，造字之初，苟无假借一例，则遂事而为造字，而字有不可胜造之数，此必穷之数也。故依声而托以为事焉，视之不必是其字，而言之则其声也，闻之足以相谕。"

"依声而托以为事"，就是所谓"不造字的造字"，"视之不是"，目治没有形义联系；"闻之相谕"，耳治名其义，完成记录功能。对于不便"因事造形"的词多采用假借法。

---

① 李运富：《论汉字的记录职能》，《徐州师范大学学报》2003 年第 1、2 期。

如表示天干、地支"甲、乙、丙、丁"等字多为借字。"甲"借"铠甲"的"甲"表示;"乙"借记录"草木萌生"的"乙"表示;"丙"借记录"侧逃"的"丙"来表示;"丁"借记录"箭头、钉子"的"丁"来记录;"戊"借表示"武器"的"戊"记录;"己"借表示"跪跽"的"己"记录。其他"庚""辛""壬""子""丑"等都是用借字表示的。表示数字、虚词类的比较抽象的意义也常用借字表示。如:

又,《现汉》:副词,表重复或继续、更进一层。

《说文》:"又,手也,象形。""又"记录副词义,属于本无其字的借用。

丈,《现汉》:丈$_1$:长度单位(丈量)。
丈$_2$:对老年男人的尊称(丈夫)。

《说文》:"丈,十尺也。从又(手)持十。"这已经是笔势化后的解释,据前人考究,"丈"是"杖"的本字,所以"老丈"是"丈"记录的引申义,属于本用。而表示长度单位的"丈"借"老丈"的"丈"来表示,属于本无其字的借用。"也、乎、不、之、勿、夫"等表示虚词都属于这种情况。

(2) 本有其字的借用,共有 155 例,占 33.1%。分两种情况:

第一种是职务转移的字:在现代汉语的使用中,本字未通行或废弃,借字通行或者简化运动中本字的职能被简化字所兼并。这种情况共有 95 例,占 20.3%。如:

几,《现汉》:几$_1$: jī 小桌子。
几$_2$: jǐ 询问数目;表示大于一而小于十的数目。
几$_3$: jī 几乎,近乎。

《说文》:"几,坐所以凭也。""几"记录"茶几"是本用。"几"记录"几个"是"本无其字"的借用。而"几"记录"几乎"是本有其字的借用。《说文》:"幾,微也,殆也。"本义"细微、隐微"。引申义表示"几乎",简化汉字中用"几"来兼并"幾"的职能,属于本有其字的借用。

范,《现汉》:模子(模范、范围;限制:防范)。

《说文》:"范,艸也。"假借为笵。《说文》:"笵,法也。"引申为一定的规则。《说文》:"模,法也。"段注:"以木曰模,以竹曰笵,以金曰镕,以土曰型,皆法也。"引申为法式、模式。所以"范"记录的"模范、范围、范畴"义是借义,属于本有其字的借用。

错,《现汉》:错$_1$:参差:交错(错过、错误)。

错₂：在凹下去的文字、花纹中镶上或涂上金、银等：错金。
错₃：打磨玉石的石头。

《说文》："错，金涂也。"段注："今所谓镀金。涂俗作塗。或作搽。谓以金措其上也。或借为措字。措者，置也。或借为摩厝字。厝者，厉石也。或借为交造字。东西为交，邪行为造也。"

"错"记录"错金"义是本用。而"错"记录"参差、交错"义是本有其字的借用，本字为"造"。《说文》："造，迹造也。"段注："造，这 造也。"《仪礼》："交错以辩。旅酬行礼。一这一造也。""错"记录"打磨玉石"也是本有其字的借用，本字为厝。《说文》："厝，厉石也。"段注："'他山之石，可以攻玉。'传曰：攻、错也。错古作厝。厝石，谓石之可以攻玉者。"

核，《现汉》：核₁：核果中心的坚硬部分（物体中像核的部分；指原子核）。
核₂：仔细地对照考察；真实。

《说文》："核，蛮夷以木皮为箧，状如簸尊。""核"记录"果核、原子核"等义属于本用。"核"记录"核查"义为本有其字的借用。本字为"覈"。《说文》："覈，实也。考事而笮，邀遮其辞，得实曰覈。"

蠢，《现汉》：蠢₁：蠢动。　蠢₂：愚蠢；笨拙。

《说文》："蠢，虫动也。引申为凡动之称。""蠢"记录"蠢动"是本用。而表示"愚蠢"义的本字为"惷"。《说文》："惷，乱也。从心春声。《春秋传》曰：'王室曰蠢蠢焉。'""蠢"记录"愚蠢"义是借用。

和，《现汉》：和₁：hè 动词，相和，相应。
和₂：hé 谐和（平和、不分胜负）。
和₃：huò 使和谐，和药。
和₄：hú 和了（打麻将）。

《说文》："和，相应也。"而"和谐，平和"义本字为"龢"，也读"禾"音，但意义却跟"龠（yuè）"相关，"龠"是把竹管编连在一起做成的排箫类的乐器，所以"龢"指音乐和谐。人们希望达到这种境界，才提出政治文化、伦理道德、行为规范等方面的"龢"。所以，现在表示"谐和（平和、结束战争、不分胜负）"义的本字为"龢"。打麻将中的和（hú）了，考察其命名理据，也是因为某家符合"谐和一致"的规则而取胜。为了书写简便，文献中常用同音字"和"代替"龢"，现在"龢"字已被淘汰，"龢"的所有意义都归并给了"和"字。借用不只是针对他词的本义而言，记录他词引申义的也叫作借用。"和"记录"和面、和药、和了"都是借用。"和"记录上述意义为本有其字的借用。

第二种是在现代汉语使用层面，有本字不用，却用音同音近字代替，形成多字记录一词的现象。在借用中共有 60 例，占 12.8%。

傅，《现汉》：傅$_1$：辅助、教导（负责教导或传授技艺的人：师傅）。
傅$_2$：附着、加上（涂抹、搽：傅粉）。

《说文》："傅，傅相也。"本义是"辅佐"义。其记录"辅助、教导"义是本用。其记录"附着、加上"是借义，属于借用。本字为"敷"。段注："敷，㪱也。此与寸部尃音义同。"《说文》："尃，布也。"

委，《现汉》：委$_1$：曲折：委婉。
委$_2$：积聚：委聚（水流所聚、水的下游、末尾：原委）。
委$_3$：无精打采，不振作：委靡。

《说文》："委，随也。"段注："随其所如曰委。委之则聚，故曰委积。所输之处亦称委，故曰原委。""委"记录"曲折""积聚、原委"义分别属于本用、兼用。而记录"委靡"则是借用，本字为"萎"。

序，《现汉》：序$_1$：古代指厢房：东序（古代由地方举办的学校：庠序）。
序$_2$：次序（开头的：序曲、序文）。

《说文》："序，东西墙也。""序"记录"厢房、庠序"是本用。《说文》："叙，次第也。"本义是排列顺序。而"序"的本义是隔开正室与两旁夹室的墙，其常用义"次序、序曲"是假借义。段玉裁注曰："《攴部》曰：'次第谓之叙。'后经传多假序为叙。"所以现在"序"记录"次序、序文"是本有其字的借用。

柬，《现汉》：柬：信件、名片、帖子等的统称。
简，《现汉》：简$_1$：简单、简化。
简$_2$：古代用来写字的竹片：竹简（信件：书简）。
简$_3$：选择人才：简拔。

《说文》："简，牒也。""简"记录"书简、竹简"是其本用。《说文》："柬，分别简之也。"段注："《释诂》曰：'流差柬择也。'……凡言简练、简择、简少者、皆借简为柬也。柬训分别、故其字从八。"其记录"简单、简拔"义都是借用，本字为"柬"。而"柬"记录"请柬、信柬"也是借用，本字为"简"。

其他再如"付"记录"量词，一付"是本有其字的借用，本字为"副"；"统"记录"长统（皮靴）"是借用，本字为"筒"；"糜"记录"奢糜、浪费"义属于本有其借用，本字为"靡"。

（二）字用属性分析

我们将 3500 字的字用属性列表如下：

字用现象	本用		兼用		借用	
分类	非记号字	2613	语义分词	214	本无其字	314
	半记号字	263	语音分词	208	本有其字	60
	记号字	333	语法分词	62	职能转移	95
共计		3209		484		469

可以看出，字用现象中本用占74%，兼用占11.2%，借用占10.8%。其他记录专名、姓氏、音译词、象声词及属性不明的共有172项，占4%。本用是本字记录本词（本义、引申义），集中体现了汉字的表意性性质，而表意的汉字和汉语重形象思维的特点是相适应的。兼用指本字记录派生词，词汇的派生导致字形的不断孳乳以实现字词之间的对应关系。但是字形不可能无限膨胀，为了尽可能地节约字符或维持字形上的联系，用本字记录派生词或通过变化读音的手段（相当于变化词形）来记录派生词的兼用现象应运而生，在兼用现象中由于语音变化和语义引申产生新词的比率基本持平，通过语法手段产生新词占 12.8%。

汉语重形象思维，从造字的角度，倾向于"寓意于形"；从使用的角度，倾向于使用"见形知义"的字形。而且不论是单个汉字的构形还是在整个汉字系统，"意象性"是汉字这种视觉符号和拼音文字最基本的区别。拼音文字是音与义直接关联，即音与语言中的词直接建立联系，这和它们重抽象、逻辑思维的特点是一致的。当然，单纯的"以形示义"不能满足汉字记录汉语的需要，"借音示义"不可避免。这种借助声音与语言中的意义建立联系，是抽象性思维在汉字使用的表现。汉字使用者重形象思维，作为对抽象思维的抗拒，就为借音字加注示义成分，以达到"形义统一"。也有一些象形字或象形部件在形体演变的过程中发生黏合、重组，并由于加注示义成分转而成为声旁，取得了新的构形理据。总之，在汉语重形象思维特点和汉字使用区别律的作用下，形声造字成为主流。形声字的义音双重成分表意和汉语重整体思维特点一致，其中形旁提示意义的类属，而声符"把每个字和它所记录的词联系起来"。这样形声字的声符和形符互为背景，互相补足，从整体上表达语言中的词。从字用属性看，大量形声字的产生大大限制了假借字，已有的假借字也走上专符专用的道路，字用中的借用转化为本用。

借用现象占字用状况的 10.8%，因为以形示义不能满足记录汉语的需要，只得用记音方式补充，共同完成汉字记录汉语的任务。借用中本无其字的情况占 66.9%，处于绝对优势。可以从两个角度理解，造字上看，借用同音字，属于"文字的节制"，从用字上看，这个"假借字"是某词的专用字。所以，有人又称为"音本字"。而古代传承中职务转移的借字和现代汉语使用层面的本有其字的借用使字词关系变得更加复杂。

四　小结

现代汉语常用字记录职能状况的测查和字用属性的描写，属于共时平面的材料测查，但它是历时的现象在共时平面上的沉积和再现，下面从汉字记词情况和字用属性两方面小结如下：

1. 常用字 3500 字中，字词关系类型包括一字多词、一字一词和多字一词，其中一字一词（语素）占比 75.5%，居绝对优势，汉字的这种职能记录规律与语言的发展性和渐变性是相适应的。

2. 常用汉字的字用属性中本用占 74%，兼用占 11.2%，借用占 10.8%，本用居绝对优势。本用本字类型复杂，主要包括古已有之的本字、后出分化字、新造本字、同形本字等。在字词关系对应的情况下，从形义关系看，非记号字占 82%。说明人们在造字和用字的层面都非常重视理据性。借用中，本无其字的情况占 66.9%。本用和本无其字的借用都说明人们倾向于比较稳定的字词关系，一旦某字记录某词在使用中约定俗成，人们就将作为一种习惯将字词关系固定下来。

参考文献

1. 中国社会科学院语言研究所词典编辑室：《现代汉语词典》，商务印书馆 2002 年版。
2. 陆宗达、王宁：《训诂方法论》，中国社会科学出版社 1983 年版。
3. 王宁：《训诂学原理》，中国国际广播出版社 1996 年版。
4. 李运富：《"汉字学三平面理论"申论》，《北京师范大学学报》（社会科学版）2016 年第 3 期。
5. 李运富：《汉字汉语论稿》，学苑出版社 2008 年版。
6. 符淮青：《现代汉语词汇》，北京大学出版社 1985 年版。

清末元素用字同形异用考察*

牛 振

本文研究清末译者用来记录外来元素词的汉字。自 1849 年英国传教士合信（B. Hobson）在《天文略论》中首次介绍养（氧）气和淡（氮）气始，至 1900 年，外国传教士和清政府官办翻译机构出版了 40 多种化学译著①。译者所选元素用字五花八门，出现了一个词语用多个书写形式记录，以及一个字符记录多个词语的现象，直到 1933 年才基本统一。目前关于元素用字的研究，多是单个字符的构形分析和字源考索或不同字符的替换描写，鲜有从字词对应关系的角度对相关问题进行系统梳理。本文试就元素用字同形异用现象进行描写与解释。

一

清末化学译著涉及 64 种化学元素，分别被译为 64 个元素词，有 300 多个书写形式。由于定形后的元素词均为单音节词，都用单个汉字记录，我们只考察这类情况。经测查，其中钒、钛、镭、钫、淡 5 个字符分别同时记录两个化学元素词。

（一）字符"钒"分别记录元素词｛铝｝和｛钒｝

现代化学元素词｛铝｝的源语词是英语元素词 Aluminium，译者嘉约翰（John Glasgow Kerr）和何了然在《化学初阶》中将其译名写作"钒"。字符"钒"记录｛铝｝，其构形理据与汉语固有词｛礬｝（后简化作矾）有关。"钒"由"金"和"凡"两个构件构成，"金"指明元素类属；"凡"示音兼表义，提示字音源于｛礬｝，且该元素存在于｛礬｝中。凡、礬同音，为简便故，选用"凡"作声符，构成"钒"字。当时有选用"礬"作声符的汉字，字形作"鐢"，笔画、构件太多，难认、难写，对使用者来说甚为不便。清末化学译著中 Aluminium 有"白礬精""礬精""鐢"等意译名称，与汉语固有词｛礬｝关系密切。汉语固有词｛礬｝产生的年代很早，晋郭璞《山海经注》："（涅石）即矾石也。"根据主要成分的不同，矾可分为绿矾、胆矾、皓矾、明矾（白矾），明矾的主要成分是硫酸铝钾，译者据此将 Aluminium 译为"钒"，目的是建立化学元素与中国传统物质之间的联系。

元素词｛钒｝的源语词是英语元素词 Vanadium。字符"钒"由译者傅兰雅（John

---

* 本文原载《北方论丛》2016 年第 4 期。

① 潘吉星：《明清时期（1640—1910）化学译作书目考》，《中国科技史料》1984 年第 1 期，第 23 页。

Fryer）和徐寿创制，在《化学鉴原》中用来翻译 Vanadium。"釩"由"金"和"凡"两个构件构成，"金"表明元素类属；"凡"的功能是示音，即 Vanadium 的第一个音节。

字符"釩"分别记录元素词｛鋁｝和｛釩｝，虽然字符的构件相同，但其构形理据不同，字符所用构件的功能也不同。

汉字系统中早就有"釩"字，《广韵》中记有"釩，拂"，《集韵》记为"釩，器也"，固有汉字"釩"记录的词指称一种器物。清末译者用来记录元素词的"釩"字与固有汉字"釩"是一组同形字，它们记录的词在意义上毫无关联。

（二）字符"鈦"分别记录元素词｛鈦｝和｛釔｝

现代化学元素词｛鈦｝的源语词是英语元素词 Titanium，译者嘉约翰和何了然在《化学初阶》中将其译名写作"鈦"。"鈦"由"金"和"大"两个构件构成，"金"表明元素的类属；"大"的功能为示音，即 Titanium 的第一个音节。"鈦"字最早见于金文，从金，大声。《说文解字》释为"铁钳也"。译者用"鈦"字记录的化学元素词｛鈦｝，与汉语固有词｛鈦｝没有任何意义上的联系。Titanium 第一个音节的发音与汉字"太"相近，译者选用"大"为声符对译，说明译者深谙古汉字系统的声符系统。"大"与"太"古同，从"大"的汰、忕、奞均从"太"得声。但清末"大"与"太"已经分化为两个字，读音差异很大。译者选用"大"为声符，对译与汉字"太"相近的音，并不能准确反映时音。故 1933 年民国政府教育部颁布的《化学命名原则》将 Titanium 统一译作"鈦"。

现代化学元素词｛釔｝的源语词是英语元素词 Yttrium，译者傅兰雅和徐寿在《化学鉴原》中将其译名写作"鈦"。译者取 Yttrium 译名"以大皮地"的第二个音节"大"作为声符，加上表义构件"金"，构造出"鈦"字。记录｛釔｝的字符"鈦"与固有汉字"鈦"为同形字。

元素词｛鈦｝和｛釔｝都用字符"鈦"记录，但是字符的职用属性与构形理据不同，声符"大"的示音功能也不同。

（三）字符"鎘"分别记录元素词｛鎳｝和｛鎘｝

现代化学元素词｛鎳｝的源语词是英语元素词 Nickel，译者嘉约翰、何了然在《化学初阶》中将其翻译为"鎘"。"鎘"由"金"和"鬲"两个构件构成，"金"表明元素类属；"鬲"的功能为示音，即 Nickel 的第一个音节。译者借用"鎘"字记录的元素词｛鎳｝，与汉语固有词｛鎘｝没有任何意义上的联系。在固有汉字中，鎘、鬲是一组同词异构字，在字书、韵书中多有记载。《集韵·锡韵》："鬲，《说文》：'鼎属。'或作鎘。"读作 lì。鎘、鬲为异构关系，鎘从金，是根据鬲的制作材料而创制的汉字。

元素词｛鎘｝的源语词是英语元素词 Cadmium。傅兰雅和徐寿创制"鎘"字，在《化学鉴原》中记录 Cadmium 的译名。"鎘"由"金"和"鬲"两个构件合成，构形理据是："金"为表明元素类属的义符；"鬲"为声符，提示源语词 Cadmium 的第一个音节，字音读作 gé。固有汉字"鬲"读作 lì，古音演变后，从"鬲"的字清末时音读作 gé 的有不少，如隔、嗝、膈等，故译者以"鬲"取音，创制"鎘"字。元素词 Cadmium 源自

kadmia 或 earth，意义为泥土或陶土，中国的鬲器可分为陶土制作和金属制作两种，则"鬲"兼有表义功能。记录｛镉｝的字符"鎘"与固有汉字"鎘"为同形字，其构形理据不同，读音也不同。

元素词｛镍｝和｛镉｝虽然用同一个字符"鎘"记录，但所用字符的职用属性不同、构形理据不同、读音也不同。

（四）字符"鉐"分别记录元素词｛锂｝和｛钙｝

现代化学元素词｛锂｝的源语词是法语元素词 Lithium，译者毕利干（Anatole A. Billequin）根据法语词 Lithium 的语源义，在《化学指南》中将其翻译为"鉐"。希腊语有 lithos 一词，意义是石头，应为法语词 Lithium 的语源。译者选取记录 Lithium 语源义的汉字"石"，加上提示元素属性的构件"金"构造出汉字"鉐"。

现代化学元素词｛钙｝的源语词是英语元素词 Calcium，译者嘉约翰、何了然在《化学初阶》中将其翻译为"鉐"。译者根据钙元素"函在各种石及鉐养（氧）中"的特性，将 Calcium 译为"鉐"，其构件"金"表明元素的类属；构件"石"的功能为示音兼表义，表明所记录的元素存在于"各种石"中，字音读作 shí。固有汉字"鉐"见于《玉篇》《集韵》，读作 shí，指黄铜矿石。显然，元素词｛钙｝与汉语固有词｛鉐｝意义上没有联系，译者只是借用固有汉字"鉐"来记录｛钙｝。

元素词｛锂｝和｛钙｝用同一个字符"鉐"记录，但字符的职用属性与构形理据不同，字符构件"石"的功能也不同。

（五）字符"淡"分别记录元素词｛氮｝和｛氢｝

现代元素词｛氮｝的源语词是英语元素词 Nitrogen，译者嘉约翰和何了然在《化学初阶》中将其翻译为"淡"。译者自述氮元素的特性为："（淡气）无色、无臭、无味。"[1]"淡"字最早见于甲骨文，从水，炎声。《说文解字》释为"薄味也"，段玉裁注："醲之反也。《酉部》曰：'醲，厚酒也。'"其本义为酒味薄，引申出颜色浅、味不浓的意义。译者根据氮元素的特性与"淡"字的意义，将 Nitrogen 译为"淡"。

现代元素词｛氢｝的源语词是英语元素词 Hydrogen，译者丁韪良（William Alexander Parson Martin）按照该元素的特性，在《格物入门·化学入门》中用"淡"字翻译。译者描述氢元素的特性为"既无色无臭且为气类之最轻者"[2]，译者据此将 Hydrogen 译为"淡"。

由于氮元素和氢元素具有相似的特性，译者翻译时各自根据这两种元素的相似特性，利用同一个字符"淡"意译，造成了一字多用。

---

[1] 李丽：《近代化学译著中的化学元素词研究》，中央民族大学出版社 2012 年版，第 80 页。

[2] 同上书，第 79 页。

二

通过上述分析可知，鈒、鈦、鎘、鈣、淡 5 个字符分别记录 10 个元素词，均为一字多用。这种同形异用现象的形成与译者关系密切，其被消除的过程值得探究。

（一）同形异用现象的形成原因

清末元素用字同形异用现象的形成，主要与译者有关，为方便叙述，详见表 1。

表 1　　　　　　　　　　元素用字同形异用分析简

外文元素词	出处	译者	翻译方法	用字
Aluminium	《化学鉴原》			鋁
	《化学初阶》	嘉约翰口译、何了然笔述	意译	鈒
Vanadium	《化学鉴原》	傅兰雅口译、徐寿笔述	音译	鈒
	《化学初阶》			鐇
Titanium	《化学鉴原》			錯
	《化学初阶》	嘉约翰口译、何了然笔述	音译	鈦
Yttrium	《化学鉴原》	傅兰雅口译、徐寿笔述	音译	鈦
	《化学初阶》			鐿
Nickel	《化学鉴原》			鎳
	《化学初阶》	嘉约翰口译、何了然笔述	音译	鎘
Cadmium	《化学鉴原》	傅兰雅口译、徐寿笔述	音译	鎘
	《化学初阶》			鐸
Lithium	《化学初阶》			鋰
	《化学指南》	毕利干	意译	鈣
Calcium	《化学初阶》	嘉约翰口译、何了然笔述	意译	鈣
	《化学指南》			鍬
Nitrogen	《格物入门·化学入门》			硝
	《化学初阶》	嘉约翰口译、何了然笔述	意译	淡
Hydrogen	《格物入门·化学入门》	丁韪良	意译	淡
	《化学初阶》			輕

从表 1 可知，我们讨论的 5 个汉字出现在 4 本译著中，其中《化学鉴原》的译者傅兰雅和徐寿翻译时遵循单字原则、谐音原则与偏旁类别化原则："今取罗马文之首音，译一

华字，首音不合，则用次音，并加偏旁，以别其类，而读仍本音。"① 具体操作上，傅、徐二人选取《金石识别》（1868）元素中文音译名的第一个字或第二个字作为声符，加上表明元素类属的表义构件，构造形声字来记录元素词。以"釩"为例，《金石识别》中 Vanadium 被译为"凡奈地恩"，傅、徐取其第一个字"凡"作为声符，加上表义构件"金"，构造出"釩"字。表1中的"錯""鎳"也据此创制。傅、徐二人会根据源语词的发音对声符的选用作出灵活处理，比如 Cadmium 在《金石识别》中被译为"开特弥恩"，傅、徐二人选取"鬲"作为声符创制"鎘"字，读作 gé，显然更接近源语词第一个音节的发音。此外，傅、徐二人也会以《金石识别》以外的译名为依据创制新字。比如，Yttrium 在《金石识别》中被译为"以特里恩"，但他们根据另外的译名"以大皮地"，创制了新字"鈦"来翻译 Yttrium。译者这样做的原因，可能是用"大"作声符，笔画比较少，使用者识记、书写起来比较方便。

《化学初阶》由嘉约翰口译、何了然笔述。他们根据元素的特性，借用固有汉字将 Nitrogen 和 Hydrogen 分别译为"淡"和"輕"。而金属元素的翻译，不管是意译还是音译，嘉约翰、何了然也采用"金"作为义符。但他们与傅、徐在音译同一元素词时选用的声符截然不同，傅、徐二人根据已有译名用字将 Titanium、Vanadium 和 Yttrium 译为"錯"、"釩"和"鈦"，而嘉、何选用了"大""番""意"作声符的"鈦""鐇"和"鐿"；傅、徐根据源语词的发音将 Cadmium 和 Nickel 译为"鎘"和"鎳"，嘉、何二人则选用了"契""鬲"作声符的"鍥"和"鎘"。汉字的基础构件数量有限，同一译者音译不同的金属元素词时选用的声符不会相同，不同译者却有可能选用相同的汉字作声符，这是前文第（二）与前文第（三）两组同形字形成的主要原因。1933年颁布的《化学命名原则》规定 Titanium 译作"鈦"，Yttrium 译作"釔"，Nickel 译作"鎳"，Cadmium 译作"鎘"，消除了前文所述的同形异用现象。

《化学指南》的译者毕利干主要采用意译的方法翻译元素词。他根据 Lithium 的语源义"石头"，构造汉字"鈤"来翻译 Lithium；他根据钙元素存在于"石灰"中的特性，创制"鏭"字翻译 Calcium。而嘉约翰、何了然根据钙元素存在于"各种石"中的特性，借用固有汉字"鈣"翻译 Calcium。由于他们翻译不同的元素词时所据不一，采用了构件相同的字符，导致前文第（四）同形字的出现。如前所述，译者根据自己对元素的认识创制元素用字，目的之一是建立化学元素与中国传统物质之间的联系。但石头、石灰的主要成分是化合物，其化学特性与元素单质有本质上的不同，1933年的《化学命名原则》规定 Lithium 译作"鋰"，Calcium 译作"鈣"，消除了前文（四）所述的同形异用现象。前文（一）存在与前文（四）相同的情况，《化学命名原则》规定 Aluminium 译作"鋁"；Vanadium 的译名仍旧写作"釩"，该同形异用现象也被消除。

《格物入门·化学入门》由丁韪良编译，他根据氢元素无色、无臭、无味的特性，将 Hydrogen 翻译成"淡"；嘉约翰、何了然根据氮元素无色、无臭的特性，将 Nitrogen 译为"淡"。不同译者根据不同元素相似的元素特性，采用相同的汉字翻译，形成了前文第（五）组同形字。其后，Nitrogen 多译为"淡"，Hydrogen 多译为"輕"，人们又根据偏旁

---

① 傅兰雅、徐寿：《化学鉴原》，江南制造总局1871年版，第21页。

类别化原则，分别创制了"氮"字和"氢"字，前文（五）所述的同形异用现象被消除。

（二）同形异用现象被消除的过程

元素用字中的同形异用现象，不符合汉字本身区别律的要求，容易造成书面记录上的误解。特别是"淡"字这种情况，本来字符记录的词义就不止一个义项，再用来记录另外一个词，则一个字符承担的职能过多，更容易造成书面记录上的混乱，势必会降低汉字记词的准确性。正如冯澂所说："西国化学诸书载六十八原质，凡中国罕有者则创为形声之字以名之，其法甚善，惜命名不归一律，徒乱学者之目。"①

同形异用现象的最终消除，有赖于专家学者、社会团体以及政府机构对化学元素用字的规范与统一。他们经过清末民初多年的调整，统一元素用字的选用原则，建立元素用字与元素词之间的固定联系，或造新字分担职能，或把字符的部分职能转由其他字符承担，使用专字表示专词，形成了科学的元素用字系统。

其中，来华传教士组建的益智书会于1901年出版了《协定化学名目》，提出了元素词翻译及用字原则，主要包括单字原则、重要元素意译原则，以及偏旁类别化原则，规定气态元素用字均加"气"字头，非金属元素用字加偏旁"石"，金属元素用字加偏旁"金"。其后，清政府学部颁布了《化学语汇》（1908），民国政府教育部颁布了《无机化学命名草案》（1915）。但这些社会团体与政府机构所做的工作并未改变元素用字的混乱状况。据何涓（2005）的统计，在1900—1920年的20种化学教科书中，除了铁、铜、银、锡4种元素外，其他化学元素的译名至少有两个，且多采用傅兰雅、徐寿的译名。②

1920年后，元素用字逐渐统一。何涓认为，《无机化学命名草案》的出版者郑贞文及其所在的商务印书馆对民国初年元素用字的统一起了重要作用。曾昭抡对此早有论及："商务（印书馆）之所以不采是项名词，一部分固因郑贞文先生关系（郑先生在馆日久，且对科学名词审查之案，极表不满），而其更重要之理由，则为该馆使用郑先生所定之无机及有机名词系统，已有相当时期，猝然将书中名词，另改从他种系统，殊不经济。"③一方面，大型出版机构利用其经济地位，在元素用字的审定与统一过程中坚持推行自己所采用的字符。另一方面，由于大型出版机构在出版市场中占据优势地位，它们的出版物在社会上普遍流通使用，也使其所采用的字符逐渐被使用者习用，进而成为社会通行用字。

1933年，民国政府教育部颁布《化学命名原则》，详细制定了化学元素命名的原则，确定了当时已知元素的中文译名，化学元素用字才基本统一。元素用字中的同形异用现象至此完全被消除。

---

① （清）冯澂：《西学脞录》，载《强自力斋丛书》，著易堂书局1897年版，第1a页。
② 何涓：《清末民初化学教科书中元素译名的演变》，《自然科学史研究》2005年第2期，第166—177页。
③ 曾昭抡：《二十年来中国化学之进展》，《科学》1935年第10期，第1520页。

三

1849—1933年，元素用字经历了初创到基本统一的过程中，外文元素词的汉化过程以及影响元素用字统一的因素均有独特之处。

（一）元素词的汉化路径特殊

从前文述及的10种元素译名的统一来看，傅兰雅、徐寿的翻译对元素用字的影响最大。他们创制的50种元素的中文译名，在《化学命名原则》中有37个得到保留，其他元素最后审定的译名也都遵从了他们制定的翻译原则。这种成批量地以义音合成方式新造汉字翻译外语词的现象，在清末民初科技术语的翻译过程中非常独特，与其他类别科技术语的翻译方法不同，甚至与其他化学术语以意译为主的翻译方法也不同。

傅兰雅、徐寿的成功，在于他们的造字原则符合汉字构造规律。用汉字翻译外语词，是外语词汉化的基本形式。外语与汉语属于不同的语言，汉字又具有表意性，外语词进入汉语时会在书写形式上适应汉语言文字的特点，作出调整。受汉语词汇双音化的影响，汉语外来词的书写形式以两个字符为主，这一格局在汉语史上第一次大量吸收外来词时已经形成。据梁晓虹（2008）的研究，魏晋至唐梵文源外来词在汉化过程中省略源语词音节的趋势非常明显，其中一些外来词的音节简略为单音节，译者专门造新字来记录，比如塔、魔、僧、呗、梵等。但这些新造字数量有限，而且很少单独使用。清末民初，汉语史上第二次大量吸收外来词，外语词的汉化过程与魏晋、唐代基本一致。只有元素词的汉化过程比较特殊，元素词最后统一为单音节词，用单个汉字记录，除了金、银、铜、铁、锡、硫等少数字外，其他用字均为义音合成方式成批量创制的新字。这种特殊的汉化路径，较好地解决了外来词词形过长与汉语词汇双音化的矛盾。音译外语元素词，如果用汉字完整翻译，几乎都没办法在两个音节内对译完，用简略外来词音节的方法，将元素词翻译为单音节词，用单个汉字记录，更容易被汉语言文字使用者接受。

元素词的特殊汉化路径，恰与元素译名简便、意义单一、准确、实用的内在要求相合。如前文所述，元素词 Aluminium、Lithium、Calcium、Nitrogen、Hydrogen 分别意译为"钒""钴""淡"，可以通过记录用字表明元素词的意义、元素的存在形式或者特性，用这些汉字翻译外语词更符合汉语对事物命名的习惯。但由于译者遵从的原则不一、翻译时的依据各异，最终导致一字多用，造成使用上的不便。如果考虑到化合物的翻译问题，则意译外语元素词的弊端更为明显：一个化合物译名需要用到几个元素词译名，词形过长，用字过多，叙述化学现象时极为烦琐不便，且同形字带来的困扰更大。所以，元素译名自身的内在要求对元素用字有着明显的制约作用。按照单字原则与谐音原则，元素译名简便，专字记录专词，字义单一，表达准确，方便翻译化合物名称与叙述化学现象。

（二）新造元素用字的构造方式异于传统的形声造字法

采用义音合成模式新造元素用字，也是受汉字发展规律制约的必然选择。李孝定的研究表明，殷商甲骨文中形声字约占27.24%，小篆中形声字约占81.24%，宋代楷书中形声字的比例达到90%。[①] 形声造字，可以利用汉字的基本字形创制汉字，却不增加汉字的基本字形，所以战国以来，形声造字在汉字造字法中占据优势地位。义音合成模式是形声字的主要构形模式，译者们采用义音合成模式新造元素用字，符合汉字构造规律，是对汉字重要发展规律的自觉适应。但新造元素用字的构造方式又不同于传统的形声造字法。

形声字的义符表明事物的类属，按照偏旁类别化原则造新字，从汉字系统性的角度来看，通过义符系联，化学元素用字自然形成为一个个子系统。对使用者来说，他们可以通过汉字的义符知晓汉字记录的化学元素的类别与部分属性，据此形成知识网络，降低识记与使用的难度。所以，在规范与统一元素用字的原则之一就是严格实施偏旁类别化，气态元素用字均加"气"字头，液态元素用字加"氵"旁，非金属元素、金属元素用字分别加偏旁"石"和"金"。

形声字声符的功能是标示字音，即该字所记录的语素或音节的读音。传统造字法造出来的形声字，声旁往往标示所记录的语素或音节的整体读音。但新造的元素用字不同，为适应单个汉字记录一个音节的特点，源语词的音节不管多少，都被简略为一个音节，译者选用与这一音节发音相近的汉字作为声符，构造新字。比如，"钒"的声符"凡"提示其源语词 Vanadium 的第一个音节；"钛"的声符"大"提示其源语词 Titanium 的第一个音节。尽管清末译者总想办法将元素词译名与中国已有事物关联起来，如元素词 Aluminium 译作"钒"，将铝元素和"礬"关联起来；元素词 Calcium 译作"鈣"，将钙元素和"石"关联起来；元素词 Cadmium 译作"鎘"，将镉元素和"鬲"关联起来。记录这些元素词译名的汉字体现了"以类连属"原则，声符兼有表义的功能。但化学元素与所谓的"关联事物"之间存在本质上的不同，这些元素用字最终只有"鎘"得到保留，其他元素用字的声符还是单纯表音。

总之，清末译者继承和发展了传统的形声造字法，丰富了形声造字的方式。他们形声造字的成功实践，对同时代和后世翻译外来词也有一定影响。

（三）民国初年，出版机构开始对社会通用语言文字面貌产生重要影响

元素用字统一的过程中，郑贞文所在的商务印书馆是不可忽视的重要力量。作为近代以来国内最有影响力的出版机构之一，商务印书馆极力主张以自己采用的元素用字为统一标准，在专业团体内部坚持己见。由于其出版物的广泛使用，该馆采用的元素用字在社会通行层面也产生了巨大影响。出版机构有意识地干预语言文字的使用，或者从实际效果上影响社会通用语言文字的面貌，是20世纪初出现的新现象，也是影响元素用字变化的重要因素。

综合考察元素用字变化的各种原因，译者、社会团体、出版机构、政府机构、使用者都是不可忽视的影响因素。从19世纪末到1933年，元素用字从混乱不一到基本统一的历史过程，清晰地反映出传教士和其他译者在翻译西方科技语方面做出的宝贵探索，以及社会团体、出版机构、政府机构的权威规范与使用者的选择之间的互动关系。而我们想要进一步研究清末民初字用面貌，就至少要从译者、社会团体、出版机构、政府机构、使用

[①] 李国英：《小篆形声字研究》，北京师范大学出版社1996年版，第2页。

者等角度，讨论不同影响因素对时代用字面貌形成的作用。

元素用字是近代以来汉字发展过程中值得关注的现象，不管是借用固有汉字，还是新造汉字，记录同一元素词的汉字的选用与替换，使用同一字符记录不同元素词的现象从出现到消失，都反映了时代用字面貌的动态变化，也促使我们探究用字变化背后复杂的成因。

《郭店楚墓竹简》中一形数用现象分析

张素凤

湖北荆门市郭店一号楚墓出土的《郭店楚墓竹简》有字简共 730 枚，根据内容可分为《老子甲》《老子乙》《老子丙》《太一生水》《缁衣》《鲁穆公问子思》《穷达以时》《五行》《唐虞之道》《忠信之道》《成之闻之》《尊德义》《性自命出》《六德》《语丛一》《语丛二》《语丛三》《语丛四》十八篇。笔者对这些文献中与传世文献不同的字形、字用情况进行了穷尽性搜罗，对郭店楚简的字用特点和字际关系进行了比较详尽的测查研究。这里摘录其中的一形数用部分，向各位同道汇报、交流，希望得到各位同道的指正。

首先，对本文所涉及的几个概念进行解释。

1. "一形数用"：指同一个字形记录两个或两个以上不同语词的文字使用情况，表现为一个字形具有多个读音或多个互无联系的义项。现代汉字中，一形数用情况十分普遍，如"后"字既用来记录"皇后"的"后"，又用来记录"前后"的"后"，也就是说"后"字承担了两个不同语词的记录职能。本文所说的一形数用，主要是指传世文献中用不同的字来记录的语词，在《郭店楚简》中用同一个字来记录的情况。

2. "本用"：指一个字用来记录与其字形相切合的本义、引申义，也包括记录由本义引申分化的同源词。本用字包括与传世文献用字相同的本字和与传世文献用字不同的本字两类。其中与传世文献用字不同的本字又可分为古本字和异构字。

3. "借用"：指用同音字或近音字替代本字记录语词的方法。借用包括假借和通假。

4. "假借与通假"：本文所说的"假借"和"通假"都以《郭店楚简》为判断标准。当一个字被用来记录同音的他词时，如果与该词意义相切合的字形在《郭店楚简》中没有出现，则该字被归作假借字；相反，如果与该词意义相切合的字形在《郭店楚简》中已经出现，则该字被归作通假字。

5. "同形字"：同形字有广义和狭义的分别。广义同形字指的是用同一文字记录不同语词的现象，即本文所说的"一形数用"。狭义同形字专指为不同语词所创造的形体相同的本字之间的关系。本文所说的同形字指的是狭义同形字。

根据一形数用字各个职能之间的关系及用字特点，郭店楚简中的一形数用现象可以分为以下几个类型。

---

* 本文原载于《励耘语言学刊》总第 24 辑，学苑出版社 2016 年版。

一 本用+借用

一个字如果既用来记录其本用职能，同时又被借用记录其他同音或近音词，我们就把该字归作"本用+借用"的用字类型。其中本用和借用又可以分为不同情况，具体如下。

（一）根据本用分类

根据本用职能的不同，可以分为以下几类。

1. 本用字为与传世文献用字不同的古本字

古本字，指楚简中的字形不仅能够与其意义相切合，而且与该字的甲骨文或金文字形一致。如：

郭店楚简中有"🙲"字，楷定为"耑"，为"端"的古本字。该字在郭店楚简中有两种用法：一种是本用，即"端"，例句："丧，仁之端也"（《语丛一》）；另一种是假借为"短"，例句："长短之相形也"（《老子甲》）。同样，"🙲"字楷定为"䚃"，即"员"字，为"圆"的古本字。在郭店楚简中的用法有三种：一是本用，例句："天道圆圆"（《老子甲》）；二是假借为"损"，例句："有天下弗能益，亡天下弗能损"（《唐虞之道》）；三是借用为"云"，例句："诗云""大雅云"（《缁衣》）。"🙲"字象人着冕形，为"冕"字初文，楷定为"免"①。该字在《郭店楚简》中有两种用法：一种是本用，例句："孝，仁之冕也"（《唐虞之道》）；另一种借用作"勉"，例句："观韶夏则勉如也斯佥"（《性自命出》）。"散"是"微"的古本字，有两种用法：一是本用，例句："君子不啻明乎民微而已"（《六德》）；二是通假为"美"（已有本字"頶""媺"），例句："求乎大人之兴，美也"（《唐虞之道》）。"豊"是"礼"的古本字，有两种用法：一是本用，例句："由礼知乐，由乐知哀""治乐和哀"（《尊德义》）；二是通假为"体"（已有本字"膛"），例句："其体有容有色有声有嗅有味有气有志"（《语丛一》）。

2. 本用字为与传世文献用字不同的异构字

郭店楚简中有"𢗅"字，从心矣声，为"疑"的异构字。该字有两种用法：一是本用为"疑"，例句："此其迩者不惑而远者不疑"（《缁衣》）；二是假借为语气词"矣"，例句："不求诸其本而攻诸其末，弗得矣"（《成之闻之》）。同样，"🙲"字楷定为"具"，为"期"的异构字。该字有两种用法：一是本用，例句："大忠不夺，大信不期"（《忠信之道》）；二是假借为"忌"，例句："天多忌讳而民弥叛"（《老子甲》）。"基"字为"欺"的异构字，有两种用法：一是本用，例句："不欺弗知，信之至也"（《忠信之道》）；二是假借为"其"，例句："下修其本可以断谗"（《六德》）。"敓"字为"夺"的异构字，该字有三种用法：一是本用，例句："此以生不可夺志，死不可夺名"（《缁衣》）；二是假借为"悦"，例句："公不悦，揖而退之"（《鲁穆公问子思》）；三是假借为"说"，例句：

---

① "祖免为宗族也"（《郭店楚简·六德》），其中"免"字作"上宀下子"形，楷定为"字"。

"凡说之道，急者为首"（《语丛四》）。"衣"在郭店楚简中作"卒"，为"衣"的异形，该字在郭店楚简中有两种用法：一是本用，例句："苟有衣，必见其敝"（《缁衣》）；二是假借作"依"，例句："度依物以情行之者，卯则难犯也"（《语丛三》）。同样，"𣂑"（折）、"尃"（辅）、"管"（笃）、"絧"（治）、"陞"（地）、"叟"（妻）、"疌"（止）、"募"（寡）、"訂"（词）、"埶"（艺）字都是包括本用和借用两种情况的一形数用字，且本用字形都是不同于传世文献用字的异构字。

3. 本用字与传世文献用字相同

《郭店楚简》中"可"字的直接构件与传世文献相同，有三种用法：一是本用，例句："上之好恶不可不慎也"（《缁衣》）；二是假借为"何"，例句："何如而可谓忠臣"（《鲁穆公问子思》）；三是假借为"呵"，例句："淡呵，其无味也"（《老子丙》）。同样，"萬"有两种用法：一是本用，例句："仪刑文王，万邦作孚"（《缁衣》）；二是假借作"厉"，例句："交性者，故也，厉性者，义也；出性者，势也"（《性自命出》）。"安"字有三种用法：一是本用，例句："不和不安，不安不乐"（《尊德义》）；二是假借为疑问代词，例句："邦家昏，安有正臣"（《老子丙》）；三是假借为兼词"焉"，例句："上好此物，下必有甚焉者矣"（《缁衣》）。"古"有两种用法：一是本用，例句："古者舜居于草茅之中而不忧，久为天子而不骄"（《唐虞之道》）；二是假借为连词"故"，例句："夫为其君之故杀其身者尝有之矣"（《鲁穆公问子思》）。"卑"字有两种用法：一是本用，例句："毋以卑土息大夫卿士"（《缁衣》）；二是借用为"譬"，例句："譬道之在天下也"（《老子甲》）。同样，"帝""者""義""福""孫""我"在楚简中的构形与传世文献用字相同，也包括本用和借用两种使用情况。

（二）根据借用分类

借用包括假借和通假两种情况。

1. 尚未出现本字的假借字

郭店楚简中有"𣂑"字，与"折"的小篆或体字形"𣂑"构件相同，因此，该字楷定为"折"。"折"字在《郭店楚简》中有两种用法：一是本用，例句："利木荫者不折其枝，利其渚者不塞其溪"（《语丛四》）；二是假借为"制"，例句："是以君子贵天坴太常以理人伦，制为君臣之义"（《成之闻之》）。同样，"帝"字楷定为"帝"，有两种用法：一是本用，例句："上帝临汝，毋贰尔心，此之谓也"（《五行》）；一假借作"啻"，例句："君子不啻明乎民微而已"（《六德》）。"者"在郭店楚简中用字有两种用法：一是本用，例句："执之者失之"（《老子丙》）；二是假借为兼词"诸"，例句："不求诸其本而攻诸其末，弗得矣"（《成之闻之》），"窃钩者诛，窃邦者为诸侯"（《语丛四》）。"尃"字为从又甫声的形声字，楷定为"尃"，为"辅"的异构字，该字有三种用法：一是本用（有异构字"桽"），例句："是故圣人能辅万物之自然"（《老子甲》）；二是假借为"博"，例句："恭而博交，礼也"（《五行》）；三是通假为"传"，例句："故𢇍亲传也"（《忠信之道》）。"管"为"笃"的异构字，有两种用法。一是本用，例句："笃，仁之方也""非之而不可恶者，笃于仁者也"（《性自命出》）；二是假借为"孰"，例句："名与身孰亲。"（《老子甲》）此外，前文所述的"耑""员""免""悸""敛""綦""衣""可""萬""安""古"的使用情况也是既有本用，又有假借。

2. 已出现本字的通假字

郭店楚简中有"𦅇"字，楷定为"䋐"，"从糸司声"，为"治"的本字（"治"的异体字形还有"𠫭""戠"，借用字形有"台""訶"）。该字有两种用法：一是本用，例句："治之于其未乱"（《老子甲》）；一种通假为"始"，例句："凡物有蠢有卯有终有始"（《语丛一》）。"陞"是"地"的异构字，有两种用法：一是本用，例句："天地不敢臣"（《老子甲》）；二是通假为"施"，例句："大施其人，天也，其人施诸人，儱也"（《五行》）。"室"（有异构字"賍"）字有两种用法：一是本用，例句："望生于敬，耻生于望"（《语丛二》）；二是通假作"无"，例句："凡物由无生"（《语丛一》）。"叜"为"妻"的异构字，有两种用法：一是本用，例句："为妻亦然"（《六德》）；二是通假为"微"，例句："朴虽微"（《老子甲》）。"疋"字即"止"，有两种用法：一是本用，例句："成岁而止"（《太一生水》）；二是通假为"等"，例句："贵贵，其等尊贤，义也"（《五行》）。"福"字有两种用法：一是本用，例句："未赏而民劝，含福者也"（《性自命出》）；二是通假为"富"，例句："善者未必富，富未必和，不和不安，不安不乐"（《尊德义》）。"孙"字有两种用法：一是本用，例句："叔孙三射椰思少司马，出而为令尹，遇楚庄也"（《穷达以时》）；二是通假为"逊"，例句："进欲逊而毋巧"（《性自命出》）。"寡"（作"募"）字有两种用法：一是本用，例句："寡人惑焉而未之得也"（《鲁穆公问子思》）；二是通假为"顾"，例句："故君子顾言而行以成其信"（《缁衣》）。"義"字有三种用法：一是本用作"仪"，例句："淑人君子，其仪一也"（《五行》）；二是本用是记录引申义，即中国古代哲学概念，"品德的根本，伦理的原则"等意义，这是现代汉字中"義"（简化为"义"）的主要意义，也属于本用，例句："义形于内谓之德之行"（《五行》）；三是通假为"我"，例句："亡我亡必，皆至焉"（《语丛三》）（是否这样翻译，有待商榷）。此外，上文所述"敚""豊"的借用职能都是"本有其字"的通假。

3. 借用包括假借和通假两种情况

郭店楚简中有"訶"字，楷定为"訶"，为"词"的异构字。该字有五种用法：一是本用为"词"，例句："人之巧言利词者，不有夫诎诎之心则流"（《性自命出》）；二是假借为"辞"，例句："不辞其所能"（《缁衣》）；三是通假为"始"，例句："慎终如始"（《老子甲》）；四是通假为"治"，例句："桀不易禹民而后乱之，汤不易桀民而后治之"（《尊德义》）；五是通假为"殆"，例句："知止所以不殆"（《老子甲》）。"埶"在郭店楚简中有三种用法：一是本用作"艺"，例句："大才艺者大官，小才艺者小官"（《六德》）；二是通假为"设"，例句："故为政者，或论之，或䆫之，或由中出，或设之外，仑逮其类"（《尊德义》）；三是假借为"势"，例句："所善所不善，势也"（《性自命出》）。

二　借用+借用

指一个字有两个或两个以上记录职能，但都是借用职能而没有本用职能，具体如下。

（一）均为假借

1. 假借用法均不同于传世文献通用字

郭店楚简中有"才"字，楷定为"才"，在郭店楚简中承担两种不同记录职能，都是假借：一是假借为"在"，例句："观诸诗书则亦在矣"（《六德》）；二是假借为"哉"，例句："苟有其世，何难之有哉"（《穷达以时》）。同样，"舍"字楷定为"舍"，在郭店楚简中的三种用法都是假借：一是假借作"徐"，例句："将徐清"（《老子甲》）；二是假借作"余"，例句："修之家其德有余"（《老子乙》）；三是假借作"序"，例句："其先后之序则义道也"（《性自命出》）。"畔"字楷定为"畔"，两种用法均为假借：一是假借作"判"，例句："其脆也，易判也"（《老子甲》）；二是假借作"叛"，例句："而民弥叛"（《老子甲》）。"堇"字楷定为"堇"，两种用法均为假借：一是假借作"根"，例句："各复其根"（《老子甲》）；二是假借作"仅"，例句："仅能行于其中"（《老子乙》）。"禺"字楷定为"禺"，两种用法均为假借：一是假借作"愚"，例句："匹妇愚夫不知其向之小人、君子"（《语丛四》）；二是假借作"隅"，例句："大方无隅"（《老子乙》）。"枭"字楷定为"枭"，两种用法均为假借：一是假借作"燥"，例句："燥胜沧"（《老子乙》）；二是假借作"肖"，例句："治之至养不肖"（《唐虞之道》）；"娄"字在郭店楚简中的两种用法都是假借：一是假借作"屡"，例句："是故畏服刑罚之屡行也，由上之弗身也矣"（《成之闻之》）；二是假借作"数"，例句："数，不尽也"（《语丛一》）。

"燮"字楷定为"燮"，"登"的异构字，该字的三种用法均为假借：一是假借作"发"（另一形体"𥪰"也不是本字），例句："民孰弗从，形于中，发于色"（《成之闻之》）；二是假借作"废"（另一形体"瀳"不是本字），例句："故大道废安有仁义"（《老子丙》）；三是假借作"伐"，例句："果而不伐"（《老子甲》）。需要说明的是，杀伐之"伐"郭店楚简中作"伐"，例句"小不忍伐大势"（《语丛二》），但杀伐之"伐"与表示"夸耀"的"伐"意义上没有联系，虽然现代汉字用同一字形记录，但是属于不同的词。因此，用"伐"记录表示意义为"夸耀"之"伐"属于假借。同样，"旨"字在郭店楚简中的两种用法都是假借：一是假借为"耆"，例句："晋冬耆沧，小民亦唯日怨"（《缁衣》）；二是假借为"指"，例句："人之好我，指我周行"（《缁衣》）。虽然郭店楚简中已有"指"字，例句："凡古乐龙心，益乐龙指，皆教其人者也"（《性自命出》），但两个"指"属于不同的词，因此，"旨"用作"指"属于假借。"尚"字在郭店楚简中有两种用法：一是假借作"党"，例句："悁生于虑，争生于悁，党生于争"（《语丛一》）；二是假借作副词"尝"，例句："未尝闻君子道，谓之不聪"（《五行》）。郭店楚简中虽已出现通用字"尝",例句:"夫为其君之故杀其身者尝有之矣"(《鲁穆公问子思》),但"尝"的本义是品尝,与副词"尝"属于不同的词,因此副词"尝"字也属于假借,也就是说该字没有本字,因此,"尚"用作"尝"为假借。

2. 一种假借用法同于传世文献通用字

郭店楚简中有"勿"字,楷定为"勿",根据《说文》,"勿"的本义是"州里所建旗",该字在郭店楚简中的用法都是假借。一种与在传世文献中的记录职能相同,即用作否定副词,例句:"已则勿复言也"(《性自命出》);一种与在传世文献中的记录职能不同,假借作"物",例句:"是故圣人能辅万物之自然"(《老子甲》)。

(二)均为通假

郭店楚简中有"司"字,楷定为"司",在郭店楚简中有两种不同用法,都是通假字。一是通假作"始"(已有本字"始"),如:"始于孝悌"(《六德》);二是通假作"词"(已有本字"訂"),例句:"道不悦之词也"(《成之闻之》),"言以词,情以旧"(《语丛四》)。同样,"隹"在郭店楚简中的两种用法都是通假:一是通假为"唯"(本字已出现),例句:"日俗雨,小民唯日怨"(《缁衣》);二是通假为"谁",例句:"谁秉国成,不自为正,卒老百姓"(《缁衣》)。"童"在郭店楚简中的两种用法都是通假:一是通假为"重"(已有本字"重"),例句:"求其羕,重义集理,言此章也"(《尊德义》);二是通假为"动"(已有本字"僮""敱"),例句:"动非为达也"(《穷达以时》)。

(三)既有假借,又有通假

1. 假借用法不同于传世文献通用字

郭店楚简中有"句"字,楷定为"句",在郭店楚简中有三种用法,都是借用。一是通假作"後"(已出现本字"後",如《性自命出》"凡忧患之事欲任,乐事欲后"),如:"知命而后知道,知道而后知行"(《尊德义》);二是假借为"后",例句:"后稷之艺地,地之道也"(《尊德义》);三是假借为表示假设之"苟",如:"人苟有行,必见其成"(《缁衣》)。需要说明的是,苟且之"苟"在郭店楚简中作"狗",例句:"言不苟,墙有耳"(《语丛四》),但苟且之"苟"与表示假设之"苟"意义上没有任何联系,虽然它们的现代汉字形体相同,但是属于不同的词。"貞"和"貞"字楷定为"贞",在郭店楚简中有三种用法:一是假借为"镇",例句:"将镇之以无名之朴"(《老子甲》);二是假借为"真",例句:"修之身,其德乃真"(《老子乙》);三是通假为"正"(已有本字,《唐虞之道》"此正其身然后正世"中"正"用的是本字),例句:"靖共尔位,好是正直"(《缁衣》)。同样,"坙"字楷定为"坙",为"型"的异构字,有两种用法:一是假借为"形",例句:"大象无形"(《老子乙》);二是通假为"刑"(已有本字"刭"),例句:"刑不逮于君子,礼不逮于小人"(《尊德义》)。"女"字有两种用法:一是假借为"汝",例句:"上帝临汝,毋贰尔心,此之谓也"(《五行》);二是通假为"如"(已有本字),例句:"何如而可谓忠臣"(《鲁穆公问子思》)。"昏"字有两种用法:一是假借为

"问",例句:"向者吾问忠臣于子思"(《鲁穆公问子思》);二是通假为"闻"(已出现本字"睧"和"聋"),例句:"古者尧之与舜也,闻舜孝知其能养天下之老也"(《唐虞之道》)。"青"字有四种用法:一是假借为"请",例句:"请问其名"(《太一生水》);二是通假为"情",例句:"则民情不忒"(《太一生水》);三是通假为"静"(已有本字"宵"),例句:"我好静而民自正"(《老子甲》);四是通假为"清",例句:"清胜热"(《老子乙》)。"兑"字有四种用法:一是假借为"悦",例句:"闻道而悦者,好仁者也"(《五行》);二是假借为"说",例句:"教以辩说则民埶阤袭贵以忘"(《尊德义》);三是假借为"脱",例句:"善保者不脱"(《老子乙》);四是通假为"夺"(已有本字"敓"),例句:"大忠不夺,大信不期"(《忠信之道》)。"虐"字有两种用法:一是假借为"吾",例句:"吾强为之名曰大"(《老子甲》);二是通假为"乎"(已有本字"虖"),例句:"君子明乎此六者"(《六德》)。

2. 假借用法同于传世文献通用字

"矣"在郭店楚简中有两种用法:一是假借为语气词"矣",与传世文献用字同,例句:"知足之为足,此恒足矣"(《老子甲》);二是通假为"疑"(已有本字"悘"),例句:"可学也而不可疑也"(《尊德义》)。同样,"未"字有两种用法:一是假借作否定副词,例句:"忠信积而民弗亲信者,未之有也"(《忠信之道》);二是通假为"味",例句:"味,口司也"(《语丛一》)。"或"字有两种用法:一是假借作不定代词,例句:"凡性,或动之,或逢之,或交之,或厉之"(《性自命出》);二是通假为"惑"(已有本字"惐"),例句:"民不可惑也"(《尊德义》)。"我"字有两种用法:一是假借为第一人称代词,例句:"百姓曰我自然也"(《老子丙》);二是通假为"义",例句:"仁生于人,義生於道"(《语丛一》),"不悦,可去也,不义而加诸己,弗受也"(《语丛三》)。

三 本用 + 本用

(一)用一个字形记录几个同源词

有的学者把用本字记录因词义引申而产生的派生词的方法叫作兼用。兼用的字形与所记录语词的音义仍有或远或近的联系,属于广义的本用。因此,用一个字记录几个同源词的用字方法都属于本用。传世文献中字形已经分化的同源词,在郭店楚简中有的仍用一个字记录,这就造成郭店楚简中的某些字承担了传世文献中多个字的记录职能。根据郭店楚简中同源词的字形是否分化,可以分为以下两种情况。

1. 未见分化字形

郭店楚简中有"聖"字,楷定为"聖",该字在郭店楚简中有三种用法:一是用作"圣",例句:"古昔贤仁圣者如此"(《唐虞之道》);二是用作"声",例句:"音声之相和也"(《老子甲》);三是用作"听",例句:"听之不足闻"(《老子丙》)。这三种用法具有同源关系,属于同源而尚未分化的原字,都属于本用。

"悲"是"義"的异构字,在《郭店楚简》中有两种用法:一是本用作"仪"(根据《说文》,"義"的本义是"己之威仪也"),例句:"仪刑文王,万邦作孚"(《缁衣》);

二是本用，记录其引申义，即中国古代哲学概念，"品德的根本，伦理的原则"等，例句："义，善之方也"（《语丛三》）。可见，郭店楚简中具有同源关系的"义"和"仪"的字形还没有分化，也就是说还没有为记录本义"己之威仪也"的词重新造字。

2. 已见分化字形，但有时还通用

"畏"和"威"具有同源关系。郭店楚简中，"畏"字有两种异构字形：一作"愄"；二作"禩"。"威"字也有两种异构字形：一作"愄"；一作"憓"。可见，同源词"畏"和"威"的字形在郭店楚简中已经分化，但是有时还可通用，比如"愄"字既用来记录语词"畏"（例句：《老子甲》"犹乎若畏四邻"），又用来记录语词"威"（例句：《缁衣》"慎尔出话，敬尔威仪"）。

"学"和"教"具有同源关系。郭店楚简中，"教"字有六种异构字形："季""斈""效""敩""斅""殳"；"学"字有两种字形，一作"斈"；二作"敩"。可见，同源词"教"和"学"的字形在郭店楚简中已经分化，但是有时还可通用，比如"敩"字既用来记录语词"教"（例句：《唐虞之道》"大教之中，天子亲齿，教民悌也"），又用来记录语词"学"（例句：《语丛三》"与不好学者遊，损"）。

（二）同形字记录几个音义上没有任何联系的语词

有的字可以记录几个不同语词，有些语词之间意义上没有引申关系，但字形却能够与各语词的音义相切合，像这样的字，我们把它看作不同语词所造的字偶然同形，即本文所说的同形字。如：

郭店楚简中"𢖻"字，上止下心，楷定为"志"。在郭店楚简中有三种用法：一是用作"志"，例句："得志于天下"（《老子丙》）；二是用作"识"，例句："深不可识"（《老子甲》）；三是用作"恃"，例句："为而弗恃也"（《老子甲》）。显然，"𢖻"字的三个记录职能中，前两个记录职能"志"和"识"具有同源关系，可以看作这两个同源词的字形尚未分化；第三个记录职能"恃"与"志""识"在意义上没有任何联系，但"上止下心"的字形结构却能够与语词"恃"的音义相切合，也就是说"𢖻"也是"恃"的本字。这样，"志""识"的原初本字与"恃"的本字构成同形字。因此，"𢖻"字在郭店楚简中承担多个职能的原因之一是为不同语词所造的字偶然同形。

参考文献

1. 荆门市博物馆：《郭店楚墓竹简》，文物出版社2005年版。
2. 《简帛书法选》编辑组编：《郭店楚墓竹简·六德》，文物出版社2003年版。
3. 李运富：《论汉字职能的变化》，《古汉语研究》2001年第4期。
4. 李运富：《汉字语用学论纲》，载《励耘学刊》（语言卷）总第1辑，学苑出版社2005年版。
5. 李运富：《论汉字的记录职能》（上），《徐州师范大学学报》2003年第1期。

6. 李运富：《论汉字的记录职能》（下），《徐州师范大学学报》2003 年第 2 期。

7. 李运富：《论汉字的字际关系》，载《语言》第 3 辑，首都师范大学出版社 2002 年版。

8. 李运富：《从楚文字的构形系统看战国文字在汉字发展史上的地位》，《徐州师范大学学报》1997 年第 3 期。

清华简《系年》中的文字分工现象

徐多懿

文字分工是不同的形体分担文字的记词表义职能的用字现象。它是指原本用同一个字形记录一个或几个词，后来用不同的字形分担词语的表义职能和用法。

学界对文字分工现象有不少讨论。陈斯鹏（2011）针对楚系简帛探讨了文字分工的现象，将其分为"区分不同词的分工现象"和"区分不同语境的分工现象"，对分工现象的原因有较详细的阐释。该书从字形和音义对应关系的角度出发，分析了特定文献中的文字分工现象的目的和原因，这种研究角度和方法对我们很有启示意义。

文字分工还包括了"异体字分工""分用异体"等现象。林沄（2012）、裘锡圭（2013）、李运富（2012）等学者从汉字分化方式角度讨论"异体字分工"的理论问题。"异体字分工"是指原来用法完全相同的字形，分化为不同的形体，从而分担单个字符的记词职能。例如"史""事""吏"本为一字符的不同写法，都记录"史"这个词以及它的派生词"事"和"吏"，三个字形混用无别。为使表意明确，遂用这三个异体字进行分工。经过这种异体分工，最终造成了文字分化。不少学者对特定文献中的"异体字分工"现象进行了研究。如孙俊（2005）和张惟捷（2011）都对宾组卜辞的异体分工现象有所归纳。王子杨（2013）详细论述了甲骨卜辞中不同类组的文字分工现象。他指出："殷墟甲骨卜辞材料中也存在这种文字现象，即某一类组或某几个类组的刻手习惯采用某字的不同异体固定地去表示这个字的不同用法。"[1]"分用异体"[2]的现象也引起了学界的注意。如裘锡圭先生在《释殷墟甲骨文裏的"遠""㢟"（邇）及有關諸字》中提到当时人可能是有意分用"㢟"字的繁体和简体来表示不同的意义。又商代人假借"发"的初文表示否定词时会将字形简化，而表示人名时则不简化。[3]"分用异体"和一般所说的"异体分工"不完全相同，"分用异体"的两个字字形不同，用法上似乎也没有交叉的现象，我们很难把它和异体字分工完全对应，但又不能将其分为两个没有关系的文字。这种现象在文字学上比较复杂。总之，"异体字分工"和"分用异体"都属于文字分工现象。但我们讨论的文字分工是在特定文献中出现的广义的文字分工，而不局限于这两种现象。

本文拟讨论清华简《系年》中的文字分工现象，并探讨文献中的文字分工产生的原因。《系年》是一部长篇史书，收录于2011年出版的《清华大学藏战国竹简》（贰）。

---

[1] 王子杨：《甲骨文字形类组差异现象研究》，中西书局2013年版，第149页。

[2] 陈剑：《〈释殷墟甲骨文里的"遠""㢟"（邇）及有关诸字〉导读》，《中西学术名篇精读·裘锡圭卷》，中西书局2015年版，第237页。

[3] 裘锡圭：《裘锡圭学术文集·金文及其他古文字卷》，复旦大学出版社2012年版，第62—63页。

《系年》全篇共23章，记载了西周至战国前期的史事。《系年》简文书写风格属于楚文字，但其文本构成和来源较为复杂。通过与不同时代的相关用字现象进行对比，我们总结梳理了《系年》中文字分工的情况，并将《系年》中文字分工现象按分工目的分为三种类型：区分同源词，区分语法意义，区分词的特指意义。需要说明的是，有一些分工现象的字例在《系年》中只出现了一次，但它们或使用有相关表意构件的字来区别意义，具有明确的分工性，或这种分工现象也在其他不同书写系统的文献中出现过，因此这些字例不影响我们判断文字分工的有效性。

本文仿裘锡圭先生《文字学概要》一书用"｜｜"来标明词，以明确字和词的区别。

一 《系年》文字分工的类型

1. 区分同源词

《系年》中一共有两组为了区分同源词而分工的用字情况。

(1)《系年》中用"中"表示｜仲｜，用"申"表示人名、地名的｜中｜。

用"中"表示伯仲的｜仲｜有一例：

1) 秦中（仲）玄（焉）東居周坨（地）以歔（守）周之壟（墳）蓦（墓）。（简16）

用"申"表示人名、国族名的"中"有三例：

2) 晉申（中）行林父衘（率）自（師）栽（救）奠（鄭）。（简63）
3) 述（遂）明（盟）者（諸）矦於聖（召）陵，伐申（中）山。（简101）
4) 晉人旻（且）又（有）靶（范）氏与（與）申（中）行氏之禍（禍），七城（歲）不解缚（甲）。（简102）

"中行"原为官职，因以为中行氏。传世典籍有相关记载。《史记·刺客列传》："故尝事范氏及中行氏，而无所知名。"索隐："自荀林父将中行后，因以官为氏。"与中行相应的，还有"左行""右行"。《左传·僖公二十八年》："晋侯作三行以御狄，荀林父将中行，屠击将右行，先蔑将左行。"可见"中行"之｜中｜是从一般方位意义的｜中｜引申而来，表示官职和氏。"中山"之"中"和表示方位义的｜中｜关系密切。《说文·人部》："仲，中也。从人从中，中亦声。"｜仲｜和｜中｜是同源词。｜中｜和｜仲｜最初都可以用"中"表示。｜中｜和｜仲｜这两个词在甲骨文金文就已经有了字形分工，用"中"表示伯仲的｜仲｜，用"申"表示一般方位意义的｜中｜。战国楚系简帛文字继承了这一职能分工。[①] 如包山简139："其所命於此書之申。"上博简《中弓》："季桓子使中（仲）弓为宰，中（仲）弓以告孔子。"《系年》中这组文字分工继承了｜中｜和

---

① 陈斯鹏：《楚系简帛中字形与音义关系研究》，中国社会科学出版社2011年版，第284—285页。

{仲} 早期字形分工习惯。

（2）用"牂""遹"表示时间副词{将}和"将军"的{将}，用"迸"表示率领义的动词{将}。

用"牂"表示{行将}和{将军}共有11例：

5) 是賽=爲=（息媯，息媯）牂（將）歸于賽（息）。（简 23）

6) 君坔（來）伐我－＝（我，我）牂（將）求救（救）於鄰（蔡），君女（焉）敚之。（简 25）

7) 秦𠂤（師）牂（將）東䙷（襲）奠=（鄭，鄭）之賈人㳄（弦）高牂（將）西市，遇之，乃以奠（鄭）君之命袳（勞）秦三衘（帥）。（简 46—47）

8) 豫（舍）亓（其）君之子弗立而卲（召）人于外，而女（焉）牂（將）寊（寘）此子也。（简 52）

9) 楚穆王立八年，王會者（諸）侯于氐（厥）貉（貉），牂（將）以伐宋。（简 56）

10) 郇＝之䙷＝（駒之克，駒之克）牂（將）受齊侯㡀（幣）。（简 67）

11) 吳王子唇（晨）牂（將）迟（起）禍（禍）於吳=（吳，吳）王盇（闔）虜（盧）乃歸（歸），卲（昭）王女（焉）遺（復）邦。（简 84）

12) 宋殚（悼）公牂（將）會晉公。（简 119）

13) 郎戉（莊）坪（平）君衘（率）𠂤（師）䁆（侵）奠=（鄭，鄭）皇子（子、子）馬、子沱（池）、子坆（封）子衘（率）𠂤（師）以䢔（邀）楚=人=（楚人，楚人）涉泷，牂（將）與之戟（戰）。（简 130）

14) 楚人歸（歸）奠（鄭）之四牂（將）軍與亓（其）萬民於奠（鄭）。（简 132）

15) 楚𠂤（師）牂（將）救（救）武昜（陽）。（简 136）

《系年》中还有一处用"遹"字表示将军的{将}：

16) 楚𠂤（師）回（圍）之於鄾，畢（盡）逾（降）奠（鄭）𠂤（師）與亓（其）四遹（將）軍以歸（歸）於郢。（简 131）

用"迸"字记录率领义的动词{将}有一例：

17) 五（伍）雞迸（將）吳人以回（圍）州坔（來），爲長澈（壑）而㴊之，以敗楚𠂤（師），是雞父之㴊。（简 81—82）

在传世文献中，时间副词{行将}和名词{将军}以及率领义的动词{将}都用"将"表示。陈斯鹏（2011）指出将来、行将的{将}由将持、将领、将帅之{将}的意义虚化而来，并将二者看作同源关系。我们认为，率领义的动词{将}、时间副词

{將}和名词{將}三者同源。用"牆""𨒌"表示时间副词{將}和"将军"的{將},用"𨒌"表示率领义的动词{將},这属于文字分工现象。

"牆"为{醬}的本字。《说文解字·酉部》:"醬,盬也。从肉从酉,酒以和醬也。爿聲。牆,古文。""牆"表示将来、行将之{將}是借用。"𨒌"字表示率领义的{將}是本字本用。黄德宽(2002)在《说"𨒌"》一文中对"𨒌"字分析后指出"将"之"行也、奉也、送也、衞也"等义项均与行走义有关,当是借义。"将,行也"之"将"是一个借字,其本字正是"𨒌"。① 因此"𨒌"表示率领,为本字本用。而"𨒌"和"𨒌"是用法相同的异体字。《系年》用"𨒌"字记录动词{將}也是本用。

据周波(2008)调查,在楚文字中,表示将军、将要、将欲之{將}习用"牆"表示。如郭店《老子丙》简8—9:"是以偏牆(将)军居左,上牆(将)军居右。"而楚文字用"𨒌"字记录率领义的动词{將},或是因为继承了西周文字用"𨒌"字表示"日就月将"的{將}的习惯,用"𨒌"表示动词。该组文字分工是楚文字中习见且特有的文字分工。

2. 区分不同语法意义

《系年》中有一类文字分工现象属于用不同字形区分不同的语法意义。该类文字分工现象可分为两组:一组为"叓"和"事",它们用于记录动作动词{使};另一组为"囟"和"思",它们用于记录使令动词{使}。简文用"叓"和"事"记录的{使}后面的宾语是主语能直接支配的对象,都是派遣义,是动作动词。而用"思"和"囟"表示的{使}的对象都是主使者不能直接支配的,表示致使义,是使令动词。巫雪如(2014)已注意到记录{使}的两组字形的不同用法,我们将这种现象归为区分不同语法意义的文字分工,并进一步具体分析这种现象及其成因。

用"叓"和"事"记录动词{使}共有7例。

18)賽(息)矦弗訓(順),乃叓(使)人于楚文王曰:"君㞢(來)伐我=(我,我)牆(將)求救(救)於鄴(蔡),君女(焉)敗之。"(简24—25)

19)秦人舍(舍)戍(戍)於奠=(鄭,鄭)人弢(屬)北門之管(管)於秦=之=戍=人=(秦之戍人,秦之戍人)叓(使)人歸(歸)告曰:"我既旻(得)奠(鄭)之門管(管)巳(矣),楚(來)䛯(襲)之。"(简45—46)

20)穆王卽殜(世),戕(莊)王卽立(位),叓(使)孫(申)白(伯)亡(無)悁(畏)聘(聘)于齊。(简58)

21)龏(共)王叓(使)芸(鄖)公聘(聘)於晉。(简86—87)

22)競(景)公叓(使)翟(糴)之伐(茷)聘(聘)於楚。(简87)

23)龏(共)王事(使)王子辰(辰)聘(聘)於晉。(简87—88)

24)王或(又)事(使)宋右帀(師)芊(華)孫兀(元)行晉楚之成。(简88)

---

① 黄德宽:《说"𨒌"》,载《古文字研究》第24辑,中华书局2002年版,第275页。

用"思"和"囟"表示使令动词{使}有7例。

25）惠公赂秦公曰："我句（苟）果內（入），囟（使）君涉河，至于梁城。"（简33—34）

26）秦穆公乃訇（召）文公于楚，囟（使）袤（襲）裹（懷）公之室。（简37—38）

27）秦穆公欲與楚人爲好，玄（焉）繁（脫）繡（申）公義（儀），囟（使）帰（歸）求成。（简48）

28）穆王思（使）毆（驅）㝱（孟）者（諸）之麋，𡊨（徙）之徒菡。（简57）

29）齊佲（頃）公囟（使）亓（其）女子自房审（中）觀郤=之=叏=（駒之克）。（简67）

30）一年，竞（景）公欲與楚人爲好，乃敚（脫）芸（鄖）公，囟（使）帰（歸）求成。（简86）

31）竞（景）坪（平）王卽立（位），改邦（封）墜（陳）、鄝（蔡）之君，囟（使）各返（復）亓（其）邦。（简104）

"叀"即"史"字。楚系简帛文字中常写作"叀"。《说文解字·史部》："史，记事者也。从又持中。中，正也。"《积微居金文说》："古文字史、事、使三字不分。"《古文字谱系疏证》："古文字'史'、'事'、'使'、'吏'本一字分化。"《说文古籀补》："史从又持干，或又从队，象史官奉命出使，所谓'史乃奉使之义'。""叀"和"事"是同源字。派遣、让、命这些意义，是{史}的引申义，用"叀"来记录{使}是本用。《说文解字·史部》："事，职也。从史、之省声。""事"记录{使}也是本用。

将"囟"和"思"读为"使"，在楚简中较常见。《说文解字·囟部》："囟，头会脑盖也。"段注："首之会合处，头髓之覆盖。"《礼记·内则》："三月之末，择日翦发为鬌。男角女羁。否则男左女右。"郑玄注："夹囟曰角。"孔颖达疏："夹囟曰角者，囟是首脑之上缝。故《说文解字》云'十其字象小儿脑不合也'。""囟"的本义是囟门，婴儿头顶骨未合缝的地方。"囟"古音在脂部相对应的阳声真部，"使"为山母之部，之脂在楚简中多相通之例，语音联系紧密。《说文解字·心部》："思，容也。从心、囟声。""思"从囟得声。楚简中用"囟"为{使}较常见，如郭店《太一生水》简12："不囟相〔當〕。""思"的本义应为思虑。古音"思"为心母之部，"使"为山母之部，声母都为齿音。心、山母古音多有相通之例。孟蓬生（2003）曾指出生与姓、辛与莘、相与霜等相通的现象。《系年》中借用"囟"和"思"记录使令动词{使}。"思"读为"使"的情况在上博简、帛书、新蔡简等出土文献中都出现过。如楚帛书"毋思百神風雨晨禕亂作"，上博《容成氏》简20"思民毋惑"，这两例都读作{使}。

"叀""事"后面的宾语"王子脣""芸公""人"等都可以为主语直接支配。"囟"和"思"记录的使令动词{使}的语法格式是"使+（NP）+VP"，{使}后面可以有名词，也可以直接接动词，语法意义比动作动词｛使｝更加虚化。"使 + VP"的结构没有出现名词，支配的意味更少，而侧重表达使令者发出指令。在"使 + NP + VP"的结构中，｛使｝所接的宾语是不能被主语直接支配的，使令者和使令对象的地位差距不大。例如，惠公不能直接支配秦公，秦穆公不能直接支配文公。简 67 中的"女子"据《公羊传》《谷梁传》记载为齐顷公母萧同姪子，似乎也不宜做直接支配的对象。因此这里的｛使｝只能理解为让。这两组字位记录的同一个词｛使｝，但语法功能有所不同。"囟"和"思"的语法意义更加虚化。巫雪如指出"叀"和"囟/思"分用的现象或是由于战国中晚期楚人特殊的书写习惯所致，并分析认为"《系年》作者对'使'字的字义分析相当精确，且在书写字形的使用上也相当严谨"①。其说甚是。

3. 区分词的不同特指意义

《系年》用专用字来区分不同特指意义。原本习用一个字形记录一个词语，为了表达这个词语的不同特指意义，而使用不同的字形来表示，这也属于文字分工现象。

(1) 用"审"表示与空间意义相关的"中"，如建筑物、城池中。用"中"表示人名、国族名的"中"。

用"审"表示与空间意义相关的"中"，例如：

32) 秦晋玄（焉）飤（始）會（合）好，穆（戮）力同心，二邦伐緒（鄀），遷（徙）之审（中）城。（简 39）

33) 齊同（頃）公囟（使）亓（其）女子自房审（中）觀郤=之=夋=（駒之克，駒之克）牂（將）受齊矦尚（幣），女子芺（笑）于房审（中）。（简 67—68）

用"中"表示人名、国族名的"中"的现象如前文列举。

表示一般意义上的｛中｝原来都用"中"字。"审"是楚系简帛中的专用字。加上"宀"这个表义构件强调其义类与空间意义有关，是专表示空间意义的｛中｝的本字。楚系简帛中与｛中｝有关的专用字还有加"宀""心"的字，突出"心中"之义。

(2) 用"敓"记录一般意义的夺取，用"貤"记录夺取财货之｛夺｝，用"埮"记录夺取土地之｛夺｝。

用"敓"记录一般意义的夺取：

33) 連尹、襄老與之爭，敓（奪）之少盂，連尹戠（止）於河澭。（简 76—77）

用"貤"表示夺取财货：

34) 宋人是古（故）殺孫（申）白（伯）亡（無）悁（畏），貤（奪）亓（其）玉帛。（简 59）

---

① 巫雪如：《从若干字词的用法谈清华简〈系年〉的成书及作者》，载《"出土文献的语境"国际学术研讨会会议论文》，台湾新竹，2014 年 8 月。

用从土从攴它声的"墢"表示夺取土地：

35）二年，王命莫（敖）昜（陽）爲衒（率）自（師）戜（侵）晉，墢（奪）宜昜（陽），回（圍）赤壄，以返（報）黃沱（池）之自。（簡114—115）

原本"敓"字表示{夺}这个词，而《系年》用两个专用字区分{夺}的不同语境意义。《说文·攴部》："敓，彊取也。《周书》曰：'敓攘矯虔。'"段注："此是争敓正字，后人假夐為敓，奪行而敓廢矣。""敓"字为夺取义的{夺}的本字。在简文中为本字本用。

"貤"字又见于上博简《慎子曰恭俭》简4及《容城氏》简6，都用为"施"。整理者注释："简文中的'它'，往往可读为'施'，如郭店简《六德》十四'因而它禄焉'，'它'，读作'施'，'施'，《广雅·释诂三》：'予也'。这里的'貤'从贝更突出所广泛施予内容的财货性质。"① "貤"为歌部，"敓"为月部，歌月对转，语音相通。"貤"字记录{夺}这个词为本字本用。而"貤"这个字形在上博简中记录的是另一个词{施}，与《系年》中记录的{夺}无关，二者是同形字，实际上是两个字位。不过二者都通过使用从"贝"的专用字来突出动词与财货义相关，这是值得注意的。类似的使用专用字区分具体语境义，在楚简中还有表示财货亡失义的{亡}用加"贝"构件的字形。如郭店简《老子·甲》："身與貨䞈（孰）多，𧶠（得）與貪（亡）䞈（孰）疠（病）？"且"貪"的这种用法不具有普遍性，在其他一些文献如九店简中不作专指。

"墢"从土从攴它声，也是表示{夺}这个词的专用字，属于本字本用。该字的使用和上述"貤"的情况一样，都是本字本用，而且都是书手为了区别词义使用的不同字形。② 在简文的语境中，"墢"是指的夺取土地，因此书手选用了从土的"墢"字，通过使用表义构件不同的文字来区别词语在文献中的具体意义。在其他文献中"墢"和"貤"似乎没有用作{夺}这个词的语例。

（3）用"嬖"专指嬖妾之{嬖}，用"辟"记录一般亲近、受宠义的{辟}

用"辟"表示{嬖}的动词义和辟大夫义，二者都是本字本用。如：

36）孚（褒）台（姒）辟（嬖）于王＝（王，王）與白盤达（逐）坪＝王＝（平王，平王）走西繻（申）。（簡5—6）

37）齊三辟（嬖）夫＝（大夫）南臺（郭）子、鄦（蔡）子、安（晏）子衒（率）自（師）以會于𡈼（斷）䔖（道）。（簡69—70）

---

① 马承源主编：《上海博物馆藏战国楚竹书》（六），上海古籍出版社2007年版，第280页。
② 这类分工现象产生的原因还有可能是书手所据的底本用字导致，即"墢""貤"原本就存在于书写系统中，写手只是抄录下来，这种情况则是书写系统造成的。但在很多情况下由于缺少相关材料证明，且出土文献中书手的书写对文本中的字形影响很大，我们无法截然划分造字者和用字者的界限，将二者完全剥离开。所以一般情况下我们从书手用字的角度讨论这个问题较为方便。这两个字形都没有在其他出土文献中当作{夺}的用例，我们认为书手个人因素可能是一个重要原因。

"婢"专指嬖妾之{嬖}有一例：

38）晉獻公之婢（嬖）妾曰驪姬。（简31）

原本表示{嬖}都是用"辟"字记录的，在《系年》中出现了分工的现象。
《字源》："辟从卩从辛会意，辛为刑具，会用刑具施刑于跪踞之人，故有法义，有罪义。"在西周金文中辟有治理、法则、君王、官长等义，皆与本义相关。徐灏《说文段注笺》：'《尔雅》曰：辟，法也。法谓法令。君称辟，行法者也。罪称辟，犯法者也。法谓之辟，因之犯法亦曰辟矣。'辟字之本义为刑法，其余为引申义。"① 宠幸、受宠的意义是"辟"的引申义。用"辟"字记录{嬖}是本字本用。《说文解字·女部》："嬖，便嬖。爱也。从女辟声。"《春秋经传集解》："贱而得幸曰嬖。"后来用分化字"嬖"来表示"辟"的这个义项。这里的{嬖}表示受宠、亲近义。上博简《曹沫之陈》简35："毋辟（嬖）於便俾（嬖）"例同。上博简《缁衣》简12："毋目（以）辟（嬖）御蘁（疾）妝（莊）后，毋目（以）辟（嬖）士蘁（疾）夫。（大夫）。"

"嬖"，帮纽锡部；"婢"，并纽支部。二字韵部对转且声母相近，"婢"是借用表示嬖妾的{嬖}，为突出特指意义使用从女的"婢"。《字源》："'婢'的本义是女奴。《说文解字·女部》：'婢，女之卑者。'又：'奴、婢皆古之罪人也。'甲骨文'婢'是一女子私名，因用作人牲，其身份被视为女奴。《合集》35361：'王賓祖辛爽妣甲姬，婢二人，殷二人，卯二牢。'"② 所以，"婢"字本义是女奴，被借用来表示受宠义。出土文献中表示嬖妾之{嬖}还有马王堆帛书《老子·乙本卷前古佚书·称》："立正妻者，不使婢（嬖）妾疑焉。"嬖妾连用都使用"婢"。这也可视作受到文字类化影响产生的文字分工现象。

二 《系年》文字分工现象的影响因素

1. 语言文字内部因素

文献中这几种类型的文字分工本质都是用不同字形分担记词职能，从而使文字的表义更加明确。原本承担了几个同源词或一个词的多个义项及不同用法的字形，在具体语境中承载的职能过多，表义不够明晰，因此需要用不同的形体进行分工，来达到减少单个字符记词表义职能的目的。所以文字的分工现象是字词关系自发进行调节和平衡的表现。值得注意的是，文字分工现象大多有使用相对性，如果无法被全社会接纳，就不会对整个文字系统产生影响。这是由文字系统的制约作用决定的。文字作为记录语言的符号，其系统内部不断增长和制约，彼此相互作用，一旦一方产生长期稳定的优势，另一方则会弱化，达到系统内部的平衡。

---

① 李学勤主编：《字源》下册，天津古籍出版社2012年版，第800页。
② 同上书，第1092页。

2. 文献地域和时代因素

《系年》用"牆"表示时间副词{将}和将军的{将}，用"逄"表示率领义的动词{将}属于典型的楚系文本用字特点；"叀""事"和"思""囟"的分用则是非完全的楚国文本用字。据巫雪如研究，"在属于楚国本土文本的篇章中，使令动词'使'皆写作'囟/思'而不写作'叀'，用'囟/思'来记录使令动词'使'应是战国中晚期楚人的特殊用字习惯""从楚国本土文本以外的其他国家文字数据来看，'囟/思'与'叀'在其他国家原是互不相干的两组字形，'囟/思'记录的是传世文献中的'思'，'叀'记录的则是传世文献中的'使'，而目前所见由其他国家传入楚国的篇章中之所以会出现同时以'囟/思'、'叀'这两组字形来记录使令动词'使'的情况，应是外来文本传入楚国后由楚人传抄改写的结果。"① 我们知道在楚国以外的文本中，都是用"叀/事"等字形记录使令动词，而不用"囟/思"。因此，我们认为在《系年》中分用"叀""事"和"囟""思"两组字形表达不同语法意义的{使}，受到了文献地域因素的影响。《系年》的文本并非纯粹的楚国本土文本，而是不同于包山简一类楚国本土文书和仅记录楚人楚事文本的竹书②，是综合他国传入的和楚国的现有史料，由楚人或精通楚国语言文字的人编纂改写而成的文本。因为据上引调查结果，在楚国本土文本中，使令动词{使}不会写成"叀"。而书手在抄写文本时，融入了楚地的书写用字习惯，将一部分使令动词{使}写成了"囟"或"思"。

文本的地域因素是导致分工现象的原因之一。对于外来底本，书手或完全将其改写成本国用字，或保留原本的书写习惯，或在改写为本国用字时有意或无意保留部分底本的书写特点。《系年》的书手极有可能就是楚国人，因此文本中的分工现象展现了楚系文本的用字特点，沿袭了楚国本土文本的文字分工现象，然而也有个别非楚国本土的用字特点，说明可能文本来源于他国，而书手有意或无意保留了这些用字习惯。他国文本未被彻底"驯化"③为楚系文字，客观上造成了分工的现象。

学界一般认为《系年》中有楚系用字习惯和非楚系用字现象并存的特点，通过我们对文本文字分工现象的考察，也在一定程度上印证了这个观点。

此外，特定文献中的文字分工现象有可能受到文本时代因素的影响。某些文献的原始文本来源较古老，在文本传抄书写的过程中有可能会直接或间接地受到较早期表达方式的影响。例如《系年》中使用"貯"和"敓"记录{夺}，我们推测有可能这种用字方式受到了早期文献用字习惯的影响。二者都是用具有不同特指意义的本字记录动词，且动词后带宾语，这种用字习惯在甲骨文、金文中很常见，战国文献中并不多。如甲骨文中表示

---

① 巫雪如：《楚国简帛中的"囟/思"、"使"问题新探》，《台大文史哲学报》2011年第75期，第29—30页。
② 关于楚国文本性质及分类，可参看魏慈德《新出楚简中的楚国语料与史料》第68—69页，魏书将上博简、清华简区别出一类真正为楚人所写而非转抄自他国的简文来，将楚人所记楚事、名楚物的简文称为"楚人楚事简"，以及巫雪如《楚国简帛中的"囟/思"、"使"问题新探》第3页，将出土战国竹简分成三类，分别为楚国本土文本、记录楚人楚事的上博简篇章、其他楚简。
③ "驯化"可参看周凤五《楚简文字的书法史意义》，载《古文字与商周文明——第三届国际汉学会议论文集文字学组》，"中央研究院"历史语言研究所2002年版，第195—221页。

追逐的｛逐｝使用从豕的字形，也使用从鹿的字形。如""（合 25419）、""（合 28333）。又如甲骨文中用"凵""凶"两个专字表示埋牲于坎之｛坎｝。"最初凵大概就可以代表'坎牛'两个词，凶大概就可以代表'坎犬'两个词，随着一字一音节原则的严格化，它们就成为'坎'字用于坎牲一义的异体字了。"① 这类在同一文献中分用表示动词的具体语境意义或特指意义的现象，一方面与书手习惯用不同字形表示同一词，并严格区分词义和语境意义有关；另一方面还有可能是受到了较早期的表达方式影响。前文我们提到，"貤"和"敓"表达不同特指意义的｛夺｝只出现在了《系年》中。《系年》中的这组文字分工或许受到了早期用字习惯的影响，书手在抄写文本时没有改变原有的写法，而是按照底本的写法使用不同的具有表意构件的字。

3. 书手个人因素

书手为了避免重复，往往在文本中使用多个不同的字形来记录同一个词。但简单的避复不一定会造成义字的分工。书手作为文本转写传抄的媒介，携带了文本用字的地域因素。《系年》中较典型的楚系文字的文字分工或是由于书手为楚人，抄写时具有楚国的用字习惯，因此使用楚国普遍的加"宀"这个表意构件的"审"突出空间义类，以区分一般意义的｛中｝。

而《系年》的书手除了刻意避复和精通楚国文字以外，还有一个特点，即注意词义的细微差别，严格区分词的语境意义或特指意义，甚至对词语的语法搭配也有非常严谨的态度。如用"婢"专指嬖妾之｛嬖｝，用"辟"记录一般亲近、受宠义的｛辟｝。又如分用"叓""事"和"囟""思"两组字形表达不同语法意义的｛使｝。从简文的书写和上文的分工现象来看，《系年》的书手不仅具有用笔技术和很高的识字水平，还有较高语言水平和文化修养。而这种书手个人的能力水平直接影响了文本，使得表义明细化和准确化。

以上用字现象反映了特定文本中出现的文字分工问题。特定文献中的文字分工现象本质上是用不同字形分担汉字的职能，是一种特殊的用字现象，它的产生是多种因素综合作用的结果，并且受到语言和文字系统的制约。通过分析研究特定文献中的文字分工现象，我们能更进一步地认识汉字职用的复杂现象、内部规律及影响因素。

参考文献

1. 林沄：《古文字学简论》，中华书局 2012 年版。
2. 裘锡圭：《文字学概要》（修订版），商务印书馆 2013 年版。
3. 李运富：《汉字学新论》，北京师范大学出版社 2012 年版。
4. 王子杨：《甲骨文字形类组差异现象研究》，中西书局 2013 年版。
5. 田炜：《西周金文字词关系研究》，上海古籍出版社 2016 年版。
6. 陈斯鹏：《楚系简帛中字形与音义关系研究》，中国社会科学出版社 2011 年版。

---

① 裘锡圭：《裘锡圭学术文集·甲骨文卷》，复旦大学出版社 2012 年版，第 83 页。

7. 陈美兰：《〈清华大学藏战国竹简（贰）·系年〉用字现象考察——以同词异字为例》，《第二十五届中国文字学国际学术研讨会论文集》，2014 年。

8. 李松儒：《试析〈系年〉中的一词多形现象》，《"出土文献与学术新知"学术研讨会暨出土文献青年学者论坛论文集》，2015 年。

9. 裘锡圭：《裘锡圭学术文集》，复旦大学出版社 2012 年版。

10. 周波：《战国时代各系文字间的用字差异现象研究》，线装书局 2012 年版。

11. 巫雪如：《从若干字词的用法谈清华简〈系年〉的成书及作者》，《"出土文献的语境"国际学术研讨会会议论文》，2014 年。

12. 巫雪如：《楚国简帛中的"囟/思"、"使"问题新探》，《台大文史哲学报》2011 年第 75 期。

13. 孟蓬生：《上博竹书（二）字词札记》，"简帛研究"网站，2003 年 1 月 14 日。

14. 魏慈德：《新出楚简中的楚国语料与史料》，五南图书出版公司 2014 年版。

15. 孙俊：《殷墟甲骨文宾组卜辞用字情况的初步考察》，硕士学位论文，北京大学，2005 年。

16. 张惟捷：《宾组卜辞文字"异体分工"现象略探》，《第二十二届中国文字学国际学术研讨会论文》，2011 年。

17. 周凤五：《楚简文字的书法史意义》，《古文字与商周文明——第三届国际汉学会议论文集文字学组》，"中央研究院"历史语言研究所 2011 年版。

18. 李学勤主编：《字源》，天津古籍出版社 2012 年版。

19. （汉）许慎：《说文解字》，中华书局 1963 年版。

20. （清）段玉裁：《说文解字注》，上海古籍出版社 1988 年版。

语符用字考察

地积单位｛亩｝的历时用字考察

何余华

20世纪以来汉字学在建立自己的学科体系过程中，很长时间内我们都认为汉字学是纯粹的形体之学，以致忽略汉字的根本属性——使用属性，即汉字是如何记录汉语以及实际上怎样记录汉语，更导致词语的用字研究或汉字记录职能的演变研究在汉字学或语言学中难以找到自己合适的归属。20世纪80年代以来不少学者意识到问题的所在，经李荣（1987）、裘锡圭（1988）、张世超（1990）、王宁（1994）等先生的呼吁，近年来以字词关系梳理为核心的字用研究逐渐引起人们的重视，李运富（2005；2012）进一步将汉字职用学作为"汉字研究的三个平面"之一，通过论证汉字职用研究的学理依据、学科定义和主要内容等使得汉字职用研究更加理论化、系统化。将字用研究纳入汉字学的学科体系中来，极大地拓展了汉字学的研究范围，使得我们对文字系统与词汇系统交互影响的认识达到新的高度。近年来也涌现出大量成果，如张富海（2009）、陈斯鹏（2011）、王子扬（2011）、刘君敬（2011）、何余华（2015）、田炜（2016）等，汉语字词关系的研究也已成为汉字学的热点前沿课题。[①]学界对词语用字的研究描写性成果多，探讨用字演变动因的成果较少；对汉语字词关系宏观整体面貌勾勒性成果多，对微观细部规律的揭示性成果少，也缺少全面系统总账式的爬梳。

我们认为推动词语的用字演变的动因是多样的，有的是因为语言文字辩证互动的结果，有的是汉语字词关系的系统性决定的，有的受政治环境或社会文化心理的影响。[②]而任何字符要实现自身的记录职能都离不开书写，汉字甲、金、篆、籀、隶、楷不同字体的演变归根结底是书写风格和书写习惯的变迁，而汉字字体的演变或不同字体间的转换往往会对汉字结构和词语用字产生巨大的影响，如隶变和草书楷化；汉字呈现方式——手抄或是雕版刊刻的差异，尤其是由手抄体转换成印刷体的过程中，不同程度上都会影响词语用字的变化；抄手字符书写时受语境中相邻、相关字形结构的影响，出现趋同变异等。本文试以地积单位｛亩｝的历时用字为例，探讨书写变异对词语用字的影响。值得说明的是，由于用字当代化是每个时期都在进行的工作，所以对于判断用字时代性的可靠字料主要是指那些成书时代与刊抄时代相去不远的文本——同时字料。

---

* 本文初稿完成于2014年8月，后作为何余华《汉语常用量词用字研究》组成部分提交答辩，硕士学位论文，北京师范大学，2015年5月。

① 何余华：《汉字"形构用"三平面研究的回顾与展望》，《语文研究》2016年第2期。
② 何余华：《汉语词历时用字演变动因刍议——以常用量词为例》，《理论月刊》2016年第8期。

一　地积单位｛亩｝的产生及其早期用字

我国土地面积单位｛亩｝由来已久，但历朝各代定制不同，实际所指面积各有差异，王筠《说文句读》："亩，《司马法》：'六尺为步，百步为亩。'是古之制也。秦孝公时，开通阡陌，以五尺为步，二百四十步为亩。"商鞅将"百步为亩"扩大为二百四十步后，经汉至清亩制基本未变，今制每亩合为667平方米。历史上地积单位｛亩｝记录字位纷繁多变，书写变异推动用字演变过程中起到极大的作用，有必要全面梳理，分析字位间的源流演变。

据李修松考证周代实行一夫耕百亩的份地制度，百亩合一田，每田地均分为百条种庄稼的垄，广一步长百步的长垄称为"亩"[①]。凡土地面积与广一步长百步的垄地相当者，都可以之计量，地积单位｛亩｝由此产生。地积单位｛亩｝起初作为专用量词表"田一亩"或"地一亩"，逐渐才固定为计量单位，由专用量词派生出"田垄"义，如《诗经》"南亩"等。《说文·田部》"晦，六尺为步，步百为晦"，分析的是"晦"的本义。该制度施行于周代，地积单位｛亩｝的始见例出现于西周中期的金文，甲骨卜辞未见。

（一）以字位"晦"记录

地积单位｛亩｝是西周井田制的产物，西周中期金文始见，共3例，记录字形俱作"畮"（贤簋），与小篆正体"畮"同，从田每声，隶作"晦"。贤簋上"晦"字通"贿"记录｛馈赠田地｝，下"晦"字记地积单位｛亩｝。

(1) 公命事（使）晦贤百晦粮。[②]（贤簋，集成4104、4105、4106）

春秋战国出土材料未见该形，传世文献诸本的地积单位｛亩｝多写作"畝"或"畆"。后世对先秦文献的训注材料却在说明另外的事实，如陆德明《经典释文》多处指明《诗经》《周礼》《周官》《汉书》所用的是古字"晦"。《四库全书总目》评点该书："所采汉、魏、六朝音切凡二百三十余家。又兼载诸儒之训诂，证各本之异同。后来得以考见古义者，注疏以外，实赖此书之存。"说明陆德明对经典用字现象的说明多是有根据的。朱熹对《楚辞》用字也有类似说解。大致可以推论西周至春秋时期，记录地积单位｛亩｝的习用字位是"晦"。

(2)《诗经·魏风·十亩之间》："十亩之间兮，桑田闲闲兮。"陆德明《释文》："亩，古作晦，俗作畆，皆同。"《诗经异文释》卷五："十亩之间兮。《释文》云：亩，古作晦。《周官》、《礼》、《汉书》多作晦。"

[①] 李修松：《简析周代的亩与田》，《农业考古》1987年第1期。
[②] 李灵认为《贤簋》铭文第一个"晦"是动词，指赐亩，"百晦粮"则是赐给贤的百亩粮田，"粮"是"粮田"的省称。见《西周金文中的土地制度》，《学人》1992年第2辑。

(3)《周礼·大司徒》:"不易之地,家百畮。"陆德明《音义》:"畮,本亦作古晦字。"

(4)《楚辞·离骚》:"余既滋兰之九畹兮,又树蕙之百晦。"朱熹注:"晦,古畮字。"

两汉传世文献值得注意的是《汉书》,颜师古认为《汉书》多用古字"晦"记录,陆颜的训释侧面反映出唐代"晦"已构成阅读障碍,不为人熟知才有解释的必要。有趣的是,《汉书》地积单位{亩}未以古字训明的地方,清乾隆武英殿刻本俱被改作"畮"或"畆"。颜师古校订群经多据晋宋旧本,相关结论应是可信的。战国至两汉仅见《汉慎令刘修碑》有以"晦"记{地亩}的用例,其他同时字料以字位"畮"为主,《汉书》以古字记录恐与班固个人用字习惯有关。

(5)《汉书·食货志上》:"理民之道,地着为本。故必建步为晦,正其经界,六尺为步,步百为晦。"颜师古注:"晦,古畮字也。"

(6)《汉书·郊祀志第五下》:"礼记曰:'天子籍田千晦目事天墬。'"师古曰:"晦,古畮字。"

(7)《汉书·卷二十七》:"皆杀之,身横九晦。"师古曰:"晦,古畮字。"

(8)《汉书·赵充国辛庆忌传》:"治湟陿以西道桥七十所,令可至鲜水左右。田事出,赋人二十晦。"师古曰:"'田事出'谓至春人出营田也;'赋'谓班与之也;晦,古畮字。"

(9)少罹艱苦,身服田晦。(《汉慎令刘修碑》)

明钞南宋"绍兴龙舒本"《齐民要术》多用古字"晦",但却与魏晋同时字料的习用字"畮"迥异,或是后世校勘以古字替换、或是贾思勰个人崇古用字的表现。此后,如下文表1所示,除宋、元、明、清某些硕学鸿儒的文集零星使用外,再难看到"晦"字用例,文集即使出现也不占使用优势。宋元刻本"每"多刻作"毐",类推之下"晦"的变体作"晦",如巾箱本《广韵》"晦畮,并古文",但不影响构件功能,归纳为相同字位。

(10)广尺深尺,曰"甽",长终晦;一晦三甽,一夫三百甽,而播种于甽中……率十二夫为田,一井一屋,故晦五顷。(《齐民要术·卷一·种谷第三》南宋绍兴龙舒本)

(11)率多人者,田日三十晦;少者十三晦。以故田多恳辟。(《齐民要术·卷一·种谷第三》南宋绍兴龙舒本)

(二)以字位"畂"记录

战国出土文献记录地积单位{亩}的字位呈现地域差异。三晋文字记录字位作"畂"

形，因是玺印文字，该形为钤印的反文，隶定翻摹正文作"畞"，从田又声，"又"的声母属喻母三等，"每"的声母属明母，喻母三等、明母上古跟晓母关系密切，"又""每"同属之部，畞可看作"畮"字异体，李家浩亦有详述①。该形仅见于晋系文字，后世未行用，字书也未收录。此印"千畞"所记是地名，传世文献亦有记载，《左传·桓公二年》："其弟以千亩之战生，命之曰成师。"杜预注："西河介休县南有地名千亩。"但据此我们似可以推断三晋记录地积单位{亩}可能就是习用"畞"字的。

(12) 千畞左军。(《玺汇》0349 魏国)

(三) 以字位"畮"记录

因楚国土地制度异于中原，或因楚简材料规模有限，楚系文字仅见清华简有地积单位{亩}的用例，上博简发现记录派生词用例，形体都相近，如"𤱭"(上博简·子羔8)，隶作"畮"，派生词的字位可辅证楚地地积单位{亩}的用字。战国秦系文字从"每"得声的形声字在非秦系文字中往往写作"母"，"母""每"同音，该字是"畮"字异体。因"畮"在明纽之部，与明纽职部字"牧"音近，上博简借"畮"记录{牧}。战国之后，未见"畮"字用例，历代字书也未见载录。

(13) 古（故）夫奎之惪（德）丌（其）城（诚）臤（贤）矣，采者畖畮之中，而吏君天下而叟。(《上二·子羔》8)
(14) 尧于是平为车十有五乘，以三从舜于畎畮之中。(《上二·容成》14)
(15) 立卅又九年，戎乃大败周自于千畮。(《清华简·系年》4)
(16) 武王乃出革车五百乘，带甲三千，以小会诸侯之师于畮（牧）之埜。(《上二·容成》51—52)

二 战国晚期至东汉时期地积单位{亩}的用字

(一) 以字位"畮"记录

战国出土文献，地积单位{亩}在秦系文字出现次数最多，凡 6 见，青川木牍作"畮"，睡虎地秦简作"畮"，对以上字形的理据分析，历来有争议，李家浩(1996)、何琳仪(2003)认为该字即"畮"，"从田从又从久"，"久"、"又"表声。实际上构件"久"从未有这样的写法，睡虎地秦简"久"作"𠂇"，与原形相去甚远，认作构件"夂"似更合理，小篆作"𠂊"，整字隶作"畮"。魏宜辉(2012)提出是"从田牧省

---

① 李家浩：《战国官印考释两篇》，载《于省吾教授百年诞辰纪念文集》，吉林大学出版社1996年版。

声"的形声字①，但"牧"省声仅此孤例，似难说通。

(17) 稻麻畞用二斗大半斗，禾、麦畞一斗，黍、荅畞大半斗，叔（菽）畞半斗。(秦律十八种 38)

(18) 畞二畛，一百（陌）道。百畞为顷，一千道，道广三步。(青川秦牍正面)

我们认为周秦文字一脉相承，"![]"当是"畮"字隶变讹误而成。金文"![]"省去起标识作用的两点是常有的，如"![]"（天亡簋）。隶变后，省去两点，"![]"被拆散为构件 ![] 和 ![]，构件 ![] 变异成"又"，构件 ![] 变异为"夂"，"![]"字构形理据从田又声，"夂"为脂部字，看作变形音化的结果似亦可通。此后，除汉代居延新简、唐代碑刻材料沿袭了该写法外，其他文献较少看见相关用例。②

(19) 北地泥阳长宁里任慎，二年，田一顷廿畞，租廿四石。(《居延新简》EPT 51.119)

(20) ☐七，田卅一畞，口五十三百五十。(《居延新简》EPT 53.12)

(21) 竹生千畞，霜雪无以夺其操，岂谓风枝不静。(唐《王建墓志》)

（二）以字位"畂"记录

汉代地积单位{亩}开始大量见诸出土文献，汉初马王堆帛书和银雀山汉简出现以字位"畂"记录的用例。马王堆帛书"工畂"当读为"攻亩"，意为管理土地，"畂"记录相关词项{田垄}。银雀山汉简"二百卌步为畂"则说明"畂"记录的是地积单位{亩}。此后文献未见"畂"的用例，《中华字海》沟通二者关系说"畂，同'亩'"，指明是异体关系。"畂"字从田勿声，"勿"在明纽物部，与明纽之部的"亩"双声，看作音近而借更妥帖，"畂"字本义已难考证。

(22) 使地工（攻）畂，诸侯有职，目极色而视之……使天下工（攻）畂，诸侯有职……（马王堆帛书《老子》甲本卷后古佚书《明君》6—8 行）

(23) 赵是制田，以百廿步为婉，以二百卌步为畂，公无税焉。(《银雀山汉墓竹简·壹·吴问》)

（三）以字位"畞"记录

地积单位{亩}在江陵凤凰山汉简凡 25 见，多数作"![]"；额济纳汉简凡 2 见，作

---

① 魏宜辉：《说"畞"》，《语文研究》2012 年第 4 期。
② 该观点我们最初在 2014 年 8 月硕士论文《汉语常用量词用字研究》初稿中提出，并于 2015 年 5 月正式提交答辩。后发现魏宜辉先生在 2015 年 12 月《战国文字研究的回顾与展望国际学术研讨会》上提交的论文《"畞"字构形新探》与我们的主要观点不谋而合，特此说明。

"畮",与《说文》或体䮺同,楷定作"畞",徐铉、段玉裁分析该字从田从十久声,何琳仪、李家浩释"畞"为从田从又从久,又、久表声。"䮺"应由前述讹变而来,原形与所记音义间的联系已被破坏,徐段、何李从不同角度进行理据重构,观点均备一说。

(24) 关都里张齐十三畮,已交荭钱三百六十。(《额尔纳汉简》99ES16SF 2∶1)
(25) 户人特 能田一人口三人田十畮。(江陵凤凰山西汉简牍八 A 类竹简 11)
(26)《史记屈原传》:"忧愁幽思而作离骚",《离骚经》:"既洋兰之九畹兮,文树蕙之百畮。"(杨亿辑《西昆詶唱集·密舍幽思畹兰平》)

那么"畮"字的结构为何会发生这样的变异?魏宜辉(2015)提出的解释是:"由于'田'旁与'每'旁的局部形体相似且接近,书写者为了避复,将'每'旁形体分解移位。"胡云风(2016)认为魏宜辉"避复"说实属孤证,且"古汉字所谓的避复是指两个及两个以上的分句中出现相同的两个字,二字形体在书写时,刻意改变其中一字的形体避免与另一字写法重复。这是一种用字的避复,并非指字形近偏旁的避复"。① 进一步指出"'畞'字形体的形成,乃'畮'字转写成隶书时,其中的'田'与'每'二偏旁的笔画粘连解散而成",我们发现"畮"字形体隶变前构件"田"和"每"并未发生笔画粘连,发生笔画粘连恰恰是隶变"每"字形体被拆解后才出现的,该文所举旁证材料也都是隶变发生以后出现的笔画粘连,根据隶变结果出现的粘连论证"畮"字发生拆解的动因,似不可通。

🖼(西周中《贤簋》)🖼(西周晚《师寰簋》)🖼(西周晚《兮甲盘》)🖼(上博简)

根据西周晚期师寰簋"畮"字作"🖼",西周晚期兮甲盘作"🖼",构件"田"均被有意放小置于整字左下角,上博简干脆将左右结构调整成"🖼",我们怀疑推动构件"每"拆解的主要动因是为兼顾整字书写的协调美观,无论是金文还是简帛均系从上到下铸刻或抄写,每列空间有限的情况下要想容下整字只好将"田"缩小置于左下角,甚至干脆改成上下结构。但缩小置于左下角打破整字左右对称的平衡美感,于是拆解后写作"畞",整字呈现左右对称的格局。我们排比从"每"的其他字形,发现西周置春秋金文中其他构件往往都有缩小置于下角的书写习惯,但因它们置于下角仍能保持整字的协调美观,"畮"字的圆状"田"形无法通过变形实现,这也是其他字符的"每"未出现类似变异的主要原因。

🖼師嫠簋🖼史墙盘🖼師虎簋🖼王孙遗者钟

《说文》成书以后,对后世产生了深远的影响,训诂实践、字书编纂、正字规范无不以之为典范。如文渊阁四库本《干禄字书》"畮畞,上通下正"②;张参《五经文字》"畞畮,上《说文》下经典相承隶省"。汉之后的实际用字,除明清少量官刻本外,"畞"的

---

① 胡云风:《说"畞"》,载《第 27 届中国文字学学术研讨会论文集》,台湾台中市,2016 年 5 月。
② 唐石刻本《干禄字书》:"畮畞,上通下正。"

用例已经极少。此外,"畞"字构件"久"宋元以后常刻写作"夂",整字作"畞"。如日本龙谷大学藏至正南山书院刊本《广韵》"畞,亦古文";明刊本《四声篇海》"畞,《说文》音畮,义同";清周王注本《西昆酬唱集》也有"畞"字用例。

(四) 以字位"畂"记录

地积单位 {亩} 在银雀山汉简凡 5 见,作"🀄"或"🀄",右下构件变异作"又",楷定作"畂"。同时也出现其他的变体,如马王堆汉墓作"🀄",张家山汉简凡 4 见均作"🀄"形,右下构件变异作"🀄",在构件"又"的基础上赠点画,胡云凤(2016)考证认为是标音偏旁,读音同"奴"等,作为变形音化的结果,其说可从,但增点画的写法后世未见流传。唐石刻本《干禄字书》"畞畂,上通下正"以"畂"为正体。东汉以后,"畂"字迅速变成其他形体,不再行用。

(27) 田一畂,方几何步?(《张家山汉简·算数书》185)
(28) 广一里、从一里为田三顷七十五畂。(《张家山汉简·算数书》190)

(五) 以字位"畝"记录

西汉凤凰山简牍地积单位 {亩} 写作"🀄",从田从十,右下构件讹变成"人",整字作"畝"。《王仁昫刊谬补缺切韵一》(校刻本,P. 2011)收录该形"畝:田数,亦作畞、畮",明清个别刻本零星可见"畝"字。

(29) 户人不章能田四人口七人,田卅七畝。(凤凰山西汉简·八 A 类简 17)
(30)《周礼》:"宅不毛者有罚。"《汉书》言:"千畝巵茜,千畦姜韭,其人与千户侯等。"可不谓重哉。(《隆庆海州志·卷之二·山川志·土产》天一阁藏明隆庆六年刻本)

(六) 以字位"畤"记录

南宋初年洪适《隶释》著录有东汉光和元年(公元 179 年)所刻的《金广延母徐氏纪产碑》,碑文著录时已残损,其中地积单位 {亩} 较为清晰,作"畤",洪适按"畤即畞字"[①],"丂"疑是构件"十"和"久"的书写变异。"畞"在明纽之部,"丂"在溪母幽部,声韵相去甚远,以形声异构论之,不妥。有人指出"畤"可能是地积单位"町"的异体。《说文》"町,田践处曰町",本义指田间小路、田界。汉代史籍未见"町"作地积单位,三国吴简有出现,但如下町数同亩数却不等,不可能是制度单位,当是自然单位表"块、片"。《徐氏纪产碑》是记载家产剖分的碑文,不致出现笼统含糊的措辞。

---

① (南宋)洪适:《隶释·隶续》,中华书局 2003 年版,第 162—163 页。

（31）故文进升地一町，直五万五千。(《徐氏纪产碑》)
（32）故□子叔地一町，直□□□。(《徐氏纪产碑》)
（33）佃畞二町，凡廿五畞。(《走马楼吴简·嘉禾吏民田家莂》4.38)
（34）佃畞二町，凡卅八畞。(《走马楼吴简·嘉禾吏民田家莂》4.44)
（35）佃畞三町，凡廿五畞。(《走马楼吴简·嘉禾吏民田家莂》4.71)

（七）以字位"畝"记录

东汉以后，记录量词｛亩｝的字位，构件"十"为避重普遍省断成"宀"。如字位"畞"避重省断成"畝"，或构件摆布位置不同作"畝"，我们都归纳为相同字位。如东汉中期《郫县犀浦簿书残碑》《费凤碑》均作"畝"，《孔宙碑》记其引申义亦作此形，成为汉碑记录地积单位｛亩｝频次最高的字位。魏晋以后，用例罕见。不少文献抄刻时常将"畝"写作"畝"，构件功能没有差异，归纳为相同字位。

（36）田八畝，质四千，上君迁王岑鞫之田……(《郫县犀浦簿书残碑》)
（37）祖业良田，畝值一金。(《费凤碑》)
（38）南畝孔硕，山有夷行。(《孔宙碑》)

三 魏晋至宋元地积单位｛亩｝的用字

（一）以字位"畝"记录

东汉《丁鲂碑》始见以"畝"记录｛田垄｝，楷定作"畝"，或是由"畞"避重省断而成，或是"畞"省笔书写而成（构件"又"常讹作"人"），它"畝"只是构件摆布位置的不同，我们都归纳为字位"畝"。"畝"字从田从十省，构件人为代号。魏晋开始，该字迅速行用开来，取代其他字位成为社会习用字。走马楼三国吴简、吐鲁番出土文书、南北朝的碑刻文献，记录地积单位｛亩｝几乎都使用"畝"字。

（39）灌溉田畝。(东汉《丁鲂碑》)
（40）佃田十四町，凡五十四畝，其卅二畝二年常限。(《走马楼吴简·嘉禾吏民田家莂》5.77)
（41）墓田百畝。(南朝宋《王佛女买地券》)
（42）索寺德嵩桃壹畝半，租了。……毛保谦桃贰畝半……显真师桃壹畝半陆拾……(《吐鲁番出土文书〈壹〉》60TAM320：01/2)

查检隋唐五代的碑刻材料①地积单位｛亩｝共出现 14 次，以"畆"记录的就有 9 例；敦煌出土文书虽存在多个记录字位，但也是以"畆"优胜的。抽样调查唐代的"准同时字料"②、宋元的"同时字料"，说明唐五代宋元时期地积单位｛亩｝的记录字位以"畆"为主。甚至敦煌文书《诗经》地积单位｛亩｝引申词项的用字都抄作"畆"。明清时期，"畆"的出现频率急剧下降，习用地位很快被"畝"取代。《干禄字书》："畆畝，上通下正"，正字或有版本争议，但对当时社会通用字，诸本都作"畆"。测查发现正统官方文献如《元典章》《皇元风雅》《太平御览》等用字更趋规整，民间俚俗文献如《朝野新声太平乐府》《南村辍耕录》等用字多样化。

表 1　　　　　　　　唐五代宋元时期地积单位｛亩｝记录字位分布

时代	文献	版本	畆	畒	畝	畞	晦	畂
唐五代	故唐律疏议	影宋	14					
	樊川文集	影宋	7					
	甲乙集	影宋	1					
	才调集	影宋	1					
	刘梦得文集	影宋	1	2				2
宋代	太平御览	影宋	64		3			8
	夷坚志	影宋	5	3	1			
	诚斋集	影宋	19		1		2	
	容斋随笔	影宋	9			1		
	挥尘录	影宋	4					
	愧郯录	影宋	3					
	括异志	影宋	2					
元代	元典章	元刻本	66					
	皇元风雅	元刻本	9					
	朝野新声太平乐府	元刻本	1	2	2			
	南村辍耕录	元刻本	4	2				
	梨园按试乐府新声	元刻本	4					
	清容居士集	元刻本		9	2	1		

---

① 隋唐五代的碑刻材料，主要利用北京师范大学研发的"历代碑刻数字化平台"检索。
② 测查唐人著唐人抄刻的书目是最理想的，极为罕见，只好借助宋代抄刻本作为"准同时字料"。

（二）以字位"畂"记录

宋元时期出现以"畂"记录引申词项｛田垄｝的用例，常熟瞿氏铁琴铜剑楼藏宋刊本《吕氏家塾读诗记》始见记录量词｛亩｝。归纳其出现语境发现，宋元"畂"多与"畎"连用，疑"畂"被"畎"字构件同化。汉字发展史上"构字能力弱的构件向构字能力强、拥有构字数量多的构件靠拢；陌生构件向常见构件靠拢"[①] 是形体演变的常见规律。"田"相比"亩"无疑是强势构件，因"畎畂"时常共现同一语境，构件"亩"被"田"改造，从而产生形体同化。如江安傅氏双鉴楼藏影宋本《北山小集》、明正统间刘谦温州刊本《梅溪王先生文集》等都可说明。有趣的是，四部丛刊本《经典释文》"畎畂，古犬反"，又或是"畎"受"畂"字同化的结果。《中华字海·生僻字》始收："畂，同亩。见《正字通》。"查检《正字通》并未发现载录。

（43）好修弗踰绳墨之外，壮而多事，妄怀畎畂之忠，叩阍蚩丽于丹书随牒俄嗟于皓首。（宋·程俱《北山小集·卷第二十·表集英殿修撰谢表》）

（44）孔氏曰：应劭云：古者二十畂为一井，因为市交易。（《吕氏家塾读诗记·卷第十三·陈》）

（45）南宋·王十朋《梅溪王先生文集·卷第一·诗》标题"畖畂十首"。

（46）《太平县志·卷二·地舆志下·宋水》：故其地势斥卤抱山接埜川无深源，易潦、易涸，非资乎苜畂之利则不可也。

（三）以字位"畒"记录

六朝前后的吐鲁番文书、隋唐墓志出现字位"畒"记录地积单位｛亩｝，虽从未占据用字主流但行用范围较广。唐人也常以今字"畒"说解文献古字，如清内府藏南宋刻本《经典释文》大量批注涉及"畒"而非"畝"。先秦经典的抄刻本、注疏等大量以"畒"记录，无怪乎张参《五经文字》说"畞畒，上《说文》、下经典相承隶省"。足见"畒"主要是"经典"用字，实际使用时代或更早。五代宋元仍见"畒"字不少用例出现于诗文选集，明清以后用例罕见。

（47）小麦十畒……麦九畒……桑四畒……蒲陶三畒……平头桑一畒半……德明蒲陶三畒。（《吐鲁番新获文献》2006TSYIM：2—5）

（48）树密人稀，山多路少，十畒松城，千年华表，夜台方寂，穷泉无晓。（隋《侯肇墓志》）

（49）【畎】古犬反【畒】司马云："垄上曰畎，垄中曰畎。"（《经典释文·卷二十八·庄子音义下·让王第二十八》）

（50）【百畒】本亦作古晦字。（《经典释文·卷八·周礼音义上·地官司徒

[①] 毛远明：《汉魏六朝碑刻异体字研究》，商务印书馆2012年版，第327—328页。

第二》）

（51）【畞】本或作畂。（《经典释文·卷二十九·尔雅音义上·释丘第十》）

宋元字书，如《广韵》《玉篇》《类篇》《集韵》等都收录有"畞"，如宋巾箱本《广韵》："畞，司马法：'六尺为步，步百为畞。'秦孝公之制二百四十步为畞也。"潭州宋刻本《集韵》："晦畞畂，《说文》：'六尺为步，步百为晦。'或作畞、畂。"它们都未将当时社会习用字"畝"作为独立字头收录，但《集韵》等常以"畝"字训释他字。或许与古人对"字"的认定观念有关，中古构件"又"常变异作"人"，如《干禄字书》："耴取，上通下正。"《五经文字》："取，作耴讹。"以上字书编纂的主要目的是指导科举应试、规范书面语言和社会用字，"畞"作为经典用字必然收录，"畝"是"畞"的讹字，可不收。

（四）以字位"畆"记录

唐五代敦煌出土文书、宋元刊抄的唐代著作零星出现以字位"畆"记录地积单位｛亩｝的用例，该字从田从十省厶表音。宋元明清的同时字料"畆"字都出现不少次数，甚至在个别刊本中占使用优势，如密韵楼藏元刊本《南丰先生元丰类稿》11 例地积单位均用"畆"记录，康熙刊本《亭林诗文集》共现 16 次就有 15 次以"畆"记录，但整体不是社会习用字。明代《正字通》收录该字："畆，俗畝字。《九经字样》讹作畞。"

（52）畆，又取舍南两畦共柒畆，又取阴家门前地肆畆……（敦煌文献·契据 P. 3744）

（53）用度，遂将前件地捌畆，祖与遂共同乡邻近百姓。（敦煌文献·契据 P. 3155. V. 2）

宋代和清代的文献零星出现过以字位变体"畞"记录地积单位｛亩｝，如宋经鉏堂钞本《小畜集》、清抱经楼钞本《鲒埼亭诗集》都出现过，庚辰本《石头记》凡 7 见。"畆"和"畞"都是"畝"的讹写，构件"么"和"厶"在新字构形理据中起什么作用呢？方以智对相关问题曾有精辟论述。《通雅·谚原》："'某'因于'厶'，'么'因于'么'。《老学庵笔记》曰：'今人书厶以为俗，《谷梁》桓二年，蔡侯、郑伯会于邓。范宁注曰：邓，厶地。陆德明《释文》曰：不知其国，故云厶地。'智按：《稗海》刻此作'麽'，吴仕元所修监本作'某'，盖放翁亦不知'厶'之因'麽'也。'麽'者，言'甚麽'也。'厶'近省简，故借'某'；'某'，古'梅'字，母、亩、每、马，声皆通转。故今京师曰'作麽'，读如'麻'；江北与楚皆曰'麽事'，读如'母'；而南都但言'甚'，苏杭读'甚'为申贺反，中州亦有此声。"

可见"么"是"麽"字的俗写,"厶"又是"么"的省写①,"么"与"某"(梅)语音可通转,"某"(梅)与"畮"声符相同,足证构件"么"和"厶"在新字的构形理据中起示音的作用。因构件功能相同,只是书写的"丿"画差异,以上二字归纳为同一字位,"畆"在用字史上高频出现,所以选作字位代表字。

（54）会当辞禄东陵去,数畆瓜田一柄锄。(宋·王禹偁《小畜集·卷第七·阁下咏怀》)

（55）可怜潭上一畆居,欲扶九鼎则已狂十年。(清全祖望《鲒埼亭诗集》)

（56）这两包每包里头五十两,共是一百两,是太太给你的,叫你拿去或者作个小本儿买卖,或者置几畆地,以后再别求亲靠友的。(《脂砚斋重评石头记·第四十二回》)

四　明清以来地积单位｛亩｝的用字

（一）以字位"畖"记录

明清文献中偶见以字位"畖"记录地积单位｛亩｝的情形,"畖"字产生或是"畆"与"畎"连用导致构件同化,也可能是"畆"的构件"宀"本就无理据可言,为图省便省去。"畖"字出现较晚,未被载录各类字书,实际用例也仅见下引诸例:

（57）身虽老于畎畖,志每存乎邦家。(旧钞本《嵩山文集·卷第二十·祭文·祭崔德符正言文》)

（58）数畖池塘近杜陵,秋天寂寞夜云凝。(四库本《唐诗镜·卷五十三·晚唐第五》)

（59）面揖湖山平地数十畖,仍筑小庵以寄仰高之思。(《古今图书集成·博物汇编·艺术典·第十三卷·画部名流列传·宋》)

（二）以字位"厶"记录

徽州契约文书记录字位"畆"甚至被省作"厶"。如前所述,因"厶"与"么、某、畮"诸字的音近关系,"厶"也可看作被借用记录地积单位｛亩｝。相关用字主要集中于明清民间俗写的契约文书抄本,历代经、史、子、集的传世暂未发现用例。

---

① "厶"字符号的来源,前贤时修论述较多,如除作"私"的古字外,古代手抄文献中常作为俗写代号承担别的文字的使用职能,如蒋礼鸿(1997)和袁宾、张秀清(2005)指出"厶"在敦煌文献经常是"某"的俗写,唐宋时期也作"專"字的俗写,张涌泉(1996)指出"厶"有时还可作为"口"的俗写。

（60）系罪字二百九十二号，记地壹厶壹角。（旧钞本《永乐八年李生等买田地赤契》卷一，3030017，第66页）

（61）又壹千柒拾肆号田壹厶弎分陆厘柒毛（毫），土名八厶都。（《宣德五年休宁汪义廉、汪希美换田文契》卷一，3050015，第113页）

（62）五伯九十五号胡胜可上山二厶二角，下山二厶三角。（《嘉靖五年祁门余进等买山赤契》卷二，3120039，第35页）

（三）以字位"畝"记录

字位"畝"记录地积单位｛亩｝的历史应该不会晚于唐五代，简帛碑志文献暂未发现相关用例。隋唐著作，宋、元、明的刊抄的文献有不少"畝"字用例，唐人注释古籍也常将"畝"作为今字沟通古字，说明唐代"畝"较为常见。"畝"字的产生是"畮"字构件"十"避重省断的结果，变异后从田从十省久声。宋元时期不仅字书收录有"畝"字，《班马字类》"畮，《汉书·食货志》'建步立畮'，古畝字"，《复古编》"畮，步百也，从田每，或作畝，同。别作畞，非。莫厚切"；同时字料中也存在大量用例。明清时期"畮"字用频大幅下降，"畝"一跃成为社会习用字位。历代文献的"畝"字，诚如《字鉴》所载"久，举有切，长久……凡玖灸畝羑枢疚之类，从久俗作夂"，类推之下，"畝"字常写作"畝"，但构件"夂"与构件"久"的功能无实质差异，在整字中都起示音作用，我们都归为字位"畝"。明清地积单位｛亩｝的用字，值得注意的是，《大明会典》因文献正统性出现崇古倾向，古字"畮"占优势。

（四）以字位"畞"记录

测查文献发现在明正统壬戌刊本《苏平仲文集》中存在以字位"畞"记录量词｛亩｝。"畞"字的产生与上述诸字类似，应是"畝"被"畞"构件同化后的结果，变异后从田久声。"畞"很早就见诸《广韵》"畞，百畞"，《集韵》"㽽畞，耕地起土也，一曰耰也。或作畞"。《广韵》所载记录｛百畞｝义的"畞$_1$"，与《玉篇》所载记录｛耕地起土｝义的"畞$_2$"是同形字。据量词｛亩｝相关记录字位的发展规律，我们赞同《正字通》"畞，畝字之讹"的观点，"畞$_1$"记录的是地积单位｛亩｝，查检历代文献未能找到记录｛百亩｝的用例。

（63）兴土木之功，捐十金资之，以田数十百畞助其不及，则自以为轻财好施，而人亦与之轻财好施之名。（明正统壬戌刊本《苏平仲文集·卷之六·记·太平归元禅寺记》）

（64）况兹畎畞流涓涓，何足吸之唇齿间。但见禾与黍，蓬勃红尘起。（明成化刊本《直讲李先生文集·卷之三十五·古体·和育王十二题·闵雨诗》）

（65）寰海浃而康乐，畎畞欣而相顾。丝管合兮夜将晓，芙蓉开兮日未暮。（明嘉靖丁酉伍氏龙池草堂椠本《张说之文集·卷一·诗赋·喜雨赋》）

表2　　　　　　　　明清时期地积单位｛亩｝记录字位分布

时代	文献	版本	畞	畆	畒	畮	畂	畝	畤	卟
明代	御制大诰、续编、三编	洪武内府刻	12	5						
	大明会典	洪武内府刻	110		4	600				
	皇明诏令	明刻增修本	4		1					
	农政全书	崇祯平露堂本	356						2	
	实政录	万历刻本	49							
	宋学士文集	影明正德本	20	13	21				14	
	眉庵集	影明成化刻本	7	1	3	2				
	蚓窍集	影明永乐刻本	6							
清代	农桑易知录	清乾隆刻本	28							
	三农纪	清刻本	8			11				25
	教稼书	清光绪刻本	41							

（五）以字位"卟"记录

清代出现以字位"卟"记录量词｛亩｝，尤其是《三农纪》高频出现。"卟"字前代文献未见，它的产生恐是"畝"书写变异的结果，变异后从田从十省卜声。

(66) 以畎卟之余生，再临节钺之要地。（四库本明·顾璘《顾华玉集·凭几集·卷五·书·启桂洲公》）

(67) 夜儿啼声呱呱杂机杼，平明起荷锄欣欣向田卟。（清乾隆刻本《晓亭诗钞·卷四秋塞集·田家》）

此外，字书出现过字位"畞""卟"，如《字汇补》："畞，与畝同"，从田牧声异构，《汉语大字典》："卟，同畝"，"卟"类推简化字，文献均无实际用例。

（六）以字位"亩"记录

新中国成立以后，以简化字"亩"取代所有历史字位记录地积单位｛亩｝，"亩"作为社会规范字习用至今。"亩"字从田从十省。"亩"最早见于1935年的《手头字第一期字汇》，也有人指出《走马楼吴简·嘉禾吏民田家莂》就已出现简化字"亩"，如"亩"(4.6)、"亩"(4.7)，复核原简发现"亩"字右边磨损严重，恐是"畝"字构件"人"磨损后形成，且在同一支简仍有用"畝"字的。若是魏晋时期简化"亩"，缘何后世长期未再出现类似用例。

(68) 凡十二畝，皆二年常限。……亩收布六寸六分。（《走马楼吴简·嘉禾吏民

田家莂》4.6)

（69）其廿六亩旱败不收，亩收布六寸六分。(《走马楼吴简·嘉禾吏民田家莂》4.7)

五 地积单位｛亩｝与不同用字的字词关系、不同用字间的字际关系

图1大致反映出地积单位｛亩｝的历时记录字位的演变和分布，地积单位｛亩｝产生于西周中期，前后出现过22个相关字位，20个字位真正使用过，先后习用"畮、畂、畝、畆、亩"五个字位。西周至春秋时期，习用"畮"，从田每声，构形理据清晰；战国开始了漫长的形体变异之路，战国至东汉习用"畂"，魏晋至宋元习用"畝"，明清及民国习用"畆"，新中国成立后习用"亩"。由"畮"变异出的形体多达17个，除构件"田"起表义作用外，其余多数已演变成代号构件，历代学者也尝试对变异形体进行理据重构，尤其是挖掘变形音化的可能。

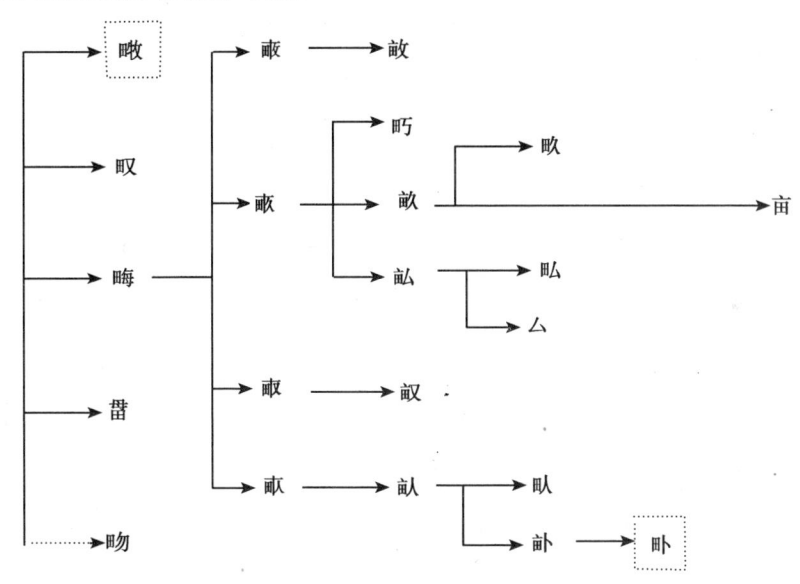

图1 地积单位｛亩｝历时记录字位演变关系①

汉字职用属性的观察如图2所示，有两种不同的视角：从"字"出发的字用研究考察字位先后记录过哪些词项，重点描写相关字词关系、词际关系；从"词"出发的用字研究通过梳理某个词项先后被哪些字位记录过，重点描述所涉及的字词关系和字际关系等。

---

① 加有虚线框的字位表示该字位仅存于历代字书或仅见记录源词的用例，未见记录量词的用例。演变关系用虚线表示该字位是借用字形，演变关系用实线表示该字位是本用字形。

字际关系

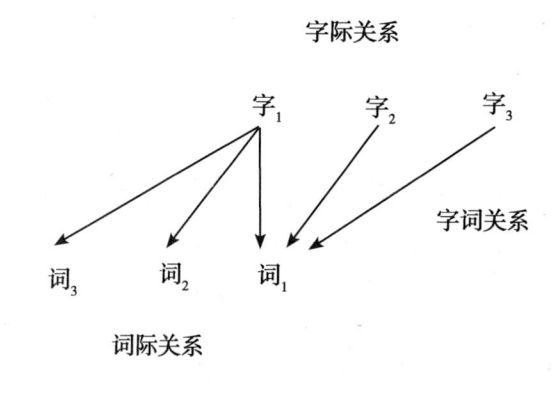

字₁　字₂　字₃

词₃　词₂　词₁

词际关系

字词关系

图 2　汉语字词、字际、词际关系①

　　就字词关系而言，记录字形的构形理据与所记语词密切相关是用本字记录，记录该词是字符的本用、兼用职能；字符只是音同音近被借用记录语词，则是用借字记录，属该字符的借用职能。值得说明的是，用字过程因书写或特殊用字目的产生了大量变异之形，以致字形与音义关系脱节，因变异之形的产生具有可溯性和解释性，考察字词关系时仍以回溯后的本字或借字看待，不再另立带有价值判断的"误字"类别。地积单位｛亩｝与不同用字间的字词关系，以专造本字记录占据优势。所谓专造本字是指字符本身就是为记录量词而造的，记录量词是它的本用职能，它与源词本字记录量词属兼用职能不同。专造本字主要用于记录某些产生时代较早的专用量词和制度单位量词。

　　专用量词与普通量词的差别在于专用量词表达的是"数+量+名"或"名+数+量"的概念，如专用量词｛朋｝表示"贝二串"，而量词｛珏｝表示"玉二块"，量词｛秉｝表示"禾一把"，量词｛兼｝表示"禾二把"等，专用量词产生时代较早，到一定时期才与普通量词的用法无差别。普通量词往往由名词、动词语法化而来，仅表示单位概念，并不包含"数词""名词"义在内。地积单位｛亩｝起初作为专用量词表"田一亩"或"地一亩"，逐渐才固定为计量单位。它的用字史上共出现过 20 个记录字位，除借字"昒"外，几乎都可看作是为记录地积单位专造的，其中 17 个都是"畮"字的变异，我们也都看作专造本字。借字"昒"仅在汉初银雀山汉简中偶见，该用字习惯后世便湮没无闻。

　　多个记录字符都是为量词而造，字符的构形理据与量词音义密切相关，彼此构成异体关系。不同本字有着共同形体来源，仅因书体演变导致字形转写出现差异；不同本字产生时间难以分出先后，以上都称为本字异体。有的产生时代较早，有的是后来重造，前者称为"古本字"，后者称为"重造本字"。不同本字所记语词存在同源派生关系，记录源词的称为源本字，记录派生词的称为分化本字。就地积单位｛亩｝的历时用字而言，字际关系以本字异体关系为主，17 个记录字位都有着共同的形体来源——"畮"，不同字符之间甚至共存分布过。而只有借字"昒"与其他不同用字构成借字与本字的关系。地积单

---

① 转引自李运富《汉字语用学论纲》，载《励耘学刊》（语言卷）总第 1 辑，学苑出版社 2005 年版。

位{亩}的不同用字的具体时代分布、字词关系、字际关系见用字总表①。

表 3　　　　　　　　　　地积单位{亩}用字总表

畮/畂/畆/畞/吻/畝/畒/畅/畞/畆/畞/畮/畞/畚/亩

字位	字位成员	字形分析	使用属性	字际关系	西周早	西周中	西周晚	春秋	战国	秦	西汉	东汉	魏晋六朝	隋唐	宋元辽金	明	清	现代
畮	畮畮	从田每声	本用	异构本借	+	+	+	+	+	+	+		+	+	+			
畂	畂	从田又声	本用	异构本借				+										
畆	畆	从田母声	本用	异构本借				+										
畞	畞	畮变异；从田从十夊代号②	本用	异构本借					+	+	+	+	+	+				
吻	吻	从田勿声	借用	本借借借							+							
畝	畝畝	畮变异；从田从十久声	本用	异构本借								+	+			+	+	
畒	畒	畮变异；从田从十又声	本用	异构本借								+						
畞	畞	畮变异，从田从十人代号	本用	异构本借								+						
畅	畅	畝变异；从田亐代号	本用	异构本借									+					
畞	畞	畞变异从田从十省夊代号	本用	异构本借									+					
畆	畆畆	畞变异从田从十省人代号	本用	异构本借									+	+	+			
畞	畞	畆省笔，从田；人代号	本用	异构本借											+	+		
畆	畆	畞变异从田从十省，又声	本用	异构本借										+	+			
亩	亩亩	畝变异，从田厶声从十省	本用	异构本借											+	+	+	+

---

① 总表标题下所列字位是文献实际用例出现过的字位，仅存在于历代字书、仅记录过量词源词的字位不再出现。表格中"＋"表示某字位在某时代出现过，涂有背景色的"＋"表示某字位在某时代是习用字，占绝对使用优势。

② 构件若不直接体现构意，与语词的音义也无关，但实际上它取代了原来的某个形体，我们称之为代号构件，简称代号或记号。若字位拆分后，所有构件都是代号，我们称该字位为代号字。

续表

字位	字位成员	字形分析	使用属性	字际关系	西周早	西周中	西周晚	春秋	战国	秦	西汉	东汉	魏晋六朝	隋唐	宋元辽金	明	清	现代
畂	畂	畆省变；从田厶声	本用	异构本借												+	+	
厶	厶	"么"或"麼"省简	借用	本借借借												+	+	
畝	畝畞	畝变异；从田从十省久声	本用	异构本借										+	+	+	+	+
畂	畂	由亩省变从田久声	本用	异构本借											+			
畝	畝	畝变异，从田从十省卜声	本用	异构本借												+		
亩	亩	简化，从田从十省	本用	异构本借														+

书写变异在地积单位｛亩｝的用字演变过程中起着关键性的作用，隶变过程中变异拆解"畮"字作"畞"成为关键性的一环，除借字外地积单位｛亩｝的各种用字几乎都导源于变异形体"畞"；出于书写简便的需求，将构件"十"变异成"亠"，将构件"久"变异成"又"，草写作"人"等。进入雕版印刷阶段以后，开始对变异形体进行返改，这也是"畝"字明清能够成为社会习用字的主要原因。受上下文相邻字形的影响，变异形体在理据不明的情况下被类化，如"畂畂畂"的产生都与此变异规律有关。从中我们也可以看出书写变异总是经历一个从量变到质变的过程，最初往往是点画或布局的差异，当累积到一定程度往往成为推动词语用字演变的动因，引起社会习惯用字的更替。探讨书写变异对词语用字的影响不能就字形谈字形，必须结合文献字符的具体记录职能和上下文语境进行。加强汉语词的历时用字的考察，对于全面了解文字系统与词汇系统的交互影响有着重要的价值和意义，也是今后我们的研究工作有待加强的。

参考文献

1. 李荣：《文字问题》（修订版），商务印书馆 2012 年版。
2. 裘锡圭：《文字学概要》，商务印书馆 1988 年版。
3. 王宁：《〈说文解字〉与汉字学》，河南人民出版社 1994 年版。
4. 李运富：《汉字语用学论纲》，载《励耘学刊》（语言卷）总第 1 辑，学苑出版社 2005 年版。
5. 李运富：《汉字学新论》，北京师范大学出版社 2012 年版。

船只单位｛艘｝的历时用字考察*

何余华

一 前言

　　汉字学是"研究汉字的形体和形体与声音、语义之间的关系的一门学科"[①]。但以往研究往往只关注汉字的形体结构，对作为记录符号的汉字如何记录汉语、汉语字词关系的研究显得极为不足。这种研究现状逐渐被学者意识到，如李荣先生的《文字问题》（1987）具有道夫先路之功，裘锡圭先生《文字学概要》（1988）详细讨论了"一形多音义"和"一词多形"的问题，王宁先生（1994）提出了"汉字字用学"的名称，认为"汉字字用学就是汉字学中探讨汉字使用职能变化规律的分科"[②]。李运富先生通过论证建立汉字职用学的学理依据、学科定义和主要内容使得汉字职用研究更加理论化、系统化，同时指出汉字职用研究可以从"字用"和"用字"两种角度入手："字用"研究主要从字出发研究字符先后记录过哪些词项，考察字符的本用、兼用、借用职能等；"用字"研究主要从词出发考察语词先后使用哪些字符记录，梳理所涉字际关系、字词关系等。受此影响，学界已涌现大量成果，汉字职用研究也已成为汉字学的热点前沿问题。[③]

　　特别要说的是，汉字研究的材料不能等同于语言研究的材料。语言研究要求材料保证语言的真实性，语料要尽可能地保留语境的原貌，因此保证词语同一性的前提下可以忽视记录字形的差异；汉字研究要求材料保留对文字使用、文字形体研究有意义的字形原貌。但文献传抄刊刻过程改字现象严重，文献语词的用字不断被改作整理时代的习用字，撰著与刊抄时代一致的版本——同时资料，才能有效反映相应时代的用字面貌。太田辰夫也曾指出："也有人推许近代的校本，但被评为'校对精审'的版本也有不能相信的。这是由于缺乏语言变化的知识而把文字任意改成时髦的了。看来把文字改成时髦的，这一点，从古到今所有的校订者无一例外地一直在做。"具体到汉字发展史的研究，对汉字材料不加甄别势必将某字的始见时代错误提前，对汉字的使用状况的描写失真。因此汉字发展史的研究应主要利用同时字料，隋唐以前以出土文献为主，宋元以后以当代著当代抄刻的传世

---

　　* 本文由何余华《汉语常用量词研究》节选改写而成，硕士学位论文，北京师范大学，2015年。论文写作过程中蒙导师李运富教授、朱小健教授悉心指导，并在2015年章黄学术思想研讨会上宣读，谨致谢忱。
　　① 周祖谟为1988年出版的《中国大百科全书·语言文字》撰写的"汉语文字学"条对"汉字学"的界定。
　　② 王宁：《说文解字与汉字学》，河南人民出版社1994年版，第47页。
　　③ 何余华：《汉字"形构用"三平面研究的回顾与展望》，《语文研究》2016年第2期。

文献为主。本文试结合有效字料就船只单位｛艘｝的产生及其历时用字面貌进行全面梳理。

我国舟船的制造和使用时代极早，浙江萧山跨湖桥遗址出土的独木舟、河姆渡遗址出土的木桨，时代均在七八千年以前。《易经·系辞》也有"黄帝、尧舜垂衣裳而天下治……刳木为舟，剡木为楫"的记载。至信史时代，殷周甲金文材料频见"舟"字，战国金文始见"船"字。《方言》："舟，自关而西谓之船，自关而东或谓之舟。"战国时起方言词｛船｝逐渐进入通语层面，约在西汉晚期取代语词｛舟｝成为常用词。①

先秦传世与出土文献均未发现船只单位｛艘｝的用例，舟船计量通过直接与数词组合表达，如春秋晚期《庚壶》"庚率二百乘舟入鄺（管）从河"，战国《鄂君启车节》"屯三舟为一舿（舸）"等。秦汉之际由源词｛艘｝（船只总名）引申出船只计量单位｛艘｝，如下引两汉传世文献都以"艘"字记录，但为何《说文》未载录"艘"两汉简帛、碑志也未出现，是否是后世改字的结果？传世文献是否可以作为用字测查的有效材料呢？船只单位｛艘｝是否还有别的用字，每个记录字位何时产生、何时消亡，彼此间的存现分布状态如何；不同用字更替的原因是什么，这些都是值得深入探讨的问题。

（1）句践伐吴，霸阙东，从琅琊，起观台，台周七里，以望东海。死士八千人，戈船三百艘。(《越绝书·卷八》影明双柏堂本)

（2）通渠源于京城兮，引职贡乎荒裔。操吴榜其万艘兮，充王府而纳最。(蔡邕《蔡中郎集》)

（3）《三辅旧事》曰："昆明池地三百三十二顷，中有戈舩各数十，楼船百艘……"(《三辅黄图·卷之四》影元刻本)

二 船只单位｛艘｝的历时用字分布

（一）以字位"樔"记录

《说文》："樔，船总名。从木叜声。"篆形 樔 隶定作"樔"，是从木叜声的形声结构，秦汉出土传世文献未见该字用例。构件"叜"睡虎地秦简作"叜"，《说文》收籀形"叜"，甲骨卜辞作"叜"，隶变后多作"叟"。汉简船只单位｛艘｝的习用字作"舮"，"樔"有可能是许慎据隶变规律还原篆形的结果。宋元以后偶见以"樔"记录量词｛艘｝，这与文人雅士用字求"古"的社会心理有关。受《说文》影响，历代字书均以"樔"为正字，如《复古编》："樔，船总名也。从木叜，别作艘，非。"《六书正讹》："樔，稣遭切，船总名。从木叜声，俗作艘，非。"可见《说文》系字书在规范用字方面所起的强大作用。对于"樔"字，《集韵·尤部》："樔，木名，似白杨"，与记录量词

---

① 汪维辉：《东汉—隋常用词演变研究》，南京大学出版社2000年版，第77—81页。

{艘}的隶古定字当是同形字，词义并无关联。

（4）以船十数桵为一朋。（清·屈大均《广东新语》清康熙刻本）
（5）载车万轮舟百桵，胡为井甃占易爻。（徐世昌辑《晚晴簃诗汇》民国退耕堂刻本）

（二）以字位"梗"记录

量词{艘}在江陵凤凰山西汉简牍凡2见，8号墓作"梗"，168号墓作"梗"，三国吴简凡4见均作此形，楷定为"梗"，由《说文》"桵"字隶变产生。汉魏隶书从"叟"之字多有类似变异，如"瘦"字《武威汉代医简·第二类简》73作"瘦"，居延新简7467作"瘦"；长沙走马楼出土的三国吴简"溲"字变作"浭"，"嫂"字作"娊"等。"娊"更被历代字书载录，如《干禄字书》"娊嫂嫂，上俗中通下正"、《五经文字》"娊嫂，二同，上《说文》，下隶省，作娊讹"、《集韵》"嫂，或从叟，俗从更"。变异形体与"梗"（植物根茎）同形，模糊了汉语字词的对应关系，影响字符的准确别词。①

（6）船一梗。（《江陵凤凰山西汉简牍·8号墓》78）
（7）凡车二乘，马十匹，人卅一，船一梗。（《江陵凤凰山西汉简牍·168号墓》10）
（8）船十一梗，所用前已列言☐。（《走马楼吴简·竹简壹》2512）

从出土文献的用字情况来看，两汉船只单位{艘}的用字均从"木"旁作"梗"或"桵"，从"舟"之"艘"尚未产生，传世文献的"艘"必是后世用字当代化的结果。所以出土文献是反映时代用字较为理想的材料，但这并不意味着出土文献都是"同时字料"，从现有的出土文献的发掘情况来看，简牍成书或抄写时代未必等于下葬时代，尤其是许多简牍典籍的成书或抄写时代远早于下葬时代，它们反映的是前代的用字习惯，这是用字测查时需要离析和注意的。此外，出土文献字形的隶定有宽式和严式的区分，宽式隶定有的只保证词语的同一性，整理时用大量后世甚至今天的简化字进行替换，这种整理结果遮蔽了当时真实用字面貌，假如我们根据此类不忠实于字形原貌的出土文献的整理本来讨论词语用字演变问题，得出的结论自然也是不可靠的，所以用字测查要尽可能地复核原版图片，准确预估隶定原则宽严与文本字形保真的关系。

（三）以字位"廋"记录

东汉赵晔《吴越春秋》"晋竹十廋"义为"十艘晋竹"，"廋"和"桵"从"叟"得

---

① 记录船只单位{艘}的"梗"字，从用字者角度来说也许是认同成"桵"或"梗"，但后世字书普遍将构件"叟"的变体"更"看作新的独立构件，也就是说认字者或写字者已经认同别异成新字，故我们仍将"梗"归纳为新的字位。

声,故被借来记录量词{艘}。同书的"戈船三百艘",未经徐天祜注释,量词{艘}不用古字"欀"或借字"廋",改成唐以后的习用字"艘",足见训注材料对文字使用原貌具有保真的作用。《佩文韵府》《草木典》转引"晋竹十廋"时都保留了以借字记录的用字习惯。

(9)《吴越春秋·勾践归国外传第八》:"文笥七枚,狐皮五双,晋竹十廋。"徐天祜注:"廋当作艘,《汉·沟洫志》:'漕船五百艘。'今文作艘,音骚,船总名也,或作欀。"(嘉业堂藏明刊本)

(10)越王既已诛忠臣,霸于关东,从琅玡,起观台,周七里,以望东海。死士八千人,戈船三百艘。(《吴越春秋·勾践伐吴外传第十》嘉业堂藏明刊本)

(11)文笥:《吴越春秋》:"吴王闻越王尽心自守,增之以封,纵横八百余里。越王使大夫种索葛布十万、甘蜜九党、文笥七枚、狐皮五双、晋竹十廋以复封礼。"(《佩文韵府·卷六十三》清武英殿刻本)

(四) 以字位"欀"记录

睡虎地秦简"叟"作"叜",隶变后如《汉印文字征》收"晋率善叟仟长"印作"叟",收"汉叜邑长"印作"叟",间接构件"灾"变形音化作"申",即"申"。《隶辨》:"印,与《说文》同,从臼自持变作'申',经典相承用此字。"隋唐前后,"叟"已成为习用写法,如《干禄字书》"叟叜,上通下正"、《五经文字·又部》"叜叟,上《说文》从灾下又;下经典相承,隶省。凡字从叟者放此"。"叜"上古属幽部字,"申"属真部字,刘钊(2011)综合乾嘉以来众多学者的研究成果指出:"不论是传世典籍和出土数据,都充分证明了上古汉语中幽觉与微物文(脂质真)之间相当常见的音转现象。"①依此类推,含构件"叜"的汉字都出现变异,如汉《刘衡碑》搜字,汉《孔耽神祠碑》瘦字,汉印"謏"作"謏"、"瘦"作"瘦",晋《左棻墓志》阴"嫂",北魏《元彝墓志》搜等。②

汉代亦见"欀"字变异作"樉",该字理据重构为从木叟声。吴大征所收汉玺印"王樉"之"樉"可作旁证材料(见图1)。我们认为距文本撰作时代较近的训诂材料,作注者得以见到原著的各种版本,与今人相比具有得天独厚的知见条件,他们对用字现象的说明多具有可信性,为判断用字时代性提供重要辅证。训注也使作注者所见的用字面貌得以固化,辗转传抄过程中被改动的可能性大大降低。如颜师古《汉书注》对"樉"字形体结构的分析,至少说明他所见《汉书》记录量词{艘}的字位从"木"而不从"舟"。

---

① 刘钊:《古玺格言考释一则》,复旦出土文献与古文字研究中心网,2011年11月3日;又刊于《出土文献》第2辑,中西书局2011年版,第177页。

② 何余华:《构件"叜"的历时变异例释》,载《中国文字研究》2016年第1辑(总第23辑),上海教育出版社2016年版。

（12）《汉书·沟洫志》"谒者二人发河南以东漕船五百艘"，师古曰："一船为一艘，音先劳反，其字从木。"

图1　《吴清卿中丞藏汉玉印谱》所收"王艘"印

　　典籍、名家的训释往往被奉若圭臬，在读书人中影响广泛，后世编纂的字典辞书、据其改编的新文本都被打上旧有用字习惯的深刻烙印，如《佩文韵府》虽系晚出却仍沿袭《吴越春秋》借字"廋"的用字习惯，并未出现用字当代化的现象。我们发现史书语料在对前代史料进行改写时，常会受到底本用字习惯的影响，如宋刻《资治通鉴·汉纪二十二》："发河南以东船五百艘。"《通鉴释文》"艘，先劳切，其字从木，一船为一艘也。"《通鉴》的编著者在改写史书时许是受《汉书·沟洫志》："漕船五百艘"用字习惯的影响，没有用当时最为通行的"艘"而是用了古字"艘"。

（五）以字位"搜"记录

　　自六朝至于唐宋，写本文献用字"木"旁与"扌"旁混而不别已成通例，如"栖"与"栖"、"摸揩"与"模楷"、"担"与"檐"、"按"与"桉"、"推"与"椎"、"挺"与"梃"等。①受此用字规律的影响，量词｛艘｝的记录字位"艘"常异写成"搜₁"，与记录"搜索"义的"搜₂"同形，如上引嘉业堂藏明刊《吴越春秋》徐天祜注、清人洪亮吉《卷施阁文甲集》中"艘"便讹作"搜₁"。因"艘"是魏晋以前的社会习用字，隋唐以后很快被"艘"取代，故此类讹误流布不广，集中于转引的前代文献中。《可洪音义》："艘奇，上所求反，索也，求也，正作搜。"可谓精审之论。宋人倪涛《六艺之一录》："艘，船总名也，从手夋，别作艘，非，稣遭切，文二。"将"木、扌"相混固然大谬，但从侧面也反映过这种用字习惯渊源有自。

（13）通名谓之艘，《说文》："艘，船总名。"《玉篇》同，徐铉等曰："今俗别作艘，非是。"《汉书·沟洫志》："发河南以东漕船五百艘。"案《吴越春秋·句践归国外传》："晋竹十廋。"注廋当作艘。《汉书·沟洫志》："漕船五百艘。"是艘又通作艘，兼作廋。《说文》："廋，水槽仓也。"义亦通。《艺文类聚》称《太公·六韬》："武王伐殷，先出于河。吕尚为后将，以四十七艘船济于河。"（洪亮吉《卷施阁文甲集·卷第三·释舟》）

---

① 曾良、丁喜霞等对"木"旁与"扌"旁讹混都曾有过论述，详参曾良《俗字及古籍文字通例研究》，百花洲文艺出版社2006年版。

（六）以字位"艘"记录

用字测查过程中还须尤其注意某些已佚的前代训注、亡佚字书的材料，这批亡佚的涉及用字的训条无疑极其宝贵，其中不少能够揭示用字产生的时代。如玄应、慧琳《一切经音义》大量援引成书于魏晋六朝《字统》《字林》等，它们收有不少魏晋新出的俗字。下引慧琳《一切经音义》对于梳理船只单位｛艘｝的历时用字便是其例。首先说明，慧琳所见南朝梁慧皎所撰《前高僧传》有"十艘"的用例，记录量词｛艘｝用的是字位"艘"，大大提前"艘"字的始见时代。其次该则训释援引的北魏杨承庆《字统》①、唐张戬《考声》今已亡佚，尤其是成书于北魏时期的《字统》载录有"艘"字，足证南北朝时期"艘、艘"都已产生，为"艘、艘"字的断代提供铁证。后世字书亦有载录，如《大广益会玉篇》："艘，苏刀切，船总名。亦作艘。"《龙龛手鉴》："艘（正）艘（今）：苏刀反，船数也。又苏消反，船总名也。"

（14）【十艘】下桑刀反，正体艘字也，或从木作梭，承庆《字统》云："其形谓之船，其头数谓之艘。"《考声》云："艘亦船槽也，从舟叜声，叜正叜字。"（《慧琳一切经音义·卷第九十·前高僧传音下卷·第十三卷》）

（15）【船艘】下扫遭反，俗字。本正体从木作梭，《说文》："梭，船之总名也。"从木，叜声也。（慧琳《一切经音义卷·第六十一·根本说一切有部毗奈耶律·第三十一卷》）

宋、元、明、清诗文集的同时刻本零星可见"艘"字记录船只单位｛艘｝，如清代《洪北江诗文集》《清实录》等，与社会习用字"艘"形成鲜明反差。这是因为文人雅士重视传统继承、追求字形原始理据，用字偏好古雅，正如顾炎武《日知录》卷十九"文人求古之病"所说："以今日之地名为不古而借古地名，以今日之官名为不古而借古官名，舍今日恒用之字而借古字之通用者，皆文人所以自盖其俚浅也。"其他语词的用字也常呈现这样的特点。

（16）云子千艘白，盐烟万灶青。（《宋百家诗存·卷十八·洺水集》）

（17）修月八千户常居天上头，钓湖三万艘亦趁水东流。（《洪北江诗文集·更生斋诗卷第四》）

（18）庐陵价先踊，河内发犹劳。鼠盗难周防，鸠形讵偏叨。盈虚如可酌，估客集千艘。（《樊榭山房集·卷第七·诗庚》）

字位"艘"使用过程常变异作"艘"，因对字形的结构理据影响不大，故仅看作"艘"的字位变体。明清字书亦有说明，如明刻《五侯鲭字海》："艘，音骚，船总名；艘，同上；艘，同上。"文献实际用例集中于《清实录》晚清部分。

---

① 《字统》的作者及成书，参见林源《〈字统〉钩沉》，《古汉语研究》2008年第3期。

(19) 逆艇大小四百余艘悉被焚毁，逃匪复被团练捡斩净尽，各垒悉行平毁。（《清实录·穆宗毅皇帝实录》）

(20) 据东三省总督赵尔巽电称：革党军舰三艘，装运炮弹多件，用民船由安东附近尖山口上岸等语。（《清实录·大清宣统政纪》）

(21) 时适清江独立，革军派兵数十名，带船三艘，声言运到机关炮数尊，前来接收徐州府城。（《清实录·大清宣统政纪》）

（七）以字位"艘"记录

魏晋南北朝碑志未见量词｛艘｝的用例，敦煌文献 S.5584 六朝马仁寿所撰《开蒙要训》："船艘舰艇"已有"艘"字，据题记"后唐清泰贰年（925）乙未岁二月十五日莲台寺比丘愿丞略述写记"该书虽抄写于后唐，童蒙识字教材往往将相同义类或偏旁的形体组合成句，与"艘"共现的其他字形均从"舟"，"艘"是后唐改动的可能性很少，另据上引北魏《字统》已收"艘"字，都可说明南北朝已出现"艘"字。唐代碑刻、传世文献量词｛艘｝都以"艘"字记录，改"㮼"的木旁为"舟"，如《刘茂贞墓志》和《金石萃编》所收唐《李靖碑》《王审知德政碑》等。慧琳指论同时期撰作的《大唐三藏玄奘法师本传》用字，亦是可靠材料。隋、唐、元、明、清至于现代，"艘"始终占绝对使用优势。

(22)【万㮼】嫂劳反。《文字集略》："㮼，舟数也。"《说文》："㮼，船总名也。从木，叜声。"《传》从舟作艘，俗字也。（唐慧琳《一切经音义·卷八十三·大唐三藏玄奘法师本传卷第五》）

(23) 公器识深远，貌质清重，莅理不惑，处驭有方，统临万艘之夫，易于一骖之靳，又凡所机见常智莫测，实是蕴济世之才。（唐《刘茂贞墓志》）

(24) 贞观中公以左仆射平章事适南蛮，奏有海舶千艘，甲兵数十万，灭扶余国，自立为王。（《金石萃编·卷一百十八·李靖碑》）

(25) 黄崎之劳，神改惊涛。役灵祇力，力保千万艘。（《金石萃编·卷一百十八·王审知德政碑》）

隶变后间接构件"叜"径写作"申"，唐以后的抄刻文献习惯将"艘"刻写作"艘"，成为宋元明清刊本、钞本的普遍情况。至清代，以四库馆臣为代表的文人则更热衷于仿古写作"艘"。因汉隶"更"与"叜"的相混，如更始泉范"更"作"曳"，为增加区别度，在"叜"基础上增加笔画，左加、上加、出头等，如《太平御览》"艘"作"艘"和"艘"，《诚斋集》俱作"艘"。唐宋时期变体"更"有时变异作"夷"，如唐元结《闵荒诗》"人将引天鈠，人将持天鈠"中"鈠"即"鈠"，据此类推《容斋四笔》"艘"字写作"艘"；除"艘"外，其余变体都归纳为字位"艘"。

(26) 未即渡，周瑜又夜密使轻舡走舸百艘，烧椑，操乃夜走。（《太平御览·卷

第七百七十一·舟部四·筏》)

(27) 于是以为泾原经略使，遂谋用车战法及造舟五百艘，将直抵兴灵以空夏国（《容斋四笔·记李履中二事》）

唐以后"艘"为何能够取代"艘"迅速行用开来？我们认为大致有以下几方面的原因。

首先，汉字记词方式是多样的，选择何种构形方式，相同构形方式选择哪个构件组字，说到底要看哪种方式、哪个构件能更准确提示词语的读音和意义。从"木"之"艘"固然表明船只的材料属性，但量词{艘}的源词是"船只总名"，从"舟"表义更加精准、清晰，使得形义关系更加契合，故唐以后"艘"很快被淘汰。

其次，词语用字的演变与词汇意义的发展密切相关，词汇意义的类别化往往推动词语用字朝着提示类化义的方向演变。《说文》"木部"收录多个与舟船相关的字形，构件"木"难以体现词语的类别特征，后来这些字形几乎都出现过以提示类别义的"舟"改换"木"旁另造的异体字，如"榢"指"海中大船"，类化新造异体"艬"字，《广雅》"艬，舟也"，《集韵》："榢，或作艬"；如"橃"指"江中大船名"，类化新造异体作"艫"或"艣"，《广雅》："艫，舟也"，王念孙疏证："艫，本作橃"；再如"楫"字异体作"艥"、"檣"异体作"艢"、"槳"字异体作"艩"等。由此可见与舟船相关的字形改易"木"旁作"舟"旁，是词语用字演变的趋势，"艘"字为适应词义类别化的需要，换旁作"艘"也在情理中了。

此外，"木"旁与"手"旁讹混，"艘"讹作"搜"影响词义的清晰度，不利于别词也是推动船只单位{艘}用字演变的重要原因。尽管如此，因"艘"是《说文》所收字形，唐以后的字书、字样规范均将"艘"视为标准正字，将"艘"斥为俗谬伪字，如上引《复古编》《六书正讹》等。张自烈《正字通》则对这种保守的用字规范提出批驳："艘，苏操切，音搔，《说文》：'船总名。'徐铉曰：'今俗别作艘，非。'按：'艘'从舟通，一作艘，必欲从木作艘，泥。"

表1　　　　隋唐宋元明清时期量词{艘}记录字位分布

时代	文献	版本	艘					艘	艘	艘	
			艘	艘	艘	艘	艘			艘	艘
隋唐	《太宗皇帝实录》	影宋	2								
	《刘梦得文集》	影宋	1								
宋元	《太平御览》	影宋	23	1	1		6				
	《诚斋集》	影宋						1			
	《皇朝文鉴》	影宋	4						1		
	《国朝文类》	元刊本	39				6				

续表

时代	文献	版本	艘					鯫	榎	艘	
			艘	艘	艘	艘	艘			艘	艘
明清	《皇明文衡》	明刊本	4				6				
	《宋学士文集》	明刊本	2				4				
	《曝书亭集》	文渊阁本	2				2				
	《淞隐漫录》	清刻本					6				
	《洪北江诗文集》	清刊本					1	7	5		
	《清实录》	清刊本					300				3

三 "戮"字来源考辨

宋元传抄古文多载录"艘"字古文,如《古文四声韵》:"艘,先刀切。戮。"《集篆古文韵海》:"戮,艘。"《汗简》:"戮,搜,先刀切。"《订正六书通》收《汗简》该形释为"艘",与《古文四声韵》《集篆古文韵海》相同。以上诸形隶定作"戮",但构件"屮"的功能殊不可解。《说文》:"屮,物初生之题也。上象生形,下象其根也。""屮"字本义是"开端",与"艘"似无关联,"屮"的声韵与"艘"也相去较远。

《大广益会玉篇》:"搜,色流切,数也,聚也,求也,劲疾也,阅也。搜,同搜。戮,古文搜。"《集韵》:"搜搜戮:疏鸠切,《说文》众意也,一曰求也,引《诗》束矢其搜,或作搜,古作戮。"《类篇》:"搜……古作戮。"《大广益会玉篇》和《集韵》均以"戮"为"搜"(搜)的隶定古文,恐非确。

"榎"字《说文》小篆作"榎",构件"木"增加两横饰笔或变异作"戮",类似的写法如"折"字本象以斤断木之形,春秋金文增加两横饰笔作"折"。因"戮"字左边构件"屮"与"屮"形近易误,"榎"是"艘"的古字,故《古文四声韵》《集篆古文韵海》将"榎"字古文"戮"释作"艘"。"戮"如何与"搜"建立联系呢?如前所述,魏晋隋唐"木、扌"混而不别,"搜"与"榎"混同,如此便将"榎"字古文误作"搜"字古文,《汗简》《集韵》《类篇》等沟通字际关系时均将"戮"误认成"搜"字古文。以图的形式表示如下。

综上所述,船只单位{艘}产生于秦汉之际,历史上共出现过9个记录字位,实际使用过的有8个,大致以南北朝作为分界,南北朝以前习用"榎"字,"艘"字产生于南北朝时期,隋唐以后"艘"迅速行用开来,占据使用优势沿用至今。相关字际关系、字词关系如表2所示。量词{艘}的用字史,反映出汉字使用过程中的许多规律:(1)构件"叜"隶变后作"叟",故"榎"变异作"榎";魏晋南北朝时期更换义符新造出的"艘"变异作"艘"字。(2)构件"叟"在隶楷阶段,笔画架构极不稳定,常

图2 "艘"字来源图考

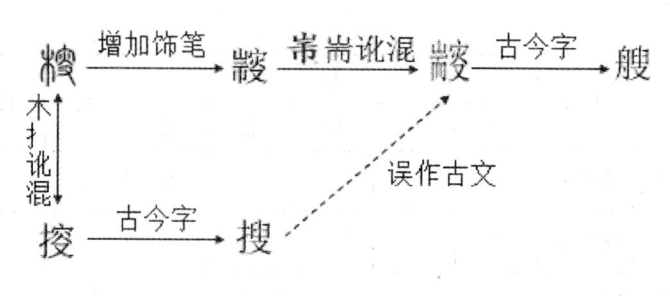

与"更""史"等混同，记录字位"梗""艘"的产生和使用均与之相关。（3）魏晋至于宋元"木、扌"旁讹混已是文献用字通例，记录字位"搜""艘"的产生、使用都与此相关。（4）汉字结构演变过程，随着词语的变化，会对参构汉字的声符、义符进行优选重组，"艘"字的产生就是因"舟"旁比"木"旁能提供更多更准确的词义信息。

通过梳理量词｛艘｝的历时用字，我们可以发现语言研究和汉字研究所利用的材料是有区别的，汉字研究依靠的材料要求字形保真，因此用字测查应该以同时字料作为主证材料，同时广泛利用训注材料、亡佚字书材料等作为旁证材料，在某些情况下某些旁证材料对于判断用字的时代性甚至起决定性的作用，如"艘"字产生时代的判定。根据同时字料我们可以断定两汉传世文献中的"艘"当后世改字的结果，不少字典辞书引例时对文献属性不作甄别，以致将字符的产生时代错误提前。

汉字的记录职能离开了"使用"无从谈起，字形的演变规律、字际关系、字词关系、词际关系的梳理也只有将字符置身文献使用环境才能真正清晰起来。换言之，汉字的发展演变不能就形体谈形体，它与词汇语义的发展是脱不开关系的，文字系统和词汇系统总是交互影响的，以字词关系的动态变化作为切入点观察汉字形体演变、词汇语义的发展，无疑将给我们提供新的思路和考察视角。尤其是现有汉字发展史研究多关注于全局性的大系统、大变化，对汉字的细部现象、汉字演变的微观规律揭示得还远远不够，对汉字如何使用、汉字如何记录汉语、汉语字词关系在不同时空层次中呈现的具体规律，无疑都有大量基础测查工作亟待进行，我们常常对某个字符的来龙去脉、形义间的关系都说不清楚，通过大规模同时字料库全面考察个体字形记录过哪些语言单位或者某个语言单位先后用哪些字形记录，厘清字用史上纷繁复杂的字词关系、字际关系、词际关系，对于全面认识汉字演变规律、字典辞书编纂都是极有帮助的。真正的汉字发展史也只有在梳理清楚个体字符演变史的基础上才能逐渐建立起来。

表 2　　　　　　　　　　　量词{艘}用字总表①
梭/樧/廀/搜/梗/艘/艐/艘

字位	字位成员	字形分析	使用属性	字际关系	两汉	魏晋六朝	隋唐	宋元	明	清	现代
梭	梭	从木夋声	本用	隶变作樧梗，与樧异体						+	
樧	樧	从木叜声	本用	讹作搜，与梭搜异体	+	+	+	+	+	+	
廀	廀	从广叜声	借用	与樧艘借字、本字关系	+					+	
搜	搜	扌代号叜声	本用	与樧异体				+		+	
梗	梗	从木更代号	本用	与梭樧等异体		+					
艘	艘艘艘艘艘	从舟叜声	本用	与艐梭樧等异体		+	+	+	+	+	+
艐	艐	从舟夋声	本用	变异作艘，与艘等异体	+	+	+	+			
艘	艘	从舟史代号	本用	与艐艘樧等异体				+			

参考文献

1. 李荣：《文字问题》（修订版），商务印书馆 2012 年版。
2. 裘锡圭：《文字学概要》，商务印书馆 1988 年版。
3. 王宁：《说文解字与汉字学》，河南人民出版社 1994 年版。
4. 李国英：《小篆形声字研究》，北京师范大学出版社 1996 年版。
5. 李运富：《汉字语用学论纲》，载《励耘学刊》（语言卷）总第 1 辑，学苑出版社 2005 年版。
6. 李运富：《汉字学新论》，北京师范大学出版社 2012 年版。
7. 何余华：《汉字"形构用"三平面研究的回顾与展望》，《语文研究》2016 年第 2 期。
8. 何余华：《汉语常用量词用字研究》，硕士学位论文，北京师范大学，2015 年。
9. 何余华：《构件"叜"的历时变异例释》，载《中国文字研究》总第 23 辑，上海书店出版社 2016 年版。
10. 曾良：《俗字及古籍文字通例研究》，百花洲文艺出版社 2006 年版。
11. 林源：《〈字统〉钩沉》，《古汉语研究》2008 年第 3 期。

---

① 总表标题下所列字位是文献实际用例出现过的字位，仅存在于历代字书、仅记录过量词源词的字位不再出现。表中"＋"表示某字位在某时代出现过，涂有背景色的"＋"表示某字位在某时代是习用字，占绝对使用优势。

数词｛三｝的用字演变研究*

武媛媛

一　前言

李运富（2005）指出，汉字的"字"具有三种含义：第一种是指外部形态，即字样；第二种是指内部结构，即字构；第三种是指记录职能，即字用。因此，汉字学应该区分出三个平面，形成三个学术系统，建立三个分支学科，即汉字样态学、汉字构形学和汉字语用学（也称字用学）。① 相对于字样学、构形学，字用学的研究还比较零散，尚缺乏理论上和系统上的阐述和总结。

本文即以字用学理论为指导，以数词｛三｝作为研究对象，分时期逐一考察数词｛三｝在不同历史时期的记录形体，在逐个历史时期进行考察的同时，尝试对这些不同记录形体产生与消亡的时代加以考察，并对用字现象进行全面的测查和描写，包括字量、字频、字用属性（本用、兼用和借用）等。在此基础上，对其中相应的字词关系与字际关系加以分析，最后探讨数词｛三｝用字变化的原因。

需要注意的是，本论文中数词｛三｝在历史上的不同记录形体所指主要是指内部结构有差别的形体，也包括结构不明但具有笔画增减、部件移位等明显差异的形体，但不包括字体风格不同和笔画粗细、长短、曲直、走势等字样不同的形体。例如，先秦时期，"參"字可以用来记录数词｛三｝，其金文写法有"⿳"、"⿳"、"⿳"等形体，它们隶变之后统一用"參"字来表示，因此，在具体操作时我们将它们归纳为一个字形单位，简称为"字位"。一个字位可以有多个不同变体，但统计和表述时只用一个字形代称。

二　数词｛三｝的历时用字考察

（一）先秦时期数词｛三｝的用字考察

1. 商朝数词｛三｝的用字

通过对《甲骨文合集》以及《商周金文摹释总集》（全8册）的测查，我们发现，在商朝时期，记录数词｛三｝的字位只有1个，即"三"，具体用例如：

---

* 本文由武媛媛《数词｛三｝的用字演变研究》节选改写而成，硕士学位论文，北京师范大学，2015年。
① 李运富：《汉字语用学论纲》，载《励耘学刊》（语言卷）总第1辑，学苑出版社2005年版。

（1）……三牛沈三牛卯三牛。（《甲骨文合集》，H. 16189）
（2）……只……三狐……麑三。（《甲骨文合集》，H. 37453）

2. 周朝数词｛三｝的用字

通过对周朝传世文献以及出土文献的测查，我们发现，到了周朝时期，记录数词｛三｝的字位除了"三"，还增加了"参（ 、 等）"。用例如：

（3）隹（唯）王元年三月，既生霸，庚寅，弔（叔）氏才（在）大庙。①（《商周金文摹释总集》第1册，逆钟，60，西周晚期）
（4）以君氏令曰：余老之，公仆墉土田多□，弋白（伯）氏从许。公宕其参[ ]（叁），女（汝）则宕其贰；公宕其贰，女（汝）则宕其一。（《商周金文摹释总集》第3册，五年召伯虎□，4292，西周晚期）

为了解商周时期记录数词｛三｝的不同字位的使用频率，我们对《殷周金文集成》加以测查，得出如下数据（见表1）。

表1

时期	所记之词	测查文献		用字（字位）	
				三	参
商周时期	数词｛三｝	《殷周金文集成》	次数（次）	242	15
			频率（%）	94.2	5.8

由此可见，在商周时期，在记录数词｛三｝的2个字位当中，字位"三"的使用频率占据绝对优势，而在周朝时期刚刚出现的字位"参"仅占到5.8%。

3. 春秋战国时期数词｛三｝的用字

通过对春秋战国时期的传世文献以及出土的青铜器铭文、简帛文献等材料的考察，我们发现，此时期记录数词｛三｝的字位与商周时期相比，增加了一个字位"品/晶"，也就是说，春秋战国时期记录数词｛三｝的字位一共有3个，分别是"三""参""品/晶"。此外，字位"参"的变体更加多样化，有" 、 、 "等。具体用例如：

（5）邵宫私官，四斗少半斗。私工=（工工）感，廿三斤十两。（《商周金文摹释总集》第6册，邵宫和，10357，战国晚期）
（6）隹（唯）十又四年参[ ]月，月隹（唯）戊申，亡𢻻〈昧〉爽。（《商周

---

① 文中所用《商周金文摹释总集》一书中例子的体例为：释文一般采用通行字，对于特殊结构的字形，则先隶定后，再用"[ ]"标注出文献实际字形，后接以"（ ）"标注出通行字；对于有拟补条件的残缺铭文，尽量拟补，并用"〈 〉"标注。

金文摹释总集》第 7 册，䣄子受编钟，26，春秋中期）

（7）宜信冢子，容㻅（参）分。梁上官，容㻅（参）分。（《商周金文摹释总集》第 2 册，梁上官鼎，2451，战国晚期）

（8）九晶［晶］（三）：誫亡。（《上海博物馆藏战国竹书（三）·周易》）

那么此时期3个字位的使用频率情况如何呢？为此，我们对春秋战国时期出土的简帛文献材料加以测查，所得结论如下（见表2）。

表2

时期	所记之词	测查文献		用字（字位）		
				三	品/晶	参
春秋战国	数词｛三｝	《上海博物馆藏战国楚竹书（一——五）文字编》	次数（次）	58	48	9
			频率（%）	50.4	41.7	7.9

可见，在此时期的简帛文献材料中，记录数词｛三｝的3个字位中，字位"三"的使用频率最大，新出现的字位"品/晶"的使用频率高达41.7%，远远超过字位"参"的使用频率。

（二）秦汉时期数词｛三｝的用字考察

秦汉时期，文献中记录数词｛三｝的字位仍有"三""参"。具体用例如：

（9）租不能实□，□轻重于程，町失三分，◎①。（《龙岗秦简·一三六》）

（10）有房中之乐·记三百三文。（《武威汉简·十三·甲本燕礼（三）》，53）

（11）直一关而参倍为法，有直米一斗而三之，有三倍之而关数焉为实。（《张家山汉简·247号墓·算数书·负米》，39）

（12）参声气全，五菜必具。辨吾号声，知五旗。（《银雀山汉墓竹简·兵法佚文·十陈》，208）

需要注意的是，在测查文献的过程中，我们发现成书于东汉时期的《汉书》中出现了用形体"叁"来记录数词｛三｝的用例，如：又祠太室山于即墨，三户山于下密，祠天封苑火井于鸿门……又祠叁山八神于曲城（《汉书·志·卷二十五下·郊祀志第五下》），而秦汉时期的出土文献中并未发现用形体"叁"来记录数词｛三｝的用例，而且即便是传世文献，笔者发现的用例也仅限于上述一例，因此，本着严谨的态度，我们推测

---

① 文章引用《龙岗秦简》文献用例的体例为：竹简残端处，以◎号表示；不能补出的字，用□号表示，残缺较多的部分，所加的□号是根据位置估计的，不一定恰好是原字数。

上例中的"叁"可能是后人改字所致,故在此时期汇总记录数词{三}的字位时,我们的做法是将"叁"排除在外。

为了解秦汉时期记录数词{三}的不同字位的使用频率,我们主要测查了秦汉时期的出土文献,结论如下(见表3)。

表3

时期	所记之词	测查文献		用字(字位)	
				三	参
秦汉时期	{三}	《睡虎地秦简》	次数(次)	197	7
		《放马滩秦简》		104	1
		《周家台秦简》		25	1
		《银雀山汉墓竹简》		15	4
		总计(次)		341	13
		频率(%)		96.3	3.7

从表3可以看出,在秦汉时期,已不见用字位"品/晶"来记录数词{三}的用例,此时期用来记录数词{三}的2个字位中,字位"三"的使用频率保持着主导地位,"三"与"参"的使用情况接近于商周时期。

(三)魏晋南北朝时期数词{三}的用字考察

魏晋南北朝时期,记录数词{三}的字位依然有"三""参"2个字位,此外,还出现了1个新的形体"叁",从形体上看,"叁"是在"参"的基础上将"参"下面构件"彡"横直化变为"三"而来,那么,"叁"是作为"参"的异体还是作为"参"的分化字专门用来记录数词{三}这一问题,直接关系到在记录数词{三}时,"叁"应该作为一个独立的字位还是应该划入字位"参"。对于"叁"出现后只是专门用来记录数词{三},还是作为"参"的异体记录了"参"的多项职能,本着以事实说话的原则,我们选择从史料出发。

(13)叁(音三)轮可使自转,木雕犹能独飞,已垂翅而还故栖,盍亦调其机而铦诸?(《后汉书·列传·卷八十九·张衡列传第四十九·张衡传》)

(14)一日昭帝神元统一部,居上谷之北濡源;二日桓帝,居代北叁合陂;三日穆帝猗卢,居定襄北盛乐城。(《元经·卷第二》)

(15)贾洪,字叔业,家贫好学,应州辟。其时州中自叁事以下百余人……(《太平御览·卷第二百六十五·职官部六十三·从事》)

通过对上述3则文献用例的分析,我们不难发现,除了可以记录数词{三}(如例13)外,"叁"还记录了"参"的其他义项,如例14中"叁合陂"记录的是地名"参合陂",例15中"叁事"记录的实为官职"参事"。

从上述文献材料来看,"叁"应该作为"参"的异体,与此同时我们结合了魏晋南北朝之后的各历史朝代"叁"字的使用情况(详见后文)后认为,"叁"应该分为"叁₁"与"叁₂",其中,"叁₁"是"参"的异写字,跟"参"一样可以多音多义,"叁₂"则是分化出来的专用字,隋唐以后只记录数词{三},没有了别的音义。

综合以上分析,魏晋南北朝时期,在记录数词{三}时,我们将形体"叁₁"也划入字位"参",也就是说,"叁₁"是作为字位"参"的异写存在的。因此,魏晋南北朝时期,记录数词{三}的字位总的来说依然只有2个,即字位"三"以及字位"参",不同的是,此时期字位"参"出现了一个新的变体,即"叁₁"。具体用例如:

(16)太和十六年,道人僧晕为七帝建三丈八弥勒像……(《北朝佛教石刻拓片百品》·10·北魏正始二年·僧晕等造像记)

(17)太魏神龟二年二月参日,赵阿欢敬造弥勒像一区,老少众生一同此福。(《北京图书馆藏中国历代石刻拓本汇编·北朝·004·赵阿欢造像记·裱869-3》)

(18)昔周自后稷至于文王,积德累功,叁分天下,犹服事殷。(《后汉书·列传·卷一百五·刘焉吕列传第六十五·袁术传》)

值得注意的是,后世用来记录数词{三}的形体"叄"此时期已经出现,但此时期记录的职能并非数词{三},而是动词{参(叁₁)}的"参谋"义,用例如下:

(19)祖讳天香,镇北府叄军,迁仕于武卫将军……(《北京图书馆藏中国历代石刻拓本汇编·北朝·李祈年墓志·裱974》)

此例出现的具体时间是北朝的东魏时期,而且我们测查到的"叄"的形体仅此一见。此时期记录数词{三}的不同字位的使用情况如下(见表4)。

表4

时期	所记之词	测查文献		用字(字位)	
				三	参(参、叁₁)
					参	叁₁
魏晋南北朝	数词{三}	《后汉书》	次数(次)	6468	5	2
			频率(%)	99.9	0.1	

(四)隋唐时期数词{三}的用字考察

隋唐时期,记录数词{三}的字位较之前有了一个明显的变化,表现在:除了有"三""参"外,还增加了第3个记录字位"叄"(出现于唐朝)。

关于本文将"叄"作为记录数词{三}的一个独立字位的原因,我们在此有必要说明一下。我们发现最早的用例"祖讳天香，镇北府叁军，迁仕于武卫将军……"是在北朝时期，记录的是"参谋"义，而自此以后的所有用例中，"叁"全部用来记录数词 {三}，因此，我们认为，"叁"最初产生之时可能是作为"叄"的异写存在的，之后则专门用来分担"叄"记录数词 {三} 的这一职能，读音也固定为 sān。前文已经谈到，"叄₂"是由"叄"分化出来的专门用来记录数词 {三} 的，隋唐以后仅承担记录数词 {三} 的职能，而"叁"在隋唐之后的职能也只有一个，即记录数词 {三}，二者的记录职能完全相同，而且，从形体上看，"叁"是"叄₂"变异笔画、简省构件而来的，因此，我们认为，"叁"应该是"叄₂"的简省字，当合为一个字位，本文用字位"叁"来表示。

综合以上分析，我们将"叁（叄₂）"作为记录数词 {三} 的一个独立的字位。

此时期，记录数词 {三} 的字位有3个："三""参""叁（叄₂、叁）"，用例如：

（20）大隋开皇三年岁次癸卯九月廿日，终于洛州……（《北京图书馆藏中国历代石刻拓本汇编·隋一·013·梁坦墓志》）

（21）又云：称众者，三人以上。（《敦煌文献·文书·法律文书·唐开元律疏·名例律疏残卷》，新疆博物馆73TAM532）

（22）阳生阴曰下生，阴生阳曰上生，皆参天两地……（《五行大义·卷四》）

（23）参倍，错耽反，《广雅》云"参，三也"……（《一切经音义·卷九·大智度论第三十二卷》）

（24）洎叁年岁次壬午玖月拾捌日启葬于广州南海县……（《北京图书馆藏中国历代石刻拓本汇编·唐二十三·019·王君妻孙氏墓志》）

（25）遂于邓上座面上贷生绢壹疋，长叁丈九尺……（《敦煌文献·契据·甲午年邓善子贷生绢契》，P.3124）

（26）散发四肢肿方：甘遂壹两，木防己、茯苓、人参、白术各叁两……（《千金翼方·卷十五》）

此时期记录数词 {三} 的不同字位的使用状况如下（见表5）。

表5

时期	所记之词	测查文献		用字（字位）		
				三	叁（叄₂、叁）	参
					叄₂	叁	
隋唐时期	数词{三}	《五行大义》	次数（次）	327	0	0	1
		《敦煌文献·契据》		9	7	7	0
		《敦煌文献·法律文书》		90	0	0	0
		总计（次）		426	14		1
		频率（%）		96.6	3.2		0.2

此时期，记录数词｛三｝的所有字位中，字位"三"的使用频率依然占据绝对优势，而此时期新出现的字位"叄（叄₂、叁）"的使用频率已高于字位"参"。值得注意的是，唐朝时期，在"契据"此类特殊性质的文献中，用"叄（叄₂、叁）"来记录数词｛三｝的现象大量存在，而且所占比例非常大，如在《敦煌文献·契据》文献中，用"叄（叄₂、叁）"来记录数词｛三｝的用例占60.9%，用字位"三"来记录数词｛三｝所占的比例仅为39.1%，字位"叄（叄₂、叁）"的使用频率远远高于字位"三"。

（五）五代十国时期数词｛三｝的用字考察

通过对此时期文献资料的测查，我们发现，记录数词｛三｝的字位只有"三"与"叄（叄₂、叁）"，用"参"来记录数词｛三｝的用例几乎没有。具体用例如下：

（27）初婚，故西都留守王相之长女，乾化五年九月三日亡也。（《北京图书馆藏中国历代石刻拓本汇编·五代十国·038·韩汉臣墓志》）

（28）疋半，疋长叄丈八尺，幅阔壹尺九寸。（《敦煌文献·契据·贞明九年曹留住卖人契》）

（29）葱东渠中界，有地柒畦共叄［叁］拾亩，东至河，西至道，南至沟，北至子渠。（《敦煌文献·契据·后周显德四年窦□□卖田契》，P.3649.V.2）

此时期记录数词｛三｝的不同字位的使用状况如下（见表6）。

表6

时期	所记之词	测查文献		用字（字位）	
				三	叄（叄₂、叁）
					叄₂	叁
五代十国时期	数词｛三｝	《敦煌文献·契据》	次数（次）	2	1	5
		《北京图书馆藏中国历代石刻拓本汇编·五代十国》（共1册）		294	0	0
		总计（次）		296	6	
		频率（%）		98	2	

由表6可知，此时期用字位"叁"来记录数词 {三} 的使用频率较之前几乎没有变化，从整体上看，此时期在所有用来记录数词 {三} 的字位的使用情况中，字位"三"占据绝对优势。此外，虽然此时期可见的出土文献很少，但就我们所见到的属于此时期的契据类出土文献中，用"叁（叁₂、叄）"来记录数词 {三} 的用例占75%，在所有记录数词 {三} 的字位中占据绝对优势。

（六）宋、辽、金时期数词 {三} 的用字考察

通过对宋、辽、金时期的文献进行测查，我们发现，此时期记录数词 {三} 的字位有"三""参""叁（叁₂、叄）"3个。具体情况如下：

宋代，记录数词 {三} 的字位有3个，分别为"三""参""叁（叁₂、叄）"，其中，用"参"来记录数词 {三} 的用例很少。具体用例如：

（30）永平二年三月郡国县道行乡饮酒礼于学校。(《册府元龟·卷五十九》)

（31）暨乃因长流为水排，计其利益，参倍于前。在职七年，器用充实。(《太平御览·卷第八百三十三》)

（32）叁仗捌尺肆寸，南北并基壹仗叁尺。(《敦煌文献·契据·宋开宝八年三月一日郑丑挞出卖宅舍地基与沈都和契（北图生字25号）》)

辽代时期，测查到用来记录数词 {三} 的字位只有"三"1个，用例如：

（33）鬵，居随反。三足釜有柄者也。(《龙龛手鉴·入声卷第四·鬲部第卅七》)

金代，与辽代相同，记录数词 {三} 的字位也只有1个，即"三"，用例如下：

（34）崔宣武方〔用白朮一两〕，右为末，每服三钱，水一盏，生姜三片，同煎至五分，去滓，温服，食前，日三服。(《宣明方论·卷十一·妇入门》)

鉴于辽代与金代记录数词 {三} 的字位相同，而且均只有1个，因此我们将设立两个独立的表格分别展示宋代以及辽金时代的记录数词 {三} 的不同字位的具体使用情况（见表7和表8）。

表 7①

时期	所记之词	测查文献		用字（字位）		
				三	叁（叁₂、叄）	参
					叁₂	叄	
宋朝	数词 {三}	《敦煌文献·契据》	次数(次)	1	1	2	0
			频率(%)	25	75		0
		测查文献		用字（字位）		
				三	叁（叁₂、叄）	参
		《北京图书馆藏中国历代石刻拓本汇编·北宋》（共6册）	次数(次)	46	0	0
			频率(%)	100	0	0
		测查文献		用字（字位）		
				三	叁（叁₂、叄）	参
					叁₂	叄	
		《开庆四明续志》（宋刻本）	次数(次)	1024	13	0	0
		《卫生家宝产科备要》（宋刻）		17	98	0	0
		总计（次）		1041	111		0
		频率（%）		90.4	9.6		0

表 8②

时期	所记之词	测查文献		用字（字位）
				三
辽金时期	数词 {三}	《龙龛手鉴》	频率	100%
		《宣明方论》		

　　由表7、表8可知，宋朝时期，在"契据"类出土文献中，记录数词 {三} 的字位有2个，其中用"叁（叁₂、叄）"来记录数词 {三} 的频率占75%，远远高于字位"三"的使用频率；在石刻材料的出土文献中，记录数词 {三} 的字位只有1个，即"三"；在同时刻本文献中，记录数词 {三} 的字位只有2个，分别为"三"与"叁（叁₂、叄）"，

---

　　① 关于正文举例中有"参"的具体用例，而此表中"参"的用例数为0的情况，我们在此稍作解释，一是因为字位"三""参（参、叄）"以及"叁"同时存在于某类文献的情况特别少，因此我们在选择被用来考查的文献时，只能尽可能选择包含更多字位的文献；二是考虑到测查的可操作性，尽管存在包含所有字位的文献，但是不具备可操作性（如用例过于繁多，统计数量时不具可操作性）。

　　② 辽代的《龙龛手鉴》以及金代的《宣明方论》中，用来记录数词 {三} 的字位只有"三"，表中只注明了用字频率，不再对成百上千的文献具体用例进行数量计算。

而且后者在文献中的使用形体为"叁",字位"三"使用频率为90.4%,字位"叁（叁₂、叄）"则为9.6%。辽金时期,记录数词{三}的字位则只有"三"。

(七) 元、明、清时期数词{三}的用字考察

从整体来看,元、明、清时期,记录数词{三}的字位延续了之前的情况,共有3个字位,即"三""参""叁（叁₂、叄）",不同的是,元代与明代还可发现用字位"参"来记录数词{三}的用例,而到清朝,用字位"参"来记录数词{三}的用例已不再见。具体来说:

元代,记录数词{三}的字位主要有"三""参""叁（叁₂、叄）"。用例如:

(35) 梅香,如今是三月之间,后园中百花开放。(《董秀英花月东墙记》)

(36) 经历司:正厅叁间,耳房贰间,门楼壹座,司房壹拾间。架阁库壹座。东西司房三十间。(元大德刻本《元大德南海志·卷第十·廨宇》)

(37) 子安三子参分之,使各从其氏,为之后而主其祀焉。姓王氏,正也;姓陈氏,恩也;姓沈氏,时也。(《弁山小隐吟录·卷二·七言歌行杂体》)

此时期记录数词{三}的不同字位的使用情况如下（见表9）。

表9①

时期	所记之词	测查文献		用字（字位）		
				三	叁（叁₂、叄）	参
					叁₂	叄	
元朝	数词{三}	《元大德南海志》（元刻）	次数（次）	63	112	3	0
		《吏学指南》（元刻本）		84	0	0	0
		总计（次）		147	115		0
		频率（%）		56.1	43.9		0

由表9可知,针对于记录数词{三}的不同字位的使用频率,此时期的同时刻本较之前有一个显著的变化,即用字位"叁（叁₂、叄）"来记录数词{三}的使用频率大大提高,在总量中占43.9%。

明代,记录数词{三}的字位与元代相同,亦存在3个记录字位:"三""参""叁（叁₂、叄）"。用例如:

(38) 本师印空和尚灵骨之塔,大明洪武三十年三月日立。(《北京图书馆藏中国历代石刻拓本汇编·明一·021·印空和尚塔记》)

---

① 关于正文举例中有"参"的具体用例,而此表中"参"的用例数为0的原因,同表8。

(39) 参目虎首，其身若牛些。(《屈宋古音义（文渊阁四库本）·卷一》)

(40) 三梭布每疋估银叁钱。(《万历会计录（明万历刻本）·卷之三十·内库供应·甲字库》)

(41) 第三分，板田拾叁垧，秋田贰垧，子粒柒石。(《北京图书馆藏中国历代石刻拓本汇编·明四·072·太华寺佃户租佃执照碑》)

此时期记录数词 {三} 的不同字位的使用状况如下（见表10）。

表10①

时期	所记之词	测查文献		用字（字位）		
				三	叁（叁$_2$、叁）	参
					叁$_2$	叁	
明朝	数词 {三}	《北京图书馆藏中国历代石刻拓本汇编·明朝》（共10册）	次数（次）	1539	25	42	0
			总计（次）	1539	67		0
			频率（%）	95.8	4.2		0

从表10可知，明朝时期的石刻材料中，用字位"三"来记录数词 {三} 的使用频率依然占据绝对优势，高达95.8%，未见字位"参"的用例。需要注意的是，在《万历会计录》（明万历刻本）此类特殊性质的文献中，用来记录数词 {三} 的字位只有"三"与"叁"，其中，用"叁"来记录数词 {三} 的比例占到90%多，而用"三"来记录数词 {三} 的比例不到10%。

到了清朝，从整体上看，记录数词 {三} 的字位只有2个，即"三""叁（叁$_2$、叁）"，此时期已不见有用字位"参"来记录数词 {三} 的用例。具体用例如：

(42) 台、凤、诸三县知县三员，县丞一员，典史三员，巡检四员，共计俸银薪银三百九十五两六钱四分。(《台湾府志·卷之七·杂税》（清康熙刻本）)

(43) 实热水旱各等共地捌千叁伯柒拾壹顷肆拾玖亩叁分壹厘叁毫……(《勒修陕西通志·第二十六卷·贡赋三·更名地丁》（清雍正刻本）)

(44) 实热地叁万柒千柒伯叁拾陆顷柒拾玖亩陆分壹厘贰毫……(《勒修陕西通志·第三十七卷·屯运一·屯地屯丁》（清雍正刻本）)

在测查文献的时候，我们发现，此时期的《佩文韵府》中存在大量用"参"来记录数词 {三} 的用例，如：

《周礼·夏官》凡颁赏地，参之一食。注谓赏地之税，参参计税，王食其一也，

---

① 关于正文举例中有"参"的具体用例，而此表中"参"的用例数为0的原因，同表8。

二全入于臣。(《佩文韵府·卷六十七下·去声·八霁韵·税（1，1）·韵藻·增》)

值得注意的是，《佩文韵府》一书虽然成书的时代是清朝，但书中内容则是引用前朝各代的文献用例，因此，尽管此书中存在大量的用"参"来记录数词｛三｝的用例，也不能说明清朝时期存在用"参"记录数词｛三｝的现象，而只能证明此时期人们知道"参"可以用来记录数词｛三｝。

此时期记录数词｛三｝的不同字位的使用状况如下（见表11）。

表11

时期	所记之词	测查文献		用字（字位）		
				三	叁（叁$_2$、叁）	
					叁$_2$	叁
清朝	数词｛三｝	《北京图书馆藏中国历代石刻拓本汇编·清朝》	次数（次）	499	6	29
			总计（次）	499	35	
			频率（%）	93.5	6.5	

		测查文献		用字（字位）		
				三	叁（叁$_2$、叁）	
					叁$_2$	叁
		《雍正连平州志》（清刻）	次数（次）	585	0	4
		《乾隆南澳志》（清刻）		306	3	0
		总计（次）		891	7	
		频率（%）		99.3	0.7	

由表11可知，清朝时期，不论是石刻材料，还是同时刻本文献，字位"三"的使用频率都保持着绝对优势地位，而且就字位"叁（叁$_2$、叁）"而言，形体"叁"的使用频率要高于形体"叁$_2$"的使用频率。

（八）民国时期数词｛三｝的用字考察

民国时期，记录数词｛三｝的字位发生了明显的变化，即民国时期已经不再用形体"叁$_2$"来记录数词｛三｝，而仅见用"三""叁"来记录数词｛三｝的用例。用例如下：

（45）古之葬期，七月、五月、三月、踰月，无或爽者。（《抱润轩文集·卷一·葬期论（甲申）》宣统石印本）

（46）制造库每件绣团狮子叁拾陆个，各色绒线壹两柒钱，画用定粉叁钱。（《丝绣笔记·卷上·纪闻三·刺绣》丝绣丛刊本）

（47）捌仟叁佰伍拾柒万捌仟伍佰元正。（《民国单据·CPC中国石油公司单据》）

民国时期记录数词 {三} 的不同字位的使用状况如下（见表12）。

表 12

时期	所记之词	测查文献	用字（字位）	三	叁
民国	数词 {三}	《丝绣笔记》	次数（次）	105	18
			频率（%）	85.4	14.6

由表12可知，民国时期，记录数词 {三} 的字位只有"三"与"叁"，字位"三"的使用频率依然占据主导地位，而"叁"的使用频率较之前所占比重上升。

（九）总结

前文主要是分时代展示了记录数词 {三} 的不同字位的使用面貌，为从整体上更好地了解记录数词 {三} 的不同字位的使用情况，本节即在前文测查的基础上，梳理整合记录数词 {三} 的不同字位在各个时代的使用状况如下（见表13）。

表 13

字位 频率时代	三	参（叄、叁$_1$）	品/晶	叁（叁$_2$、叁）	合计	依据文献
商朝	100				100%	甲骨文
周朝	94.2	5.8①			100%	金文
春秋战国	50.4	7.9②	41.7		100%	简帛文献
秦汉	96.3	3.7③			100%	简帛文献
六朝	99.9	0.1④			100%	纪传体史书
隋唐	39.1			60.9	100%	契据类
五代十国	100				100%	石刻
	25			75	100%	契据类
宋代	25			75	100%	契据类
	100				100%	石刻
	90.4			9.6	100%	同时刻本

---

① 形体为"叄"。
② 形体为"参"。
③ 形体为"参"。
④ 形体包含"参"与"叁$_1$"。

续表

频率时代 \ 字位	三	参（叄、叁₁）	品/晶	叁（叁₂、叄）	合计	依据文献
辽金	100				100%	民间
元	56.1			43.9	100%	同时刻本
明	95.8			4.2	100%	石刻
	<10			>90	100%	会计录
清代	93.5			6.5	100%	石刻
	99.3			0.7	100%	同时刻本
民国	85.4			14.6①	100%	丝绣笔记

通过对数词｛三｝的用字演变情况的梳理，我们发现，从商周时期到民国时期，可以归纳出以下几种用字现象：

◎字位"品/晶"出现于春秋战国时期，之后不再见用例；

◎在石刻材料中，多用字位"三"来记录数词｛三｝，字位"三"占据主导地位；

◎从整体上看，在契据类、会计类等性质的文献中，多用字位"叁（叁₂、叄）"来记录数词｛三｝，字位"叁（叁₂、叄）"占据主导地位；

◎隋唐以后，数词｛三｝的大小写系统就已基本形成，小写为"三"，大写为"叁₂/叄"，后来"叄"行"叁₂"废。至于"参"，隋唐以后用例很少，除少量仿古遗存，一般不再记录数词｛三｝；

◎针对成书于宋元明时期的同时刻本而言，"叄"与"叁₂"比较而言，更多的是用"叁₂"来记录数词｛三｝，而到清朝时期，"叄"与"叁₂"在文献中记录数词｛三｝的使用比例重新变得旗鼓相当。而在石刻材料中，"叄"与"叁₂"比较而言，唐以后则更多的是用"叄"来记录数词｛三｝。

着眼于各个字位出现以及消亡的时代，通过对以上测查结果加以总结，我们可以得出以下几条结论：

◎最初记录数词｛三｝的字位是"三"，初次用例在商朝；

◎用字位"参"来记录数词｛三｝的用例最早出现在周朝；

◎记录数词｛三｝的字位"参"在春秋战国时期的变体呈现多样化的趋势；

◎记录数词｛三｝的字位"品/晶"出现于春秋战国时期；

◎记录数词｛三｝的字位"参"的异写"叁₁"出现的时代不晚于魏晋南北朝；

◎形体"叁"最早出现于魏晋南北朝时期，但是真正被用来记录数词｛三｝的字位"叁"出现的时代不晚于唐朝；

◎清朝时期，已不见用形体"参"来记录数词｛三｝的用例；

---

① 形体不包含"叁₂"。

◎民国时期，已不见用形体"叁₂"来记录数词｛三｝的用例。

综合以上几点可知，用"三"来记录数词｛三｝的现象出现于商朝，至今仍未消亡；用"品/晶"来记录数词｛三｝的用例出现于春秋战国时期，消亡于秦汉时期；用"叁"来记录数词｛三｝的现象出现的时代不晚于唐朝，至今仍未消亡（常见于收据数字的大写中）；隋唐以后，"叁₂"专门负责承担"叁"记录数词｛三｝的职能，与"叁"并行存在于之后的各个历史时期，民国时期消亡；用"参"来记录数词｛三｝的现象出现于周朝，消亡于清朝。

三 数词｛三｝不同用字的字词关系与字际关系

（一）记录数词｛三｝的不同用字与数词｛三｝的字词关系

1. 本字记录本词

（1）"三"与数词｛三｝

《说文解字·三部》："三，天地人之道也，從三数，凡三之属皆從三。穌甘切。"[①] 可见，许慎认为"三"的本义为"天地人之道也"。张舜徽认为"天地人之道"并非"三"的本义，数名"三"才是其本义，并且认为此处许慎之所以释义为"天地人之道"，意在阐发道理，"二""王"以及"大"条目下的释义可以作为印证[②]。

那么，对于"三"来说，"天地人之道"以及"数名三"究竟何者是"三"的本义呢？对此，我们可以从"三"字的构形以及在文献中的用例来加以说明。

首先，从构形上来讲，"三"在甲骨文中即写作"三"，由三画构成，形体与"天地人之道"无关，更像是表示数目之"三"；其次，从文献用例来看，在甲骨文中，"三"字即用来表示数目，未见有用"三"来表示"天地人之道"的用例，如：

（48）……只……三狐……麋三。（《甲骨文合集》，H.37453）
（49）贞帝鸟三羊三豕三犬。（《甲骨文合集》，H.14360.2）

因此，不论从构形方面，还是文献用例方面，都可以看出"三"字的本义即表数目，而且，数目"三"这一义项是具有概括性的独立义项，故我们认定"三"字的本义是表数目"三"。

由上我们可以得出结论，立足于数词｛三｝，根据数词｛三｝的音义，专门来记录数词｛三｝的"三"字即为数词｛三｝的本字；立足于"三"字，与"三"字的构形理据密切相关的数词｛三｝即为"三"字本来应该记录的本词。因此，"三"字与数词｛三｝的字词关系为"本字记录本词"的关系。

---

① （汉）许慎撰，（宋）徐铉校订：《说文解字》，中华书局1963年版，九下。
② 张舜徽：《说文解字约注·第一册》，华中师范大学出版社2009版，第40页。

(2)"叁"与数词{三}

李运富认为,汉字职能的缩减是为了克服汉字职能扩展带来的阅读理解的困难,汉字职能的缩减不是将汉字的某种职能废除不要(除非语词语义本身死亡,这已不是用字问题),而是把原来由某个字符承担的某项职能分给另一个字符来承担,这"另一个字符"可以是原有的某个字符,也可以是在原字基础上的分化字符,还可以是干脆另造的一个新字符。①

魏晋南北朝时期以前,只有"参""叄"字而没有"叁"字,"叄"字作为"参"字的异写(前文已论证),记录的义项繁多,除了可以记录数目"三"义,还记录别的多个义项。"叁"字最早出现在东魏时期,用例为:祖讳天香,镇北府叁军,迁仕于武卫将军……(《北京图书馆藏中国历代石刻拓本汇编·北朝》,006,李祈年墓志,裱974)毛远明在《汉魏六朝碑刻异体字典》中在字头"三"下列出的异体字中就有"叁",而且用例即为上述李祈年墓志中的用例,也就是说,毛远明将此例中的"叁"当作了数词{三},我们认为毛远明的见解是有失偏颇的,因为仔细对上例进行分析,我们不难发现,上例中的"叁"其实代替的是"叄",作"参谋"义。东魏时期新出现的形体"叁"是在原字符"参"的异体字"叄"的基础上变异笔画、改换构件而分化出来的一个新的字符,"叁"字在最初出现时,可能只是作为"叄"字的异写存在,后来才作有意识分工的,因为"叁"字在东魏时期记录过"参谋"义,但昙花一现,之后在唐朝使用次数大增,一直延续到现今,而且自唐以来仅被用来记录数词{三}。为了增强表词的明确性,专门用"叁"来记录数目"三"义,这时"叁"其实已经成为另外一个独立的词,读音也有所改变,专门记录数词{三}的音和义。这就是为何"叁"在魏晋南北朝仅见一例用例,而且记录"叄"字的"参谋"义,之后则全部用来记录数词{三}的原因所在。而"叄"字由于习惯影响,在"叁"出现后会继续记录数词{三},不过用形体"叄"来记录数词{三}的使用频率逐渐呈现下降的趋势,这从第二节对各个时期用字的使用频率测查表中可见一斑,而且,到民国时期,已不见用形体"叄"来记录数词{三}的用例了。

通过对历时性的文献材料加以测查,我们发现,"叁"自唐朝以来,用法只有一个,即记录数词{三},而且多出现在契据、会计类的文献中,因此后人往往将"叁"视为"三"的大写,《汉语大词典》中对"叁"的释义为"同'参';'三'的大写字"②;《古今汉语词典》中对"叁"的释义为"数目,'三'的大写"③。正如前文所说,既然"叁"从"叄"字分化而来,专门用来记录数词{三},读音固定为sān,而且"叁"只是作为"三"的象征性的大写,那么,我们不妨对"叁"字的构形理据作如下阐释,作为专门用来记录数词{三}的"叁"字,构件"三"起表义功能,"厽"则是由"叄"字的"㕘"构件简省、变异而来的一个代号。

由上述可知,"叁"作为"三"的大写,其下部"三"为表义构件,具有提示"叁"

---

① 李运富:《汉字学新论》,北京师范大学出版社2012年版,第213页。
② 汉语大词典编辑委员会、汉语大词典编纂组:《汉语大词典》,汉语大词典出版社1988年版,第838页。
③ 商务印书馆辞书研究中心:《古今汉语词典》,商务印书馆2000年版,第1233页。

的意义的功能,"叁"与数词｛三｝的字词关系为本字记本词的关系。

2. 借字记录他词(有本字的借用)

(1)"参"与数词｛三｝

李运富在《汉字学新论》中谈到,所谓借用,是将字形当作语音符号去记录与该字形体无关但音同音近的语词。这样使用的汉字原非为所记语词而造,所以不是所记语词的本字,而是借用音同音近的别词的本字,我们称为借字;借字所记的语词不是自己构形理据的本词,我们称为他词。①

"参"字在现已考证出的甲骨文中已经出现,用例为:己酉❋示十屯(《甲骨文合集》,H. 15515. back),但此处的"参"具体表示的含义尚没有定论。② 金文当中"参"字出现次数大大增加,例见前文。

对于"参"字的本义,众说纷纭。东汉许慎在《说文解字》中将"参(曑)"释为"商星也,从晶,㐱声",许慎对"参(曑)"字的形义分析其实都存在问题。首先,"参(曑)"非"商星",实为"晋星",正如段氏在《说文解字注》中所言"商,当作晋,许氏记忆之误也。《左传》:子产曰:'后帝迁阏伯於商丘,主辰,商人是因,故辰为商星。迁实沈于大夏天,主参,唐人是因,以服事夏商。及成王灭唐,而封叔虞,故参为晋星。'"因此,"参"应为"晋星",而非"商星"。有人认为此处"商星也"的断句应为"商,星也",而据此认为许慎之意在于说明"参"与"商"都是星宿名,对此,段氏谈到"夫苟泛释为星,安用商字?",我们认为段氏所言正确。对于"参(曑)"字的形体分析,许慎的观点是"従晶,㐱声",我们知道,"参"在最初写作"❋、❋",像参宿三星在人头之上,后来增加了"彡"构件而成为"❋",上面三个空心形似圆形的构件加点而成为"❋、❋",小篆形体"曑"则将"人"与"三"合而为"㐱",因此,"㐱"并非是"参"字的声符,徐铉曰"㐱非声",甚是。由此可见,许慎对"参(曑)"的形义分析是存在问题的。

那么,"参"字的本义到底是什么呢?下面我们将主要从"参"字的字形、"参"字的同族字、"参"字的文献用例来加以分析阐述。

考虑到后代字形可能会有讹误,因此,探讨一个字的本来意义,我们一般会从它的最初形体出发。首先,从字形来看,"参"字在甲骨文中已经出现,形体为"❋",金文中形体为"❋",或增加构件"彡"而为"❋",后来上面三个空心形似圆形的构件加点而写作"❋、❋",纵观"参"字的形体,象参宿三星在人头上之形,其本义应为"星也",根据前文阐释,具体是"晋星"。因参宿七星,中心有三颗闪耀的星星,加上"参"在上古属于清母、侵部,而"三"属于心母、侵部,清、心属于旁纽双声,而侵部迭韵,"参"与"三"古音相近,因此,"参"经常被假借为"三",表示数目"三"之义,如:参声气全,五菜必具。辨吾号声,知五旗(《银雀山汉墓竹简·兵法佚文·十陈》,208)。

此外,关于"参"字的本义,我们还可以从与其相关的同源字出发来印证。

---

① 李运富:《汉字学新论》,北京师范大学出版社2012年版,第201页。

② 赵平安认为此处的"参"表示国名。

"犙",《说文解字·牛部》:"犙,三岁牛。"这与参星中心有三颗星有关;"骖",《说文解字·马部》:"骖,驾三马也。"也是与参星中心有三颗星相关;"篸",《说文解字·竹部》:"篸,差也。"这是因参宿七星分布在五处且均为奇数,从而引申出"参差不齐"之义;"幓",《说文解字·心部》:"幓,毒也。"参星主伐,因此"参"有残杀毒害之义;"黪",《说文解字·黑部》:"黪,浅青黑也。"参星酉时出现于西方,"黪"字的含义与此时的天色有关……分析"参"的同源字,我们可以发现,其同源字均与参星密切相关,这也可以从侧面印证我们断定的"参"字本义为"星也"的观点。

最后,从"参"字的文献用例来看,在甲骨文和金文中,我们尚未发现"参"直接作"晋星"的文献用例,一是目前出土的古文字材料有限,而且对于已经出土的文献材料,有些用例中"参"的真正含义尚无法确定。尽管如此,根据前文我们对"参"字的构形分析以及同源字释义的分析,我们还是有理由相信"参"字的本义为"晋星",是星宿名。

综上所述,"参"本义为"晋星",为星宿名,因其中心有三颗耀眼明星,与"三"存在意义上的联系,加上与"三"古音相近,"参"与"三"属于同源字;"三"是数词{三}的本字,"参"是星宿名{参}的本字,二者不存在分化关系,用"参"来记录数词{三}属于借用,在记录数词{三}方面,"参"与数词{三}的字词关系是借字记录他词的关系。

(2)"品/晶"与数词{三}

字位"品/晶"记录数词{三}的用例出现在春秋战国时期,形体为"品、晶、𠺕、晶",用例仅见于春秋战国时期,之后不再见。通过对春秋战国前后历时时期记录数词{三}的用字加以梳理分析,我们发现,"品/晶"并非横空出世,而是有其存在的依据的。在《上海博物馆藏战国楚竹书(一—五)文字编》中,我们发现,用来记录数词{三}的字位"品/晶"的形体"𠺕、晶"正好是该书中用来记录数词{三}的字位"参"的形体的上部构件,从形体上看,"品/晶"象"参"上面的三星形,因此,我们认为,此时期被用来记录数词{三}的"品/晶"本指应为"参星",因其含有三个象征性标志,被借用来表示数词{三},在记录数词{三}方面,"品/晶"与数词{三}的字词关系是借字记录他词的关系。

(二)记录数词{三}的不同用字之间的字际关系

汉字的使用情况有三种:本用,即用本字记本词;兼用,即用本字记派生词;借用,即用借字记他词。但派生词往往是词义引申的结果,在派生词没有专用字的情况下,用源词的本字兼记,实际上也可以算作本用。这样,汉字在文献中的实际记"义"职能就可以合并为两种:"本用"(记录本义、引申义或派生义)和"借用"(记录借义);相应地,汉字的使用属性也只有两种:"本字"(形体构造跟词项意义直接相关或间接相关)和"借字"(形体构造跟词项意义无关)。[①]

[①] 李运富:《汉字学新论》,北京师范大学出版社2012年版,第235页。

1. 本字与本字

几个字形分别记录同一个义项，而对这个义项来说，这些字形都是它的本字，就这些字形来说，它们所记录的这个义项都属于各字职能的本用。①

前面已经阐述了字位"三"以及字位"叁"都可以用来记录义项"数目三"，而且字形跟词项意义都有关系，因此，字位"三"与字位"叁"对于同一义项"数目三"来说都是本字，字位"三"与字位"叁"的字际关系即本字与本字的关系。

2. 本字与借字

（1）"三"与"参""品/晶"

语言中的某词，本来已有专为它所造的本字，但实际记录该词时，有时并不写它的本字，而是借用另一个音同音近的别字，这就是有本字的借用。②

在"记录数词﹛三﹜的不同用字与数词﹛三﹜的字词关系"一节中，我们已经谈到，在记录词项"数目三"的含义上，"三"为本字；而"参"本义为"晋星"，为星宿名，在文献中常被借用来表示数词﹛三﹜，因此，在记录词项"数目三"上，"参"为借字。由此可知，在"数目三"的意义上，本字"三"与借字"参"形成同用关系，而且此时的"三"与"参"的字际关系为"本字与借字"的关系。

同理，前文已经谈到，"品/晶"像三星形，本指"参星"，被借用来记录数词﹛三﹜，因此，在记录数词﹛三﹜方面，"三"与"品/晶"的字际关系为"本字与借字"的关系。

（2）"叁"与"参""品/晶"

通过对各个历史时期记录数词﹛三﹜的不同用字面貌的测查，我们发现：着眼于时代的先后，在记录数词﹛三﹜方面，字位"三"最早出现，甲骨文时期已经开始用字位"三"来记录"数目三"义；字位"参"出现时代稍晚，最早出现于周朝时期③；字位"品/晶"出现于春秋战国时期；而字位"叁"出现时间最晚，最早发现记录"数目三"义是在唐朝时期。前文我们已经论述过，"三"与"叁"在记录"数目三"义上均为本字，而"参"以及"品/晶"则为借字，因此，如果从共时的角度来说，我们可以把"叁"与"参""品/晶"看作本字与借字的关系；而如果着眼于历时的角度，我们则可以将"叁"与"参""品/晶"看作后起本字与借字的关系。

3. 借字与借字

文献中记录某个义项的不同字形都不是该义项的本字，而是用的通假字或假借字，那几个字形之间对于这个义项来说就是借用与借用的关系。④ 着眼于该义项，这几个字形之间的字际关系就是借字与借字的关系。

正如前文所说，"参"本义为"晋星"，本为像参宿三星在人头之上的独体象形，后加声符"彡"而来，为形音合体字；"品/晶"仅出现在春秋战国时期，像三星之形，形

---

① 李运富：《汉字学新论》，北京师范大学出版社2012年版，第236页。

② 同上书，第205页。

③ 虽然甲骨文中已经有"参"的形体，但记录什么义项，我们目前尚无法知道。

④ 李运富：《汉字学新论》，北京师范大学出版社2012年版，第239页。

体正好是"参"形体的上部分构件,本指为"参星",为独体象形字。"参"与"品/晶"本指相同,只是结构属性有所不同。在文献中,"参"与"品/晶"均可以被借用来记录数词｛三｝,因此,在记录数词｛三｝方面,"参"与"品/晶"的字际关系为借字与借字的关系。

四 数词｛三｝用字变化的原因阐释

(一) 汉字职能上的演变

就像汉字的形体与结构不是一成不变的一样,汉字的职能亦是如此。受到语言音义的变化以及汉字使用属性等方面的变化影响,汉字的职能也在发生着变化。

李运富在《汉字学新论》中曾经谈到,在创制某个字符的时候,该字符的功能应该是确定的。字符最初的功能往往是单一的,即通常情况下,一个字只记录一个词(可以有多个义项)。后来,为了表达的需要,一个字变得可以同时或历时地记录几个词,这种现象就是汉字职能的扩展。[①] 通过对上述现象的分析,不难发现,"参"字之所以可以被用来记录数词｛三｝正是汉字职能扩展的具体表现,也是甲骨文时期就存在记录数词｛三｝的本字即字位"三",之后还会用字位"参(参、叁$_1$)"来记录数词｛三｝的原因所在。

(二) 汉字表达上的区别律

前面我们已经谈到,"参(叁)"本义为"晋星",为星宿名,被借用来表示"数目三"义。后来由于兼用和借用,"参(叁)"字除了记录本义"晋星"以及被借用来表示"数目三"义外,还记录多个义项,单《汉语大字典》对"参(叁)"字的释义就多达20余项。

"参(叁)"字在记录"数目三"义方面,因其还记录其他诸多义项,从而使得人们在阅读具体文献时,无法单单从"参(叁)"字本身看出其表示的含义,而需借助前后文的语义、语法以及具体环境等因素来分辨"参(叁)"是否表示"数目三"义,显然,这已经影响到了"参(叁)"字记录语言的效果。为解决这一弊端,有必要把"参(叁)"字承担的记录"数目三"义项的职能分给另外一个字符来承担,而字位"叁"应运而生。字位"叁"产生后,人们在阅读文献时,只要看到"叁",一般都会直接联系到"数目三"之义。换句话说,"叁"字的产生,很大程度上源于汉字区别的需要,是为了在表示"数目三"义上增强表义的明确性新产生的一个有别于"参(叁)"字的形体。

(三) 汉字书写上的简易律

汉字在记录语言时,除了受表达上的区别律支配外,还会受到书写上的简易律支配。通过对各个时期数词｛三｝的不同字位在文献中的使用情况加以测查,我们发现,在记录数词｛三｝的所有字位中,积画成字来表示"数目三"之义的表义合体字"三"从商

---

① 李运富:《汉字学新论》,北京师范大学出版社2012年版,第210页。

朝一直到民国时期，其使用频率一直占据绝对优势，而此种现象的存在正是汉字在记录语言时为求书写便利所致。此外，对于字位"叁（叁₂、叄）而言，形体"叁₂"在民国时期消失，而形体"叄"的使用一直延续至今，这种现象也是受汉字书写简易律的影响。

（四）社会因素的影响

战国时期，诸侯割据，连年征战，文化人不再像大一统时期一样遵循旧制或是从容不迫地精心制作文字，写字往往越出常规，甚至各自按照自己的主观需要使用甚至创制文字，从而出现了班固在《汉书艺文志》所说"是非无正，人用其私"的情况。① 战国时期用来记录数词｛三｝的字位"品/晶"的出现正是在此时期动荡的社会背景下用字缺乏一个统一规范的标准的结果。借用"参"字上部形体（像三星形），也就是经过楷定之后写作的"品/晶"，来记录数词｛三｝，在当时带有偶然性与随意性（我们测查到的用"品/晶"来记录数词三的情况仅出现于楚国竹书中），并不是整个社会所认同的字，这也是为什么字位"品/晶"在战国时期短暂出现后立即消失的原因所在。

附：数词｛三｝用字总表

字位	字形	字形分析	使用属性	字际关系	殷商	西周	春秋战国	秦汉	魏晋南北朝	隋唐	五代十国	宋辽金	元	明	清	民国
字1	三	表义合体字，从三一	本用	本字	+	+	+	+	+	+	+	+	+	+	+	+
字2	参②	形声字，象参宿三星在人头上彡声	借用	1—2 本字与借字			+	+	+							
	叁₁								+							
字3	品/晶	独体象形字，象三星形	借用	1—3 本字与借字 2—3 借字与借字			+									
字4	叁₂	代义合体字，"三"为表义构件，"矣/夅"为代号构件	本用	1—4 本字与本字 2—4 借字与本字 3—4 借字与本字							+	+	+	+	+	
	叄										+	+	+	+	+	+

注：表中"+"表示该时期存在用某字记录数词｛三｝的文献用例。

---

① 周波：《战国时代各系文字间的用字差异现象研究》，博士学位论文，复旦大学，2008年，第188页。
② 虽然隋唐以后，还有用"参"来记录数词｛三｝的文献用例，但仅为很少量的仿古用字，为了便于大家更为清晰地把握数词｛三｝的用字演变脉络，此表中隋唐以后"参"下一栏不再用"+"标记。

数词｛七｝的历时用字考察

陈安琪

数词｛七｝从古至今的用字情况主要有两类：用本字和用借字。本字的情况只有一种，即用"七"字记录；而借字的情况主要有三种：①借用"柒"；②借用"漆"；③借用"柒"。在实际的使用中，记录数词｛七｝的具体字形绝不限于以上四种，还包括"柒""漆""柒"三字的各种异体字。这些异体字，是在文献书写和刻印的过程中由讹误等原因产生的，而非有意为之。如果我们站在文献书写和刻印者的角度去看，其在使用借字记录数词｛七｝时，意图不外乎借用"柒""漆""柒"三字，由于书写变异或其他一些原因，具体的字形有所不同。

基于这样的考虑，在讨论数词｛七｝用字的历时演变时，我们主要以"七""柒""漆""柒"四字为纲进行分类，将具有异体关系的若干字位划为一类进行讨论。同时，为了全面反映数词｛七｝的用字情况，对这些异体字，我们也尽量分立独立的字位，搜集用例、列举现象。

一　用字位"七"记录

字位"七"记录数词｛七｝的历史最为悠久，使用的范围也最为广泛。

"七"的具体字形并非一成不变的，而是经历过两个阶段，主要以东汉为分界点。东汉以前，"七"是一横一竖交叉之形，从甲骨文到西汉早期隶书都如此；东汉以后，竖画下端向右弯折，形成隶楷阶段的"七"，并一直沿用到今天。

在前一阶段中，字位"七"一直与其他某些字形相近，往往有混淆的可能，而到了后一阶段中则没有形近之字了。由此可见，"七"字由早期的形体发展到后期的形体，应该是出于人们有意避免混淆的实用目的。

甲骨文中的"七"写作"十"（合集10650），"甲"写作"十"（后·上3.16），二者都是一横一竖交叉之形。西周金文中的"七"沿袭了甲骨文的写法，作"十"（集成2839·小盂鼎），而西周金文中的"才"字写作"✦"（集成4178·君夫簋盖），有时中间的块状笔画较小，写作"十"（集成5395·宰甫卣）"十"（集成10175·史墙盘）等，与"七"的形体十分相近。在甲骨文和金文中，"七"与"甲""才"几乎从不用在相同的语境中，不会产生混淆，所以也没有区别的必要，"七"的形体就没有发生变化。

战国以后，"七"与"十"字形相近。"十"甲骨文写作"丨"（合集35260），西周金文写作"丨"（集成4179·小臣守簋），到了战国，"十"中间的点进一步演变成横画，写作"🧿"（九 56.12）"🧿"（睡·日甲 67）等形，与"七"十分相近。"七""十"记录的都是数词，常常出现在相同的语境中，二者字形又相近，极易混淆。为了区分二者，两字在书写上产生了一些区别。

楚文字中，部分"十"仍保留金文中的写法，另外一部分中的点已经变为横画了。由于"十"的横画来源于点，所以相对竖画来说比较短粗，而"七"的横竖画长度、粗细相当或横画比竖画略长，二者虽然都是一横一竖相交之形，但还有较为明显的差别。楚文字中也有部分"十"字，横画竖画长度、粗细相当，与"七"极为相近。与此同时，部分楚文字中的"七"产生了横画右端向下弯折的写法，如"🧿"（信 2.012）"🧿"（新·乙一 31、25），"十"则没有这种写法，这应该也是楚文字中避免"七""十"混淆的一种手段。燕文字中，"七"的竖画多有弯曲，如"🧿"（货系 3088 燕明刀）"🧿"（货系 3288 燕明刀），且已经有了"七"在东汉以后发展起来的形体极为相近的字形"🧿"（先秦编 573 燕明刀）。秦文字中，"七"横画长、竖画短，如"🧿"（睡·日乙 97），"十"横画短、竖画长或横竖画没有明显长度区别，如"🧿"（里·J1 (9) 1 正）"🧿"（睡·日乙 29）。出土汉代简牍帛书中的大部分"七"也与秦文字相同，横画长、竖画短，并以此与"十"区别，也有个别"七"横竖画长度差别不明显的，也存在与"十"相混淆的可能。写于两汉之际的武威汉代医简中的"七"，绝大部分竖画是倾斜的，上端向左，下端向右，如"🧿"（武医 10）"🧿"（武医 24），"十"则没有这样的变化，这也是汉人为了区别"七""十"而使用的手段之一。更有甚者，倾斜之笔下端带有弧度，已经有了东汉以后"七"字形体的雏形，如"🧿"（武医 10）"🧿"（武医 85a）。这种竖画倾斜的"七"字，可能是东汉以后至今使用的"七"字的形体来源。

东汉以后，隶书进一步发展，"七"由一横一竖相交发展出竖画下端向右弯折的"七"字，不再与"十"形近，字形逐渐稳定下来并沿用至今。

数词｛七｝以"七"字记录，从古至今都十分常见，为避免繁冗，姑且不举例说明。

《汉语大字典》中有"㐅"字，作为"七"的异体。"㐅"是小篆"㐅"转写成楷书的形体。小篆"㐅"应该是为了避免"七"与"十"混淆而对"七"的早期形体进行改造而产生的字形，在秦会稽刻石上已有小篆"七"，写作"㐅"。"㐅"记录数词｛七｝，仅见于小篆，楷书"㐅"虽存于字书中，但未使用于实际文献。《正字通·一部》云："七，篆作㐅。"可见"㐅"只是对小篆字形的楷书化转写，而非隶楷阶段实际应用过的字形。小篆中的"㐅"，应当看作字位"七"在小篆这种书体中的特殊书写形式和风格，不必单独独立为一个字位。

二 用字位"桼""柒"等字记录

假借"桼"记录数词｛七｝，最早见于西汉，两汉之际应用最广。

我们虽然将"桼"及其异体字分立为独立的字位，但仍归为一类讨论，主要是出于字形演变和古人对这些字的认识的考虑。从字形演变上看，"桼"小篆作"🧿"，象树上流出漆汁之形，本义是漆树和漆汁。从小篆到楷书，"桼"的外形变化不大，但形体构意发生了较明显的变化：小篆中"木"的上半部分与中间两滴漆汁重新组合成楷书"桼"上部的"木"，小篆"木"的下半部分和下方的四滴漆汁重新拆分组合成楷书"桼"中间的"人"和下方的"水"，楷书的"桼"更像是会意字了。楷书"桼"与小篆的形体构意不同，但仍与其本义密切相关，也继承了小篆的字形。"桼""柒"等字与"桼"的字形极为相近，但与小篆形体差别较大，从字形上也看不出形体构意，因此我们认为"柒""柒"等形体是"桼"在抄写和刻印等环节中发生讹变而产生的异体字，其使用职能与"桼"无异。从古人对这些字的认识上看，这几个字在古人的文字观念中可以看作一个字，只是书写上有不同。我们之所以这样说，主要是基于这样一个事实：古代字书、韵书并未将这些字全都列为独立的字头，或只收一字代表所有字形而不收其他字形，如《集韵》（明州述古堂影宋钞本）、《玉篇》《康熙字典》收"桼"而未收其他字形，《集韵》（潭州宋刻本）收"柒"而未收其他字形；或在收某一字形的同时指出还存在其他俗字或错字的情况，如《正字通》"桼"下以"柒"为讹字。这个现象说明了在古人的观念中，"桼""柒""柒"等字是相同的，只是写法略有不同而已。出于以上两方面的原因，我们将记录数词｛七｝的"桼""柒""柒"等字位看作一个整体进行讨论，下文如需概括讨论这一组字，而非限定某一具体字形，则以"桼组字"代称这一系列字。

出土文献中的古文字和早期隶书，形体不够稳定和规范，如果严格按照每一个字的形体转写为楷书，那么即使是同一个字也可以转写出许多不同的形体，我们姑且将其统一楷定为"桼"，放在字位"桼"下讨论。这主要出于两方面的考虑：一是古文字形体比较不稳定，变化多样，但都能分析出构意而且其构意都是一致的，没有必要总结为不同的字位；二是因为我们即将讨论到的"桼"的诸多异体主要是在隶楷阶段尤其是六朝以后产生和使用的，没有必要将古文字和早期隶书囊括在内。

（一）用字位"桼"记录

"桼"的本义是漆树和漆汁，假借该字记录数词｛七｝最早见于西汉。因为当时"七"与"十"字形相近，区别仅在于横竖画的长短，极易混淆，为了避免这种混淆而假借"桼"记录数词｛七｝。这种用法最早见于两汉之际。写于西汉晚期的武威汉简《仪礼》经文沿用"七"，但每支简下端标记的序号全部使用"桼"。新莽时期这种为了避免混淆而假借"桼"记录数词｛七｝的用法相当普遍，如：

(1) 中尚方铜五斗钟一，重三十六斤，始建国三年桼月工□□□东音夫□掌护常省。(《汉金文录》卷二 216·新莽钟)

(2) 始建国天凤五年桼月甲寅……(《居延新简》EPF22.674)

(3) 候钲，重五十桼斤。新始建国地皇上戊二年。(洪适《隶续》卷二)

东汉后，隶书进一步发展，竖画下端向右弯折的"七"字产生并逐渐通行，与"十"不再形体相近，混淆的可能也大大降低，因此数词｛七｝又开始大量使用本字"七"记录，但假借"桼"记录的用法也没有消亡，在东汉铜镜铭文和三国时期的碑刻中仍有用例。如：

(4) 柒言之始自有纪，湅治铜锡去其宰（滓），辟去不详（祥）宜古（贾）市。（中国铜镜图典 308·东汉中期·几何纹博局镜）

(5) 大贝、余蚳、余泉柒十有五。（三国·吴·禅国山碑）

这一时期假借"柒"字记录数词｛七｝的目的只是避免"七""十"混淆，还未具有后世防篡改的考虑。

汉魏以后的碑刻、印刷文献中少见"柒"组字，是因为"柒"组字已经将其本用职能转移给"漆"字，也不再承担记录数词｛七｝的借用职能，因此不常见了。从这段时期开始"柒"主要见于字书而鲜见于实际使用的文献，专门研究文字、金石的著作中也有"柒"字，用以说明古代用"柒"记录数词｛七｝的现象，如：

(6) 又汉石刻用柒为数目字。（明·张自烈《正字通》（哈佛燕京图书馆藏本））

(7) 柒，古七字。（清·顾炎武《山东考古录》清光绪刻本）

（二）用字位"柒"记录

元《绍兴路增置义田碑》中数词｛七｝用"柒"记录。

(8) 为畝壹伯柒十有奇，登其数于籍。（元·绍兴路增置义田碑）

"柒"可能是"柒"下部"水"讹变作"小"产生的字形，也可能是从比小篆更早的古文字形体或早期隶书形体演变而来的。金文"柒"作"𣏟"，传抄古文字有"𣏟"，秦汉简牍帛书中的"柒"一般写作"𣏟"，三国吴《天发神谶碑》"柒月"之"柒"写作"𣏟"，与楷书"柒"已经有些类似了。

前文已经提到，"柒"组字无论是记录其本用词项还是假借词项，在汉魏以后都已经不常用了，元代这个用例，应该属于偶然情况。

（三）明清时期的"棶""柒""㯃""㳄"

明清时期的文字、金石研究著作，对两汉用"柒"记录数词｛七｝这一现象几乎都有论述。在这些著作的明清刻本、抄本中，"柒"发展出了众多异体。

1. 棶

明清一些刻本和抄本中有"棶"字，应是"柒"在书写过程中产生的变异字形。"柒"上部构件"木"的左、右两画都讹变为"八"。"棶"古文字有作"𣏟"（货系4055）者，"来"字古文字作"朱"（西周中期·召鼎·集成 2838），亦有作"朱"者（睡·日乙 176），隶楷阶段作"来"，"柒"的字形演变路径可能与"来"相似，那么"棶"就有可能是古文字字形在隶楷字形中的遗存。但"棶"这个字形也有可能只是因为"柒"上半部分与"来"形近而产生的讹变。

"桼"在金石研究著作中用于说明古代用"桼"组字记录数词｛七｝的现象。如：

(9) 桼，古七字。（清·顾炎武《金石文字记卷三》文渊阁四库全书本）
(10)《潜研堂金石文跋尾》曰：岩山纪功碑文："桼月己酉朔。"……此碑亦借桼为七。（清·叶昌炽《语石卷八》宣统元年刻本）

"桼"这个字形，其实并非明清时期才产生的。作为"漆"的构件，"桼"至迟在唐代就已经产生了。（详见下文）

在六朝、隋唐以后的碑刻、印刷和书写文献中"桼"组字不常用，而含有"桼"组字作构件的字仍然十分常见，明清时期"桼"组字的诸多形体其实都可以在六朝以来的这些字中找到。"桼"组字作为其他字的构件产生了诸多异体字形并且进入人们的书写习惯，当它在字书、韵书和文字、金石研究著作中作为独立的字被使用的时候，这种书写习惯也传递过来，因此即使是在唐以后不常用的"桼"字，也发展出了很多异体。

2. 桼

"桼"是"桼"下部构件"水"讹变作"小"而产生的字形。与"桼"字相同，"桼"亦见于明清刻本中，用于说明古代用字现象。

(11) 吴中有桼娥之台。……桼即七也。《太玄·七政》亦作桼。（明·陈继儒《枕谭·桼》江苏巡抚采进本）

3. 桼

宋以后的韵书和文字研究著作中，"桼"组字还有写作"桼"者。

(12) 束皙赋："朝列九鼎之奉，夕宿桼娥之房。"桼，古七字。《太玄·七政》亦作桼。（清·褚人获《坚瓠集》清康熙刻本）

"桼"字应该是"桼"上部的构件"木"和"人"连写变成"丈"造成的讹误。

宋本《广韵》《集韵》所收之"桼"，虽然记录的是其本用词项而非数词｛七｝，但也能说明"桼"这个字形在宋以后比较常见。

4. 桼

明清刻本中"桼"组字还有写作"桼"者，如：

(13)"夕宿桼娥之房。"桼即古七字，《太玄·七政》亦作桼政。（明·谢肇淛《文海披沙》万历三十七年刻本）

"桼"上部"木"和"人"连写后变为"丈"，下部"水"变为"小"，产生了"桼"字。

虽然"桼"组字在明清的金石、文字著作中异体众多，但这些字形严格来说都不是用来记录数词｛七｝的，而是用来说明古代用字现象的，而且这些论著要说明的问题都是一致的：假借本义是漆树、漆汁的"桼"字记录数词｛七｝是两汉时期特有的用字现象。把这些不同的字形和论述归纳到一起，也反映出这样一个事实：在"桼"组字假借记录数词｛七｝的时代（汉代），是没有这么多复杂的讹误字的，明清时期刻本、抄本中的诸多异体字产生之时，"桼"已经不用于记录数词｛七｝了。所以在上面诸多字位中，只有"桼"和"柒"是在文献中实实在在地记录过数词｛七｝的。

三　用字位"朩"记录

"朩"是"桼"的俗字，从木、七声。①

《隶辨》卷五"朩"字下云："《李翊夫人碑》：'寿十二兮九九期，三五朩兮衰在姬。'按：即桼字，亦借用七也。"此即假借"桼"之俗字"朩"字记录数词｛七｝，与假借"桼"记录数词｛七｝一样，是汉代的用字现象。"七"至少到东汉时期才定形，因此"朩"也应该产生于东汉以后，略晚于假借"桼"这一用法的产生时代。"朩"字罕见，笔者尚未找到假借记录该字记录数词｛七｝的其他用例。

四　用字位"漆""漆""漆"等记录

唐代数词｛七｝曾假借"漆"记录，而六朝以来"漆"产生了诸多异体字，到了唐代这些异体字也与"漆"一样，用来记录数词｛七｝。

我们将"漆"与其异体字分立为不同字位，但仍放在一组讨论，仍是基于古人对这些字的认识的考虑。虽然我们认为这些字应当归为不同的字位，但在古人的文字观念中，这几个字都是同一个字。前文已经讨论过古人将"桼"及其诸多异体都看作同一字，那么加上一个水旁的"漆"及其异体字，也不应该看成不同的字。而且字书、韵书中的情况也确实如此：与"桼"及其异体相同，"漆""漆""漆"等字也没有全部被列为独立的字头，各书或只收一字代表所有字形而不言及其他，如《集韵》（明州述古堂影宋钞本）、《类篇》《正字通》《康熙字典》收"漆"而不言其他、《宋本玉篇》收"漆"而不言其他、《集韵》（潭州宋刻本）收"漆"而不言其他；或在某一字形下用"俗字""错字"等说明还存在其他异体字，如《字鉴》"漆"下云"俗作漆"。另外，同一部字书或韵书中这几个字形也常常夹杂使用，如《类篇》（汲古阁本）"漆"字下说解用了"漆"字。由这些现象可见古人对于"漆"及其诸多异体，都是看作同一字的，即使认为它们有区别，也只是"正字""俗字"和"错字"的区别罢了。下文中不需要严格区分这些字形处，一律用"漆组字"作为这组字的统称。

---

① 前人多谓"朩"是"桼"的草写，张涌泉先生认为非草写，而是从木、七声。详见《敦煌俗字研究》第304页。

（一）用字位"漆"记录

"漆"本为水名，后取代"桼"记录{漆树}{漆汁}等词项。
传世先秦文献中偶有假借"漆"记录数词{七}者。

(14) 周公旦朝读百篇，夕见漆十士。(《墨子·贵义》)

唐代常常假借"漆"字记录数词{七}。开成石经《五经文字》中每部最后小计本部字数，数词{七}全部使用"漆"记录；《九经字样》中"七""漆"并存，每部小计字数仍用"七"，而开篇处总计字数用"漆"；石经经文仍沿用"七"，不改为"漆"。

(15) 人部……凡漆拾陆字。(唐·开成石经《五经文字》)
(16) 凡漆拾陆部肆伯贰拾壹字。(唐·开成石经《九经字样》)

白居易《论行营状》中亦用"漆"字记{七}：

(17) 一月之费计实钱贰拾漆捌万贯。[《白氏长庆集》(四部丛刊景日本翻宋大字本)]

《白氏长庆集》虽为宋刻本，但宋去唐不远，且唐代除石刻和敦煌写卷外少有同时文献可查，我们认为以此说明唐代的用字现象也无大碍。宋刻本的"漆"未必与唐代原本中相应的字形体完全相同，但即使从宋刻本我们无法得知唐代原本究竟写作"漆"还是其异体，但至少能够证明唐代存在用"漆"组字记录数词{七}这一现象。
唐人假借使用"漆"记录"七"，显然与汉代防止形近字混讹的目的不同，很大一部分是出于防止他人篡改的目的而有意为之，也有一部分看似没有防篡改必要而用假借字记录{七}的，可能是出于用字习惯。

（二）用字位"㯃"记录

"㯃"是"漆"之讹体。"漆"的右侧构件"桼"讹为"黍"（原因已在"桼"组字中讨论过，此处不再赘述），形成字位"㯃"。"㯃"数见于唐代石刻：《庞履温碑》"漆"写作㯃，《李本其墓志》"漆舟横泛"之"漆"即作"㯃"。假借记录数词{七}者如：

(18) 神龙贰季，岁次景午水，捌月壬申金，朔贰拾㯃日戊戌水。(唐《升仙太子碑》)

用笔画复杂的假借字记录日期，未必有防篡改的意图，也可能是为了显示庄重。

（三）用字位"漆"记录

唐代墓志铭中还有"漆"字，记录数词｛七｝。

  （19）春秋漆拾有壹。（唐《俎威墓志》）

"漆"也是"漆"之讹体。"漆"右上部"木"的左、右两笔分别讹为两点，竖画又与"人"连写，右下部的"水"又讹为"小"，形成字位"漆"。

（四）唐代其他"漆"之异体

"漆"组字用于记录数词｛七｝的时间较短，仅见于唐。在这段时期内，数词｛七｝在使用"漆"组字的同时也不排斥"七""柒""柒"等字，而记录数词｛七｝也不是"漆"组字的主要职能，同时期绝大部分"漆"组字记录的都是与｛漆树｝｛漆汁｝相关的词项以及地名。因此，虽然六朝隋唐以来"漆"组字异体众多，但其中很多形体（尤其是手写体）在同时文献中找不到记录数词｛七｝的用例，而见于后人的转引及对唐人以"漆"组字记录数词｛七｝论述。与"柒"组不同的是，"漆"组的某个具体字形，即使在唐代同时文献中找不到记录｛七｝的用例，但如果能够找到证据证明当时这个字形已经产生，我们也有理由相信这些字形在当时曾被用来记录数词｛七｝，因为这一组字形在古人的观念中是相同的，理应都可以记录数词｛七｝，只是由于材料所限，我们无法看到罢了。

唐代同时文献，找不到记录数词｛七｝用例的"漆"组字，还有以下字位。

1. 漆

"漆"右部的"木"和"人"上下相邻，"木"中间的竖画极易与"人"的"丿"连在一起，"漆"右部就讹变成了上"夹"下"水"。这个字形在六朝或初唐时就有了。敦煌写卷《毛诗传笺》（S.5705）① 中写作"漆沮"之"漆"即写作"漆"。

2. 漆

在"漆"的基础上，"水"进一步讹为"小"，就是"漆"。这个字形见于敦煌唐写本《毛诗》（P.2529），作"漆"。

3. 漆

唐《樊端墓志》中"漆"作"漆"。这个字形应该是在"漆"的基础上省掉一横形成的，右部构件变成了上"火"下"小"的形体。

4. 漆

唐代"漆"组字还有写作"漆"者，如《薛豆卢夫人墓志》中的"漆"、《畅怀祯墓志》中的"漆"。这个字形也是"漆"之讹。"漆"右上部构件"木"的左、右两画都讹为"人"，下部的"水"又讹为"小"，产生"漆"字。

---

① 为六朝或初唐写本。详见张涌泉主编《敦煌经部文献合集》第 2 册，第 953 页。

5. 漆

唐《杨思立墓志》中"漆"作"漆"。这个讹字与"漆"类似，区别仅在于构件"水"讹为"小"，比"漆"多一点。

6. 漆

唐《杨氏合葬残墓志》中"漆"作"漆"，综合了以上几种讹误。

除以上列出的字形外，宋元以后的字书还收录了"漆"的很多异体，如"漆""涞"等。我们尽量在唐代的同时文献中找出相应的字形并列举出来，但鉴于宋元以后"漆"组字没有记录数词{七}的实际职能，在唐代同时文献中没有找到的字形，我们就不一一列出了。

五 用字位"柒""柒"记录

假借用字位"柒"和"柒"记录数词{七}，在敦煌出土的契据文书中已经比较常见，到宋元以后，在各种文书尤其是官方文书中得到了更加广泛的使用。

"柒"实为"柒"省去一笔的字形，这种省笔实际上造成了二字构件的差异："丫"与"氵"都是独立的汉字构件，二者不同，所以我们将两字分立为两个字位。但我们仍将两字作为一组进行讨论，这也是站在古人对这两个字的认识的角度出发的。在古人的文字观念中，这两个字是没有区别的。我们之所以这样说，主要是基于以下三个事实：第一，古代字书、韵书从未同时收录"柒""柒"二字，只会收其中之一；第二，在某些字书中，记录同一个数词{七}的大写字形，既有"柒"，也有"柒"，如《康熙字典》中字头用"柒"，而"七"字下说解也用了"柒"；第三，字书、韵书在引用其他文献中的"柒""柒"二字时，所用字形不一定与原书完全相同，原书作"柒"者，在引文中有可能写作"柒"，反之亦然，即两字往往交错使用，并不加以区别，如《康熙字典》"七"字下引《正字通》用"柒"，而《正字通》本来用"柒"。由以上三点可知"柒""柒"二字在古人的观念和实际使用中是没有区别的，因此我们将这两个字位划为一类进行讨论。不必区分两个字形时，则统称为"柒组字"。

"柒"组字是"漆"字的俗写，本用职能是记录{漆树}{漆汁}等词项。《山海经·西山经》："又西百二十里曰刚山，多柒木。"此即用其本义。记录数词{七}是"柒"组字的借用职能。

假借"柒"组字记录数词{七}，目的主要在于防止他人篡改。这与两汉时期假借"桼"记录数词{七}以防止"七""十"混淆的目的不同。"七"字形体简单，容易改动，而"柒"组字较为复杂，不易改为其他数字。假借"柒"组字记录数词{七}，主要见于契据、会计、财政、籍历等文书，一般文献中的数词{七}仍用"七"记录，可以看出非常明显的防篡改意图。这种现象在敦煌出土文献中就已经十分明显了，"柒"组字在敦煌文献中仅见于契据、会计、财政、籍历等文书，而其他类型的文献如佛经、算经、变文、诗赋等，数词{七}全部使用字位"七"记录。

(一) 用字位"柒"记录

"柒"是"漆"的俗字，记录{漆树}及其相关词项，最初的写法是"淶"，即以"漆"右侧构件"枣"的俗字"朱"替换"枣"。唐代石刻《干禄字书》（明拓本）："……淶、漆，并上俗下正。"其中的"淶"即其早期写法。后来"水"移到"木"上方，变为"沁"在上、"木"在下，即今天的"柒"字。"柒"字虽然变换了构件位置，但其形体构意没有随之改变，不能分析为从木、从沁或从木、沁声，因此我们将二者归为同一个字位"柒"。

假借"柒"字记录数词{七}的用法最早可追溯到南北朝以前。敦煌吐鲁番出土的《北凉神玺三年（399）仓曹贷粮文书》中有"淶石""拾斛"等字，蒋礼鸿先生认为"淶"即"柒"，张涌泉先生则指出这是敦煌吐鲁番文献中有明确纪年的最早的大写数字。[①]

在记数时假借"柒"组字记录数词{七}，在这一时期还不是普遍现象，但到了敦煌出土的隋唐契据、会计文书中，"柒"组字用于记数就已经十分普遍了，这一时期也已经有了一套比较完备的大写数字系统。从这一时期开始，"漆"与"柒"组字已经不完全是繁简、正俗的关系了。"柒"组字在记录{漆树}等词项的同时，也承担了记录数词{七}的职能，而在同一批文献中"漆"组字没有记录数词{七}的职能，二者有所区别。到了宋元以后，使用"柒"组字记录数词{七}更是成为奏议、政书、会计等文献用字的通例，用来记录日期、人数、账目、官阶等比较重要的数字。

"柒"组字在出土敦煌文献及宋元以后的刻本、抄本中，习惯写作省一笔的"柒"，作"柒"者较少，在唐代部分墓志中则作"柒"。作"柒"者举例如下：

(20) 以开元拾柒年柒月贰拾伍日遘疾，终于东京寿安县之别业。（唐《张璬墓志》）

(21) 仁宗……洪武拾壹年柒月贰拾叁生于凤阳。[《明实录·仁宗昭皇帝实录》（红格钞本）]

(22) 实在塘陆百肆拾陆顷柒拾玖亩伍分伍厘贰毫贰丝捌忽。[《(雍正)浙江通志·田赋·金华府》（文渊阁四库全书本）]

近代以来，"柒"组字仍用于记录日期、账目等，在相对规范的印刷体中都统一写作"柒"。当代"柒"字则主要用来记录与会计、金融有关的数字，记录日期比较少见。

(二) 用字位"柒"记录

"柒"是"柒"字省略一点的写法，前文已经提到，这两个字在实际使用职能和古人

---

① 张涌泉：《汉语俗字研究》（增订本），商务印书馆2010年版，第371页。

的文字观念中没有差别。但因为这种省写导致了二字左上部构件不同,我们将它们分立为不同的字位,以便全面反映数词{七}的用字情况。

敦煌出土的会计财政文书、牒状籍历文书中,绝大部分数词{七}都写作"柒",并与其他大写数字配套使用。如:

(23) 柒阡伍伯玖拾玖硕玖虬贰胜捌合粟。(《唐天宝四载河西豆卢军和籴会计牒》P. 3348. V)

(24) 叔承嗣年柒拾柒岁。……妻张年肆拾柒岁。(《唐大历四年沙州炖煌县悬泉乡宜禾里手实》S. 514)

敦煌非财政、牒状类文献偶有不与其他大写数字配套使用的"柒",这类"柒"字可能没有防篡改的意图,可能是出于用字习惯或为了体现庄重感,如:

(25) 天福柒年四月廿日题记。(《后晋故归义军节度班首都头知管内都牢城使阎府君胜全(盈进)写真赞并序》P. 3718)

(26) 于时太平兴国柒年壬午岁二月廿日立契……(《宋太平兴国七年吕住盈、阿鸾兄弟典卖土地契》S. 1398)

宋元直到明清的刻本、抄本中的大写数词{七}也是以作"柒"者为多。如:

(27) 在州及外县寨专副杨聂等下山白草共肆万柒阡伍伯陆拾肆束。(《欧阳文忠公集·河东奉使奏草卷下·乞罢刈白草札子》宋庆元二年刻本)

(28) 绵柒仟陆伯伍拾柒斤柒两伍分柒厘。(元《金陵新志》元至正四年刊本)

(29) 戊子,发太仓银贰万贰千柒百余两于大同。(《明实录·世宗肃皇帝实录》红格钞本)

(30) 围大陆尺贰寸、长柒丈柒尺桅木壹根,计银叁拾柒两。(清《福建省外海战船则例》)

近代以来大写数词{七}在印刷体中不再采用"柒"字,统一使用"柒"。但"柒"字仍然存在于手写体中。如《申报》中刊登的一些采用手写体的银行广告,数词{七}的大写均作"柒"。

从唐代以后一直到现代,"柒"组字作为大写形式记录数词{七}都是非常普遍的。但如果从数词{七}用字的总体情况来看,"柒"组字的总数还是远远少于"七"。"柒"组字记录数词{七}的职能仅限于一些特定内容,而"七"的使用范围更广。"柒"组字涉及的内容,也可以用"七"记录,而一般领域的数词{七}不需要用大写。即使是比较严谨的官方文书,在使用"柒"组字记录较为重要的数字的同时,也使用"七"记录这些重要数字。检索宋元时期官方文书中的数词{七},我们发现元代《通制条格》

(明抄本①)中大写用例较多。《通制条格》在论及重要数字的时候多用大写,但同时也有一些用小写的例子:论及官阶既有"柒品"(15例),也有"七品"(5例);论及粮食账目既有"柒合"(2例)也有"七升"(2例)"七合"(1例)。同样是元代的《南台备要》(永乐大典本)也大写小写同时使用:论及官员月俸,有"柒拾柒贯陆钱叁分"的大写形式,也有"六两六钱六分七厘"的小写形式,而且小写形式比大写形式数量还多。这说明人们虽然在记录账目等重要数据时有意使用大写形式来防止他人篡改,但仍没有在这些领域彻底废弃"七"字。现代的情况也与之类似,并非所有涉及账目、等级的数词都用大写,只有在具有一定法律效力或凭证作用的文件、单据中使用。

六　数词{七}用字总结

(一)数词{七}用字历时演变关系

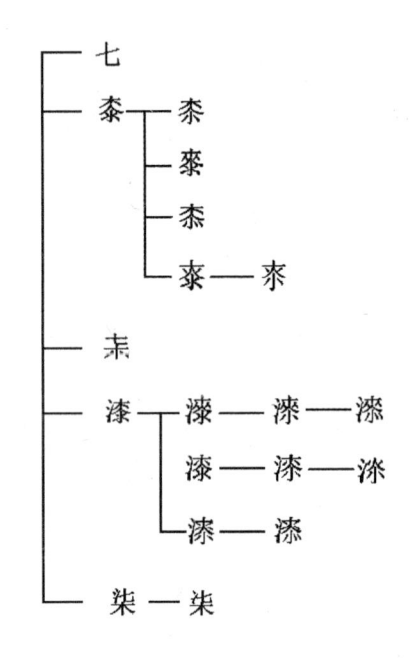

图1　数词{七}用字历时演变关系

---

① 虽为明抄本,但元明相距甚近,且元代文书在明代已经不具有效力,明人抄写时也就没有必要出于防伪的目的而故意改写其中的大小写数字。且从明抄本中数字大小写并存的情况来看,该抄本数字应该未经改动,否则应当统一。因此我们认为明抄本可以作为参考。

（二）数词｛七｝用字总表

表1　　　　　　　　　　　　数词｛七｝用字总表

字位	使用时代											
	殷商	西周			战国	秦汉	魏晋南北朝	唐宋	元明	清	现代
		早	中	晚							
七	+	+	+	+	+	+	+	+	+	+	+
柒						+	+				
柰										+	
漆								±①	±	±	
桼								±	±	±	
㴋								±	±	±	
㲍								±	±	±	
柒						+					
漆						+		+			
漆								+			
漆								+			
漆								+			
漆								+			
漆								+			
漆								+			
漆								+			
漆								+			
柒							+	+	+	+	+
柒								+	+	+	+	+

参考文献

1. （清）顾蔼吉:《隶辨》，中华书局1986年版。
2. 何余华:《汉语常用量词用字研究》，硕士学位论文，北京师范大学，2015年。

---

① "±"符号表示这一时期有此字形，但记录数词｛七｝仅限于传抄古代文献和说明古代用字现象，当时实用文献中的数词｛七｝不用该字记录。

3. 李运富：《汉字学新论》，北京师范大学出版社 2012 年版。
4. 李运富：《汉字语用学论纲》，载《励耘学刊》（语言卷）总第 1 辑，学苑出版社 2005 年版。
5. 陆锡兴：《汉字数字之变迁》，载《中国文字研究》第 2 辑，大象出版社 2013 年版。
6. 毛远明：《汉魏六朝碑刻校注》，线装书局 2008 年版。
7. 毛远明：《汉魏六朝碑刻异体字典》，中华书局 2014 年版。
8. 汤馀惠主编：《战国文字编》，福建人民出版社 2001 年版。
9. 滕壬生主编：《楚系简帛文字编》（增订本），湖北教育出版社 2008 年版。
10. 王爱民：《燕文字编》，硕士学位论文，吉林大学，2010 年。
11. 王辉主编：《秦文字编》，中华书局 2015 年版。
12. 徐在国主编：《传抄古文字编》，线装书局 2006 年版。
13. 徐中舒主编：《汉语大字典》，四川辞书出版社 1986 年版。
14. 《景刊唐开成石经》，中华书局 1997 年版。
15. 臧克和主编：《汉魏六朝隋唐五代字形表》，南方日报出版社 2011 年版。
16. 张丹：《汉代铜镜铭文研究概况及文字编》，硕士学位论文，吉林大学，2013 年。
17. 张涌泉：《汉语俗字研究》（增订本），商务印书馆 2010 年版。
18. 张涌泉：《敦煌俗字研究》，上海教育出版社 1996 年版。
19. 张涌泉主编：《敦煌经部文献合集》，中华书局 2008 年版。

附录：所引出土文献简称及全称对应

合集	《甲骨文合集》
集成	《殷周金文集成》
后	《殷墟书契后编》
睡	睡虎地秦简
新	新蔡葛陵楚简
九	九店楚简
里	里耶秦简
武医	武威汉代医简
货系	《中国历代货币大系》
先秦编	《中国钱币大辞典·先秦编》

动词｛得｝的历时用字考察

孙 倩

近年来词语的用字研究逐渐成为热点前沿问题，现有的研究成果集中于出土文献的用字习惯测查和描写，以字词对应关系作为切入点着重归纳出土文献的同词异字、同字异词现象，以某个词作为立足点进行系统测查的成果尚不多见。[①] 通过对词语用字进行总账式梳理，有助于揭示汉语字词关系随着时空变化呈现的规律，也有助于从微观细部的角度对汉字发展史进行深入描写，本文尝试以动词｛得｝为例，探讨书写变异、字形异构与词语用字的关系。历代记录｛得｝的字形纷繁错杂，主要原因在于其每个构件都有数种变化且相互组合。

一 动词｛得｝的产生

现代汉语中"得"字主要记录三个词，分别是动词｛得$_1$｝（音 de^{35}，包括同音的表示"能、可"的助动词）、表示"必须、应该"义的助动词｛得$_2$｝（音 dei^{214}）和动词后用来连接可能、程度与结果补语的助词｛得$_3$｝（音 de 轻声）。其中后两个的出现时期相对较晚，且作为补语标记的助词｛得$_3$｝已被证明是由动词｛得｝逐渐语法化而来[②]，而表示"必须、应该"义的助动词｛得$_2$｝，"既表客观条件的限制性，又表主观意愿的可能性"[③]，与动词｛得$_1$｝的某些意义特征（客观上的可以取得且主观上的想要获取才能构成"得"的结果）有相近之处，似也是由之派生而成。限于主题和篇幅原因，这里不再展开论述。三词的读音在现代汉语中已有分化，然而字形仍都用"得"字，且纵观历代文献中也未见有字形分化现象，每一个时代平面上三词的用字情况并无区别。本文将用字考察限定在动词｛得｝范围内，主要指动词｛得$_1$｝和助动词｛得$_2$｝的用法，以求各字形所对应的语言符号具有统一性，部分仍处于语法化过程中，两可分析的用例在此也列入动词范围内分析。然而对于部分缺少语境的字形或者语境出于各种原因难以落实的情况，出于完整考察字形情况考虑，笔者也将其录于文中。

[①] 以单词作为立足点测查用字的成果，目前可见周波《战国时代各系文字间的用字差异现象研究》，博士学位论文，复旦大学，2008 年；王子杨：《甲骨文字形类组差异现象研究》，博士学位论文，首都师范大学，2011 年；刘君敬：《唐以后俗语词用字研究》，博士学位论文，南京大学，2011 年；何余华：《汉语常用量词用字研究》，硕士学位论文，北京师范大学，2015 年。

[②] 吴福祥：《从"得"义动词到补语标记——东南亚语言的一种语法化区域》，《中国语文》2009 年第 3 期。

[③] 王凤阳：《古辞辨》，中华书局 2011 年版，第 993 页。

动词｛得｝的产生时代较早，甲骨卜辞中已屡见不鲜，如：

(1) 帚其亡曼子。(《甲骨文合集》, 8925 正)
(2) ……曼马……(《甲骨文合集》, 怀 359)
(3) 不其曼。(《甲骨文合集》, 133 正)

从可识读的部分来看，例 (1)、例 (2) 中的"得"义为"取得、获得"，即"得"字的本义，例 (3) 义为"成事"，可以理解为"取得成功"，故也归入本用职能。后来又引申出精神上的"满意、得意"（自得）之义、"适合、契合"（相得益彰）之义、"能、可"（助动词）之义①等，这些都属于动词｛得｝的范畴。

二 动词｛得｝的历时用字描写

动词｛得｝在历史文献中使用的记录字形多达 15 个，书写变异对词语的用字产生过极大的影响，记录同词的异体现象极为常见，通过系统梳理动词｛得｝的记录字形对于了解书写变异与用字的辩证关系、汉字记录汉语过程中形体结构出现的动态变化都是有重要参考价值的。书写变异引起词语用字的变化经历了从量变到质变的过程，差异到什么程度算作一个新的字形，不同记录字形如何认同别异？李运富先生指出汉字本体具有"形体、结构、职用"三种基本属性，区分形体单位也应以不同属性为标准，但形态的差别难以描写、也无法穷尽，所以我们所说的"字位"是指结构属性和职用属性相同的字形单位，结构属性或职用属性不同，都看作不同的"字位"。所以记词职能不同归纳为新的字位；构形方式不同区分为不同字位；构形方式相同，所选直接构件不同，区分为不同字位；直接构件变异成新的构件，引起整字形体的变化，变异后的形体归纳为新的字位；笔画不同或间接构件的变异是有意为之，体现出特殊用字意图的，变异形体归纳为新的字位。②

词语的用字研究需梳理词语与不同用字间的字词关系、不同用字间的字际关系③，我们根据不同用字与动词｛得｝构成的字词关系，将不同用字主要分为两种类型：以本字记录动词｛得｝、以通假字记录动词｛得｝。

(一) 以本字记录动词｛得｝

历史上以本字记录动词｛得｝，根据不同用字构形模式的差异，可以分成从贝在手的会意系列和从彳、导声的形声系列，会意、形声系列下又出现系列变异字形，由于变异字形都具有可追溯性，通过变异系列的梳理我们都能找到原初字形，故仍将变异字形看作记

---

① 此处依据王力《古汉语字典》所归纳的义项。
② 本文"字位"归纳的相关原则参照何余华《汉语常用量词用字研究》，硕士学位论文，北京师范大学，2015 年。
③ 参见李运富《汉字语用学论纲》，载《励耘学刊》（语言卷）总第 1 辑，学苑出版社 2005 年版。

录动词｛得｝的本字。下面根据字位出现的时间先后顺序试作梳理。

1. 以会意方式构造的系列用字

以会意方式构造的系列用字主要由表义构件"贝"或其变体"目""见""旦"、与手部动作相关的构件"又""寸""爫""手"等组合而成，用以手持贝会合获得义。

【曼】

"曼"字从又从贝会意，构意为以手获取贝壳会合获取义。该字早在甲骨卜辞中就已出现，我们对《殷商甲骨刻辞类纂》动词｛得｝及其用字频次进行统计，动词｛得｝共计出现147例，以"曼"记录凡136例①，可见殷商时代动词｛得｝的社会习用字是"曼"。如：

（4）不其曼。（《甲骨文合集》，133 正）
（5）……羌曼。（《甲骨文合集》，518）

甲骨文的构形特点往往字无定格、正反无别，甲骨卜辞中"曼"字构件"又"的位置并不固定，如"𠬝"（合 8908）置于左侧，"𠬝"（合 32509）置右侧，以出现在"贝"右侧为常，构件"又"的置向差异并不会影响字形构意的实现，为与后世文字相照应，我们隶定作"曼"。同时，我们测查《殷周金文集成》发现动词｛得｝在商代晚期的铜器铭文中凡17见，其中以"曼"记录的共有5例，如商代晚期的《得觚》作"𠬝"，商代晚期《亚得父癸卣》作"𠬝"，其余用例都已增加"彳"旁，说明商代晚期开始"曼"字的习用地位开始动摇，逐渐被"得"字取胜。商代晚期以后"曼"字虽不再是社会习用字，但文献仍可见用例，楚地简帛"曼"字的变体多被用作习用字，可见楚地复活古字的用法，如包山楚简29作"正呈得"作"𠬝"，包山楚简134"得冒苛"作"𠬝"，《魏三字石经集录》收录古文作"𠬝"。后世字书也往往多有载录，如《六书正讹》："曼，取也，从贝从又，以手持贝曼之意也，隶作得。"《正字通》："曼，得本字。"

【𠬝】

甲骨卜辞也见动词｛得｝写作"𠬝"（合 19755），该字从爪从贝会意，基本构意与从又从贝的"曼"无区别，但因构件"爪"和构件"又"的分布位置是互补的，"爪"和"又"在汉字构形系统中也是被看作不同构件的，《说文》："爪，丮也，覆手曰爪，象形。"段注："丮，持也"，王筠《说文释例》："而以爪为持则似误，爪俗作抓，把搔其义也。"可见"爪"是手心向下用手指抓取之态，而"又"则是普通的拿取之义，所以我们认为有必要将其认同别异为新的字位，隶定作"𠬝"。该字集中出现在甲骨卜辞中，《殷商甲骨刻辞类纂》动词｛得｝出现共计147例，该字共出现4例，此后文献较少看到类似写法。如：

（6）……王……𠬝……（《甲骨文合集》英1805）

---

① 姚孝遂主编：《殷商甲骨刻辞类纂》，中华书局1989年版，第709页。

(7) ……寅……員……（《甲骨文合集》英 1805）

【𢌳】

西周中晚期的金文频见"曼"字构件"又"替换成"手"，如西周中期《师望鼎》作"🔲"，西周晚期《丼人𡚦钟》作"🔲"，西周晚期《大克鼎》作"🔲"，《虢叔旅钟》作"🔲"。动词{得}的记录字形为何会出现从手的形体呢？孙诒让、强运开等已经注意到这些从手的字形，如孙诒让在《契文举例下》中说："曼……䙷也……又金文《虢叔钟》作'🔲'，即从手，与彼略同。"《说文》："手，拳也，象形。"段注："今人舒之为手，卷之为拳。""手"的金文形体作"🔲"（舀壶盖），正像伸出五指形的正视图，"又"像是右手的侧视图，取义对象相同，二者参构汉字时的表义功能相同，但作为不同构件组构的形体，我们将"🔲"隶定作"𢌳"，区别为新的字位。《殷周金文集成》中共统计出该字位的9个用例，时间多集中在西周中、晚期，如：

(8) 𢌳屯（纯）用鲁。(《殷周金文集成》1.111，西周晚期)
(9) 𢌳屯（纯）亡敃（愍）。(《殷周金文集成》1.189，西周晚期)

【𥃩】

春秋战国的出土文献"曼"字构件"贝"常省减作"目"，如春秋晚期《宋公得戈》作"🔲"，战国中期《陈璋方壶》作"🔲"，战国《子禾子釜》作"🔲"，在战国时期的楚系文字中更是动词{得}的习见字形，如包山简102作"🔲"。如下引郭店简动词{得}作"🔲"，包山楚简、郭店简、上博简等都并存有"🔲"和"🔲"两种形体，以前者占据使用优势，从这种并存状态也可以看出"曼"动态变异的过程。战国时期某些国家的玺印文字构件"贝"也多省减作"目"，如"🔲"（战国晋国《玺汇》1074）、"🔲"（战国《玺汇》4336）等。

(10) 上下皆𥃩其所之谓信。（郭·语一·六五）
(11) 𥃩者乐，失者哀。（郭·语三·五九）

楚系简帛文字中"曼"的构件"贝"都发生变异，字形几乎都有所减省，"贝"字点画仅剩余右下部，其次有很多字形中的构件"贝"都有倾斜甚至横置的倾向，应是为适应简帛竖排书写习惯的方便所致，但是只要其右下方的点画不消失，我们仍将其认同为字位"曼"，仅是略有变异。若是右下点画完全消失，构件"贝"变异混同成"目"，如"🔲"（郭·语一·六五），则别异成新的字位"𥃩"。秦系文字沿袭周代金文的用字习惯，习用"得"字记录动词{得}，未见"曼"系列的相关用字。在社会用字习惯上汉承秦制，两汉记录动词{得}也较少用到"曼"系列的相关用字。

动词{得}的记录字位"𥃩"在文献中又常被进一步省减作"𥃩"，大概由于构件"目"已难以提示字形的构形理据，仅仅成为代号，用字者在不明理据的情况下进一步省减成形近构件"日",但文献用例较少,如《古陶文字征》3.21作"曑",《洛阳金村古墓聚英》作"曑"等。该字形纯属省减笔画造成的,不构成字用属性上的差异,我们仍将其认同为字位"曼"。

(12) 得工。(《洛阳金村古墓聚英》一四·一)
(13) 平陵垩立事岁公。(《古陶文字征》3.21)

【财】

历代传抄古文往往收录"得"字古文异体,如《汗简》所收东汉《华岳碑》作"曑",该字从贝从寸,我们隶定作"财",在古文字构形系统中构件"寸"和"又"往往无别,无疑应是"曼"字异体。后世字书也多收录有该字,如《龙龛手鑑·贝部》:"财,音得。"《玉篇·贝部》:"财,都勒切,今作得。"《字汇·贝部》:"财,俗得字。"《正字通》:"财,俗得字,亦作曼。"后世传抄古文形及后世用字中也有上下结构的字形,由于构件、构意上并没有太大区别,仍认同为字位"财"。该字位后世用例不多,仅找到以下几例。

(14) 今晏子书亦杂入谩谰之事以遥为激财。(清·沈钦韩《汉书疏证》)
(15) 茫茫大地无乐土,安财藏身岩谷间。(民国铅印本《德清县新志》)

王宁先生在《汉字构形学导论》中说:"在小篆里,凡是具有法度意义的行为,字从'又'的都变'寸'。"①如"寺"(官署)、"封"(边疆)、"寻"、"将"等都与法度、制度有关,虽然此结论反映的是小篆构形系统的事实,对于"得"字的众多异体均从"寸",某种程度上来说或许真的反映出古人的某些价值观念。获取之义本与法度无关,然而儒家思想讲究取舍有道,如"君子爱财,取之有道"和"富与贵,是人之所欲也,不以其道得之,不处也"等言论,道德上的约束与法度上的规约相似,故"得"从"寸"体现出古人对于变异形体理据重新认识,并将这种认识在汉字构形中进一步强化的表现。

【䙷】

"财"字后世传抄过程开始出现讹误,构件"贝"变异作"见",该字较早见于《说文》作"䙷",传抄古文如《古文四声韵》收录字形"䙷"和"䙷",如果这些传抄古文反映的是战国各系文字的构形特点,则《说文》小篆讹作"见"便是渊源有自的。《说文》:"䙷,取也。从见从寸,寸,度之,亦手也。"徐铉:"彳部作古文得字,此重出。"徐灏注笺:"《六书故》作从又持贝,云:'贝在手,得之义也。'此说似通,从寸与从又同。'见'则'贝'之讹耳。"后世字书对于"䙷"和"得"的字际关系也多有沟通,如《字汇·见部》:"䙷,古文得字。"《正字通·见部》:"䙷,同得。"《诸子平议·贾子二》:"恶见此台也",俞樾按:"见当作䙷,古得字也。"该字有时改变置向作"尉",见

————————
① 王宁:《汉字构形学导论》,商务印书馆2015年版,第65页。

《玉篇·见部》："㝵,今作导,亦作㝵"。宋元明清时期的传世文献,记录动词｛得｝和由其引申出的其他词项,例（16）"得"和"㝵"更是并存使用。

（16）若夫陟高坐运象牙,夺无㝵之一辩,伏六道之士,余不得而间之矣。（景明翻宋刻本《云巢编》）

（17）譬之三代文不㝵与秦汉诰,汉魏诗不㝵与近体韵。（明崇祯刻本《寒山帚谈》）

（18）上下数千载间戴文名者如牛毛,而㝵系正宗可诵法若前所列诸公如晨星寥落,盖其难也。（清光绪七年刻本《尊闻居士集》）

【䙷】

如前所述,我们看到楚系文字中"曼"字构件"貝"都有倾斜甚至横置的倾向,如包山简作"㝵",《睡虎地秦简》杂 3"四"写作"㘴",信阳楚简作"㘴",这种写法与倾斜横置的"貝"形极似,隶变以后很自然将横置的"貝"转写成类似"四"的构件,于是产生"䙷"字。后世字书对"䙷"相关的字词关系、字际关系多有沟通,如《集韵·德韵》："得,或作䙷、得。"《类篇》："䙷,行有所得也。"《字汇》："䙷,古得字。"元代古文《老子》碑中多次出现该字位作"䙷",如：

（19）抟之不䙷名曰微。（《古文老子碑》王宏源新勘）
（20）本来发使交寻捉,兄且如何䙷出身？（敦煌变文 P. 3197《捉季布传文》）

此外,我们在包山楚简中看到构件"四"或写作"㓁"（包 2.115）、"㓁"（包 2.266）,《说文·四部》："㗊,古文四",该古文隶定后作"卯",《集韵·至韵》："四,古作咒。"据此类推,我们看到"䙷"或变异作"䙷",《四声篇海》："䙷,多则切,得失也。"许多传抄古文中也载录有类似形体,《集篆古文韵海》》收录有"䙷"和"䙷",《汗简》收录"䙷"等。

【㝵】

《说文·彳部》："得,行有所得也。㝵,古文省彳。"《广韵·德韵》："㝵,今作导,同。"我们认为"㝵"字的产生或许可以导源于"䙷"或"䙷",将"貝"或"見"字的底部笔画连写成横画,上部构件省减横画由此产生。经测查较少发现"㝵"字的相关用例,北魏《王真保墓志》作"㝵",不过我们认为"㝵"字的产生时代当不会太晚,如睡虎地秦简 115"得"写作"㝵",银雀山汉简 271"得"写作"㝵",张家山汉简 107 作"㝵",以上秦汉时期的"得"字右边构件都近似于"㝵","㝵"字的写法或许要比我们测查发现的用例时间更早。

值得注意的是,文献中"㝵"字还可以记录阻碍的｛碍｝,所记职能与动词｛得｝无关,当属于文字的偶然同形现象。《集韵》："礙,《说文》：'止也。'《南史》引《浮屠书》作㝵。"东汉《石门颂》："空舆轻骑,滞㝵弗前。"北魏《慈香、慧政造像记》："愿胜无㝵之境。"北齐《刘碑造像铭》："化流无㝵，光曜十方。""㝵"字表示阻碍义，用频很高，这也应该是造成"㝵"字罕见记录动词{得₁}或其引申词项的原因。

2. 以形声方式构造的系列用字

上述从手持贝会合"获取"义的字形是{获取}义的初文，商代晚期开始逐渐增加彳旁另造形声字记录，强调行有所得，严一萍认为："（从彳字形）揆其朔谊，则贝之取得已在市井交易之时，故加'彳'以明得贝之所。"① 其意以"彳"为市井之所，可备一说。《说文》："得，行有所得也，从彳䙷声。㝵，古文省彳。"可见初文后成为新造字的声符。受初文变体的影响，形声字基本也都出现相对应的系列变体。

【徃】

该字位字形从彳昙声，在商代晚期的甲骨卜辞中已有用例，如"㣤"（合9495）、"㣤"（合30000）等，《殷墟甲骨刻辞类编》所收集的{得}的147个用例中，该字位共出现7次，如：

(21) 贞惟得徃令（《甲骨文合集》4719）
(22) ……不彝……其徃。（《甲骨文合集》21791）

殷代金文字形中从"彳"的字形比例升高，《殷周金文集成》商代中晚期17个{得}的用例，12例用为此字位，如《得鼎》作"㣤"，《得父乙觚》作"㣤"，有的虽然是用作人名用字但从侧面也能反映当时动词{得}的社会习用字。西周早期《师旅鼎》："伯懋父廼罚徃显古三百孚"作"㣤"，西周中期《曶鼎》"乃弗徃"作"㣤"，西周中期《䍐駿簋》："徃用乍（作）父戊宝尊彝"作"㣤"等。古陶文和古玺文中也可见该字形，如《古陶文汇编》5.221："宫"㣤""，《古玺汇编》1212："牛㣤"等。

【逞】

该字位字形从辵昙声，"昙"是"昙"字的省写变异，字形集中出现在春秋战国时期，后代再无复出，如春秋中晚期《滕太宰得匜》作"逞"，战国《陶文字汇编》075作"逞"。像道路之形的"彳"构件与像足在道路行走的"辵"构件，都可表达行走之意，二者的表义功能相同，造字时往往可以彼此换用。

【得】

在睡虎地秦简中的"得"字多数都作得，该字从彳䙷声，《效律》18作"得"，《秦律十八种》62作"得"，关沮周家台秦简190作得等。在社会用字习惯上，两汉主要沿袭了秦代的用字习惯，所以在汉简中动词{得}的用字也以"得"字取胜，后来六朝时也偶有使用。如：

(23) 故啬夫及丞皆不得除。（《睡虎地秦简·效律》18）
(24) 女子操敃红及服者，不得赎。（《睡虎地秦简·秦律十八种》62）

---

① 强运开辑：《说文古籀三补》卷八，中华书局1986年版。

（25）得之；占病者，笃；占行者，不发；占来者，不至……占战斗，不合·不得（《关沮周家台秦简》190）

（26）太生师将得地。(《马王堆简帛文字编》阴乙94)

【䙷】

秦《泰山刻石》："治道运行，诸产得宜，皆有法式"中的"得"作"䙷"，《说文》所收小篆形体正作"䙷"，与之同，隶定作"䙷"，该字从彳䙷声。唐代《五经文字》："䙷得，上《说文》下石经。"汉魏六朝的碑志文献屡见"䙷"字，如东魏《元惊墓志》："盐梅自和，阴阳䙷序"，北魏《元焕墓志》："王资玄树操，䙷一为心，忠敬发于天然，仁孝出自怀抱。"后世字书往往沟通"䙷"与"得"的字际关系，如《续复古编》："䙷，行有所得也，从彳䙷，䙷从见寸，度之亦手也。俗作得，非，的则切。"《类篇》："䙷，的则切，《说文》：'行有所得也'，或作得。"《六书统》："䙷，多则切，得有所得也，从彳从得。䙷，钟鼎文。"可见后世字书均以《说文》变异字形作为正字标准，将其他字形斥为讹误俗字。

【得】

"得"字从彳䙷声，前文已述"䙷"导源于"䙷"或"䙷"，将"贝"或"见"字的底部笔画连写成横画，上部构件省减横画产生。秦汉简牍已经出现类似的写法，如《睡虎地秦简·秦律十八种》115作"得"，《张家山汉简奏谳书》19作"得"等。汉魏六朝的碑志该字逐渐行用开来，东汉《汉鲁相韩敕造孔庙礼器碑》："下合圣制，事得礼仪"，东汉《韩仁墓碑》等俱作"得"，此后更是作为动词{得}的社会习用字延续至今。

但是"得"字在行用过程中又出现系列变体，如省减右边构件"䙷"中间横画，如东晋《冀州从事冯君碑》作"得"，《居延汉简》图二零九24.3作"得"，敦煌牍一反1作"得"等。此外"得"字左边构件"彳"常省减成构件"亻"，整字作"㝵"，南北朝的碑志和敦煌写本文献多见此形，如《偏类碑别字·彳部·得字》引《魏李仲琁修孔庙碑》和《隋宫人萧氏墓志》均作此形。宋元以后，随着雕版印刷的推广，这类讹误逐渐得到有效控制。

【淂】

汉语用字史上从"彳"之字误成"氵"之字并不罕见，如宋洪适《隶释》载录有《汉张公神碑》："公神日着，声洞漏兮。"洪适按："以漏为徧。"宋人娄机《汉隶字源》："漏，《张碑神公》：'公神日着声洞漏兮'，义作徧。"盖因"彳"变异成构件"氵"，整字讹成"漏"，《字汇补》："漏，与徧同。"此外，再如"復"变异作"渡""得"变异作"淂"等。敦煌本《正名要录》："得淂（右字形虽别，音义是同。古而典者居上，今而要者居下）。"汉魏六朝的碑志也经常看见该字的写法，如北魏《元融墓志》："既而大明反政，罪人斯淂"；北魏《新兴王元弼墓志》："优游德义之间，同千里而自淂"；北魏《昭玄沙门大统令法师墓志》："孤拔尘表，独淂环中。"《宋元以来俗字谱·彳部》引《古今杂剧》等，有作"淂"者，《金石文字辨异·入声·缉韵·得字》引《唐净域寺法藏禅师塔铭》作"淂"。"淂"中"氵"或省减作"冫"，《碑别字新编·十一画·得字》

引《魏元寿安墓志铭》"得"便写作"淂"。

此外，在春秋晚期《余赎逐儿钟》："得吉金镈铝"中的"得"作"𢾨"，隶定作"𢾨"，该字右边构件从攴，这是同时期的其他文献所未见的。宋元以后的大型字典辞书的编纂者，有时会根据文字变异规律类推新造某些字，如《改并五音类聚四声篇海》："得𢾨，二，多则切，得失也"，我们怀疑其中的"𢾨"就是根据变体"𢾨"类推增"亻"旁新造的结果。

（二）以通假字记录动词{得}

汉字职用史上动词{得}除使用上述系列本字记录外，还借用过同音字"德"记录，因动词{得}本有其字，故称为以通假字记录。以通假字"德"记录动词{得}从先秦便有大量用例，相关用字说明至今散见于古今各种训注材料中，如：

(27)《庄子让王》："道德于此。"郭庆藩集释引俞樾曰："德，当作得。"
(28)《墨子·节用》："是故用才不费，民德不劳，其与利多矣。"孙诒让《间诂》："德与得通。"
(29)《潜夫论·释难》："二圣相德而致太平之功也。"汪继培笺："德，得古字通。"
(30)《文选·陆倕〈新漏刻铭〉》："无德而称也。"旧校："五臣本'德'作得字。"

秦汉出土文献"得"与"德"常常彼此通用，可以找到大量例证，"得"字假借作"德"的如上博简二《民之父母》"屯（纯）得（德）同明"、《马王堆帛书·壹·五行》"善弗为无近，得（德）弗之（志）不成"、马王堆帛书《周易·小畜》"既雨既处，尚得（德）载"等。"德"字假借作"得"的用例，如：《帛甲老子·道经》："德（得）者同于德（得），者〈失〉者同于失。"《帛乙老子·德经》："信者信之，不信者亦信之，德（得）信也。"《帛乙老子·道经》："德（得）者同于德（得），失者同于失。"《帛乙老子·道经》："同于德（得）者，道亦德（得）之；同于失者，道亦失之。"汉魏六朝的碑志也多见假借"德"作"得"，如：

(31) 东汉《刘熊碑》："成是正服，以道德民。"
(32) 南朝梁《乔进臣买地券》："九月廿七日，乔进臣买德地一段。"
(33) 北魏《王真宝墓志》："以公器珞渊表，经纬有方，济时所托，以为德人。"

三 动词{得}与不同用字的字词关系、不同用字间的字际关系

动词{得}的用法从殷商甲骨文时代便已产生，产生以后先后使用过15个字位记

录,如图 1 所示,根据动词｛得｝与不同用字间的字词可以分为以本字记录和以通假字记录两个类型,以本字记录又分为会意系列和形声系列两个类型。以会意方式构造的系列用字主要由表义构件"贝"或其变体"目""見""旦",与手部动作相关的构件"又""寸""爫""手"等组合而成,用以手持贝会合获得义,从相关字符的使用情况我们可以看出表义功能相同的构件往往可以辗转替换,如"又""寸""爫""手"都和手或手部动作相关。从手持贝会合"获取"义的字形是｛获取｝义的初文,商代晚期开始逐渐增加彳旁另造形声字记录,强调行有所得,受初文变体的影响相应地类推出系列用字。用通假字记录动词｛得｝,用字史上主要假借"德"字记录,这种通假现象在经籍中普遍存在,我们认为"得"与"德"能够彼此通假,很大程度上可能是因为二者存在同源关系。《老子》五十一章:"是以万物莫不遵道而贵德",王弼注:"德者,物之所得也。"《论语·为政》:"为政以德",邢昺疏:"德者,得也,物得以生谓之德。"《诗经·周南·关雎序》:"后妃之德也",孔颖达疏:"德者,得也,自得于身,人行之总名。"

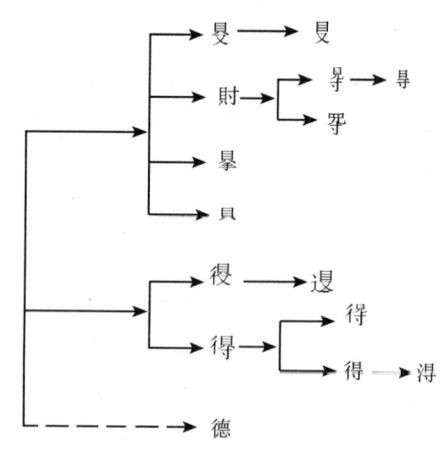

图 1　动词｛得｝历时记录字位演变关系①

记录动词｛得｝的不同用字间的字际关系,会意系列、形声系列不同用字内部可构成本字与本字关系,会意系列与形声系列之间又可构成古本字与后起本字的字际关系。通过考察动词｛得｝的历时用字,我们也可以看到书写变异对动词｛得｝的历时用字产生过重要影响,尤其是某些形体相近的构件往往出现彼此混同的情形。如"贝"与"見"字形相近易混同,故"䙷"变异作"䙷","得"变异作"得";构件"贝"与古文"𠂇"或"卯"相近,变异作"䙷",类推产生"䙷";类似的如将构件"贝"讹作形近构件"目"或"旦",将构件"彳"变异作"氵",滋生出系列变体等。

---

① 演变关系用虚线表示该字位是借用字形,演变关系用实线表示该字位是本用字形。

表1 动词{得}用字总表

旻/貟/掌/䀰/䙷/䙷/䙷/㝶/㝶/得/得/得/淂/德

字位	字位成员	字形分析	使用属性	字际关系	殷商	西周早	西周中	西周晚	春秋	战国	秦	西汉	东汉	魏晋六朝	隋唐	宋元辽金	明	清	现代
旻	旻	会意,从贝从又	本用	异构	+	+	+	+	+	+									
貟	貟	会意,从爪从贝	本用	异构	+														
掌	掌	会意,从贝从手	本用	异构			+	+											
䀰	䀰	由旻变异,会意,从目从又	本用	异构					+	+									
䙷	䙷	会意,从寸从贝	本用	异构									+					+	+
䙷	䙷	由䙷变异,会意,从见从寸	本用	异构									+①	+		+	+	+	+
䙷	䙷	由䙷变异,会意,从四从寸	本用	异构											+	+			
䙷	䙷	由䙷变异,会意,从旦从寸	本用	异构										+					
得	得	形声,从彳旻声	本用	异构	+	+	+		+		+	+							
㝶	㝶	形声,从辵旻声	本用	异构					+	+									
得	得	形声,从彳䙷声	本用	异构								+	+	+					
得	得	形声,从彳䙷声	本用	异构									+	+					
得	得	形声,从彳䙷声	本用	异构								+	+	+	+	+	+	+	+
淂	淂	形声,从水䙷声	本用	异构										+	+				
德	德	形声,从彳惪声	借用	本借						+		+	+	+					

① 字形收入《说文》小篆中,但不见于同时期文献。

清末外来元素词音译用字考察

牛 振

音译作为外来词汉化的主要方式之一，在汉魏六朝汉语大量吸收外来词的过程中便被广泛使用。19世纪后半叶，随着西方的化学术语与知识体系传入，我国出现了40多种化学译著[1]，不同译者将64种化学元素名称翻译成不同的词语，音译是他们采用的一种主要翻译方法。系统考察清末化学译著音译用字，对科技翻译理论与实践及汉字学研究都有重要意义，但目前尚未发现这方面的研究成果。本文拟通过全面测查清末化学译著中全音译外来元素词的用字，厘清其基本面貌，探讨其"合情""合理"性。

一

从不同角度出发，可以对音译作不同的分类。比如根据音译词与源语词音节的对应情况，可以分为全译与节译两种，这两种方式清末译者在音译外来元素词时都有使用。作为书面语言的对译，清末外来元素词的全音译形式全部借用固有汉字翻译，而节译形式则出现了大量新造汉字。本文只讨论外来元素词的全音译形式，节译形式另行探讨。

1849—1900年，外国传教士和清政府官办翻译机构出版了40多种化学译著，我们选取其中有代表性的9种化学译著作为研究文本，包括《博物新编》（1855）、《格物入门·化学入门》（1868）、《化学初阶》（1870）、《金石识别》（1871）、《化学鉴原》（1871）、《化学指南》（1873）、《格致启蒙·化学启蒙》（1879）、《西学启蒙·化学启蒙》（1886）、《化学新编》（1896）等。通过测查可知，系统地对外来元素词进行全音译的译著只有《金石识别》和《化学指南》两种。前者译自英语，由美国传教医师玛高温口译，华衡芳笔述；后者译自法语，由京师同文馆教习、法国人毕利干翻译。

为研究方便，现将《金石识别》和《化学指南》中全音译外来元素词的用字情况列表如下。

表1　　　　清末全音译外来元素词用字

现行译名	源语词	金石识别	源语词	化学指南	现行译名	源语词	金石识别	源语词	化学指南
金			Or	哦合 俄而	锰	Manganese	孟葛尼斯	Manganèse	蒙戛乃斯 蒙嘎乃斯

---

[1] 潘吉星：《明清时期（1640—1910）化学译作书目考》，《中国科技史料》1984年第1期，第23页。

续表

现行译名	源语词	金石识别	源语词	化学指南	现行译名	源语词	金石识别	源语词	化学指南
铁			Fer	非呵 非而	钴	Cobalt	苦抱尔	Cobalt	可八里得 戈八里得
铜			Cuivre	居衣夫合 居依吴呵	锆	Zirconium	入尔果尼恩		
银			Argent	阿合商 阿而商	钼	Molybdenum	目力别迭能		
锡			Étain	哀单 歌单	钌	Ruthenium	二乌地恩		
铅			Plomb	不龙	锑	Antimony	安的摩尼	Antimoine	昂底摩讷 杭底母阿那
硫			Soufre	苏夫合	锌			Zinc	日三 日三恪 日三可
碳	Carbon		Carbone	戛薄讷 戛各拨那 戛尔拨那	铽	Terbium	忒而比恩		
硼	Boron	布而伦	Bore	薄何 拨喝 拨合	铱	Iridium	衣日地恩	Iridium	底里地约母 依合底约母
磷	Phosphorus		Phosphore	佛斯佛合	碘	Iodine	爱阿靛	Iodé	约得
汞			Mercure	芊合居合 芊喝居喝	硅	Silicon	夕里西恩	Silicium	西里西约母 西里西亚母 西里写阿母
氢			Hydrogène	依特喝仁讷 伊得喝仁讷 依他喝仁讷 依得药仁讷	锶	Strontium	息脱浪西恩	Strontium	斯特龙写阿母
氮			Azote	阿苏的 阿索得 阿色得 阿索哦得	镧	Lanthanum	浪替尼恩		
			Nitrogène	尼特合壬哪	锇	Osmium	哈司弥恩	Osmium	欧司米约母
氧			Oxygène	阿各西仁 我克西仁讷 哦克西仁讷	砷			Arsenic	阿何色尼 阿各色呢各 阿合色尼阁
氯	Chlorine		Chlore	可乐合 可乐而 可乐喝而	钡	Barium	贝而以恩	Barium	巴阿里约母 八阿里嘎母

续表

现行译名	源语词	金石识别	源语词	化学指南	现行译名	源语词	金石识别	源语词	化学指南
钯	Palladium	钯留底恩			铋	Bismuth	别斯末斯	Bismuth	必斯迷他 必司美得
铂	Platinum		Platine	不拉的讷 不拉底乃	钙	Calcium	丐而西恩	Calcium	戛勒写阿母 嘎里写阿母
铒	Erbium	耳比恩			钛	Titanium	替脱尼恩	Titane	几单那 的大讷
钨		东斯天			锂	Lithium	劣非地恩	Lithium	里及约母 理及阿母
溴	Bromine	孛罗名	Brome	不母 不合母	钾	Potassium	卜对斯恩	Potassium	柏大约母 不阿大写约母
镁	Magnesium	美合尼西恩	Magnésium	马可尼及 写阿母	钍	Thorium	土里恩		
氟	Fluorine	夫罗而林	Fluor	佛律约而 夫驴约合	硒	Selenium	西里尼恩	Sélénium	色勒尼约母 塞林尼约母 塞类尼约母
钒	Vanadium	凡奈弟恩			铌	Niobium	奈阿比恩		
铝	Aluminium	哀卢弥恩	Aluminium	阿驴迷尼 约母 阿间迷尼 约母	碲	Tellurium	脱罗里恩	Tellure	得律合 得驴喝 得驴合
镉	Cadmium	开特弥恩	Cadmium	戛底迷约母 嘎人迷约母	镝①				
镍	Nickel	臬客尔	Nickel	尼该乐	铈	Cerium	昔而以恩		
铀	Uranium	由日尼恩	Uranium	迁呵呢约母 於呵尼约母	铍②	Glucinium	谷罗西恩	Glucinium	各间须尼阿母
钠	Sodium	素地恩	Sodium	索居约母 索居阿母	铑	Rhodium	日和地恩	Rhodium	何抵约母 喝底约母
铬		客罗弥恩	Chrome	牺曼 可娄母					

二

从表 1 可知，外来元素词的全音译形式借用固有汉字记录。汉字是意音文字，它从所记录的词那里获得语音，基本上一个字符记录一个音节。而记录源语词的英文和法文属于

---

① "镝"字繁体为"鏑"，首见于《化学阐原》，原记录元素词 Didymium，《金石识别》音译为"地提弥恩"，后来发现它是一种伪元素，就用 |镝| 命名 1886 年发现的第 66 号元素 Dysprosium，用"鏑"字记录，1933 年颁布的《化学命名原则》采用了这一方案。

② 元素词 |铍| 另有英语词 Beryllium 记录，其他译者据此译为"鋍"。

表音文字，每个词由若干字母记录，反映在语音上为若干音素，又根据音素与音素的组合情况，以及音素组合的韵律特征，划分为若干音节。故音译用字与源语词的语音单位之间的复杂关系，和汉外语音中不存在对应关系的语音单位的汉化是我们考察的重点。

（一）记录全音译词的字符与源语词语音单位对应关系的复杂性

全音译词参照源语词的语音形式造词，借用固有汉字记录新词，用字音来对译源语词的语音，形成的新词不具有内部语义形式。但汉语的语音形式和汉字记录语音有自己的独特之处；而且汉外语言中的音素种类并非一一对应，音素的组合规律也不尽相同，故全音译词与其源语词在音节数量与音素构成上有明显差别。从所用字符的角度来看，全音译词所用的单个字符，或对应源语词的一个音素，或对应源语词的一个音节，或对应源语词一个音节中的若干音素，所用字符与源语词的语音单位存在复杂的对应关系。

记录全音译词的单个字符对应源语词的一个音素，主要有三种情况：其一，源语词的音节中有双辅音，则第一个辅音对译为一个汉字，由一个音素汉化为一个音节。如法语词 Fluor（｛氟｝），《化学指南》一书译为"佛律约而""夫驴约合"两种形式，第一个字符分别为"佛"和"夫"，它们对应源语词的第一个音素 [f]。由于源语词第一个音节中前两个音素都为辅音，而汉语的音节中不存在双辅音，为适应汉语的语音特点，译者将其中第一个辅音 [f] 分别对译为字符"佛""夫"。即给辅音 [f] 分别增加了音素 [o] [u]，将其扩展为一个汉语中存在的音节，以符合汉字一个字符记录一个音节的特点，发音也更为清晰、饱满、响亮。与此相同，英语词 Fluorine（｛氟｝）在《金石识别》中被译为"夫罗而林"，字符"夫"对译源语词第一个音节中的第一个辅音 [f]。｛溴｝｛铬｝｛锶｝｛铍｝｛硫｝｛锇｝｛钨｝｛氯｝｛铅｝｛铂｝｛铋｝等元素词的全音译形式都存在这种现象。

其二，源语词的音节中有闭音节，则闭音节的最后一个辅音对译为一个汉字。如英语词 Manganese（｛锰｝），发音为 [ˈmæŋgəˌnis]，在《金石识别》中被译为"孟葛尼斯"，源语词第三个音节的最后一个音素 [s] 被译为字符"斯"，即译者给音素 [s] 增加了音素 [i]，将其扩展成为一个汉语中存在的音节 [si]，然后选用记录该音节的汉字之一"斯"对译。如法语词 Carbone（｛碳｝）在《化学指南》中被译为"戛薄讷""戛各拨那""戛尔拨那"，其最后一个字符分别为"讷""那"，它们对应源语词第二个音节的最后一个音素 [n]，译者分别将其汉化为音节 [nɤ] [na]。以下元素词的全音译形式也存在这种现象：｛氧｝｛氮｝｛镁｝｛钴｝｛钼｝｛硅｝｛氢｝｛溴｝｛砷｝｛硒｝｛钾｝｛钠｝｛钙｝｛铝｝｛锰｝｛锌｝｛铋｝｛钡｝｛锂｝｛锶｝｛铑｝｛铱｝｛铬｝｛铍｝｛镭｝｛铀｝｛钛｝｛锇｝｛镉｝｛镍｝等。

此外，还存在对源语词的全部或部分音素逐个用汉字对译的现象，如法语词 Or（｛金｝），发音为 [ɔr]，在《化学指南》中被译为"哦合""俄而"，是借用固有汉字对源语词语音形式中所有音素的逐个对译。如英语词 Rhodium（｛铑｝），发音为 [ˈrəʊdiəm]，在《金石识别》中被译为"日和地恩"，其前两个字符分别对译源语词第一个音节中前两个音素 [r] [əʊ]。再如法语词 Silicium（｛硅｝），发音为 [silisjɔm]，在《化学指南》中被译为"西里西约母""西里西亚母""西里写阿母"，其最后两个字符都是对源语词第三个音节中最后两个音素［ɔ］［m］的逐个对译。这种用例在《化学指南》中并不少见。

记录全音译词的单个字符对译源语词的一个音节，源语词的对应音节或由一个音素构成。如英语词 Aluminium（{铝}）在《金石识别》中被译为"哀卢弥尼恩"，第一个字符"哀"对应源语词的第一个音节［æ］。法语词 Aluminium（{铝}）在《化学指南》中被译为"阿驴迷尼约母""阿间迷尼约母"，二者的第一个字符都是"阿"，对应源语词的第一个音节［a］。源语词的对应音节或由若干个音素构成。如英语词 tungsten（{钨}），发音为［'tʌŋstən］，在《金石识别》中被译为"东斯天"，第一个字符"东"对译源语词的第一个音节［tʌŋ］。法语词 Nickel（{镍}），发音为［nikɛl］，在《化学指南》中被译为"尼该乐"，第一个字符"尼"对译源语词的第一个音节［ni］。记录全音译词的单个字符对译源语词一个音节的元素词还有{碘}{锇}{铌}{铒}{钒}{钠}{镍}{铀}{锰}{钴}{钼}{铑}{锑}{铱}{镧}{钛}{锂}{钍}{硒}{铌}{铍}{氧}{氢}{氮}{钾}{锡}等。

记录全音译词的单个字符对译源语词一个音节中的若干个音素的情况复杂，其或对译源语词某音节开头几个音素，或对译源语词某音节中间几个音素，或对译源语词某音节后几个音素。如英语词 Cadmium（{镉}），发音为［'kædmiəm］，在《金石识别》中被译为"开特弥恩"，第一个字符"开"对译源语词第一个音节［'kæd］的前两个音素，后两个字符"弥""恩"分别对译源语词第二个音节［miəm］前两个音素与后两个音素。相同情况的还有以下元素词的全音译形式：{铱}{锶}{镧}{锇}{钙}{钾}{钍}{硒}{铌}{锂}{镁}{镉}{钛}{铍}{铑}{氧}{氢}{氮}{氯}{氟}{溴}{碳}{磷}{钙}{铝}{钴}{铅}{铋}{银}{铂}{锑}{锇}{铀}{镍}{铀}{铬}{锰}{钠}。

比较特殊的现象是译者翻译时可能会兼顾源语词的发音与其词形，如英语词 Silicon（{硅}），发音为［'silikən］，在《金石识别》中被译为"夕里西恩"，第三个音节对译为"西""恩"两个字符，显然是受了源语词词形的影响。记录源语词第三个音节的第一个字母为"c"，发音为［si］。译者受字母发音影响，将其译为发音相近的汉字"西"。再如法语词 Magnésium（{镁}），发音为［maɲezjɔm］，在《化学指南》中被译为"马可尼及写阿母"。记录源语词第一个音节的第三个字母"g"并不发音，但译者仍按其在音节当中的一般发音［g］对译为汉字"可"。出现这种现象，可能出于书面语翻译的制约，译者兼顾源语词的发音与其词形，翻译时考虑记录源语词的字母与记录音译词的字符之间的对应关系。

（二）源语词语音形式进入汉语的变通形式

汉外语言语音差异的重要表现之一，就是二者语音中有不存在对应关系的语音形式。外来元素词在进入汉语时，如果源语词的语音形式中有一些汉语语音中不存在的音素或者音素组合，须经过改造，变通为顺应汉语语音习惯的语音形式。由于汉语同音字数量众多，这种汉化现象的规律性并不强，并非都能做出合理的解释。如在《金石识别》中，Zirconium（{锆}，发音为［zɜːr'kouniəm］）被译为"入尔果尼恩"。源语词语音形式中的音素［r］在汉语语音中并不存在，译者将其译为字符"尔"，则变为与其发音相近的音素［ɚ］。Terbium（｛铽｝）中的音素［r］被译者译为"而"，也变为发音相近的音素［ɚ］；Bromine（｛溴｝），译者将其译为"孛罗名"，则源语词语音形式中的音素［r］变为［l］。同一本译著中，同一种音素在不同词语的语音形式中出现，译者将其对译为不同的汉字，其语音形式也汉化为不同的音素。

在《化学指南》中，Or(｛金｝，发音为［ɔr］) 被译为"哦合""俄而"，源语词语音形式中的音素［r］被分别译为字符"合""而"，则源语词语音形式中的音素［r］汉化为音节［xɤ］［ɚ］；法语词 Mercure（｛汞｝）语音形式中的音素［r］被译为"合""喝"，汉化为音节［xɤ］，选用不同的汉字对译；法语词 Arsenic（｛砷｝）语音形式中的音素［r］被分别译为"何""各""合"，汉化为音节［xɤ］［kɤ］；法语词 Fer(｛铁｝) 语音形式中的音素［r］被译为"呵""而"，汉化为音节［xɤ］［ɚ］。可见音素［r］在《化学指南》一书中的翻译更为复杂，它不仅被对译为不同的汉字，语音形式也由一个辅音变为一个元音，或者由元音、辅音共同构成的音节。如果比较《金石识别》和《化学指南》两本译著中源语词语音形式中音素［r］的对译情况，则用字的差异与汉化的结果更为复杂。以此为观察点，我们已经可以管窥汉外语言语音形式的差异，以及外来元素词音译用字的复杂性。

如果我们把考察的范围扩大到音素［r］与其他音素的组合上，比如常见的［ri］，音译用字也很复杂。如英语词 Iridium(｛铱｝) 语音形式中的音素组合［ri］在《金石识别》中被对译为汉字"日"，即汉化为音节［ʐi］；英语词 Tellurium(｛碲｝) 语音形式中的音素组合［ri］被译为"里"，即汉化为音节［li］；英语词 Cerium (｛铈｝) 语音形式中的音素组合［ri］被译为"而"，即汉化为音节［ɚ］。同样也是音译用字不一，汉化结果不同，难以找出规律。

音素［r］在源语词的语音形式中比较多见，我们做出以上详细考察。其他在源语词的语音形式中出现，而汉语语音中没有的音素或音素组合，比如［g］［z］［dr］［ʒã］等，译者也都用发音相近的汉字对译，汉化为汉语的音素或者音节。如英语词 Magnesium (｛镁｝) 在《金石识别》中被译为"美合尼西恩"，源语词第一个音节的最后一个音素［g］在汉语中不存在，译者对译为字符"合"，将音素［g］汉化为音节［xɤ］。法语词 Zinc (｛锌｝) 在《化学指南》中被译为 ｛日三｝｛日三恪｝｛日三可｝，源语词第一个音节的第一个音素［z］被对译为字符"日"，汉化为音节［ʐi］。法语词 Hydrogène (｛氢｝) 第二个音节的第一个音素［dr］，在《化学指南》中被对译为"特喝""得喝""他喝""得药"等字符组合，则其分别被汉化为音节组合［tʰɤ xɤ］［tɤ xɤ］［tʰa xɤ］［tɤ iɑu］。法语词 Argent (｛银｝)，发音为［arʒã］，在《化学指南》中被译为"阿合商""阿而商"，其最后一个音节［ʒã］被对译为汉字"商"，汉化为音节［ʂɑŋ］。

外语中的一些音素组合，如［riːn］［və］［lɔ］［mə］等，在汉语普通话中也不会出现，译者也根据其发音对译为一个汉字或若干个汉字，汉化为汉语中存在的音节。如英语词 Fluorine (｛氟｝) 第二个音节［riːn］在《金石识别》中被对译为汉字"林"，汉化为音节［lin］。英语词 Vanadium (｛钒｝) 第一个音节［və］在《金石识别》中被对译为汉字"凡"，汉化为音节［fan］。法语词 Chlore(｛氯｝) 语音形式中的［lɔ］在《化学指南》中被对译为汉字"乐",汉化为音节[lɣ]。英语词 Molybdenum（钼）第一个音节[mə]在《金石识别》中被对译为汉字"目",汉化为音节[mu]。

影响外来元素词音译用字的因素,包括汉外语音结构差异、译者的语言背景与文化背景、汉语与外语使用者对不同元音和辅音的辨识度等,限于篇幅,此处不再深入讨论。

三

傅兰雅曾述及音译时"用华字写其（引者按：指外来词）西名,以官音为主,而西字各音亦代以常用相同之华字"[①],提出了科技翻译过程中音译用字的常用、音同原则。在科技翻译实践中,外来元素词的音译用字受科技术语表达准确、意义单一等特点的制约,应当既"合理"又"合情"。所谓"合理",即音译用字应当尽量选用笔画简单、易写易认、合乎规范的常用汉字,其读音应与源语词对应语音单位的发音相同（近）,避免同音异译等。所谓"合情",即音译用字应当选用感情色彩为中性的汉字,避免使人望文生义,产生不必要的附加意义。从上述维度全面考察外来元素词音译用字,可以得出以下结论。

（一）用字的常用性

朱自清认为"造译"是"造来表示社会新输入的思想的"[②]。故造译新词是为了将新的思想与知识传播给大多数人,让不懂外语的读者理解、认识新思想与新知识。清末科技翻译活动具有洋务运动的政治背景,清末外来元素词的翻译工作具有社会启蒙的功能,外来元素词的音译用字选用常用字尤其重要。常用汉字笔画简单、易写易认、合乎规范,采用常用汉字作音译用字,外来元素词易于被大众学习、掌握、运用,有利于化学知识的传入与普及。从表1可知,《金石识别》与《化学指南》中的音译用字多为常用汉字,仅有"靛"、"菴"、"咭"、"犒"等字符不在《现代汉语常用字表》收字范围内,基本符合要求。

（二）发音的相似度

汉字内部的借用以语词的音同音近为条件[③],音译用字自然也有语音相似度的要求,在顺应目的语语言文字特点的前提下,外来词的发音与源语词的发音相似度越高,则音译的结果理应越理想。《金石识别》与《化学指南》中,即使源语词的同一语音单位也可能被同一译者对译为不同的汉字,汉化为不同的语音单位,音译用字与源语词对应语音单位的发音相似度高低不一。比如上文提及的音素[r],《金石识别》的译者将其汉化为音节

---

① 傅兰雅：《江南制造总局翻译西书事略》,载汪家熔辑注《中国出版史料（近代部分）》（第一卷）,山东教育出版社、湖北教育出版社2004年版,第550页。

② 朱自清：《译名》,《新中国》1919年第1卷第7号。转引自中国翻译工作者协会《翻译研究论文集（1894—1948）》,外语教育与研究出版社1984年版,第39—58页。

③ 李运富：《汉字学新论》,北京师范大学出版社2012年版,第201页。

[ɚ]。《化学指南》的译者将它汉化为音节 [xɤ] [ɚ] [kɤ]。显然，[ɚ] 与 [r] 的相似度最高，应当作为音译用字的优选对象。音素 [z] 在《化学指南》中被汉化为音节 [zi]，音素 [g] 在《金石识别》中被汉化为音节 [xɤ]，音素 [z] 在《金石识别》中被汉化为音节 [si]，语音相似度也比较高。但音素 [dr] 被在《化学指南》中被汉化为音节组合 [tʰɤ xɤ] [tɤ xɤ] [tʰa xɤ] [tɤ iɑu]，语音相似度就相对较低，不符合要求，应当在规范过程中加以调整。

（三）用字的系统性

音译用字的系统性一方面基于源语词以相同音素或音节表现出来的词汇系统性。比如英语中许多元素词以"um"结尾，《金石识别》的译者将其统一译为汉字"恩"。英语元素词以"um"结尾，可能是将其作为元素词的类别特征，是英语元素词系统性的重要体现。译者将其统一音译为字符"恩"，说明译者注意到了用字的系统性，对源语词相同的音素组合采用相同的字符音译，同时也保持了元素词的系统性，从词形上建立了外来元素词的系统性。《化学指南》的译者多将法语元素词结尾的"um"译为字符"约母"，也保持了用字的系统性。但他们在不同的章节又将其译为"亚母""阿母"，存在同音异译现象，不如《金石识别》的用字那么整齐划一，外来元素词的系统性表现比较差。

另一方面音译用字的系统性也基于不同的源语词中存在相同的音素或者音素组合，译者在音译时应当考虑用字的一致性，从而保持用字的系统性。这方面两种译著的译者做得都有欠缺，最为明显的一个例子是音素 [r] 的音译。《金石识别》的译者将其译为字符"尔""而"；《化学指南》的译者将它译为字符"合""喝""何""呵""而""各"。可见音素 [r] 汉化过程十分复杂，即使在同一本译著中出现，译者也将其对译为不同的汉字。如果考虑到音素 [r] 与其他音素的组合的汉化过程，则情况将更为复杂。同音异译现象频现，造成词形不固定，容易导致一词多形，形成译名混乱不一的局面，给使用者的识记带来负担，也给他们的使用带来麻烦。以此观之，两种译著的用字系统性方面都存在不足。

（四）用字的中性化

科技术语的特点要求外来元素词的音译用字应当选用感情色彩为中性的汉字。《金石识别》与《化学指南》中的音译用字基本符合这一要求，但《化学指南》中 Fluor (｛氟｝) 被译为"夫驴约合"，Aluminium (｛铝｝) 被译为"阿驴迷尼约母"，Tellure (｛碲｝) 被译为"得驴喝""得驴合"，其中都用到了"驴"字。"驴"在中国文化中有蠢笨、倔强等贬斥、否定的感情色彩，用"驴"字翻译外来元素词，使用者难免望义生义，给词语附加不必要的意义，产生错误的情感体验。

综上所述，《金石识别》与《化学指南》中外来元素词的音译用字基本做到了"合理"与"合情"，其中出现的同音异译现象，以及由此产生的一词多形现象，是外来元素词早期音译过程中难以避免的情况，也与汉字同音字众多有必然关系。经过字符优选，词形定型化，既"合理"又"合情"的音译形式就会成为规范形式，被使用者广为接受。但是受汉语汉字发展规律的影响，以及化学元素词本身特点的制约，外来元素词最终定型为单音节的音译词，译者新造了一批形声字来记录外来元素词[1]，其过程及其成因值得进一步探究。

参考文献

1. 潘吉星：《明清时期（1640—1910）化学译作书目考》，《中国科技史料》1984 年第 1 期。
2. 傅兰雅：《江南制造总局翻译西书事略》，载汪家熔辑注《中国出版史料（近代部分）》（第 1 卷），山东教育出版社、湖北教育出版社 2004 年版。
3. 朱自清：《译名》，《新中国》1919 年第 1 卷第 7 号。转引自中国翻译工作者协会《翻译研究论文集（1894—1948）》，外语教育与研究出版社 1984 年版。
4. 李运富：《汉字学新论》，北京师范大学出版社 2012 年版。
5. 牛振：《清末元素用字同形异用考察》，《北方论丛》2016 年第 4 期。

---

[1] 牛振：《清末元素用字同形异用考察》，《北方论丛》2016 年第 4 期，第 49—54 页。

现代政区地名非常用字整理研究[*]

赵莲峰　牛振

引言

（一）选题缘由

地名负载着深厚的地理、历史和文化内容，随着社会的发展而发展演变。在文字产生之后，地名由口耳相传转为文字记载，从而与语言文字联系起来，以名称所指为词义内容，以语音和文字作为表达形式，成为一种特殊的语言符号。地名用字作为文字中的特殊成员，其特点在于：地名用字中同形异词、同词异形以及字形讹变等文字现象很普遍；地名用字的职能演变比一般文字相对缓慢等。

从政府层面来说，新中国成立后我国政府先后设立国务院地名审改小组、民政部地名研究所等专门的地名管理机构，开展了包括清除、废弃和更改不适当地名，调整重名地名，更改、简化用字生僻的地名，审订地名读音等一系列地名规范工作。1979 年以后国务院等机构陆续制定、发布了《国务院关于地名命名、更名的暂行规定》《地名管理条例》《关于地名用字的若干规定》等地名管理法规，使我国地名管理工作逐步走上制度化、法制化道路。

但现代政区地名用字中仍有一部分生僻字，给邮政、通信、测绘制图、交通运输、出版印刷、计算机信息处理等领域造成了诸多不便，并且影响到人们的日常生活。因此地名用字研究须关注非常用字的使用及规范化、标准化问题。

（二）研究现状

现代地名研究中有一些论著涉及上述问题。如李如龙的《汉语地名学论稿》第三章"汉语地名的词汇系统"，论及地名的不同来源，描写了一些地名非常用字的音形义；第四章"汉语地名的义音形"，针对地名用字的形音义的特殊性做了分类讨论；第七章论述地名的语源问题。王际桐的《王际桐地名论稿》针对地名的标准化、地名的调查和管理等问题进行研究。商伟凡的《试论我国政区名称生僻汉字的治理》描写了政区名称中的生僻汉字的现状与特点，阐述了规范地名生僻用字的个人观点。

李运富的《试论地名标准化"语文标准"的原则问题》提出地名标准化包括政治标

---

[*] 本文由赵莲峰《现代政区地名非常用字整理研究》改写压缩而成，硕士学位论文，北京师范大学，2004 年。

准和语文标准。针对当前政区地名用字存在的问题，该文结合典型的地名用例总结出地名语文标准化的六大原则，理论阐述深刻，论证用例精当。本文以此作为探讨政区地名非常用字标准化的依据。

总之，现代地名用字研究与地名管理实践结合紧密，但仍有许多问题亟待研究和讨论，现代政区地名非常用字整理问题尤显急迫。

（三）研究内容

本文以现代政区地名非常用字为研究对象，以《现代汉语常用字表》所收3500个常用字之外的地名用字为研究范围。

本文以汉字职用学为理论依据，全面整理现代政区地名非常用字，通过考察其音、形、义，判断地名用字在具体地名中的职能属性（本用、兼用、借用）；依据地名的命名理据，系统分析异体、同形、讹变、生造、形近音同、误读等用字现象；依据现代政区地名用字改革政策和语文标准化原则，对规范地名非常用字提出处理意见，为国家地名改革与规范提供语言文字学方面的参考。

（四）研究材料的界定与提取

我们以《现代汉语常用字表》为依据，凡现代政区地名用字中3500个常用字以外的字即为地名非常用字，都是本文整理研究的对象。

本文以《中华人民共和国政区标准地名图集》为研究文本。字符提取过程中，首先将《中华人民共和国政区标准地名图集》附表中的各级政区地名48117条输入电脑，统计出地名用字字表；其后，以《现代汉语常用字表》为标准进行比对，筛选出地名非常用字，以地名非常用字为字头，罗列包含该字的所有地名，进行描写分析。

见诸其他地名词典，而《中华人民共和国政区标准地名图集》没有收录的地名非常用字，本文偶有涉及。

一 现代政区地名非常用字的职能

经测查，《中华人民共和国政区标准地名图集》（以下简称《地名图集》）附表中收录的各级地名共48117条，用字总数为3151个。以《现代汉语常用字表》为标准进行比对，筛选出地名非常用字928个，约占用字总数的29%，共涉及各级政区地名5347条。排除有分歧、不能判定的地名与新疆维吾尔自治区的音译地名共259条，最终确定5088条地名为考察范围，涉及31个省、自治区、直辖市。地名意义具有单一性，其用字的职能具有特殊性，为厘清地名用字的实际情况，我们全面考察了5088条地名，对地名非常用字在地名中的职能进行了一一测查与分析。

（一）本用

本用指用本字来记录本词的用法。经测查，地名非常用字的职能为本用的地名有3209条，占所考察地名总数的63.1%。

这类用字现象大致可分为地名非常用字记录本义与引申义两种情况。所谓"记录本义",指地名非常用字在地名中记录本义,则其职能为本用。如"跸"的本义指帝王出行时清道,禁止行人来往,音 bì。浙江奉化有跸驻乡,相传五代十国时期吴越的忠懿王曾在此暂住,故名。该地名中的"跸"字音 bì,记录本义,其职能为本用。地名非常用字在地名中记录与本义密切相关的引申义,则其职能为本用。如"阜",《说文解字》释为"大陆也,山无石者",本义指没有石头的土山,音 fù。四川崇州有安阜乡,以民安物阜之意命名。该地名中的"阜"字音 fù,记录的是引申义(由土山之堆积状引申出物品富足义),其职能为本用。

如果音近音同的替代字使地名产生新理据,且替代字记录的是其本义或引申义,则判定其职能为本用,即理据重构的本字本用。如广东广宁的宾亨镇,原名崩坑,因河堤经常塌陷得名,后以方言谐音改名宾亨。地名中的"宾""亨"分别是"崩""坑"的音近替代字,"宾""亨"二字的使用使地名产生新的理据:来宾亨通。依据新的地名理据,"亨"字记录的是其引申义"顺利通达",故"亨"字职能被判定为本用。

需要注意的是以下几种特殊情况。(1)地名非常用字为生造字。包括因雅化产生的生造字(以"酆"为代表)、因记录特定含义而产生的生造字(以"墅"为代表)、因避讳而产生的生造字(以"㽏"为代表)三种情况。其职能均为本用。专门为少数民族地名所造的字(包括音译字)也归入此类。(2)地名非常用字为异体字。异体字指与正字本用职能相同而形体不同的字。因此,本文地名中使用的异体字,如记录本义和引申义,其职能均判定为本用。(3)地名非常用字为同形字。地名非常用字中形体相同但所记词项不同的字为同形字。在地名中记录各自的本词的同形字,其职能为本用。(4)地名非常用字代表自然实体。本文中表山川、河流、沟渠、岛屿、关隘等自然实体义的地名非常用字,除确知其职能为非本用的情况之外(包括借用 28 例,兼用 3 例),其职能均判定为本用。(5)地名非常用字代表都邑城镇。本文中表古代都邑、国家、郡县和现代城镇、村落等义的地名非常用字,未发现职能为兼用或借用的情况,其职能均判定为本用。(6)地名非常用字为人名、姓氏(少数民族音译地名除外),其职能也均判定为本用。

(二)兼用

兼用指用本字记录另一个与本词有音义联系的派生词的现象。本字所记录的本词,由于词义引申并伴随读音变化,产生了新的派生词。如果这个派生词没有新字来记录,就会由源字来"兼职"。这样,源字除了记录本词外,还要记录与本词有音义联系的派生词,就产生兼用现象。经测查,地名非常用字职能为兼用的地名有 43 条,占所考察地名的 0.8%。

1. 地名非常用字所记录的词与本词的意义有内在语源联系且读音发生变化

"坳[1]",《说文新附》释为"地不平也",音 āo。江西修水有马坳镇,因村处山坳,且南侧山形似马而得名。"坳[2]"在地名中使用义为山间平地,音 ào。"地不平也"即低洼地,地形为四周高、中间低。山间平地相对于山来说也是低洼地,地形特点是四周为山、中间为平地。本词"地不平也"派生出新词山间平地,且读音由 āo 变为 ào,但派生词仍由源字"坳"记录,则"坳[2]"的职能为兼用。

2. 地名非常用字所记录的词与本词的意义有内在语源联系而读音不变

"泮¹",本义诸侯饷射之宫,音 pàn。福建省古田县的泮²洋乡,由处于半山腰的田洋得名。"泮²"音 pàn,地名使用义为半腰,为泮宫之派生词——泮宫西南为水,东北为墙,一半有水,一半无水,读音不变。则"泮²"的职能为兼用。

(三) 借用

借用指将字形作为语音符号去记录与该字形体无关但音同音近的语词。经测查,地名非常用字职能为借用的地名有1475条,约占所考察地名的29%。具体来说,主要包括以下几种情况。

1. 本无其字的借用

"侗",本义大貌,音 tōng;又表诚实敦厚貌,音 dòng。dòng 族之 dòng 无本字,假借表大貌和诚实敦厚貌的"侗"字记录,则该"侗"的职能为借用。用例如贵州万山的敖寨侗族乡等。同样,瑶族之"瑶"、彝族之"彝"也是本无其字的借用。

2. 本有其字的借用

"岐",本义岐山(山有两枝),音 qí。"岐"通"崎",如陆机《谢平原内史表》:"汝阴太守曹武,思所以获免,阴蒙避迴,岐岖自列。"广东五华有岐岭镇,因西部山岭陡峻得名。崎岖义本字"崎","岐"为"崎"之借字,职能为借用。

地名用字音同音近的替代多为雅化所致,上文所说的替代字使地名产生了与其本义或引申义相合的新理据,替代字的职能判定为本用;如果替代字没有使地名产生与替代字本义或引申义相合的新理据,那么替代字仍然只作为语音符号存在于地名中,其职能为借用。

3. 特殊的借用

所谓的"特殊"指只是将字形作为语音符号去记录音节,而非记录语词。因其本质上也是借用字形作语音符号,也视作字的借用现象,包括以下三种情况:(1)音译字。地名中的音译字只记录音节,其职能为借用。(2)拟声字。拟声字借用音同或音近字形表示某种声音,与音译字本质一致,其职能为借用。(3)连读产生的合音字。连读产生的合音字也是借用已有字形表音节。如山东平邑的白彦镇,相传村西原有白衣郎庙,"衣郎"连读合音为"彦",得名白彦。该地名中的"彦"为合音字,音 yàn,其职能为借用。

(四) 存疑

部分地名非常用字职能不明,共361条,约占地名总数的7.1%,包括三种情况:本义不明、使用义不明和讹字。

1. 本义不明

本义无法查考的地名非常用字有5个。如:"肵",各词典无释义。山西介休有宋肵乡,地名理据不明,"肵"本义也不明,故职能不明。

2. 使用义不明

使用义不明一般是由地名命名理据不明所导致的。地名命名理据不明主要是由地名资料收集时缺失，或已经湮灭无法确知，本文对使用义不明的地名非常用字的职能暂存疑。

3. 讹字

地名非常用字中有一部分讹字，其中因音而讹的字的职能为借用，而因形而讹的字的职能无法判定，暂存疑。如"圫"，本义为可定居的地方，音 yù。湖南长沙市的大圫乡，因境内有一大水圫得名。"圫"字地名使用义为堤坝，音 tuó，与其本义不合。据张涌泉《汉语俗字丛考》考证："圫"为"坉"之讹字，"坉"本义指用草袋装土筑墙或堵水，音 tún，方音读 tuó，则此地名中"圫"的职能存疑。

（五）地名用字状况分析

1. 非常用字体现地名命名的三大理据——姓氏、自然实体、城邑

在所考察的含有非常用字的地名中，以人名姓氏、自然实体、城邑命名的地名占1/3强，这三大理据是传统的地名命名依据。地名非常用字涉及的以姓氏、自然实体和城邑命名的地名，多为历史沿用下来的名称，反映了地名的历史变迁、地貌特色和文化传承，是反映古代宗族制度、区划建置、自然地理的生动画卷。

2. 地名非常用字的演变具有稳定性

这种稳定性表现在职能、读音、字形三个方面。（1）职能，地名非常用字的职能以本用为主，约占用字总数的63.1%。（2）读音：地名用字的读音保留了大量古音。（3）字形：许多地名用字至少从《说文解字》时代一直沿用至今，特别是以自然实体命名的地名。地名非常用字演变的稳固性符合地名作为专名的特点，同时也为音韵学、文字学和词汇学以及地名学研究提供了独特的文献资料。

3. 地名专用字数量有限且多为常用字

据统计，《现代汉语词典》（1996年修订本）所收的地名专用字有400多个[1]，约占现代政区地名用字的总数（3151个）的13%。而在928个地名非常用字中，排除兼表姓氏和地名两项专名的字，地名专用字有137个，约占地名非常用字总数的34%。这说明地名专用字在地名用字中数量有限，地名用字多由常用汉字"兼职"。

4. 地名用字具有雅化倾向

地名用字的雅化倾向包括两种情况：一是换用美好的、吉祥的字；二是换用生僻的字。前者如北京的狗尾巴胡同，雅化为高义伯胡同，使原来含义不雅的地名获得了新的、含义美好的地名理据，符合人们的接受习惯，也是地名改革逐渐规范化、系统化的表现。后者实质上就是生僻化，有违现代地名用字从简、从俗的要求。如河北丰南的柳树圈雅化为柳树鄻，其实没有改动的必要。

5. 少数民族地名命名与其生活习俗密切相关

少数民族地名的命名的特殊之处是与其生活习俗密切相关。如蒙古族地名多用表示富饶的"巴彦"或"巴音"、表示白色的"查干""察汗"命名，且地名多带有草甸、山川、湖泊、泉水等自然意象，这反映了游牧民族的独特生活状态。但因此也带来了大量的地名重名现象，给地名规范化工作带来困扰。

---

[1] 李如龙：《地名中的同形异名和同名异形》，《地名知识》1986年第8期。

二 现代政区地名非常用字的字际关系

地名非常用字用例众多，涉及的异体、同形、同义、同音、形近等字际关系，本文结合用例依次讨论。

（一）现代政区地名非常用字中的异体字

异体字指本用职能是记录同一词项（或语素）而形体不同的字，包括异构字和异写字。地名非常用字的异体现象十分突出，包括以下三种情况。

1. 同一地名使用异体字

（1）各词典分别以正体字和异体字记录同一地名。如"坵"为"丘"之古文。《地名图集》收录有陕西耀县的小坵镇，因所处地形而得名。"坵"字地名使用义为"土丘"。该地名在崔乃夫《中国人民共和国地名大词典》（以下简称崔本）和《中华人民共和国地名词典》（下以简称《地名词典》）中均使用正体字"丘"，崔本、《地名词典》处理得当。

（2）各词典分别以不同异体字记录同一地名。《地名图集》收录的山西离石的枣窊乡，因地处山洼、多枣树而得名，崔本收录为枣土窊乡。"窊""土窊"为"洼"之俗字，音义均同。

2. 不同地名使用异体字

不同地名取相同的地名使用义，或用正体字或用异体字。《现汉》中"坳"为"坳"之异体，"坳"为正体字。二字均用于地名，记录同一词项"山间平地"，音 ào。如湖南攸县的湖南坳乡，因村居山坳、坳北昔有永湖而得名。江西井冈山的黄坳乡，以姓氏和地形得名。

3. 普通用语有正体字而地名使用异体字

"碁"为"棋"之或体，见《集韵·之韵》。《现汉》中"碁"为"棋"之异体，"棋"为正体字。广东番禺的石碁镇，明初建村时村口花岗岩小丘旁有石雕棋盘棋子，故名。

（二）现代政区地名非常用字中的同形字

同形字指形体相同而所记词项不同的字。地名非常用字中的 A^1 与 A^2，或者地名非常用字中的 A^1 与通用语中的 A^2 形体相同而所记词项不同，那么 A^1、A^2 就构成同形字关系，须区别开来，避免词项相混。现根据同形字的产生原因分述如下。

1. 一般意义上的同形字

一般意义上的同形字，包括造字同形、变异同形和派生同形三种情况。造字同形或变异同形产生的同形关系，如"厝^1"（磨刀石）——"厝^2"（房屋）。《说文解字》释"厝^1"为"厉石也"，"厝^1"在现代汉语书面语中仍然使用。而地名中的"厝^2"特指一种石头房子，如福建福清的新厝镇，当地方言称房屋为厝，1950 年因其地新居激增而得名。该地名中的"厝"字音 cuò，义为房屋，即"厝^2"。其与"厝^1"所记词项不同而形体相同，为同形关系。

派生同形指源词与派生词共用字形所产生的同形关系，如"瓴¹"（盛水的瓶子）——"瓴²"（瓦沟，似瓶状）。安徽霍邱的冯瓴²乡，因河水呈瓦沟形流经此地，又多居冯姓而得名。该地名中的"瓴²"字音 líng，义为房屋上仰盖的瓦，亦称"瓦沟"，似瓶状。"瓴¹"记录本词，指一种古代盛水的瓶子；"瓴²"记录的词项为其派生词，仍以源字记录。"瓴¹""瓴²"读音相同，字形相同，但所记词项不同，实为派生同形关系。

2. 根据地名理据对已有字形理据重构所产生的同形字

根据地名理据对已有字形的理据重构来记录地名，本质上也是造了新字，只是所造字形与已有字形同形。如"汾¹"（汾水）——"汾²"（水的支流、水流分叉处），《说文解字·水部》："汾¹，汾水。从水，分声。"则"汾¹"为水名，现代汉语中仍有此用法。江西遂川的大汾²镇，清乾隆年间建圩，三溪汇合于此，集小成大，故名；该地名中的"汾²"义为水流的分支，音 fén。"汾²"由水、分两个构件组成，会水流分叉之意，对汾水之"汾¹"进行了理据重构，故"汾¹""汾²"应为同形字关系。

（三）现代政区地名非常用字中的同义字

同义字指义项相同而所记词项不同的字。由于时地差异，地名用字中存在不少同义字，举例说明如下。

1. 不同地名的同一义项使用同义字

地名用字中的"埝"、"埠"、"圩"、"垸"、"陂"、"塍"、"埭"、"垱"等字都可记录堤坝义。以下简单举几例。

江苏丹徒的宝埝镇，古时曾筑堰，故名宝堰，后写作"宝埝"，"埝"字音 niàn。

安徽巢湖的中埠镇，该地有一长岗伸入圩中、形如堤岸得名，"埠"字音 hàn。

江苏泗洪的陈圩乡，因清同治年间陈姓在此筑堤坝而得名，"圩"字音 wéi。

湖南澧县的官垸乡，因清末设官垸局围垦而得名，"垸"字音 yuàn。

广东惠阳的矮陂镇，因附近有水陂、且地势较低而得名，"陂"字音 bēi。

浙江嘉兴的新塍镇，《嘉兴府志》记载："宋时因当地苦于大水，筑塍御之，故名。""塍"字音 chéng。

江苏溧阳的埭头乡，原名湖埭，因建村于长荡湖堤坝旁而得名，后因淤塞距湖日远，改名为埭头，"埭"字音 dài。

湖北荆州的观音垱镇，因附近中襄河堤上原来建有观音寺而得名，"垱"字音 dàng。

以上用例中"埝"、"埠"、"圩"、"垸"、"陂"、"塍"、"埭"、"垱"等字均表堤坝义，在不同地名中记录同一义项，但读音不同，记录词项不同，故为一组同义字。

2. 不同地名词典记录同一地名使用同义字

"埝"在地名中表堤坝义，上文已有提及。另有"堰（yàn）"字是"埝"的同义字。《字汇补》记有"堰，与堰同"。"堰"与"堰"音义完全相同，为异体字。"埝"与"堰"为同义关系，故与其异体字"堰（yàn）"也为同义关系。不同地名词典分别以二字记录同一地名，如《地名图集》收录有山西偏关的马家埝乡和山西万荣的埝底乡，崔本分别记为马家堰乡和堰底乡。

此外，"垻"还可表两山之间的山地。如山西河曲有寺垻乡，以处两山间鞍部、旧有寺院得名。此表两山之间山地的"垻"与表堤坝义的"垻"为同形关系，应区分开。

（四）现代政区地名非常用字中的同音字

存在非常用字读音相同、相近现象的地名并不多。

1. 地名非常用字之间的同音关系

"浞"的本义为"小濡貌也"，音 zhuó；"濯"的本义为"浣也，濯衣垢也"，音 zhuó，二字音同义近。地名中既有浞水镇，又有濯水镇，易混。如《地名图集》收录有贵州务川浞水镇，以境内浞水得名。既为水名，则不应以同义字"濯"记录，而崔本就记作濯水镇，与重庆黔江的濯水镇混。

河南有淇县，因淇水得名，"淇"字音 qí；山西有祁县，因姓氏得名，"祁"字音 qí。则两个地名中的"淇"与"祁"为同音关系。

2. 地名非常用字与地名常用字之间的同音关系

"澧"、"蠡"、"礼"、"理"四字均读为 lǐ，地名用例如湖南澧县、河北蠡县、甘肃礼县、四川理县，如果只凭声音无法分辨。其中甘肃的礼县由原醴县更名而来，既没有顾及地名的同一性（今天湖南的醴陵市仍在使用），又失去了地名原有的美好理据（有泉甘若醴），从同音关系角度看也没有顾及地名的区别性。

河北阜平与陕西富平读音均为 fù píng，江苏阜宁与云南富宁读音均为 fù níng，两组地名均在听觉上容易混同。

（五）现代政区地名非常用字中的形近字

地名非常用字中的形近字，是从其与地名非常用字、常用字和非地名用字形体比较的角度考察的。

1. 地名非常用字与地名非常用字形近

"氾"的本义是泛滥，音 fán；"汜"的本义是由干流分出又汇合到干流的水，音 sì。"氾"和"汜"是风牛马不相及的两个字，但二字形近易混，给我们的工作带来麻烦。笔者在利用电脑进行扫描时，获得的扫描结果就是所有包含"氾"字的地名都成了包含"汜"字的地名。

"莨"为粤语地名用字，指沼泽地或滩涂，音 lǎng；蒗，指蒗蒗河，音 làng。二者音近形似，在地名中都有用例。如广东中山有沙莨镇，云南有宁蒗彝族自治县。

2. 地名非常用字与地名常用字形近

"盂"本义"饮器也"，音 yú；"孟"本义"长也"，音 mèng。在地名中二者形近易混，笔者在对地名进行扫描过程中，遇到很多应识别为"盂"字却记为"孟"字，应识别为"孟"字却记为"盂"字的情况，不得不一一手工录入，造成时间和精力的浪费。"盂"字涉及的地名有山西盂县、大盂镇和广东潮阳的铜盂镇等，而"孟"涉及的地名不下数十个。

3. 地名非常用字与非地名用字形近

"汨"指汨罗江，音 mì；"汩"本义为治水，音 gǔ，现用于指流水的样子或声音，如

"汨汩"。笔者在进行地名资料扫描工作中,计算机对此二字的识别同样出现错误。"汨"涉及的地名有汨罗市、汨罗镇、汨湖乡,均属湖南省;"汩"字在地名中没有用例。

三 现代政区地名非常用字的标准化

从上文的描述可以看出,地名非常用字涉及的异体、同形、同义、同音、形近等字际关系,容易破坏地名用字的同一性与理据性,导致地名用字的区别度降低,从而带来语言文字运用上的错误。因此,有必要针对地名非常用字的字际关系特点,提出地名用字标准化的原则,在此基础上结合实例讨论规范地名用字的具体建议。

(一)地名用字语文标准化的原则

李运富先生的《试论地名标准化"语文标准"的原则问题》一文,从语言文字角度深入探讨了地名标准化原则,颇中肯綮。本文借鉴李先生的理论,提出以下六项原则。

1. 理据性原则

地名的用字和读音要受到理据性原则的约束,即具体地名的读音和用字要根据地名的命名理据来确定,做到形音义统一。译音地名的用字和读音没有义理可言,但有音理可据,须做到音译用字读音的相对准确。

2. 区别性原则

地名不同于其他事物的名称,必须保证具有一定的区别度。创制地名专用字或改变地名字读音是增加地名区别度的常用方法,但易导致地名中生僻字和多音字的大量出现。依据区别性原则,如果某生僻字或某变读音属于历史遗存,现在也还具有区别价值,并且不破坏通用语言文字的规范原则,可以维持不变;如果地名用字中存在字形相近、读音相同的情况,破坏了地名用字的区别度,就需要进行规范。

3. 同一性原则

地名的命名取义、用字读音不是孤立的,不同的地名之间,甚至地名与普通词语之间往往存在某种联系。从全国范围着眼,从整个地名系统甚至语言文字系统着眼,把相互关联的地名和字词联系起来统一考虑,对同类现象做同一处理,从而避免歧异和混乱,这就是同一性原则的要求。

4. 规范性原则

地名要标准化,必须对地名中存在歧异和错误现象加以规范,包括构词规范、用字规范和读音规范。地名规范工作应当依据有关部门颁布的语言文字、地名方面的政策和标准进行,做到依法规范、依章管理。

5. 简易性原则

地名作为一定区域或实体的信息符号,要便于使用者指称、书写和理解,故应在符合其他原则的同时尽可能地简易。从语言文字的角度来说,即符合语言学中所谓的经济性原则,利用简单有效的符号,达到准确简明地传达信息的效果。

6. 习惯性原则

习惯性原则即所谓"约定俗成"和"名从主人"原则,这两条原则贯穿于我国地名发展和演变的历史进程中。在地名标准化工作中，应考虑社会使用习惯，对具有历史渊源或文化内涵的地名，其用字、读音即使不符合某些原则，可以保持不变；对用字、读音发生演变、错讹，或不合一般原则，但已形成习惯并广为认同和接受，强行更改可能带来严重后果的地名，也可以维持现状。

（二）现代政区地名异体字与繁简字的标准化

1. 异体字

地名非常用字中存在相当数量的异体字，从地名标准化的要求看，异体字显然不符合规范性原则，需要加以合理规范。因为对地名而言，由于所指不同，有些所谓"异体字"其实未必就是"异体字"，未必就"不规范"。

对大部分地名中的"异体字"应当规范，如以下5种情况：（1）不同地名之间存在正体字和异体字关系的，在不影响地名理据和区别度的前提下，应该统一使用正体字。如广东连平的崧岭镇，因境内有崇山峻岭得名；福建永泰的嵩口镇，因处高山下两溪汇合口而得名。两个地名可统一使用正体字"嵩"。（2）地名用字为异体，而正体见于普通用字，在不影响地名理据和区别度的前提下，应统一使用正体字。如江苏宝应有氾光湖乡，以氾光湖得名；还有一个氾水镇，以氾水闸得名。应统一使用正体字"泛"。（3）同一地名存在不同用字或有几种写法的，应当根据普通规范标准确定只用（写）正体字。如江西会昌的凤凰岽乡，以在凤凰岽东麓得名，崔本收录的是凤凰崬。"岽"符合地名理据，可保留使用，取消凤凰崬的写法。（4）具有通名性质的地名用字如存在异体字，应统一用正体字。地理通名的异体现象普遍存在于方言地名中，如广东省有常见的地名用字"凼"，指水边地、水塘、积水长草的洼地，《越谚》注释为"栽菱养鱼处"。其异体有"氹""氹""凼"等，应统一使用正体字"凼"。（5）地名中异体字为借字，应依据规范性和理据性原则，恢复使用本字。如山东莒县有碁山乡，相传有僧人在此成仙飞升，故名起山，后谐音改今名。"碁"为"起"之借字，应恢复使用本字"起"。

但有一些地名中的异体字不必规范，如以下3种情况：（1）存在义项交叉，用正体字取代异体字后可能引起理据误解的情况。如甘肃临夏市的枹罕乡，汉武帝时于此置枹罕县，寓意"鼓音少，盗贼息"，"枹"音fú，义为"鼓槌"。"桴"为正体字，既表鼓槌，又表房梁义。"枹"字另有枹树义，音bāo。如以正体字"桴"规范"枹"字，"桴"还有其他义项使用，会干扰人们对地名的准确认知；且表枹树义的"枹"字仍在使用，也不会减轻人们的识读负担。（2）地名中的异体字如统一使用正体字，会导致地名字面全同、影响区别度的情况。如浙江宁海有深甽镇，以地处深山谷地、多溪流水沟得名；广东有深圳市，"圳"指田间水沟。如统一使用正体字"圳"，会造成专名相同，故保持原状。（3）习惯性强的异体字。如浙江遂昌的垵口乡，以地处根竹坑（溪）口得名。"垵"与"埯"为异体关系，"埯"为正体字。但可能缘于对"安土"字形别解的求吉心理，"垵"字在当地已经形成较强的使用习惯，故可保留该字，不予规范。

2. 繁简字

繁简字是历代都有的文字现象，地名非常用字中的繁体字既不符合规范性原则，也不符合简易性原则，但并非所有的繁体字都要规范，要视具体情况分类处理。

（1）地名中的繁体字有对应的简体字，且换用简体字不影响地名理据和区别度，则换用简体字。如江西九江有马迴岭镇，相传朱元璋在此打败陈友谅、回师北上，故名。"迴"为"回"之繁体，换用简体字"回"，地名理据不受影响且表达更明确，也不会造成重名。

（2）同一地名在不同地名词典中或用繁体或用简体，在保持地名理据的前提下，依据简易性原则统一使用简体字。《地名图集》收录有广东信宜的硃砂镇，以多红色砂土得名；河南通许的硃砂镇，因此地原有红色小岗而得名。二地名在崔本中分别记录为朱砂镇和朱砂岗乡（应为旧名）。地名理据保持不变，字形简易规范，故应统一使用简体字"朱"。

（3）政区地名以自然实体命名而产生的繁体字，应与自然实体保持同一性：自然实体用字不简化，政区地名用字也可不简化。如广西藤县的濛江镇，因濛江而得名；四川彭州的濛阳镇，因位于濛阳河北而得名；四川眉山思濛镇，以地处思濛河畔得名。尽管"濛"是"蒙"的繁体字，但这些地名均以河流命名，河流名不变，地名用字尽量不变，以保持地名的理据性和同一性。

（三）现代政区地名生造字与错讹字的标准化

1. 生造字

地名中的生造字根据地名表义需要创制，一般不为社会通用，具有很高的区别度，此类字应尽量保留。尤其是以下两种情况：（1）已被广为接受和使用的雅化生造字，可依据习惯性原则予以保留。如"鄻"表示圆圈，音 quān，用于多个地名。天津蓟县的蒙鄻乡，由蒙姓在此引水开田成圈，原名蒙圈，后雅化为今名；河北丰南的柳树鄻镇、山东沾化的齐鄻乡都是这种情况，这些地名可依据习惯性原则予以保留。（2）生造字表示特殊地名含义，可依据理据性和区别性原则予以保留。如"圐圙"，是蒙古语 hure 的意译造字。Hure 指围起来的草场，"圐圙"采用会意方式造字，表义明确，符合地名理据，且具有较高区别度，故可以保留。

但考虑到简易性原则，以下四种情况应进行合理调整：（1）生造字为异体字的，应依据规范性原则使用正体字。如"㵀"字，表示漩涡，音 xuán，仅见于四川渠县的㵀渡乡。此"㵀"字为"漩"之方言异体，可规范为"漩"。（2）因避讳产生的生造字，应换用符合地名理据的字。如广东丰顺的鰡隍镇，"鰡"音 liū，为"留"之避讳字，此地名可依据理据性原则和简易性原则使用"留皇"二字。（3）不合地名理据的生造字，在不违背区别性原则前提下，换用合乎理据用字。如河南内乡有岞岖乡，"岖"音 qū，当地原来柞树林中有一渠供缲丝用水，故名柞渠，后书写为岞岖。"岞岖"二字与地名理据不合，且"岖"为生造字，疑为"岞"之类化造字，应恢复使用"柞渠"。（4）非国家公布的简化字，依据规范性原则应恢复使用正体字。如广东蕉岭的南矴镇，原名南礤，简化为今名。"矴"为"礤"之自造简化字，应恢复使用正体字"礤"。

2. 错讹字

地名非常用字中的错讹字明显违背地名标准化的规范性原则和理据性原则，理应规范为正确用字，但有些地名错讹字已相沿成习，强行更改会带来负面影响。故对错讹字的标准化也应分类处理。

（1）在习惯性可以忽略的前提下，依据理据性和规范性原则将错讹字规范为正确用字。如安徽石台的莘田乡，"莘"音 xīn，是"星"之讹字，相传唐代有陨石落田中，故名星田，后讹为莘田。"星"字是符合地名理据的正确用字，讹字"莘"可规范为"星"。

（2）相沿成习的错讹字，强行更改会导致负面影响的，可不予规范。如四川犍为县，"犍"音 qián。"犍为"乃"楗为"之讹，但"犍为"之名沿用已久，已形成很强的使用习惯，且境内还有犍为山可提供地名理据。讹字"犍"可保留使用，可读本音 jiān，取消异读 qián。

（四）现代政区地名同音字与形近字的标准化

地名中的同音字和形近字往往会使地名音节相同或字面相似，破坏地名的区别度，造成误听、误读、误写，故需进行调整。

1. 同音字

只有在地名读音全同的情况下，同音字才能影响地名的区别度。因此对单音节地名采取复合构词和附加通名的方法，可以避免地名读音全同。

（1）对单字地名进行复合构词，不影响原有的地名理据。如广西的藤县与山东省原滕县读音、用字全同，山东省滕县更名为滕州市，与广西的藤县区别开来。山东滕州市的旧名滕县和新名均以古滕国、滕州得名，地名理据不变。

（2）对地名进行重新命名，产生新的地名理据。原河北省的祁县与山西祁县用字、读音全同，原河北省祁县更名为安国县（现为安国市），与山西祁县区别开来，且有了新的地名理据。

对专名读音相同的多音节地名，可以借通名进行区别。如吉林市和吉林省、北京的通州区与江苏的通州市、通州镇。但这种地名区别度较小，也应该在适当时机进行调整。

对专名和通名读音全同的多音节地名，可采用以下方法调整。（1）对地名进行重新命名，产生新的地名理据。广西省忻城县与原河北省新城县读音全同，原河北省新城县依据新的地名理据（元英宗硕德八剌为东平王安童立碑于此）更名为高碑店市，从而与广西省忻城县完全区别开来。（2）在保证地名更名同一性和获得新理据的前提下，换用有区别性的替代字。陕西的潼关县与原陕西同官县读音全同，同官县更名铜川县（今为铜川市），与潼关县区别开来。

2. 形近字

（1）形近字存在异体字的，如不影响地名理据，可依据规范性原则换用正体字。如江苏宝应氾光湖乡中的"氾"，与河南荥阳汜水镇的"汜"形近易混。可将"氾"规范为兼并其职能的正体字"泛"。所涉及的两个地名因为构词明确，地名理据不受影响。

（2）形近字为借用字的，依据地名理据恢复本字。如江苏吴县的甪直镇，因六直浦得名，后依据方音借用"甪"字为名。"甪"音 lù，兽名，为"六"之借字。"甪"字生僻难认，且常与常用字"角"相混，故可以恢复使用本字"六"，避免"甪""角"形近而讹。

(3) 对单音地名进行复合构词和附加通名。如原河南省孟县与山西省盂县,地名用字相近易混,河南省孟县更名为孟州市,与山西省盂县区别开来。

（五）现代政区地名借用字与音译字的标准化

1. 借用字

借用是将字形作为语音符号去记录与该字形体无关但音同音近的语词。地名中的借用字往往使地名理据丧失,造成地名的"不辞"和生僻,与规范性和简易性原则相背,故需进行规范;但有的地名借用字使地名理据重构,则应予以肯定。

对于前者,应在保证区别性基础上,换用合乎理据的常用字。如福建云霄有峛屿镇,"峛"为笠之借字,地名理据为笠石,"峛屿"与地名理据不合,故建议换用"笠"字。对因避讳产生的借用字,如无特别需要,也应恢复使用符合理据的本字。如重庆江津有珞璜镇,"珞璜"为"落皇"之避讳字,相传明宪宗时皇赐玉碑至此掉落江心,称落皇石,后因避讳改今名。"珞璜"可恢复使用符合地名理据的常用字"落皇"。

地名生僻用字可用同音字替代,前提是尽量使地名获得新理据且构词合乎规范性,避免同音替代后地名无理据可言和不成词的情况。如陕西的邠县以古代诸侯国得名,由于"邠"字生僻,借常用字"彬"替代。更名后的彬县也因"彬"字具有了新的理据：文质兼备的地方。广西的玉林（原名鬱林）市、陕西的周至县（原名盩厔）等也是比较成功的同音替代的例子。

2. 音译字

地名音译字应采用笔画简单、易写易认、合乎规范的常用字,其读音应与源语词的发音相符,避免同音异译。但地名音译字中存在异体字、同音异译、译音不准确、字形生僻等现象,明显违背了地名用字的规范性原则、理据性原则和简易性原则,需要进行规范。

（1）地名音译字中的异体字,应依据规范性原则换用正体字。《地名图集》收录有西藏洛扎的曲谿乡,"曲谿"为藏语音译,义为寺庙、家园。"谿"在河谷义上与"溪"为异体,地名规范要求凡含"谿"字的地名一律换用"溪"字,崔本中所收为曲溪乡。

（2）地名音译字中的同音异写,应依据规范性和习惯性原则,采用符合地名理据的统一写法。傣语"地方"一词,大多音译为"勐"。个别傣语地名采用了其他汉字译写,如云南云县的茂兰彝族布朗族乡,"茂兰"为傣语"勐南"的音译;云南孟连傣族拉祜族佤族自治县,用的是"孟"字。虽然"茂"、"孟"都是常用字,但为遵从音译惯例,应采用"勐"为规范音译字。

（3）地名音译字中的非常用字和非通用字,在保持音译理据的基础上,依据简易性原则换用常用字。如四川宝兴的硗碛藏族乡,"硗碛"为藏语音译,义为高寒山脊。"硗碛"为非常用字,应改为常用字"尧基",与当地读音 yáo jī 相合,且符合理据性和简易性原则。

（4）地名音译字中译音不准确的用字,应依据规范性原则换用译音相对准确的字。如西藏的 nang xian 被译为朗县,四川新龙的 rinang 镇被译作茹龙镇,巴塘的 sowanang 乡被译作苏哇龙乡等,就是受方音 n/l 不分的影响。建议规范为合乎普通话读音的音译字"囊"或"昂"。

已经形成社会使用习惯的音译地名用字，尽管存在某些错误或不妥，也尽量保持不变，以维护地名稳定性，维护民族团结。

（六）现代政区地名非常用字的读音标准化

地名非常用字读音主要存在异读、误读和变读等现象。

1. 异读

对地名中的异读音，应按照规范性和简易性原则进行处理，力求达到地名读音的准确和单一。其中，对无区别意义需要的异读音，规范为与命名取义相合的普通话标准读音。如"筼"，本义"竹皮之美质也"，音 yún。地名中有 yún、jūn 两读：江西高安的筼阳镇，"筼"音 yún；四川筼连县，"筼"音 jūn。"筼"字在二地名中均记录筼竹义，据义应取 yún 为普通话标准读音。

但已经相沿成习的异读，可酌情保留。如广东番禺市，"番"古音为 pān，与现代通用语中使用的"番（fān）"形成异读，已形成较强使用习惯，可保留。

2. 误读

一般情况下，误读应依据地名理据规范为正确的普通话读音。如山西繁峙县，因"城于山麓，群山拱而环之"而得名。"峙"的地名使用义为山耸立，音 shì，与本音 zhì 不合。考其地名沿革，隋代为繁畤县，明代改为繁峙县。"畤"有 shì 音，义为种植。"繁峙"之"峙"音 shì，应为"畤"之遗留误读。依据新的地名理据，"峙"的读音应规范为 zhì。

如果地名误读已形成较强使用习惯，一旦更改会带来不良后果的可予以保留。如"歙"，本义为缩鼻，音 xī。但歙县之"歙"音 shè，方音读为 xié，因其地势周围高、中间凹陷如塌鼻状而得名。"歙"在地名中记录本义，按照理据性原则应取 xī 音，但歙县中外驰名，已形成较强社会使用习惯，故可保留 shè 音。

3. 变读

变读音是地名区别性的产物，可以区别不同义项或区别地名与普通用语，如无特别需要可不予规范。比如，枞音 cōng，本义指冷杉。安徽的枞阳县，"枞"字音 zōng，以枞阳河得名。"枞"在地名中变读为 zōng，以与普通用语中的枞树义相区别，故可保留使用。

总之误读音最好在适宜时机改正，但对于已经形成社会习惯或具有较高知名度地名的误读，可以采取宽容态度，予以保留。

从语言文字角度规范地名是建立地名信息系统、实现地名信息共享，最终建成"数字地球"、实现空间信息数字化的重要基础。我们依据地名用字语文标准化原则，对现代政区地名中的异体字与繁简字、生造字与错讹字、同音字与形近字、借用字与音译字，以及地名非常用字的读音提出了语文标准化建议，期望能够为国家地名改革与规范提供参考。

参考文献

1. 崔乃夫主编：《中华人民共和国地名大词典》，商务印书馆 1998 年版。

2. 各省编纂委员会编:《中华人民共和国地名词典》,商务印书馆1994年版。
3. 国家测绘局地名研究所编:《中国地名录》,中国地图出版社1995年版。
4. 李运富:《汉字学新论》,北京师范大学出版社2012年版。
5. 李运富:《试论地名标准化"语文标准"的原则问题》,《语言文字应用》2002年第2期。
6. 李如龙:《地名与语言学论集》,福建地图出版社1993年版。
7. 商伟凡:《论我国政区名称生僻字的治理》,《语文建设》1999年第6期。
8. 王际桐:《王际桐地名论稿》,社会科学文献出版社1999年版。
9. 吴郁芬等编:《中国地名通名集解》,测绘出版社1993年版。
10. 张涌泉:《汉语俗字丛考》,中华书局2000年版。
11. 中华人民共和国民政部、中国人民解放军总参谋部测绘局编:《中华人民共和国政区标准地名图集》,星球地图出版社1999年版。

《说文解字注》古今字的行废关系研究*

刘　琳

在《说文解字注》中，段玉裁使用了"某行某废""某行某不行"这样的程序性话语来注释一些字形或字义的存废情况，其中不少是与古今字有关的。本文以《说文解字注》古今字材料中注明行废情况的材料为研究对象，讨论古今字存废的规律性现象和原因。

一　《说文解字注》中古今字注明行废的材料概况

古今字必须是在某一个义项上构成，即当两个或两个以上的字形记录同一个义项的时候，我们才说它们是古今字。古今字的行废情况都是针对它们共同记录的义项而言的。因此我们对行废材料的统计，也是以义项为标准，在一个义项上，一个行字对应一个废字。如《心部》"悝"注："啁即今之嘲字，悝即今之诙字，谓诙谐啁调也。今则诙嘲行而悝啁废矣。"（p510上①）我们计作两组行废字：悝——诙，啁——嘲。再如《立部》"竖"注："竖，立而待也。……今字多作需，作须，而竖废矣。"（p500下）我们也计作两组废行字：竖——需，竖——须。

在《说文解字注》古今字的材料中，有些注明行废情况的材料讨论的不是字形问题，而是字义问题，如：

《木部》"核"注："今字果实中曰核，而本义废矣。……许意果实中之字当用䫟也。"（p262下）　按：此处所言之"废"乃"核"之本义被废，非指字形。

《衣部》"袒"注："许书但裼字作但，不作袒，今人以袒为袒裼字，而但、袒二篆本义俱废矣。"（p395下）

由于不涉及字形的存废，我们把这种情况排除于统计的范围之外。

根据以上原则，我们统计《说文解字注》中段玉裁注明"某行""某废"或"某不行"的古今字材料共189组，列举10组如下。

（1）尒——尔②

《八部》"尒"注："尒之言如此也。后世多以尔字为之。"（p48下）

---

* 本文原载《全球华语文教师与研究生论坛论文集》，台湾中国文化大学出版社2016年版。

① 此处的数字指所引条目出自段玉裁《说文解字注》的页码，本文所使用的版本为上海古籍出版社1988年版。下同不注。

② 列在第一个的是在这个义项上的废字，第二个是行字。下同不注。

《焱部》"尔"注:"又凡训如此,训此者,皆当作尒。乃皆用尔,尔行而尒废矣。"(p128下)

《手部》"掔"注:"尒者,本字,词之必然也。尔者,叚借字也。尔行而尒废矣。"(p594上)

(2) 屰——逆

《辵部》"逆"注:"逆,迎也。……今人假以为顺屰之屰,逆行而屰废矣。"(p71下)

《干部》"屰"注:"屰,不顺也。后人多用逆,逆行而屰废矣。"(p87上)

《午部》"啎"注:"屰,不顺也。今则逆行而屰废矣。相迎者必相屰,古亦通用逆为屰。"(p746上)

(3) 徢——夷

《彳部》"徢"注:"按凡平训皆当作徢。今则夷行徢废矣。"(p76下)

(4) 散——微

《彳部》"微"注:"微,隐行也。散训眇。……叚借通用微而散不行。"(p76下)

《人部》"散"注:"凡古言散眇者,即今之微妙字。……微行而散废矣。"(p374上)

(5) 廴——引

《廴部》"廴"注:"廴,长行也。《玉篇》曰:今作引。是引弓字行而廴废也。"(p77下)

(6) 衛——帅

《行部》"衛"注:"将帅字古只作将衛。帅行而衛又废矣。"(p78下)

(7) 衛——率

《行部》"衛"注:"衛,导也,循也。今之率字,率行而衛废矣。"(p78下)

(8) 䚘——馨

《只部》"䚘"注:"䚘,声也。谓语声也。晋宋人多用馨字……馨行而䚘废矣。"(p87下)

(9) 䚻——谣

《言部》"䚻"注:"䚻、谣古今字也,谣行而䚻废矣。"(p93上)

(10) 龢——和

《言部》"调"注:"龠部曰:龢,调也。与此互训。和本系唱和字,故许云相应也。今则概用和而龢废矣。"(p93下)

二 《说文解字注》中古今字行废的规律性现象和原因

在这189组注明行废情况的古今字中,废字共171个,行字共175个,通过对这些废行字的统计分析,并参考杨怀源(2003)、亓瑶(2007)和张娟(2009)的有关结论,我们发现古今字行废的规律性现象和原因主要有以下几点。

（一）理据丧失或理据弱化的字符易被理据明晰的字符所替代

1. 整个字符记号化，丧失理据，形义联系牵强，从而被替代

（1）屰——逆

《干部》"屰"注："不顺也。后人多用逆，逆行而屰废矣。从干下凵。屰之也。凵，口犯切。'凶'下云：象地穿交陷其中也。方上干而下有陷之者，是为不顺。屰之也当作屰之意也。"（p87 上）

《辵部》"逆"注："逆，迎也。……今人假以为顺屰之屰，逆行而屰废矣。"（p71 下）

按：在{不顺}的义项上，今字"逆"替代了古字"屰"来记录这一义项。"屰"的甲骨文作"Ψ"，罗振玉《增订殷墟书契考释》："（甲文）为倒人形。"以颠倒的人形表示{不顺}之义。小篆作"屰"，《说文解字》（以下简称《说文》）训为"从干下凵"已误，从字形上也难以看出与{不顺}之义的联系，可以说整个字符已经记号化，丧失了理据。不再符合形义统一原则的"屰"字就被废弃了。

（2）冓——構

《冓部》"冓"注："冓，交积材也。高注《淮南》曰：構，架也。材木相乘架也。按结冓当作此，今字構行而冓废矣。《木部》曰：構，盖也。义别。象对交之形。冓造必钩心斗角也。"（p158 下）

按：在{结构}的义项上，古字"冓"被今字"構"代替。"冓"字甲骨文作"╳"，李孝定《甲骨文字集释》："疑象两鱼相遇之形。为遘遇之本字。"[①] 小篆作"冓"，《说文》训为"象对交之形"，已是字形演变后的强解，说是{结构}义的本字，更是不符合事实。隶变以后作"冓"形，无论与{遭遇}义和{结构}义的联系都不明显，可以说已经变成一个记号字，丧失了理据，故而被从木冓声的"構"字所替代。

2. 字符的部分构件记号化，丧失理据，从而被替代

（1）歾——残

《歹部》"残"注："残，贼也。……今俗用为歾余字。按许意残训贼，歾训余，今则残专行而歾废矣。……从歹戈声。"（p163 下）

《歹部》"歾"注："禽兽所食余也，引伸为凡物之余。凡残余字当作歾。从卢从月。月各本作肉，篆体作殙，今正。禽兽所食不皆肉。卢者，残也。月者，缺也。……《广韵·十五》辖有此字，与刖、聉同音，是其字之从月可知矣。"（p163 下）

按：在{残余}的义项上，古字"歾"被今字"残"代替。《说文》"歾"字本作"殙"，从卢从肉，"卢"表示残杀，肉代表野兽的主要食物，会合{残余}之义。段玉裁改为从月，认为月有缺义，从而会合{残余}之义。"肉"形与"月"形的小篆非常近似，因此楷化后有一系列字的"肉"形构件都变成"月"形，例如"肖""肌""肤""脯""修""胸""胥""脘"等，"殙"字也是如此。《说文》各本篆体都作从肉之"殙"，段玉裁改"肉"为"月"，根据不足。当"殙"字楷化，"肉"字构件变为"月"

[①] 转引自汤可敬《说文解字今释》，岳麓书社1997年版，第542页。

时，实际上已经成为一个记号，字符的形义联系变得不再明晰，故而后来被从歺戈声的"残"字所替代。

（2）䆃——隐

《叉部》"䆃"注："䆃，有所依也。……此与阜部隐音同义近，隐行而䆃废矣。凡诸书言安隐者当作此。今俗作安稳。从叉工。叉工者，所落之处巧得宜也。读与隐同。"（p160下）

按：在｛隐蔽｝的义项上，今字"隐"代替了古字"䆃"。"䆃"字小篆作"䆃"，从叉工，"叉"是落的意思，"叉"下的"又"楷化后变成"彐"，"叉"变成了"爫"，成为一个记号，"䆃"字的理据丧失，故而后来被形声结构的"隐"字所代替。

3. 字符的义符与字形所记录的义项联系不紧密的字易被替代

（1）椄——接

《木部》"椄"注："椄，续木也。今栽华植果者以彼枝移椄此树而华果同彼树矣。椄之言接也。今接行而椄废。从木妾声。"（p264下）

按：在｛嫁接｝的义项上，"椄"是古字，"接"是今字。嫁接花木是动作，与义符"木"的联系不紧密，因此被从"手"的"接"替代。

（2）稘——期

《禾部》"稘"注："稘，复其时也。言帀也。十二月帀为期年，《中庸》一月帀为期月，《左传》旦至旦亦为期。今皆假期为之，期行而稘废矣。"（p328下）

按：在｛周期｝的义项上，"稘"为古字，"期"为今字。"稘"用禾木的按季节生长成熟来表示周而复始之义，相比之下，周期的意义从"月"则意义与字形联系更紧密，故"稘"被"期"替代。

4. 表音构件丧失功能的形声字易被替代

汉字在朝着表音化的方向发展，一般来说，形声字较象形字、指事字、会意字有竞争力，但是当形声字的声符丧失了表音功能时，其表音的优势就不存在了，往往会被其他理据更为明晰的字符所替代。例如：

（1）䚻——谣

《言部》"䚻"注："䚻，徒歌。……从言肉声。……䚻、谣古今字也，谣行而䚻废矣。"（p93上）

按：在｛没有音乐的歌谣｝的义项上，"䚻"和"谣"构成古今字。"䚻"从言肉声，小篆作"䚻"，楷化以后"肉"变成"夕"，与其他从"肉"的字作"月"（如"脯"）迥异，已经不是一个成字部件，而是替代性的记号。且"肉"的中古音在日母屋部，"谣"在以母宵部，"肉"的表音功能已经丧失，所以在古字的基础上加"言"作"谣"，"䚻"整体成为一个表音的构件。

（2）敓——夺

《厶部》"篡"注："篡，屰而夺取曰篡，夺当作敓。夺者，手持隹失之也。引伸为凡遗失之称。今吴语云：夺，落是也。敓者，强取也。今字夺行敓废。"（p436下）

按：在｛强取，夺取｝的义项上，"敓"是古字，"夺"是今字。"敓"字从攴兑声，"兑"的中古音在定母泰部，而"夺"在定母末部。"兑"的表音功能已经丧失，于是

"敓"字失去了作为形声字的强大竞争力，被会意结构的"夺"字所代替。

（二）区别功能较弱的字符易被区别功能得到强化的字符所替代

字符或字符的构件与另一字符或另一字符的构件形同或形近，其区别功能就会弱化，这样的字符多被区别功能得到强化的字符所替代。例如：

（1）㢟——引

《㢟部》"㢟"注："㢟，长行也。《玉篇》曰：今作引。是引弓字行而㢟废也。从彳引之。引长之也。"（p77 下）

按：在｛长行｝的义项上，"㢟"是古字，"引"是今字。"㢟"的小篆作"㢟"，楷化后作"㢟"，与"辶"形近易混，故而被区别性较强的"引"字替代。

（2）鬥——鬭

《犬部》"独"注："凡争鬥字许作鬥。鬭者，遇也，其义各殊。今人乃谓鬭正，鬥俗，非也。"（p475 下）

《鬥部》"鬥"注："鬥，遇也。……古凡鬭接用鬭字，鬥争用鬥字。俗皆用鬭为争竞，而鬥废矣。"（p114 上）

按：在｛争斗｝的义项上，"鬥"是古字，"鬭"为今字。"鬥"字小篆作"鬥"，象"两士相对，兵杖在后"（《鬥部》"鬥"注，p114 上），楷化后作"鬥"，与"門"字形近，故而被区别性较强的"鬭"字替代。

（三）结构不方正平衡的字符被结构比较方正平衡的字符所替代

汉字字形空间配置具有"中庸精神"，一个字有如一个方阵，其内部结构要不偏不倚、四平八稳、均匀方正。不符合这个原则的字容易被废弃。例如：

勹——包

《勹部》"勹"注："勹，裹也。今字包行而勹废矣。象人曲形有所包裹。"（p432 下）

按：在｛包、裹｝的义项上，"勹"是古字，"包"是今字。"勹"字字形过于简单，给人独占一角的感觉，不符合汉字平衡方正的审美感觉，故而被结构方正均匀的"包"字所替代。

另外上文所举的"㢟——引"例的替代现象也有同样的原因，"㢟"字形都太过简单，且偏占一角，替代它的"引"的字形则方正平衡得多。

（四）常用于兼用或借用职能的字符在本用职能上易被替代

（1）副——劈

《刀部》"劈"注："劈，破也。此字义与副近而不同，今字用劈为副。劈行而副废矣。"（p180 上）

按：在｛破开｝的义项上，"副"是古字，"劈"是今字。"副"的本义《说文》训为"判也"，即｛破开｝之义，破开则一分为二，故引申为｛与正相对、副的｝义，｛帮助｝义、｛相称｝义、量词｛一副｝等意义。"副"常用来记录引申义，故而本用湮没，为"劈"字所替代。

(2) 竺——笃

《䇞部》"䇞"注:"䇞,厚也。……䇞与二部竺音义皆同,今字笃行而䇞竺废矣。公刘毛传曰:笃,厚也。此谓笃即竺、䇞字也。"(p229 下)

《二部》"竺"注:"竺,厚也。……今经典绝少作竺者,惟《释诂》尚存其旧。叚借之字行而真字废矣。笃,马行钝迟也。声同而义略相近,故叚借之字专行焉。"(p681 下)

按:在{厚}的义项上,"竺"是古字,"笃"是今字。"竺"的本义即为{厚},但绝少使用,其常用义为{印度的古译名、天竺的简称}{山名}{姓氏}{有关佛教的,佛学的}等,其本用职能被通假字"笃"所替代。

(五) 字形繁复、书写繁难的字符易被字形简单、书写简易的字符所替代

汉字字形和结构的演变都在追求简易化,在记录一个义项的书写形式有多个时,如果其他因素相同,字形简单、书写简易的字符往往会代替字形繁复、书写繁难的字符,如:

龢——和,龏——供,敨——扞,歾——朽,盉——和,歹euro——臭,盅——冲,𩠐——纯,蕚——花,䌛——摇,寢——梦,竢——俟,僊——仙,褱——抱,覍——弁,叜——叉,麤——粗,蟲——赴,趨——赴,𤋱——染,鱻——鲜,悃——因,渻——省,盤——凥,緟——重,纕——攘,坙——坐,畸——奇,勥——强,勥——强。

(六) 抽象感强的字符易被形象感强的字符所替代

苏新春先生认为汉民族的具象思维方式"直接地制约着汉字的产生、演变和发展及其意蕴"。[①] "具象思维方式使汉民族太习惯于用相应的具体形象以使概念生动可感而有所依托。"[②] 在记录同一义项的书写形式的更替中,具象的思维方式也起着重要的作用,在其他因素相同的条件下,形象感强字符往往会代替形象感比较弱、相对抽象的字符。例如:

(1) 尌——樹、侸——樹、竖——樹、偁——樹

《壴部》"尌"注:"尌,立也。……今字通用樹为之,樹行而尌废矣。"(p205 上)

《人部》"侸"注:"盖樹行而侸尌竖废,并偁亦废矣。"(p373 下)

按:"尌""侸""竖""偁""樹"五个字符都可以记录{竖立}这一义项,比较而言,"樹"训{木},是极其常见的事物,树木直立的形象也是人们非常熟悉的,用"樹"来记录{竖立}义,极易引起人们的联想,形象感非常强。

(2) 僊——仙

《人部》"僊 (僊)"注:"僊,长生僊去。……仙,迁也。……师古曰:'古以僊为仙。'《声类》曰:'仙,今僊字。'盖仙行而僊废矣。"(p383 下)

按:神仙给人的联想是缥缈神秘和居高临下的,"仙"以人在山上会{仙人}之义,形象感比"从人䙴,䙴亦声"表示{长生仙去}的"僊"要强得多。

---

① 苏新春:《汉字文化引论》,广西教育出版社 1996 年版,第 76 页。
② 同上书,第 77 页。

(3) 罙——深

《穴部》"突"注："是知古深浅字作罙，深行而罙废矣。"（p344 上）

按："深"本是河流名，借用来表示｛深浅｝义。河流是常见事物，用它来表示深浅是形象可感的，较之"从穴火，求省"的"罙"字，更容易让人们记住。

一组古今字的废行往往不是取决于一种原因，而是多种因素共同作用的结果，如"朙"字的废弃，既是由于其部件讹变，丧失理据，也是由于"月"与"肉"的构件区别性不强。再如"冒"被"忽"字替代，一方面是由于上部"象气出形"的"⊖"楷化后作"勿"，由于讹变失去了理据；另一方面则与表示｛旗帜｝和｛不要｝义的"勿"同形易混。再如"蕚"字的废弃，一方面是由于"亏"声的表音功能丧失，另一方面也是由于"蕚"作为成字部件时黏合成"芋"形，完全丧失了构意，整个字符记号化，形义联系缺失，故而被新的理据明晰的"花"字所替代，同时"花"字形体简单，书写便易，又符合汉字朝形声字化发展的趋势，故而一直通行到现在。

参考文献

1. 丁福保：《说文解字诂林》，中华书局1988年版。
2. 亓瑶：《〈说文解字注〉行废字研究》，硕士学位论文，浙江大学，2007年。
3. 李运富：《论汉字职能的变化》，《古汉语研究》2001年第4期。
4. 李运富：《论汉字的字际关系》，载《语言》第三辑，首都师范大学出版社2002年版。
5. 李运富：《论汉字的记录职能（上）》，《徐州师范大学学报》（哲学社会科学版）2003年第1期。
6. 李运富：《论汉字的记录职能（下）》，《徐州师范大学学报》（哲学社会科学版）2003年第2期。
7. 李运富：《早期有关"古今字"的表述用语及材料辨析》，载《励耘学刊》（语言卷）总第6辑，学苑出版社2007年版。
8. 张娟：《〈段注〉"通行字"与"废弃字"研究》，硕士学位论文，福建师范大学，2009年。
9. 张铭：《段注古今字研究》，硕士学位论文，新疆师范大学，2003年。
10. 杨怀源：《〈段注〉"废、行字"研究》，硕士学位论文，广西师范大学，2003年。
11. 刘剑波：《段注废行字研究——试探古汉语单音节词书写形式的更替》，硕士学位论文，福建师范大学，2005年。

《集韵》古文研究

刘珊珊

《集韵》是宋朝继《广韵》之后又一部官修的大型韵书，全书按四声分卷，其中平声四卷，上、去、入三声各两卷，收字53525个，比《广韵》新增27331字。其收字原则为"务从该广"。"凡古文见经史诸书可辨识者取之，不然则否……凡经史用字类多假借，今字各著义，则假借难同，故但言通作某。凡旧韵字有别体，悉入子注，使奇文异画，湮晦难寻，今先标本字，余皆并出，启卷求义，灿然易晓。凡字有形义并同，转写或异，如坪弆，旮叺，忄忄，水氵之类，今但注曰或书作某字……凡流俗用字附意生文，既无可取，徒乱真伪，今于正文之左直释曰：'俗作某，非是。'"从《集韵》收字的凡例，我们可以窥见编者的良苦用心。然而《集韵》刊布之后，由于各种原因并没有受到应有的重视，元、明两代甚至都没有刊刻过《集韵》，"全靠抄本流传，见到它的人不多，很多人都没有见到它，以致博洽如顾炎武这样的学者，也认为这本书已经佚亡"[1]。直至清初，《集韵》不显于世的局面才有所改观。

现存《集韵》版本主要有：（1）潭州本《集韵》，现藏北京图书馆；（2）金州本《集韵》，即南宋孝宗淳熙十四年（1187）田世卿安康金州军刻本，现藏日本宫内省书陵部；（3）明州本《集韵》，现藏上海图书馆；（4）曹本《集韵》，清康熙年间朱彝尊从毛氏汲古阁得到的影宋抄本，后托曹楝亭刊印，康熙四十五年刊成；（5）嘉庆十九年（1814）江苏元和顾广圻补刊曹楝亭本；（6）姚刻本《集韵》，继顾氏补刊曹本后，光绪二年（1875）浙江归安姚觐元在川东布政使任内，又对曹本进行过补刊。[2] 本文研究主要利用《宋刻集韵》（中华书局1989年版），该书是以现藏北京图书馆的潭州本为底本的。本文所指的"古文"是指《集韵》中以"古作""古从""古书作""古通作""古省"等用语标明的"古文"。

前彦时修从文字、音韵、训诂等角度对《集韵》进行研究的成果已较多，研究《集韵》古文的，主要有曹永花的《〈集韵〉古文考源》（硕士学位论文，台湾大学，1978年）和徐在国《隶定古文疏证》（安徽大学出版社2002年版），以上两书均侧重从形体上考证这些古文的来源，而没有从文献角度验证这些古文的存在，对古文与字头间的字际关系也未作沟通。对《集韵》标注的古文进行穷尽性的统计，用字书、传世文献、出土文字等材料来验证这些古文的客观存在，并探究其与字头的字际关系，从而总结归纳出

---

* 本文由刘珊珊《〈集韵〉古文研究》节选改写而成，硕士学位论文，北京师范大学，2011年。

[1] 赵振铎：《〈集韵〉研究》，语文出版社2006年版，第160页。

[2] 同上书，第160—179页。

《集韵》古文的类型和性质，这也是本文试图解决的主要问题。

一 《集韵》古文验证

我们在《集韵》中检索出明确标明为古文的条目共 976 条（1345 个字），每条有 1—7 个不等的古文。《集韵》收字 52535 个，比之《说文解字》（以下简称《说文》）的九千多个字，《广韵》的两万多个字，收字量可谓大矣。那这么大的收字量究竟是如何成就的？读《集韵·韵例》的几处"凡"言，貌似它所收形体都是确有其据的，事实是否真的如此？确有其据的话，那这些形体究竟从何而来呢？这些问题的解决都有赖于我们对其字头后所罗列的形体进行验证。本文通过检索出土文字、传世文献、字书等可用材料，拟就《集韵》古文形体进行验证，以"一斑"来窥"全豹"。具体验证 468 条中的 625 个古文，包括"古作"指称的平声卷的所有古文、"古书作"指称的所有古文、"古省"指称的所有古文、"古从"指称的所有古文、"古通作"指称的所有古文[1]。形体认同的标准主要参考李运富在《楚国简帛文字构形系统研究》中提出的"笔画对应、构件对应、功能对应"三个认同原则[2]。所谓笔画对应，是指《集韵》的"古文"笔画与原形体线条轮廓一一对应；所谓构件对应，是指《集韵》的"古文"构件与原字各部分相应形体对应，忽略某些装饰性笔画和省变笔画；功能对应，是指《集韵》的"古文"的记词功能与原字使用时的记词功能相应，并不计较它们的构件及组合方式是否相同。根据《集韵》"古文"见诸的载体，分成以下几类。

（一）见于甲骨文的古文

《集韵》中部分古文的客观存在可以在出土的甲骨文材料中得到验证。如：

（1）鸿鵶，《说文》："鸿鹄也。"大曰鸿，小曰雁。亦姓。古省。（《卷一·平声·一东》）

《说文·隹部》："隹，鸟肥大隹隹也。从隹工声。鵶，隹或从鸟。"鵶、隹实为一字，鸟、隹同意。甲骨文就可见鵶（隹）的形体，如 ᛉ（前 2.9.6）、ᛉ（续 3.31.7），从隹工声。甲骨文"隹"是用作地名，征人方路次之地。罗振玉、商承祚、郭沫若等皆疑该字与"鸿"字为一字，但苦无证据。后黄盛璋据陈梦家《殷墟卜辞综述》和李学勤《殷代地理简论》所排征人方历程表，推论出卜辞之"隹"地即古鸿口。隹即为"鸿"之本字。[3] 其说可从。

---

[1] 剩下的古文材料为上、去、入三声共六卷中的"古作"古文，我们大概分析后发现即使全部分析完，也不会全然改变我们的结论，最多在数量上有所修补。

[2] 详参李运富《楚国简帛文字构形系统研究》，岳麓书社 1997 年版，第 24—26 页。

[3] 详参黄盛璋《长安镐京地区西周墓葬新出铜器群初探》，《文物》1986 年第 1 期，转引自《古文字诂林》编纂委员会《古文字诂林》第三册，上海教育出版社 2004 年版，第 123—124 页。

(2) 宜宜𡧧𡧜，鱼羁切。《说文》："所安也。"亦姓。又州名。隶作宜。古作𡧧𡧜。(《卷一·平声·五支》)

"宜"，甲骨文作"𘁓"（铁16.3），《甲骨文编》："古宜俎同字。"作"𘁔"（9028）。金文作"𘁔"（般甗"王宜人方"），《金文编》："《说文》古文作𘁕，金文象置肉于且上之形，疑与俎为一字。《仪礼·乡饮酒》：'礼宾辞以俎。'注：'俎者，肴之贵者。'《诗》'女曰鸡鸣，与子宜之。'《传》：'宜，肴也。'又《尔雅·释言》李注：'宜，饮酒之肴也。'俎、宜同训肴也，可证。古玺'宜民和众'作𘁕，汉封泥'宜春左园'作𘁖，尚存俎形之意。与许氏说异。"作"𘁗"（盟作父辛卣）、"𘁘"（宜戈）、"𘁙"（秦子戈）、"𘁚"（仓篇）。包山简作"𘁛"（133）、"𘁜"（223）。"篆作俎者，乃因别于宜而迻写之也。俎既有别，遂又析宜字之笔划而为𘁝，篆文又省从一肉而为𘁞，形乃越去越远，其嬗变之迹遂几不可得矣。《说文》以为从多省声，依后形立说。非也。"① "𘁟字疑后人析𘁠而并列之。"②

(3) 时旹，市之切。《说文》："四时也。"一曰伺也。一曰是也。古作旹。亦姓。(《卷一·平声·七之》)

"时"，甲骨文作"𘁡"（甲30）、"𘁢"（新1548）；古陶文作"𘁣"（3.797）；睡虎地秦简作"𘁤"（杂42）；《古文四声韵》引《古尚书》作"𘁥"。可见，古文"旹"乃时字之本字，见于甲骨文。《古文四声韵》引《古尚书》的用例也可证明"旹"在古文献中使用过。

(4) 箕甘𠀠𠤔丌匷畁𠔼，《说文》："簸也。"一曰星名。亦姓。古作甘𠀠𠤔丌。籀作𠔼匷。或作畁𠔼。(《卷一·平声·七之》)

"箕"，《说文·竹部》："簸也。从竹；甘，象形；下其丌也。"商承祚："盖未借'其'为语词之先，'其'为箕字；既借之后，箕始加竹。"甲骨文作"𘁦"（甲662）、"𘁧"（铁117.2）、"𘁨"（京都263），前两个形体像簸箕之形，隶定即为古文"甘"或"𠀠"；后一形体像双手持簸箕之形，且簸箕内有谷物，隶定即为"𠔼"（其上之"口"，盖为箕中之谷物形体的讹变；下之𠬞，为双手形之变）。可证箕之古文"甘""𠀠""𠔼"客观存在。但是，甲骨卜辞中的"其"都不是作为"簸箕"使用的，而是借用为"拟议

---

① 商承祚：《说文中之古文考》，上海古籍出版社1983年版，第70页。
② 转引自《古文字诂林》编纂委员会《古文字诂林》第六册，上海教育出版社2004年版，第823页。

未定之辞"①，如："丁丑卜，狄贞：其用鼍卜，异其涉兕，同?"②

（二）见于金文的古文

《集韵》古文中也有不少见于出土的金文材料中的。如：

（5）遗邎遚，《说文》："亡也。"一曰赠也。余也。亦姓。古作邎遚。（《卷一·平声·六脂》）

"遗"，金文作"▨"（遗卣）、"▨"（应侯钟）、"▨"（王孙遗者钟）、"▨"（中山王𧻚壶）；睡虎地秦简作"▨"（效 28）；《古文四声韵》引《古孝经》作"▨"。古文"邎""遚"，当自铭文形体而讹，铭文形体的上部对应"邎""遚"的右半边构件，下部对应此二字的"辵"旁。《古文四声韵》引《古孝经》的形体可证古文"遚"在文献中使用过。

（6）闻睧䎽聳，《说文》："知闻也。"古作睧䎽聳。（《卷二·平声·二十文》）

"闻"，甲骨文作"▨"（余 9.1）、"▨"（前 7.7.3）；金文作"▨"（盂鼎）、"▨"（利簋）、"▨"（中山王𧻚鼎）。"▨当即𦕑字，后变为𦖮或为▨，乃闻之本字。"③ 从耳昏声之字在战国中山王𧻚鼎中即可见。另包山简作"▨"（137），也是从耳昏声。

（7）然蘨，如延切。《说文》："烧也。"一曰如也。又姓。古作蘨。通作蕪。俗作燃。非是。文十五。（《卷三·平声·二仙》）

"然"，金文作"▨"（春秋中期者减钟），上从难，下从火，即古文"蘨"字。《金文编》："《汗简》《淮南子》《汉书》均作蘨。"《古文四声韵》引《古尚书》作"▨"，按构件对应原则即"蘨"字。"难"，古音泥母元部；"肰"，古音日母元部，二者古韵部同。

（三）见于简帛的古文

1. 见于战国简帛的古文

（8）圭珪，涓畦切。《说文》："瑞玉也。上圜下方，公执桓圭，九寸；侯执信

---

① 胡光炜：《文例·卷下》，转引自于省吾主编、姚孝遂按语编撰《甲骨文诂林》第三册，中华书局 1996 年版，第 2807 页。

② 林政华：《甲骨文成语集释上》，载《文物与考古研究》第 1 辑，转引自于省吾主编、姚孝遂按语编撰《甲骨文诂林》第三册，中华书局 1996 年版，第 2809 页。

③ 唐兰：《古文字学导论下》，转引自《古文字诂林》编纂委员会《古文字诂林》第三册，上海教育出版社 2004 年版，第 583 页。

圭，伯执躬圭，皆七寸；子执谷璧，男执蒲璧，皆五寸。以封诸侯。从重土。楚爵有执圭。"一曰六十四黍为圭。古作珪。文二十八。(《卷二·平声·十二齐》)

"圭"，金文作"圭"(师遽方彝)、"圭"(多友鼎)，不从玉。郭店楚简作"㺨"(35)，增"玉"足义。可证古文"珪"客观存在。

(9) 军夽，《说文》："圜围也。四千人为军。从车、从包省。军，兵车也。周制，万二千五百人为军。"古作夽。(《卷二·平声·二十文》)

"军"，金文作"車"(庚壶)、"軍"(中山王礜鼎)(《金文编》："从车从匀。")；《郭店楚简·语丛三》作"䡄"(2)，《成之闻之》作"䡄"(9)；包山楚简作"䡄"(43)、"䡄"(93)；《古文四声韵》引《古老子》作"夽"，引王庶子碑作"夽"，引华岳碑作"夽"，可见古文夽是由《古文四声韵》中所收的三个形体隶定而成的，二者笔画对应。而《古文四声韵》的三个形体又可能自金文中山王礜鼎之从匀从车的形体经《郭店楚简·语丛三》的形体演变而来。"匀"内形体乃"车"之省变。

(10) 蓑襄蓑，蘇禾切。《说文》："艸雨衣。秦謂之萆。"或从艸。古作蓑。(《卷三·平聲·八戈》)

"衰"，金文作"衰"(衰父癸鼎)；郭店楚简作"蓑"(26) "蓑"(27)；包山简作"蓑"(175)；睡虎地秦简作"蓑"(为149)；古陶文作"蓑"(3.756)。其中郭店楚简的形体隶定即为"蓑"字，二者笔画对应。可证"衰"字古文"蓑"的客观存在。"蓑"实即蓑雨衣的象形，楚简中作"蓑"，稍有形变，秦简中增从义符衣。

(11) 牙齾，牛加切。《说文》："牡齿也。象上下相错之形。"古作齾。牙，一曰旗名。(《卷三·平声·九麻》)

"牙"，金文作"牙"(㲂敖簋)、"牙"(师克盨)，像上下牙咬合；《郭店楚简·缁衣》作"牙"(9)；古陶文作"牙"(6.102)；古玺文作"牙"(0412)、"牙"(2503)，从牙从齿，可证古文"齾"客观存在。"齾"字，增齿旁，季旭升《说文新证》言："战国时代，大约是因为'牙'字被假借为'与'，所以又加上义符'齿'。"[①] 可从。

2. 见于秦汉简帛的古文

(12) 儿兒，如支切。《说文》："孺子也。"一说男曰儿，女曰婴。亦姓。古作

---

① 转引自王丹《〈汗简〉、〈古文四声韵〉新证》，博士学位论文，北京师范大学，2009年，第106页。

兜。文七。(《卷一·平声·五支》)

"儿",甲骨文作"㞢"(前7.16.2)、"㞢"(4773);金文作"㞢"(小臣儿卣)、㞢(昜儿鼎);睡虎地秦简中作"兜"(封86)、"㞢"(秦50),均"象小儿头囟未合"形。只不过到秦简中,表囟形的笔画由相离变相接,即成兜形。可证古文"兜"客观存在。

(13) 鱼𤈦,牛居切。《说文》:"水虫也。象形。鱼尾与燕尾相似。"亦姓。古作𤈦。文二十二。(《卷一·平声·八微》)

"鱼",甲骨文作"㝹"(甲275)、"㝹"(7015);金文作"㝹"(伯鱼鼎),均像鱼形。睡虎地秦简作"㝹"(日乙174)、"㝹"(日乙72),隶定即为"𤈦"字,二者笔画对应,可证古文𤈦客观存在。秦简中鱼尾与鱼身有些分离,导致隶定时误把鱼尾认作"火"旁。

(14) 仁忎㠯,《说文》:"亲也。"亦姓。古作忎㠯。(《卷二·平声·十七真》)

"仁",郭店楚简《语丛》作"㝹"(51),《忠信》作"㝹"(8);《古文四声韵》引《古孝经》作"㝹",引《王存义切韵》作"㝹",均从千心。张富海认为千乃为人之变①,可从。从心,仁乃人心之为。则可证古文"忎"客观存在。

(15) 深㴱,式针切。《说文》:"水,出桂阳南平,西入营道。"一曰邃也。又州名。古作㴱。文五。(《卷四·平声·二十一侵》)

"深",睡虎地秦简作"㴱"(秦11);《说文》篆文作"㴱";《古文四声韵》引《古孝经》作"㴱",隶定即为"㴱",二者笔画对应。可证古文"㴱"客观存在。"深",由古文字形体隶定作"㴱",后楷化作"深"。

(四) 见于先秦货币的古文

见于先秦货币的古文有以下例子。

(16) 离嵓,山神兽也。古作嵓。(《卷一·平声·五支》)

"离",先秦货币文作"㝹"(二五)、"㝹"(四)、"㝹"(五八),或可证其古文"嵓"客观存在,"离"字上部像狩猎用具的形状。宋之前不见"嵓"的用例;宋之后,我们检索出两个用例:清梁章巨《巧对录(文华堂刻本)·卷之二》注"禽嵓头同"曰:

---

① 转引自彭鹤立《〈说文解字〉古文形体研究》,硕士学位论文,北京师范大学,2007年,第67页。

"禽，走兽总名。禽离咒头相似。吕支切，山神兽也。"民国徐世昌《晚晴簃诗汇》所辑陈庆镛《行虎行题方正学仁虎图》:"飘然一去如神离，市侩閧传屡舞傚。"

（五）见于古玺文的古文

(17) 垂埀，是为切。《说文》:"远边也。"一曰几也。古作埀。文二十二。(《卷一·平声·支》)

"埀"，在古玺文中可见该形体，如"埀"(0164)"埀"(0209)等，二者笔画对应，可证其存在。把其曲笔取直，即是垂字。《集韵》:"《周礼》'萆氏'或作埀。"段玉裁《周礼汉读考》注"埀氏"时也引用了此条。《诗·小雅·都人士篇》:"埀带而厉。"可见，"埀"字在西周时期就使用过。

(18) 帷匯，于龟切，《说文》:"在旁曰帷。"一曰围也，所以自围障。古作匯。文二。(《卷一·平声·六脂》)

《集韵·卷一·平声一·八微》:"匯，器也。"《战国古文字典》(p.1178):"匯（玺汇2502）匯，从匚韦声，帷字异文。《正字通》:'匯，古文帷。'"可证古文"匯"在战国时期的古玺文中就已客观存在。

(19) 申串昌，外人切。《说文》:"神也。七月，阴气成，体自申束。从白，自持也。吏以晡时听事，申旦政也。"又姓。亦州名。古作串昌。(《卷二·平声·十七真》)

"申"，甲骨文作"𠃑"(铁163.4)、"𠃑"(后1.18.6)、"𠃑"(佚256);金文作"𠃑"(杜伯盨)、"𠃑"(矢方彝)、"𠃑"(楚子𠃑)、"𠃑"(此簋);郭店简作"𠃑"(6);古陶文作"申"(5.116);古玺文作"𠃑"(3137)。古玺文中的形体隶定即为古文"昌"，二者笔画对应，可证古文"昌"客观存在。郭店简中的形体隶定即为古文"串"，二者构件对应，可证古文"串"客观存在。

（六）见于古陶文的古文

(20) 龙竜龛龖龕龘，力钟切。《说文》:"鳞虫之长，春分而登天，秋分而潜渊。"一曰宠也。又姓。亦州名。古作竜龛龖龕龘。文二十。(《卷一·平声·三钟》)

在《古陶文字征》中有"竜"(咸少原竜)形体，隶定即为古文"竜"。可证龙之古文"竜"的客观存在。于省吾《双剑誃诸子新证·晏子春秋二》:"竜，即龙之别构。

《汗简》亦作竜。"

(21) 基亞，《说文》："墙也。"一曰始也，本也。古作亞。(《卷一·平声·七之》)

基之古文作"亞"，在古陶文中可见其形体，作"亞"（铁云150.3）、"亞"（锁萃4.26）。《汗简》引《尚书》作从丌从土之形，也许先秦时期文献中使用过"亞"。

(22) 良良𠁞𠁞筐，吕张切。《说文》："善也。"一曰甚也。亦姓。隶作良。古作𠁞𠁞筐。文三十五。(《卷三·平声·十阳》)

"良"，《说文·富部》："从富省，亡声。"甲骨文作"𠁞"（乙2510）"𠁞"（佚618）；金文作"𠁞"（尹氏匜）、"𠁞"（齐侯匜）、"𠁞"（季父良）、"𠁞"（司寇良父簋），"均不从亡声。从亡，写误也"。① 古陶文作"𠁞"（3.1303）、"𠁞"（《陶文编附录11》），隶定即为古文"𠁞"，二者笔画对应。可证古文"𠁞"客观存在。该古文应为金文"𠁞"等形体的省简。

（七）见于汉印的古文

(23) 中㠯㠯，陟隆切。《说文》："和也。从口，从丨，上下通。"亦姓。古作㠯。籀作㠯。文六。(《卷一·平声·一东》)

"中"，《说文》古文作"㠯"，隶定即为"㠯"。另外也可见于汉印，作"㠯"（程中私印，《汉印文字证》）。不过商承祚认为该古文并不表示中正义，他说："甲骨文金文中伯仲字皆作㠯，而中正字则作㠯，以有斿无斿别之。""此㠯屈其末，则无以表其中正。"所以商氏赞成段氏的说法"疑浅人误以屈中之虫入此"②。

(24) 琅瓃，《说文》："琅玕，似珠者。"一曰琅邪郡。古作瓃。俗作琅。非是。(《卷三·平声·十一唐》)

"琅"，汉印作"瓃"（琅槐丞相）、"瓃"（琅邪医长），即为古文"瓃"字，二者笔画对应。"瓃"字进一步楷化作琅。

（八）见于《说文解字》中的古文

(25) 罴罴䙷䙷，《说文》："如熊，黄白文。"或省。古作䙷䙷。(《卷一·平声·

---

① 商承祚：《说文中之古文考》，上海古籍出版社1983年版，第53页。
② 同上书，第8页。

五支》）

"䯨"、"䯨"，实为一字，只是写法稍有不同，都是从能，皮声。《说文》古文作"䯨"，按笔画对应原则即为古文"䯨"，按构件对应原则即为古文"䯨"。可证古文"䯨"、"䯨"客观存在。

（26）纲柉，《说文》："维纮绳也。"古作柉。（《卷三·平声·十一唐》）

"网"，《说文》古文作"䋄"；汉印作"䋄"（宣网之印）。前者即古文"柉"，二者构件对应。可证古文"柉"客观存在。商承祚言："网之下网或用木押，故从木也。"① 可从。

（27）卥卥，《说文》："惊声也。"古作卥。通作迺。（《卷四·平声·十六蒸》）

"卥"，甲骨文作"卥"（明藏634）、"卥"（甲404），《甲骨文编》："《说文》……从乃西声，卜辞从凵，其义与乃同。"金文作"卥"（盂鼎）、"卥"（多友鼎）；说文《古文》作"卥"，盖《集韵》古文"卥"之所本。商承祚："此增曰，无取义。"② 可从。

（28）崩嵎陾，悲朋切。《说文》："山坏也。"古从自。或作陾。亦书作崩。文八。（《卷四·平声·十七登》）

"崩"，《说文》："崩，古文，从自。"商承祚："篆文从山，此从自者，自，山之无石者也。《诗·天保》：'如山如阜。'"③ 可见，从山，从自，其义一也。但"陾"字不见于目前的出土文献中，仅在《说文》及其后的字书中可见。且该字在《说文》之后的文献中也只是偶尔可见，如清末民初曾纪泽《归朴斋诗钞》："东海栽桑复栽竹，南山不陾亦不骞。"或可证其存在。

（九）见于魏三体石经中的古文

（29）垣𡏇，《说文》："墙也。"又姓。古作𡏇。（《卷二·平声·二十二元》）

"垣"，金文作"垣"（中山王𫵷兆域图）；先秦货币文作"垣"（7）；睡虎地秦简作

---

① 商承祚：《说文中之古文考》，上海古籍出版社1983年版，第110—111页。
② 同上书，第44页。
③ 同上书，第86页。

"垣"（为15）等，均从土亘声。三体石经《僖公》篇"垣"之古文作"🈳"，从"𠅃"亘声。可证古文"𠅃"的客观存在。从土、从𠅃，其义一也。如墉之古文作"🈳"；"塌字史颂簋作🈳；堵字邵钟作🈳，楚帛书作🈳（引者按：从土。）；城字包山简作🈳，又作🈳。"①

（30）鰥䰸，姑顽切。《说文》："鱼也。"一曰丈夫六十无妻曰鳏。古作䰸。文七。（《卷二·平声·二十八山》）

"鰥"，金文作"🈳"（父辛卣）、🈳（毛公㦿鼎），均为上下结构，从鱼眔声。但由于眔下之"氺"与鱼混在一起时，就很容易误看作从鱼从目。所以鳏有古文"䰸"。《古文四声韵》引石经作"🈳"，即"䰸"字，二者构件对应，可证该古文客观存在。䰸可以看作从鱼从眔形之省。

（31）诪嚋譸，《说文》："訓也。"引《周书》"无或诪张为幻"。或作嚋。古作譸。（《卷四·平声·十八尤》）

《古文四声韵》引《古尚书》作"🈳"，即古文"譸"。可证古文"譸"客观存在。从言、从口，其义一也。

（十）见于《汗简》《古文四声韵》中的古文

集韵中见于《汗简》《古文四声韵》的古文为数不少，有些是见于两文献本身，有些是见于两文献所引之文献中。如：

（32）几凭，《说文》："微也。殆也。"从𢆶、戍。戍，兵守也。𢆶而兵守者，危。古作凭。（《卷一·平声·八微》）

"几"，金文作"🈳"（几父壶）；而《汗简》引《尚书》饥作"🈳"，其右形体隶定即为几之古文"凭"字。可证古文"凭"的客观存在。《汗简》引《义云章》作"🈳"，进一步证明古文凭的存在。戍，从人荷戈，凭下之几，疑为人，乃戍之省。

（33）图圙，《说文》："画计难也。"一曰谋。古作圙。俗作啚。非是。（《卷二·平声·十一模》）

"图"，金文作"🈳"（矢簋）、"🈳"（善夫山鼎）；《汗简》引《尚书》作"🈳"，《古文四声韵》引《古尚书》作"🈳"，后二形即古文"圙"。可证古文"圙"客观存在。

---

① 徐在国：《隶定古文疏证》，安徽大学出版社2002年版，第278页。

（34）官宆，古丸切。《说文》："吏事君也。从宀，从㠯。㠯，犹众也。"古作宆。文二十五。（《卷二·平声·二十六桓》）

（35）棺窾，《说文》："关也。所以掩户。"古作窾。俗作管。非是。（《卷二·平声·二十六桓》）

"官"，甲骨文作"𠂤"（乙4832）、"𠂤"（乙5321），金文作"𠂤"（无㠱鼎）、"𠂤"（阳篡），均从宀从"㠯"。《汗简》作"𠂤"，《古文四声韵》引《古老子》作"𠂤"，引王庶子碑作"𠂤"，即古文"宆"，它们之间笔画对应。可证古文"宆"客观存在。其实这些形体也是从宀从"㠯"，只不过把"㠯"横放了，以至于隶定时按笔画对应原则误作"宆"。正因为官有异写作"宆"，所以营也有异写作"莞"，只是不见"莞"的古文形体和文献用例。棺也有异写作"窾"，《古文四声韵》引《汗简》作"𠂤"，可证棺之古文"窾"的客观存在。金文作"𠂤"（中山王𠂤兆域图）；石刻《诅楚文》作"𠂤"。可证棺比其古文要"古"。

（36）狂狾犾，渠王切。《说文》："猗犬也。"一曰躁也。隶作狂。古作犾。或书作犾、恈。文十七。（《卷三·平声·十阳》）

"狂"，甲骨文作"𠂤"（后114.8），从犬从"㞷"。《古文四声韵》引《古老子》作"𠂤"，引崔希裕纂古作"恈""恈"，从心从"㞷"。可证古文"犾"客观存在。

（37）兵俩𢇍，晡明切。《说文》："械也。从廾持斤，并力之貌。"古谓俩。籀作𢇍。文三。（《卷四·平声·十二庚》）

《集韵》各本均作"古谓俩"，而且"古谓"用语仅此一见。《类篇》作"古作俩"。我们疑《类篇》所言是也。兵，甲骨文作"𠂤"（2.29.6）"𠂤"（新1531），像双手持械状。金文作"𠂤"（庚壶）"𠂤"（戟篡）；《古文四声韵》引《古孝经》作"𠂤"，引《古老子》作"𠂤"，从人奴持干。可证古文"俩"客观存在。高田忠周："《左·昭十四年传》'简上国之兵'，疏：'战必令人执兵。因即名人为兵'。然则字作"𠂤"者，依转义为形耳。"[1] 可从。

二 《集韵》古文与字头的字际关系探究

在验证过《集韵》古文的客观存在的基础上，我们拟在李运富将字际关系分为构形和字用两个系统的思想指导下，按照"同词异体"和"异词同用"的不同性质分析《集

---

[1] 高田忠周：《古籀篇五十七》，转引自《古文字诂林》编纂委员会《古文字诂林》第三册，上海教育出版社2004年版，第551页。

韵》古文与字头的关系。主要存在以下几种类型的关系。

（一）《集韵》古文与字头为同词异体关系

1. 《集韵》古文与字头为同词异体的异构字关系

《集韵》古文中有相当一部分的字与字头为异构字关系，其中有的是与字头结构模式不同；有的是与字头结构模式相同而其他属性不同，这些其他属性包括构件数量不同、构件选择不同等。

（1）结构模式不同

（38）容𡨆，《说文》："盛也。从宀谷。"徐铉曰："屋与谷皆所以盛受。"又姓。亦州名。古作𡨆。通作頌。(《卷一·平声·三钟》)

在金文中就可见从公之容，𡉉（十一年蔪鼎）；在战国时期的简文中，容字从公更是常见，如《郭店楚简·语丛》作𡉉。容、𡨆之间是异构字关系，结构模式不同。容，从宀从谷，为义义合成字，徐铉等曰："屋与谷皆所以盛受也。"而后者从宀公声，为义音合成字。

（39）引㧈，以忍切。《说文》："开弓也。"一曰导也。古从手。文二十。(《卷五·上声·十七准》)

"引"，从弓从｜，徐铉："象引弓之形"；"㧈"，从手从弓，会以手开弓之意，因此两字为异构字关系，结构模式不同。

（40）户㭆，后五切。《说文》："護也。半门曰户。"一曰止也。古从木。文四十一。(《卷五·上声·十姥》)

"㭆"，金文中作"𣏟"（陈胎戈），即古文"㭆"，二者构件对应。可证该古文客观存在。户以木为之，故古文从木。户、㭆两字为异构字，结构模式不同，前者以独体象形示意，后者又加上义符木示户之材质。

（2）结构模式相同，而其他属性不同

有的古文与字头之间结构模式相同，而构件选择不同，或者声符选择不同，或者义符选择不同，或者形符选择不同。

（41）岐𨙬，山名。古作𨙬。(《卷一·平声·五支》)

"岐"，《集韵》释作"山名"。在《说文·邑部》"郂"字下有"岐"字的踪迹："周文王所封。在右扶风美阳中水乡。从邑支声。岐，郂或从山支声，因岐山以名之也。𨙬，古文郂，从枝从山。"一般认为，"岐"本应放在《说文》的山部，如段玉裁注曰：

"古文䣢，当作古文岐，此浅人改山部之文入此。"商承祚："䣢从邑，为邑名；岐从山，乃山名。后岐行而䣢废。然䣢邑可用岐，而岐山不可用䣢。古人分之，而今不讲矣。(《汉书·地理志·郊祀志》言邑皆作"䣢"，言山则作岐。其证也)"[①] 商氏所言，更是让我们彻底弄明白了䣢与岐的关系。那么《说文》䣢下的古文"㟚"，如段氏所言，也应该是岐的古文，而非䣢的古文。《汗简》引《尚书》作"㟚"，即古文"㟚"，二者构件对应。可证古文"㟚"客观存在。该古文从山枝声，与从山支声的"岐"字为异构字关系，结构属性相同而声符选择不同。

(42) 鞭夋，卑连切。《说文》："驱也。"一曰扑也。亦曰马檛。古作夋。文四。(《卷三·平声·二仙》)

"鞭"，金文作"𠦝"（散盘）、"𪔅"（九年卫鼎）、"𩁹"（諆田鼎）；《古文四声韵》引《古尚书》作"夋"、"夋"，隶定即古文"夋"，它们之间笔画对应。可证古文"夋"客观存在。"夋"，"象持鞭着马尻形，⌒象尻形，与⌒同意"[②]。刘钊认为："甲骨文鞭字作"🖐"，又加丙声作"🖐"，从而分化出更字……𪔅字从攵从"⌒"。按"⌒"即免字，亦即冕字初文……从免应为声符。"[③] 我们比较赞同后者的观点。郭沫若言："免字原作🖐，与三字石经《春秋》'既免牲'古文作🖐，篆文作🖐者同。余谓乃冕之初文，象人箸冕之形。"[④] 也可证"𪔅"之"⌒"乃免字，与下面的"攵"字有共笔现象（即两个部件同用某一笔画）。则鞭与古文"夋"为异构字关系，结构属性相同，都为义音合成字，但声符和义符选择均不同。

2. 《集韵》古文与字头为同词异体的异写字关系
《集韵》中有些古文与字头是为异写字关系，结构属性相同而写法不同。如：

(43) 洪㵎，胡公切。《说文》："洚水也。"一曰大也。亦姓。古作㵎。文四十五。(《卷一·平声·一东》)

"㵎"，实即洪之异写字，其右也是从共。共，古文从四手，作"𦥑"，会四手共力意。而在洪的这个古文中，上面两手形变为"𦥑"，而下面两手连而为"𠬞"。

(44) 危厃，虞为切。《说文》："在高而惧也。"古从人在山上。文十。(《卷一·平声·五支》)

[①] 商承祚：《说文中之古文考》，上海古籍出版社1983年版，第61页。
[②] 林义光：《文源》卷六，转引自《古文字诂林》编纂委员会《古文字诂林》第三册，上海教育出版社2004年版，第185页。
[③] 刘钊：《古文字构形学》，福建人民出版社2006年版，第87页。
[④] 郭沫若《免簋》，转引自《古文字诂林》编纂委员会《古文字诂林》第七册，上海教育出版社2004年版，第99页。

危"仚"实为一字。危，甲骨文作"✦"（乙638）、"✦"（佚184）、"✦"（新1266），即以人在山上之形会危险之意，本作"仚"，后形变为危。因此，危"仚"为异写字关系，结构属性相同而写法不同。

（45）师帀䘙，霜夷切。《说文》："二千五百人为师。从帀从𠂤。𠂤，四帀，众意也。"一曰长也，范也。亦姓。古作帀䘙。文二十。（《卷一·平声·六脂》）

"师"，甲骨文作"✦"（铁4.3），《甲骨文编》："卜辞用𠂤为师。"金文作"✦"（盂鼎）、"✦"（令鼎）、"✦"（师旗鼎）、"✦"（蛮壶）、"✦"（齐侯夷镈）。魏三体石经《僖公》篇古文作"✦"。《古文四声韵》引《古孝经》又石经作"✦"，引《古尚书》作"✦"。师之古文"帀"，上"艹"盖"✦"字之隶变。《古文四声韵》引《古孝经》又石经的形体可证"帀"的客观存在。则师"帀"为异写字关系，结构属性相同而写法不同。古文"䘙"，为《古文四声韵》引《古尚书》的形体的隶定。师"䘙"也为异写字关系，结构属性相同而写法不同。

（二）《集韵》古文与字头为异词同用关系

《集韵》中有些古文与字头记录的是不同的词，但在某些时候却同用，即功能相同。我们把这类古文与字头的关系归结为异词同用关系。之所以同用，有的是由于语音相同（包括相近），有的是由于某个义项相同，有的是由于音义相关。

1. 《集韵》古文与字头为异词同用的同音字关系

本文判定的异词同用的同音字关系，包括音近的情况。但无论音同或音近，二者在意义上没有关系。也就是说，如果字头和其古文存在意义上的联系，即使两字音同或音近，我们也不把它们判定为同音字关系。

（46）庸䧜，《说文》："用也。从用庚。庚，更事也。"引《易》："先庚三日。"一曰常也，愚也。古作䧜。又姓。（《卷一·平声·三钟》）

王国维在考释毛公鼎"余非墉又闻"中的墉（✦）时说："✦，古文墉字。此字殷墟卜辞作✦，此鼎作✦，齐国差𦉜作✦，召伯虎敦作✦，拍尊盖作✦。小篆之✦字✦字皆由此变也。"并认为《说文·𩫖部》的"𩫖"、《土部》墉的古文✦和《𩫖部》的"𩫖"实为一字，都是表示城郭的"墉"字。"以是言之，召伯虎敦之仆✦土田，即《诗·鲁颂》之'土田附庸'；《左氏传》之'土田陪敦也'。《国差𦉜》之'西𩫖宝𦉜'，即'西墉宝𦉜'也。然则𩫖本墉字，此假为庸。"[①] 经过王国维的分析，可以看出《集韵》中庸的古"文䧜"，就是墉的古文"𩫖"。只是由于庸、墉古音同，所以《集韵》假墉为庸。那么庸、

---

① 王国维：《王国维遗书第六册·毛公鼎考释》，转引自《古文字诂林》编纂委员会《古文字诂林》第十册，上海教育出版社2004年版，第254页。

畗两者的关系即为异词同用的同音字关系。而曹文 22 页认为该古文为"盲"字之误，庸与"盲"同音，故得通假。魏石经庸字以"㝬"为通假字"盲"之误，故《集韵》应改作"盲"。显然作者的分析还差一层，没有认识到"畗"实为墉字的古文，"畗"、"盲"实为一字。

(47) 频频濒，毗宾切。《说文》："水厓，人所宾附，频蹙不前而止。"古作颁。或从水。一曰频数也。亦姓。(《卷二·平声·十七真》)

"颁"，实为濒字。《说文》："颁，水厓，人所宾附，频蹙不前而止。从页从涉。凡频之属皆从频。"把濒频列为一字，不然也。检"频"字文献用例，多作"多次"等义讲。如《诗·大雅·桑柔》："于乎有哀，国步斯频。"毛传："步行频急也。"《列子·黄帝》："列子曰：'汝何去来之频？'"因此，频应为今多次、频繁义的本字，而濒，应为水崖之本字，如《墨子·尚贤下》："是故昔者舜耕于历山，陶于河濒。"《汉书·地理志上》："厥土白坟，海濒广斥。"颜师古注："濒，水涯也。"只不过由于二字音同，所以在古书中常通用。如《诗·大雅·召旻》："不云自频。"毛传："频，崖也。"二字于义无涉，但古音却近，濒，古音帮母真部；频，古音并母真部。所以，频与古文"颁"之间为异词同用的同音字关系。

(48) 宽完，枯官切。《说文》："屋宽大也。"一曰缓也。古作完。文四。(《卷二·平声·二十六桓》)

"完"，《说文·宀部》："全也。从宀元声。古文以为宽字。"段玉裁："此言古文假借字。"《集韵》盖本此而把完字列为宽的古文。宽，古音溪母元部；完，古音匣母元部，二字古音近，故可假借。则宽完二字为异词同用的同音字关系。

(49) 酸醩，白酒也。一曰黍酒。古作醩。(《卷四·平声·十八尤》)

古文"醩"，从酉曹声，字书均以之为"酒糟"之"糟"的或体，古音精母幽部；酸，从酉夋声，古音心母幽部，二字古音近可假借。所以酸、醩为异词同用的同音字关系。

2. 《集韵》古文与字头为异词同用的同源字关系

《集韵》古文条目中，有少量的字头与其古文之间为异词同用的同源字关系。我们判定同源词，是按一般所说的"音近义通"的标准。如：

(50) 嵩崇，思融切。《说文》："中岳嵩高山。"又姓。古作崇。文十七。(《卷一·平声·一东》)

崇有高义，如《易·系辞上》："崇效天，卑法地。"《国语·周语下》："夫宫室不崈，器无彤镂，俭也。"嵩，也有高义，《文选·陆机〈赴洛道中作〉诗之二》："顿辔倚嵩岩，侧听悲风响。"李善注引《尔雅》："嵩，高也。"嵩，心母冬部，两者音近义通。段玉裁在"崇"下注曰："崧嵩二形皆即崇之异体。"我们暂且不论崧与嵩的关系，只谈嵩与崇的关系。二者实为二字，而非异体关系。崇，古音崇母冬部；嵩，古音心母冬部，二者韵部相同声母相类，又都有高义，且在战国时期两者有通用的历史，如《国语·周语上》："昔夏之兴也，融降于崇山。"韦昭注："融，祝融也。夏居阳城，嵩高所近。"嵩高即嵩山，原文用的是"崇山"。且徐铉，韦昭在《国语》注中有言"（嵩）古通用崇字"。及至后来，在文献中也偶有两字通用的例子，如《徐霞客游记·滇游日记十一》："盖崇山西北之支，分为双臂。"以上可证嵩、崇两者为异词同用中的同源字关系。

（51）知䇂，珍离切。《说文》："词也。"或曰觉也。古作䇂。文十。（《卷一·平声·五支》）

"知"，《说文·矢部》："词也。从口从矢。"另《说文·白部》："矯，识词也。从白、从亏、从知。"高田忠周："矯，从知会意，知亦声。……性得曰知，学得曰智。而智之体，见于其言语气声，故己作知。又从白于，以重会意。……（从白）词言之气，从鼻出，与口相助也。于，于词也，象气之舒于。从白于者，智者之言，利而舒畅之意也。"① 也就是说，高氏认为矯知是区别的，一为外在得到的，一为内在知道的。但由于矯知二字音同义通，且形近，所以"古书多以知为智，又或以智为知。王氏念孙曰：'《广雅》觉歠闻晓哲，智也。'歠哲为智慧之智，觉闻晓为知识之知。《墨子·经说》篇：'逃臣不智其处，吠狗不智其名。'《耕柱》篇：'岂能智数百岁之后哉。'《吕氏春秋·至忠篇》：'若此人者，固难得其患，虽得之有不智。'《秦策》曰：'楚智横门君之善用兵。'"② 那么，知之古文䇂，实为矯之古文，在甲骨文中可见，作 𢇻 （前517.3）。《甲骨文编》："不从白。"知、䇂二字即为异词同用的同源字关系。王力《同源字典》也把知智系联为同源字。

（52）祇示，翘移切。《说文》："地祇提出万物者也。"古作示。文四十四。（《卷一·平声·五支》）

"祇"，本地神义。如《书·微子》："今殷民乃攘窃神祇之牺牷牲。"《尸子》卷下："天神曰灵，地神曰祇，人神曰鬼。"示，《说文》"天垂象，见吉凶，所以示人也"，如《易·击辞下》："夫干确然，示人易矣；夫坤隤然，示人简矣。"《礼记·礼运》："刑仁讲让，示民有常。"

---

① 高田忠周：《古籀篇四十七》，转引自《古文字诂林》编纂委员会《古文字诂林》第四册，上海教育出版社2004年版，第38页。
② 徐灏：《说文解字注笺》，转引自《古文字诂林》编纂委员会《古文字诂林》第四册，上海教育出版社2004年版，第38—39页。

示、祇两字音近，祇，古音群母支部；示，古音船母脂部，支脂对转。义通，都与神灵、示人有关。且有通用历史。如《周礼·天官·大宰》："祀大神示，亦如之。"《释文》："示本又作祇。"① 《周礼·春官·大宗伯》："大宗伯之职，掌建邦之天神人鬼地示之礼。"《释文》："示，音祇。本或作祇。以吉礼事邦国之鬼神示。"《初学记·礼部》引示作祇。因此，示祇二字为异词同用的同源字关系。祇，《古文四声韵》引《汗简》作𐅁，可证"示"的存在。

(53) 亨享亯𩫟，虚庚切。嘉之会也。或作享。古作亯𩫟。文九。（《卷四·平声·十二庚》）

(54) 烹亨亯𩫟鬻，煮也。或作亨。古作亯𩫟鬻。（《卷四·平声·十二庚》）

"亯"，《说文·亯部》："献也。从高省，曰象进孰物形。《孝经》曰：'祭则鬼亯之。'"甲骨文作"合"（京津1046）、"畣"（后2.17.9）、"亯"（1315）。金文作"亯"（伊簋）、"畣"（湛鼎），像宗庙之形。《郭店楚简·老子乙》作"亨"（198）。《武威汗简·特牲》作"享"（10）。杨树达："古文亯字，后世分化为享、亨、烹三字。"② 古籍多通用。亨、烹之古文亯，见于甲骨文，与亨、烹之间为异词同用的同源字关系。

3.《集韵》古文与字头为异词同用的同义字关系

我们在判定异词同用的同义字关系时，参考了王宁在其主编的《古代汉语》一书中提出的三点意见，即只在某个意义上、某种语言环境下同义；语音不相关；互为同义词。③

《集韵》古文中，有与字头为异词同用的同义字关系的。如：

(55) 随隨遀追，旬为切。《说文》："从也。"又国名。亦姓。古作隨遀追。文十三。（《卷一·平声·五支》）

随之古文作追，曹文和徐书均认为它们是以同义而误置。可从。随有追逐、跟随义，如《易·随》："六三：系丈夫，失小子，随有求，得。"高亨注："随，追逐。"《韩非子·初见秦》："当此时也，随荆以兵则荆可举。"陈奇猷《集释》引傅佛崖曰："随与追为迭韵互训字。"追也有跟随、追随义。如汉张衡《归田赋》："谅天道之微昧，追渔父以同嬉。"所以两字在追随、跟随上同，可通用。但是两字只是在这一义项上意义相同，其他意义均不同，如随有沿着、听任、附和等义，而追却没有。而且二字声音也不相关，前者为邪母歌部，后者为端母微部。所以两字为异词同用的同义字关系。沈兼士称为

---

① 该例引自徐在国《隶定古文疏证》，安徽大学出版社2002年版，第17页。
② 杨树达：《卜辞求义》，转引自《古文字诂林》编纂委员会《古文字诂林》第五册，上海教育出版社2004年版，第551页。
③ 参见王宁《古代汉语》，北京出版社2002年版，第106—107页。

"异音同用"①。

(56) 迟迡遟赿邌，《说文》："徐行也。"引《诗》"行道迟迟。"或作迡遟赿。古作邌。(《卷一·平声·六脂》)

迟之古文邌，《说文·辵部》："徐也。从辵黎声。"徐锴《系传》："傅毅《舞赋》'邌收而拜'，谓徐收其舞势也。"《广雅·释诂四》："邌，迟也。"王念孙《疏证》："邌，与黎通。凡言黎者，皆迟缓之意。"可见，邌迟在"迟缓""徐行"义上是相同的。所以，迟之古文作邌，盖因同义而误置。而且迟邌古音声母相差很远，一为定母，一为来母，语音不相关。所以两字为异词同用的同义字关系。

(57) 坤巛巽，枯昆切。《说文》："地也。易之卦也。从土，从申。土位在申。"古作巛巽。(《卷二·平声·二十三魂》)

"坤"，《古文四声韵》引古文作"巛"，引王存乂《切韵》作"川"。阮元《积古斋钟鼎彝器款识·卷二·商器款识·商戈》："巛，古坤字。汉人书'乾坤'字，皆作干巛。陆氏《释文》反以'巛'为今字。非也。"或许可证在汉时巛是用为"坤"字的。但坤字何以作"巛"呢？马叙伦："地之初文作一，或作二，或作三，或可更繁之作"𡘲"。《家语·执辔》王肃注：'川，古坤字。'《玉篇·川部》巛下曰：'古文坤字。'盖川由三而直之。巛由𡘲而变也，则或说可从。"②若据马说，则坤之古文巛实为地之古文。则坤与古文巛之间为异词同用的同义字关系。徐书认为巛乃川，此假川为坤。我们倾向于赞成前者。

(三)《集韵》古文与字头的关系不可确定

在我们分析的《集韵》这些古文条目中，有些古文与字头的关系是不可确定的，或者由于古文形体不可验证而无法分析它们之间的关系，或者古文形体得到验证了但是由于不明古文形体的构形理据而无法分析古文与字头之间的关系。

(58) 氄毦，䑕毳细毛。古作𣯩。(《卷一·平声·一东》)

"氄"，《集韵》："䑕毳细毛。"就是指鸟兽贴近皮肤的柔软细毛。《书·尧典》："日短星昴以正仲冬，厥民隩，鸟兽氄毛。"孔传："鸟兽皆生䑕毳细毛以自温焉。"孔颖达疏："氄毛，谓附肉细毛。"《说文》无氄字。但是有与氄字有关系的两个字。《说文·卷三·毳部》："𣯩，羽猎韦绔。从毳𠂇声。而陇切。襞，或从衣从朕。《虞书》曰：'鸟兽襞

---

① 参见沈兼士《汉魏注音中义同换读例发凡》，载《沈兼士学术论文集》，中华书局1986年版。
② 马叙伦：《说文解字六书疏证卷二十六》，转引自《古文字诂林》编纂委员会《古文字诂林》第十册，上海教育出版社2004年版，第197页。

毛。'"《说文·卷八·毛部》："毪，毛盛也。从毛隼声。《虞书》曰：'鸟兽毪髦。'"段注："髦毛古同用，今书毪作氂。"马叙伦在《说文解字六书疏证·卷六》中讲道："襄为羽猎韦绔之本字⋯⋯今文书作毪。毪从隼得声。隼音心纽，与氂襄从齐得声者同。故书古文借襄为毪。毪之或体作氂。又与氅之转注作氇同。今书作氂者，亦疑毪下有重文作氂。"① 他认为毪与氂为异体字关系。《集韵·肿韵》："《说文》：'毪，毛盛也。'或作氂。"也认为毪与氂为异体字关系。那么，确切地说，两者应该是异构字关系了，因为都从毛，义符同，隼与齐是声符选择的不同。马叙伦又认为"氂与氇同"，那么氂与氇也是异构字关系，齐、开，声符不同。但即便是这样，我们也无法确定氂与其古文氍的关系，或许"氍"根本就是氂与氇的杂糅体，取前字的左偏旁和后字的右偏旁。但这也只是猜测，无实例为证。

（59）零零霝🈳，《说文》："余雨也。"又姓。或作零。亦从泠。古作🈳。（《卷四·平声·十五青》）

古文"🈳"，据徐书第238页，"闵齐汲《订正六书通·卷四·庚韵》引升蓭索隐零字作'🈳'，与'🈳'形近。"可证古文"🈳"的客观存在。至于其构形，徐书言"构形待考"。我们怀疑该古文实为畾字之古文。畾，金文作"✕"（洺畾）、"✕"（师旗鼎）；《汗简》引《尚书》作"✕"。所以我们怀疑"🈳"是畾之古文"✕"的变体。且零，来母耕部，畾，来母微部；二字双声。但双声的语音关系，似乎不能作为假借的条件，所以只有找到二字借用的文献用例，方可证明我们的推测。但目前我们没有找到这样的用例，所以无法确证。

（60）廄𨟠，《说文》："马舍也。"引《周礼》"马有二十四匹为廄。廄有仆夫"。古从九。俗作廐。非是。（《卷八·去声·四十九宥》）

"廄"，甲骨文作"✕"（粹1551），以舍下有马会马舍义。金文作"✕"（邵王簋），以为簋字。《汗简》引《古论语》"✕"，从九，从皀，可证该古文的客观存在。张富海："古文从皀九声，应该是'殷（簋）'的异体，假借为'廄'。"② 𨟠，形体不可考。疑为舍下有食器（皀）之形的讹变。因此廄𨟠两字的关系也无法确定。

三　《集韵》古文性质及有关用语的含义

我们共检索出的《集韵》"古文"有976条（1347字），并具体分析了468条（625字），包括"古作"指称的平声卷的古文、"古书作"指称的古文、"古省"指称

---

① 转引自《古文字诂林》编纂委员会编撰《古文字诂林》第三册，上海教育出版社2004年版，第603页。
② 张富海：《汉人所谓古文研究》，博士学位论文，北京大学，2005年，第133页。

的古文、"古从"指称的古文、"古通作"指称的古文。通过对这些古文的验证，以及对它们与字头之间关系的分析，我们对《集韵》古文的性质及有关用语的含义有了基本的认识。

（一）《集韵》古文性质

在我们所分析的这 625 个古文中，可验证者高达 94%（即除去形体不可验证和形体、关系均不可考者），这说明正如《集韵·韵例》所说，《集韵》编者所辑佚的这些古文绝大部分确实在历史上客观存在过。这同时也可以说明《集韵》在收字上的可信度还是很高的。把《集韵》作为字书来使用，也是可行的。

《集韵》所收的"古文"可以在殷商、西周、春秋战国、汉、魏、南朝、唐、宋等不同时代得到验证。而且在我们所验证的这 625 个古文中，多数古文不比字头"古"。这在很大程度上说明《集韵》的编者更多地站在其自身所处的时代用字情况的立场上来定性这些所谓的"古文"的。称其为"古文"，并不代表它一定比字头"古"，至多只能说明这些早已存在的"古文"在宋代变得不如其字头常用，也很少作为字头的或体来使用，因而其自然退居到"古"的位置上。

另外，《集韵》中这 625 个古文，见于《说文》的有 40%，包括见于《说文》古文、籀文和篆文的。这个比例一方面说明字书之间的承继是字书收字的重要来源。这也是有些古文根本在文献中找不到用例却还存在于字书中的原因所在。另一方面也体现了《集韵》"务从该广"的收字原则。60% 的字源自其他各种材料，所以才成就了五万多的总字量。当然，有一些古文始见于《集韵》，但我们无法找到其文献用例，不知《集韵》编者从何得之。

在我们所分析的《集韵》的这些古文中，其与字头关系可考者占了 99.6%。其中 75% 的古文与字头为同词异体字关系（异构字占 44%，异写字占 56%），也就是说，这 75% 的古文之"古"指的是古今形体的不同；而仅有 11% 的古文与字头为异词同用字关系（同源字占 0.3%，同音字占 83%，同义字占 14%），也就是说，这 11% 的古文之"古"指的是古今用字不同。可见，《集韵》古文中绝大部分与字头只是古今形体的不同，而非古今用字的不同。

（二）《集韵》古文有关用语的含义

最后，我们简要总结一下《集韵》古文不同指称用语的内涵。需要说明的是，不论何种指称用语，其"古"所指的时代均包括从殷商到宋元期间的不同时代，只是每个时代的古文数量或多或少。此处就不一一指明（情况特殊者会指明）。它们的不同更在于所指类型的不同。所以我们重点概括的是这些用语所指的类型方面的内涵。

"古作"——"古作"是《集韵》古文中最常用的指称用语。本文详细分析了平声卷的 499 个"古作"古文，并对剩余部分的"古作"古文也进行了大概的分析，发现平声卷的"古作"古文完全可以反映出《集韵》"古作"古文的特点。通过对这 499 个"古作"古文的验证，我们发现"古作"之"古"的时代分布较为广泛，从甲骨文时代到宋元时代，各个时代都有可证其古文客观存在的材料，且其中 50% 的古文在金文中得到了验证。这 499 个古文中，仅有 11% 的古文与其字头为异词同用的关系，而 76% 的为同词异体关系。也就是说，《集韵》"古作"古文绝大部分还是指古今形体的不同而非古今用字的不同。而且这些与字头为同词异体关系的古文中，44% 的为异写字关系，而 32% 的为异构字关系。较之于"古从"等用语指称的古文，"古作"指称的古文，其形体更不易分析，多半只是对字头的古文形体的隶定，稍有形变。所以《集韵》编者统称为"古作某（某某）"。

"古从"——"古从"在《集韵》古文指称用语中数量仅次于"古作"，共 80 条（82 个字）。经过对《集韵》中所有的"古从"古文的分析，我们发现，除了形体讹误和关系不可考的古文外，"古从"古文与字头均为同词异体关系，其中异构字比例为 68%，这说明"古从"之"古"所指类型为古今形体不同，且以异构字居多。正是因为如此，所以这些古文多可以具体地分析出从某、从某。如有的指称义符或义符的一部分，如唇，古从页；有的指称声符或声符的一部分，如糕，古从参；有的指称形符，如舁，古从奴；有的则是整个地指称该古文的构件，如赤，古从炎、土。

"古书作"——《集韵》中"古书作"用语共 15 条（15 个字）。且"古书作"的古文都不会在其所在条目的字头后列出，只在说解中提到。经过验证，我们发现这些古文可见于《汗简》引《尚书》、《古文四声韵》引《古尚书》、《古文四声韵》引《古孝经》、三体石经所载《尚书》《春秋经》等（15 例中仅有 3 例无法验证其所处文献）。虽然我们不能据此断言这些古文就是出自最初的《尚书》《孝经》《春秋经》等书，但至少可以证明《集韵》所言的"古书作"的古文确实可见于某古书的，绝非臆造。而且，这也体现了《集韵·韵例》所言"凡古文见经史诸书可辨识者取之，不然则否"的收字凡例。《集韵》收字不仅参诸《说文》《玉篇》或《广韵》等字书或韵书，还会参诸其他经史诸书，所以才成就了它五万多的字量。《集韵》"古书作"的字与字头均为同词异体的异写字关系。也就是说，"古书作"所指的"古"也是古今形体的不同而非古今用字的不同。这些古文与字头之间多数是构件布置不同的异写字，而且较多的情况是把左右结构的字写成上下结构（15 例中有 7 例是这样。其余的情况是，3 例为左右结构写作右左结构；3 例为左右构件位置交换；1 例为构件的繁简不同；1 例为构件由相交关系变成相接关系）。其实这与古人的书写习惯是不无关系的。因为古书都是从右到左一行行地竖排书写，所以上下结构的字更便于行书。

"古省"——《集韵》中用"古省"指称的古文有 13 条（13 个字）。这 13 条"古省"古文中，见于《说文》的有 6 条，且都是见于《说文》古文，其中《说文》明确标为"古文省"的有 5 个，可见《集韵》使用"古省"很大可能是受《说文》影响。而且"古省"古文与其他类型的古文相比，时间跨度小，只有从殷商到汉（不可考者除外）。可验证的"古省"古文中，只有一个与字头为异词同用的同音字关系，其他均为同词异体的异体字关系。这些与字头为异体字关系的"古文"中，有 8 个是异构字关系，其中 5 个是结构属性相同而示音构件不同（声符简省），2 个是结构属性相同而构件数量不同（形符简省），1 个是结构属性不同（义符简省）；2 个是异写字关系，均为声符简省。可见，"古省"绝大部分是指古今形体的不同，而且较多的是声符的简省，偶有形符或义符的简省。用一句话来概括"古省"内涵，即是用来指称从殷商到汉代出现的与字头的某构件功能相同但形体却更为简省的字的用语。

"古通作"——《集韵》"古通作"古文共12条（16个字）。经测查，这些古文与其字头之间均为异词同用的关系，其中14个为异词同用的同音字关系，2个为异词同用的同义字关系。也就是说，"古通作"用语指称的"古"均指古今用字的不同而非古今形体的不同。

汉语量词用字特点论析*

何余华

以前的汉字学研究往往只关注汉字的形体结构，忽视对汉语字词关系的考察，随着李荣、裘锡圭、张世超、王宁[①]等学者的呼吁，才真正认识到汉字学是"研究汉字的形体和形体与声音、语义之间的关系的一门学科"[②]。李运富进一步指出汉字具有形体、结构、职用三方面的属性，主张从不同视角观察汉字的不同属性，分别研究不同含义的汉字，建立各自相应的汉字形体学、汉字结构学和汉字职用学，它们结合成三维的汉字学立体，这就是"汉字研究三平面理论"[③]。该理论的形成以2005年《汉字语用学论纲》明确把"汉字职用"研究纳入汉字学本体范畴为标志。该文论述了建立汉字职用学的理论依据、汉字职用学的学科定位、汉字职用学的主要内容等，同时指出汉字职用研究主要有两个视角：由字出发考察先后记录过哪些语言单位，或者由词出发考察先后用过哪些字形记录，并客观描述各种字词关系、字际关系、词际关系等。相关理论提出后，在学界产生了广泛影响，涌现出大批以文本用字或某时地范围用字为研究内容的成果，个别词语用字历史的研究也蔚然成风。但某类词语的用字问题还缺少关注，本文希望以量词为观察对象做些这方面的尝试。

丰富的量词是汉语区别于印欧语系的鲜明特征，根据量词称量的对象分为名量词和动量词，名量词又细分为自然单位量词和制度单位量词，制度单位量词由人为制定产生，自然单位量词和动量词往往由源词引申派生而来。当量词进入书面语就涉及使用哪个字形记录的问题，与汉字构成错综复杂的对应关系。量词的用字史上，有的量词始终较为固定地使用同一字形记录，如量词｛本｝、｛口｝、｛件｝、｛把｝、｛束｝、｛具｝、｛通｝等；有的多个量词使用一个字形记录，如"两"字曾记录过车辆单位、布帛单位、衣物单位、货币重量单位[④]，秦汉"隻"字同时记录量词｛只｝和｛双｝[⑤]，"分"字曾记录过等份单位、长度单位、货币单位等，"匹"字记录过布匹单位和马匹单位等；有的量词则使用多

---

* 本文原载《励耘语言学刊》2016年第1辑（总第23辑），学苑出版社2016年版。
① 参见何余华《汉字"形构用"三平面研究的回顾与展望》，《语文研究》2016第2期。
② 周祖谟为1988年出版的《中国大百科全书·语言文字》撰写的"汉语文字学"条对"汉字学"的界定。
③ 李运富：《汉字语用学论纲》，载《励耘学刊》（语言卷）总第1辑，学苑出版社2005年版；李运富：《汉字学新论》，北京师范大学出版社2012年版。
④ 李运富、何余华：《"两"字职用演变研究》，载《励耘语言学刊》总第20辑，学苑出版社2014年版。
⑤ 经籍训注和出土文物、文献均有大量例证，如《史记·龟策列传》："王独不闻，玉椟隻雉出于昆山，明月之珠出于四海。"裴骃集解引徐广曰："隻，一作雙。"《隶释》卷九汉《故民吴仲山碑》："吴仲山少立名迹，约身刚己，节度无隻，不贪仕进。"宋娄机《汉隶字源》谓"隻"即"雙"字省文。顾蔼吉注："（隻）借作雙字。"

个字形记录,如通用量词{个}曾用"个、箇、個"等记录,量词{双}曾用"雙、雙、霙、霙、潀、靈、霙"等记录,船只单位{艘}曾习用过"㮴"和"艘",重量单位{镒}曾习用"益、洫、溢、鎰"字①。量词在汉语词类系统中处于非常独特的地位,它们多由名词、动词语法化而来,对源词具有较强的依赖性;量词一般不单独使用,而要跟数词组合使用;制度单位量词往往有具体数量标准和固定进制,与人们的经济生活关系密切。量词的这些特点使其在用字上具有相应的独特性。

一 量词产生阶段的用字

量词产生阶段的用字大致有三种情况:如果量词来源于其他词类,往往兼用源词的本字;如果量词是自源新生的,往往会临时借用同音字;如果是含有特定数值和名物的专用量词,则往往会创造专用字。

(一)来源于其他词类的量词多以源词本字记录

自然单位量词和动量词多由名词或动词虚化引申而来,对其他词类系统有较强的依附性,因而在用字上一般不另造专字记录,而用源词的本字兼记。也就是说,记录自然单位量词和动量词的字绝大多数属于兼用,其本用职能是记录派生出量词的名词或动词。②

例如量词{颗} 在南北朝之前都用"果"字记录:

(1) 婴儿病间(痫)方:取雷尾三果,冶,以猪煎膏和之。(《马王堆帛书·五十二病方》48)

(2) 每朝啜枣二三果,及服食之。(《马王堆帛书·杂疗方》62)

而"果"的本用职能是记录名词{果}(果实)的。名词果实具有小而圆的语义特征,所以引申出称量小而圆之物的量词{颗}。量词{颗}的音义来源于名词{果},用字上也依赖名词{果}的本字,兼用"果"来记录量词{颗}。后来才另借"颗"字分担"果"的这项兼用职能。

又如量词{段}产生之初曾使用"断"字记录:

(3) 净能劣时,左手持剑,右手捉女子,斩为三断,血流遍地。(《敦煌变文·叶净能诗》S. 6836)

(4) 凡人斫营,捉得(个)知更官健,斩为三断,唤作猒(厌)兵之法。(《敦煌变文·汉将王陵变》S. 5437)

---

① 何余华:《汉语常用量词用字研究》,硕士学位论文,北京师范大学,2015年。
② "本用"是指汉字记录表达义值与字符形体构意有密切联系的词项(本义),"兼用"是指汉字记录与本用义值有某种联系的词项(派生词和引申义),借用是指汉字记录与本用义值无关的词项或音节。见李运富《汉字学新论》,北京师范大学出版社2012年版。

而"断"的本用职能是记录动词{截断}的。《说文》:"断,截也。从斤从𢇍。𢇍,古文绝。""断"字本义为"截断、分开",由本义引申称量事物分开的若干部分,即量词{段}。量词{段}来源于动词{断},因而用字上也沿用动词{断}的本字"断",这就是兼用。不过兼用源词本字"断"来记录量词{段}的历史非常短,很快就另借同音字"段"来记录{段}了。

再如量词{遍}来源于形容词{周遍、普遍},由"周遍"义引申称量从头到尾经历一周的动作,而用字也兼用源本字"遍(徧)",并且从产生至今一直兼用。

(5) 和蜜扬之,二百四十遍。(《金匮要略·呕吐哕下利病脉证治》)
(6) 锄得五徧巳上,不烦耩。(《齐民要术·卷第一》四部丛刊景明钞本)

类似情况还有用源名词{土块}义的本字"块"兼记派生量词{块}、用源动词{回旋、回转}义的本字"迴(回)"兼记派生动量词{回}、用源形容词{完备、齐全}义的本字"具"兼记派生名量词{具}等。

(二)自源新生的量词多借同音字记录

自源新生的量词与自然单位量词、动量词的产生不同,它们多由人为规约产生,仓促无其字的情况下,往往借用音同音近字。也就是说记录自源产生的量词属于字形的借用职能,借字的本义与量词无关。这类量词以制度单位量词最具代表性。

例如长度单位{寸}产生之初曾使用"尊"字记录:

(7) 大良造鞅爰积十六尊(寸)五分尊(寸)壹为升(秦孝公十八年商鞅量)
(8) 以桂长尺有尊(寸)而中折。(睡虎地秦简《日书甲》简67背)

《说文》:"尊,酒器也。""尊"字甲骨文 ᙝ 像双手捧着酒器,本用职能是记录{酒器}的,后增旁作"樽"。可见它与长度单位{寸}并无关联,只是读音与之相近,才被借用记录长度单位{寸},战国晚期逐渐被"寸"字取代。

又如地积单位{顷}用于称量百亩大小的土地,先秦产生以后使用"顷"字记录:

(9) 稼已生后而雨,亦辄言雨多少所利顷数。(睡虎地秦简《秦律十八种·田律》)
(10) 多前千九百廿顷八十二亩。(尹湾汉墓简牍 M6D1 反)

《说文》:"顷,头不正也。""顷"字本用职能是记录{脑袋歪斜}的,由"顷"字本义无法引申出地积单位的用法,只因音近被借去记录地积单位{顷}。两汉新造"倾"分化"顷"字本用职能,这才使得"顷"久借不归,不过敦煌吐鲁番文书零星可见借用"倾"字记录地积单位{顷}。

又如容积单位{斗}战国时期产生后,长期使用"斗"字记录:

(11) 容一斗二升。（三年诏事鼎《集成》2651）/三斗一升。（魏鼎《集成》2647）

(12) 为粟廿斗，舂为米十斗；十斗粲，毁米六斗大半斗。

而"斗"字甲骨文作𠦃或𠦃，像勺形，它的本用职能是记录{挹水酒的勺子}，《诗·大雅·行苇》"酌以大斗，以祈黄耇"和《史记·项羽本纪》"我持白璧一双，欲献项王，玉斗一双，欲与亚父"都用的是它的本义。容积单位{斗}人为规约产生后，因与"斗"同音，便借"斗"字记录，《说文》"斗，十升也"训释的是"斗"字的后起假借义。

再如重量单位{铢}商周便已产生，早期记录字形均作"朱"：

(13) 二两十二朱（金文集成12037），二两二朱（金文集成12033），二两五朱（金文集成12034）

(14) 十三斤八两四朱（铢）（战国晚期《卅年私官鼎》5.2658）

"朱"字甲骨文作𣎴，指事字，本义指露出地面的树根和树干，它与重量单位无关，只因与重量单位{铢}音同，才被借用，殷周金文、秦汉简帛有大量用例。为确保字词关系的清晰，战国时期增"木"旁造"株"分化"朱"字的本用职能。与此同时"朱"字还被借去记录颜色词{朱}，战国晚期增"金"旁分化出"铢"字记录重量单位{铢}，"朱"则较为专门地借记颜色词{朱}。

类似的情况还有借用{祭名、为牲之法}的本字"乇"记录长度单位{尺}、借用{满溢}的本字"益"记录容积单位{溢}、借用{斧锛}的本字"斤"记录重量单位{斤}等。制度单位量词的用字史说明汉字的职用关系是个严密的系统，牵一发而动全身，某处字词关系的调整常会引发字词关系的系列变动。借字能否行用取决于相关字词关系是否均衡，如借字所记职能是否过重，借字行用是否会引起交际误解、歧义等。用字者后来另造新字分担借字的本用职能、借用职能，也多是出于维持汉字职用系统均衡状态的考虑。

（三）含有特定数值和名物的专用量词以专用字记录

此外，汉语专用量词的用字也是富有特色的。专用量词与普通量词的差别在于专用量词表达的是"数＋量＋名"或"名＋数＋量"的概念，或者用于称量特定名物。如专用量词{朋}表示"贝二串"，量词{双}表示"鸟两只"，量词{珏}表示"玉二块"等，专用量词产生时代较早，到一定时期才与普通量词的用法无差别。为了记录专用量词，最初往往为它们造专字记录，也就是说，专用字的产生就是为了记录专用量词，记录量词属于专用字的本用职能。

例如量词{双}暗含数词"二"或"二只/枚"的数量概念，产生之初使用"雙"字记录：

(15)《礼记·少仪》:"其禽加于一雙,则执一雙以将命。"孔颖达疏:"二只曰雙。"

(16) 一雙璜/一雙虎(琥)(《望山楚简·望山二号》50)

《说文》:"雙,隹二枚也。""雙"字的本用职能是记录｛鸟二枚｝的,它是为专用量词｛双｝而造的。量词｛双｝后来突破称量对象的限制,进一步泛化称量天然成双的事物,但"雙"字的本义并未改变。

再如专用量词｛珏｝暗含"玉两枚"或"两枚"的数量概念,西周产生之初使用"瑴"字记录:

(17) 赐玉五瑴,马四匹,矢三千。(西周中期《应侯见工簋》)王亲赐驭方玉五瑴。(西周晚期《鄂侯鼎》)

(18)《左传·僖公二十年》:"公为之请,纳玉于王与晋侯,皆十瑴。"《左传·襄公十八年》:"献子以朱丝系玉二瑴。"杜预注:"双玉曰瑴。"

《说文》:"珏,两玉相合为一珏。瑴,珏或从殳。"金文"瑴"即《说文》"珏"字的异体,它是为记录量词｛珏｝专造的,"玉两枚"是它的本义。类似的情况如用专用字"朋"记录贝壳单位｛朋｝、用专用字"駟"记录马匹单位｛駟｝等,记录这些蕴含数词概念的量词都属于专用字的本用职能。

二　量词用字的调整

汉字记录汉语的理想状态总是希望"一音义对应一字形",字形的结构与音义是有理据的。量词在用字上往往对其他词语具有依赖性,字词不协调的矛盾使得量词产生以后的记录字形不断调整,有的另借他字替换,有的另造新字分化。通过用字的调整实现记录职能的重新分工,帮助量词从源词中彻底分化出来。

(一) 另借他字替换

量词产生之初的用字由于记录职能过于繁重,或出于其他原因,不再是记录量词的理想字形,用字者另借他字进行替换。记录量词属于另借字的借用职能,另借字的本用职能是记录与量词无关的其他词项。

例如量词｛颗｝由语词｛果｝(果实)派生出后,秦汉兼用源词本字"果"。中古"果"属见母上声歌部,"颗"属溪母上声歌部,音极近,魏晋于是借"颗"字替换本字"果",此后习用至民国。"颗"字本义是"小头",与"果"都有小而圆的语义特征,属于语词同源引起的文字假借现象。"颗"字的本用职能湮没无闻,也为借用的推广提供了便利。

又如由动作行为｛截断｝义派生出的量词｛段｝,产生之初兼用源词本字"断",后另借"段"字并长期习用。《说文》:"段,椎物也。""段"字的本用职能是记录｛锤击、锤炼},只是音近而借,"段"上古属定母去声元部字,"断"属端母上声元部字。两汉增旁分化出"锻"或"碫"分担"段"字的本用职能,更使"段"字久借不归。

再如名词{叶}(树叶)引申称量叶状物,如扁舟、眉毛、浮萍等,即量词{叶}。唐以后书籍装帧方式由卷轴式向册页式转变,因书页与树叶外形相似,量词{叶}泛化称量纸张,最初兼用源词本字"葉"或其异体"箂"。明末以前,本字"葉"始终是量词{叶}社会习用字,清初大规模借用本义指人头的"页"记录,并迅速完成替换。清儒朱骏声《说文通训定声》:"小儿所书写每一笤谓之一'箂',字亦可以'葉'为之,俗用'页'。"借字的行用和音变推动纸张单位{页}从源词中分化出来。

类似的情况如借{剪齐}的本字"剂"替换源词本字"齐"记录量词{剂}、借{计量}的本字"量"替换源词本字"两"记录衣物量词{緉}、借{语气词}的本字"只"字替换专用字"隻"记录个体量词{只}等。

(二) 另造新字分化

为使字形准确清晰表词,有时通过另造新字将记录量词的职能从源词本字或借字中分化出来,记录量词成为新字的本用职能,这些专造本字的行用,极大地推动相应量词的派生。

例如"两"字本义指"马二匹",引申称量各种两两对称匹配的事物,先后派生出车辆单位、衣物单位(鞋袜裤等由对称两部分构成)、布帛单位(布匹由对称的两端卷起)、重量单位(两个十二铢之重),产生之初它们都兼用源词本字"两"。但"两"字记录职能过于繁重,同形的多个量词共现时常引起误解,于是南北朝另造新字"辆"分化车辆单位,东汉末年另造"緉"、唐五代前后另造"裲"分担衣物单位的记录职能。

又如南北朝时期由"躯"字本义"身躯"引申出佛像的计量单位{躯},如北魏《范国仁造像记》"敬造弥勒尊像一躯"、南朝梁《康胜造像记》"敬造释迦文石像一躯"。因佛像的材质多为陶土、石质,用字者或改换偏旁作"堀""磲",如北齐《道荣造像记》"造像一堀",东魏《李次明造像记》"造观世音像一磲"等。用字时或减省作"区",如北魏《道慧法盛造像记》"敬造多宝像一区",东魏《王仁兴造像记》"造像两区"。

再如重量单位{镒}产生之初借用"益"字,魏晋时期以借字为声符另造"镒"字,成为记录重量单位{镒}的专造本字。重量单位{铢}的专造本字"铢"、地积单位{顷}的专造本字"顤"与之类似,这种调整使得借字将借用职能分化给新造字。

三 制度单位量词的"大写"用字

数词的大写用字系统产生已久,元代戴侗《六书故》:"今惟财用出内之簿书,用壹贰叁肆伍陆柒捌玖拾阡陌,以防奸易。"随着出土文献的涌现,学界普遍认为"从晋到唐代的吐鲁番出土文书,则较为系统地运用数目大写字于经济生活,后来数目大写字系统逐渐成为经济生活的主导"①。具体到单个的大写用字，产生时间还会更早。制度单位量词与数词相似，有具体数量标准和固定进制，用字稍有改易，谬以千里，容易引发种种经济纠纷。隶变阶段"斗、升、斤"形近易混，前贤多有指论，如王念孙《读书杂志·墨子第五·备城门》："斗、什、升、斤四字相似，故传写多讹。"魏晋以后的用字者开始尝试各种办法消除形体讹混引起的歧义，增强形体的区别度，防止字形被窜改，与"斗、升、斤"相关的制度单位量词出现系列大写用字，它们或借用形体繁复的音同音近字，或另构笔画繁复的新字。

（一）借用形体繁复的音同音近字

为有效遏制"升斗斤"讹混，将字形所记量词 {升}、{斗}、{斤}、{石} 严格区分开来，加上共现的大写数词的影响，魏晋以后常借形体繁复的音同音近字记录相关制度单位量词。

例如容量单位 {升} 在敦煌吐鲁番文书曾使用"昇""勝"记录：

(19) 小食丸米壹斛伍昇。[阿 319 – 1（1）]
(20) 欠粟两直五斯四勝（阿 232 – 2 – 1）

《说文新附》："昇，日上也。""昇"字的本用职能是记录 {太阳上升}；《说文》："勝，任也。""勝"字的本用职能是记录 {胜任}，都与容积无关。借用形体繁复的同音字"昇""勝"主要是为避免"升"与其他形近字讹混。魏晋南北朝"勝"又常讹作"塍"，如《干禄字书》："塍勝，上通下正。"

又如容积单位 {斗} 在敦煌吐鲁番文书使用"兜"或"豆"记录：

(21) 次传细面贰斛伍兜，床 米伍兜，粟米壹兜贰昇半。（阿 50 – 1 – 3）
(22) 流奄耳千豆（斗）。（高昌建昌三年令狐忠随葬衣物疏 73TAM524：28）

"兜"是"兜"字异体，它的本用是记录 {头盔}，"豆"的本义指古代的食器。中古"兜"属端母侯韵，"斗"属端母厚韵，声韵极近，借用使"斗"与容积单位 {升} 区分开来，不易混同，也能有效防止窜改。"兜"字未见于魏晋隋唐的其他文献，可能是西北地区特有的地域用字。

此外，唐代以后的文献常用"觔"字记录重量单位 {斤}：

(23) 有枝条，捣服之，一觔得千岁也。（《酉阳杂俎·续集·卷之十·支植下》）
(24) 取水柏柴烧灰煎盐，每一石灰得盐一十二觔一两。（《旧唐书·文宗纪》）
(25) 为工四万九千六百，用穀十有三万九千觔。（《震川先生集·卷之十六·记》）

---

① 参见吴继刚《会计数目大写字源流考辨》，《中国社会经济史研究》2012 年第 2 期。

《正字通》："觔，与筋同"，"觔"即"筋"字异体，它的本用是记录{附着在骨头上的韧带}，与"斤"音同故被借用，《字汇》："觔，今俗多作'斤'字。""觔"有效防止"斤"讹成"升、斗"，晚至民国仍有用例。《龙龛手鉴》："觔斮，二俗，音斤。""斮"字的产生疑是因"觔"常记{斤}，变形义化的结果。

再如魏晋以后容积单位{石}常用"硕"字记录：

(26) 壹拾陆硕壹斗伍升白面，贰斗油，壹拾柒硕肆斗麦，玖硕叁斗伍胜粟。（英藏敦煌文献 S420）

(27) 羊千有八十口，酒三十六硕。(《续资治通鉴·宋高宗绍兴十二年》)

秦汉文献"石"字曾被同时借去记录容积单位（十斗为石）和重量单位（120斤），据刘世儒研究："在南北朝，通行的只是量制单位（十斗为一斛，一斛也就是一石），衡制用法已渐被淘汰。"① 《说文》："硕，头大也。""硕"字的本用是记录{头大}，中古"石、硕"俱为常隻切，声韵相同故被借用，大写用字或因"石"字草书作 ㄡ，近于"斤"字。英藏敦煌文献"石"凡72见、"硕"26见②，宋元明清的文献"硕"借记容积单位{石}仍零星可见。

（二）另造形体繁复的新字

为增加形体区别度，适应数量词大写用字的需求，魏晋以后的文献中也常见根据量词理据重造的形体繁复的新字。

例如魏晋以后记录容量单位{斗}曾使用过"䉼"和"斱"字：

(28) 合徵大麦拾贰硕（石）肆䉼（斗）柒胜（升）半。（阿 103-19-5）

(29) 计当青科陆硕伍斱。[阿 214-7（2）]

(30) 喜而合，怒而斱，天之道也。(《银雀山汉墓竹简·孙膑兵法·势备》349 正)

"䉼"是以"斗"为声符增旁另造的后起本字，记录容积单位{斗}是它的本用职能。"䉼"自魏晋至明清都是仅次于"斗"的高频字符，如《温国文正公文集》（宋绍熙刊本）"䉼"18见、"斗"54见，《范文正公集》（元刊本）"䉼"4见、"斗"24见等。宋元字书普遍收录该字，如《玉篇》："十升曰斗。䉼，俗文。"《复古编》："斗，十升也。象形，有柄。别作䉼、抖，陡、蚪，并非。"又因"斗""斤"讹混，"䉼"字或讹作"斱"。其实"斱"字在银雀山汉简就已出现，是"鬭"字异体，记录争斗义，与容积单位的用字偶然同形。

---

① 参见刘世儒《魏晋南北朝量词研究》，中华书局1963年版，第230页。
② 据何琴《英藏敦煌文献（S10-S522）量词研究》，硕士学位论文，西南大学，2011年。但该文将"硕""石"别为两个量词，对字词关系未做细审，实误。

又如魏晋以后容量单位｛斛｝曾用"斛"和"㪷"字记录：

　　（31）丘白头二㪷二斗半，康黑奴四㪷五斗。（高昌某年永安、安乐等地酢酒名簿）
　　（32）得酒两姓有贰拾柒斛。[阿 320-7（4）-2]
　　（33）天地捉秤量，鬼神用斗斛。（P3833《王梵志诗》）

　　"㪷"①和"斛"是以"十升为一斗，十斗为一斛，百升为一斛"作为构形理据另造的会意字。又因"斗""升"讹混，"斛"变异作"斜"。《类篇》："斛，胡谷切，十斗也，或作斜。"《龙龛手鉴》亦收异体"斛"字，是以"尌"替换构件"斗"的结果。记录容积单位｛斛｝都是以上字形的本用职能。魏晋南北朝的碑志和出土文书"升"字常被增加点画以区别于"斗"字，如作𢽾或𢽼，也可算增繁大写的用字，如敦煌 S214《燕子赋》"且饮二升"、Φ096《双恩记》"今年本种五升"均作此形。而汉魏六朝"叔"俗写作"尗"，与"升"增繁写法形近，导致文献出现新的讹混。如《后汉书·卷三十三·周章传》："章字次叔，南阳随人也。"章怀注："叔或作升。"

　　制度单位量词的大写用字主要盛行于魏晋至隋唐，隋唐以后逐渐湮没。令人疑惑的是，为何数词的大写用字相沿至今，容积单位的大写用字却逐渐消亡？我们认为，首先制度单位量词大写用字的出现，是由于隶变使得"升斗斤"形近易混，唐代楷书渐趋成熟，加上雕版印刷术的推广使形体讹误相对手抄文本大为减少，"升斗斤"的讹混得到有效遏制，相关字形界划分明，也就没有继续使用大写字的必要；其次，借字"勝""昇""豆""觅""硕"等各有本用，借记量词增加了借字的记词负担，某种程度给交际造成困扰；而异构新字的形体往往繁复，书写不便。此外，数词用字笔画简单，缺少上下文语境制约，易于窜改，制度单位量词用字笔画相对较多，不同进制的基本单位往往共现，连环语境下改易不便。如"五斛六斗三升"，根据"斛"和"升"的定位完全可以断定中间的容积单位是"斗"，数词据上下文语境难以推测实际所指，故数词大写系统仍有存在的必要。

---

　　① "㪷"字由"十""斗"会意，该字右边部分是"斗"字的俗书。

汉语词历时用字演变动因刍议
——以常用量词为例

何余华

汉字是记录汉语的书写符号，汉字以形承载词语的音义，但记录汉语的字形并非一成不变的，随着时代的变化词语的用字往往也会发生动态演变。裘锡圭指出："文字的用法，也就是人们用哪个字来代表哪个词的习惯，古今有不少变化。如果某种古代的用字方法已被遗忘，但在某种或某些传世古书里还保存着，就会给阅读古书的人造成麻烦。"[①] 李运富进一步指出汉字具有形体、结构、职用三方面的属性，应大力加强汉字职用属性的测查工作，由字出发考察先后记录过哪些语言单位，由词出发考察先后用过哪些字形记录，并客观描述各种字词关系、字际关系、词际关系等。[②] 近年来也涌现出大量相关成果，如陈斯鹏（2011）、刘君敬（2011）、周波（2012）、何余华（2015）、田炜（2016）等。[③] 汉语不少词语的用字是动态变化的，体现出明显的时代性，不同时期习用不同字位，字位间存在共存或替换关系。新字位的产生与行用、旧字位的消减或存续、新旧字位的替换，背后隐藏着深刻的原因，更是语言文字辩证互动的结果。但目前学界对此关注较少，我们试以常用量词为例探讨汉语词用字演变的动因。我们认为语言因素对用字变化起着决定性作用，字形演变规律、汉字书写习惯、社会政治环境和文化心理同样制约着字位的选择和使用。

一　词语音义对用字变化的影响

通常来说，语言是第一性的，文字是第二性的，只有新词产生才会有用字需求。词汇系统尚未产生某个词语，也就不存在优选哪个字位去记录的问题。随着语言分工日益细密，词语表达的需求逐渐形成，新词不断涌现，用字者才需考虑选用哪个字位记录。以量词为例，当源词派生出新的音义，为确认新词的语法地位，往往另借或另造他字取代源词本字记录，从而实现以形分化新词的目的。如量词｛页｝由"葉"字本义"树叶"派生而出，产生之初使用源词本字"葉"或其异体"箂"记

---

* 本文原载《理论月刊》2016 年第 8 期。论文写作过程蒙导师李运富教授悉心指点，谨致谢忱。
① 裘锡圭：《考古发现的秦汉文字资料对于校读古籍的重要性》，《中国社会科学》1980 年第 5 期。
② 李运富：《汉字语用学论纲》，载《励耘学刊》（语言卷）总第 1 辑，学苑出版社 2005 年版；李运富：《汉字学新论》，北京师范大学出版社 2012 年版，第 193—242 页。
③ 何余华：《汉字"形构用"三平面研究的回顾与展望》，《语文研究》2016 年第 2 期。

录，见影宋刻本《三朝名臣言行录》："每葉缝合以睿思殿宝章。"清初大规模借用本义指人头的"页"记录，并迅速完成替换，见明末刻本《孙庞斗智演义》："莫想揭动一页。"

词语音义的变化，有时会引起字形与所记音义的不适切，矛盾斗争的结果通常是改换部分构件或另造新字以保证准确地记录语词。如量词｛块｝长期习用字位"塊"，随着语音演变声符"鬼"不再准确示音，现代汉字从"夬"（guài）之字如"快、駃"等与语词声音更近，加之笔画更趋简省，民国以后换旁新字"块"迅速行用开来。又如由"艘"字本义船只总名派生出船只单位｛艘｝，产生后的较长时间都以源词本字"艘"记录，见《江陵凤凰山西汉简牍·8号墓》78："船一艘。"构件"木"已不能准确提示量词的语法意义，构件"舟"却有效提示量词｛艘｝的称量对象，南北朝以后"艘"逐渐被淘汰，"艘"很快取得社会习用地位，见北魏杨承庆《字统》："其形谓之船，其头数谓之艘。"唐张戬《考声》："艘亦船槽也，从舟叟声，叟正叟字。"唐《刘茂贞墓志》："统临万艘之夫。"①

汉字记词方式是多样的，选择何种构形方式，相同构形方式选择哪个构件组字，说到底要看哪种方式、哪个构件能更准确提示词语的读音和意义。如"回"是记录量词｛回｝的象形字，北宋以前习用"迴"字，与"迴"字的形声结构更能提示动作行为义是分不开的。以通假字记录量词，较少有行用开来的，因为通假字只能提示语词的语音信息无法提示意义，如以"豆、臾"记录容积单位｛斗｝、以"胜、昇"记录容积单位｛升｝仅见于敦煌吐鲁番文书，后世未能流行开来。以假借字记录量词，即使某时段行用开来，甚至借字的本用职能也有新造字分担，用字者仍会尝试造专字记录。如战国时期重量单位｛镒｝产生后，长期借用本义指"满溢"的"益"字记录，见魏《卅二年平安君鼎》："五益六釿半釿四分釿之冢（重）。"至南北朝增"金"旁造"镒"，此后习用至今。重量单位｛铢｝产生之初借用本义指露出地面的树根的"朱"字记录，见战国晚期《卅年私官鼎》："十三斤八两四朱。"后增金旁造"铢"字替换。

这些用字的变化，固然与形声造字法提示语词音义的优越性有关，也与汉字发展过程记词符号的专用化趋势有关，汉语字词关系的理想状态总是一字对应一音义，专门的意义造专字记录，追求记词符号的专门化。通过用字的专门化实现词语分化，加强社会对词义变化内涵的认同感。可见任何汉字职用的调整都是语言和文字辩证互动的结果，新词派生推动文字孳乳，反过来，汉字形体的分化又能直接参与汉语的构词，促成新词的派生。如借用"段"字促成名量词｛段｝从源词｛断｝（截开）分化出来；如分化字"份"推动名量词｛份｝从源词｛分｝（割分）中独立出来②；"剂"字无疑也推动名物词项"药剂"从源词｛齐｝（调剂）中派生出来。

---

① 何余华：《汉语常用量词用字研究》，硕士学位论文，北京师范大学，2015年。
② 我们认为量词｛份｝的记录字位"份"是"分"的后造本字，与《说文》"文质兼备"的"份"是同形关系。

二 汉字职用的系统性对用字变化的影响

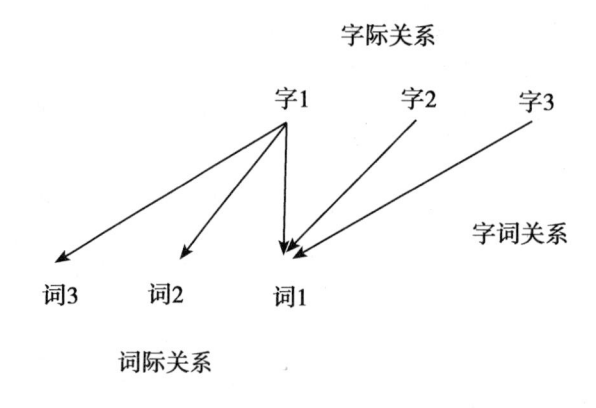

```
                    字际关系
            字1      字2      字3
                                      字词关系
          词3      词2      词1

            词际关系
```

图 1 汉语字词对应关系①

汉字是记录汉语的书写符号系统，汉字记录汉语的过程中形成错综复杂的对应关系，这种对应关系也就是汉字职用系统。如图 1 所示，汉字职用系统是以"字"和"词"为基本单位、以"字词关系""词际关系""字际关系"作为联系纽带的网络状系统。在汉字起源阶段，汉字主要记录焦点词或重点语义场的词汇集，大致能够实现一字记录一词，此时的汉字职用系统较为简单，也比较粗略。但是随着新事物的不断产生，词语不断分化派生，语义表达日益细密，产生大量同词异字、同字异词现象，汉字职用系统变得日益繁复。

汉字职用的系统性的动态发展影响着词语用字演变，某字记词职能通过兼用扩展、借用扩展，变得过于繁重，甚至影响词语表达的准确性，汉字职用系统便通过各种手段分化原有的记词职能，直至汉字职用系统实现新的平衡为止，这种调整往往是牵一发而动全身的。无论是旧词的消亡、新词的派生，抑或是另造新字、借用他字等都可能引起整个系统的变化，成为推动词语用字不断变化的原因。

以常用量词为例，由"分"字本义"分割"引申称量事物的等份，"分"字曾记录过等份单位、长度单位、地积单位、弧度单位、货币单位、时间单位等，记词职能极为繁重，严重影响表词的清晰度，明清始增人旁另造"份"字分化{等份单位}。类似的情况，如"两"字的记词职能通过兼用、借用扩展多达近 20 项，仅记录的量词就有车辆单位、军队编制单位、衣物单位、布帛单位、重量单位等，具体语境常常难以区别，见《居延汉简》卷三"履一两，缟一两，不（布）一两，……县官帛布一两，七斤"，《哈拉和卓 99 号墓文书·高昌某家失火烧损财物帐》："布缕八斤，绵十两，靴六两，……叠缕卌两。"于是另借"量"字或另造"緉""鞴"分化衣物单位，另造"辆"分化车辆单位等，见北魏《冠军将军妻刘氏墓志》："桃夭有时，百辀（辆）于归。"②

---

① 该图转引自李运富《汉字语用学论纲》，载《励耘学刊》（语言卷）总第 1 辑，学苑出版社 2005 年版。
② 李运富、何余华：《"两"字职用演变研究》，载《励耘语言学刊》第 20 辑，学苑出版社 2014 年版。

汉字职用的系统性对用字变化的影响还表现在分化借字的本用职能方面。当词语仓促无其字、出于别词的需要有本字而不用另借他字记录时，使用者逐渐不用借字的本义而用其他同义词或近义词代替，使借字的本用职能日趋湮没。如量词｛颗｝由语词｛果｝（果实）派生出后，秦汉兼用源词本字"果"，因"果"字记词职能过于繁重，后通过各种手段分化相关职能，如新造的"蓏、祼、菓、堁、倮"等，魏晋借同音字"颗"替换本字"果"，此后习用至民国。"颗"字本义是"小头"，该词项始终湮没无闻，这才使借字得以长期行用。

有的则另造或另借他字分化借字本用职能，使借字较为专门地记录和本义无关的其他词项，这些手段都为借字久借不归创造了条件，从而实现用字的替换。又如由"断"字本义｛截断｝派生出量词｛段｝的用法，产生之初本用源词本字"断"记录，见《敦煌变文·叶净能诗》S.6836："斩为三断，血流遍地。"因"断"字记词职能过于繁重，于是借用本义指锻造的同音字"段"记录，见北魏《慈庆墓志》"赠物一千五百段"，两汉增旁分化出"锻"或"碫"分担"段"字的本用职能，更为"段"字久借不归创造了条件。类似的如地积单位｛顷｝借用本义指脑袋歪斜的"顷"字，后另造"倾"字分化借字本用职能，促成借字的行用。

三 汉字书写习惯对用字变化的影响

汉字因使用才具有生命力，只有通过书写才能将它所要记录的词项呈现给读者。汉字书写习惯对用字的影响首先表现在追求省便的书写形式，在保证词语区别度的前提下倾向于选应笔画、结构简单的字形，如容积单位｛升｝｛斗｝｛斛｝和重量单位｛斤｝的增繁用字终被淘汰。①

李运富曾指出："汉字的形体分为'形'和'体'两个方面，形是书写（包括刻画铸塑等）的元素，体是书写的风格。"② 汉字形体的演变对汉字结构和词语用字也会产生巨大影响，汉字甲金籀篆隶楷不同书体的演变，说到底是书写风格和书写习惯的变迁，而隶变、草书楷化对词语用字变化的影响尤其明显。以量词为例，西周地积单位｛亩｝产生后使用"晦"字记录，金文作 ，见《贤簋》："公命事（使）晦贤百晦粮。"秦汉简帛习以"畮"字记录，见《青川秦牍》正面："畮二畛，一百（陌）道。百畮为顷，一千道，道广三步。"我们认为秦简" "当是金文字形隶而成，金文 省去起标识作用的两点是常有的，如 （天亡簋），省点后被拆散为构件 和 ，构件 变异成"又"，构件 变异为"攵"，"畮"字构形理据从田又声攵代号。类似的如构件"夌"隶变后作"叟"或"更"③，见唐石刻本《干禄字书》"叟夌，上通下正"或《干禄字书》"娞嫂嫂，上俗中通下正"。该条隶变规律引起量词｛艘｝的历时用字变化，由"艛"替换"楼"，由"艘"替换"艘"等。

---

① 何余华：《汉语量词用字特点论析》，载《励耘语言学刊》第23辑，学苑出版社2016年版。
② 李运富：《汉字学新论》，北京师范大学出版社2012年版，第120页。
③ 何余华：《构件"夌"的历时变异例释》，载《中国文字研究》总第23辑，上海教育出版社2016年版。

历代写本文献由于出自人工手写，出现字形讹误是常见的，尤以连笔同形、错讹、混同最为明显。古代的学者对此已有清醒的认识，如慧琳《一切经音义》卷二十五引用唐释云公《大般涅盘经音义序》云："比者寻条以求本，沿波以讨源，雠校经文，素无定本，复览诸家音义，梗概相传，梵语未译于方言，字体仍含于真伪，遂使挑桃浑于手木，怅帐乱于心巾，剩草繁于果蔺，要点删于写富；修脩兹用，饰脯夭乖；悟寐同书，解眠翻覆。"宋人孙奕《履斋示儿编》引《字谱总论·讹字说》："又有偏旁相错者，如舀舀相似，取耴相乱，束束不分，奕弈无辨，佳佳通用，月月同体，凡此皆俗书之误也。"有的书写讹误逐渐为多数人所接受，从而推动词语用字的更替。

例如量词｛段｝的记录字位"段"自魏晋起便讹写作"叚"，见北齐《司马遵业墓志铭》"赠物一千叚"或梁《乔进臣买地券》"乔进臣买德地一叚。"《复古编》"段，椎物也。从殳耑省。今作叚，音古雅切，讹。"宋元明清"叚"占使用优势，成为习用字，甚至相关的系列字形都出现类似讹误。今本《说文》："碫，厉石也。从石叚声。《春秋传》曰：'郑公孙碫，字子石。'"段玉裁改"碫"为"碬"，并注"碫篆旧作碬，《九经字样》所引《说文》已然"。段玉裁的改动已被认作不刊之论，但他也有失察之时，如《说文》："椵，椵木，可作床几。从木叚声，读若贾。"段注："高丽人作《人参讚》曰：'三桠五叶，背阳向阴。欲来求我，椵树相寻。'椵树，叶似桐，甚大，阴广。"孙文采指出段注所引《人参讚》"椵"应是"椴"字，中国东北长白山根本不产"椵树"，只有"椴树"。①《珠河县志》记载："贡品之山参，多生椴树下向阴背阳、翠蕤绛实、灿然灌莽之间。"

由于字形讹误引起用字习惯变化的例子还有很多，因"扌、木"讹混使船只单位｛艘｝的习用字"㮛"讹成"㮪"；因"升、斗、斤"讹混使容积单位与重量单位难以区分，进而推动增繁用字的出现，于是借"昇""勝"记录容积单位｛升｝，借用"㪷"或另造"斛"记录容积单位｛斗｝，借用"觔"字记录重量单位｛斤｝等；因"土、王"形近讹混，使量词｛块｝的习用字"塊"讹作"瑰"；因"彳、氵、亻"形近讹混，动量词｛遍｝的记录字形"徧"出现变体"湳"和"偏"等。

汉字书写进入雕版印刷以后，彻底改变了书籍的传播方式，同样对词语用字有着深远影响。我们测查发现常用量词同词异字现象消减最剧烈的是宋元时期，这与雕版印刷要求字形笔画清晰，科举制度的发达推动字形规范的加强，有力地消除了俗讹现象的滋生土壤有关。如"段"的讹字"叚"虽在一定时期习用，但最终被淘汰出历史舞台，与此不无关系。动量词｛遍｝唐以前"徧"占使用优势，却常讹作"偏"与本义指不正的"偏"字同形，使得"遍"能够在较短的时间内彻底取代"徧"。此外，雕版印刷极大地便于书籍流传，为用字者、习字者提供书写的标准，使标准字样成千上万地被复制推广，有力推动词语标准用字的普及。

因此，研究语词的历时用字必须将字位置于当时的构形系统去考察，不仅仅着眼单个字位，只有这样才能准确释读字位的构形理据、沟通字形与对应语词的关系。如解释量词｛亩｝记录字位"畞"的构形理据，将构件"人"置于唐宋汉字构形系统发现当时习惯

---

① 孙文采：《"椵树"应作"椴树"》，《中国语文》1994年第5期。

将构件"又"写作"人",《干禄字书》:"取取,上通下正。"《五经文字》:"取,作取讹。"所以"馭"实为"馭"字之变,"馭"字构件"又"本可作为声符看待,演变后的形体理据部分隐含。再如量词{艘}在三国吴简的记录字位作"梗",排比"嫂、溲"等字的形体,发现三国吴简构件"叟"均讹作"更",这才明白"梗"是"椃"字讹变的结果。

此外,词语用字受上下文相邻文字或相关意义的影响,出现类化趋同变异,也是用字演变的重要原因。张涌泉曾指出:"人们书写时,因受上下文或其他因素的影响,给本没有偏旁的字加上偏旁,或者将偏旁变成与上下文或其他字一致,这就是文字学上所谓的类化法。"① 以地积单位{亩}为例,宋元时期出现"畂、畞、畖"等字记录,见宋《北山小集》"妄怀畎畂之忠"、《嵩山文集》"身虽老于畎畖"等,它们的出现或是因"畂、畞、畖"常与"畎"连用导致构件同化,"田"相比"亩"无疑是强势构件,因"畎畞"时常共现同一语境,构件"亩"被"田"同化,从而引起词语用字的改变。

四 社会政治文化因素对用字变化的影响

社会政治文化环境是文字使用的大背景,无形中也在影响着汉字的构造和使用。国家统一、社会安定,统治者对文字使用规范极为重视,往往通过制定标准字样或刊刻石经抑制俗讹误字的传播。唐代字样学的兴起,《干禄字书》《正名要录》《五经文字》《九经字样》等正字书明确"正字""通用字""俗讹字"的分别,科举考试以之为标准,这对当时词语用字的选择无疑起到规范引导的作用。以量词用字为例,如《干禄字书》"馭馭,上通下正""叟叟,上通下正""塊由,并正,多行上字,唯吊书作由""遍徧,上通下正""囲回,上俗下正"等,这无疑会左右社会习用字的选取。新中国成立后开展的系列文字改革运动,尤其是简化字运动,以国家政策的形式使词语的用字发生翻天覆地的变化,如地积单位{亩}淘汰"畮畞畆畝畂畞"等笔画繁复的字形,选用简体"亩"记录;个体单位量词{只}淘汰"隻"借用本义指语气词的"只"字记录;量词{条}弃繁体"條"字不用而以"条"字记录;量词{头}淘汰繁体"頭"字选用简体"头"字记录等。

国家分裂,各地区语言文字交流不畅,加之兵战连年、社会动荡不安,词语的用字必然俗讹异体泛滥,对固有的规范用字形成巨大冲击,甚至俗体讹字替换固有正字占据使用优势。魏晋南北朝的社会用字不拘一格、变异剧烈,不少语词发生用字更替都是以魏晋南北朝作为分水岭。《颜氏家训·杂艺篇》曾指出:"至梁天监之间,斯风未变;大同之末,讹替滋生……北朝丧乱之余,书迹鄙陋,加以专辄造字,猥拙甚于江南。乃以百念为忧,言反为变,不用为罢,追来为归,更生为苏,先人为老,如此非一,遍满经传。"五代战乱频仍,也是用字习惯变革剧烈的时期,敦煌吐鲁番文书大量不同寻常的用字习惯可见一斑。元代属少数民族建立的大一统王朝,确立了畏兀儿蒙古字的官方语言地位,对汉字使用的规范较为宽松,很多唐宋俗字经过元代的酝酿至明清迅速占据社会使用优势。

---

① 张涌泉:《汉语俗字研究》,岳麓书社1995年版,第62页。

某些特殊政治团体为宣扬自身政权的合法性，往往将自己的执政理念或宗教观念贯穿到词语用字中去，如太平天国政权为体现他们的宗教观念"天上无鬼"，规定所辖范围内记录量词｛块｝不得使用"塊"字必须改用"圵"，而其他原字包含构件"鬼"都需"脱鬼成人"。武周时期的大量新造字、新莽时期的特殊用字亦属此类，再如由于避讳引起的用字演变等。

社会文化心理也是左右用字变化的重要因素，如崇尚典雅古朴的社会文化心理普遍存在于各个时期，文人雅士重视传统继承和文字构形理据，或是出于炫耀学识的需要，用字偏好古字，已为文献的实际用字面貌所检验。顾炎武《日知录》卷十九"文人求古之病"说："以今日之地名为不古而借古地名，以今日之官名为不古而借古官名，舍今日恒用之字而借古字之通用者，皆文人所以自盖其俚浅也。"如明清量词｛亩｝习用"畝"字，但在洪武内府刻本《大明会典》古字"畞"的用频占绝对优势，其他文人雅集也有不少用例；记录量词｛艘｝的古字"榑"退出社会通用领域后，仍大量见诸某些文人诗集或官刻文本。民间俚俗追求经济省便，偏好简化俗字，官刻文献和民间话本的用字对比最为明显。此外，词语用字还会受特殊个人或群体的用字习惯影响，这也是考察词语用字变化动因的重要维度。如历史上某些著名书法家的用字习惯，对当时社会用字往往具有强大的感召力，清代以四库馆臣为代表的文人集团在推动用字更替过程中也起过重要作用。

五　结语

李荣先生曾指出："研究文字，必须结合语言，从字形入手而又不拘泥于字形。"围绕汉语字词关系，我们还有太多的基础工作亟待开展，汉字职用学无论是从理论还是实践上，都有太长的路要走。本文试图通过测查汉语常用量词的历时用字演变，归纳制约用字演变的动因，我们认为词语的音义对用字更替起着主导作用，新词派生推动文字孳乳；反过来，汉字形体的分化又能直接参与汉语的构词，促成新词的派生。词语音义影响着构形方式和构件的选取，音义的变化更会引起记录字形的调整和改造。汉字职用的系统性要求字词对应清晰，字形的记词职能处在较为均衡的状态，便于区别，不会引起交际混乱。因此，若选取本字记录，要求字形或字形的直接构件要尽可能地提示词语的意义，或源词本字记录职能适当，兼记量词对源词本字不会负担过重。若选取借字记录，借字的本用职能要求湮没不显或者有他字尽可能彻底分担，这样才能保证字形辨词清晰无误。汉字整体书写风格的嬗变对词语用字有着深刻影响，尤其是隶变和草书楷化的过程中，写本文献因书写变异常引起词语用字的变化，雕版印刷术的推广有效管控住汉字的书写变异趋势，对当时词语用字起着规范和普及的作用。国家政治局势的安定，往往有具体政策规范引导语词用字，社会动荡不安使词语用字滋生俗字异体，特殊政治集团为体现自身执政理念对词语用字也多有改造。社会文化心理追求古雅与便捷的差异，对词语用字的选择往往不尽相同。可见汉语词历时用字演变受多重因素综合影响，尤其是汉字与汉语辩证互动关系的制约。

传统汉字研究往往只关注汉字的形体，忽视汉字及其记录对象间的关系，加强汉语字词关系的研究无疑将是汉字研究的大势所趋。我们认为今后尚需在以下几方面深化汉语字词关系的研究：首先，需对词语用字从古至今展开通史性地、总账式地测查，尤其是某些特殊词类系统的用字，现代汉语字词关系也存在极大的研究空间，只有这样才能更好地了解汉语史上汉字如何记录汉语，呈现汉字记录汉语的客观规律；其次，加强词语用字的比较研究，对不同时代、不同地域、不同作者写手、不同文献载体的用字面貌进行对比，探讨词语用字变异类型和制约变异的因素，使词语用字研究朝立体化、纵深化方向发展；此外，加强汉语字词关系微观细部规律的描写解释，佛经意译、近代外来词翻译过程中字词对应关系的研究等，都是大有可为的研究领域。

当然这样的工作是极为浩大的，甚至需要几代人的共同努力，但是我们相信以全新的视角构建起的汉语词用字演变史必将刷新我们对汉语字词关系的现有认识，更期待相关成果逐渐呈现的时候，类似于《汉语词用字字典》的大型辞书能够问世。

参考文献

1. 裘锡圭：《考古发现的秦汉文字资料对于校读古籍的重要性》，《中国社会科学》1980 年第 5 期。
2. 李运富：《汉字语用学论纲》，载《励耘学刊》（语言卷）第 1 辑，学苑出版社 2005 年版。
3. 李运富：《汉字学新论》，北京师范大学出版社 2012 年版。
4. 何余华：《汉字"形构用"三平面研究的回顾与展望》，《语文研究》2016 年第 2 期。
5. 何余华：《汉语量词用字特点论析》，载《励耘语言学刊》第 23 辑，学苑出版社 2016 年版。
6. 何余华：《汉语常用量词用字研究》，硕士学位论文，北京师范大学，2015 年。
7. 李运富、何余华：《"两"字职用演变研究》，载《励耘语言学刊》第 20 辑，学苑出版社 2014 年版。
8. 何余华：《构件"夋"的历时变异例释》，载《中国文字研究》总第 23 辑，上海书店出版社 2016 年版。
9. 孙文采：《"椴树"应作"椵树"》，《中国语文》1994 年第 5 期。
10. 张涌泉：《汉语俗字研究》，岳麓书社 1995 年版。

文本用字考察

论包山楚简中的字用现象*

刘　畅

包山楚简自1987年1月出土于湖北荆门以来，在国内外引起了普遍关注，一直是学术界的研究热点。目前，对包山楚简的研究多集中在文字识读、内容分析和构形研究等方面。文字识读是基础性的工作，但只是研究的起点而非全部；历史文化内容与文字有密切联系，但并不是针对文字本体；构形研究的中心是形体，目的不在于探讨字词关系。我们希望通过对包山楚简用字状况的测查，探求汉字与汉语之间的关系，也就是字词的实际对应关系。弄清楚特定语料中字符的使用属性和字词对应关系，既可以为字用理论提供事实依据，也有助于正确地解读文献。

一　汉字的记词职能

汉字是表意文字，在汉字产生之初，造字者根据某个词的含义来为它造字，因此字与词的关系是对等的、固定的；但在以后的使用过程中，由于借用等问题的存在，字与词的对等关系不再呈现一种平衡、整齐的状态，而变得复杂多样。就汉字的记词职能来说，主要有"本用""兼用"和"借用"三种情况。

所谓本用，是指用本字来记录本词的用法。本字的构形是以本词的音义为理据的。立足于某词，根据该词的音义而造，专用来记录该词的字形叫作该词的"本字"；立足于某字，与该字的构形理据密切相关的语词就是该字本来应该记录的"本词"。本字的本用包括记录本词中与本字构形密切相关的本义以及与本义密切相关的引申义，字形与词义之间存在着某种内在联系。

所谓兼用，是指用本字来记录另一个跟本词有音义联系的派生词的用法。当词义引申引起读音或字形的变化时，就在原词的基础上派生出新词。派生出的新词既可以为之另造新字记录，也可以用记录源词的本字来表示，这就形成了兼用。因为派生词的产生是词义引申的结果，所以在派生词没有另造新字的情况下，用源词的本字兼记，也可以说是本用的一种特殊形式。包山楚简是一种共时平面的材料，不涉及词义引申派生新词的历史问题，因此在本文中，我们将兼用归入本用统计分析。

所谓借用，是将字形当作语音符号去记录与该字形体无关但音同音近的语词的用法。被借用的字不是为所记语词而造的本字，所以称为"借字"；借字所记的词称为"它词"。借字的字形与它词的词义之间不存在必然联系。

---

* 本文原载《孝感学院学报》2004年第2期。

此外，在汉字的传播书写过程中，还不可避免地会出现误用的现象，即由于用字者的原因，在本该使用某字记录某词的时候用成了另一个字，造成错讹。这其中有一部分由于相沿成习，转化成了借用，更大的一部分则是偶然的失误。因为它们不是有意识的行为，所占比例也极小，于研究字用规律没有影响，所以我们描写出这种现象，但在分析时则不必多加考虑。

二 包山楚简的用字状况

我们选取《包山楚简》[①]所提供的照片图版作为语料，对其中的文书简、卜筮祭祷简共 251 枚的用字情况进行了整理[②]。为了便于说明和统计，我们将相同字样省写的叠文和不同字样合书的合文都还原成相应的单字，再排除人名、地名、月名、职官名[③]和存疑字，然后将每个字形与它所记录的每个词各视为一对，就归纳出一字一词、同字异词、异字同词三种情况。

（一）一字一词

一字一词是指在文献中某一个字只被用来记录一个词，字与词是一对一的关系。在我们所测查统计的包山楚简材料中共有 282 例。其中包括本用 216 例，占 76.6%；借用 65 例，占 23.05%；误用 1 例，占 0.35%。

例如我们常用的"府"字，字书和文献中多有记载，《说文》："府，文书藏也，从广，付声。"《玉篇》："府，藏货也。"《周礼·天官·宰夫》："五曰府，掌官契以治藏。"《尚书·大禹谟》："地平天成，六府三事允治。"孔疏："府者，藏财之处。"都被用来指称储存文书、财物的处所或管理文书、财物的官吏。包山楚简简 3 有"玉府"一词，据《周礼·天官·冢宰》："玉府掌王之金玉、玩好、兵器，凡良货贿之藏，共王之服玉、佩玉、珠玉……凡王之好赐，共其货贿。"府是专门负责管理王室珍宝的机构。考金文字形，大府簠、铸客鼎中有"府"字，从宀从付从贝，正与包山楚简中字形相同。包山楚简中"府"字还用作人名和官名，均从宀从贝付声。贝表示财物，宀与建筑有关，可见此字的本义是指"储藏财物的地方"，词义扩大为一般"官府"的通称；后来为求简省略了义符贝，宀形变为广，理据重构，成为今天从广付声的"府"字。包山楚简中的"玉府"正是本字本用。

又如"法"与"废"。简 16"仆裦偣夏事将法"，"法"用作"废"。《说文》："灋，

[①] 湖北省荆沙铁路考古队：《包山楚简》，文物出版社 1991 年版。以下所引《包山楚简》语料均出自该书，不再一一注明。释文根据其他研究成果有所改动；为方便排版，当不影响论述时，尽可能采用现代通行简化字。

[②] 除文书、卜筮祭祷简之外，包山楚简中尚有遣策简 27 枚，所记均为随葬物品。这一部分简策有较多残损和字迹模糊的现象，不便一一描写；所记内容也多为名物器具，牵涉到历史、考古等多方面内容，所以我们不将其划归研究材料之内，只作为参考。又因为这部分简文字量小，从整体上来看，其用字、书写情况与前二者大致相仿，如果进行测查研究，结果当类似于前二者，即使可能有个别异于前两部分的用字现象，相信也不会影响我们的最后结论。

[③] 因为人名、地名、月名和职官名的意义不可确考，无法准确判断其字词关系，所以我们分析其中的一些用字现象并在论述相关问题时作为参考，但不将其列入统计范围。

刑也。平之如水，从水；廌，所以触不直者，去之，从去。法，今文省。"从字形分析无法见其"废"义。考其音，法，帮纽帖韵；废，声纽与法同，韵在曷末，与帖部近，因此形成借用关系。"法"借作"废"可以从其他古文字材料中找到证明：师酉簋"敬夙夜，勿法朕命"之法即借作"废"，取"废弃、背弃"之义。传世文献中也有证据：《管子·侈靡》"利不可法，故民流；神不可法，故事之"，郭沫若《集校》："此两'法'字均当读为废。"因此，吴大澂《说文古籀补》称："古文瀍（法）、废为一字也。"我们以为是借用关系，包山楚简中亦同。

（二）同字异词

同字异词是指在文献中某一个字被用来记录两个或多个不同的词，字与词是一对多的关系。出现同字异词现象的字词共计有188对。其中本用146例，占77.66%；借用42例，占22.34%。

如常见的"古"字，包山楚简中凡19见，除官名用字外，还有两种词义：一指"古老的、传统的"，见简214；一指"缘故"，如简99"以其反官自逗于新大厩之古（故）"、简198"以其古（故）说之"，等等。《说文》："古，故也，从十口，识前言者也。""故，使为之也，从攴，古声。"段玉裁又进一步阐述说："今俗云原故是也，凡为之必有使之者，使之而为之则成故事矣。"牵连"故事"与"缘故"的联系。"古""故"二字当为一字之分化，《说文》以"故"来训"古"，正说明二字同源；而用"使为之"来解释"故"，是为了强调其从攴的含义。甲骨文中没有这两个字，金文、石鼓文等凡"古代、古老"义写作"古"，而当"缘故"或"所以"讲时则有作"古"者，亦有作"故"者，前者如大盂鼎、石鼓文《而师》、三体石经《君奭》，后者如小盂鼎、班簋等。因此，包山楚简中"古"字有两种本用的用法。

常用作地支名的"酉"字，本为"酒"之初文，后"酒"字累增义符氵，"酉"字则借作地支名，这是从罗振玉等古文字研究的先驱开始就已经得出的结论。[①] 包山楚简中的"酉"字亦有"酒"和地支名两用，卜筮简常记载以酒食为祭品进行祭祀，干支则用以纪日。很明显，前为本用，后为借用。

需要说明的是，在汉字发展过程中，由于造字、借音、派生、变异等原因，出现了同形字这一特殊现象。如上引两处"失"字误写作"先"，就是一个讹变同形的例子。这种现象实际上是两个或多个不同的字偶然共用了一个形体，尽管它们从形体上看是一致的，但其实是两个或多个完全没有关联的字，因此对于同形字，我们把它们分别视为两个或多个不同的字，而不作为同字异词来讨论。

（三）异字同词

异字同词是指在文献中某几个字被用来记录同一个词，字与词的关系是多对一的关系。在包山楚简中，异字同词时，就每个字与它所记录的词而言，除与前两项一致的本用、借用以外，还出现了一种特殊的情况，我们称为分用，即指记录用于不同场合、不同

[①] 如罗振玉《殷墟文字类编》："《说文解字》酉与酒训略同，本为一字，故古金文酒字皆作酉。"

对象的同一词的字被有意从字形上加以区别。也就是说，语言中属于同一个词（音义皆同），而文献用字却分作几个不同的形体，每个形体都只记录该词语的某一部分意义，分工互补，合起来才能算一个完整的词。我们仍将每个字与它记录的词各视为一对，共计108对（另有48对与同字异词重合）。其中本用89例，占82.41%；分用2例，占1.85%；借用17例，占15.74%。

例如，包山楚简卜筮中"……为位"这一辞例多见，指由某人担任祭祀者。其中"位"字有两种形体，一个是从人从立，一个是从示从立。很明显二者异构。《说文》："列中庭之左右谓之位。"本义是指"朝中群臣站立的位置"，后来又引申为一般的"位置""职位""牌位"等义。"祭祀者"是一种特定的职务，拥有固定的位置，虽然传世文献中"位"字少见此义，但可以推断它也是引申义之一，所以从用法上说是本用，而从示之字无疑是在强调其与祭祀有关的特点，也是本用。

邑是楚国行政区划中的一级，包山楚简中与此有关的用例极多。记录该词的字有两个：一个是现在通行的邑字，均用于地名，如简10、简79等；另一个是邑上添加义符宀，均用于地方官名，如简12、简53等。这种明确无误的区分在简155、简188中体现得最为明显。两字同为记录邑这一行政区划的字符，但因为用于不同对象，在字形上有区别，正是我们所说的分用。

三　包山楚简与其他时代文献用字状况的比较

字是记录词的符号。如前所述，汉字产生之初是据义而绘形的，形义之间具有直接的联系；而在后代不断的使用过程中，形义之间的关系逐渐疏离，产生了字与词交叉、脱节、重建对应关系的现象。

本用是一种字能直接反映它所记录的词的本义或引申义的用法，坚持本用反映出用字者重视形义理据的原则。从上面的分析中我们可以看出，在包山楚简中，本用这种用法有3/4强，占绝对优势，这充分说明当时人们已经清楚地认识到汉字作为一种表意文字的性质，因此在使用汉字的过程中自觉地维护字词的形义联系。

对汉字形义关系的重视并不是古来有之、一成不变的，而是经历了一个逐渐发展的过程。我们试以本文得出的数据与朴仁顺博士论文《殷商一期甲骨文形义关系研究》和赵菁华硕士论文《郭店楚墓简本〈老子〉与马王堆汉墓帛书乙本〈老子〉用字比较研究》二文得出的相关数据进行比较，来观测用字规律发展的轨迹。

朴文在穷尽性测查甲骨文一期卜辞的基础上，探求卜辞形义关系中的理论问题。她将甲骨文一期卜辞字义使用的状况归纳为8类：仅用本义者、用本义又用引申义者、仅用引申义者、用本义引申义又用假借义者、仅用假借义者、用本义及假借义者、用引申义和假借义者、义不明者。最后得出结论：在甲骨文一期卜辞中，"本义11.28%；引申义7.77%；假借义38.67%。由于卜辞的局限，许多字形的本义、引申义、假借义未能有充分的证据来判定，所以义不明的构形相当多。占到49.44%"。本文与朴文虽然是从不同的角度分别来探讨形义和字用的问题，但两者之间有着千丝万缕的联系，朴文所测查出的本义和引申义与假借义的比例关系，可与本文中本用与借用的比例关系相对照。我们发现,与包山楚简相比,甲骨文中借用的情况很多,究其原因,当与卜辞的性质和甲骨文的历史地位有关。首先,卜辞的辞例固定,用字量很小,又多用人名、地名,尽管作者已经指出"人名、地名、祭名等专名并非均假借",但同时她也承认,这类专名字和大部分虚词多属假借。对此种性质文献的测查不能完全反映社会流通层面的用字状况。其次,虽然甲骨文已经是一种较为成熟的文字系统,但毕竟它产生的时代还比较早,可以推断在它之前尚有很多词未造字,因此造成甲骨文中"本无其字的假借"非常多。而到战国中晚期的包山楚简时,原无本字的假借字大都分化出了本字,所以本用的数量就大大超过借用的数量了。

联系三个阶段的用字状况,我们可以看到,人们对于字词的形义联系的维护程度是逐步加强的。因为汉字用以记词、表义明确是用字最基本的要求。而当约定俗成的音义关系跟不上社会发展需要的时候,同源派生又让形、音、义三者结合成为一个联系更为紧密的整体。汉字的表义功能使其从纵向说处于一条个体的不断裂的线性发展道路中,从横向说则处于一个系统的不孤立的网状发展环境内,从而具有强大的生命力。同时,以能够最大限度显示词义的文字来记录语言的这种原则恰恰也符合人们认识事物和表达思想的心理习惯。早在许慎《说文解字·序》中谈到造字的由来时就引《易经·系辞》"近取诸身,远取诸物"的说法,事实上,造字如此,用字亦如此。人们在思维过程中往往倾向于自己在生活中最熟悉的事物,那么,能够直接表现词义和间接反映词源的形体就是最受欢迎的形式。

参考文献

1. 李运富:《论汉字的记录职能(上)》,《徐州师范大学学报》(哲学社会科学版) 2003 年第 1 期。
2. 李运富:《论汉字的记录职能(下)》,《徐州师范大学学报》(哲学社会科学版) 2003 年第 2 期。
3. 滕壬生:《楚系简帛文字编》,湖北教育出版社 1995 年版。

中山王错方壶和鼎铭文字用研究[*]

张素凤

汉字是独立发展起来的自源文字，即使从甲骨文算起，也已经有了三千多年的历史。汉字在语言和社会发展等因素的作用下，不断发展演变，方言、风俗、地理环境、社会历史、思维方式、国家的统一与分裂、书写工具的变化等都会对文字产生影响，促使文字不断地孳乳、变异、繁化、简化，时间一长，文字数量势必大大增多，社会用字会出现俗字、讹字等非正字与正字并用的混乱现象，直接影响交际。这时，汉字规范工作就要应运而生，汉字发展史上，中央人民政府曾多次对文字进行整理规范。

战国中山王错墓是于1977年在河北平山县发掘的，据今已二十多年，该墓出土的铜器大多数有铭文，其中夔纹方壶铭450字，铁足大鼎铭469字。壶鼎作者是中山王错，铭文性质严肃，用字规范。本文将铭文字形、字用与《说文》小篆进行比较，分析战国文字在中山国的发展变异，总结"书同文"整理规范汉字的一般规律，对于今后汉字规范整理具有一定的现实意义。

根据铭文摹本[①]，我们对张政烺[②]、赵诚[③]诸家的考释，按照以下三个原则进行取舍。

一、字形隶定尽量忠于原字形。如"考宅惟型"中"考"字（为了避免古文字在书写和排版上的不便，本文尽量对古文字字形采用叙述的方式来说明），张政烺先生隶定为"考"，赵诚先生隶定为"孝"，根据该铭文字形左下部为一向左弯曲的线条，以及铭文"慈孝宽惠""孝"字形左下部为一"子"形，与"考"字明显不同，我们采用张先生的观点，即隶定为"考"；铭文"闻于天下之勿纠"中"纠"字，张政烺先生隶定为"纠"，赵诚先生隶定为"矣"，铭文字形上边显然是"丩"形，而非"厶"，因此采用张先生的解释，将它释为从矢从丩的"纠"的异体字。

二、铭文意义贯通，符合逻辑。如"上勤天子之庙"中"勤"字，张政烺先生认为是"觐"字的假借，赵诚先生认为是本字本用。我们根据该字的宾语是"天子之庙"，意思是到天子之庙去宾享助祭，而不是去觐见，采用赵诚先生的考释。

三、如果铭文用本字和假借字都能讲通，尽量采用本字。如"蒦其汋于人也，宁汋于渊"，张政烺先生解释为"与其溺于人也，宁溺于渊"把"蒦"看作"与"的通假字，"汋"看成"溺"的通假字；赵诚先生认为"蒦"字即"获"，第一个"汋"字为名词，

---

[*] 本文原载《励耘学刊》（语言卷）2005年第2辑，学苑出版社2005年版。

① 见《古文字研究》第一辑，中华书局1979年版，第295—305页。
② 张政烺：《中山王错壶及鼎铭考释》，载《古文字研究》第一辑，中华书局1979年版。
③ 赵诚：《〈中山壶〉〈中山鼎〉铭文试释》，载《古文字研究》第一辑，中华书局1979年版。

指挹取之水,第二个"汋"字为动词,义为对于水的挹取。根据《集韵》"勺,《说文》'挹取也',或从水、勺",我们采用赵诚先生的观点。

按照以上原则,我们把方壶和鼎上铭文字形与小篆字形做了比较:方壶铭文有198个字与小篆字形不同,约占44%;鼎上铭文有194个字与小篆字形不同,约占41%;合起来共392个字与小篆字形不同,约占42%,刨除重复,两件铜器铭文共有205个字与小篆字形不同。根据铭文记录职能及与小篆字形的关系,我们将这205个字的用法分为本字本用、借字借用和其他三大类。

一 铭文字形属于本字本用

"本字的本用包括记录本词中与本字构形密切相关的本义以及与本义密切相关的引申义。"① 据此,我们判定这205个字中,166个字属于本字本用。这些本字本用的铭文字形与小篆字形的关系又可具体分为异体字关系、源本字与分化本字关系、古本字与重造本字关系三类。②

(一)铭文字形与小篆字形是异体字关系

异体字又叫"同功能异形字",包括异构字和异写字。"所谓异构字,是指记词功能相同但构形属性有所不同的字。""所谓异写字,是指记词功能和结构属性都相同而只在写法上略有差别的字。"③ 铭文与小篆构成异体字关系的最多,共152个,其中异构字有125个。具体情况如下:

1. 异构字

异构字也就是直接构件有所不同的异体字。根据异构字之间直接构件的关系,铭文与小篆字形的关系可以分为以下几种情况。

(1)铭文与小篆字形相比,只有一个表义的直接构件不同

这类异构字都是合体字,异构字之间有一个表义的直接构件不同,剩余部分都相同。造成表义的直接构件不同的原因主要有以下几个。

①铭文与小篆字形取意的角度不同,因而构字不同。铭文"贤"字与小篆字形相比,只是把表义构件"贝"换为"子"。《说文》:"贤,多才也。"段玉裁注本改为"多财也",并注云:"财各本作才,今正。贤本多财之称,引申之凡多皆曰贤,人称贤能。因习其引申之义而废其本义矣。"显然,"多财"是"贤"的本义,"贤能"是"贤"的引申义。铭文"贤"字以"子"为表义构件,突出了"贤能"的主体是"人",铭文中与人有关的形容字多从"子",如:"幼童"之"幼"从子幽声,"少君"之"少"从小从子会意。因此我们判定铭文中从"子"之"贤"着意表现"贤能"义,本字本用,与小篆"贤"所着意表现的义向不同,成为异构字。同样,"委"字铭文用"禾"在"厂"

---

① 李运富:《论汉字的记录职能(上)》,《徐州师范大学学报》(哲学社会科学版)2003年第1期。
② 李运富:《论汉字的字际关系》,载《语言》第3卷,首都师范大学出版社2002年版。
③ 李运富:《汉字形体的演变与整理规范》,《语文建设》1997年第3期。

中，表示"委"的"隶属""委托"之义，与小篆用"女""禾"表现"委"的"委随"义，所着意表现的义向也不同，形成异体字；铭文"庶民附"中"附"字以"臣"为表义构件，是"归附"义的本字，与小篆"附"字所着意表现的义向不同，形成异构字；"社稷"的"稷"字，铭文以"示"为表义构件，突出了"稷"作为谷神的"神"性特点，与从"禾"的"稷"成为异构字；"惕"字铭文以"火"为表义构件，突出引起"惕"的原因"火"，与"惕"成为异构字；"错"字铭文字形的直接表义构件为双手持一倒置的器皿如有所浇铸之形，突出"错"的操作特点，与小篆"错"形成异构字。类似的例子还有：

"诛"字的"言"构件，铭文作"戈"构件；
"使"字的"人"构件，铭文作"辵"构件；
"踵"字的"足"构件，铭文作"立"构件；
"敌"字的"夊"构件，铭文作"人"构件；
"戮"字的"戈"构件，铭文作"歹"构件；
"贿"字的"有"构件，铭文作"用"构件；
"禋"字的"示"构件，铭文作"酉"构件；
"礼"字的"示"构件，铭文作"口"构件；
"废"字的"广"构件，铭文作"立"构件；
"举"字的"手"构件，铭文作"犬"构件；
"奋"字的"大"构件，铭文作"支"构件；
"覆"字的"襾"构件，铭文作"足"构件；
"修"字的"彡"构件，铭文作"食"构件；
"则"字的"贝"构件，铭文作"鼎"构件；
"祥"字的"示"构件，铭文作"永"构件；
"故"字的"攴"构件，铭文作"旗"字的义符构件；
"叡"字的"又"构件，铭文作"见"构件；
"忤"字"从午吾声"，铭文作"从豕吾声"；
"旁"字铭文作"彷"，也属于义符构件不同。

此外，"作"字在铭文"作敛中则庶民附"中以"又"为义符，在"中山王错作鼎"中以"言"为义符。"又"突出了"作"的动词性特点；"中山王错作鼎"，不是中山王亲自去铸鼎，这里的"作"主要强调中山王下令作鼎并书写鼎铭，故以"言"为义符。因此，铭文中"从又""从言"的"作"都是本字本用，与小篆中"作"字形成异构字。

②不同构件之间因意义相同、相近或相关而相通。但两个构件究竟是相通互换还是取意不同，有时很难区分，这里只是大致而言，可以跟前一类交叉。如："从"字的"辵"构件，铭文作"止"构件，"辵""止"意义相近，形成异构字；"训"字的"言"构件，铭文作"心"构件，"警"字的"言"构件，铭文作"心"构件，"言""心"意义相关，形成异构字；"顺"字的"页"构件，铭文作"心"构件，"页（首）""心"意义相关，形成异构字（"训""顺"在铭文中同形）。类似的例子还有：

"救"字的"攴"构件，铭文作"戈"构件；

"信"字的"亻"构件，铭文作"身"构件；
"体"字的"骨"构件，铭文作"身"构件；
"纯"字的"纟"构件，铭文作"束"构件；
"贰"字的"贝"构件，铭文作"肉"构件；
"眯"字的"目"构件，铭文作"见"构件；
"材"字的"木"构件，铭文作"土"构件；
"姆"字的"女"构件，铭文作"人"构件；
"宅"字的"宀"构件，铭文为"厂"构件；
"纠"字的"纟"构件，铭文作"矢"构件；
"封"字的"土"构件，铭文作"田"构件；
"允"字的"儿"构件，铭文作"女"构件；
"择""措"的"手"构件，铭文都作"支"构件；
"君"字的"尹"构件，铭文作两手相对并相连之形；
"振"字的"手"构件，铭文作双手相对形的构件；
"率领"的"率"，《说文》小篆为"从行率声"，铭文作"从辵率声"，即小篆"行"构件，铭文作"辵"构件。

以上48个异构的铭文字形在《说文》小篆中都没有出现（"作"的异构字"诈"与"诈伪"之"诈"同形），也就是说，它们在秦"书同文"的汉字规范整理中被淘汰了。

（2）铭文与小篆字形相比，只有一个表音的直接构件不同

这类异构字都是义音合成字，其义符构件相同，声符之间有同音或近音关系。还可以具体分为以下两种情况。

一是两个声符构件形体上有包含和被包含关系。如："恐"字铭文字形声符为"工"，小篆字形声符是"巩"，"工"又是"巩"的声符，所以说，铭文"恐"和小篆"恐"所从得声的源头是一个，即"工"。类似的例子还有：

"志"字铭文字形以"止"为声符，小篆字形以"之"为声符；
"时"字铭文字形以"止"为声符，小篆字形以"寺"为声符；
"傅"字铭文字形以"甫"为声符，小篆字形以"从寸甫声"的合体构件为声符；
"载"字铭文字形以"才"为声符，小篆字形以"从戈才声"的合体构件为声符。
相反，铭文"呧"字声符为"底"，小篆字形以"氐"为声符。

以上这些字的铭文字形与小篆字形，义符相同，声符形体有包含与被包含的关系，记录职能相同，是异构字。

二是两个声符构件形体上没有包含和被包含关系：
"虑"字铭文"从心吕声"，"吕""虑"上古音都属于来母鱼韵，声韵皆同；
"原"字铭文"从厂袁声"，"袁""原"上古音声韵皆同；
"庙"字铭文"从广苗声"，"苗""庙"上古音声韵皆同；
"宽"字铭文"从宀袁声"，"袁""宽"上古音声相近，韵相同；
"闻"字铭文"从耳昏声"，"昏""闻"上古音声相近，韵相同；
"勋"字小篆"从力熏声"，铭文"从力员声"，"员""勋"上古音声相近，韵相同。

这些铭文的声符与小篆字形上古音相同或相近，说明这些铭文与小篆上古音相同或相近，记录职能相同，是异构字。这些铭文都没有被《说文》收录，说明"书同文"时被废弃。

表示"击鼓杖"义的"枹"字，铭文作"桴"，这两个字的义符构件相同，声符构件"包"和"孚"上古音相近；"列"字铭文作"剌"，义符相同，上古音声韵皆同。根据铭文中的意义和古文字资料，可以判定它们是异构字。"书同文"后，它们是记录职能有了分工："枹"字表示"击鼓杖"义，"桴"表示"栋名"；《说文》"列，分解也"，"剌，戾也"。此外，铭文中"教"字作"敦"，也属于声符不同，张政烺先生认为"从甲骨文、金文看，'教'与'敦'是一字，'敦'与'学'当分为二字。'学'是自学，'敦'是教人"①。那么我们可以把"敦"和"教"看成异构字。后来，随着语言的发展，它们的意义有了分化，职能有了分工。

（3）铭文与小篆字形相比，表义和表音的直接构件都不同

这类字的铭文字形和小篆字形都是义音合成字，其义符构件和音符构件都不同，义符构件之间意义相同、相近或相关，音符构件之间上古音相同或相近。如："亲"字铭文作"从目新声"，与小篆"親"字义符音符都不同，但其义符"目""见"意义相关，音符"亲""新"读音相近，是异构字；"願"字铭文作"从心元声"，其义符"页""心"在表示与思维有关的意义时，可以相通，"元""原"古音相近，是异构字。类似的例子还有：

"谋"字铭文作"从心母声"；

"骄"字铭文作"从力高声"；

"创"字铭文作"从立刃声"；

"仇"字铭文作"从戈求声"（与"救"的铭文字形同形）；

"邻"字铭文上边作并列的两个口，即古文"邻"字，下边是"文"声；根据铭文中的意义，可以判定它们是异构字。

（4）铭文与小篆字形相比，表义的直接构件数量不同

这类字还可以分为两小类。

①铭文比小篆字形多表义的直接构件。如："长"字在铭文中有两种不同字形：用来表示"久远"义时，其字形左边增加"纟"部件，当表示"年长"或"长官"义时，其字形左边增加"立"构件，毋庸赘言，所增加的构件有进一步区分"长"字义项的作用。同样，"降"字铭文字形比小篆字形多"止"构件；"后""退"两字都比其小篆字形多"足"构件；"诸侯齿长会同"中"会"字比小篆字形多"辵"构件；"灭亡"的"亡"比小篆字形多"辵"构件；"为人臣而反臣其宗"中"反"字形比小篆字形多"彳"构件。"止""足""辵""彳""攵"这些构件的意义都与行走有关，增加这些构件能突出词义的动作性；"上逆于天"中"上"字，比小篆多"尚"构件，"上""尚"读音意义都相近，"尚"构件既有表音作用又有表义作用。类似的例子还有：

"世"字铭文比小篆字形多"歹"构件；

---

① 张政烺：《中山王错壶及鼎铭考释》，载《古文字研究》第一辑，中华书局 1979 年版，第 208 页。

"保"字铭文比小篆字形多"爪"构件；
"齐"字铭文比小篆字形多"酉"构件；
"法"字铭文比小篆字形多"户"构件；
"社"字铭文比小篆字形多"木"构件；
"一"字铭文比小篆字形多"鼠"构件；
"敛"字铭文比小篆字形多"曰"构件；
"夙"字铭文比小篆字形多"女"构件；
"召"字铭文比小篆字形多"邑"构件；
"胄"字铭文比小篆字形多"人"构件；
"今"字铭文比小篆字形多"口"构件；
"余"字铭文比小篆字形多"口"构件；
"念"字铭文比小篆字形多"口"构件；
"专"字铭文比小篆字形多"言""人"两个构件；
"左"字铭文比小篆字形多"犬""木"两个构件；
"祖"字铭文比小篆字形多"欠""又"两个构件；
"任"字铭文比小篆字形多"贝"构件（与《说文》义为"庸也"的"赁"字同形）。

此外，铭文中"容易"之"易"与"变易"之"易"字形不同，前者与小篆字形相同，后者则正倒两个"易"形并列，用来表示"变化"义，比小篆字形多一个倒"易"形，我们也将它归入这一类。

②铭文比小篆字形少表义的直接构件。如："弃"字小篆字形象两手将簸箕中的倒子丢弃之形，铭文比小篆字形少一个象"簸箕形"的构件，但记录职能相同，是小篆字形的异构字。类似的还有：

"爱"字铭文比小篆字形少"夂"构件；
"劳"字铭文比小篆字形少"冖"构件，且小篆"力"构件，铭文作"心"；
"忧"字铭文比小篆字形少"夂"构件，且小篆"冖"构件，铭文作"厂"。
"爱""劳""忧"的铭文字形是小篆字形的异构字。

(5) 铭文与小篆字形的结构方式不同

"军"字小篆字形是会义合成字，铭文字形是"从车匀声"的义音合成字；
"早"字小篆字形是会义合成字，铭文字形是"从日棗声"的义音合成字；
"幼"字小篆字形是会义合成字，铭文字形是"从子幽声"的义音合成字；
"宰"字小篆字形是会义合成字，铭文字形是"从丝才声"的义音合成字；
"业"字小篆字形是会义合成字，铭文字形是"从丵去声"的义音合成字；
"位"字小篆字形是会义合成字，铭文字形是"从立胄声"的义音合成字；
"推辞"之"辞"小篆字形是会义合成字，铭文字形是"从言台声"的义音合成字；
"言辞"之"辞"小篆是会义合成字，铭文是"从言从辛厶声"的义音合成字；
"燕"字小篆字形是象形字，铭文字形作"郾"，是义音合成字；
"策"字小篆字形是义音合成字，铭文是"从竹从片从斤"的会义合成字；

"少"字小篆字形是义音合成字，铭文是"从小从子"的会义合成字；

"简"字小篆字形是义音合成字，铭文字形是"从竹从外"的会义合成字；

"铸"字小篆字形为义音合成字，铭文字形为"从金从寸"的会义合成字；

"听"字小篆字形是义音合成字，铭文字形是从"耳"从"口"的会义合成字；

"顾"字小篆字形是义音合成字，铭文字形是会义合成字；

"彝"字小篆字形是义音合成字，铭文字形是会义合成字；

"数"字小篆字形是义音合成字，铭文字形是从"言""角""手"的会义合成字；

"厥"字小篆字形是义音合成字，铭文字形是象形字；

"绝"字小篆字形是会义合成字，铭文字形是"从刀断丝"的会形合成字；

"辟"字小篆字形是义音合成字，铭文字形是会形合成字；

"替"字小篆字形是义音合成字，铭文字形是会形合成字；

"四"字小篆字形根据《说文》是独体象形字，铭文字形是独体指事字。

"疆"字小篆字形作"畺"，铭文字形有"疆""彊"两形，罗振玉认为甲骨文"畺"加"弓"旁，是"古者以弓纪步之证"，那么"彊""畺"是构字角度不同的异构字。因为"彊"形与"弓有力也"之"彊"同形，于是"疆土"之"疆"又增加了义符"土"，成为新的义音合成字，铭文中的"疆""彊"，都是与小篆字形"畺"结构方式不同的异构字。

2. 异写字

异写字是间接构件有所不同或笔画略有不同的异体字。如："窥"字的间接构件"见"，铭文作"斤"；"非信与忠"中"信"字的间接构件"口"，铭文作"心"；"息"字的间接构件"口"，铭文作"尸"；"盡"字的间接构件"火"，铭文作"彡"；"敬"字铭文字形比小篆字形少一间接构件"口"。这些都是间接构件不同所形成的异写字。"旧"字铭文字形比小篆字形多上下两横；"宗"字的"示"构件，铭文字形比小篆少两边的饰笔；"智""老""考""孝""者""犹""与""光""戒""祀""相""朕""夈""否""不""而""百""告""亡""古"铭文字形与小篆字形相比，多装饰性笔画，可以看作异写字。

（二）铭文与小篆字形是源本字与分化本字关系

词语在发展过程中，不断引申派生，从而引起文字的分化。源本字和分化本字先后记录同一个义项，因此源本字和分化本字具有相同的职能，都是本字本用。

先秦两汉时期是词汇大发展的时期，这一时期文字大量地孳乳分化，产生许多新词新字。战国时期正处于这一过渡阶段，铭文中除了有大量的异体字，还有许多使用源本字的现象。如："懈"字铭文作"解"，据现有文字材料，"懈"字最早出现在《说文》小篆中。这说明：作为"解"字一个引申义项"松懈"义，当时还没有为它单独造字，即"懈"字还没有从"解"字中分化孳乳出来。同样，"以飨上帝"的"飨"字铭文作"乡"，也是使用源本字的现象，"飨"字最早出现在《说文》小篆中，说明"飨"字还没有从"乡"中分化出来。"位"字在铭文"臣宗易位"中作"立"，而在"遂定君臣之位"中作"从立胃声"之形，赵诚先生认为，"可见'立'与'位'已开始分化，不过还没有定形于'位',则'位'(从立胃声的字)当是由'立'发展成'位'的中间形态,即过渡形态"。显然,铭文中"位"作"立"也是使用源本字的现象,说明"位"字还没有从"立"中彻底分化出来。则"位""飨""懈"都是后起的同源分化本字。这样的例子在铭文中还有:

"诸"字铭文作"者";
"仲"字铭文作"中";
"悠"字铭文作"攸";
"務"字铭文作"孜";
"功"字铭文作"工";
"论"字铭文作"仑"。

"诸""仲""悠""務""功""论"字形较为晚出,最早见于小篆。说明中山王错做铜器时,这些字还没有从它们的母字中孳乳分化出来。

"通"字铭文作"甬","导"字铭文作"道",根据古文字资料,甲骨文中"通"字已有从"辵"之形,"导"字已有了从"寸"之形,所以就整个汉字体系来说,铭文"导""通"是文字分化之后仍用源本字的现象。

(三)铭文与小篆字形是古本字与重造本字的关系

"得"字甲骨文、金文字形以"手持贝"之形表示"得到"义,小篆字形增加"彳"构件强化表义功能,形成重造本字"得"。铭文"得"字与甲骨文、金文字形相似,只是"贝"构件讹作"目"构件,可以看作古本字。"德"字铭文字形用"眼睛正直向前"和"心"构件会合表示"正直有德"之义,小篆字形增加"彳"构件强化表义功能,形成重造本字"德"。"渊"字铭文字形与其甲骨文字形一致,以水潭之形表示"深渊"义,小篆字形增加"水"构件强化表义功能,形成重造本字"渊"。据古文字数据,"得"字最早字形是小篆,即刻写铭文时,"得"的重造本字还不存在;"德""渊"字形金文中已经出现,就整个汉字体系来说,铭文"德""渊"是重造本字出现后仍用古本字的现象。古本字与重造本字实质上是一种历时异构字。

二 铭文字形属于借字借用

(一)铭文与小篆字形是借字与本字关系

"遭"字铭文字形作"曹",根据古文字资料,"遭"字最早出现于《说文》小篆中。这说明:"遭"字当时尚未产生,只得采用"依声托事"的假借方法,用同音字"曹"记录"遭"义。随着语言的发展,文字区别律不断提高,后来在"曹"字旁边增加了表义构件"辵"记录"遭"义,也就是说"遭"字是后造本字;铭文"以靖燕疆"中"靖"字作"请",根据古文字资料,"靖"的最早字形是小篆,即刻写铭文时,文字中尚无"靖"字,显然,借用"请"字是"本无其字"的假借。类似的例子还有:

"谁"字铭文作"隹";

"悠"字铭文作"攸";
"寔"字铭文作"是";
"仿"字铭文作"放";
"适"字铭文字形与小篆字形声符相同，义符作"人"，与"敌"的异构字同形。

以上"谁""悠""寔""仿""适"最早见于小篆，其铭文字形都是"本无其字"的假借。

"哲"字铭文作"折"，根据古文字资料，金文中已有"从心从折"之"哲"，从整个汉字体系来说，铭文"哲"是"本有其字"的通假。类似的例子还有：

"吾"字铭文作"从虍鱼声"之形；
"哉"字铭文作"从丝才声"之形；
"赦"字铭文作"若"；
"义"字铭文作"宜"；
"三"字铭文作"参"。

从整个文字发展的脉络看，以上"吾""哉""赦""义""三"等本字在战国以前已经出现，其铭文字形是"本有其字"的通假。

（二）铭文与小篆字形是借字与借字关系

可以分为两种情况。

1. 有关虚词用字的假借。虚词意义内涵较为虚空，很难为之造本字，于是常常采用"假借"手段表示，文字规范以前，用哪一个音同音近的字去代替，有一定的偶然性和区域性，不同的诸侯国可能采用不同的假借字。如：

语气词"也"，铭文作"施"；
介词"如"，铭文作"女"；
否定副词"非"，铭文作"篚"；
时间副词"将"，铭文作"酱"；
连词"遂"，铭文作"述"；
连词"况"，铭文作"皇"；
代词"是"，铭文作"氏"；
否定副词"毋"，铭文作"母"；
语气词"乌呼"，铭文中作"于虖"；
连词"虽"和语气词"唯"，铭文都作"隹"。

显然，上述小篆字形和铭文字形都是假借字。

2. 有关实词用字的假借。实词意义较为具体实在，但有些实词，由于约定俗成的原因，却一直没有本字或虽有本字却没有流通开来，其规范用字是假借字。如：根据《说文》，"桓祖成考"中"桓"字，意义是"亭邮表也"，铭文作本义为"换田而耕"的"从走亘声"之形，显然，作为谥号用字，"桓"和铭文字形都是假借字。类似的例子还有：

"越"作为国名是假借字，铭文作"雩"，也是假借字；

"施"表示"施及"义是假借字,铭文作"阤",也是假借字。

三 其他

也有铭文用本字而后世用借字的情况。如"竭志尽忠"中"竭"字铭文作"渴",各家都认为是"本有其字"的通假,但根据《说文》"渴,尽也""竭,负举也",则"渴"在铭文中是本字本用,而后世通用的"竭"倒该是借字,二者的使用职能发生了转移①。

铭文中还有一些字形,是《说文》及后世字书所没有收录的,其字形的构意难以理解,这里只能存疑。如:铭文中有一字形,作右腿有一标志性符号的"大"字人形;"祇"字铭文字形像两甾以底相抵,字形诡异,不可隶定。像这样构意不能确定的字有10个,这些字在后世字书中都没有出现,说明它们在"书同文"时被淘汰了。

四 结论

(一)通过以上分析可以看出,铭文用字十分规范。两器铭文919个字中,绝大多数是本字本用,只有17字是假借字,没有发现与本字共存的通假字。说明铭文性质严肃,用字规范,作为研究中山国文字的代表,具有典型性。同时也说明,虽然战国文字的整体特点是异形繁多,假借字没有统一的规范;但中山国作为一个独立的诸侯国,用字是有严格的标准和规范的。

(二)"易""长""亡""疆",铭文分别用两个不同的形声字记录词的不同义项;"贤""附"等字与小篆成为异构字的原因是造字所着意表现的义项不同。这些现象说明当时词汇迅猛发展,形声造字风气十分强盛,"甚至出现要为每一种引申义、语境义另造专字的过激倾向"②。

(三)铭文用字60%左右与小篆字形一致,说明中山国文字与秦文字同源;40%左右的用字与小篆有差异,则说明在诸侯力政的战国时代,各诸侯国的文字分歧非常严重。文字分歧的主要原因有:为记录某词而造字时,所着意表现的词的义项不同,构字角度不同,义符音符的选取不同,构字方法不同等,造成大量异构字;书写习惯与审美眼光的不同,造成大量异写字;文字发展演变不同步,造成各诸侯国之间最初用字与后来发展的本字使用杂糅;假借字的选用缺乏统一规范,借用哪个字,各诸侯国各行其是。

(四)秦王朝要实现政令统一,必须对汉字进行强制性规范,废除诸侯文字中"不与秦文合者"。从中山国被废弃的文字,我们也可以看出汉字规范的一些规律:异体字不能扩大汉字的记录职能,只是增加汉字的数量,加重人们识字的负担,因此"书同文"时,只留一个字形作为正字,其余废弃;同一个词的不同假借字,留下一个作为正字,其余废弃;重造本字和后造本字取得合法地位后,原字废弃。

---

① 关于"职能转移",参见李运富《论汉字职能的演变》,《古汉语研究》2001年第2期。
② 张博:《汉语同族词的系统性与验证方法》,商务印书馆2003年版,第7页。

总之，随着社会和语言的发展，汉字不断演变，新字不断产生，旧字不断废弃。因此，对汉字进行规范整理是一项长期而有意义的工作，认识汉字发展演变的规律和汉字规范整理的方法是十分必要的。

参考文献

1. 张政烺：《中山王错壶及鼎铭考释》，载《古文字研究》第一辑，中华书局 1979 年版。
2. 赵诚：《〈中山壶〉〈中山鼎〉铭文试释》，载《古文字研究》第一辑，中华书局 1979 年版。
3. 李运富：《论汉字的记录职能（上）》，《徐州师范大学学报》（哲学社会科学版）2003 年第 1 期。
4. 李运富：《论汉字的字际关系》，载《语言》第 3 卷，首都师范大学出版社 2002 年版。
5. 李运富：《汉字形体的演变与整理规范》，《语文建设》1997 年第 3 期。
6. 张博：《汉语同族词的系统性与验证方法》，商务印书馆 2003 年版。

出土春秋文字中字词对应情况的测查与分析*

吴国升

在汉语汉字发展史上，一个字记录哪些词语，一个词语用哪些字来记录，情况比较复杂。就字词对应的单位数量而言，有三种类型：一字一词、多字一词和一字多词。就字词对应的关系性质而言，有所谓"本用对应"和"它用对应"；"本用对应"指本字记录本词和兼记派生词的现象，"它用对应"指"本无其字"的假借现象和"本有其字"的通假现象。[①] 系统梳理各历史时期汉语字词对应的这些关系，有助于我们进一步厘清汉语汉字发展演变的脉络，揭示汉语汉字发展中的某些规律与趋势。本文拟以出土春秋文字材料为对象，测查分析该时期汉语字词对应的基本情况。

需要说明的是，其一，本文所谓春秋时期，上限定为公元前770年，下限定为公元前453年。其二，出土春秋文字材料主要为铜器铭文，此外还包括侯马盟书、温县盟书和石鼓文，大多内容简短且程式化，用字范围相对狭窄，本文姑且将它们作为样本，据以窥探该时期字词对应的大体情况。其三，笔者曾对出土春秋时期文字材料进行过比较全面的搜集整理，编制出了《春秋分期分域文字编》。[②] 该文字编尽可能穷尽性地收录出土春秋文字字形，且每一字形下附有词例。本文的测查工作，即以此文字编为依据。其四，本文在使用层面上讨论的字，指的是具有形体区别意义的书写单位，不考虑那些不影响形构的笔画增减、偏旁移位、笔画形态变化及书写风格等因素[③]；为便于表述，在词的层面提到某个词，用｛｝表示。其五，对于字频词频的统计，铜器铭文中异器同铭不论数量多少只按1篇计，侯马盟书、温县盟书相同句式字词均作1次计；个别频次极高的字词，频次为估数。

---

* 本文初稿于2012年12月北京师范大学访学期间写成，并于2013年8月纪念何琳仪先生诞辰七十周年暨古文字学国际学术研讨会（安徽合肥）宣读。曾得到笔者博士导师安徽大学黄德宽教授、访学合作导师北京师范大学李运富教授的热情指导，谨致谢忱。

① 参见李运富《汉字学新论》，北京师范大学出版社2012年版，第193—210页；陈斯鹏《楚系简帛中字形与音义关系研究》，中国社会科学出版社2011年版，第30—34页。

② 所收材料截至2013年6月，范围包括中国社会科学院考古研究所所编《殷周金文集成》（修订增补本）、钟柏生等编《新收殷周青铜器铭文及器影汇编》、吴镇烽《殷周青铜器铭文暨图像集成》所收与近年各书刊发布的春秋铜器铭文，以及山西省文物工作委员会编《侯马盟书》、河南省文物研究所《河南温县东周盟誓遗址一号坎发掘简报》中的温县盟书（载《文物》1983年第3期）、石鼓文拓片（郭沫若：《郭沫若全集·考古编·9》，科学出版社1982年版）、秦公大墓石磬［王辉、焦南锋、马振智：《秦公大墓石磬残铭考释》，载（台湾）"中央研究院"历史语言研究所集刊第六十七本，第二分册（抽印本），1996］等资料。

③ 参见陈斯鹏《楚系简帛中字形与音义关系研究》，中国社会科学出版社2011年版，第5页。

一 字词对应的大体情况

（一）从字着眼，测查一字记录语词的情况

本文选取 10 个字为调查样本，这 10 字为一至五 5 个数字与《说文》每卷开头部首字中在春秋文字材料中出现频次排前的 5 个字。列表如下：

字形	一	二	三	四	五	小	日	马	人		金
词	{一}	{二}	{三}	{四}	{五}	{小}	{日}	{马}	{人}	{年}	{金}
频度	9	12	8	9	20	11	23	10	33	1	145

上述 10 个字形中，除"人"字外，其余 9 个每个皆只用于记录一个固定词语。"人"字主要用于记录词 {人}，而金文习语"万年无疆（彊）"在秦子镈中作"万人无疆（彊）"，类似用例在西周金文中亦曾出现过 5 次，故我们认为这可能不是偶误，"人"字此处用于记录了词 {年}。金文中"年"从"禾"从"人"作，"人"亦可表其声，用"人"字记录词 {年} 可视为通假。这 10 字中只用于记录一词的字达 90%，据此可大致推断，春秋文字中一字记录一词的情况占多数。

（二）从词着眼，测查一词被字记录的情况

本文选取一至十 10 个数词为调查样本。列表如下：

词	{一}	{二}	{三}		{四}	{五}	{六}	{七}	{八}	{九}	{十}
字形	一	二	三	参	亖	四	五	六	七	八	九	十
频度	9	12	8	3	13	9	16	13	3	18	13	29

上述 10 个数词中，{三} 和 {四} 分别有两个字形记录，其余 8 个只有一个字形记录，只有一个字形记录的词达 80%。据此可大致推断，春秋时期大多数词是只有一个字形记录的。

（三）从字词关系性质着眼，重点测查各种对应类型的比例分布

本文选取春秋早中晚各 2 篇字数较多的铭文进行计量分析。处理方式是：第一，排除重复，同篇铭文中同一组字词对应如重复出现，只计一次；第二，排除误字；第三，人名用字的关系性质不便认定，亦被排除。同时，在对应关系的描述上，除使用"本用对应"与"它用对应"两个概念外，为描述字词发展变化过程中对应关系的稳定程度，提出"定型对应"的概念。从语词着眼，一语词用某字形来记录，如果这种匹配

关系被一直沿续至小篆甚或以后且成为主流习惯，即称这组字词之间的对应关系为定型对应。

测查的具体操作，本文以春秋早期秦公镈铭文为例进行说明。

秦公镈铭文共 135 字，隶定如下。秦公曰："我先且受天命，鬺宅受或，剌剌卲文公、静公、宪公，不豕于上，卲合皇天，㠯虩事䜌方。"公及王姬曰："余小子，余夙夕虔敬朕祀，㠯受多福，克明又（氒）心，龏龢胤士，咸畜左右，䚄䚄允義，龏受明德，㠯康奠愍朕或，盗百䜌具即其服，乍氒龢鐘，䜣音鍺鍺雝雝，㠯匽皇公，㠯受大福，屯鲁多釐，大𠭯万年。"秦公殹畯㝮才立，雁受大令，䜩𠭯无疆，匍有三方，殹康窋。

此篇铭文中，29 字出现重复，"又" 1 字为误写①。排除重复与误写，共得不重复字词对应 95 组。这 95 组对应中，"鍺" "龏" "䚄" 3 字字词关系存疑，关系明确的字词对应 92 组。这 92 组字词对应的关系类型分布如下。

本用对应 63 组：曰先且受天命宅或文静宪豕上合皇㠯虩事及王姬小子夙夕虔敬祀多福克明心龢胤士畜左右允義德奠愍盗百即服乍鐘䜣音大鲁𠭯年畯立雁䜩有三窋。

它用对应关系 29 组，其中假借对应 27 组：秦公我不于余朕咸其万无康釐方䜌屯具氒䜩剌卲龏雝殹㝮匍才；通假对应 2 组：鬺（通"赏"）②、匽（通"宴"）。

上述本用对应中，"或" 为 "国" 初文，"国" 西周已出现，春秋时期两者并见行用；"且" 为 "祖" 初文，春秋中期开始出现，两者并见行用；"三" 与 "四" 春秋时期并用；"乍" 为 "作" 之初文③；"彊"，西周春秋金文中皆记｛疆｝，我们采吴大澂 "古人以弓纪步" 之说④，认为 "彊" 为 "畺" "疆" 异构，"彊" 记录｛疆｝亦为本用。其他后世出现替代字形的有：豕（坠）、愍（懿）、立（位）、雁（膺）、愍（协）。

它用对应中，金文中借 "才" 记录｛在｝，西周晚期开始分化出 "在" 字，春秋时期记录｛在｝时，"才" "在" 并用，以 "才" 记｛在｝仍视为假借。后世另出替代字的有：䜌（蛮）、屯（纯）、具（俱）3 字以分化字替代；氒（厥）、䜩（眉）、剌（烈）、卲（昭）、雝（雍）、殹（其）、㝮（紒）、匍（敷）8 字换音同音近字替代。

定型对应有 65 组：秦公曰我先受上天命文静宪不于合皇㠯虩事方及王姬余小子夙夕虔敬朕祀多福克明心龢胤士左咸右允義德康奠百即其服鐘音大鲁釐万年畯无𠭯有窋。其中本用对应 51 组，它用对应 14 组。

依上述方式对 6 篇铭文进行分析整理后，得出如下数据：

---

① 铭文中 "克明又（氒）心" 之 "又" 为 "氒" 之误。西周中期瘨钟有 "克明氒心"，晚期逨盘有 "克明哲氒德" 词例。
② "赏赐" 义原用 "賞" 字，西周金文多见。
③ 参见曾宪通《"作" 字探源——兼谈耒字的流变》，载《古文字研究》第十九辑，中华书局 1992 年版。
④ 参见于省吾主编《甲骨文字诂林》，中华书局 1996 年版，第 2134 页 "畕" 字条。

分期	秦公镈 早		子犯钟 中		甚六镈 晚	
总字数	135		132		72	
不重复字词对应组数	95	100%	88	100%	44	100%
字形音义存疑组数	3	3.2%	3	3.4%	2	4.5%
本用对应组数	63	66.3%	54	61.4%	29	65.9%
它用对应组数	29	30.5%	31	35.2%	13	29.5%
定型对应组数	65	68.4%	61	69.3%	31	70.5%

分期	曾伯霥簠盖 早		秦公簋 中		黿公华钟 晚	
总字数	88		104		93	
不重复字词对应组数	71	100%	89	100%	71	100%
字形音义存疑组数	1	1%	4	4.5%	0	0
本用对应组数	43	60.6%	57	64.0%	45	63.4%
它用对应组数	27	38.0%	28	31.5%	26	36.6%
定型对应组数	48	67.6%	65	73.0%	51	71.8%

上述统计数据显示，出土春秋文字材料中，字词本用对应大致占 60% 多，它用对应占 30% 多，70% 左右的字词对应已经定型。

二 一词多字现象

（一）比较典型明确的一词对应多字例

本文从词和字种两方面着眼，汇集字词关系比较明确、一词对应 2 个以上字种的字例，有异构的字种，皆列出其异构字形。如果一词所对应的只有一个字种，这个字种即使包含多个异构字形，本文暂不涉及，拟另文讨论。

本文将所得 55 组一词对应多字的材料及相关资料胪列如下。为直观地显示字词之间、字形之间的关系，设计如下一些标示符号：→表示前后是分化字关系；字形下没有标示符号，表示记录该词为本用对应；字形下加横线，表示记录该词为假借对应；字形下加≈，表示记录该词为通假；字形右上角加 *，表示该字形后来与该词成为定型对应；相邻两字形间如没有→或顿号"、"隔开，即为同一字种的异构字形；字形后数字表示出现频次；< > 表示其中字形关系性质相同。例如，{赐}：易 14 →＜赐*2 肠 4＞、惕 2、睗 2，表示记录 {赐} 这个词，有"易""赐""肠""惕""睗" 5 个字形，在所见春秋文字材料中出现的频度依次是 14、2、4、2、2 次。其中"易""赐""腸"与 {赐} 为本用对应，"惕""睗"与 {赐} 为它用对应；"赐""腸"属于异构关系，且皆为"易"的分化字，"惕""睗"与"易""赐""腸"之间是通假关系，{赐} 的定型对应字形是"赐"。①

(1) {(制)造}：艁9 䢐5 𨖷1 逪4 𢦏6 䞓4 𥀙2 䧤1 敊4 䜈1 鏮1、告3、㫃1、遣*1

(2) {期}：期*4 𠧞23、其3、諆11 諅1、基1、𠱼2、记1、㮆1、䂀3

(3) {媵}：朕27→<䑵33 䢱1 䞎1 䞉*3 媵11 嫐3>、䞗1

(4) {匜}：也37 䀊11 䤦3 䥅4 盉1—𥁑1、叀2

(5) {赐}：易14→<赐*2 腸4>、惕2、睗2

(6) {万}：萬*161、䕣24 蠆13 䡋7、厲1

(7) {祖}：且22→祖*7、俎1、聥1、叙1

(8) {锽}：䚻2 詤1、皇3、煌5、鍠1

(9) {盟}：盅2 盟*7 䍸4、明5

(10) {作}：乍980→饮6、䣅2、诈1

(11) {考}：考*29、耂1、丂2、叉1

(12) {孝}：孝*25 養2、考10、丂1

(13) {疆}：畺2→彊101→疆*20

(14) {姓}：生4→㳀1

(15) {夫}：夫*17、亶4、父1

(16) {君}：君*62、均1、尹2

(17) {龢}：龢*45 訴1、禾1、和2

(18) {吾}：虘6、敔1、𨔁1

(19) {令}：令*1 敀1、佘1、

(20) {钟}：鐘*37、鍾15

(21) {永}：永*810、羕14

(22) {盛}：盛*1、成1

(23) {鎗}：鎗*2、䤭3

(24) {甗}：鬳2、獻7

(25) {鉴}：監3→鑒*3

(26) {盘}：般41→盤*28

(27) {膳}：善7→膳*2

(28) {以}：㠯*60→𠂤52

(29) {命}：令8→命*42

---

① 有关字词关系的处理说明如下："易"为"赐"初文，参见王国维《毛公鼎铭考释》，载《王国维遗书》第4册，上海书店1983年版，第100页。"鼎"为"贞"初文，"贞"乃"鼎"之讹变。"朕"为"媵"初文。"命"乃"令"字分化用以记 {命}，以"令"记 {命} 为兼记派生词，以"命"记 {令} 则视为通假。"鐘"西周出现，"鍾"春秋出现，皆记录 {鐘}，最初可能是异体，因后来分用，暂视为2个字种。

(30) {唯}：隹 181→唯*20

(31) {虽}：雖*2、唯 1

(32) {工}：工*5、攻 4

(33) {攻}：攻*3、工 1

(34) {功}：𢏚 1、攻 4、工 1

(35) {三}：三*8、參 3

(36) {鼎}：鼎*71 鎧 1、䵼 59

(37) {国}：或 3→＜國*12 郰 1＞

(38) {在}：才 14→在*2

(39) {世}：世*1 枼 1、䒑 9、紲 1

(40) {用}：用*1300、甬 4

(41) {老}：老*7、考 1

(42) {宴}：宴*5、匽 12

(43) {郑}：奠 17→＜䣏 1 鄭*2＞

(44) {邓}：登 15→鄧*4

(45) {许（国名）}：無 1→鄦*、䒦 1 䤤 4→䣄 1

(46) {蔡（国名）}：𠂇 40→𨟭 2

(47) {繁（地名）}：緐 2→䣀 1

(48) {越（国名）}：戉 13→𨛮 5

(49) {邾}：邾*2、鼄 48、朱 1、𣪠 1

(50) {莒（国名）}：簬 3→䣡 4

(51) {潘（国名）}：番 10→䣹 *1

(52) {寻（国名）}：尋 1→鄩*1

(53) {邿（国名）}：寺 2→邿*5

(54) {吕（国名）}：吕 3→䣋*3

(55) {吴（国名）}：工獻 4、攻䥯 2、工䥯 6、吳*10、攻敔 9、攻𢼄 16、攻吾 2、攻吳 2、工吳 1、句敔 1、敔 1

（二）各种关系的考察分析

以上所列，比较全面和清楚地呈现了出土春秋文字中一词对应多字的基本情况，据此，本文进行以下几个方面的测查分析。

1. 对应字种字形数量

一词对应字种数量情况，列表如下：

对应字种数	2	3	4	5	8	11
组数	34	12	6	1	1	1

对应字种较多的有，{吴（国名）}共有 11 种对应，其中既有单个字，也有两个字的

组合；｛期｝对应 8 个字种，｛祖｝对应 5 个字种。

一词对应字形数量情况，列表如下：

对应字形数	14	11	10	8	7	5	4	3	2
组　数	1	1	1	1	1	5	7	9	29

对应字形较多的有，｛（制）造｝一词对应 4 个字种 14 个字形；｛吴（国名）｝共有 11 种对应，也可视为对应 11 种字形；｛期｝对应 8 个字种 10 个字形。

2. 字形出现频次

记录同一词的各个字形，行用频次往往反映其使用状态和时代性特点。如记录｛期｝，"異"频次最高，是春秋时期最常用的字形。记录诸侯国名｛邾｝，西周时期仅见用"邾""鼄"记录，春秋时期用"鼄"48 次、"邾"2 次、"朱"1 次、"鼄"1 次，频次相差很大，显然春秋时期习惯用"鼄"记录｛邾｝。记录器名｛鼎｝，西周主要用"鼎"字，只有少数几例用"鼎"（"贞"字初文），春秋时期"鼎""鼎"两字行用频次差不多；记录｛以｝，西周时期用"㠯"字，春秋时期从"㠯"分化出"台"字，"台"主要用于记录｛以｝，与"㠯"行用频次亦相近；可见用"鼎"记录｛鼎｝、用"台"记录｛以｝是春秋时期的一种趋向性特点。

3. 字词对应的关系类型

上述 55 组字词对应中，同时包含本用对应和他用对应的有 44 组，占 80%；全属本用对应的 6 组，占 11%；全属他用对应的 5 组，占 9%。如果以词与字形的对应计，即有 188 个对应，其中本用对应 94 个，他用对应 94 个，刚好各占 50%。在他用对应中，通假 57 个，占他用对应的 61%，假借 37 个，占他用对应的 39%。

4. 字际关系

记录同一词的各字形之间，有如下三种关系类型。

(1) 通假关系。一个词依历史习惯本有某字（可以是本用字，也可以是假借字，下称"本有字"）记录，又通假用记他词的另一音同音近字来记录，这种"本有字"与通假字并见行用的有 29 组，占一词对应多字现象的 53%，但总体来说，大多通假用字频次并不高。通假字比其"本有字"频次高的有 5 组对应。频次不比"本有字"高，但相对常见的有 4 组对应。其余 20 组，通假字频次均较低。在 57 个通假字字形中，属于同声符字间或声符字与含此声符的形声字间通假者 46 个，占 81%；非同声符字间的通假 11 个，占 19%。

(2) 分化关系。由源字派生分化出新的专用字，源字与分化字春秋时期并见行用而同记一词，此类共有 25 组，占 45%；记录一词所用字为单纯的源字和分化字关系的 21 组，占 38%。其中"朕→（朕塍）""乍→作""般→盘""令→命""畺→疆""隹→唯""或→（国郢）""才→在"8 对中分化字西周时期即已出现，春秋时期两字职能尚未完全分开，仍并见行用。其余 17 组分化字皆系春秋时期新见，一个重要特点是，一批国族氏名、地名原用假借字记录，春秋时期开始出现在原假借字基础上加注"邑"旁分化的专用字，从而出现一个国族氏名、地名对应多字的情况。

（3）异构关系。同一字种的各种异构，也是造成字词对应关系复杂的一个重要原因。55 组字词对应中，包含有异构字形的 16 组，占近 30%。其中少数字种异构数量众多，如"艁䀒窐窇戠鋯廃麿敊䚽鐮"一组异构字形多达 11 个，"臏䑋艀䑋脒媵"一组异构字形 6 个，"也盅鉇鎰盄"一组异构字形 5 个，"邁蕙徣""盅盟皋"两组异构字形各 3 个，其余 11 组皆为 2 个异构字形。

5. 地域性用字特点

记录一词的多个字形，有些具有地域性分布上的特点。如：记｛造｝一组字形中，"艁"主要见于滕，"䀒"主要见于宋，"窐"主要见于秦。记｛钟｝一组的"鐘""錘"2 字形中，除晋两者皆见用外，"錘"见于邾、齐、舒、莒诸国，其余地区皆见用"鐘"。记｛膝｝一组字形中，"肰""臏"各地普遍见用，"脒"见于陈、曹，"䑋"主要见于宋，"媵"见于蔡，"艀"见于夨。记｛万｝一组字形中，"萬""邁"各地皆比较普遍，"蕙"仅见于齐、夅、夨诸国。记｛鼎｝一组 2 字形中，"鼎""鼑"2 字形都见用的有宋、邾、䣄、番、楚、曾、徐诸国，只见用"鼎"的有吴、冒、鄾、黄、蔡、杞、鲁、铸国，只见用"鼑"的有秦、内、虢、晋、郑、戴、陈、夨、齐国。

6. 定型与传流情况

从发展的角度看，上述一词被多字形记录的对应中，有 44 组春秋或之前已出现定型对应的字形，占对应数的 80%。其中，｛（制）造｝1 组以通假字合并替代而定型；"萬"记｛万｝，"雖"记｛虽｝，"用"记｛用｝，"虞"记｛吴（国名）｝4 组无本字，以假借字形对应定型；合计以他用对应定型的 5 组，占定型对应的 11%；其余 39 组均以本字或分化本字为定型对应字形，占定型对应的 89%。此外，｛姓｝、｛吾｝2 组，虽然春秋时期已出现"姓""吾"字形，但尚未与之形成对应。｛作｝、｛匜｝、｛繁（地名）｝、｛功｝、｛甗｝、｛蔡（国名）｝、｛莒（国名）｝、｛越（国名）｝、｛鍠｝9 组，其定型字形则在春秋以后才出现。

以上主要是一些分类的初步考察，其实就某一具体字词对应来说，一词所对应的多个字种字形之间往往是几种类型关系的相互交织。前述｛赐｝一组即是一个比较典型的例子。又如，祝颂生命久长之嘏词，西周主要用"眉寿无疆""万年无疆"，春秋时期除沿续这些语词外，中晚期楚与齐及其周边地区铜器铭文多用"万年无期""眉寿无期"之类用语。可能由于｛期｝系新词，用字一时尚未统一，用以记录的字种多达 8 个，字形 10 个。其中"亓"春秋中期出现，行用地域范围最广，频率最高。"期"春秋晚期始见，盖系"亓"的后出异构。其余字种皆具记录其他语词的功能，用以记录｛期｝则属于通假。战国时期，秦记录｛期｝用"期"、齐玺用"旾"（与《说文》期古文同）、楚用"亓"。盖由于最终统一中国的是秦，"期"取代"亓"作为定型对应而传承。

从更大的历史背景下考察，春秋时期的字词对应关系即是汉语汉字关系发展过程中一个阶段性的环节。如前述记录国族氏名，原初往往假借字形记录，春秋时期则纷纷分化出专用字。从传流看，"鄭""鄧"二字传流至今，"䣄"传流入小篆，"鄦"传流至小篆而后文献用字中又合并入"许"；"鄱""郾""鄩"虽见于《说文》，但所记已非原国族氏名或地名，后世文献分别并入"番""燕""寻"。"邔""鄝""邲""鄉""邟"不见于

《说文》小篆，文献用字中分别并入"吕""莒""越""繁""蔡"字。这些词的用字经由了先假借用字到专字专用再回到假借用字的过程，且除"邨"1字之前与之后的假借字相同外，其余5字所换用的假借字与之前皆不相同。

三 一字多词现象

由于汉语缺少形态变化，词的划分问题十分复杂，以致有时一个字到底记录了哪几个词，难以分清。因此本文对一字记录多词的测查，主要还是从字着眼，关注字词对应发展过程中用字有变化的情况，对于用字没有变化的，暂不分开讨论。如"其"用于记录代词{其}和语气词{其}，按照严格的语言学标准，是一个字形对应两个不同的词，但由于这种对应古今没有变化，本文姑且将代词{其}和语气词{其}作为一个音义整体看待，不予以区分讨论。而"其"用于记录{期}的情况却不同，{期}春秋时期有"丌""期"两字形记录，后来定型对应用"期"字，以"其"记录{期}则属于特殊的对应现象，且对应格局后来发生了变化，则纳入讨论之列。类似情况，皆作如此处理。

（一）比较典型明确的一字记录多词例

本文汇集所得36组关系比较明确的一字对应多词的相关数据。为直观地显示字词之间的关系，设计一些标示符号：词下不加任何标记者，表示为该字所记本词；词下加点，表示为该字所记派生词；词下加横线，表示该字记此词为假借用法；词下加≋，表示该字记此词为通假用法；词右上角加*，表示该词与该字为定型对应；词后数字表示出现频次。① 胪列如下：

(1) 又：{又}*15、{复}24
(2) 其：{其}*1100、{期}3
(3) 易：{赐}14、{易}*2
(4) 献：{献}*4、{巘}7
(5) 明：{明}*8、{盟}5
(6) 唯：{唯}*20、{虽}1
(7) 差：{佐}3、{差}*1
(8) 命：{命}*42、{令}1、{铃}1
(9) 令：{令}*1、{命}8
(10) 生：{生}*3、{姓}4、{甥}5
(11) 立：{立}*1、{位}3、{莅}3
(12) 大：{大}*61、{太}32
(13) 酉：{酒}2、{酉}*5、{酋}1

---

① 有关字词关系的处理说明如下："命"乃"令"字分化用以记{命}，以"令"记{命}为兼记派生词，以"命"记{令}则视为通假。"少"乃"小"分化，记{小}视为通假。"内"乃"入"字分化，记{入}视为通假。

（14）少：{少}*3、{小}4

（15）乍：{作}980、{祚}1

（16）不：{丕}*42、{否}9

（17）母：{母}*28、{毋}13

（18）女：{女}*15、{女（第二称代词）}8、{母}3

（19）甫：{夫}1、{父}1、{铺}1、{簠}1

（20）父：{父}*61、{夫}1

（21）者：{者}*6、{诸}15

（22）奠：{奠}*4、{郑}17

（23）無：{无}*260、{鹀}1

（24）登：{登}*2、{邓}15

（25）匽：{宴}14、{郾}2

（26）吕：{铝}、{邵}

（27）内：{入}2、{内}*4、{纳}2、{芮（国名）}5

（28）人：{人}*71、{年}1

（29）或：{国}3、{或}*10、{有}1

（30）惕：{易}2、{赐}2

（31）朕：{媵}27、{朕}*16

（32）蛮：{蛮}8、{栾}3

（33）工：{工}*5、{功}1、{攻}1

（34）攻：{工}5、{攻}*3、{功}4

（35）自：{师（旅）}3、{（京）师}2

（36）師：{师（旅）}*2、{（工）师}、{师（氏）}*7

（二）各种关系的考察分析

以上所列，比较全面和清楚地呈现了出土春秋文字中一字对应多词的基本情况，据此，本文进行以下几方面的测查分析。

1. 对应单位数量

一字对应词数情况，列表如下：

一字对应词数	4	3	2
组数	2	9	25

其中一字最多对应4词，"甫"通假记录{夫}和{父}，又被假借记录{铺}和{簠}；"内"本乃"入"分化，"内"记{内}系本用，记{入}本文视为通假，记{芮（国名）}系假借，{纳}乃{内}派生分化，后来由"内"分化出"纳"字，"内"记{纳}为记派生词。

2. 字词对应类型的分布

（1）一字记本词，又兼记派生词。有"差""令""立""大"4字，约占11%。

（2）一字记本词，兼记派生词，又假借或通假记录他词。有"工""内""生"3字，约占8%。

（3）一字记本词，又假借或通假记录他词。有"易""献""明""唯""酉""乍""母""女""父""奠""登""吕""人""或""朕""攻""命""少"18字，占50%。

（4）一字不记本词，假借或通假记录多个他词。有"又""其""不""甫""者""匽""无""易""䜌""自""师""帀"12字，约占33%。

综上可见，字对词的记录，有记本词、派生词与假借或通假记录他词几种形式，上述37字中，约67%属记本词外，往往还记派生词或假借与通假记录他词而造成一字对应多词的局面；约33%不记本词，因假借或通假记录多个他词而造成一字对应多词的局面。合计起来，约91%的字因假借或通假的用法而造成对应多词的现象；约19%的字因记派生词而造成对应多词的现象。

3. 一字所记各词之间的词际关系

上述36字中，有7字所记词属于本词与派生词关系，分别是，令：｛令｝、｛命｝；生：｛生｝、｛姓｝；立：｛立｝、｛位｝、｛莅｝；大：｛大｝、｛太｝；工：｛工｝、｛功｝；差：｛佐｝、｛差｝；内：｛内｝、｛纳｝。其中"令"字所记｛命｝，西周时期即已分化"命"字记录；"生"字所记｛姓｝，春秋时期分化出"姓"记录，后来换为"姓"字记录①。"立""大""工""内"所记派生词则春秋以后才出现分化字记录。"差"原初用以记录｛佐｝，记录派生词｛差｝后，所记｛佐｝后来另造"佐"字记录。"少"所记｛少｝和｛小｝、"命"所记｛命｝和｛令｝、"内"所记｛内｝和｛入｝，属于派生分化词和源出母词的关系。

其余情况即属于词义间一般没有内在联系的音同音近词。

4. 字词对应定型情况

据上所列可见，36字中，有29字与其所记一词成为定型对应，约占总数的81%。其中与本词对应定型的有18字，占总数的50%；假借记录他词对应定型的有10字，约总数的28%；与派生词对应定型的1字。7字与其所记词没有形成定型对应，后来皆用以记录之外的其他词，这种情况约占总数的19%。

四　交叉对应现象

几个字分别记录的词之间，几个词分别用以记录的字形之间，有些存在交叉对应的现象。下面举几个比较典型的例子。

如"自""师""帀"三个字形，记词情况比较复杂。西周春秋时期常见用"自"记录

---

① 甲骨文有"姓"字，为女名用字，与后世的"姓"为同形字。春秋时期罗儿匜铭文有"姓"字，但记录的是｛甥｝。

{师旅}、{京师}，用"師"记录师氏之类职官和{师旅}，用"帀"记录师氏之类职官，此外西周有个别用"𠂤"记录职官、用"帀"记录{师旅}的用例。这3字的记词情况可图标如下：

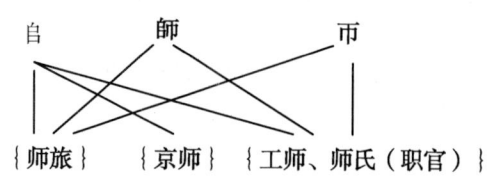

```
    𠂤        師        帀
     \      / \ \     /
      \    /   \ \   /
       \  /     \ \ /
    {师旅}   {京师}   {工师、师氏（职官）}
```

可能由于这3字的这种交叉使用关系，这些词后世文献皆合并用"師"字记录。

又如，"令""命"两个字形，西周时期即已由"令"字分化出"命"字，"令""命"两字同时都记录{令}、{命}两词；春秋时期仍然如此，此外"命"还记录{铃}，{令}还见用"敛"记录。图示如下：

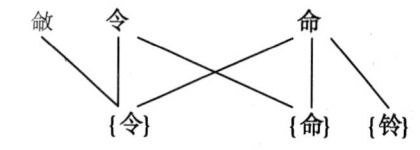

```
   敛    令         命
    \   / \       / \
     \ /   \     /   \
     {令}   {命}   {铃}
```

再如，"孝""考"两字西周时期同时都记录{孝}、{考}两词，春秋时期除延续这种对应外，{考}还见用"𩰫""丂"记录，{孝}还见用"𩰫""丂"记录。图示如下：

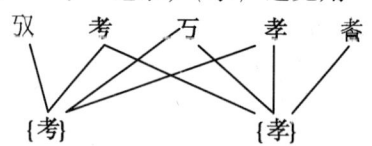

```
   𩰫   考    丂    孝   𩰫
        \   / \   / \
         {考}    {孝}
```

五　结语

通过上文的测查分析，本文得出如下几点初步的认识：

其一，春秋时期一字一词的情况占多数，60%多的字词对应为本用对应，它用对应大约30%，70%左右的字词对应已经定型。

其二，春秋时期字词对应的复杂现象表现为一词多字、一字多词和字词交叉对应。其中一些对应现象的出现和存在，具有比较明显的时代性与地域性特点。

其三，字词对应关系既有总体稳定的一面，又有不断调整的一面，有一个动态发展的历史过程。

阮刻本《论语》字词关系研究[*]

喻英贤 温 敏

汉语字词关系问题包括两个维度：为什么一个字能够记录不同的词，为什么同词会采用异字。汉字是表意体系的文字，用什么字来记录什么词本来是固定的，是一字一词的对应关系。但在实际应用中，由于种种原因，字形与所记录的语词并不都是形义相关、一一对应了。通假、假借、异写、异构、传抄讹误都会造成字词的不对应。本文以李运富的汉字职用学为理论指导，对传世本《论语》中的1222个单字的使用情况进行测查描写，以厘清传世本《论语》中的字词关系、词际关系和字际关系，为汉字职用学研究提供专书字用案例。

一 《论语》字词的属性分析

（一）义位和词位

论文依据的传世本《论语》版本是《十三经》中的阮元本，累计字数为15918个。在本论文中我们要考察一本文献中一个字记录了哪些词或一个词用哪些字来记录，因此，在这里，单字中的"字"指的是"字形"。只有字形不相同的字才有区分的意义，如"言""信"两个字字形不同，就属于两个单字。我们把《论语》中所有字形不同的字整理出来，不计重复，并排除专名（包括人名、地名、国名、官职名等）用字和连绵词中的字，得出《论语》当中的单字共1222个，作为我们的具体考察对象。

研究字词关系必然涉及义位和词位的归纳。"义位"概念是瑞典语言学家诺伦在1908年提出来的，国内最早使用这一概念的是高名凯："语言中的最小的语义单位称为义位。"[①] 结合汉语实际，我们认为：义位是语义学的一个概念，它是指词的语义中能够独立运用的最小的单位，具有概括性和稳定性。

而义项是词典学上的一个术语，它是指字、词典中字或词的意义的分项说明。在词典中，义项和义位基本是对应的。不过如果义项反映的是不成词语素的意义就不是义位。

国内最早使用"词位"这一概念的也是高名凯。在《语言论》中他指出："作为词汇单位的词又可以称为词位……词位是由许多词素组合而成的。"[②] 刘叔新也认为在使用层

---

[*] 本文由喻英贤硕士学位论文《〈论语〉字用研究》改写而成，硕士学位论文，北京师范大学，2009年。

① 高名凯：《语言论》，科学出版社1963年版，第224页。

② 同上书，第269页。

面上词位等同于词。本文对词的界定是,词是语言词汇的基本单位,是语言词汇中能够独立运用的最小的音义结合单位。

(二) 义位归纳的标准

有关义位归纳的标准,本文主要以蒋绍愚在《古汉语词汇纲要》和张联荣在《古汉语词义论》中的观点为基础,将义位和词位的归纳的标准拟定于下。

1. 区分义位和义位变体,义位是概括性的,义位变体是具体的临时性的,这些在具体语句中的临时意义不能归纳为一个义位。

2. 区分字形义和词义。张联荣在《古汉语词义论》中讲到字形义是由字形结构显示出来的一种直观意义。归纳义位时我们不能把字形义当作义位。如"牢"是从宀从牛,从字形结构上看是养牛圈的意思,但这个是字形义,"牢"的义位是"圈养牲畜的地方"。

3. 对于两个意思非常接近的意义是归并为一个义位还是划分为两个义位,我们采取语义构成[1]分析的基本方法:如"解"在《汉语大字典》中有这样两个义项:
①解开,脱掉。《墨子·公输》:"子墨子解带为绳。"
②落,脱落。《逸周书·时训》:"夏至之日,鹿角解。"

义项	行为动作	联系对象	对象特征
解开,脱掉	(加外力)分离	动作接受者	扣结的,系束的
落,脱落	(不加外力)分离	动作施发者	附着的

从语义构成看,两个义项并不相同,归纳为两个义位。

4. 从历史角度看,词义发生变化的且有了相当的使用频率,则划分为两个义位。如"匠"原指"木匠",后来词义扩大到指一般的"工匠",那么,"木匠""工匠"应该归纳为两个义位。

5. 有联系的两个意义且读音相同,如果词性不同,则应分为不同的义位。如"东"可以作方位名词"东方",也可以作动词"向东",分两个义位。

(三) 词位归纳的标准

1. 字形相同,若意义不同、读音不同、词性也不同的属不同的词位。如"好"hǎo,"好坏";hào,"爱好"属两个词位。

2. 字形相同,若意义紧密相连,读音也相同,但词性不同的,应该归作一个词位。如"目"记录"眼睛"和"注视"义,词性不同,意义联系紧密,归纳为一个词位。

3. 字形相同的情况下,读音相同,但意义没有关联,语法功能也由实词转化为虚词,属于不同的词位。如"耳"记录"耳朵""而已、罢了"义,归纳为不同的词位。

4. 词义引申派生且发生了形体变化或读音变化的,则引申派生前后的两个意义归纳

---

[1] 张联荣:《古汉语词义论》,北京大学出版社2000年版,第26页。

为不同的词位。如"益"的本义是"满溢",后来引申派生出"利益、增益"的意思,另造"溢"来记录本义,而本字"益"记录引申派生义。那么,我们说"满溢"和"利益、增益"归纳为两个词位,前一个词位用字形"溢"来记录,后一个词位用"益"来记录。读音变化的例子如"长"有读音 zhǎng,后又有读音 cháng,则前后应归纳为不同的词位。

（四）确立字用属性,建立字用属性数据库

立足于某词,根据该词的音义而造的专门用来记录该词的字形叫作该词的本字。立足于某字,与该字的构形理据密切相关的语词就是该字本来应该记录的本词。由一个字的构形理据直接显示出来的意义叫作该字的本义。以本义为起点派生发展出来的又没有构成新词的意义叫引申义。

字用属性可以分为本用和借用两种情况。所谓本用是指,对于某一义位,记录它的字是本字。这个义位可以是本词的本义和引申义,还可以是派生词的义位。所谓借用是指,对于某一义位,记录它的字是跟这个义位毫无关联的其他字形,这个字形只被当作一个语音符号去记录这个义位。

1. 本用

我们来看下面的例句：

(1) 多识于鸟兽草木之名。(《阳货》)
(2) 贤者识其大者,不贤者识其小者。(《子张》)
(3) 默而识之,学而不厌,诲人不倦。(《述而》)
(4) 多闻,择其善者而从之,多见而识之,知之次也。(《述而》)
(5) 赐也,女以予为多学而识之者与?(《卫灵公》)

考察《论语注疏》及其他注解书,在例(1)、例(2)句里,"识"的义位是"认识",读为 shí；在例(3)、例(4)、例(5)句里,"识"的义位是"记住",读为 zhì。"识"的篆体为𧪼。《说文解字》:"常也。一曰知也。从言,戠声。"所以,"识"的本义为"知道、了解",读音为 shí。

由本义"知道、了解"引申出"认识""记住"义,而"记住"义的读音已发生改变,我们说它已经独立为一个新词"识(zhì)"。我们看到,在这里,"识"这个字形记录了本词"识(shí)"的引申义和派生词"识(zhì)"的意义。

所以,对于义位"认识"来说,记录它的字是本字,因此,它是本用用法。对于义位"记住"来说,记录它的字也是本字,因此,"识"的字用属性为本用。

2. 借用

看下面两个例句：

(6) 信而后谏,未信,则以为谤己也。(《子张》)
(7) 子贡方人。(《宪问》)

考察《论语注疏》及其他注解书,例(6)句中的"谤"的义位是"毁谤",例(7)句中的"方"的义位也是"毁谤"。"谤"的篆体为𧪾。《说文解字》:"毁也。从言,旁声。"所以,"谤"的本义为"毁谤"。"方"的篆体为𠂬。《说文解字》:"併船也。象两舟省緫头行。"所以,"方"的本义为"相并的两船"。由"方"的本义引申出来的义位里没有"毁谤"的意义。

从上面的分析可知,对于义位"毁谤"来讲,它的本字是"谤"。在例(6)句中"谤"记录"毁谤"义是本用用法,而例(7)句中"方"记录"毁谤"义显然是借用用法。

根据义位、词位的判断标准及字用属性的确立,建立《论语》2122个单字字词属性数据库,举例如下:

序号	单字	频率	本义	词位	义位	使用属性	出现语句
1	愠	3	怒,怨恨	愠	怒,怨恨	本用	人不知而不愠。(《学而》) 三仕为令尹,无喜色。三已之,无愠色。(《公冶长》) 子路愠,见曰:君子亦有穷乎?(《卫灵公》)
2	亡	11	逃亡	亡	①死亡	本用	亡之,命矣夫!斯人也,而有斯疾也!(《雍也》)
					②外出	本用	孔子时其亡也,而往拜之。(《阳货》)
					③无	本用	夷狄之有君,不如诸夏之亡也。(《八佾》)
3	要	2	腰身	要	要挟	本用	久要不忘平生之言。(《宪问》)
				约	穷困	借用	臧武仲以防求为后于鲁,虽曰不要君,吾不信也。(《宪问》)
4	彼	3	行走得更远	第三人称(彼)	他	借用	问子西。曰:"彼哉彼哉。"(《宪问》)
				指示代词(彼)	那个	借用	危而不持,颠而不扶,则将焉用彼相矣。(《季氏》)

二 《论语》字词关系的描写

通过对《论语》字词属性的分析、标注和统计,得知《论语》共用1222个汉字记录了1274个词位,包含一字记录一语词,一字记录多语词和多字记录同一语词的现象。

（一）一字记录一词

一字记录一词在《论语》中占绝大部分，共有 1136 例。按照字用学理论应该有本字记录本词、本字记录派生词、借字记录他词三种情况，但本字只记录派生词的情况在传世本《论语》中很少见，且我们在字用属性中把本字记录派生词的情况与本字记录本词的情况共同归纳为本用用法，因此，我们把传世本《论语》中一字记录一词的情况概括为两种：本字记录本词；借字记录他词。

1. 本字记录本词

一个汉字记录一个语词，该字的构形理据与该词的本义密切相关，这就是本字记录本词。本字记录本词不仅指记录本词的本义，还包括记录本词的引申义，这种情况一共有 1101 例。

【本】

在传世本《论语》当中，"本"一共出现了 5 次：

（8）君子务本，本立而道生。孝弟也者，其为人之本与？（《学而》）
（9）林放问礼之本。（《八佾》）
（10）子游曰：子夏之门人小子，当洒扫应对进退，则可矣，抑末也。本之则无，如之何？（《子张》）

考察《论语注疏》及其他注解本，在这三句话里，5 个"本"字的意义都是"事物的根本、基础"。"本"，小篆字形为 ӂ。《说文解字》："木下曰本。从木，一在其下。"通过对字形的分析，可知"树根"就是"本"的本义。"本"字在传世本《论语》中所记录的都是引申义，属于本字记录本词。

【邦】

在传世本《论语》中，"邦"一共出现了 48 次，如：

（11）夫子至于是邦也，必闻其政。（《学而》）
（12）邦君树塞门，管氏亦树塞门，邦君为两君之好，有反坫。（《八佾》）
（13）邦有道，不废，邦无道，免于刑戮。（《公冶长》）
（14）在邦无怨，在家无怨。（《颜渊》）
（15）夫子之得邦家者，所谓立之斯立。（《子张》）

"邦"小篆字形 ӂ。《说文解字》："国也。从邑，丰声。"
《论语》中"邦"在例（11）到例（13）句记录本义"国家"，在例（14）到例（15）句记录引申义"诸侯的封地"，属于本字记录本词。

【比】

在传世本《论语》中"比"一共出现了 7 次，其中有 1 次是作为人名用字，其他 6 次分别出现在：

(16) 君子周而不比，小人比而不周。(《为政》)
(17) 君子之于天下也，无适也，无莫也，义之与比。(《里仁》)
(18) 述而不作，信而好古，窃比我于老彭。(《述而》)
(19) 比及三年，可使有勇……比及三年，可使足民。(《先进》)

例（16）句中的"比"的意义是"勾结"，例（17）句中的"比"的意义是"亲近、亲密"，例（18）句中的"比"的意义是"比拟"，例（19）句中的"比"的意义是"等到"。

《说文解字》："比，密也。二人为从，反从为比。""比"为会意字，像两个并列站在一起的挨得很近的人，因此，它的本义为"亲密"。"勾结""比拟""等到"都是从"亲密"引申出来的引申义。由此，我们可以判断，在传世本《论语》中，"比"这个字形所记录的都是本义和引申义，属于本字记录本词。

2. 借字记录他词

一个汉字记录一个语词，该字的构形理据与该词的本义和引申义都毫无关联，那么，这个汉字就是被借用来记录该词的，共35例，如：

【错】

在传世本《论语》中，"错"一共出现了4次：

(20) 举直错诸枉，则民服。(《为政》)
(21) 举枉错诸直，则民不服为政。(《为政》)
(22) 举直错诸枉，能使枉者直。(《宪问》)
(23) 举直错诸枉，能使枉者直。何谓也？(《宪问》)

"错"的小篆字形为錯。《说文解字》："金涂也。从金，昔声。"其本义为"用金涂饰镶嵌"。上述例句记录借义"放置"。"放置"义的本字为"措"，《说文解字》："置也。从手，昔声。"因此，"错"记录的是"放置"义，属于借字记录他词。

【雕】

在传世本《论语》中，"雕"出现了1次：

(24) 朽木不可雕也，粪土之墙不可圬也。(《公冶长》)

《说文解字》："雕，鷻也。从隹，周声。"本义是"一种凶猛的鸟。"例（24）句记录"刻画"义属于借字记录他词。"刻画"义本字为"彫"，《说文解字》："彫，琢文也。从彡，周声。""雕""彫"声符相同，同在幽部，符合借用的条件。

（二）一字记录多词

《论语》中共有69个字属于一字记录多词，这些被同一个字记录的词语之间具有的联系可分为本词与派生词、本词与他词、他词与他词三种情况，下面我们分别来讨论。

1. 一字记录本词与派生词

一个汉字记录的两个词（或多个词）具有同源关系，也就是音义上都有关联。通常其中一个是该字的本词，另外一个（或多个）是由本词引申发展成的新词——派生词。派生词可以另造新字记录，也可以兼用源词的本字。当用源词的本字分别记录源词和派生词，或者分别记录不同的派生词时（传世本《论语》中不见），就造成一字记录多词的用字现象，这种情况共有 36 例。

【乘】

"乘"在传世本《论语》中一共出现了 9 次：

(25) 道不行，乘桴浮于海。(《公冶长》)
(26) 赤之适齐也，乘肥马，衣轻裘。(《雍也》)
(27) 有马者借人乘之，今亡矣夫！(《卫灵公》)
(28) 道千乘之国，敬事而信，节用而爱人。(《学而》)
(29) 千乘之国，摄乎大国之间。(《先进》)
(30) 文子有马十乘，弃而违之。(《公冶长》)

考察《论语注疏》及其他注解书，例 (25)、(26)、(27) 句 "乘" 的意义是 "乘坐"，从例 (28) 句到例 (29) 句中的 "乘" 的意义是 "兵车"，例 (30) 句中的 "乘" 的意义是 "古代计算车马的量词"。

"乘" 的小篆字形为 ☒。《说文解字》："覆也。从入、桀。桀黠也。軍法入桀曰桀。" 考季旭昇《说文新证》[①]，《说文》在分析字形时说是 "从入、桀" 是不对的，因为字形从甲骨文到小篆的演变出现了讹误。我们把它还原为甲骨文 ☒，可以看出，是一个人攀登在一棵树上，因此，这个字的本义为 "登、升"。

例句中的义位 "乘坐" 由本义 "登、升" 引申而来，读音为 chéng，是本词的读音。"兵车""古代计算车马的量词" 这两个义位由本词的意义引申而来，并且读音发生改变，读为 shèng，已经独立为一个新词。因此，我们判断，在传世本《论语》中 "乘" 这个字形记录了两个词，一个是本词 "乘(chéng)" 的引申义，另一个是由本词引申而独立出来的派生词 "乘(shèng)" 的意义。

【长】

在传世本《论语》中，"长" 一共出现了 11 次，其中有 4 次作为人名或者地名用字，其他 7 次出现在：

(31) 不可以久处约，不可以长处乐。(《里仁》)
(32) 君子坦荡荡，小人长戚戚。(《述而》)
(33) 亵裘长，短右袂。(《乡党》)
(34) 必有寝衣，长一身有半。(《乡党》)

[①] 季旭昇：《说文新证》上册，艺文印书馆 1997 年版，第 481—482 页。

(35) 以吾一日长乎尔，毋吾以也。(《先进》)
(36) 幼而不孙弟，长而无述焉。(《宪问》)
(37) 长幼之节，不可废也。(《微子》)

考察《论语注疏》及其他注解书，例 (31) 句中的"长"的意义为"长久"，例 (32) 句中的"长"的意义是"经常"，例 (33) 句中的"长"的意义是形容词"长短的长"，例 (34) 句中的"长"的意义是名词"长度"。例 (35)、例 (36) 句中的"长"的意义是"年纪大"，例 (37) 句中的"长"的意义是"长辈"。

"长"的篆体为𨱗。《说文解字》："久远也。从兀，从匕，亡声。"余永梁在《殷墟文字续考》里认为"长"是个象形字，像人头发长貌，因此，"长"的本义为"头发长"。

通过分析可知，例句中的意义都是由本义"头发长"引申出来的。其中，从例 (31) 句到例 (34) 句的义位都读为 cháng，为本词的读音。从例 (35) 句到例 (37) 句的义位都读为 zhǎng，读音发生变化，意义也引申较远，根据词位归纳的标准，已经派生成为一个新词。因此，我们判断，在传世本《论语》中"长"这个字形记录了两个词，一个记录的是本词"长（cháng）"的引申义，一个记录的是派生词"长（zhǎng）"的意义。

【见】

"见"在传世本《论语》中一共出现了 67 次：

(38) 多见阙殆，慎行其余。(《为政》)
(39) 见义不为，无勇也。(《为政》)
(40) 夫子之墙数仞，不得其门而入，不见宗庙之美。(《子张》)
(41) 多见其不知量也。(《子张》)
(42) 仪封人请见。(《八佾》)
(43) 使子路反见之，至则行矣。(《微子》)
(44) 出门如见大宾，使民如承大祭。(《颜渊》)
(45) 阳货欲见孔子，孔子不见。(《颜渊》)
(46) 止子路宿，杀鸡为黍而食之，见其二子焉。(《微子》)
(47) 天下有道则见，无道则隐。(《泰伯》)
(48) 年四十而见恶焉，其终也已。(《阳货》)

考察《论语注疏》及其他注解书，从例 (38) 句到例 (41) 句中的"见"的意义是"看见"，从例 (42) 句到例 (43) 句中的"见"的意义是"拜见、谒见"，例 (44)、例 (45) 句中的"见"的意义是"会见"，例 (46) 句中的"见"的意义是"引见、介绍"，例 (47) 句中的"见"的意义是"显现、显露"，例 (48) 句中的"见"的意义是"被、受到"。

"见"小篆字形为𥃩。《说文解字》："见，视也。从儿，从目。凡见之属皆从见。"所以，"见"的本义为"看"。例句中的义位"看见""拜见、谒见""会见"由本义

"看"引申而来，读音为 jiàn，是本词的读音。"引见、介绍""显现、显露""被、受到"三个义位由本词的意义引申而来，并且读音发生改变，读为 xiàn，已经独立为一个新词（这个词后来又写成"现"）。因此，我们判断，在传世本《论语》中"见"这个字形记录了两个词，一个是本词"见（jiàn）"的引申义，另一个是由本词引申而独立出来的派生词"见（xiàn）"的意义。

2. 一字记录本词与他词

在一个汉字记录的多个同音语词中，一个是该字的本词，另一个（或两个以上）是与本字意义无关的他词。这种情况共有 28 例。记录本词的是本用，记录他词的属借用。

【矢】

"矢"在传世本《论语》中一共出现了 2 次：

(49) 夫子矢之曰："予所否者，天厌之，天厌之！"（《雍也》）
(50) 邦有道如矢，邦无道如矢。（《卫灵公》）

例（49）句中的"矢"的意义是"发誓"，例（50）句中的"矢"的意义是"箭"。"矢"的篆体为𠂕。《说文解字》："弓弩矢也。从入，象镝栝羽之形。"所以，"矢"的本义为"箭"。例（50）句中的意义是"矢"的本义，而例句中的"发誓"义并不是"矢"的本义和引申义。我们判断，在这里"矢"是被借用来记录"发誓"的词义了。

"誓"的小篆字形为𢿢。《说文解字》："誓，约束也。从言，折声。"《说文解字注》："约束也。周礼五戒：一曰誓，用之于军旅。按凡自表不食言之辞皆曰誓，亦约束之意也。"由此可知，"誓"的本义为"军中告诫将士的言辞"。由"军中告诫将士的言辞"引申出"发誓"的意义。"矢"在脂部，"誓"在月部，可通假。我们判断，在这里"矢"是被借用来记录"誓"的词义了。所以，在传世本《论语》中，字形"矢"记录了两个词，一个是本词"矢"，一个是他词"誓"。

【辟】

"辟"在传世本《论语》中一共出现了 10 次：

(51) 相维辟公，天子穆穆。（《八佾》）
(52) 贤者辟世，其次辟地，其次辟色，其次辟言。（《宪问》）
(53) 孔子下，欲与之言，趋而辟之，不得与之言。（《微子》）
(54) 且而与其从辟人之士也，岂若从辟世之士哉？（《微子》）
(55) 柴也愚，参也鲁，师也辟，由也谚。（《先进》）
(56) 友便辟，友善柔，友便佞，损矣。（《季氏》）

考察《论语注疏》及其他注解书，例（51）句中的"辟"的意义是"朝廷大官、卿士"，从例（52）到例（54）句中的"辟"的意义是"躲避"，例（55）句中的"辟"的意义是"偏激、偏执"，例（56）句中的"辟"的意义是"逢迎、邀宠"。

"辟"的小篆字形为𨐞。《说文解字》："辟，法也。从卩，从辛，节制其罪也。从口，用法者也。凡辟之属皆从辟。"所以，"辟"的本义为"法度"。

例句中的义位"朝廷大官、卿士""躲避"由本义"法度"引申而来，读音为 bì，为本词的读音。"偏激、偏执"这个义位是由本词的意义引申而来，读音发生了变化，读为 pì，已经独立成为一个新词。例句中的"逢迎、邀宠"义并不能由本义"法度"引申而来，我们判断，在这里"辟"是被借用来记录"逢迎、邀宠"的词义了。

"嬖"的篆体为𡢃。《说文解字》："便嬖，爱也。从女，辟声。"所以，"嬖"的本义是"宠爱"，由"宠爱"义引申为"逢迎、邀宠"义。"嬖"以"辟"为声符，两字同在锡部，可通假。我们由此判断，这里"辟"记录的是"嬖"的词义。

因此，我们判断，在传世本《论语》中"辟"这个字形记录了三个词，一个是本词"辟"（bì），一个是派生词"辟"（pì），一个是他词"嬖"（bì）。"辟"（bì）与"辟"（pì）之间是"本词——派生词"的关系，"辟"（bì）与"嬖"（bì）之间是"本词——他词"的关系。

【修】

"修"在传世本《论语》中一共出现了 11 次：

(57) 德之不修，学之不讲，闻义不能徙，不善不能改，是吾忧也。(《述而》)
(58) 敢问崇德、修慝、辨惑？(《颜渊》)
(59) 故远人不服，则修文德以来之。(《季氏》)
(60) 为命，裨谌草创之，世叔讨论之，行人子羽修饰之。(《宪问》)
(61) 谨权量，审法度，修废官，四方之政行焉。(《尧曰》)
(62) 自行束修以上，吾未尝无诲焉。(《述而》)

考察《论语注疏》及其他注解书，从例（57）到例（59）句中的"修"的意义是"修养、修行"，例（60）、例（61）句中的"修"的意义是"修改、整理"，例（62）句中的"修"的意义是"干肉"。

"修"的篆体为𢘪。《说文解字》："修，饰也。从彡，攸声。"所以，"修"的本义是"修饰、装饰"。例句中的"修养、修行""修改、整理"由本义"修饰、装饰"引申而来。但是"干肉"义是"修"记录的假借义。

"脩"的篆体为𦠏。《说文解字》："脯也。从肉，攸声。"所以，"脩"的本义是"干肉"。"修""脩"两字声符相同，因此，在这里"修"是被借用来记录了"脩"的本义。所以，在传世本《论语》中，"修"这个字形记录了两个词，一个是本词"修"，一个是他词"脩"。

【周】

"周"在传世本《论语》中一共出现了 21 次，其中 18 次作为人名或朝代名用字，其他 3 次出现在：

(63) 君子周而不比，小人比而不周。(《学而》)
(64) 吾闻之也，君子周急不继富。(《雍也》)

例（63）句中的"周"的意义是"亲密"，例（64）句中的"周"的意义是"救济"。"周"的篆体为周。《说文解字》："密也。从用、口。"所以，"周"的本义是"密致"。例句中的"亲密"是由本义"密致"引申而来，而"救济"义并不是"周"的本义和引申义。因此，我们判断，在这里"周"是被借用来记录"救济"的词义了。

《玉篇》："赒，之由切。给也，赡也。"所以，"赒"的意义是"救济"。两字同在幽部，可通假。由此，我们判断，在这里，"周"记录的是"赒"的词义。

所以，在传世本《论语》中，"周"这个字形记录了两个词，一个是本词"周"，一个是他词"赒"。

3. 一字记录他词与他词

一个汉字记录的两个或两个以上的同音语，都是与本字意义无关的他词，这种情况共6例。记录他词属于借用，其本用用法在《论语》中没有出现。

【彼】

在传世本《论语》中，"彼"一共出现了3次：

（65）问子西。曰："彼哉彼哉。"（《宪问》）
（66）危而不持，颠而不扶，则将焉用彼相矣。（《季氏》）

考察《论语注疏》及其他注解书，例（65）句中的"彼"的意义是第三人称代词"他"，例（66）句中的"彼"的意义是指示代词"那个"。"彼"的篆体为𢓨。《说文解字》："往有所加也。从彳，皮声。""彼"是一个形声字，声符为"皮"，义符为"彳"。对于许慎的"往有所加也"，找不到文献用例，根据义符，我们姑且认为"彼"的本义为"行走得更远"。

"彼"的本义与这例句中的两个意义都没有引申的关系。因此，我们判断，"彼"记录这两个意义都属于借用。"第三人称代词"属于借用中的无本字假借。表指示代词"那个"的本词也无从考证，但可确定的是这里并没有用本字记录，而是借用了"彼"的字形，这属于借用中的有本字通假。所以，在传世本《论语》中"彼"这个字形记录了两个与本词没有关联的他词，这两个他词之间也没有意义关联，形成了"他词—他词"的关系。

【莫】

"莫"在传世本《论语》中出现了17次：

（67）君子之于天下也，无适也，无莫也，义之与比。（《里仁》）
（68）不患莫己知，求为可知也。（《里仁》）
（69）莫不有文武之道焉？（《子张》）
（70）文，莫吾犹人也？（《述而》）
（71）小子，何莫学夫诗？（《阳货》）

考察《论语注疏》及其他注解书，例（67）句中的"莫"的意义是"淡薄"，从例

(68）句到例（69）句中的"莫"的意义是"没有谁"，例（70）句中的"莫"的意义是"或许"，例（71）句中的"莫"的意义是"不"。"莫"的篆体为小篆字形：莫。《说文解字》："莫，日且冥也。从日在茻中。"这是一个象形字，表示太阳西偏，落在草丛里了，所以，本义为"日暮、黄昏"。

例句中的四个意义都无法由本义引申，因此，我们判断在记录这四个意义的时候都是借用了"莫"的字形。"淡薄"的本字无从考证，无指代词"没有谁"的本字也无从考证，副词"或许"的本字也无从考证，否定副词"不"的本字也无从考证。所以我们说，在传世本《论语》中，"莫"这个字形记录了四个他词。这四个他词之间也毫无意义关联，它们之间相互形成了"他词—他词"的关系。

（三）多字记录一词

传世本《论语》的用字还有多字记录一词的情况，共有 17 例。从它们记录词语的使用属性看，多字记录一词的字际关系有：本字与本字的关系；本字与借字的关系；借字与借字的关系等。

1. 源本字与分化本字共记一词

记录同一个语词的两个（或多个）字形里，有一个是该词的源本字，另一个是由于词义引申派生出的新本字，我们叫分化本字。分化本字记录该语词的同时，源本字也可以记录，因此，形成了源本字与分化本字共记一词的用字现象，这种情况有 4 例。

【弟—悌】

"弟"在传世本《论语》中一共出现了 18 次，其中：

(72) 其为人也孝弟而好犯上者，鲜矣。（《学而》）
(73) 宗族称孝焉，乡党称弟焉。（《子路》）
(74) 幼而不孙弟，长而无述焉。（《宪问》）

在上面这几句中，"弟"的意义是"敬爱兄长"。

"悌"在传世本《论语》中一共出现了 1 次：

(75) 弟子入则孝，出则悌。（《学而》）

在这一句里，"悌"的意义是"敬爱兄长"。

《说文解字》："第，韋束之次弟也。从古字之象。"这是一个象形字，本义为"次第"。由本义引申出兄弟之"弟"的意义，然后又由兄弟的"弟"引申出"敬爱兄长"的意义。后来，"敬爱兄长"的意义独立出来，并造新的字形"悌"。所以，在例（72）、例（73）、例（74）句中"弟"记录了派生词"悌"的意义。但其实"弟"是"敬爱兄长"义未独立出来前的本字，即源本字，"悌"是"敬爱兄长"义独立出来后的本字，即分化本字。

《说文解字》："悌，善兄弟也。从心，弟声。"所以，"悌"的本义是"敬爱兄长"，在例（75）句中用"悌"这个字形记录了本词"悌"。

由此可见，在传世本《论语》中记录同一个语词"悌"既用了源本字"弟"，又用了分化本字"悌"，在记录同一个语词上形成"源本字—分化本字"的字际关系。

【從—纵】：

"從"在传世本《论语》中一共出现了43次，其中：

（76）子语鲁太师乐，曰："乐其可知也。始作，翕如也。從之，纯如也，皦如也，绎如也，以成。"（《八佾》）

在这一句里，"從"的意义是"放纵"。"纵"在传世本《论语》中出现了2次，其中：

（77）固天纵之将圣，又多能也。（《子罕》）

在这句中"纵"的意义是"放、发"。

《说文解字》："從，随行也。从辵、从，从亦声。"所以，"從"的本义是"跟从，随从"，从本义可引申出"放纵"的意义。后来，由于词义的不断引申，"從"的引申义"放纵"独立出来成为新的语词，并造新的字形"纵"。所以，在例（76）句中"從"记录了派生词"纵"的意义。但其实"從"是"放纵"义未独立前的本字，即源本字，"纵"是"放纵"义独立出来后的本字，即分化本字。

"纵"的篆体为縱。《说文解字》："缓也。一曰舍也。从糸，從声。"所以，"纵"的本义为"放、发"，在这里"纵"这个字形记录了本词"纵"。由此可见，在传世本《论语》中记录同一个语词"纵"既用了源本字"從"，又用了分化本字"纵"，在记录同一个语词上形成"源本字—分化本字"的字际关系。

2. 本字与通假字共记一词

记录同一个语词的两个（或多个）字形里，有一个是该词的本字，另一个是与该词词义毫无关联的通假字，这种情况有12例。

【馈—归】

"馈"在传世本《论语》中一共出现了2次：

（78）康子馈药，拜而受之。（《乡党》）
（79）朋友之馈，虽车马，非祭肉，不拜。（《乡党》）

考察《论语注疏》及其他注解书，在这两句中"馈"的意义是"馈赠"。"馈"的篆体为饋。《说文解字》："饷也。从食，贵声。"所以，"馈"的本义为"送食物给人吃"，由本义引申出"馈赠"义。因此，在上面两个例子中，"馈赠"义由本字"馈"记录。

"归"在传世本《论语》中一共出现了11次，其中：

(80) 阳货欲见孔子，孔子不见，归孔子豚。(《阳货》)
(81) 齐人归女乐，季桓子受之。(《微子》)

考察《论语注疏》及其他注解书，在这两句中"归"的意义是"馈赠"。"归"的篆体为🦀。《说文解字》："女嫁也。从止，从妇省，自声。"所以，"归"的本义为"女子出嫁"。由本义无法引申出"馈赠"的意义，我们判断，在这里"归"被借用来记录"馈赠"的词义了。"归""馈"同在微部，可通假，因此，我们判断，在这里"归"被借用来记录"馈"的"馈赠"义了。

由此可见，在传世本《论语》中，记录同一个语词"馈"既用了本字"馈"，又用了通假字"归"，"馈""归"在记录同一个语词上形成了"本字—通假字"的字际关系。

【谤—方】：
"谤"在传世本《论语》中一共出现了1次：

(82) 信而后谏，未信，则以为谤己也。(《子张》)

"谤"的意义是"诽谤"。"谤"的篆体为🦀。《说文解字》："毁也。从言，旁声。"所以，"谤"的本义为"诽谤"。在上面的例句中，"诽谤"义由本字"谤"记录。

"方"在传世本《论语》一共出现了14次，其中：

(83) 子贡方人。(《宪问》)

考察《论语注疏》及其他注解书，在这一句中"方"的意义是"诽谤"。"方"的篆体为🦀。《说文解字》："併船也。象两舟省緫头行。"所以，"方"的本义为"相并的两船"。由"方"的本义无法引申出"诽谤"的意义。因此，我们判断在这里，"方"被借用来记录"诽谤"的词义了。"方""谤"同在阳部，可通假，因此，我们判断，在这里"方"被借用来记录"谤"的"诽谤"义了。

由此可见，在传世本《论语》中，记录同一个语词"谤"既用了本字"谤"，又用了通假字"方"，"谤""方"在记录同一个语词上形成了"本字—通假字"的字际关系。

【斋—齐】：
"斋"在传世本《论语》中一共出现了1次：

(84) 子之所慎：斋，战，疾。(《述而》)

考察《论语注疏》及其他注解书，在这一句中"斋"的意义是"斋戒"。"斋"的篆体为🦀。《说文解字》："戒洁也。从示，齐省声。"所以，"斋"的本义为"斋戒"。在上面的例句中，"斋戒"义由本字"斋"记录。

"齐"在传世本《论语》中一共出现了25次，其中：

（85）齐，必有明衣，布。（《乡党》）
（86）齐必变食，居必迁坐。（《乡党》）
（87）虽疏食菜羹瓜祭，必齐如也。（《乡党》）

考察《论语注疏》及其他注解书，在上面的例句中，"齐"的意义是"斋戒"。
"齐"的篆体为𪗊。《说文解字》："禾麦吐穗上平也。象形。"所以，"齐"的本义是"整齐"。由"齐"的本义无法引申出"斋戒"义来，因此，我们判断，"齐"被借用来记录"斋戒"的词义了。"齐""斋"两字同在脂部，可通假，因此我们判断，在这里"齐"被借用来记录"斋"的"斋戒"义了。由此可见，在传世本《论语》中，记录同一个语词"斋"既用了本字"斋"，又用了通假字"齐"，"斋""齐"在记录同一个语词上形成了"本字—通借字"的字际关系。

3. 假借字与假借字共记一词

记录同一个语词的两个（或多个）字形里，没有一个是该词的本字，都是与该词词义无关的假借字，这种情况共有1例。

【女—汝】：
"女"在传世本《论语》中一共出现了4次，其中：

（88）女得人焉耳乎？（《雍也》）
（89）赐也，女以予为多学而识之者与？（《卫灵公》）

考察《论语注疏》及其他注解书，在上面的例句中，"女"的意义是"第二人称代词"。"女"的篆体为𠨰。《说文解字》："妇人也。象形。"所以，"女"的本义为"妇女"。由本义无法引申出"第二人称代词"的意义，而"第二人称代词"没有造专门的本字来记录，因此，我们判断，在上面这两句中，"第二人称代词"借用了"女"字来记录，"女"是"第二人称代词"的借字。

"汝"在传世本《论语》中一共出现了14次：

（90）由，诲汝知之乎？（《为政》）
（91）汝弗能救与？（《八佾》）
（92）汝安则为之。（《阳货》）
（93）今汝安，则为之。（《阳货》）

考察《论语注疏》及其他注解书，在上面的例句中，"汝"的意义都是"第二人称代词"。"汝"的篆体为𣲏。《说文解字》："水，出弘农庐氏还归山，东入淮。"所以，"汝"的本义为"水名"，由本义无法引申出"第二人称代词"的意义，跟"女"的情况一样，我们判断，在这里，"第二人称代词"借用了"汝"字来记录，"汝"是"第二人称代词"的借字。根据《上古音手册》，"女"和"汝"两字同属语韵，鱼部。古音相同，所记词义相同，所以这两个字形记录了同一个语词。

由此可见，在传世本《论语》中，记录同一个语词"第二人称代词"用了两个字：女、汝。而这两个字都不是第二人称代词的本字，都是借字。并且这两个借字之间没有意义上的关联，在记录同一个语词上它们形成了"假借字—假借字"的字际关系。

三　字用属性分析

根据上文考察，我们将《论语》单字记录字词关系和字用属性结果列表如下：

《论语》字用属性统计结果

字用属性	总数	百分比
本用	1934	94.8%
借用	106	5.2%

《论语》字词关系统计结果

字词关系	类别	总数	类别百分比	字词关系百分比
一字记录一词	本字记录本词	1101	96.9%	93%
	借字记录他词	35	3.1%	
一字记录多词	本词—派生词	36	52%	5.6%
	本词—他词	28	40%	
	他词—他词	6	8%	
多字记录一词	源本字—分化本字	4	23.5%	1.4%
	本字—通假字	12	70.5%	
	假借字—假借字	1	6%	

数据可见，传世本《论语》里字用属性本用占94.8%，借用占5.2%；字词关系中一字记录一词共1136例，占比93%，这一类中本字记录本词共有1101例，借字记录他词的仅有35例；一字记录多词中记录本词派生词和本词和借词的比率相当；多字记录一词的情况仅有17例。

由此我们可以归纳出传世本《论语》的基本用字规律：

第一，注重字与词的形义相关，使用一个汉字记录一个语词时尽量选用本字，用借字的情况很少。汉字本用大大高于借用。

汉字是用来记录汉语的，根据汉字的发展轨迹，越早的时代汉字的数量越少，因此，一个汉字经常身兼数职。社会生活和语言的不断发展使得汉字无法承担更多的记词功能时，通假用字就应运而生了，所以，越早的文献资料，通假借用的情况就越多。《论语》作为一部先秦文献，理应存在较多的通假借用现象，而我们的测查结果却呈现出差异。对于这个特点，我们参照叶峻荣的《定州汉墓简本〈论语〉与传世〈论语〉异文研究》来分析。叶文对定州汉墓简本和传世《论语》中的异文进行了全面的测查，通过测查发现传世本通常把简本中的借字改为本字。这一测查结果跟我们的测查结果是一致的，也就是说，出土《论语》的用字规律符合我们对汉字的发展轨迹的推测，通假借用是很多的。而由于我们的测查对象是传世本的《论语》，其用字规律就不同了。比如，在传世本《论语》中记录"叫作"这一词义使用的都是本字"谓"，而在定州汉墓简本中604号记录"叫作"这一词义时使用的是通假字"胃"；传世本《论语》"尧曰章"中"周有大赍"用的是本字"赍"，而简本599号使用的是通假字"来"。

从这一特点可以看出传世本《论语》在用字上非常重视汉字的理据性，不轻易割舍字形与词义的联系。

第二，没有出现异体字，用字规范化程度很高。一般来说，时代越早的文献使用异体字的概率越高，因为在创制阶段人们对汉字的规范意识还不强。尤其像春秋战国时代，各个诸侯国各自为政，文字异形情况复杂。成书于春秋末期至战国初期的《论语》理应存在大量异体字。在传世本《论语》中没有出现异体字，这在先秦文献中是很奇特的。同样，参照叶峻荣的《定州汉墓简本〈论语〉与传世〈论语〉异文研究》，我们发现其实出土的汉墓简本《论语》中是存在异体字的，如记录"天神"这一词义有"神"和"䰠"，记录"怨恨"这一词义有"怨"和"愬"，记录"任用"这一词义有"舉"和"擧"，记录"侮辱"这一词义有"侮"和"佀"。

传世本《论语》在用字规律上所呈现出的这几个特点并不是偶然的，这跟文献本身的性质密切相关。我们测查的结果并不是《论语》的原始面貌，出土本的《论语》其用字规律并不如此。《论语》作为一部儒家的经典名著，其经学地位的重要性不言而喻，历代学者都把它奉为传道授业的范本。由于我们的测查对象是《论语》的传世本，为了更好地识字教学，一代代的传授者都会在字用层面不断对其进行人为规范，如把假借字改为本字、消除异体字等，以至我们看到了流传至今的规范化的《论语》。当然，传世本的《论语》在用字上也并不是完全地一字对应一词的理想状态，还是有一字记录多词、多字记录一词的情况。

参考文献

1. 何晏注，刑昺疏，阮元校勘：《论语注疏》，中华书局1936年版。
2. 何晏注，皇侃疏：《论语集解义疏》，中华书局1985年版。
3. 季旭升：《说文新证》，艺文印书馆1993年版。
4. 李运富：《汉字语用学论纲》，载《励耘学刊》（语言卷）第1辑，学苑出版社2005年版。
5. 李运富：《论汉字的字际关系》，载《语言》第3辑，首都师范大学出版社2002年版。
6. 李运富：《汉字汉语论稿》，学苑出版社2008年版。

民国《申报》异形同用字研究*

刘 琼

民国时期只有短短的三十年，却有着十分特殊的历史地位，不仅是政治经济的大变革时期，更是文化史上"破旧立新"的时期。表现在语言文字上就是大力推广白话文、发起一系列的汉字改革运动。尽管当时的汉字改革运动如昙花一现，以失败告终，但在文字发展史上，民国无疑处于一个承上启下的特殊时期。数千年的文字发展历经甲金籀篆隶楷等诸多演变，纷纭复杂的汉字形体累积成民国文字的构形系统，汉字职用系统历经数千年的调整呈现为民国的用字面貌。而新中国成立以后的简化字运动和汉字规范政策的出台，无疑又是以民国文字的构形系统、用字面貌为基础和起点。所以对民国时期的文字面貌进行全面测查，一方面勾勒民国汉字职用系统面貌，了解民国用字特点，填补汉字发展史线性序列中的断层；另一方面探寻民国时期的文字系统与前代之间的关联，并为新中国成立后简化字溯源提供历史依据。

不少具有远见卓识的学者已经意识到民国文字研究的重要性和必要性，如刘复先生在《宋元以来俗字谱·序》中说："中国的俗字或别字，在十年之内，总可以研究完备了。因为六朝别字早已有人研究，虽然还有补充的余地，究竟已打了一点根基。唐人写经的别字，现有中国大辞典编纂处搜集。同治以后以至今日各种小唱中的俗字，我已着手搜集，将来拟编为'今俗字'一书，以继此书之后。"[①] 但遗憾的是，刘复先生在1934年猝然离世，以同治后晚清和民国文字材料为基础编纂"今俗字"一书的想法最终未能实现。本文所做的工作希望能够部分弥补刘复先生之缺憾。

民国时期文献浩瀚，字料性质不一，我们拟选择民国时期的《申报》作为研究对象，主要基于以下几点考虑：首先，《申报》字料的有效性和代表性，《申报》创办于晚清，至民国史量才接管后进入全盛阶段，作为商业报刊刊载了大量时事新闻和即时消息，具有广泛流通性，这些新闻和广告用字都是当时社会实际用字；其次，《申报》作为民国时期影响巨大的商业报刊，主编史量才先生的文字观念较为包容，如《申报·自由谈》曾展开过"别字""俗字"的争论，1935年还全文刊载了《推行手头字缘起》等，故而《申报》对当时激进或保守的用字主张都能兼收并蓄，保证研究资料的全面性。此外，《申报》的字料检索有现成的瀚堂典藏数据库可供检索，还有全部的影印材料可以核查，具有较强的操作性。本文从特殊时期特殊载体入手，作为汉字职用研究的一种探索，希望通过对原始材料的测查和研究，最大限度地客观呈现民国用字面貌。

---

* 本文由刘琼《民国〈申报〉异形同用字研究》改写而成，硕士学位论文，北京师范大学，2016年。

① 刘复、李家瑞：《宋元以来俗字谱》，文字改革出版社1957年版，第1页。

一 民国《申报》异形同用字分析

我们研究的民国用字属于共时层面的汉字关系。"同用"即记录同一个词,而"异形"即形体不同。根据记词职能、构形、书写的不同,我们对民国《申报》中收集的基础材料进行层次划分。根据是否本义记录同一词项,分为字种不同同用字和同字种同用字。在同字种同用材料中,再根据结构是否相同,进行第二次划分,分出同字种结构不同的字和同字种结构相同的字;而对同字种同结构的材料,再根据书写的异同,进行第三次划分,分为同字种同结构而写法不同的字和同字种同结构而写法相同的字。由于我们的研究对象为"异形同用字","同写同结构同字种字"属于"同形字",要排除。

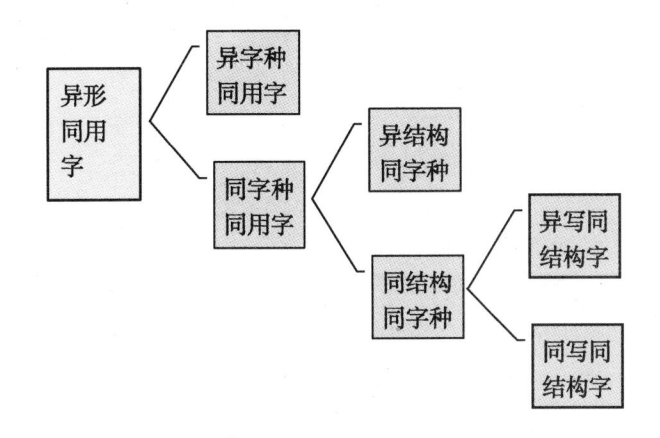

因此,最后我们的研究对象"异形同用字"实际上包含字种不同而同用者、结构不同而同用者、字形不同而同用者三类。这种分类法并不是同一标准的平行分法,而是优先标准的排除降层分法。即先分出原本不记录同一词语的异种字,再在剩余的材料中分出属于同一字种而结构不同的字,最后选出同一结构而写法不同的字。

(一)异字种同用字

1. 借音同用字

所谓借音同用字,即用音同或音近的字替代本应该使用的字,二字本来是两个字,意义上没有关系,只是因为声音的原因,发生了替代同用。此处使用"借音同用字"这一术语,旨在反映同音或近音字的替代同用关系,对其具体性质到底是通假字,还是音误字并不关注。试举几例,以见一斑。

(1)数目字的借用

【阡——千】民国六年五月六日第四版:"罚洋壹阡元。"

"阡"见于《说文》新附字,《说文·阜部》:"路东西为陌,南北为阡。从阜千声。仓先切。"而"千"字《说文·十部》曰:"千,十百也。从十从人。"二字本义无关,但读音相同。此处借"阡"表示"千",应该是为了防止窜改而有意改之,避免字形相混。数目字往往用大写系统或借用同音字繁化字形,原因就在于此。

(2) 一般字的借用

【腊——蜡】民国三年九月二十一日第八版:"肥脃腊烛材料。"

"蜡"字不见于《说文》,《玉篇·虫部》:"蜡,蜜滓也。"而"腊"见于《说文·肉部》:"冬至后三戌,腊祭百神。从肉巤声。"《干禄字书》:"腊蜡,上腊祭下蜜。"二字本不是同一个字,本字的记录职能不同,但是此处却用了从肉旁的"腊"表示"蜡烛"之意,属于同音借用。此处发生借用,很有可能是受前面的"肥"字影响而产生的类化,"皂"加构件"月(肉)"即可为证,前面两个字都是"月肉"旁,影响了"腊"字的选用。

(3) 翻译外来词的借用

【波罗——菠萝】民国元年八月十六日第八版:"果子露、柠檬、波罗、杏仁、玫瑰大号四角。"

《申报》中把"菠萝"写作"波罗",但实际记录的词却仍是表示水果的{菠萝}。这种水果外来语,是梵文 para 的音译,我们今天习惯用"菠萝"表示一种水果,用"波罗"表示与佛教有关的意思。《申报》中二者混同,一词对应两个字形。查阅文献可知,"菠萝"这两个字最早出现在清嘉庆年间高敬亭编撰的《正音撮要·卷三》中,但书中对此无任何解释,所以很难确定具体的记词职能。民国年间出版的《辞源正续编合订本》和《辞海》(修订本)均立有"波罗"条,表示它是植物、水果,可见民国时字形为"波罗"。新中国成立后出的词典、辞典正式规范为加草字头的"菠萝"。推断新中国成立后使用的"菠萝"一词,有可能是受"菠菜"一类词类化影响而产生的借用现象,"菠萝"属于水果,"菠菜"属于蔬菜,性质相似,故而选用相同偏旁。

同音同用字在民国《申报》中大量出现,随意性强,主观色彩浓厚,它们往往身兼数职,交错使用。这一方面和当时民国的大背景有关,外来词翻译缺乏规范,同音字大量出现;另一方面也与当时社会大众受教育水平不高相关,社会用字参差不齐,替代现象严重随性。大量的同音字混淆了原有的字词关系,造成了文字使用的混乱,不符合基本的用字规律,故在后来发展中多被规范掉,逐渐消失。

2. 新造同用字

(1) 多个汉字组合表示新词新字

这类汉字不同于以往新造字常用"形声"方法造字,而是采用"会意"的方法,把两个字作为构件组合在一起表示新字。这类字和传统意义上的合文还略有不同,这类"会意"造的新造字往往具有独立的声音和意义,应该算作一个新的独立汉字。

【㝬——子宫】民国38年一月二十八日第五版:"㝬癌瘤。"

1901年博医会术语委员会出版的《解剖学术语集》新造了"㝩"字,音为 kung,义为"子宫",有独立的解剖学的音和义,故而对此字不处理为"合文",而是新造字。《申报》中的广告"㝬癌瘤","㝬"字占据一个字位单位,构件表意,与"㝩"相比,构件发生了左右移位,字形稍异,应为同一个字。

"㝬"是两个汉字作为构件组合而成新字,其中的构件"宫"和"子"表示新字的意义。还有一种类似的情况,也有两个汉字作为构件组合而成,但两个汉字却表示新字读音。"嗧"字被《国音常用字汇》(1932)收录,表示英美计量单位,但读音却只有英文的读法,"读 gallon"。该字其实就是音译词"加仑"的组合,构件表音。该字具有了独立的音义,1932 年的字典中也单独列为了一个字头,可见当时应该是默许该字为一个新字的。不过,该字的"命运"在 1977 年 7 月 20 日公布的《部分计量单位统一用字的通知》发生了改变,《通知》中指出:"把本来由两个字构成的词,勉强写成一个字,虽然少占一个字篇幅,少写几笔,但特造新字,增加人们记认负担和印刷、打字等大量设备,得不偿失。为简化而简化,这样简化汉字的做法并不可取。"《部分计量单位名称统一用字表》中就把计量单位"嗧"字废除,重新恢复为"加仑"两个字。

(2) 单个汉字读作合音词

一般而言,我们说汉字是单音节文字,即一个词往往对应一个汉字,一个汉字又往往对应一个音节。即使是汉字记录一些合音词,如表示"不用"意义的"甭"字,也会给这个字赋予一个读音"béng",儿化字是两个字,但在实际读法中也是在原来字韵母上加"r",在听感上仍是一个音节。类似的还有方言字嫑,音为 biáo,读音发生了糅合,感觉是一个音。但是,我们通过测查民国《申报》发现了单个汉字读作合音词的情况,即一个汉字在音感上读为两个语音单位,这在我们对汉字、汉语的认识中是很少见的。虽然严格地从文字学的角度来看,这类现象归入汉字实属勉强,是否归入此处还需要斟酌,但是为了更加全面、细致地展现民国用字面貌,对于这类有待争议的特殊现象,我们姑且当作新造同用字来论述。

【圕——图书馆】民国 23 年十二月三日第二版:"中国圕服务社通告。"

该字在《申报》中大量出现,一个字形"圕"代替"图书馆"三个字。"中国圕"是"中国图书馆"的代称。该字是 1924 年近代著名图书馆学家杜定友新造的,读音仍为"tú shū guǎn",1929 年中华图书馆协会通过了杜定友提出的用"圕"来表示"图书馆"合文的方案,该字在 30 年代就普遍使用,在民国时期各大出版物上频繁出现。不过该字的定性却"左右摇摆",《汉语大字典》未收录此字,《汉语大词典》则把该字处理为多音字:"圕₁ [tú],'图书馆'三字的合并写法;圕₂ [shū],义未详;圕₃ [guǎn] 义未详。"《汉语大词典》的这种处理方法恐怕不妥,违背了该字最初的造字理据。

与之相类似且流传下来的还有"砼"字,这个字是著名结构学家蔡方荫教授在 1953 年创造的。用"人工石"三字代替"混凝土",构形会意为"人工合成的石头,混凝土坚硬如石"。这个字虽然已经被赋予了独立的读音 tóng,但在工程设计和施工中,还是读为"混凝土"三个字。

这种用一个字形来代替合音词的现象并非近代才有,在历史上也有先例。如"廿"字,《说文》:"并也。古文省多。"段注云:"省多者,省作二十两字为一字也。……古文廿仍读'二十'两字。秦碑小篆则维廿六年、维廿九年、卅有七年皆读一字,以合四言。至唐石经二十皆作廿,三十皆作卅,则仍读为二十、三十矣。"由此可知在历史上,"廿"在唐石经时期曾读作"èr shí"二字的读音,"卅"读作"sān shí"。不过后来"廿"和"卅"都有了独立的读音"niàn"和"sà"。这种现象被近代学者称为"代词字",曾经盛行一时,如 𱍸(教育),𠓗(人民币),只不过除了"圕",但大部分字流行时间都很短,被自然淘汰了。这类"代词字"在《申报》中真实存在,故而本文对此类现象的处理只能暂时列出来作为文字系统的一种情况,是否合理、如何解释并没有成熟的看法,还有待进一步地研究和思考。

(二) 异构同用字

异构同用字,即汉字职能相同,但构形属性上至少有一项不同的字。构形属性包括构形模式、构件数量、构件位置等。对其构意的分析,可以丰富我们对汉字的认识。

1. 构形模式不同的异构字

(1) 象形——形声

【伞——繖】民国22年十二月十四日第十三版:"添伞繖呀。"

粗略检索,两个字形在使用频率上大体平分秋色。二字记录的汉字职能是相同的,表示"挡雨或遮太阳的用具",但是二字的构形模式不同,"伞"字不见于《说文》,《玉篇》:"伞,音散,盖也。"字形像实物之形,为象形字。繖,《说文》:"盖也,从糸散声。"由此可知,二字是象形构形和义音合成的不同而形成的异构字。

(2) 形声——象形——会意

【烖(菑)——巜——灾】民国24年八月二十日第三版:"劝赈粤东水菑捐启。"

民国2年五月七日第十三版:"江宁水灾宜急赈说。"

《申报》在1921年5月21日"常识"板块"识字捷法·应用字"专栏专门讨论了"烖""菑""巜""灾"数形与"灾"的关系:

灾,火焚屋宇也,从宀,宀音绵,像屋宇之形,从火,火起于下也,本作烖,形声字。菑,不耕田也,从艹从巜从田,田不耕则艹塞之,故成巜,俗作菑,按巜、灾、烖、菑,数字,今并作灾害解,无复分别。① 三字记词职能相同,但构形模式不同。

2. 构形模式相同但构件不同的异构字

(1) 同为会意字,改变构件

【圀——囯——国】民国元年一月一日第一版:"恭祝中华民圀万岁。"

三个字形,同为会意字,选用的构件不同,反映了造字时的不同心理。从囗从或之"国"着眼点在疆域,太平天国改为从囗从王之"囯",着眼点是君主。而从囗从民之"圀"字,着眼于民主,反映了以民为本的主张。该形体在民国时期大为推崇,这与民国社会环境密不可分,人人向往民主自由,所以广告或记载中常常把"国"写成"圀"形,可以"顾文思义",表达重视国民、尊重民主之意。

(2) 同为形声字,改变表义构件

【甎——砖】民国2年七月二日第七版:"火甎避火,泥及瓦片。"

《说文》无"砖"字。《字汇·瓦部》:"甎,朱缘切。俗作砖。"《正字通·石部》:"旧注:俗甎字。按砖为石类,从石、从瓦义同。""瓦"为"土器已烧之总名","石"为"山石",二字义类相近,功能相似,如"瓶"的异构字为"䍋"。"砖"的成分本身既包含土,也包含石。故偏旁从瓦、从石的两个形体,反映了"砖"材质侧重点是土还

---

① 济沧:《识字捷法·应用字》,《申报》1921年5月21日。

是石，但二字意义无别。

其实，这种表示同一个词使用了不同偏旁的字的情况还有很多，一定程度上可以反映当时的社会风貌。如枪有"鎗"形，砲有"炮"形，表现了人们对武器材质的认识和改进；"绒"有"羢"形，反映了材质的变化；"馆"有"館"形，可以看出造字者或用字者的着眼点不同。

（3）同为形声字，改变示音构件

【暎——映】民国17年五月三十日第二十二版："敝局征得元拓本缩暎影印集成诗联。"

根据语境可知，二字记录职能相同。《集韵·去声·映韵》《类篇·日部》："映或从英。"《字汇·日部》："暎与映同。"《异体字手册·九画》收"暎"为"映"之或体。

（4）同为形声字，表义和示音构件都改变

【栞——刊】民国25年十一月一日第二十二版："电信特栞。"

"刊"，段玉裁《说文解字注·刀部》："刊谓斫去次地之皮也。按，凡有所削去谓之刊，故刻石谓之刊石。此与木部栞音同义异。唐卫包乃改栞为刊，误认为一字也。""栞"，段玉裁《说文解字注·木部》："槎识者，衺斫以为表志也。斫之以为表识。""刊"和"栞"记词职能同。"刊"的声旁"干"古音在见纽元部，形旁从刀，是从刊刻工具的角度来造字的。而"栞"的声旁"开"也属于见纽元部，但形旁从木，是从刊刻对象的角度来造字的。二字都为形声字，但表义和示音构件都不相同。

3. 构件数量不同的异构字

（1）构件增加

【雲——雲】民国8年十月二十六日第七版："寒雲啓事。"

"雲"和"雲"记词职能相同。《段注》："雲，山川气也。天降时雨山川出云。从雨，云象回转之形。回上各本有云字，今删。古文祇作云。小篆加雨于上，遂为半体会意、半体象形之字矣。云象回转形，此释下古文云为象形也。""云"本身是会意兼象形之字。形体"雲"在原来"云"的基础上增加了一个构件"云"，使得原字的示意功能更加突出。该形体见于《汉隶字源·平声·文韵·云字》引《北军中侯郭仲奇碑》。

【働——動】民国26年五月三日第四版："五一劳働纪念。"

《汇音宝鉴·公下入声》云："働，日本所作。"又《中文大辞典·人部》："日本所制字，国人读如劳动之动，义与动通。我国社会经济学书多引用之。如劳动亦作劳働。"考察"働"字出现的场合，95%以上都是在记录"劳动"一词。可见该字形与"劳动"这一词项关系密切。"劳动"一词词义与"人"有关，为了表义的明晰化，所以再加"亻"旁变为"働"字。初步在瀚堂上检索"劳动"和"劳働"的出现次数，分别是6691次和2954次，大致是2∶1的比重。可见还是不加"亻"的"动"字使用的人更多。但是日本汉字"働"在民国时期也已经被广泛接受和使用。

（2）构件减少

【學、孯——学】民国25年1月1日第一版："青年自孯丛书。"

民国13年三月二日第三版："科孯仪器馆。"

"学",《字源》:"学,初为会意、形声两种结构。商代甲骨文从𦥑从宀,或从林从宀。𦥑为两手之象,盖表学习用手,宀为房屋之象,盖表学习场所,二者结合会学习意。形声有两种结构:一种以爻为声,形旁作𦥑或宀;另一种以臼为声。"后来随着书写变异,横竖常常混同,产生了异写字"學",该字见于隋《荀夫人宋玉严墓志》。《申报》中的"學""李"两个形体,都是减省了原字中的部分构件而造成的异构字。

【𡎚——展】民国22年一月十七日第五版:"香宋楼书画𡎚览会。"

根据语境"𡎚"当为"展"字。台湾《异体字字典》未收该字形。"展"之篆文作"屐",《六书正譌》:"四工有展布义,会意。作屐,中从㺴,俗作展。"而该处只取了隶定字"屐"中间的一部分构件来表示"展"字,局部构件代指全字。

(3) 重文符号替代而形成的异构字

【雙——雙】民国3年三月八日第九版:"雙珠凤。"

《说文》:"雙,隹二枚也,从雔,又持之。又,古右手字。"楷化作"雙"。构件"雔"表示"两枚隹"的意义。《申报》中写成了从准从又的"雙"形,该形体见于《中文大辞典·隹部》和《大字修定本·辞海·隹部》。不过为何可以产生"雙"这样的形体呢?和"准"有意义关系吗?其实,构件"准"中的"冫"是"隹"的省略,只是和"准"构成了同形字而已。校勘学中常常用"ㄣ"符号来代替相同的字,这种重文符号的使用也影响了汉字,相同构件上下重叠时,下面的构件用两点来代替,如"棗"俗作"枣","讒"写为"谗"等。而"雙"的上边构件"隹"左右排开,前面的"隹"就被省略为两点,形成了"雙"的形体。这变异后的两点与后面的"隹"在视觉感受上与"准"同形,但事实上与表示"标准、水平"之意的"准"字在构意上没有任何的关系。这种左右构件相同,用重文符号代替原有构件的情况比较少见,《申报》中存在这一现象,需要格外关注。

4. 置向不同的异构字

(1) 内外移位

【譍——雠】民国5年五月十一日第八版:"朱买臣休妻,呜呼譍!"

"雠",《说文·言部》:"犹譍也,从言雔声。"《段注》认为"雠,从言、雔声。此以声苞意"。"雠"的金文作"𫵒",像二鸟相对之形,故有匹配意。徐灏《说文解字注笺》引申为"相当之称"。《字源》:"雠,当是在'雔'上添加声旁分化出的一个形声字。""譍"形原有的意符"言"从中间移到了下方,形成了新的异构字。

(2) 左右移位

【蘓——蘇】民国30年二月十日第三版:"蘓武牧羊。"

"蘓"形见于《敦煌俗字谱·艹部·苏字》引《中62.537.上-3》和《宋元以来俗字谱·艹部》引《白袍记》中。《说文解字·鱼部》:"鱼,水虫也。象形。鱼尾与燕尾相似。"该字中的"魚"字受"鱼"的小篆形体"𩵋"影响,下部作"火"形。构件"禾"和"鱼"的变体再进行左右的位置变化而成了"蘇"的异构字。

(3) 左右排列代替上下叠置

【鰍——鼈】民国3年三月二十九日第三版:"气煞鰍鱼。"

"鳖",未见于《说文》。《集韵》:"美殒切,音愍。海鱼名也。"该字是从鱼敏声的形声字。民国报刊中使用了"鰵"形,发生了构件移位,将原来的上下结构变为了左右结构。

(4) 上下叠置替代左右排列

【幼——幼】民国2年二月二十日第九版:"老幼适用遐迩驰名。"

"幼",《说文·幺部》:"少也。从幺从力。"《金石文字辨异·去声·宥韵·幼字》引《唐孟法师碑》作"幼"。"幼"与"幼"为同一字,构件结构由左右排列变为上下叠置。

(5) 翻转位移

【∀——人】民国3年一月十二日第八版:"寻∀:有璋胞弟见报速来。"

通过大量检索民国《申报》,我们发现《申报》的绝大多数寻人启事中的"人"都是倒文,发生了构件的翻转。这恐怕不是一种偶然的印刷错误或书写失误,应该是寄托着用字者一种特殊的用字心理,可能是希望"人回到,回来"之意,与"福"字倒过来贴的用意相近。

(6) 拉伸位移

【聖——圣】民国11年五月二十日第十六版:"特赠聖丸。"

"聖"乍一看从耳从呈,很难一下子认出是什么字。其实该字是"圣"的异构字,只是构件发生了移位,"耳"拉长,"壬"的位置发生变化。"圣",在《说文》中的解释为"从耳呈声",不过依小篆字形"聖",后世楷定为上下结构的"圣",成为通用字。但字形"聖"其实更符合该字的本来构意。

(7) 断裂位移

【歲——岁】民国4年一月十八日第十二版:"五歲红古来稀。"

"岁"西周文字作"歲",小篆作"歲",隶变作"歲"。《申报》中的字形"歲",是在"歲"字的基础上,下方的构件发生断裂,成为两部分,而后其中的一部分"戈"发生位移,占据了字的右边,使得原字由上下结构的"歲"形成了左右结构的"歲"形。

(三) 异写同用字

异写同用字,是记录同一个词项,与原字的构形属性完全相同,只是因为笔画层面的写法不同而形成形体差异的字。异写字在人们的观念中一般会被认定为是同一个字,对汉字的形体识别并没有实质性的影响,兼容性强。在书法、报刊、艺术设计等领域,书法家、报刊编辑者、字体设计者等人们往往利用字形的兼容性来设计多样的字体,突出个性。《申报》中的异写同用字集中在标题、广告用字中。大致包括以下几类。

1. 笔画数量减少的异写字

(1) 少点

【婴——婴】民国9年七月九日第三版:"双婴孩牌上品香烟出世先声。"

《汉语大字典》未收录该形体。字形上半部分"賏"省去了两点,但并不影响整体的认读。"婴"在《碑别字新编·十七画·婴字》引《唐魏妻赵氏墓志》和《敦煌俗字谱·女部·婴字》引《祕 22·065·右 3》中都有收录。以"婴"为构件的"樱"和"缨"字也有对应的字形"樱""缨"，分别见于《佛教难字字典·木部》和《偏类碑别字·糸部·缨字》引《唐裴镜民碑》中。

（2）少横

【威——威】民国 2 年二月二十二日第八版："罗威药房特别广告。"

《说文·女部》："姑也。从女从戌。汉律曰：妇告威姑。"徐锴曰："土盛于戌，土阴之主也，故从戌。"而该字形省去了一横后，破坏了原字的形旁。"威"见《碑别字新编·九画·威字》引《隋李则墓志》。

（3）少竖

【冉——再】民国元年三月二十四日第一版："民权报出版冉告。"

"冉"字见于《宋元以来俗字谱·六画》引《列女传》，省去中间一竖后，该形体上面的一横与下面部分的紧密性降低，故后来该形体并未被广泛接受。

（4）少撇

【智——智】民国 18 年七月十一日第三版："民智中小学欢迎参观。"

根据报纸标题和正文的对照，"智"为"智"的异写字无疑。该字在《申报》中也并不多见，很有可能是书写者的临时写法。究其原因，估计与构件"矢"失去一撇后和构件"未"混同，容易造成认读误解有关。

（5）少捺

这样的字不是很多，如"咳（咳）""款（款）""监（监）"，三字在《异体字字典》中均未收录，可能和省去捺笔后，破坏了字形的平衡性有关，这种用字习惯是临时的个人用字现象，存在时间也比较短。

2. 笔画数量增多的异写字

（1）多点

字形加点在民国时期的《申报》中很常见，大体上分为两类。一类汉字加点是为了与别字区分而添加的区别性符号，如"社""哒""煙"等。而另一类情况，是修饰性的饰笔，这样的字占了绝大多数。从点的位置看，多是在笔画竖的右侧，如"中""上""文"；也有在左侧的，如"单"；有分别在两侧的，如"不""香"；还有点加在了字形的中间造成繁化的，如"仅""商"。而"军""宪"的点加在了字形的上面，造成了偏旁混同。这些加饰笔的字，很多都是书写时的个人书写习惯，但是又成批出现，不能不引起注意。

（2）其他情况如下表

多横	瓣（瓣）奥（奥）而（而）
多竖	艳（艳）夺（夺）

| 多撇 | 茯（茯）瓣（瓣）抓（狐） |
| 多捺 | 我（我）羲（义）蛾（娥） |

3. 笔画发生变异的异写字
(1) 笔画粘合

| 泄 | 翠 | 亚 | 龄 | 鹏 | 辞 | 注 | 可 | 容 | 灵 | 艳 | 新 | 黑 | 飞 | 战 |
| 泄 | 翠 | 亚 | 龄 | 鹏 | 辞 | 注 | 可 | 容 | 灵 | 艳 | 新 | 黑 | 飞 | 战 |

通过对比可以看出，笔画粘合多发生在相邻或相接笔画或构件中，为了书写便利，两笔变为一笔，或相邻构件粘合为整体。

(2) 笔画分离

并	研	葬	华	快	失	换	央	确	鹤
并	研	葬	华	快	失	换	央	确	鹤
脑	成	开	落	路	史	旨	北	今	
脑	成	开	落	路	史	旨	北	今	

这些字把原来的一笔断裂为两笔，断裂之后一般会发生微小的位移和变形，使变化更醒目。

(3) 笔画变形

点	前（前）地（地）并（并）政（政）德（德）徵（征）聘（聘）误（误）全（全）奔（奔）
横竖	年（年）优（优）舜（舜）儿兒（儿）
折笔	野（野）矣（矣）治（治）瘦（瘦）益（益）

通过观察"点"类材料，我们发现横、竖、撇、捺都可以变形为点，点的变形最为灵活。"折笔"类字出现了封闭式的曲笔，不符合我们今天的书写习惯，可能是保留了小篆的用笔。

(4) 笔画位移
上表中的字形笔画的位置发生了变化，第一、二行是点的位移，第三、四行是其他笔

衆	艷	貳	貳	抵	金	凡	帆	蛇	雀
眾	艶	貳	貳	抵	金	几	帆	虵	雀
同	园	城	章	余	衣	蚊	夜	庄	齿	件
同	园	城	章	余	衣	蚊	亥	茊	齿	件

画的位移。笔画"点"存在广泛灵活性，故而其位置也最不稳定。

我们从笔画的增加、减省、变异三方面对民国时期《申报》中的异写字进行了初步分析。异写字一种是无意而成的，一种是有意为之的。其中"无意而成"占绝大多数。由于笔画层面的异写不影响汉字的构意，随意性极强，带着浓厚的书写者个人的书写色彩，因此在实际使用过程中形成了数量庞大、形形色色的字形群。这些字形大部分没有来源，没有例证，是临时性的写法，在语言流通层面接受检验，大部分都没有生命力，被自然淘汰掉。不过不可否认的是，还有一些合理的异写字在交流中逐渐渗透到社会用字中，在演变中经过优化选择，为越来越多的人所接受，最后成为正字。我们看到现在很多字的通行写法就曾经是古代某一时期的流行式样，这类字随着接受程度的提高，在发展中就有机会"转正"。

二 《申报》异形同用字反映的民国时期用字特点

通过对民国元年一月一日到民国38年五月二十七日的《申报》影印版报纸原文进行初步收集和整理，共得到异形同用字一千余组。所收集的字形都是报刊中实际存在过的字形，且绝大多数都是常用字，一定程度上反映了民国社会用字面貌。

（一）来源复杂

民国时期的用字看似属于共时层面的汉字使用系统，但其内部面貌并非单一纯净的，而是之前多个朝代字形层层累积的结果，用字来源非常复杂，内部性质并不统一。一字多形现象特别明显，基本承袭了前代各个时期用字的情况，绝大多数字形都可以在经典的古代辞书中找到依据，即使有一些字形找不到出处，也符合汉字的一般规律，可以进行推测。

如"歲"共有"歲""歲""歲""歲""歲""歲""歲""歲"八个形体，但八个形体来源和产生的年代却并不一致。其中，"歲"形见于《碑别字新编·十三画·岁字》引《魏元偃墓志》，"歲"形见于《金石文字辨异·去声·霁韵·岁字》引《汉郙阁颂》，"歲"形见于《增广字学举隅·卷二·古文字略》，"歲"形见于《干禄字书·去声》，"歲"形亦见于《干禄字书·去声》。而"歲""歲""歲"三个形体并未找到文献依据，不过，仔细分析，这三个字形也能辨认出来，因为它们符合字形发展的一般规律，如"㝛"其实是在"歲"形体的基础上发生了构件的内外移位，构件"示"从里面移到了外面，而"山"和"止"常常混同，如"步"也可以写作"歨"。"㦮"形则是原字形的下部发生了断裂，断裂后的构件"戈"拉长，使得该字变成了左右结构。"㐌"形则是改换了原有字形中的构件"㐌"，变为了构件"百"，构件发生改换的具体原因未知，但是猜测很有可能包含了用字者的特殊意图，即可能是受人们的潜意识影响而发生的类化现象，因为"百岁"二字常常连在一起使用。这里的语境是来自新年的祝福，具体内容为"中华万岁、国货万岁"，使用含有构件"百"的"㐌"字，可能有祝福"百歲"的意思在内。

还有一些字形，是受语境的影响而产生的，如字形"䏵"并没有在字典、辞书中收录，应该是受语境影响而临时产生的字形，是一种特殊的用字现象；字形"丫"发生构件倒置，却不仅仅是"冰冷"的构件位移，考察其出现的语境发现，这个倒置的字形只出现在寻人启事中，与用字者的用字心理密切相关，通过字形也能传达字形之外的更广泛的信息。

民国《申报》用字，有前代用字约定俗成的"累积"，也有种种临时的用字现象。有古形、有新变，有临用、有旁出，本身并非封闭的、整齐的用字系统，用字复杂。所以不加分层，粗略地对其字形进行数据统计本身意义并不大。只有当我们把这"层层累积"的复杂的用字现象进行离析，区别哪些字形是前代已有，哪些是民国产生；哪些字形是书写讹误，哪些是有意为之；为何此处使用这个形体，不用那个形体，等等，这样的研究才更有意义。

（二）追求古雅

汉字是表意文字，虽然随着时间的推移，绝大多数的汉字已经脱离了象形，但是还有很多汉字继承了古文字的精髓。正如毛远明在《汉魏六朝碑刻异体字研究》中提道："许多古文字尽管因字体变化，笔法变异，笔势改变，直观上表现出文字外形的不同，但是其文字结构类型、结构要素、构件组合方式、构字意图等则是一致的，并且其形体往往被直接继承，或者以隶定的方式保存下来。"[①] 所谓"隶定"，"指用隶书的笔法来写'古文'的字形。后人把用楷书的笔法来写'古文'的字形也称为'隶定'"[②]。民国报纸中存在的很多字形来源于"隶定"，也就是对古文字的线条进行对应性的转写（见下表）。

对应性转写包括整字转写和部分转写两类。"上""之""年""申""夜""有""明"基本上是对小篆字形的整体转写。而"游"中的间接构件"子""宜"中的构件"且"，"舞"中的上半部分构件，在一定程度上来自古文字形的转写，属于部分转写。

[①] 毛远明：《汉魏六朝碑刻异体字研究》，商务印书馆2012年版，第72页。
[②] 裘锡圭：《文字学概要》，商务印书馆2013年版，第78页。

字头	报刊字形	古文字形	字头	报刊字形	古文字形
上		（小篆）	游		（小篆）
杂		（小篆）	江		（小篆）
宜		（小篆）	之		（小篆）
祗		（小篆）	年		（小篆）
申		（小篆）	夜		（小篆）
有		（小篆）	明		（小篆）
初		（小篆）	贵		（小篆）
昔		（金文）	众		（甲骨文）
军		（金文）	亡		（金文）

（三）个性张扬

季刚先生在《文字声韵训诂笔记》中曾说过："人心好异，务在于奇，此亦笔势变异之一因。"[①]《申报》作为当时流通性甚广的商业性报刊，为了吸引眼球，用字常常具有求新求异的心理，带有浓厚的主观色彩。一般而言，社会上层阶级由于受教育水平比较高，用字比较规范，异体字、错讹字较少；而下层阶级则用字更为随意，多用简俗字。但是在《申报》中，阶级差异对用字的影响并不大，无论是上层知识分子还是下层百姓，都广泛使用简俗字，用字随意性更为明显。

同一版面不同阶层的人书写相同的字写出的字形就不尽相同。以中华民国元年一月一日第一版"恭祝中华民国第一大总统万岁"几个字为例，书写者要不就是知名人士，要不是大型出版社，但还是出现了多个异体形式。

其中"總"出现了"禮""總""總""総"四形；"统"出现"統""統""统"三形；"孫"有"孫""孫""孫"三形；"歲"出现了"歲""歲""祓"三形，"国"有"国""国"二形；"民"有"民""民"二形；"人"有"人""人"二形。放眼整个民国时期的《申报》，这种一字多形的现象非常普遍，用字带有浓厚的主观色彩。

不仅如此，很多字还被进行了夸张变形处理，如"中"在《申报》民国9年七月八日第十七版写作"喠"，该字形对原字明显进行了艺术性的加工，随意性可见一斑。

---

① 黄侃：《文字声韵训诂笔记》，上海古籍出版社1983年版，第24页。

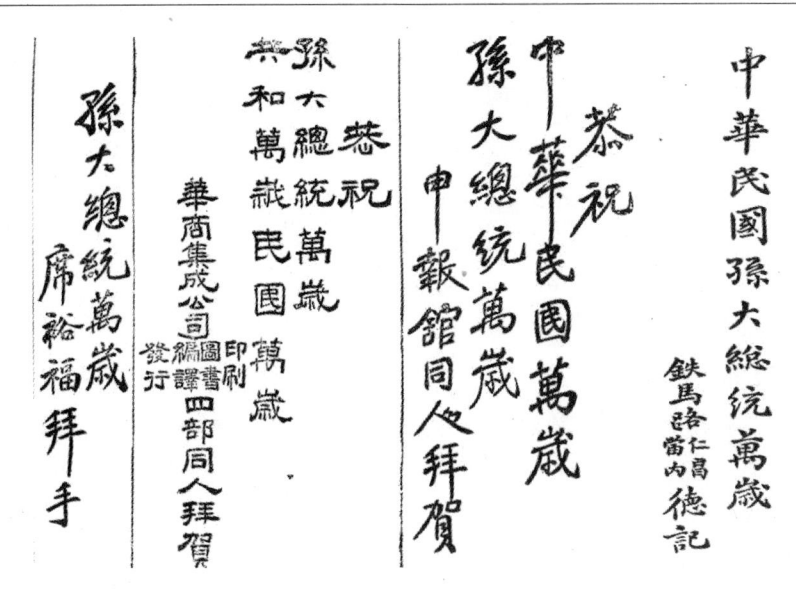

恭祝中华民国第一大总统万岁

（四）整体趋简

汉字向书写便利的方向发展本身就是汉字演变的一大趋势。从客观上说，在汉字发展演变序列中，民国上承宋元，而宋元话本文学的广泛流传，市民文化的普及传播，简俗字已经成为当时社会用字的主体，民国时期客观上继承了这一汉字简化的趋势，形体出现了部分简化或完全简化。主观上讲，民国时期推行了轰轰烈烈的"汉字简化运动"，在知识界、教育界都有很大反响，尤其是1935年8月21日政府颁布了《第一批简体字表》，使简体字从民间个人用字走向制度层面。因此，虽然民国报纸中也会有繁化字形，如"启（啓）""雲（云）""嚴（严）"等，但简化却是主流。

（五）偶有新造

民国时期与前代相比，由于大量外来语传入，为了传播和沟通的需要，外来语的翻译急增，为此大量使用音译词、假借字来翻译，不过其中数量最多的还是为数学、物理、化学、生物而专门造的科技新字，这是这一时期的一大亮点。据1964年8月5日《光明日报》登载的消息《化学新字有多少》一文，提到新中国成立前的化学新字共有223个，占比34.5%。[①] 杨锡彭在《现代汉语史》一书说，近代汉字大量吸收了外国汉字，"如日语汉字'腺、噸、粍、粁、糎、瓩'，来自越南的汉字'栁''㴔'等，来自柬埔寨的汉字'喷吥'，来自泰国的汉字'呵'"[②]。据孙可《近现代科技类新造字研究》一文的统计，科技类新造字涵盖了多个领域，共收集到了713个新造字，实际的新造字远多于这个

---

① 绍玉：《化学新字有多少》，《光明日报》1964年。
② 杨锡彭：《汉语外来词研究》，上海人民出版社2007年版，第1页。

数量。① 像《申报》中出现的"䯅""㸺""𩶁"等字，表中并没收录进去。"䯅""𩶁"见于1901年博医会术语委员会出版的术语集，具有独立音义。新造字是民国时期文字使用的一大亮点。

三 民国时期用字现象的成因

（一）语言因素对用字的影响

1. 汉字汉语规律的客观要求

字与词之间存在相对平衡的对应关系，但当语言层面产生了新词，就会出现记录的需求，新的表达需求就需要新的字形来填补空位，继续维持字词之间的平衡关系。文字发展的早期阶段，人们可以为新词专造一个新字形来记录。但后来随着新词的不断出现，人们为每一个新词都新造一个字形显然是不可能的，于是采用文字假借、异体字分工、分化字形等文字内部调节机制来解决字词矛盾，但是这样又会造成某一字形承担过多的记词职能，影响表意的明确性。面对新词的出现，造字和用字之间的选择是需要面对的问题。

民国处于中西文化碰撞的特殊时期，西方文化大量涌入，白话逐渐取代了文言，字词之间的矛盾在民国这一时期表现得尤为明显。民国时期，外来词的传播和翻译亟待解决，尤其是物理、化学、生物等科技类的新词，在汉语体系中并没有与之对应的文字。这时，选用何字来记录？用何种方式来记录？是新造，还是"死字新用"？反映在《申报》用字中，音译词用字的不固定、新造字的大量产生，都是为了满足汉字汉语的对应平衡而做出的尝试。不过，哪些字形"昙花一现"？哪些字形却能长期沿用？说到底还是字形既能否准确地提示读音和意义，又符合汉字使用的规律和习惯。那些为记录新词而出现的汉字，正是人们对汉字汉语规律的主动适应，这一时间的积极尝试为后来汉字用字的规范积累了宝贵的经验。

2. 使用中的类化影响

文字在使用过程中，往往会受所处的具体语境中其他字影响，或受自身形体影响，而改变原字的意符或声符，在形体上呈现"趋同性"的特点，这种现象就是语言的类化现象。类化是一种语境接触中发生的有意识的语言改变，并非文字错讹这么简单。故而在汉字的演变过程中绝大多数的类化字都被淘汰，自然消失了，但是我们仍然可以透过这种特殊的现象去挖掘某些字形的来源，解释某些用字心理，故类化仍然是一种值得关注的用字现象。大体可分为字内类化和语境类化两种情况。

（1）字内类化

字内类化针对的是合体字的原有结构，其中的某一部分构件受到另一部分的影响而变成相同的构件。字内类化多发生在彼此形近的构件，这种类化的发生往往是由于书写者个人笔误或记忆错误等原因造成的，具有较大的偶然性和临时性。

---

① 孙可：《近现代科技类新造字研究》，硕士学位论文，北京师范大学，2015年，第17—18页。

【獄——狱】民国22年一月一日第九版："英法两军血战九个月真景《西线活地狱》。"

"狱",《说文·狀部》："确也。从狀从言。二犬,所以守也。"楷定字形"狱"最左面的"犭"旁变形为"犭",右边部分还保留了"犬"。而《申报》字形"獄"右边的部件受前面的部件类化影响,变为了与"犬"对称的形体。

（2）语境类化

语境类化即受到上下文语境所影响而造成的汉字类化现象。这类语境可以是词,也可以是词组,甚至是句子中的某个字或某几个字的偏旁或构件也会影响其他字的构件,造成类化。大致有两类情况：一类是受相连的一句话中某个字影响,而改换原有构件或者选择特定异体字,形成了与原字相同的构件；另一类是受某字影响后增加了构件,往往是增加表义构件,形成了与原字相同的构件。

【瘚——胃】民国38年一月一日第二版："瘚去病。"

该字在字典、辞书中均未收录,却在《申报》中多次出现,根据字形和广告内容推断,该字记录"胃"这一词项无疑。但字形却加了偏旁"疒",应该是表意的需求,受这条广告中的"病"影响而发生类化,产生临时性语言接触的结果。

【腌——皂】民国3年九月二十一日第八版："肥腌腊烛材料。"

"皂"未见于《说文》,"皂"本"皁"之俗字,今用"皂"为正体。《广韵》《正字通》："皂,俗皁字。"《玉篇·白部》："皁,才老切,色黑也。皂,同上。"徐铉曰："今俗以此为艹木之艹。别作皁字,为黑色之皂。按,栎实可以染帛为黑色,故曰草。通用为草栈字。今俗书皁或从白从十。或从白从七,皆无意义。"而报纸中使用的是字形"腌"在原来的基础上增加了构件"月",应是受语境中前面的"肥"字的偏旁影响,类化而增加了表义构件,形成了新的形声字。

（3）两字同时类化

【槭——機】【槲——聯】民国18年七月十一日第十二版："上海机制国货工厂联合会编的《槭槲会刊》。"

此例中的类化比较特殊基于以下两点。第一,之前的例子中一般都是一个字类化为另一个字,而这个例子中却是两个字同时发生类化,两个字同时变为相同的第三个形体。第二,我们前面举的例子中一般都是发生意符类化,往往改换或增加的是原字中意符,而此例中的"机"却发生了声符类化,这类现象比较少见。

类化可以影响用字者对现以存在的几个字形的选择,甚至还会造出临时的新字形。这种临时的语言接触产生的个性化用字现象,丰富了语言的使用,满足了不同的需求,是民国《申报》字形面貌中的一抹亮色。但是,从汉字演变的历史序列来看,类化字并不是汉字演进的自然的、主流的群体,往往是在特定环境、特定时期、特定范围突发形成的结果,且类化之后,对汉字原有的理据性往往具有破坏性。所以今天这些字大部分都被淘汰了,并未推行,故而类化字的使用场合有一定的局限性和临时性。

（二）社会文化因素对用字的影响

社会文化因素是文字使用的大背景,对用字系统影响深远。民国时期,国家动乱,政治风起云涌，连年混战，对汉字的约束性减弱，大量的民间社会用字登上了历史的舞台。尤其是1935年教育部颁布了《第一批简体字方案》，大量的民间书写被官方承认，并得到广泛推广。这样一个混乱的年代却给民间汉字的广泛传播提供了土壤。再加上当时的报纸行业为私人经营，国家并未统一监管，大量的民间用字通过报纸这一媒介进入了更为广泛的流通领域。有的字形甚至随着流通范围的扩大，为越来越多的人所接受和效法，因而冲击原有的规范用字系统，大有取代固有字形之势。

此外，民国时期相对宽松的文化环境，极大激发了学者对文字研究的热情。不同的知识分子都对"汉字改革"进行了积极的探索，不同文字理论和实践的碰撞与交流，迎来了当时对社会用字讨论的高潮。历史中存在的一字多形现象被人们大量挖掘研究，并在社会层面大量使用。但是遗憾的是，其研究"各自为政"，互相抨击又相互交叉，政府又无暇顾及，缺少统一的相对权威的理论指导，因此混淆了普通民众对汉字的使用和规范，各种用法频出，是非对错难辨，社会用字呈现相对混乱局面。

（三）报纸载体因素对用字的影响

报纸不同于字典辞书、古籍文献、碑刻石雕，流通性和交际性很强，用字本身同时兼有示意和审美两大功能。报纸以传达信息为主要目的，不是纯粹的书法作品，更不是绘画艺术，因此报纸用字最主要的功能仍是记录语言的工具。但由于报纸这一特殊的媒介手段，尤其是报纸的标题、广告不可能长篇大论，而是尽可能地在保证字形准确认读的前提下，以更加醒目、明晰的方式呈现出来，抓住人们的眼球。报纸中这类字常常会增加一定的艺术性修饰，提高其美感；或者使用一些比较有特点的、个性化的字形来吸引别人。报刊用字不可避免地具有了一定的审美价值，造成用字时偏向选择异体、俗体字形，或是对原有字形进行美化或改造，这种汉字美化在报纸这种传播信息的媒介中表现得尤为明显。

《申报》属于商业报刊，以营利为目的，广告业务是其最重要的业务之一。《申报》对登载的广告限制较小，只要付费，来稿即登。《申报》上的广告涉及的内容相当宽泛而庞杂，用字涵盖范围广泛。广告中为了"求新求异"，对汉字的使用也"标新立异"，或是大量使用装饰笔画美化原有汉字，或是大量使用汉字历史上曾经出现过的异体形式，还有大量的临时的对原有汉字中笔画和构件的减省、增加和变形的情况，以达到传播的目的。如"中"为"中"形，笔画连断的不同和修饰性笔画的加入，在不影响文字表义性的前提下更加美观；"人"写作"个"，字形倒置后表达用字者特殊的用字需求；"默"写作"默"，构件位移后整字更加匀称美观；"关"作"關""関"，字形观赏性更强……报纸这种以流通性为主的文字载体是影响当时文字使用的重要因素。

四 结语

李运富提出的汉字职用学第一次把汉字的"职用"作为汉字的本体属性提出来，使得汉字汉语关系在近年来日益成为学术界的研究焦点。职用学是介于文字学和语言学之间的桥梁，错综复杂的字词关系、字际关系和词际关系，只有将其放置在汉字职用学的理论框架下分析，运用汉字职用学的相关研究方法，才能真正将其源流演变梳理清楚，而汉字在各个时期的用字面貌也只有在职用学的研究中才能得到更加全面的认识。本论文是对特殊时期、特殊背景下的文字使用情况的测查，字际关系的梳理，有助于我们进一步认识当时汉字系统，并对其用字价值进行合理地位，可以进一步丰富汉字职用学理论。

宋代碑刻楷书异体字研究

张长弘　徐多懿

前　言

异体字是汉字职用学研究的一个重要内容。异体字是属于同一个字符的不同字形。从汉字职用的角度来说，它们的本用是记录的同一个语词，它们的记词功能相同。同用，是异体字的前提。因此，异体字研究对了解用字面貌，梳理汉字字词关系、字际关系，探讨汉字使用的规律，以及深入研究汉字职用史具有重要意义。

我们拟以中州古籍出版社出版的《北京图书馆藏中国历代石刻拓本汇编》宋代部分为主要材料展开异体字的研究。我们对文字材料进行穷尽式测查，以记词功能相同为前提，从异构和异写两个角度对异体字进行观察分析，侧重于描写分析异体字的用字面貌，从而总结宋代碑刻异体字的特点，解释宋代碑刻异体字的形成原因，为字用学研究提供材料依据。

一　宋代碑刻楷书异体字的判定和处理

（一）对于异体字的判定

关于什么是异体字，学界有诸多不同看法。李运富在梳理了学界种种观点之后，从宏观和微观、学术界定和实践应用不同层次，把异体字放在字样学、字构学、字用学三个范畴，从字样、字构、字用三个角度分别界定异体字的概念。

按照李运富的观点，各种范畴的异体字的关系可以归纳为[①]：

$$异体字\begin{cases}同词同用异形字\begin{cases}同词同用同构异形字\\同词同用异构异形字\end{cases}\\异词同用异形字\begin{cases}异词同用包含异形字\\异词同用交叉异形字\end{cases}\end{cases}$$

"全部异体字的共同属性是'同用'和'异形'"，"异体字指本用职能是记录同一词位（或语素）而形体不同的字"。"所谓'本用'是相对于'借用'而言的，字形借用不

---

[*] 本文由张长弘《宋代碑刻楷书异体字研究》节选改写而成，硕士学位论文，北京师范大学，2010年。
[①] 参见李运富《关于"异体字"的几个问题》，载《汉字汉语论稿》，学苑出版社2008年版，第143页。

属于异体字范畴。所谓'记录同一词位'是就字符的本质职能而言的，只要所记义项属于同一词的意义系统，就可以算是记录同一词位的，而不必每个字形所记录的实际义项完全相同。异体字可能是异时异地的，因而实际读音也不必完全相同。""异体字从形成过程来看，可以分为异构字和异写字两种。"[①] 本文只选取同词同用异形字，也就是上表中的同词同用同构异形字和同词同用异构异形字。

所以异体字的判定，首先是依据同用的原则，即记词功能相同，这是前提。其次，区分同词异构字和同构异写字关键在于是否具有不同的构形理据。同构异写字的构形理据相同，字与字之间的差别是书写属性不同。

（二）材料处理的原则

处理文字材料，首先要在记词功能相同的基础上进行同词同用异形词的类聚。应该注意不要把记词功能相同而结构不同的异形词归入到不同的字头下，同时有的字形相同但记词功能不同，这种情况也要特别区分。其次，要对同词异构字和同构异形字进行区分。如果几个形体间仅有细微的差别，就没有进行研究的必要。

二 宋代碑刻楷书异体字分析

在区分和类聚了同词异构字和同构异形字之后，需要对其逐一进行细致的分析和描写，也就是要对其进行属性分析和描写。汉字本体具有形体、结构、职能三个属性。我们以汉字职用属性为前提，从构形角度和书写角度进行异体字分析。

（一）宋代碑刻楷书同词异构字分析

由于碑刻的内容和宋代楷书的时代特点，宋代碑刻中的楷书同词异构字数量很少，但同样也反映了宋代用字情况，具有一定的代表意义。从共时描写的角度来看，这些同词异构字的构形差异主要有以下几个方面：

1. 结构模式不同

结构模式的不同也就是造字方法不同，如会意、形声的区别等。如：

寶—寳

《说文解字·宀部》（按：《说文解字》以下称《说文》）："寶，珍也。从宀，从玉，从贝，缶声。""缶"为"宝"的声符。同词异构字"寳"中"缶"换成"尔"，与"玉"（小篆中写作"王"）合成"珎"（"珎"是"琛"的书写变形），恰为许慎"珍也"的词义解释，成为全字意义的代表。这对同词异构字使用了不同的构件，结构模式由原来的表义标音结合变为表义。

本册材料中多用于人名。例：

（1）张琬、蔡文卿、杨国寳、叶絪摅同遊。（《张琬等题名》）

[①] 李运富：《论汉字的字际关系》，载《汉字汉语论稿》，学苑出版社2008年版。

（2）公讳光，字君实……考讳池寶，元庆历年间名□終於兵部郎中天章阁待制，赠太師。(《司马光神道碑》)

秊—年

《说文·禾部》："秊，穀孰也，从禾，千声。"容庚《金文编》："秊，从禾，从人，人亦声。""秊"为形声字。于省吾《甲骨文字释林》："年就一切谷物全年的成熟而言。"甲骨文"秊"字为稔熟，金文始有年岁义。① "年"字是"秊"字笔画的重合和粘连，使得整个字丧失了造字理据，成为一个记号字"年"。

（1）元祐四年十月初九日以疾终于密州之官舍，享年五十六。(《韩正彦侧室艾氏墓志》)
（2）（灵裕法师）秊七岁即欲捐俗，父母不许。(《灵裕法师传》)。

寧—宁—宁

《说文·丂声》："寧，愿词也。从丂寍声。"是形声字。段注："其意为愿，则其言为寧，是曰意内言外。寍部曰：寍，安也。今字多假寧为寍，寧行而寍废矣。"宁是将寧的"心"简省为"丅"。而"宁"则将"宁"进一步省写。"宁"是记号字。宋代多见"寧"而少见"宁""宁"。

（1）公讳镒，字待用，以熙寧三年九月二十一日之官滁州通判道。(《王镒墓志》)
（2）（慕容伯才）母宋氏，永宁县太君。(《慕容伯才遗戒》)
（3）侯寧斯宅兮，又曰吉尔时祥，藏吾文于不泯兮，夫子雖死其何伤。(《朱勋墓志》)

2. 构件模式相同，但是选择不同的构件
（1）形声字选用不同的表义构件

辭—辤—辞

《说文·辛部》："辭，讼也，从辭辛。"同部："辤，不受也，从受辛。……辞，籀文。"段注两字皆为会意，另说："和悦以却之，故从台。"《集韵·卷一》："辤辞，不受也，从辛从受，受辛宜辤之，籀从台，俗从舌，非是。"说"辭"是"辞"的俗体，是民间流行的异体字。而按照许慎说法"辭"为言辞义，"辤"为辞退义，会意字，两者不同，应属假借。事实上，在历史中"辞"与"辤""辭"已然通用，都具有"言辞""辞退"两个意义。《干禄字书》"辞辤辭，上中并辤让，下辞说，今作辞"说明"辭""辤"混用。故三者之间是异体关系。

---

① 汉语大字典编辑委员会（中国）编写：《汉语大字典》（电子版）。光盘版程序编写：阿勤、阿宏（马来西亚），扫描：任真（中国台湾），光盘版制作日期：2006年10月初版，2008年8月修订一版，2008年12月修订二版。

（1）（夫人）醉雅笔札，能絃筦，隐而弗耀。(《任稷妻吴氏墓志》）
（2）其徒使来告曰："宸奎阁未有銘，君逮事昭陵，而与吾師游冣□，其可以辥。"(《宸奎阁碑》）

辭、辥都指"言辞"义。

迹—跡—蹟

《说文·辵部》："迹，步处也，从辵，亦声。"《广韵·昔韵》："迹，足迹。跡，同迹。"《集韵·箈韵》："迹，《说文》：'步处也。'或作蹟。"迹是形声字，辵表义，后简化为辶，亦表声音。段玉裁《说文解字注》（按：《说文解字注》以下简称段注）："迹本作速，束声……小篆改为亦声……李阳冰云：李丞相持束作亦，谓此字也。资昔切。古音在十六部。迹，或从足责。责亦束声也。……速，籀文迹，从束。"迹本作速，速是籀文，迹为小篆规范后的字体，声符由束变为亦，后又换为责，亦、责音近。义符也由"辵"简化为"辶"，再到"足"。《玉篇》："迹，子昔切，踪迹也。""跡，子亦切，跡也，理也。"

"辶""足"多通用。从"迹"到"蹟"，都是形声，但选用了表义构件，同时也选用了不同的标音构件。

朙—明—眀

《说文·朙部》："朙，照也。从月囧。凡朙之属皆从朙。明，古文从日。""朙""明"两个字形在甲骨文中都曾出现。段注："从月者，月以日之光为光也。从囧，取窗牖丽廔闿明之意也。囧亦声，不言者，举会意包形声也。""朙""明"均为会意字，不同的是采用了不同的义符。《集韵》："眀，视瞭也。"从目，指眼睛看得清楚明白，也是更换了义符，从不同的意义角度来造字。另外，从囧到日，也有笔画简省的因素在内。宋代碑刻中"明"字出现次数最多，其次为"眀"和"朙"例句：

（1）既卒之明日，权厝于甘露寺。《任稷妻吴氏墓志》
（2）朝廷清明，百揆时叙，民安其生。(《司马光神道碑》）
（3）虽或沈酣，而莅事益明。(《王镃墓志》）
（4）裕之眀识皆此类也。

(2) 形声字选用不同的标音构件

如：舊—舊。

《说文·萑部》："舊，雖舊，舊留也，从萑，臼声，舊或从鸟休声。"舊本义为一种鸟，"萑"表义，"臼"表音，是形声字。《汉语大字典》："舊，《宋元以来俗字谱》：'舊'，《太平乐府》作'舊'。""舊"声符"旧"与"臼"音近。这对异体字是换用了不同的标音构件。例句：

（1）而今岁之秋，积水弥月，河水不大溢，及冬水入地益深，有北流赴海，復

禹舊迹之势。(《司马光神道碑》)

　　(2) 论及华严涅盘等经，皆晨夜研究，博寻舊解，阐发新异，众翕然称之。(《灵裕法师传》)

(3) 象形字选用了不同的象形角度

如："三"与"四"。《说文·四部》："四，阴数也，象四方之形。三，籀文四。"两者的书体不同，象形的角度也不同，一个是像四方之形，一个是像事物的数量，构意明显不一样。

在宋代碑刻异体字中，同词异构字的数量不是很多，大部分是同构异形字，下面重点分析同构异形字。

(二) 宋代碑刻楷书同构异形字分析

宋代碑刻楷书字形中，同构异写字较多，我们从两万多字形中筛选了149对同构异写字。同构异写字的差异主要在于书写属性，是由于书写的因素造成的差异，这些书写属性指的是笔画的种类、笔画的数量、笔画的交接、笔画或构件的置向形态不同等。笔画的变动会引起构件的变化，当笔画变动引起的构件的变化已经影响到了构形理据，那么改变了构形理据的应该是构词异构字。同构异形字的构件变化并没有造成造形理据的变化，所以还是应该归为同构异写字。从实际材料分析，我们根据书写属性的不同，把同构异形字分为笔画异写字和构件异写字两大类。①

1. 笔画异写字

王立军把笔画异写字定义为"笔画异写字是指记词功能相同，只有笔画的多少、长短、曲直、偃仰等形态差别，并且不引起构件混同、粘合的一组字样"。依据这个定义，笔画异写字有以下几种情况：

(1) 笔画的种类不同

汉字的笔画有横、竖、撇、点、折等基本类型。有些笔画异写字的差别在于它们使用了不同种类的笔画。如：

[字形]，右边第二笔为横折钩；[字形]，右边第二笔为横撇。

[字形]，右上笔画为两笔，横折和横，下面为"又"；[字形]，右上笔为一笔，横钩，下面为点和捺。类似的还有"[字形]"和"[字形]"。

还存在着古代的籀文和小篆写法的差异，笔画的数量不同。

笔画的数量不同，指的是相同构件相同位置的多一笔少一笔，笔画的增减并没有造成此构件的变异，我们仍然可以辨别这是某某构件。如：

[字形]、[字形]均为"说"的异写字，两者不同的是右边上面部件，后者比前者多一笔"点"。

(2) 笔画与笔画的交接、穿插、连断不同

---

① 此种分类方法参见陈淑梅《东汉碑隶构形系统研究》，上海教育出版社2005年版，第39页。

这种笔画间的交接、穿插、连断没有造成部件的变异。如：

▨、▨：右边部件"武"上面的短横与长弯钩有穿插；左下的"止"的左下笔画组合"⊥"连写成"乚"；右边笔画组合"卜"简省成两点"丷"。▨，右边部件"武"上面的短横与长弯钩没有穿插；左下"止"构件由"乚"和"一"组成，将"丷"连成"一"。

▨、▨：右边构件里面的"缶""缶"构件笔画连断和置向不同。"缶"是"缶"的俗字，是异体的关系。①

▨、▨，笔画穿插不同。

（3）笔画的置向或位置不同

它指的是笔画种类相同，笔画数量也一致，也没有发生笔画的连断和穿插。举例如下：

▨的右边部件的一点在横笔右上方；▨的右边部件的一点在横笔的右下方。

▨右边部件"青"与▨的右边部件"青"，两者区别在于下边部件中间的"一"置向不同，有横写和竖写的区别。

▨与▨的撇和捺笔画置向相反。

单纯的笔画差异的笔画异写字在同构异写字中也是少数，更多的是由于笔画的差异造成了构件的异写和变异。

2. 构件异写字

通过对实际材料的测查，我们发现，发生了构件变异的异写字并不都是由于笔画的变异而形成的，也有部分是由于部件的位置和置向等原因造成的，但笔画变异是造成部件异写的主要原因。构件异写字具体有以下一些情况：

（1）构件形态发生改变

这里构件形态发生改变，指的是由于书写时笔画的形态发生了变化，使得整个构件的形态也发生了改变，但并没有成为新的构件，大部分是由于古文隶变或者隶书楷定时产生了笔画形态的差异。如：

火—灬：爨，底部构件为"火"；燕，底部构件为"灬"。这是由于篆书隶变时的写法不同造成的变异。类似的"火"构件变为"灬"的很多。

爿—丬：▨，左边构件为保留隶意的写法；▨是简化的写法。

业—火：▨，上面构件为"业"；▨，上面构件为"火"。"▨"（《说文·火部》），这是小篆字形，"▨"（《老子·乙前》63），隶变时笔画形态不一样。

（2）构件发生混同

这里指的是由于笔画增减、变形，由不同种类的笔画构成了不同的构件，这些构件之间可以混用，多数发生混同的构件之间呈现某种规律性的现象。如：

攴—支—殳："▨"、"▨"、"▨"，三者右边部件分别为攴、支、殳，构件发生了混同，并且已经不是原来的构件了。

---

① 《汉语大字典》（电子版）。

《说文·攴部》:"數,计也。从攴,婁声"是形声字,有"计算""几个""命运""法则""技能、才能"等含义。数与數是异写关系,但在文例中"数"是"技能才能"之义,表示几个多用"數"。數,原从"攴",隶变为"攵","攴"上一短竖,在草书行书中容易写歪,成为一短撇,"攴"上一短横在简化时又和下面的"又"重合,成为"攵"形。"攴"上的短横,在草写时很容易贯穿短竖,成为"十"字。"攴"变成"支"。同时,"攴"上的短横在草书中易写成一点,紧接的一短横与下面的"又"连写,形成了"殳"或"旻"。"凡从'攵'之字,皆有潜在的从'殳、支'的变体,如'敦''致'的变体也可资见证。"① 而"數"上面部分的小方框在连笔时常写成点。"數"简化为"娄"。类似的还有"難"上的"廿"省作两点写作"难"。

攵—又—文:"■""■""■""■"右下的构件发生了混同。同时右上的部件"几""口""纟"也发生了混同。再如:"■"与"■",是殳。

旻—殳—攵;疒—广:"■""■""■"这三个字形之间不仅有笔画的增减,也有部件的笔画变形。"■"最外面的部件为"疒",里面为构件"发"。"■"外面构件为"广",笔画减少的同时,构件也发生了改变。里面构件为"发"的笔画变形。其中"发"的上面部件变形为"业",这是为了简写复杂的笔画。"■"里面构件的上部进一步简省成为"廿"。下面的部件有混同的现象,其中部件"旻""殳""攵"发生了混同。

大-廾-土:"■""■""■",下面的构件发生了混同。

廾-竹:由于形体相近,两者也经常混同,比如:"■"與"■"。两者在文献中意义相同。

(3) 构件粘合

主要是指由于笔画的交接、穿插、连断而造成构件之间的粘连和融合。如:

■、■:上面的构件齒鑿中间的笔画发生了粘合。

■、■:刘延玲认为这是由于楷书和草书之间的相互转化而形成的,"數"从小篆"叔"的或体"敊"变化而来②。《说文·又部》:"叔,拾也。从又尗声。……村,或从寸。""寸""又"形近,在古文字常见互换。那么"村"的上部的"上",一竖一横,变成丷,"上"的长横与"寸"的长横连接,成为贯穿的长横。"尗"的"小"草化为三点,"寸"的一点外写,成为了"數"的样子。整个"叔"字发生了粘合。

■、■:两个构件粘合为一个整体,这是由于笔画的连接而造成的。

(4) 由于笔画的简省、交接、变形造成构件的变异

变异与粘合不同,粘合是不同的笔画和构件交接穿插而成为一个部件,变异是构件的形态发生了变化,成为了别的构件。变异与混同也不同,混同是指两个构件之间可以混

---

① 刘延玲:《魏晋行书构形研究》,上海教育出版社 2004 年版,第 95 页。
② 高二适:《新定急就章及考证》,上海古籍出版社 1982 年版。

用，是发生在书写中常见现象，这种构件之间的混用不只发生在一对字例中，而构件变异指的是构件发生了改变或者变成了别的构件。如：

[图]、[图]、[图]、[图]中间的部件"山"简省成为"[图]"，并进一步简省为"[图]"，笔画发生了变形并简省。

[图]、[图]、[图]、[图]："[图]"和"[图]"笔画粘合。"[图]"与"[图]"笔画增减不同。"[图]""[图]"笔画长短不同。

器—噐：《说文·𠙴部》："器，皿也。象器之口，犬所以守之。""犬"字隶变中，"犬"字的撇和捺连写成为一竖一横，"犬"字的点省去，写成"工"，或者只是简省一点成"大"。"器"为会意字，有"器具""才能""气度""赏识、看重"的意思。①
例句：

（1）既视，则命徒役具用器平其沟堑而基之，筑其浮虚而实之。（《京兆府学移经记》）
（2）道虽无穷而器则有弊。（《京兆府学移经记》）
（3）裕持性刚洁，器识坚明，不局偏授。（《灵裕法师传》）
（4）都统之德裕，德非其德；都统之用裕，用非其用。既德用非器，事理难从。（《灵裕法师传》）

[图]、[图]：两个字形处于中间位置的构件笔画交叉不同，造成了构件的变异。"[图]"中间构件[图]与是相离的，而"[图]"字中间构件则是相接的，并且是不同的笔画种类，为"[图]"。

[图]、[图]："[图]"右边部件上部的两个"人"简写为"[图]"右边上部的两点。同时"[图]"右边下部的"𣥂"也笔画连写为"[图]"，这是受行书和草书的书写影响。

（5）构件的位置和布局不同

[图]、[图]、[图]："[图]""[图]"两者都是由相同构件组成，不同的是前者为左右结构，后者为上下结构。"[图]"比前两者多一点，似是为了书写的美观。

[图]、[图]：两者都是由"耳""口""王"三个构件组成，不同的是两者的构件的位置不同。"[图]"为上下结构，"[图]"为左右结构。

（6）构件的笔画多少不同

这里指的是构件的笔画有增减，基本笔画相同，仅个别笔画有增减。如：

[图]、[图]、[图]："恶"小篆形体为[图]，《说文·心部》："恶，过也。从心，亚声，乌各切。""恶"是形声字。《集韵·卷八》："恶，恶也，易言天下之至赜而不可恶也。"《五音集韵·卷十》："恶，憎恶也，又乌洛切。"恶意思为"憎恶"。在隶变中，"心"字的

---

① 《汉语大字典》（电子版）。

篆体㞢在隶变时向下延伸的长笔画加在"心"上，写成"必"，所以有"▨"字形。这是构件隶变时出现了笔画增减现象。

"▨"、"▨"：省略了下面构件右上角的点。相同的还有"▨""▨"。两对字例都是省略了部件右上角的点。原因大概是由于要节省碑刻有限的空间。

三　宋代碑刻楷书异体字的特点及其成因

（一）宋代碑刻楷书异体字的特点

在上文中，我们把宋代碑刻楷书异体字从同词异构和同构异形两个不同的角度进行了描述和分析，其中同词异构和异构同形又分别从更加细致的小类进行了描写，对于它们的数量对比，我们用表格来呈现，如下：

项目	异体字组数量	占异体字总量中的比例
宋代碑刻楷书材料异体字	101	100%
同词异构字	10	9.90%
结构模式不同	5	4.95%
构件模式相同，但是选择不同的构件	5	4.95%
同构异形字	91	90.10%
笔画异写字	19	18.81%
笔画的种类不同	11	10.89%
笔画与笔画的交接、穿插、连断不同	8	7.92%
构件异写字	72	71.29%
构件形态发生改变的	6	5.94%
构件发生混同的	19	18.81%
构件粘合的	5	4.95%
由于笔画的简省、交接、变形造成构件的变异	25	24.75%
构件的位置和布局不同	2	1.98%
构件的笔画多少不同	15	14.85%

根据此表显示的数据和实际的材料，我们总结归纳出宋代碑刻楷书异体字以下几个特点，具体阐述如下。

1. 同词异构字少，同构异形字多

从上表中得知，在我们所测查的22794个字形中，一共甄别了101组异体字，其中，同词异构字有10组，仅占异体字组总数的9.90%，而同构异形字的则有91组，占异体字组总数的90.10%。同词异构字的区别特征较少，仅有"结构模式不同"和"构件模式相同，但是选择不同的构件"的区别。而同构异形字的形态较为丰富，从形态的差异程度大小来讲，区分为"笔画异写字"和"构件异写字"，"笔画异写字"和"构件异写字"又分别有不同的形态差异情况。

2. 笔画异写字少，构件异写字多

同构异写字是结构属性相同，而书写属性不同的异体字。按照形态差异的程度大小区分为"笔画异写字"和"构件异写字"。无论是"笔画异写字"，还是"构件异写字"都是由于笔画的差异而引起形态的变化。在我们所测查到的异写字组中，大多数的笔画差异引起了构件的变化，改变了构件的形态，形成了不同的构件，单纯而轻微的笔画差异的异体字组很少。从上表中我们得知"笔画异写字"有19组，占异体字组总量的18.81%，而"构件异写字"组有72组，占异体字组总量的71.29%。笔画的差异造成构件的改变，这几乎是必然的现象，然而构件的改变并没有引起造字理据的变化，没有引起结构属性的改变，这更加显示出宋代字体趋于稳定而又变化丰富的两面特征。

3. 笔画差异是宋代碑刻楷书异体字呈现的主要特征

宋代碑刻楷书异体字的本质特征是笔画差异。从数量的对比中，我们得知，具有书写属性、笔画差异的同构异形字占宋代碑刻楷书异体字组的九成以上（90.10%），笔画差异是形成宋代碑刻楷书异体字的主要因素，也是独特的时代特点。

4. 从宋代碑刻楷书异体字特点看宋代字体

宋代字体趋于稳定。在我们所测查的101组异体字中，同词异构字有10组，仅占异体字组总数的9.90%。这表明在宋代碑刻楷书字体中，构形理据不同的现象很少，结构属性方面的差异很少，也就是说，宋代汉字大部份写法趋于固定。同时，在构形理据不同的同词异构字中，它们的区别特征较少，仅有"结构模式不同"和"构件模式相同，但是选择不同的构件"两种情况。而同构异形字的有91组，占异体字组总数的90.10%。这表明宋代碑刻楷书异体字之间的差异主要是由书写属性造成的，字形之间差异更多的是笔画差异。按照形态的差异程度大小把同构异形字区分为"笔画异写字"和"构件异写字"，有意思的是虽然其中大部分是"构件异写字"（72组），小部分是"笔画异写字"（19组），但这恰恰表明了大部分引起了构件变化的现象并未涉及结构属性的变化，这也是宋代字体高度稳定的一个证据。

宋代字体写法变化较为丰富。"字体趋于稳定"和"写法变化较为丰富"两者是相辅相成的。在相对固定的结构中，笔画有了比较大的发挥余地。在101组异体字中，同构异形字占到了九成以上（90.10%）。并且"笔画异写字"和"构件异写字"都各有不同的变异情况，笔画异写有两种，构件异写有六种，可谓变化丰富。这与宋代文化尚意之风不无关系。

（二）宋代碑刻楷书异体字的成因

1. 宋代碑刻楷书异体字形成的内部原因

异体字的产生是汉字发展过程中的必然现象，任何时代、任何书体的异体字的成因都遵循一般文字发展规律，宋代碑刻楷书异体字也不例外，异体字产生的一般规律即是它产生的内部原因。

(1) 文字的工具性特点造成了异体字的产生

文字是记录语言的工具，是人类交流最重要的书面辅助工具。这种工具性要求文字既要易于书写识别，又要能够彼此区分。一方面为了便于书写使用，汉字的发展趋于简化；另一方面汉字要能够彼此区分，也需要添加区别性特点，也有趋繁的一面。这两方面特征彼此矛盾，彼此制约，不断调整以达到一种优化平衡的状态。所以，自古至今衍生出大量的异体字形。

(2) 汉字的表义性特点造成了异体字的产生

索绪尔《普通语言学教程》中指出："世界上只有两种文字体系……表义体系，一个词只用一个符号表示，而这个符号不取决于词赖以构成的声音，这个符号和整个词发生关系，因此也就间接地和它所表达的观念发生关系。这种体系的典范就是汉字……"[1] 正因为汉字的形体要和它所表达的观念相联系，所以不同的思维方式就造成了不同的造字理据，进而形成了异体字。

2. 宋代碑刻楷书异体字形成的外部原因

汉字的发展不仅受自身规律的制约，也受到外部因素的影响。探讨宋代碑刻楷书异体字的成因，必须结合当时的文化背景，综合各种因素进行全面分析。

(1) 宋代书法尚意书风的影响

宋代书法艺术十分发达，与唐人崇尚法度不同，宋人崇尚写意求新。这种书法方面的风气必然会影响到文字的面貌，从而使得宋代碑刻中的文字具有了更多的个人色彩。在碑刻的制作中，书手负责书写本文，刻手负责把书手撰写的文本字样刻于碑石之上，碑文的样貌也难免体现他们的个人行笔特点。这样使得宋代碑刻楷书异体字更多出现了笔画方面的细微差异。

(2) 宋代雕版印刷的影响

宋代雕版印刷达到了鼎盛，大量文本都依靠雕版印刷在社会中通行保存，是宋代文字主流实现方式。印刷的刻本一般由上层文人写就，技艺高超的刻工所刻雕版与文本几乎没有什么差异。规范的刻本在社会上通行度高，无疑很大程度推动了汉字的规范。雕版印刷的文字与碑刻文字有相通之处，它们同属于手写文字，雕版印刷的规范字体必然也对碑刻文字的规范统一性起到了一定的作用。这也是宋代异体字中结构差异较少的一个因素。

(3) 碑刻载体形式的影响

首先，碑刻是由书手书写，刻手镌刻，最终呈现的碑文风貌带有书手和刻手的个人风格特点。清代著名校勘学家卢文弨在《重雕经典释文缘起》中说："今之所贵于宋本者，谓经屡写则必不逮前时也。然书之失真，亦每由于宋人。宋人每好逞臆见而改旧文。""改旧文"的现象使得宋代碑刻文字出现数量众多的同构异写现象。

其次，碑石是具体的文字载体，书写空间有限，为了更有效地利用空间，或者表现更优美的风貌，有些文字会出现异写以适应碑石书写的这个特点。比如"㷉""枈"都是为了版面空间而省去了部件右上角的点。

---

[1] 费尔迪南·德·索绪尔：《普通语言学教程》，高名凯译，商务印书馆 1985 年版。

四　结语

　　异体字的产生贯穿古今。对特定时代的封闭的文字材料进行研究有助于我们了解异体字的面貌和特点，从而帮助我们认识这个时代的文字系统和用字面貌。在此基础上，我们才能厘清汉字的字词关系和字际关系，进一步探讨汉字职用史及其内在规律。

郭店楚墓竹简异体字研究

王　丽

一　绪论

（一）选题意义

异体字是一个历史的范畴，它始终贯穿于汉字发展演变的过程中，因此，既要有共时的研究，又应该有历时的研究；既应该研究贮存状态（即字书）中的异体字，也应该研究使用状态（如竹简、帛书、碑刻等）下的异体字；既应该进行断代性的封闭系统的研究，也应该进行通史性的发展演变的研究。这样才能更好地认识异体字产生发展以及优化选择的规律。本文本着这一目标，选择郭店楚墓竹简的文字的作为研究对象。通过对郭店楚墓竹简的文字进行断代的系统测查，描述和总结郭店楚墓竹简异体字的使用状况及其规律。

之所以选择郭店楚墓竹简作为研究对象，主要有以下几个方面的原因：首先，郭店楚墓竹简在已出土的楚简中比较有代表性，文字十分清楚，字数比较多，是典型的战国文字。其次，有关郭店楚墓竹简的研究，特别是文字的释读和考证比较充分。本论题的研究分析是建立在前人对郭店楚墓竹简准确释读和考证基础上的，较为充分的文字释读和考证可以提高我们对郭店楚墓竹简异体字判断的准确性，提高我们对战国文字异体字基本状况描述和规律总结的科学性。

本论题是属于汉字职用史范畴的研究，通过对郭店楚墓竹简进行断代的系统测查，描述和总结郭店楚墓竹简异体字的基本使用状况及其规律，形成异构字表和异写字表，从而为战国文字异体字产生和使用的研究提供较为准确的数据和可供利用的材料。

（二）前人研究综述

1. 前人对郭店楚墓竹简文字的研究

郭店楚简于1993年冬出土于中国湖北省荆门市郭店一号楚墓，据发掘者推断该墓年代约为战国中期偏晚（约在公元前4世纪中期至前3世纪初）。郭店楚简的年代下限应略早于墓葬年代。此批竹简共有八百多枚，其中有字简约有730枚，经整理者加以复原，分为《老子》《太一生水》《缁衣》《鲁穆公问子思》《穷达以时》《五行》《唐虞之道》《忠

---

* 本文由王丽《郭店楚墓竹简异体字研究》节选改写而成，硕士学位论文，北京师范大学，2006年。

信之道》《成之闻之》《尊德义》《性自命出》《六德》以及《语丛》四种，共有十六种先秦道家和儒家的典籍。

1998年5月《郭店楚墓竹简》一书出版，引起了广泛的关注，迅速成为国内外汉学界的研究热点。在郭店楚墓竹简文字研究方面，台湾学者张光裕在很短时间内就编辑出版了《郭店楚简研究》第一卷《文字编》（台北艺文印书馆，1999年1月），给研究者提供了极大方便。此后，随着学者们研究的深入，陆续有文字校释的专书出版，如李零《郭店楚简校读记》（北京大学出版社，2002年3月）、陈伟《郭店竹书别释》（湖北教育出版社，2003年1月）、廖名春《郭店楚简老子校释》（清华大学出版社，2003年6月）、刘钊《郭店楚简校释》（福建人民出版社，2003年12月）。另外，崔仁义《荆门郭店楚简〈老子〉研究》（科学出版社，1998年10月）、李天虹《郭店竹简〈性自命出〉研究》（湖北教育出版社，2003年1月）、李若晖《郭店竹书老子论考》（齐鲁书社，2004年2月）等对《郭店楚简竹简》单篇进行综合研究的专著也涉及了文字的形、音、义和用四方面的释读。文字研究方面的论文更是不胜枚举，都对郭店楚墓竹简的文字做了进一步的考释，对战国文字研究有所贡献。

郭店楚墓竹简文字职能的研究也是学界关注的热点。如张青松的硕士论文《郭店楚简通假字初探》对郭店楚简通假字进行分类考察，讨论战国时代通假字骤增的原因和研究战国文字通假的意义，分析研究战国通假字的特殊性与复杂性。冯胜君博士学位论文《论郭店简〈唐虞之道〉〈忠信之道〉〈语丛〉一——三以及上博简〈缁衣〉为具有齐系文字特点的抄本》从文字构形和地域用字特点分析了郭店简文本的不同来源。

2. 前人对异体字的研究

裘锡圭《文字学概要》指出"异体字就是彼此音义相同而外形不同的字"[①]。严格地说，只有用法完全相同的字，也就是一字的异体，才能称为异体字。但是一般所说的异体字，往往包括只有部分用法相同的字。随着对汉字本体的进一步深入研究，王宁从历时和共时的角度，对汉字的构形关系进行了区分。"一类是共时的，也就是在同一历史时期同时使用的汉字的形体关系。另一类是历时的，也就是在不同的历史时期，构形的传承和演变关系。"[②] "在同一历史时期同时使用的汉字中，只有职能相同，也就是音义相同的字，才有必要比较其构形。"[③] 并进一步提出了异写字与异构字的概念。"共时汉字中有两种职能相同、形体不同的情况值得注意：一是异写字，一是异构字。"[④] "异写字是职能相同的同一个字，因写法不同而形成的异形。"[⑤] "异构字在记录汉语的职能上是相同的，也就是说，音与义绝对相同，它们在书写记录言语作品时，不论在什么样语境下，都可以互相置换。但异构字的构形属性起码有一项是不相同的，所以称为异构字。"[⑥]

[①] 裘锡圭：《文字学概要》，商务印书馆1988年版。
[②] 王宁：《汉字构形学讲座》，上海教育出版社2002年版。
[③] 同上。
[④] 同上。
[⑤] 同上。
[⑥] 同上。

李运富在《论汉字的字际关系》一文中把异体字放在整个文字系统中进行了界定，指出："异体字指本用职能是记录同一词（或语素）而形体不同的字。所谓'本用'是相对于'借用'而言的，字形借用不属于异体字范畴。所谓'记录同一词'是就字符的本用职能而言，只要所记义项属于同一词的意义系统，就可以算是记录同一词的，而不必每个字形所记录的实际义项完全相同。异体字可能是异时异地的，因而实际读音也不必完全相同。有人界定异体字必须音义完全相同，并且在任何情况下都可以互换，那只是一种理想状态，实际用例未必如此。异体字从形成过程来看，可以分为异构字和异写字两种。""异构字，指为同一词而造但构形属性或理据不同的字。跟理据相关的构形属性包括构件、构件数量、构件职能等。""异写字，指结构属性相同而写法不同的字。包括变体字、变形字两种情况。"①

本文采用李运富的说法，把异体字界定为"本用职能是记录同一词（或语素）而形体不同的字"。这样从职能和形体两个方面对异体字进行界定，可以"把'借字'排除在异体字之外。借用的字也可以跟别的字偶尔'同功能'，记录同一个词或具有相同用法，但这不是借字本来的职能，所以借字跟本字或者借字跟借字是无法构成异体字关系的"②。

研究郭店楚墓竹简的异体字，首先应该对其进行汉字构形的分析，找出其中的异构字；其次，应该对异构字进行字源推究，探讨造成异构的原因；郭店楚墓竹简文字作为楚系文字材料的一部分，必然具有楚系文字的一些共同特征。研究郭店楚墓竹简异体字需要有汉字字体学理论的指导。

二 郭店楚墓竹简异构字的整理与分析

汉字的属性主要有三种：一种是构形属性，一种是书写属性，一种是职用属性。通过对字样进行构形属性的分析，我们进行同功能异构字的类聚；通过对字样进行书写属性的分析，我们进行同功能异写字的类聚。

（一）确定异构字的原则

在进行字组类聚判定异构字的时候，我们主要依据以下原则进行：

1. 共时与历时相结合

文字的使用具有传承性，我们进行异构字关系的判断和书写变异的研究必须将历时追溯和共时描写相结合，以共时为平台，参照历时来分析。在汉字字际关系的研究中，区分共时和历时的观念是十分必要的，因为由于历时因素造成的形体更替和功能的分合等复杂现象只有在共时分析的条件下才能探讨清楚。同时在共时概念中也必须注意到历时字形的沉淀。汉字的异构与异写强调共时相关关系。

2. 确认记词功能相同

确认异构字的一个重要标准是要保证它们是为同一词项而造但构形属性或理据不同的

---

① 李运富：《论汉字的字际关系》，载《语言》第3卷，首都师范大学出版社2002年版。
② 李运富：《关于"异体字"的几个问题》，《语言文字应用》2006年第1期。

字。在《郭店楚墓竹简》中有具体的语言环境来帮助我们确认这些异构字。

例如：

《老子》甲第二简："少私寡㊉，江海所以为百谷王。"

《老子》丙第十三简："是以人㊉不㊉，不贵难得之货。"

《缁衣》第六简："故君民者，章好以视民㊉。"

根据上下文语境可以得知，这一组中"欲"和"㐫"都记录"欲望"之｛欲｝，在文中的记词功能相同而形体相异。

3. 确认构形属性的不同

汉字的构形属性是文字的本体属性，组构成字的构件是构形属性中最重要的因素。构件依照其功能组合的构形模式、各种模式所体现的构造意图、构件组合起来的构形层次等构成了构形属性的主要内容。构形属性的变化就包括了几种情况：构件组合模式不同，构件数量的多少不同，构件选择不同，构形层次，等等。

汉字构形属性的差异是判定异构字的一个重要原则。我们认为判定异构字的主要依据是在构形属性上进行区分。我们把构形属性中的构件、构件数量等属性至少有一个不同，构形理据因而也发生变化，但是在任何情况下记词功能都相同的一组字样称为异构字。

（二）郭店楚墓竹简异构字分析

基于共时与历时相结合、记词功能相同、构形属性三项标准，我们对郭店楚墓竹简文字进行了分析，对异构字进行了类聚。郭店楚墓竹简的异构现象比较丰富，从中可以反映出战国时期异构字的普遍现象。

经过分析，郭店楚墓竹简中异构字的构形属性差异主要体现在以下几个方面：

1. 功能模式不同

郭店楚墓竹简（以下简称"郭店简"）中功能模式不同的异构字主要有以下几种类型：

（1）象形字/象形字增添声符转换为形声字

象形字基础上增加一个声符造成形声字，所增添的声符与象形字音同或音近。

词语｛己｝作㊉，作㊉。郭店简作㊉（语三5），简文云："不义而加诸己，弗受也。"又作㊉（缁11），简文云"故长民者，章志以昭百姓，则民致行异以悦上。"加"丌"为声符，"己"见钮之部，"丌"见钮之部，二字声韵相同。简文中，"己"和"异"分别记录"自己"之｛己｝。

（2）会意字/会意字转换为形声字

会意字上增加一个表音构件，或者是会意字的一个表义构件置换为表音构件，使会意字转换为形声字。这主要是为了满足文字形声化的需要。

词语｛色｝作㊉、作㊉。《说文》："色，颜气也。从人从卩。㊉，古文。"郭店简作㊉（成24）、㊉（性44），又作㊉（语一50），加"矣"为声符，与说文古文相合。色，生纽职部；矣，匣纽之部。之、职对转。简文中"色"与"艳"分别表示"颜色"之｛色｝。

词语｛好｝作🈁，又作🈁。《说文》："好，美也。从女、子。"郭店简作🈁（老甲8）、🈁（语三11）、🈁（缁1），尽管构件的位置不同，但均从女从子。郭店简又作🈁（语二21），从子丑声，丑、好均是幽部字。简文中"好"与"妞"分别表示"美好"之｛好｝。其中，用"妞"表示"美好"之｛好｝是齐地的用字习惯。①

2. 功能模式相同，而其他属性不同

《郭店楚墓竹简》中功能模式相同，而其他属性不同的异构字主要有两种情况：一是构件数量不同；二是构件选择不同。

（1）构件数量不同

A. 增加构件

异构字的构件数量不同，通常是由增加构件引起的。何琳仪先生认为："战国文字之中也存在大量的繁化现象。所谓'繁化'，一般是指对文字形体的增繁。'繁化'所增加的形体、偏旁、笔画等，对原来的文字是多余的。因此有时'可有可无。'"②"繁化，可分有义繁化和无义繁化两大类。严格说来，两者都属叠床架屋。有义繁化，通过分析尚可窥见繁化者的用意：或突出形符，或突出音符，等等。至于无义繁化，则很难捉摸繁化者的动机。"③

郭店简中，"土""心""又""曰""宀""止""口"等构件常常或有或无或多或少，但一般并不影响记录功能，都可以看作同一字符的异构形体。这些增加的构件有的能彰显字的某种意义，这种构件可以看作是义符；有的具有示音作用，可以看作是声符；有的看不出与构字理据有多大联系，只起装饰性作用，是一种装饰性构件；有的是重复相同偏旁。

有的是通过增添义符实现，增添义符是指在既有文字的基础上，再增添义符的繁化现象。增添义符的目的主要是为了彰显字义，增强理据的可解释性。在郭店简中，在既有文字基础上增添义符的现象很普遍。

增添义符"心"，在郭店简这批以思想义理为主旨的竹书中，书写者在书写时有意增加义符"心"，主要为了彰显字义与人的心理活动、感受、感情等相关。如词语｛哀｝作🈁、作🈁。《说文》："哀，闵也。从口衣声。"郭店简作🈁（语三41），从口衣声，又作🈁（语二31），增添义符"心"。简文中，两字分别表示"哀闵"之｛哀｝。又如词语｛难｝作🈁，作🈁，《说文》："䜌，鸟也。从鸟堇声。䭀，䜌或从隹。"段注："䜌，今为难易字，而本义隐矣。""䭀，今难易字皆作此。"郭店简作🈁（性36）、🈁（老甲16）、🈁（老丙13），加"心"繁化。《性自命出》简36"凡学者隶其心为难"，简文中"难"借作"难易"之｛难｝。而《老子（甲）》简16"戁易之相成"，"戁"作为本字，表示"难易"之｛难｝。

增添义符"止""辶"，《说文》："止，下基也，象艸木出有址，故以止为足。"《说

---

① 周波：《战国时代各系文字间的用字差异研究》，线装书局2012年版，第185页。

② 何琳仪：《战国文字通论》，江苏教育出版社2003年版。

③ 同上。

文》："辵，乍行乍止也。从彳从止。""止""辵"与行走意有关，增添"止""辵"这类动符，可以彰显字义的行动之意。如词语｛恒｝作，作。《说文》："恒，常也。从心从舟，在二之間上下。心以舟施，恆也。![]古文恆从月。"郭店简作，与《说文》古文相合，郭店简又作，简文云"君子道人以言，而恒以行"。根据文意增"止"，以会行动之意。又如｛去｝作，作。《说文》："去，人相违也。从大凵声。凡去之属皆从去。"郭店简作，简文云"夫唯弗居也，是以弗去也"。郭店简又作，简文云"爱以身为天下，若何以去天下矣"。两字用法相同，后者增添义符"辵"。

增添义符"力"，如词语｛彊｝作，作；词语｛强｝作，作。《说文》："彊，弓有力也。从弓畺声。"郭店简作，又作，增添义符"力"。"彊"的初文为"强"，郭店简作，又作。简文中"彊"与"强"均用作本字，表示"强壮"之｛强｝。

增添义符"视"，如｛望｝作，作。郭店简作，简文云"凡物由望生"。又作，简文云"为上可望而知也"。两字用法相同，后者增添义符"视"，《说文》："视，瞻也。从见、示。"

有的是增加饰件，增添饰件是汉字繁化的一种表现，是在原有文字形体上增添一些仅具装饰功能的构件，增添的构件与构字理据没有多大联系，对文字音义表达不起直接作用。

增添饰件"口"，如｛己｝作，作。《说文》："己中宫也。象万物辟藏诎形也。己承戊，象人腹。"郭店简作，又作，增加装饰性构件"口"。简文中均用作"自己"之｛己｝。又如｛退｝作，作。《说文》："退，却也。一曰行迟也。从彳从日从夂。![]古文从辵。"郭店简作，又加"口"为饰，写作。简文中，均用作"退却"之｛退｝。

增加饰件"宀"，如词语｛中｝作，作，作。《说文》："中，内也。从口、丨，上下通。![]古文中。![]籀文中。"郭店简作，又增添装饰性笔画作，又写作、，增添饰件"宀"。又如词语｛忠｝作，作、。郭店简作、、，从心中声。又作，增添饰件"宀"。

增添饰件"又"，如词语｛乍｝作，作。《说文》："乍，止也。一曰亡也。从亡从一。"郭店简作，又作、，增添饰件"又"。又如词语｛克｝作，作。郭店简作，又作，增添饰件"又"。出于字形整体匀称的考虑，饰件"又"很可能是书写者有意添加的。

增添饰件"土"，词语｛尧｝：郭店简作✲（六7），作✲（唐14），两字简文中均用作"尧舜"之｛尧｝，后者增添装饰性构件"土"。又如词语｛萬｝：郭店简作✲（性11），又作✲（太7），"萬"在简帛文均表示数词｛萬｝，后者增添饰性构件"土"。

增添饰件"爪"，如《说文》："家，居也。从宀，豭省声。"郭店简作✲（唐26）。又作✲（语四26）、增添饰件"爪"。又如词语｛加｝：✲（穷9），作✲（语三5），《说文》："加，语相增加也，从力从口。"郭店简作✲（穷9），从力从口，又作✲（语三5），加"爪"为饰。

增添饰件"艹"，如词语｛源｝：郭店简作✲（成14），简文云"是故君子之于言也，非从末流者之贵，穷潒反本者之贵"。又作✲（成11），简文云"是君子之于言也，非从末流者之贵，穷潒反本者之贵"。两例用法相同，均表示"源流"之｛源｝，只是后者增添饰件"艹"。又如词语｛怒｝作✲（语一46），作✲（老甲34），郭店简作✲（语一46），从心女声，又作✲（老甲34），增添饰件"艹"。

增添饰件"曰"，如词语｛友｝作✲（语三62），作✲（缁衣45），《说文》："友，同志为友。从二又。相交友也。"郭店简作✲（语三62），从二又，又作✲（缁衣45），增加饰件"曰"。

有的是增添同形构件，这是一种同体繁化现象。重叠形体的如词语｛尧｝：郭店简作✲（穷3），又作✲（六7）、✲（唐14），重叠形体"✲"。重叠偏旁的如词语｛福｝：《说文》："福，祐也。从示畐声。"郭店简作✲（尊2）、✲（老甲38），又作✲（成17）、✲（成18），重叠偏旁"畐"。又如词语｛贤｝：郭店简作✲（成16），从子臤声，又作✲（五48），重叠偏旁"子"。又如词语｛化｝：郭店简作✲（唐21），又作✲（老甲32），重叠偏旁"虫"。

B. 省减构件

《郭店楚墓竹简》中构件数量不同的异构字，大多是由于构件的繁化形成的，少量构件数量不同的异构字是由于省减构件而形成的。省减的构件有的是组成义符或声符的偏旁；有的是省减会意字或形声字的义符；有的是省减形声字的声符。

如词语｛型｝，郭店简作✲（老甲16）、✲（五1），从土刑声，又作✲（尊2），省减声符"刑"的义符"刀"。词语｛毁｝：郭店简作✲（语一108），又作✲（穷14），省减义符"攴"。词语｛斯｝：《说文》："斯，析也。从斤其声。"郭店简作✲（语三17），从斤其声，又作✲（性48）省减义符"斤"。词语｛则｝：《说文》："则，等画物也。从刀从贝。贝，古之物货也。✲，籀文则从鼎。"郭店简作✲（五13），又作✲（唐21）省减义符"刀"。如词语｛教｝：郭店简作✲（语三12），从爻从子从攴。又作✲（唐4），省减义符"子"。又作✲（老甲12），省减义符"攴"。再如词语｛教｝：郭店简又作✲（尊

4）从爻从言从攴。又作♦（缁18），省减义符"攴"。

(2) 构件选择不同

具有相同的功能模式，而构件选择不同的异构字在郭店简中也比较普遍。主要包括四种类型：一是形声字选择的声符不同；二是形声字选择的义符不同；三是形声字选择的声符、义符都不同；四是会意字选择的义符不同。

A. 形声字选择的声符不同

形声字的声符选择两个音同或音近的字，而形声字的义符不变。如词语｛悊｝：《说文》："悊，惠也。从心先声。♦，古文。"郭店简作♦（五33），从心旡声，又作♦（语一92），从心既声。既从旡得声。又如词语｛廟｝：《说文》："廟，尊先祖皃也。从广朝声。眉召切。♦，古文。"郭店简作♦（唐5），从宀朝声，又作♦（性20），从宀苗声，朝、苗韵部相同。如词语｛仁｝，《说文》："仁，亲也。从人从二。♦古文仁从千、心。"｛仁｝郭店简作♦（五9），从心身声；又作♦（忠8），从心千声；又作♦（唐15）从心人声。身、千、人三个声符韵部相同，均为真部。

B. 形声字选择的义符不同

形声字选择两个或多个意义相近的表意构件作为义符，选择不同义符的形声字虽然形体相异，但意义相同。如词语｛惑｝，《说文》："惑，乱也。从心或声。"郭店简作♦（缁4），从心或声；郭店简又作♦（缁5），从视或声，两者所选择的义符不同。词语｛气｝，郭店简作♦（老甲35），从火既声；郭店简又作♦（唐11），从力既声，两者所选择的义符不同。两字在简文均用作｛气｝。其中，《唐虞之道》简11"节乎脂肤血膋之清"，"力"书写者是根据前后文意所加的义符。如词语｛国｝，《说文》："国，邦也。从囗从或。"郭店简作♦（老甲22），从囗或声；郭店简又作♦（缁2），从邑或声；又作♦（缁9），从宀或声，三者所选择的义符不同，囗、邑、宀意义相关或相近。词语｛攻｝，《说文》："攻，击也，从攴工声。"郭店简作♦（老甲39），从攴工声，又作♦（成10），从戈工声。两者所选择的义符不同。

"合体字偏旁，尤其形声字形符，往往可用与其义近的表意偏旁替换，这就是古文字中习见的'形符互换'现象。"① "形符互换之后，形体虽异，意义不变。这是因为互换的形符之间义近相关。"② 郭店简中也存在大量由于意义相近或相关的义符互换、通用所造成的异构字。又、攴通用，如词语｛聚｝作♦（六4），作♦（性53）。止、辵、彳通用，如｛从｝作♦（老甲12），作♦（缁20）；词语｛由｝作♦（语一21），作♦（语一20）；词语｛近｝作♦（性36），作♦（尊8）；词语｛往｝作♦（老丙4），作♦（语四2）。刀、刃通用，如词语｛型｝作♦（老甲16），作♦（五1）；词语｛利｝作♦（老甲

---

① 何琳仪：《战国文字通论》，江苏教育出版社2003年版。

② 同上。

1），作▢（老甲28）；词语{罚}作▢（缁29），作▢（成38）。宀、穴通用，如词语{穷}作▢（唐3），作▢（成14）。肉、骨通用，如词语{体}作▢（穷10），作▢（缁8）。心、欠通用，如{喜}作▢（语一45），作▢（唐3）；词语{欲}作▢（缁6），作▢（语二13），作▢（老甲2）。食、皀通用，如词语{飲}作▢（语一110），作▢（成13）。

C. 形声字选择的声符、义符都不同

由不同的声符和义符所形成的形声异构字，其声符读音相同或相近，义符意义相近或相关。如{動}作▢（尊39），作▢（性10），《说文》："動，作也。从力重声。▢，古文動从辵。"郭店简作▢（尊39），从辵童声，与说文古文相合，郭店简又作▢（性10），从攵重声。两者选择的声符、义符都不相同。辵、攵意义相近，"童"与"重"古音均为定纽东部，声韵相同。简文中，均用作"触动"之{動}。词语{過}，《说文》："過，度也。从辵咼声。"郭店简作▢（语三52），从辵咼声，又作▢（老甲12），从止化声。辵、止意义相近，咼，见纽歌部；化，晓纽歌部，声纽相近，韵部相同。简文中，均用作{過}。

D. 会意字选择的表义构件不同

词语{教}郭店简作▢（语三12），从爻从子从攴，又作▢（尊4），从爻从从言从攴，两者所选择的义符不同。词语{丧}郭店简作▢（语一98），从哭从亡，又作▢（老丙10），从哭从死。亡、死意义相近。词语{道}郭店简作▢（语一30），从辵从首；又作▢（成4），从辵从页；又作▢（语二38），从行从页；又作▢（语三6），从行从人。辵、行意义相关，首、页、人意义相关。词语{憂}：郭店简作▢（性34），从首从心，又作▢（老乙4），从页从心，首、页意义相近。词语{至}，《说文》："至，鸟飞从高下至地也。从一，一犹地也。象形。不，上去；而至，下來也。▢古文至。"郭店简作▢（忠3），从一从矢会意，又作▢（语三65），从土从矢会意。

（三）《郭店楚墓竹简》异构字形成的原因

1. 用字者主观选择的差异自然形成异构字

"汉字构形的最大特点是它要根据所表达的意义来构形，因此汉字的形体总是携带可供分析的意义信息。"① 汉字的这种表意特点使得汉字在记录汉语过程中，可以创造出不同的形体记录汉语中的同一个词。作为表意文字的汉字，在造字之初，造字者主观意图或者出发点不同，由此产生功能模式或者构件选择不同的异构字。如{惑}郭店简作▢（缁4），从心或声；郭店简又作▢（缁5），从视或声，两者所选择的义符不同。简文中均用作{惑}。两字都是{惑}的本字，或从心或从视，造字者出发点不同，似乎以此来

---

① 王宁：《汉字构形学讲座》，上海教育出版社2002年版。

区分心里的疑惑和目见的疑惑。

2. 汉字的繁化、简化可能产生异构字

汉字作为一种视觉符号,越是酷似客观事物、构件越是复杂具体,就越容易为人们所认知、理解,于是在汉字演变过程中,出现了繁化现象。郭店简中的许多异构字就是由于构件繁化所造成的。书写者书写过程中,有意思地使用了一些简化或繁化的异构字。如｛哀｝郭店简作◯（语三41）,从口衣声,又作◯（语二31）,增添义符"心",使字形表意变得一目了然。｛正｝郭店简作◯（唐26）,郭店简又作◯（唐13）,增添了声符"丁",使字形便于识读。｛克｝郭店简作◯（缁19）,又作◯（老乙2）,出于美观的需要,增添了装饰性构件"又"。

综观汉字发展和演变的过程,字形的趋繁与趋简是相互交错的。文字形体过繁不便于书写,人们出于便捷的书写要求,文字从产生之时就是沿着简化的趋势不断演变的。郭店简中也存在着由于构件简化所造成的异构字。构件在文字中具有表意或示音的功能,一般来说,表意偏旁和示音偏旁不能省减,省减了字意就难意理解、字音就不能识读,但在特定的语言环境下,这些简化字人可以认知、识读。书写者为了书写便利,常常简省表意偏旁和示音偏旁。如｛斯｝郭店简作◯（语三17）,从斤其声,又作◯（性48）省减义符"斤"。｛宾｝郭店简作◯（性66）,从贝写声,又作◯（老甲19）,省减声符"写"。

3. 文本的多源导致异构字

｛好｝郭店简作◯（老甲8）、◯（缁1）,尽管构件的位置不同,但均从女从子会意。郭店简又作◯（语二21）,从子丑声,丑、好均是幽部字。前者从女从子会意便于认知,后者从女丑声,是形声字,便于识读。有学者从文字构形和用字习惯的对比分析,指出郭店简《语丛》（一）至（三）是具有齐系文字风格的抄本,用"妞"反映的"美好"之｛好｝是齐地的用字习惯。[①] 郭店简部分篇章是由楚地以外的齐国等地传入,楚人在接受他地的文献后,抄手在抄写过程中面对的底本可能已经被"驯化"为楚文字的写本。也可能是尚未"驯化",保留较多他系文字特点的写本。[②] 因此,文本来源的不同,也是导致郭店简出现大量异构字的一个重要原因。

三 郭店楚墓竹简异写字的整理与分析

（一）确定异写字的原则

异写字样的类聚是在同功能认同和构形属性没有差异的情况下进行的,判断异写字除了坚持共时层面、同功能认同以及构形属性无差异的基本原则外,我们主要着眼于书写属

[①] 冯胜君:《郭店简与上博简对比研究》,线装书局2007年版,第300页。
[②] 冯胜君:《从出土文献看抄手在先秦文献传布过程中产生的影响》,载《简帛》第4辑,上海古籍出版社2009年版,第417—421页。

性的差异：笔画的多少、笔形、笔画的交接方式、构件布局、结字等。

（二）郭店楚墓竹简异写字分析

郭店楚墓竹简异写字存在两种类型，一种是构件易位异写字，另一种是构件变异异写字。其中，构件变异造成的异写字居多。

1. 构件易位异写字

异写字的构件易位包括构件置向的改变、构件与构件之间相对位置的改变，也包括整个字的平面布局的改变。一般来说，平面布局的改变伴随着构件相对位置的改变。虽然因构件布局不同而引起形体样式不同，但各组字之间的结构属性和音义功能并没有不同。

构件置向不同，如 {己} 作👤（成1），作👤（成38）；{疑} 作👤（缁4），作👤（语二49）；{爱} 作👤（尊26），又作👤（缁25）；{方} 作👤（老甲24），又作👤（五41）；{可} 作👤（老乙2），又作👤（老甲21）。

构件相对位置不同，如 {妇} 作👤（六42），又作👤（成32）；{美} 作👤（缁1），又作👤（老甲15）；{邦} 作👤（语四6），又作👤（缁20）；{早} 作👤（语四12），又作👤（语四13）；{好} 作👤（老甲8），又作👤（老甲32），又作👤（语三11）；{深} 作👤（老甲8），又作👤（性23）；{其} 作👤（性24），又作👤（六30）；{清} 作👤（老甲10），又作👤（老乙15）；{精} 作👤（老甲34），又作👤（缁衣39）；{耻} 作👤（语二3），又作👤（语二4）；{唯} 作👤（缁42），又作👤（成12）。{名} 作👤（老甲13），又作👤（成13），又作👤（缁衣38）等。

2. 构件变异异写字

构件变异异写字主要是由于构件写法上的差异所造成的，主要包括同一构件的变异和构件之间的变异两种类型。

（1）同一构件的变异

同一构件的变异是指某一构件书写属性的变化，包括构件内部的部分变异和构件的整体变异。同一构件内部的部分变异即在同一构件内部的笔形的变异、笔画数的改变、笔际关系的变异，以及这些因素综合作用所形成的异写关系。

构件笔形不同，汉字最小的书写单位是笔画，笔画是指汉字在书写过程中有始有终完成的最小连笔单位。笔画包括笔形、笔顺、笔画数等属性。笔形是笔画的具体形态。现代楷书的基本笔形一般分为横、竖、撇、捺、折、点六大类。笔形作为书写属性之一，是区别汉字的基本要素。如："开"和"升"的不同就在于起笔的不同，"开"的起笔是横，"升"的起笔是撇。有的笔形变化能够区分不同的汉字，而有的笔形变化则是同一字的书写属性的改变。

构件笔形的不同包括笔形一对一的改变和笔形的分解与合并两种情况。笔形一对一的改变即此笔形转换为彼笔形，这种笔形的改变没有引起笔画数量的变化。如 {尚} 作👤（缁35），又作👤（忠3），"尚"的第五笔分别作横折和横；{命} 作👤（老甲2），又作

🖻（穷8），"命"的第四笔分别作横折和曲笔。又如 {十} 作✦（缁47），又作✦（尊27），"十"的第一笔分别作点和横。{章} 作🖻（缁2），又作🖻（缁11），"章"的第八笔分别作右撇和左撇。又如 {音} 作🖻（老乙12），又作🖻（老甲16），"音"的第七笔分别作横和竖。又如 {内} 作🖻（语一23），又作🖻（性4），"内"的第一笔分别作横折和撇，第二笔分别作横折和捺，第三笔分别作点和横。

笔形的分解与合并是指一对多的转换，即将一个笔形转写成多个笔形，或者将多个笔形合并为一个笔形。笔形的分解与合并直接导致笔画数量的增减。{东} 作🖻（五38），又作🖻（太13），"东"的两笔撇和捺被合并为一个长横。又如 {臣} 作🖻（老甲18），又作🖻（六17），"臣"的两笔被合并为一笔。又如 {雨} 作🖻（缁9），又作🖻（五17），"雨"的四点被合并为两笔。

笔画数量不同，所谓笔画数量的不同包括两种情况：一是单纯的笔画增减，增笔或减笔一目了然，二是由笔形的分解或合并引起笔画数目相应改变的情况。在此，不包括构件整体的改变所引起的笔画数改变的情况。"增减笔画可以是一笔，也可能是几笔，几笔的可以称为群笔画或笔画群。有些构件的笔画本来是可多可少的，书手写字时出于一时的手感，无意识地增减了笔画，从而形成异写字。"[①] 有的由于书写快捷的需要省减笔画，即省减字形原本不该缺少的一笔或几笔。省减后的字形并不影响构字理据，仍然可以识读。如 {型} 作🖻（五1），又作🖻（成39）；{帝} 作🖻（唐8），又作🖻（唐9）；{尹} 作🖻（语三56），又作🖻（语三43）；{此} 作🖻（老甲10），又作🖻（老甲11）。

郭店楚墓竹简中存在大量增添装饰性笔画的现象，即在原有文字的基础上增加一笔，如横画、竖画、圆点、斜画等。这类笔画是出于对形体美化或装饰的考虑，与字音字义毫无关系，往往在不同的字形中反复出现。

增加横画，字首第一笔是横画，常常在上面加一横画。如"天"作🖻（老甲4），又作🖻（老甲5）；"下"作🖻（唐1），又作🖻（缁3）；其作🖻（性29），又作🖻（老乙13）；"不"作🖻（老丙5），又作🖻（老甲2）等。字形的最后一笔是横笔，常常在下面加横画，如"至"作🖻（忠3），又作🖻（老甲24）；"立"作🖻（穷3），又作🖻（缁3）；"亚"作🖻（鲁2），又作🖻（鲁5）。有的则在字的竖笔上加横，如"才"作🖻（缁37），又作🖻（老甲4）；"未"作🖻（语三28），又作🖻（语一48）；"甬"作🖻（成1），又作🖻（性32）等。

有的在构件"心"中加短横，如"德"作🖻（语四1），又作🖻（五1）；"思"作🖻（鲁8），又作🖻（鲁1）；"惑"作🖻（鲁4），又作🖻（缁4）等。有的在构件"口"中加短横，如"合"作🖻（老甲26），又作🖻（老甲19）；"员"作🖻（缁45），又作🖻（语三11）；"向"作🖻（鲁3），又作🖻（老乙17）等。

---

① 李运富：《战国简帛文字构形系统研究》，岳麓书社1997年版。

有的在竖笔上增加圆点，如"用"作 ▢（唐 13），又作 ▢（语三 55）；"尔"作 ▢（缁 39），又作 ▢（五 48）。有的在"又"的右上方加点，如"得"作 ▢（语一 65），又作 ▢（语三 59）；"卑"作 ▢（老甲 20），又作 ▢（缁 23）等。有的则是增加饰笔，如"为"作 ▢（老甲 8），也作 ▢（性 47）；"命"作 ▢（老甲 2），又作 ▢（语一 4）；"豊"作 ▢（五 31），也作 ▢（语一 42）；"胃"作 ▢（语一 65），也作 ▢（五 2）、▢（鲁 1）等。

笔画的组合方式不同，笔画的组合方式主要是笔画间搭接的方式，笔画搭接方式是指笔画之间相离、相接、相交的关系，其中，笔画之间的相离、相接、相交之别并不影响构件本身的认同以及理据的保存，有些则会引起构件的变异，造成理据的丧失。如果这种搭接方式的改变没有产生新的构形理据，我们就将同一个字种的若干此类字样看作是异写字样。

如"天"郭店简多写作 ▢（老甲 4）、▢（老甲 5），也写作 ▢（老乙 15），第二笔和上面的横笔相离。语丛一的"天"字平直笔画写作 ▢（语一 2），第一笔横和"大"相接，语丛一第十八号简写作 ▢（语一 18），第一笔横和"大"相交，与"夫"字混同。

又如"古"郭店简作 ▢（缁 9），第二笔竖和"口"呈相接的关系，郭店简又作 ▢（六 22），第二笔"竖"和"口"的横笔相交。"民"郭店简作 ▢（老甲 1），第三笔"竖"和第二笔"斜横"相交，与第一笔相接。郭店简又作 ▢（老甲 3）第三笔"斜竖"与第一笔"斜横"和第二笔"斜横"都相交。"乍"郭店简多作 ▢（缁 2），第一笔"竖"和第二笔"横"呈相接关系，又作 ▢（语二 42），第一笔"竖"和第二笔"横"相交。

笔画组合方式不同的异写字在郭店简中大量存在，例如"四"作 ▢（老甲 22）、▢（穷 10）、▢（缁 12）；"之"作 ▢（忠一）、▢（尊 1）、▢（唐 16）；"亚"作 ▢（性 4）、▢（老乙 4）、▢（语四 11）、▢（老甲 15）、▢（缁 6）等。笔画组合方式不同的异体字大量存在，主要是因为郭店简是用毛笔写在竹简上的，和今天的印刷术大不相同，不同的抄手有不同的书写习惯，对同一字的笔画处理千姿百态，即使同一抄手对同一字的书写，笔画组合方式也不尽相同。

所谓构件整体的变异是相对于构件部分变异而言。构件的部分变异不影响对该构件的认同，而构件整体的改变则会产生形式上的"新"构件，从而影响构件的认同。实际上这个"新"构件只是原构件的一个书写变体，包括两种情况，一是变体构件跟别的构件同形相混；二是变体构件省变为新形。无论是"同形"构件还是"新形"构件，其功能仍然按"原形"构件理解。如果构件的功能发生变异，那就不再是异写字。

构件混同的异写字，同一字种具有异写关系的两个或两个以上的字样，在字样 B 中，与字样 A 的构件相对应的构件发生误写，从而与另一个来源、构意均不相同的构件同形，即产生了构件混同的现象。字的构件由于形体相近往往容易混同，这是古今通例。郭店楚墓竹简中构件混同的有：亻彳、日自、舟月、人尸、人刃、爿广，等等。

"亻彳"混同，如"张"作 ▢（五 8），也作 ▢（尊 14）；"攸"作 ▢（性 56）、▢（老乙 17）。"日自"混同，如"友"作 ▢（缁 45），也作 ▢（语三 6）；"习"作 ▢（语三

13)，也作 ▨（性1）。"目自"混同，如"冒"作 ▨（穷3），也作 ▨（唐26）等。"目田"混同，如"胃"作 ▨（鲁2），也作 ▨（五2）；"福"作 ▨（老甲38），也作 ▨（语四3）等。"日目"混同，如"管"作 ▨（老甲24），也作 ▨（成24）；"闻"作 ▨（语四24），也作 ▨（成1）等；"木矢"混同，如"乐"作 ▨（老丙4），也作 ▨（性28）；"藥"作 ▨（五6），也作 ▨（五8）等。"大矢夫"混同，如"智"作 ▨（语一8），也作 ▨（语一25），也作 ▨（语一63）等。

所谓构件的省变是指书写者为了书写便捷，将一个较为复杂的构件在笔画上进行省略的同时，重新组合笔画关系，改变构件的形态，导致新的形体不能体现构意。构件的省变导致构件笔画的减少和构形理据的隐含。如"赛"郭店简作 ▨（老甲27），从珏，郭店简又作 ▨（语四17），构件"珏"发生省变，又作 ▨（老乙13），"珏"进一步省变，难以体现构意。"则"籀文作 ▨，从鼎从刀，郭店简作 ▨（语三4），构件"鼎"发生了省变，郭店简又作 ▨（缁1），构件"鼎"进一步省变，难以体现构意。

（2）构件之间的变异

所谓构件之间的变异是指一个字的两个或多个构件之间发生了粘合关系，即指在书写中，为了书写便捷，将两个或两个以上构件（包括基础构件）粘合成一个新的形式构件，这个经粘合而产生的构件在形体上不宜再行拆分。构件在粘合的过程中一般会发生笔形的改变、笔画数的减少之类的情况。发生构件间变异且没有产生新的构形理据的字样和未发生此类变异的字样是异写关系。

如"忌"郭店简作 ▨（语一26）。《说文》："忌，憎恶也。从心己声。"郭店简又作 ▨（太7），构件"己"和"心"发生粘合，"己"的末笔和"心"的横笔共用笔画。"神"郭店简作 ▨（太2），构件左右二个"口"和中间的曲笔共用笔画，发生粘合。郭店简又作 ▨（唐15），两个"口"和中间的曲笔进一步粘合，粘合后的构件不能拆分，且理据无法解释，需要恢复笔意，才能解释。"年"郭店简作 ▨（穷5），从人从禾。郭店简又作 ▨ 缁12，"禾"与"人"发生粘合，共用笔画。"禾"与"人"进一步粘合作 ▨（唐18），在形体上不可拆分。"尃"郭店简作 ▨（尊35），从寸甫声，郭店简又作 ▨（五37），构件"甫"和"寸"发生粘合，在形体上不可拆分。

（三）郭店楚墓竹简异写字形成的原因

异写字的产生是诸多因素综合作用的结果，郭店楚墓竹简异写字的形成原因也是多方面的，其中主要包括：一、汉字构形的审美要求；二、汉字书写的便捷要求；三、形体相近造成的误写；四、书写者的个人原因。

1. 汉字构形的审美要求

汉字构形的本身就要求美观，汉字的这种审美要求也促使书写者在书写汉字时追求字形的美观。书法艺术就是在这样的基础上产生的。书写者为了追求字的间架结构的美观，为一些字增添了装饰性的笔画，有些书写者在同一竹简写同一个字时出于求变的审美需求，将同一个字写成不同的形态。这是笔画数不同的异写字产生的主要原因。如"亚"郭店简作▲（性4），又作▲（性54），为了美观书写者在字首增加了装饰性笔画，郭店简又作▲（鲁2），书写者又增加了装饰性笔画，有助于调整字的间架结构，追求美观，并不影响构件的认同。"中"郭店简作▲（语一19），又作▲（老甲22）、▲（老甲24）、▲（语三33），后三例均增加了一些装饰性笔画，但不影响字的认同。

2. 汉字书写的便捷要求

文字是记录语言的符号，具有很强的实用性。从书写的角度来讲，越简单写起来越快捷省力，这种书写要求促使汉字由繁到简。汉字在保持一定的区别度和表意性的同时，总是向着适合书写的方向发展演变。简化是汉字发展的一个趋势。对于个人而言，为了书写的快捷，书写某字时偶尔少一笔或者将笔形合并，从而造成了笔画数不同的异写现象。对于某些复杂的构件，书写时进行了一定的省变或粘合，从而达到易于书写、快捷的目的。如我们在前文构件省变和构件之间变异中所举的字例就是出于易写、快捷的目的。如"型"作郭店简▲（五1），又作▲（成39），书写者追求书写的快捷，省减构件"土"。"东"郭店简作▲（五38），又作▲（太13），为了追求书写的快捷，"东"的两笔撇和捺被合并为一个长横。

3. 形体相近造成的误写

有些字或构件在形体上十分相似，在书写的时候，由于书写者一时疏忽而将甲字（或构件）写成与之形近的乙字（或构件）。这种由于形体相近而偶然写错的现象是构件混同的主要原因。如"冒"，《说文》："冒，冡而前也，从月从目。"郭店简作▲（穷3），从月从目；又作▲（唐26），从月从自，目、自形体相近发生误写，形成异写字。"居"郭店简作▲（性26），从尸古声，又作▲（老甲24），从人古声，尸、人形体相近，发生误写。

4. 书写者的个人原因

个人书写总是具有很大的随意性。每个人都有自己的书写习惯。同样一个构件由于书写者不同，形态往往不同。同样一个"不"字，有的书写者喜欢在第一笔"横"上加装饰性笔画横，有的书写者喜欢在竖上加点，有的喜欢在竖笔上加横。有的书写者书写态度比较随便，多一笔少一笔无所谓，有的则态度认真，中规中矩；有的书写者崇尚古典，在某些字的书写上追求繁化，有的则崇尚简约，追求便捷。书写者个人的爱好、习惯是笔形不同、笔画数不同和笔画组合方式不同异写字产生的原因之一。例如"不"作▲（老丙5）、▲（老甲2）、▲（忠1）、▲（老乙11）、▲（语二45）；"也"作▲（语三66）、▲（穷12）、▲（成18）、▲（成17）、▲（成6）、▲（成10）、▲（老丙2）。

四 郭店楚墓竹简异体字的特点

前面我们考察了郭店楚墓竹简异体字的基本状况和产生原因，对郭店楚墓竹简异体字有较为全面认识。在此基础上，我们将郭店楚墓竹简的异体字与前代、后代以及其他系别的战国文字的异体字的情况加以比较，分析总结郭店楚墓竹简异体字的特点，并从中探索异体字产生、发展、演变的规律。下面是我们得到的几点看法。

1. 郭店楚墓竹简的异构字形和异写字样比较多，这说明楚地文字正处于变革时期，带有较大的随意性。还没有形成稳定的构形和用字规范。同时，郭店简异构字虽然数量多，但有一批稳定的基础构件，常用基础构件比较稳定，这就保证了整个文字系统的稳定。

2. 郭店简异体字与前代文字相比，突出表现为构件和笔画的省减，这是汉字发展演变过程中趋简规律的体现。例如"则"籀文作"𩦂"，从鼎从刀，郭店简作 𠛬（语三 4）、𠛬（缁 1），构件发生了省变。

3. 通过对郭店简异构字的分析，可以看出郭店简的形声字与前代相比不断增加，这体现了汉字发展演变过程中的表音化趋势的不断加强。主要表现在：象形字增添声符改造成形声字；会意字增添声符改造成形声字；用声符替换会意字的义符造成形声字。例如"止"郭店简作 𡳿（缁 8），从止之声，加声符"之"标示读音；"色"郭店简作 𢒉（语一 50），加"矣"为声符，形成形声字。"好"字从女从子，郭店简作 𡥉（语二 21），从子丑声。

4. 郭店简作为地下出土的原始材料，还存在许多独特的异体字。这些独特的异体字不见于其他文献，体现的是战国时代楚地独特的用字习惯。

郭店楚简借字研究

张素凤

根据郭店楚墓竹简，湖北荆门市郭店一号楚墓出土的有字简共730枚。根据内容可分为《老子甲》《老子乙》《老子丙》《太一生水》《缁衣》《鲁穆公问子思》《穷达以时》《五行》《唐虞之道》《忠信之道》《成之闻之》《尊德义》《性自命出》《六德》《语丛一》《语丛二》《语丛三》《语丛四》十八篇。笔者对这些文献中与传世文献不同的字形、字用情况进行了穷尽性搜罗，对郭店楚简的字用特点和字际关系进行了比较详尽的测查研究。本文对郭店楚简中没有出现本字的假借和已有本字的通假两种用字情况进行了全面梳理，希望得到各位同行的指正。

借字包括假借字和通假字。需要说明的是，本文所说的"假借"和"通假"都以郭店楚简为判断标准。当一个字被用来记录同音的他词时，如果与该词意义相切合的字形在郭店楚简中没有出现，则该字被归作假借字；相反，如果与该语词意义相切合的本字在郭店楚简中已经出现，则该字被归作通假字。据此，郭店楚简用字可以分为以下两种情况。

一 郭店楚简用字为假借字

郭店楚简中，记录某个语词的假借字，有的比较统一，固定用一个字；有的则比较复杂，一个语词有多个假借字。据此，郭店楚简中的假借字可以分为以下两大类。

（一）只有一个假借字

根据假借字与传世文献用字在形体上的关系，只有一个形体的假借字又可以分为三种情况：一是与传世文献用字有相同声符构件；二是与传世文献用字有相同的表义构件；三是与传世文献用字没有相同构件。

1. 与传世文献用字有相同声符构件

郭店楚简中，有的字形与传世文献用字有相同声符构件。具体包括以下几种情况：

（1）郭店楚简用字＝传世文献用字－表义构件

有的语词，传世文献用字为形声结构的本字，郭店楚简用字与该形声字的声符构件相同，也就是说郭店楚简中所用之字是尚未增加表义构件的同音假借字。例如："谓"在郭店楚简的字形楷定为"胃"，如："此可胃六德"（《六德》），"下，土也，而胃之地；上，气也，而胃之天"（《太一生水》）。郭店楚简中尚未出现"谓"字，说明当时楚国没有为

---

* 本文原载《励耘语言学刊》2014年第2辑（总第20辑），学苑出版社2014年版。

语词"谓"专造新字，而假借同音字"胃"。"恶"在郭店楚简中的字形楷定为"亚"，如："美与亚相去何若"（《老子乙》），"则民不能大其美而小其亚"（《缁衣》）。"物"在郭店楚简中的字形楷定为"勿"，如："是故圣人能辅万勿之自然"（《老子甲》），"上好此勿也，下必有甚焉者矣"（《缁衣》）。这种用字现象在郭店楚简中十分常见。以下是传世文献用字与郭店楚简用字对比表。横线前边的字形为传世文献用字，后边的字形为郭店楚简用字。

禄——录	啻——帝	颜——彦	陵——夌	博、博——尃
汝——女	祖——且	渝——俞	彰——章	屡、数——娄
独——蜀	损——员	谁——隹	彼——皮	何、呵——可
慢——曼	盅——中	脱——兑	莅——位	隅、愚——禺
谮——侃	弊——敝	厉——万	恋——䜌	耆、嗜——旨
请——青	勉——免	伪——为	躁——喿	在、哉——才
祀——巳	固——古	襋——执	依——衣	尝、党——尚
倡——昌	师——帀	扬——易	郑——奠	
胥——疋	造——告	戮——翏	慕——莫	
择——睪	百——白	仅——堇	纵——从	
论——仑	弥——爾（尔）	式——弋	黎——利	
楛——古				

从上可以看出，"屡、数""何、呵""隅、愚""耆、嗜""在、哉""尝、党"这些具有相同示音构件的形声字，在郭店楚简中的字形相同，说明这些读音相同或相近的语词的书写形式在郭店楚简中尚未分化。"楛"在郭店楚简中的字形楷定为"古"①，"古"是"苦"的示音构件，"苦"是"楛"的示音构件，因此，"古"是"楛"的间接示音构件。"黎"在郭店楚简中的字形楷定为"利"②，"利"为"利"的古本字，《说文解字》把"黎"字说解为"从黍利省声"，因此，"利"也看作"黎"的声符字。

有的语词始终没有本字，传世文献所用之字属于本无其字的假借，如：代词"之"没有本字，而是借用本义为"往……去"的"之"字，因此代词"之"是假借字；郭店楚简中代词"之"的书写形式都作"止"，例句："先王止教民也"（《六德》），"有无止相生也"（《老子甲》）。同样，"苟"的本义是"草也"，用作表示假设连词之"苟"属于假借；郭店楚简中借用"句"字记录该语词，如："句有言，必闻其声"（《缁衣》），"是故上句身服之，则民必有甚焉者"（《成之闻之》）。此外，连词"故"在郭店楚简中借用"古"字记录；"诸"在郭店楚简中都借用"者"字记录；"虽"在郭店楚简中借用"唯"字记录。以上这些语词都没有本字，传世文献所用之字属于假借。郭店楚简所用之字也属于假借，但比传世文献所借用之形声字少表义构件。

（2）郭店楚简用字 = 传世文献用字 − 表义构件 + 另一构件

有的语词，传世文献用字为形声结构的本字，郭店楚简用字也是形声结构，且示音构

---

① 例句："忠之为道也，百工不楛而人养皆足。"（《忠信之道》）
② 如"黎民所信"（《缁衣》）。

件即声符构件相同，如："贼"是"从戈则声"的形声字；郭店楚简中记录该语词的字楷定为"恻"，例句："盗恻无有""盗恻多有"（《老子甲》）。"恻"字"从心则声"，与"贼"字声符相同，本义是"忧伤，悲痛"，因此"恻"是假借字。又如："陈"在郭店楚简中的字形楷定为"迪"，根据《说文》，"陈"字"从阜，从木，申声"，则"陈"与"迪"声符相同；"急"在郭店楚简中的字形楷定为"级"，根据《说文》，"急"字"从心及声"，则"级"与"急"声符相同。

同样，以下是传世文献用字与郭店楚简用字对比表。横线前边的字形为传世文献用字，后边的字形为郭店楚简用字。显然，郭店楚简用字和传世文献用字都是形声字，示音构件相同，表义构件不同。

靖——情　　播——膰　　姓——眚　　判、叛——畔
阼——复　　塞——赛　　拍——笝　　昭、韶——卲
遇——堣　　振——晨　　逞——經　　随、惰——墮
赍——坖　　基——基　　咏——羕
毋——母　　浸——寝　　基——丌
务——孜　　溶——俗

需要说明的是，以上"毋"字是"母"字去掉两点后再加"丿"构成，也归为此类；"浸"郭店楚简字形楷定为"寝"，与小篆字形"寝"相比，表义构件不同，示音构件相同。"基"郭店楚简字形楷定为"丌"（旗），"丌"是"丌"的直接示音构件，又是"基"的间接示音构件；"务"郭店楚简字形楷定为"孜"（侮），"矛"是"务"的间接构件，又是"孜"的直接构件，因此都归于此类。"判、叛""昭、韶""随（隨）、惰（憜）"这些具有相同示音构件的字，在郭店楚简中借用同一字形，也就是说，它们的书写形式在郭店楚简中尚未分化。

有的语词始终没有本字，传世文献用字属于本无其字的假借，如：用"苟"字记录"苟且"之"苟"属于假借；郭店楚简中，记录该语词所用之字不是通用的假借字"苟"，而是借用与之具有相同声符的"狗"字，例如"言不狗，墙有耳"（《语丛四》），这也属于假借。

（3）郭店楚简用字 = 传世文献用字 + 构件

语词"幽"在郭店楚简中的字形楷定为"𢆶"（幼），用作幽暗的"幽"属于假借，如："穷达以时，𢆶明不再"（《穷达以时》）。郭店楚简用字"𢆶"比传世文献用字"幽"多一构件，因郭店楚简中尚未发现本字"幽"，因此"𢆶"属于假借字。同样，"丰"在郭店楚简中的字形楷定为"奉"，如："修之邦其德乃奉"（《老子乙》），"丰"是"奉"的示音构件，"奉"字比"丰"字多两个构件。"世"在郭店楚简中的字形楷定为"禖"，如："有其人无其禖虽贤弗行矣"（《穷达以时》），"世"是"禖"的间接示音构件，"禖"比"世"多两个构件。传世文献中，副词"岂"所用之字本是假借字，郭店楚简中借用"剀"字记录该词，如："剀必尽仁""小人剀能好其䭾"（《缁衣》）。显然，郭店楚简用字"剀"比传世文献用字"岂"多一构件。

且——虘　　柬——萳　　用——甬　　重——童

根据《说文》，"童"为"重省声"的形声字，也就是说"重"可以看作"童"的示

音构件，因此，我们把该字也归作这一类。

2. 与传世文献用字有相同的表义构件

有些语词，郭店楚简中所用字形，与传世文献用字相比，其相同构件为表义构件，如："繇"在郭店楚简中的字形楷定为"繇"，其相同构件为表义构件"系"，如："皋繇衣胎盖帽経冢巾"（《穷达以时》）。"声"在郭店楚简中的字形楷定为"聖"，相同构件为表义构件"耳"，如："人苟有言，必闻其聖"（《缁衣》），"容色，目司也；聖，耳司也"（《语丛一》）。"异"在郭店楚简中的字形楷定为"畀"，相同构件为表义构件"畀"。如："其用心各畀，教使然也"（《性自命出》）。"后"（太后的后）在郭店楚简中的字形楷定为"句"，相同构件为表义构件"口"，如："句稷之艺地，地之道也"（《尊德义》）。因为这些字的读音与传世文献用字的读音相近，且楚简中没有出现本字，因此，把这些字归作假借字。

3. 与传世文献用字没有相同构件

"盗"在郭店楚简中的字形楷定为"覜"（本义为"诸侯三年大相聘"），如："頪贼无有"（《老子甲》）。"制"在郭店楚简中的字形作"斩"（折），如："始折有名"（《老子甲》），"当事因方而折之"（《性自命出》）。"脏"在郭店楚简中的字形楷定为"牂"（葬），如："苟济夫人之善，劳其牂胸之力，不敢惮也，危其死不敢爱也"（《六德》）。"伐"在郭店楚简中的字形作"登"（登），如："果而不登"（《老子甲》）。"尘"在郭店楚简中的字形楷定为"斳"（慎），如："同其斳"（《老子甲》）。同样，以下各字，横线前边的字形为传世文献用字，后边的字形为郭店楚简用字。郭店楚简用字与传世文献用字相比，字形之间没有明显的联系。

忌——具（期）	巾——懂（谨）	述——戕（仇）
噫——悸（疑）	拨——呆（拔）	乡——昔（向）
坠——述（遂）	皋——邵（昭）	免——宍（冕）
属——豆	牡——戉	势——埶（艺，或简写作㔾）
豫——夜	赫——虢	度——廏
若——奴	镇——贞	短——嵩
改——亥	根——堇	惊——缨
真——贞	次——即	是——氏
辞——治	示——视	士——事
况——皇	历——禹	觏——訽
简——柬	诸——如	肢——枳
肖——梟	造——戚	问——昏
赦——亦	唐——汤	序——舍
恊——迵	侧——仄	略——迳
识——志	恃——志	

虚词"焉"所用之字是假借字，郭店楚简假借"安"字记录虚词"焉"，如："上好此物，下必有甚安者矣"（《缁衣》），"察其见者，情安失哉"（《性自命出》）。同样，以下是同一语词的假借字，横线前边的字形为传世文献用字，后边的字形为郭店楚简用字；

两种字形之间没有相同构件。

云——鼎（员）　　只——喬　　厥——孓　　曷——害

久——舊

（二）有多个假借字

1. 多个假借字中，有一个假借字与传世文献用字相同

郭店楚简中，有的语词没有出现本字，只有借音字。这些借音字，有的与传世文献用字相同，有的与传世文献用字不同。为了区别，我们把与传世文献用字相同的假借字称为通用假借字，如："各"在楚简中有两种不同写法。一种楷定为"各"，通用假借字，例句："各复其根"（《老子甲》）；一种楷定为"客"，例句："六者客行其职"（《六德》）。

万——通用假借字：萬；其他假借字：墒、完

方——通用假借字：方；其他假借字：蚤、纺

矣——通用假借字：矣；其他假借字：俟、豈

2. 多个假借字都与传世文献用字不同

郭店楚简中，有的语词借用字形不止一个，但每个字形都与传世文献用字有相同声符构件。如："让"字在楚简中有两种字形，都是假借字。一是借用其声符字"襄"，例句"朝廷之位，襄而居贱"（《成之闻之》）；二是借用与之同声符的字"纕"，例句："贵而能纕，则民欲其贵之上也"（《成之闻之》）。又如"燥"在郭店楚简中的字形有两种，一是借用其声符字"喿"，例句："喿胜㱾"（《老子乙》）；二是借用与之同声符的字"澡"，例句："是以成湿澡"（《太一生水》）。

同样：

沧——仓、苍　　　理——里、釐　　　忘——亡、宍

说——兑、敓　　　讳——韦、纬　　　弑——弋、紌

钦——與、㱾

严——厌、敢

其——丌、惎　　　将——㫃、痋　　　形——型、荆

以上"沧""理""忘""说""讳""弑""钦"七个字的假借字形，一个是尚未增加表义构件的声符字，一个是与传世文献用字声符相同的形声字。"严"的两个假借字形，一个是直接声符字，一个是间接声符字；"其"的两个假借字形，一个是直接声符字，一个是以"其"为声符的形声字（以"丌"为间接声符构件）；"将"的两个假借字形都是含有声符"爿"的形声字，"形"的两个假借字形都是含有声符"井"的形声字。

郭店楚简多个假借字中，并非所有假借字都含有与传世文献用字相同的构件，比如以下各例，既包括与传世文献用字有相同构件的假借字，也包括没有相同构件的假借字。

虞——吴、于　　　伦——仑、鯩　　　弱——溺、尿、邡

殆——怠、訂（始）　　正——定、贞

攸——敊、卣　　　譬——劈、卑

废——𡙕、瀍　　　孰——管、竺

还有的语词的多个假借字形，都与传世文献用字在形体上没有关联。如：

夷——遲、寺　　　　　御——宲、语　　　　盈——呈、涅
服——備（箙）、菁　　雅——頿（夏）、虽　　始——司、忖、訂、绐（治）

显然，以上"盈""服""雅""始"的两个或四个假借字形之间有共同构件。

二　郭店楚简用字包括本字和通假字

郭店楚简中，某个语词的本字，大多只有一种，但也有的语词，本字有多个。据此，可以分为以下两种情况：

（一）只有一个本字

根据郭店楚简所用本字与传世文献用字是否相同，可以分为以下两种情况：一是郭店楚简本字与传世文献用字相同，二是郭店楚简本字与传世文献用字不同。

1. 本字与传世文献相同

"有"在郭店楚简中有两种写法：一是本字"有"，如"是故上苟身服之，则民必有甚焉者"（《成之闻之》）；二是通假字"又"，如"又无之相生也"（《老子甲》）。郭店楚简中"有"字的使用频率大大少于"又"字的使用频率。同样，"如"在郭店楚简中有两种不同写法，一是本字"如"，如"未见圣，如其不克见"（《缁衣》）；二是通假字"女"，如"非血气之亲畜我女其子弟"（《六德》）。"后（後）"在郭店楚简中有两种不同写法：一是本字"後"，如"凡忧患之事欲任，乐事欲後"（《性自命出》）；二是通假字"句"，如"知命而后知道，知道而句知行"（《尊德义》）。同样，下边横线前的字是传世文献用字，横线后的字是郭店楚简用字，其中第一个字是与传世文献相同的本字，后边的字是通假字。

味——味、未　　　为——为、蝺　　　志——志、峕、止（之）
思——思、囟　　　清——清、青　　　无——無、亡、室（望）
贱——贱、戔　　　守——守、獸　　　情——情、青、靑（静）
指——指、旨　　　往——往、枉　　　观——觀、蒦、寉
小——小、少　　　矣——矣、俟、壴

2. 本字是与传世文献不同的异构字或古本字

"善"在郭店楚简中有两种不同字形，一是用本字"譱"，与《说文》或体相同，例句："苟济夫人之譱，劳其脏胸之力，不敢惮也"（《六德》）；二是通假字"膳"，例句："不膳择不为智"（《语丛三》）。"微"在郭店楚简中有三种写法：一是古本字"敳"，例句："君子不啻明乎民敳而已"（《六德》）；二是通假字"妻"（妻），例句："朴虽妻"（《老子甲》）；三是通假字"非"，例句："非溺玄达"（《老子甲》）。"刑"在楚简中有两种写法，一是异构字"剄"，以"刃"为表义构件，不同于小篆字形，例句："咎由内用五剄"（《唐虞之道》）；一是通假字"垩"（"型"），例句："垩不逮于君子，礼不逮于小人"（《尊德义》）。同样：

辩——异构字：敱；　　　通假字：攴（鞭）
朴——异构字：樸；　　　通假字：釜、斀、僕（僕）
祸——异构字：眎；　　　通假字：化
威——异构字：懱；　　　通假字：愄（畏）
尚——异构字：耑；　　　通假字：上
富——异构字：賏；　　　通假字：福、福
学——异构字：與；　　　通假字：敎（教）
然——异构字：虡；　　　通假字：肰
爵——异构字：雀；　　　通假字：雀
疑——异构字：悘；　　　通假字：矣
逊——异构字：愻；　　　通假字：孫
朝——异构字：倝；　　　通假字：庙、雪
轻——异构字：翠；　　　通假字：巠
顾——异构字：䫏；　　　通假字：募（寡）
夺——异构字：敓；　　　通假字：兑
貌——异构字：佼；　　　通假字："畜"（庙）
躬——异构字：躬；　　　通假字：窮"
词——异构字：訵；　　　通假字：司
慈——异构字：孳；　　　通假字：兹、子
由——异构字：邎；　　　通假字：繇、古、敚、采、繇
疏——异构字：紁；　　　通假字：足
设——异构字：敊；　　　通假字：埶（艺）
诗——异构字：旹；　　　通假字：寺、時
求——异构字：忞；　　　通假字：逑、求（本义为"裘"，通用字）
静——异构字：宵；　　　通假字：束、青、清
说——古本字：说；　　　通假字：敓、兑
极——古本字：亟；　　　通假字：亘

（二）具有多个本字

"终"在郭店楚简中有四种不同字形：一是本字"终"，例句："凡物有蠡有卯，有终有始"（《语丛一》）；二是古本字"夂"，例句："夂身不改之矣"（《六德》），"夂日呼而不忧"（《老子甲》）；三是"夅"，例句："故夅是物也而有深焉者，可学也而不可疑也"（《尊德义》），根据语境，"终"应为动词，"夅"可以看作"终"的分化本字；四是"各"，与"冬"的《说文》古文构件相同，在同一篇文章《老子甲》中有作"冬"的用例"如各涉川"等，因此用作"终"属于通假字。例句："慎各如始"（《老子甲》），"有与始有与各"（《五行》）。

"欲"在郭店楚简中有六种不同写法。一是本字"欲"，例句："少私寡欲；罪莫厚乎

甚欲"(《老子甲》);二是异构字"愙",例句:"故君民者彰好以视民愙"(《缁衣》);三是异构字"忩",例句:"忩生于性,虑生于忩"(《语丛二》);四是"谷",例句:"谷爰不逮从一道"(《语丛一》);五是"雒",例句:"化而雒作"《老子甲》);六是通假字"谷",该字甲骨文作"𧮫",象人在洗浴,即洗浴之"浴"的本字,用来记录欲望之"欲"是通假。例句:"不谷以兵强于天下"(《老子甲》)。

"三"在郭店楚简中有三种不同写法:一是本字"三",例句:"禹立三年,百姓以仁道"(《缁衣》);二是异构字"品",例句:"品亲不断"(《六德》),"恶类品,唯恶不仁为近义"(《性自命出》);三是通假字"参",例句:"名二物参,生为贵"(《语丛三》)。同样:

亲——异构字:新、忻、旱; 通假字:新
施——异构字:𢲵、官; 通假字:陞(地)
乎——异构字:䆴、虖、虖; 通假字:虘(吾)
体——异构字:禮(动词)、膿(名词); 通假字:敷、豊
举——异构字:𦘕、䋙、䏁、昰、𢪏"; 通假字:與
动——异构字:違、𢽅; 通假字:童、僮
厚——异构字:𠂂、厇; 通假字:敏
闻——异构字:𦖞、聳; 通假字:昏,
庄——异构字:妆、𡣍; 通假字:臧
顺——异构字:𢘇、训; 通假字:川
节——异构字:卻、仰; 通假字:即
传——异构字:𤔔、遷; 通假字:尃
美——异构字:頢、散; 通假字:𢾅、𦎧
恭——古本字:龏; 异构字:羿; 通假字:共
朋——古本字:𠙻; 异构字:倗; 通假字:堋、塱
一——本字:一; 异构字:弌; 通假字:罷
惑——本字:惑; 异构字:𧈧; 通假字:或
唯——本字:唯; 异构字:售; 通假字:隹
近——本字:近; 异构字:䢣; 通假字:忻

三　结语

从上文可以看出,郭店楚简用字情况十分复杂,与传世文献用字有很大差异。究其原因,笔者以为可概括为以下几个方面:

1. 历史原因。战国时期,我国政治大变革,经济大发展,文化大繁荣。语言中词汇的发展变化非常迅猛,文字的使用阶层、使用范围和使用频率都大大提高。在这种形势下,为了提高阅读理解和书面交流的效果,不同语词在书写形式上彼此区别成为历史发展的必然。于是通过增加表义构件、更换表义偏旁、重新造字等手段创造大批新字(主要是形声字),

使不同语词在书写形式上相互区分开来。从上文对郭店楚简用字的描写可以看出，郭店楚简中有"谓""恶"等六十多个借用同音字记录的语词，后来通过增加表义构件或更换表义构件的方式为它们创造了形声字，于是，这些语词的传世文献用字变为形声结构。

2. 地域原因。春秋战国时期，诸侯力政，各诸侯国所使用的文字也因政治的相对独立而分化。地处南方的楚国，与西方的秦国在文字使用上有很大差异。这些差异不仅表现在他们为某些语词所创造的本字不同，如"辩"等30个语词在楚文字和秦文字中的本字结构不同；还表现在，同一语词，它们所使用的同音假借字不一致，如上述"故""诸""虽"等字。秦统一六国后，楚文字中有相当一部分字，如"敦"（辩）"樸"（朴）等，因"不与秦文合"而被废弃；还有一部分字的使用职能发生变化，如"覩""亥"等字虽然没有被废弃，但不再用来记录"盗""改"等语词。

3. 文字规范原因。根据字迹特征可以判断，郭店楚简有多位书写者。从用字情况可以看出，不仅不同的书写者有不同的用字习惯①，同一书写者在同一篇文章中，也有用不同字记录同一语词的情况②。因此，郭店楚简中同一语词有多个书写形式的情况很多，据笔者统计，同一语词有两个以上假借字的有31个，既有本字又有通假字的有69个。这种一词对应多字的现象说明，楚国文字规范性很差。

郭店楚简的用字情况说明，秦统一后实行"书同文字"是非常必要的。

参考文献

1. 荆门市博物馆：《郭店楚墓竹简》，文物出版社2005年版。
2. 《简帛书法选》编辑组：《郭店楚墓竹简》，文物出版社2003年版。
3. 李运富：《论汉字职能的变化》，《古汉语研究》2001年第4期。
4. 李运富：《汉字语用学论纲》，载《励耘学刊》（语言卷）第1辑，学苑出版社2005年版。
5. 李运富：《论汉字的记录职能（上）》，《徐州师范大学学报》2003年第1期。
6. 李运富：《论汉字的记录职能（下）》，《徐州师范大学学报》2003年第2期。
7. 李运富：《论汉字的字际关系》，载《语言》第3辑，首都师范大学出版社2002年版。
8. 李运富：《从楚文字的构形系统看战国文字在汉字发展史上的地位》，《徐州师范大学学报》1997年第3期。

---

① "观"在《六德》中用假借字"蘁"，如"蘁诸易、春秋则亦在矣"；而在《缁衣》中用本字"覩"，如"昔在上帝，割绅覩文王德"。

② "动"在《老子甲》中有两种写法，一作"僮"，如"返也者，道僮也"；另一种字形则将"僮"字的"亻"旁换作"辶"旁，如"適而愈出"。

《诗经》及其注解文献中草字部假借字研究

张道升　张　捷

《诗经》问世已经有两千五百多年，无数的文人学者对其进行过研究。近代以来，最主要的研究方向是文学方面，这方面的研究著作可谓是灿若繁星，汗牛充栋，但是与文学类的繁荣相比，语言文字方面的研究就相对薄弱一些了。通过参考一部分学者的研究文献，笔者发现了文字方面一个值得注意的现象——《诗经》中假借字的使用非常频繁。当然，不少研究《诗经》的前辈也早就发现了这个现象并且编写了专著加以阐释。前人栽树后人乘凉，站在这些巨人的肩膀上，笔者寻找到一个突破点——对"草字部"这一个有代表性的部首来进行研究，希望可以填补学术研究上的一个小空白。这也避免了把《诗经》中所有的假借字都找出来研究的繁复局面，操作的难度大大降低了。

一　假借字的学术定义

首先，我们应该明确"假借字"的概念。这就不得不从"假借"讲起，什么是假借？东汉学者许慎在《说文解字》里指出："假借者，本无其字，依声托事，令长是也。"[①]

翻译成白话，就是本来没有这个字，但为了表达的需要，借用旧字来充当新义，这就是假借，其中的这个旧字就是一个假借字。比如，"长"本义是指物体的长度长，形容词性，后来指长官，变成了名词性，此处的"长"也就是一个假借字。确切地说，许慎率先提出了"假借"的概念，这一点，在学术界基本上没有异议，但是后世的学者们对于"假借"的所属范畴有较大异议。许慎本人认为"假借"是一种造字法，故而和"象形""指事""会意""形声""转注"并列为"六书"。清代语言学家戴震分析汉字"六书"得出"四体二用"的结论，他认为汉字六书中，象形、指事、会意、形声四种为造字法，转注和假借两种为用字法。[②] 这一结论冲击了许慎的"六书说"，大体上是经得住考证推敲的，故而后世学者基本上都认为"假借"就是一种用字法。

其次，我们要弄清"假借字"产生的原因。我们知道，表意字是古代意音文字的基础。但是靠表意字来记录语言有很多困难：有些现象很难表意，造不出字来；而且如果事事表意，就得一物一字，给记忆造成极大的负担。为了克服这些困难，人们想出了借字表音的办法，就出现了假借字。清代学者孙诒让曾说："天下之事无穷，造字之初，苟无假

---

[*] 本文原载《安徽理工大学学报》（社会科学版）2015年第5期。

[①] （汉）许慎：《说文解字》，中华书局1963年影印本，第3—4页。

[②] 参见孙雍长《转注论》，语文出版社2010年版，第20页。

借一例，则逐事而为之字，而字有不可胜造之数，此必穷之数也，故依声而托以事焉。视之不必是其字，而言之则其声也，闻之足以相喻，用之可以不尽；是假借可救造字之穷而通其变。"① 这话的大致意思是，天下的事物很多，造字的初期，如果没有假借的介入，为每一个事物单独去造字，那么造出的字就数不清了，根本造不完全，所以才借助同音词来指代事物。看上去不一定是指代本物的字，但是说出来是那个事物的音，听上去也算明白，使用起来就不受限制了，假借字可以解决造字不全的问题而使文字的使用变通。

二 假借字和通假字的关系

假借字到底和通假字有着怎样的关系呢？陈梦家先生在 1956 年出版的《殷墟卜辞综述》的"文字"章里，把汉字分为"象形""假借""形声"三种基本类型，是为"三书说"②。陈氏认为汉字从象形开始，在发展与应用过程中变作了声符，就成了假借字。裘锡圭先生在 1988 年出版的《文字学概要》中认为陈氏"三书说"基本合理，但是不应该把假借限制在本无其字的假借范围里，应该把通假也包括进去。③ 裘锡圭先生将通假引入到假借的概念里，究竟有无道理呢？让我们先将通假和假借分开来解释。

通假字自产生之日起就和"六书"纠缠不清，学者们见仁见智，难成定论。康晓玲在《试论通假字》中认为，通假字和六书中的假借既有区别又有联系。④ 通假字是训诂学上的问题，六书中的假借是文字学上的问题。前者和正字相对应，后者和本字相对应；二者的共同之处在于都遵循音同音近的原则。康晓玲的观点未免过于笼统，失于宽泛。马晓琴认为通假和假借是两个性质不同的概念。假借是六书中的一种，是一种造字的方法，造字的原因是"本无其字"，造字的方法是借用现成的字来"依声托事"。而通假则是一种用字的方法，一般地说，通假是本有其字的，但由于一时疏忽忘了写本字，或由于传抄底本不同，或由于师承不同，而借用了另外的读音相同或相近的字来表示本字。马晓琴割裂了通假和假借之间的关系，完全站在《说文》的角度片面地看待假借字和通假字。

王力主编的《古代汉语》认为"所谓古音通假，就是指古代书面语言里同音或音近的字的通用或者假借"⑤。周秉钧在《古汉语纲要》中提出"通假，指的是古书上音同音近的字互相通用和假借的现象。凡是两个读音相同或者相近，意义也相同的词，古代可以写成这个或者那个，叫做通用。凡是两个读音相同或相近而意义不同的词，古代有时可以借代，叫做假借"⑥。两位大家都看出了假借与通假之间的联系，但是在论述上不是很严谨。

本有其字，因音通假，是为通假字。本无其字，依声托事，是为假借字。两者最大的

---

① （清）孙诒让：《籀𢈔述林》，转引自龙异腾《基础汉字学》，巴蜀书社 2002 年版，第 118 页。
② 陈梦家：《殷墟卜辞综述》，中华书局 1956 年版，第 25 页。
③ 裘锡圭：《文字学概要》，商务印书馆 1988 年版，第 120—122 页。
④ 康晓玲：《试论通假字》，硕士学位论文，山西大学，2005 年，第 1 页。
⑤ 王力：《古代汉语》，中华书局 1962 年版，第 546 页。
⑥ 周秉钧：《古汉语纲要》，湖南人民出版社 1981 年版，第 263 页。

共同点就是字音必须相同或相近，都是用一个音同或音近的字去代替另一个字。

王力先生在《古代汉语》也曾说过："假借字的产生，大致有两种情况，一种是本有其字，而人们在书写的时候，写了一个同音字；第二种是本无其字，从一开始就借用一个同音字来表示。"① 于是乎，现代学界把假借字的定义分述为广义和狭义两类。广义的假借字既包括本无其字的假借，又包括本有其字的通假；狭义的假借字单指本无其字的假借。由此可见，王力先生的观点振聋发聩，他看出了假借和通假同属于用字法领域，并且厘清了二者之间的紧密关系。为降低撰写难度，本文将从广义的假借字角度展开论述。

三 列举《诗经》及其注解文献中的例字进行分析

为何选取《诗经》中草字部首来进行假借字研究呢？李圣楠先生在《从〈诗经〉通假字看声母在通假关系中的作用》一文中指出《诗经》的全部2826个用字中通假字就达到了521个，② 比例超过六分之一，而通假字只是假借字的一种情况，所以《诗经》中假借字的使用是非常频繁的，以《诗经》作为研究底本是非常有代表性的。在《诗经》篇目中出现次数最多的就是草字头部首的字，共使用155个，说它们是《诗经》里最有代表性的一个部类，当之无愧。由于《诗经》中出现的绝大部分草字部首字都是植物类专有名词，这其中的绝大多数又都是非常用字，研究意义不大，现主要对其中的常用字进行探究。同时为了减轻调研难度，只对实词义项进行研究，不研究虚词义项。

初步筛查后，确定了"莫、芮、芼、薄、藏"这五个字为假借字的研究对象，确定依据是"同声而定"。这些字和本字具有相同的声符而在意义上有联系。其中只有"芼"是非常用字，其余四个字都是直到今天都通用的常用字。选取这几个字进行研究是有一定的现实意义的。

（一）莫

《说文·茻部》："莫，日且冥也，从日在茻中。"莫的本义是日落的时候，此处特指黄昏。现在这个义项一般写作"暮"。而在《诗经》及其注解文献中，"莫"至少以下几类义项：

1. mù，《诗·齐风·东方未明》："不夙则莫"；《唐风·蟋蟀》："岁聿其莫"；《小雅·采薇》："岁亦莫止"；《大雅·抑》："谁夙知而莫成"。在以上各例句中，莫都是"晚"的意思。基本上都是从本义直接引申而来的，无论是毛亨、郑玄还是朱熹，都没有把这几个"莫"当作假借字，应当是无误的。该释义见于《汉语大字典》（第2版）第3430页。

2. mù，《诗·大雅·板》："民之莫矣。"马瑞辰《传笺通释》解释为"莫，读为瘼，

---

① 王力：《古代汉语》，中华书局1962年版，第547页。
② 李圣楠：《从〈诗经〉通假字看声母在通假关系中的作用》，《赤峰学院学报》（汉文哲学社会科学版）2011年第12期。

训病"。① 就是一种疾病。马氏认为这里的"莫"是"瘼"的假借。而李富孙《诗经异文释》卷十三:"民之莫矣。荀悦《汉纪》引作'慕'。"② 荀悦和李氏都认为这里的"莫"是"慕"的假借。虽然假借字对应的本字在学术界有异议,但是此处的"莫"为假借字当是确定无疑的。

3. mò,《诗·小雅·巧言》:"圣人莫之。"陆德明《经典释文》解释成"莫,又作谟同,一本作谋"。③ 李富孙解释成"圣人莫之,《汉书叙传》师古注作'谟'"。而何楷在《古义》中写道:"莫通作谟,徐铉云:'泛议将定其谋曰谟。'"综上所述,此处的"莫"应是"谟"的假借字确定无疑,而谟就是谋划的意思。该释义见于《汉语大字典》(第2版)第3430页。

4. mò,《诗·大雅·皇矣》:"求民之莫。"王先谦《诗三家义集疏》:"鲁齐'莫'作'瘼'。"又李富孙《异文释》:"《潜夫论》班禄引作'之瘼'。"王氏引用得当,他认为此处的"莫"是假借字,并且指出《鲁诗》《齐诗》中"莫"通"瘼"的情况。李富孙也引用班禄的说法,认为"莫"是"瘼"的假借字,从而侧面印证王氏的说法。而"瘼"是病痛苦难的意思,"求民之莫"就可以解释成"了解民间的疾苦",故而也是词通句顺。该词条见于《汉语大字典》(第2版)第3430页:"安定。《诗·大雅·皇矣》:'监观四方,求民之莫。'毛传:'莫,定也。'"我们认为此释义不合语境,当改。

以上义项中,例1与假借字无关,而例2、例3、例4都是确定下来的假借字。由此可见,"莫"字在《诗经》中作为假借字使用的情况很复杂,从而应当成为注解《诗经》相关篇目的一个关键字。

(二)芮

《说文·艸部》:"芮,芮芮,艸生貌。从艸,内声。读若汭。"《广韵·祭韵》:"芮,草生状。"《玉篇·艸部》:"芮,草生貌。"综上所述,我们可以知道,"芮"的本义是小草生长的样子,形容词性。而在《诗经》原文中,只有一处出现了"芮",但历史上的注解可谓是众说纷纭。

ruì,《诗·大雅·公刘》:"芮鞫之即。"毛亨解释成"芮,水厓也"。郑玄解释为"芮之言内也";孔颖达解释成"芮,水内也";朱熹解释为"《周礼·职方》作'汭'";陆德明认为"芮,本作汭"。乍一看,毛亨、郑玄、孔颖达、朱熹、陆德明对于此处的"芮"说法不尽相同,但是我们细细分析一下,发现他们几乎都把这个"芮"看作和水有关,基本上解释成河流弯曲的地方。而且,郑玄、朱熹和陆德明都认为此处的"芮"是假借字,郑玄认为是"内"的假借,朱熹和陆德明认为是"汭"的假借,实际上,"内"和"汭"是一回事,都指"河流弯曲或汇合的地方",只是在郑玄的年代,"汭"字还未造出或者还未广泛使用。在这里,"芮"字作为"汭"的假借字来使用是可以确证的,否则本例句将无法正确翻译出来。该释义见于《汉语大字典》(第2版)第3389—3390页。

---

① (清)马瑞辰:《毛诗传笺通释》,中华书局1989年点校本,第232—233页。
② 李富孙:《诗经异文释》,上海书店1988年版,第157页。
③ (唐)陆德明:《经典释文》,中华书局1983年影印本,第307页。

朱骏声在《说文通训定声》中，至少罗列出"芮"的三类假借用法。① 第一类就是《诗经》中出现的"汭"；第二类是假借为"纳"，吸收的意思；第三类是假借为"蜹"，一种略像苍蝇的昆虫。

借助例子，我们可以发现，"芮"在《诗经》中的假借情况比较明确，只有"汭"这一种。只要稍加留意，就可以避免注解上的失误。

（三）芼

《说文·艸部》："芼，艸覆蔓。从艸，毛声。诗曰：左右芼之。"芼的本义应该是植物的草叶覆盖茎蔓，指植物生长茂盛，形容词性。在《诗经》中，"芼"出现了这样几种义项：

1. mào，《诗·召南·采蘋》："有齐季女。"毛传："芼之以蘋藻。"陈奂《传疏》："芼，菜也。"这里的"芼"被解释成菜，这里的菜应该是广义的说法，不是单独指某一种蔬菜，而是指某一类蔬菜。这是一类以浮萍水藻为主的蔬菜，浮萍水藻都是很茂盛的样子，我们可以看成是"芼"字本义的引申，那么形容词性的"芼"在这里就变成了名词性的"菜"了。这里的"芼"并非假借。

2. mào，《诗·周南·关雎》："左右芼之。"《关雎》是《诗》的开篇之作，也是最为脍炙人口的一篇。但是例句中出现的"芼"，在《诗经》的传诵过程中，始终有着不同的注解。毛亨注解为"芼，择也"；许慎解释为"芼，艸覆蔓"；孔颖达解为"芼，训为拔"；朱熹解释为"芼，熟而荐之也"。让我们把这几种解释带入原句中去翻译一下。毛亨和孔颖达的注解同义，故而合并。"参差荇菜，左右芼之"，毛注为"荇菜有短有长，向左向右去采摘它"；许注为"荇菜有短有长，左边的右边的都很茂密"；朱注为"荇菜有短有长，左右之人把它做熟了置于草席上（来祭祀）"。以此观之，朱熹的注释有些牵强，完全站在维护封建礼仪的角度。而毛亨和许慎的解释都有可取之处，出于对仗的考虑，学者们大都采取毛亨的说法。但是后世学者很尊重许慎的《说文解字》，认为许慎给"芼"字下的本义界定是准确无误的，那怎么理解《关雎》中的"芼"呢？马瑞辰在《传笺通释》中给出一个解释："芼者，覒之假借。"李富孙在《诗经异文释》里呼应道："左右芼之，《玉篇·见部》引作'覒'之。"朱骏声的《说文通训定声》里也记录着"芼，假借为覒"。综三家所述，"芼"当是"覒"的假借字，这样一解释，真是让人豁然开朗，"覒"的意思就是拔取。故而得出一个结论，"芼"本身只有茂盛或者菜的意思，只有在假借时才有采摘的意思。该释义见于《汉语大字典》（第2版）第3390页。

以上义项，例1是词义引申，例2却是名副其实的假借。"芼"虽为非常用字，但由于它在《诗经》篇章中的特殊位置，使得文字学者们偏爱于它，弄清它的假借用法，才能揭开它身上的神秘面纱。

（四）薄

《说文·艸部》："薄，林薄也。一曰蠶薄。从艸，溥声。"按照许慎的说法，薄的本

---

① （清）朱骏声：《说文通训定声》，中华书局1984年影印本，第522—531页。

义是"林",林就是草木丛生之义;另外一种,薄指蚕丝的厚度。两个义项都是形容词性,前者是形容草木的,在先秦使用的频率较高;后者是形容一般物体的,这个义项在现代使用较多。《诗经》中出现的"薄"有以下几类义项:

1. bó,《诗·周南·葛覃》:"薄污我私,薄澣我衣。"朱熹解释为"薄,犹少也"。朱熹的解释好像是没有问题的,他认为此处的"薄"虽然不是宽度上的范畴,但是可以看作是量上的反映,和"厚薄"当中的"薄"属于相似语义场,故而可以看作是"薄"本义的引申。王引之的《经传释词》却提出了不同的看法:"薄,发声也。"王氏认为此处的"薄"是个发语词,词性是虚词。王氏看得更透彻一些,此诗是写女主人公以葛覃起兴来抒发自己的喜悦之情,"薄污我私,薄澣我衣"就是洗衣服的意思,前后两句是并列关系。按照朱熹的解释,这两句翻译过来逻辑上是不通的。故而可见,此处的"薄"无论是虚词义项还是实词义项都没有假借的可能。

2. bó,《诗·周颂·时迈》:"薄言震之。"郑玄的解释为"薄,犹甫也;甫,始也"。陈奂传疏引《后汉书》注引《韩诗章句》云"薄,辞也"。陈奂和郑玄的注解并无出入。"始"是副词,副词属于虚词,虚词指的就是"辞"。郑氏对《诗经》做的注解是很有见地的,被业内学者高度称赞,此处的注解就是非常精辟的。郑玄把此处的"薄"准确地解释为"开始",和后面的"言"合用构成一个发语词。作为一位语言学家,做到这一步并不是什么难事,难能可贵的是郑玄还看出了"薄"的假借。长久以来,不少学者都为一个现象所困扰,"薄"明明是一个实词,为何能作虚词当中的发语词来使用呢?殊不知郑玄在两千年前就给出了一个很有力的回答。在郑玄的时代或者更早的时代,汉语声母中是没有轻唇音"非、敷、奉、微"的,这就是被清代学者钱大昕及后来语言学家证实的"古无轻唇音"现象。那么轻唇音到哪里去了呢?轻唇音被重唇音"帮、滂、并、明"合并了。在郑玄的时代里,"甫"的读音很接近"薄"的读音,故而有了假借的先决条件。而"甫"有着副词"开始"的含义,后世的学者们或不注意或懒得改正,就一直用"薄"去代替"甫"的虚词义项。终于,在岁月的积淀下,"薄"出现了固定的虚词用法。在《诗经》两千多年的注解史上,郑氏在此处的精妙一解有着举足轻重的地位,可以说,他从源头上解释了"薄"出现虚词义项的原因。就凭借这一点,后世学者们望尘莫及。该释义见于《汉语大字典》(第2版)第3526页。

3. bó,《诗·小雅·蓼萧序》:"泽及四海也。"郑笺:"外薄四海也。"① 陆德明《经典释文》:"诸本作外敷。"又孔疏:"检郑尚书经作外薄,今定本作外敷。"郑玄固然是没有把此处的"薄"看作假借字。原因很简单,当时"敷"字没有问世,或者是郑玄抄错了字,金无足赤,再智慧的学者也会有出错的时候。陆德明很明确地指出了假借字,"薄"通"敷",覆盖的意思。通用的原因就是音近替换,原理是"古无轻唇音"。而孔颖达进行了总结性的注解,基本上确定了"薄"的假借用法。

例2、例3义项都是很明确的假借用法,几位大师的研究成果让后人受益匪浅。

---

① (汉)郑玄:《毛诗传笺》,上海书店1988年影印本,第52页。

（五）藏

《说文新附·艸部》："藏，匿也。"徐铉等按："汉书通用'臧'字，从艸后人所加。"藏的本义就是躲藏，本来的写法是"臧"。而"臧"的本义在《说文·臣部》中的解释是"臧，善也。从臣，戕声"。臧的本义是"美好"。还有一层意思就是"藏匿"，《楚辞·九怀·尊嘉》："辛夷兮挤臧。"洪兴祖补注："臧，匿也。"更有明确指出"臧"字假借的情况——《易·师》："否臧凶。"焦循《章句》："臧，古藏字。"《汉书·礼乐志》："臧於理宫。"颜师古注："古书怀藏之字本皆作臧。"由此可见，"臧"字与"藏"字有着密不可分的假借关系。在《诗经》中"藏"就有这么几种义项：

1. cáng，《诗·小雅·十月之交》："亶侯多藏。"朱熹解释为"藏，蓄也"。朱熹在此处的解释基本上是准确无误的。该诗是周幽王时期的一位小官作的政治怨刺诗，该句译为"确实应该多多蓄养"，与前句"择三有事（三有司，三卿）"衔接紧密，逻辑通顺。此处的"藏"是动词性的，有保护保养的意思，与"藏"的本义收藏有一定的联系，故而是引申无误。

2. cáng，《诗·小雅·隰桑》："中心藏之。"马瑞辰的《传笺通释》明确解释为"藏者，臧之假借"。李富孙《诗经异文释》也写道："中心藏之。表记释文：藏，郑解诗作臧。"马氏很明确地认为此处的"藏"是"臧"的假借字，郑玄最早也是这么认为的，李富孙对此也表示支持。其实"臧"才是本字，动词性的收藏、躲藏、隐藏，全部是以"臧"为本字的。后来，"臧"还被活用为"收藏的东西"，就成为名词性的了。可能是这个时候的某些学者觉得"臧"表示名词有些突兀，就加了一个艸字头，于是就有了"藏"，但应该明确，"藏"最初仅仅是表示名词性的义项，随着使用的广泛化，才逐渐地取代了"臧"的动词义项。该释义见于《汉语大字典》（第2版）第3531页。

例2是假借，而且是汉字演化史上比较特殊的一种。汉字的演化大体上遵从着由繁化简的趋势，但是"藏"取代"臧"却是逆其道而行，真是很有特色。

"莫、芮、芼、薄、藏"每个字至少都有两个义项，在这么多义项中有些是假借的，有些是引申的，鉴别这些义项有时候是比较困难的，所以在研究过程中是需要特别注意的。本文通过列举《诗经》中出现的例句，在借助几位大家注解文献的基础上，结合自己所掌握的专业知识写出了这篇文章。本文假借字的研究在《诗经》研究领域弥补了一小处学术空白，这是本文最大的创新点。其实，《诗经》中草字部首的假借字还有很多，但是因论文篇幅和时间的限制，本文只列举这样五例，希望致力于《诗经》或假借字研究的学者能够关注此事。

参考文献

1. （汉）许慎：《说文解字》，中华书局1963年影印本。
2. 孙雍长：《转注论》，语文出版社2010年版。
3. 陈梦家：《殷墟卜辞综述》，中华书局1998年版。
4. 裘锡圭：《文字学概要》，商务印书馆1988年版。

5. 康晓玲:《试论通假字》,硕士学位论文,山西大学,2005年。
6. 王力:《古代汉语》,中华书局1962年版。
7. 周秉钧:《古汉语纲要》,湖南人民出版社1981年版。
8. 李圣楠:《从〈诗经〉通假字看声母在通假关系中的作用》,《赤峰学院学报》(汉文哲学社会科学版)2011年第12期。

内蒙古集宁区公共场所用字情况调查研究*

李秀林　蒋志远

前言

　　语言文字作为社会交际的工具和信息的载体，其规范化的程度对于国家的发展至关重要。城市公共场所社会用字是城市的"脸面"，是"窗口"，公共场所社会用字是否规范将直接影响到城市的形象。集宁区是内蒙古乌兰察布市的政治、经济、文化中心，也是中西部重要的交通枢纽。随着西部大开发的逐步深入，来集宁区考察投资和旅游观光的人越来越多，因此，集宁区的市容市貌，特别是公共场所的用字规范化[①]问题非常重要。为了积极响应全国语言文字规范化的政策，奠定集宁区二类城市语言文字工作评估的基础，逐步实现社会用字规范化、语言文字工作系统化，2008年9月开始，我们走访了集宁区的主要街道，并逐街实地记录了名牌和广告牌的真实用字情况，对不规范用字情况进行了调查研究，并对促进集宁区公共场所用字规范化提出了建议。

一　集宁区公共场所不规范字的表现类型

　　本文根据1986年国家语委重新公布的《简化字总表》[②]、1988年国家语委和国家新闻出版署联合发布的《现代汉语通用字表》[③]、《现代汉语词典》（第5版）所列《新旧字形对照表》[④]以及《现代汉语规范词典》[⑤]等为标准认定规范字，此外现已停止使用的"二简字"依据《第二次汉字简化方案（草案）》[⑥]认定为不规范字。在集宁区，不规范用字主要有以下几种表现类型：

　　1. 繁体字。《中华人民共和国国家通用语言文字法》第十七条规定："本章有关规定中，有下列情形的，可以使用或保留繁体字、异体字：（一）文物古迹；（二）姓氏中的

---

　　*　本文由李秀林《内蒙古集宁区公共场所用字情况调查研究》节选改写而成，硕士学位论文，北京师范大学，2009年。

　①　本文所论用字问题仅针对集宁区的国家通用语言文字，不涉及当地使用的蒙古文等其他文字。
　②　《语言文字规范手册》，语文出版社2006年版，第13页。
　③　同上书，第145页。
　④　中国社会科学院语言研究所词典编辑室：《现代汉语词典》（第5版），商务印书馆2005年版，第13页。
　⑤　李行健：《现代汉语规范词典》，外语教学与研究出版社、语文出版社2004年版。
　⑥　中国文字改革委员会：《第二批汉字简化方案（草案）》，《人民日报》1977年12月20日第4版。

异体字；（三）书法、篆刻等艺术作品；（四）题词和招牌的手书字；（五）出版、教学、研究中需要使用的；（六）经国务院有关部门批准的特殊情况。"[①] 这说明只有在上述特殊情况下才允许合法使用或保留繁体字、异体字。但在集宁区，街道上的牌匾、标语或广告中滥用的繁体字随处可见[②]，而且书写十分随意，有的是繁体字以整字形式使用，还有的是将简化字的某一偏旁采用繁体的写法随意拼凑，例如"购"字左边写繁体的"貝"，右边却是简化的"勾"；"质"字上边写简化的形式，而下边保留繁体字的写法，写为"貝"，"经"字左边写简化的绞丝旁"纟"，右边又保留繁体的写法"巠"，等等。

2. 异体字。异体字是某一历史时期音义相同，而形体不同的字，它是汉字构造或者书写中的冗余现象，造成了一词多字的局面，国家曾专门对异体字进行了规范整理，前文所引《国家通用语言文字法》对其使用有明文规定。但是在集宁区，乱用异体字的现象也时有所见。比如 1955 年《第一批异体字整理表》将"薰"作为"熏"的异体字予以淘汰。1988 年《现代汉语通用字表》确认"薰"表"香草"时是规范字，表示"熏香""熏染"的意义时仍作为"熏"的异体字处理。[③] 但我们发现集宁区公共场所的用字中，还存在把"熏肉"的"熏"用成"薰"的现象。

3. "二简字"。1986 年，国家语委重新发布《简化字总表》，并经国务院批准废止了《第二次汉字简化方案（草案）》，但《第二次汉字简化方案（草案）》毕竟曾经由国家推行过 10 年之久，现在 40 岁左右的一批人在学校时曾经学习过，因此使用者至今仍然有之，笔者发现在集宁区使用最为普遍的"二简字"就是"真"，不少地方都将它中间的三横写成一竖。此外，"出租"的"出"字，写成上"二"下"山"的形式也屡见不鲜。

4. 错别字。这里包括写错的字和用错的字。集宁区常见的错字有把"男"制作成"一撇贯穿上下"，把"药""花"上边的草字头都写成"两点一横"的"兰字头"；"收废品"的"收"字的左边写成"丬"，"废"字里边的"发"字少了一点等情况。而常见的别字则有："烧卖"几乎都写成"稍麦"；"账簿"写成"帐薄"；"名扬"的"名"写成"茗"；"照相"的"相"写成"像"，而把"录像"的"像"却用成"相"；"橱柜"用成"厨柜"；"家具"作成"家俱"；等等。

5. 旧字形。集宁区街道上少数牌匾用字仍在使用旧字形，例如将"丰"字上边一横写成一撇；还有的把"羽绒"的"羽"写成中间为四短横，等等。这些字多数出现在美工制作的文字中。

二 集宁区公共场所不规范用字的分布统计

根据上述标准，我们逐一走访了集宁区 14 条主要街道，发现公共场所用字情况整体

---

① 《语言文字规范手册》，语文出版社 2006 年版，第 4 页。
② 调查中，为了区别不规范使用繁体字和书法艺术以及名人题词等使用繁体字的情况，我们按照城市语言文字工作评估的要求，掌握了这样的原则：手书繁体字看是否配放了醒目的规范字对照牌，已配放醒目规范字对照牌的则不计；印刷繁体字看是否有注册商标的标志，有注册商标标志的则不计。
③ 李行健：《现代汉语规范词典》，外语教学与研究出版社、语文出版社 2004 年版，第 1486 页。

较好，但仍有不规范用字总计593个。其中繁体字最多，共362个，占所有不规范用字的61.05%；异体字共66个，占所有不规范用字的11.13%；"二简字"共29个，占所有不规范用字的4.89%；错别字共82个，占所有不规范用字的13.83%；旧字形共25个，占所有不规范用字的4.21%；其他共29个，占所有不规范用字的4.89%。各条街道的各类不规范用字详细调查结果如表1所示。

表1　　　　　　　　　　集宁区各类不规范用字汇总表

街道名称	繁体字 总数	繁体字 占同类不规范之比%	异体字 总数	异体字 占同类不规范之比%	"二简字" 总数	"二简字" 占同类不规范之比%	错别字 总数	错别字 占同类不规范之比%	旧字形 总数	旧字形 占同类不规范之比%	其他 总数	其他 占同类不规范之比%	整条街不规范用字总数 总数	整条街不规范用字总数 占总不规范之比%
工农大街	23	6.35	4	6.06	1	3.45	7	8.54	4	16	5	17.24	44	7.42
幸福街	58	16.02	3	4.55	2	6.9	7	8.54	4	16	7	24.14	81	13.66
建设街	19	5.25	1	1.52	2	6.9	2	2.44	1	4			25	4.22
光明街	8	2.21	3	4.55			2	2.44	1	4	1	3.45	15	2.53
乌兰大街	31	8.56	6	9.09	3	10.35	4	4.88	1	4	2	6.9	47	7.93
怀远大街	11	3.04	6	9.09	7	24.14	6	7.32			1	3.45	32	5.4
团结路	8	2.21	2	3.03	1	3.45	2	2.44					13	2.19
新体路	2	0.55	2	3.03			1	1.22	1	4	1	3.45	7	1.18
恩和路	43	11.88	4	6.06			7	8.54	3	12	5	17.24	62	10.46
民建路	62	17.13	10	15.15	3	10.35	8	9.76	2	8	1	3.45	86	14.50
解放路	64	17.68	22	33.32	8	27.59	23	28.05	3	12	5	17.24	125	21.08
文化路	13	3.59	1	1.52	1	3.45	6	7.32	3	12			24	4.05
桥西新华街	12	3.32	2	3.03	1	3.45	3	3.66			1	3.45	19	3.21
新区	8	2.21					4	4.88	1	4			13	2.19
合计	362		66		29		82		25		29		593	

从文字载体上看，上述不规范用字主要出现在招牌、广告标语、机关单位等组织名称牌上。所谓招牌，就是指挂在商店门前写有商店名称，作为商店标志的牌子。[①] 招牌用字是公共场所用字中最多最复杂的，特别是在集宁区，有大大小小手写印刷不一、制作材料不同的各种招牌。因此招牌用字里不规范用字的情况最为集中，成为不规范用字的主要使用对象。该类别中，本次调查到使用了不规范用字共420条。而广告标语当中，本次调查到使用了不规范用字共84条。关于机关单位名称，在本次调查到的使用了不规范用字的

---

① 李行健：《现代汉语规范词典》，外语教学与研究出版社、语文出版社2004年版，第1651页。

机关、学校、企事业组织共89处。《国家通用语言文字法》第九条规定："国家机关以普通话和规范汉字为公务用语用字。"① 第十条规定："学校及其他教育机构以普通话和规范汉字为基本的教育教学用语用字。"② 学校也是语言文字工作的重点领域之一，其名称牌用字也是国家通用文字管理的重点之一。对手写体名称牌，如果出现了繁体字、异体字的，按照国家城市语言文字工作评估的要求，应当在适当位置悬挂醒目的规范字对照牌，并注意保持其整体的和谐美。笔者主要将机关直属事业单位和工厂名称用字归入"企业事业组织名称"。具体统计如表2所示。

表2　　各类载体所用不规范用字统计表

对象名称	繁体字 总数	繁体字 占同类字之比%	异体字 总数	异体字 占同类字之比%	"二简字" 总数	"二简字" 占同类字之比%	错别字 总数	错别字 占同类字之比%	旧字形 总数	旧字形 占同类字之比%	其他 总数	其他 占同类字之比%	不规范的总数 总数	不规范的总数 占总不规范之比%
招牌	214	59.12	60	90.91	28	96.55	72	87.80	22	88	24	82.76	420	70.83
广告标语	69	19.06			1	3.45	7	8.54	3	12	4	13.79	84	14.17
机关学校等	79	21.82	6	9.09			3	3.66			1	3.45	89	15
合计	362		66		29		82		25		29		593	

三　集宁区公共场所不规范用字成因分析

调查结果显示，目前集宁区公共场所社会用字情况基本较好，但是不规范用字现象仍然存在，究其原因，可以从主观和客观两方面分析。

主观方面，首先，部分使用者对规范用字的认识不足，把"公共场所社会用字"仅仅看作是个人行为，认为繁体字、异体字、"二简字"随便用，多一笔少一笔不要紧，对他本人来讲也没什么责任。其次，不少不规范用字现象和使用者求新求异、盲目崇古，例如集宁区几家招牌制作店，不约而同地表示认为繁体字相比简化字"好看、有水平、显得庄严稳重"，并且认为使用简化字"没有分量"，因而在招牌上故意使用繁体字。最后，客观地看，集宁区用字者的文化水平参差不齐，不少招牌的设计制作者对用字有随大流的思维，而对异体字、"二简字"以及旧字形等有关语言文字规范化的概念并无认识，因此仅凭自身知识水平无法鉴别用字规范与否。

客观方面，首先，现行汉字字形字体规范本身有欠缺，且不够稳定。例如对异体字，目前学术界尚未完全形成统一的定论，而目前确认异体字所依照的标准，就是1955年的《第一批异体字整理表》。对于此表，学术界有不少争议。此表发布时的指导思想是只考虑现代用字，所整理的只是当时所用的异体字，并非科学地、全面地从文字学上对最常见

---

① 《语言文字规范手册》，语文出版社2006年版，第2页。

② 同上。

的异体字予以认定。此外,《简化字总表》在1986年重新发表时,对1964年由原中国文字改革委员会的《简化字总表》中的个别字做了调整。"叠、覆、像、啰"不再做"迭、复、象、罗"的繁体字处理,也就是说恢复了"叠、覆、像、啰"的规范字地位。这4个字调整之后,"象"和"像"两个字从不分到分开,在使用中一般人很难把握。《现代汉语词典》2002年增补本解释:"象"有"形状;样子"①的义项,"像"有"比照人物制成的形象"②的义项。虽然从释义上看,二者有区别,但在实际使用中,有时并不易于辨别。特别是《现代汉语词典》(2002年增补本)第1378页对"像"第一个义项的解释,用"……形象"去解释"像",就更容易使人混淆。

其次,不同的工具书之间对同一个字词的注音、释义或者选字不一致,也给文字使用者的查考带来困惑。比如"唯"和"惟",在《现代汉语词典》(2002年增补本)和《现代汉语规范词典》中的解释,就两个字在同一义项中主次之分上的处理正好相反。《现代汉语词典》(2002年增补本)是在"惟$_1$"的字头后解释:"①单单,只:惟一无二。"③而《现代汉语规范词典》则是在"唯$_2$"的字头后解释:"表示限定范围,相当于'单单''只'。"④按照惯例,释义一般写在首选的字头后。这说明在"单单,只"这一义项上,对于"唯"和"惟"的关系,《现代汉语词典》(2002年增补本)是把"惟"当作首选字,而《现代汉语规范词典》则是把"唯"当作首选字的。更能说明问题的是,在"wéi 独、wéi 恐、wéi 利是图、wéi 命是听、wéi 其、wéi 我独尊、wéi 一、wéi 有"这8个词语中,《现代汉语词典》2002年增补本都首选了"惟"⑤,而《现代汉语规范词典》都首选了"唯"⑥。还有"作"和"做"的用法,在工具书中也不尽一致:《现代汉语词典》(2002年增补本)列出的"做伴""做主",在《现代汉语规范词典》中则以"作伴""作主"为首选。这样变化不一的例子不胜枚举,即使是教师、编辑也不一定完全了解,大部分人当然无法规范地使用了。

再次,注册商标中繁体字、异体字的负面影响。《中华人民共和国商标法》第七条规定:"商标使用的文字、图形或者组合,应当有显著特征,便于识别。使用注册商标的,应当注明'注册商标'或者注册标记。"⑦但这里只规定了文字"应当有显著特征,便于识别",没有对用字的字体字形提出规范要求,也就是没有使用规范汉字的要求。所以商标中使用繁体字、异体字的情况时常可见。例如:商标"泸州老窖"的"瀘"字,"宁城老窖"的"寧"在注册时使用了繁体字,但它们都不违反《中华人民共和国商标法》的规定,因此得到了国家工商总局的批准。在集宁区的公共场所用字中,这些商标被不少商家原样放大,其中的繁体字、异体字还往往作为专卖店名牌使用,这些专卖店甚至还是全

---

① 中国社会科学院语言研究所词典编辑室:《现代汉语词典》(增补本),商务印书馆2002年版,第1378页。
② 同上书,第1379页。
③ 同上书,第1310页。
④ 李行健:《现代汉语规范词典》,外语教学与研究出版社、语文出版社2004年版,第1354页。
⑤ 中国社会科学院语言研究所词典编辑室:《现代汉语词典》(增补本),商务印书馆2002年版,第1310页。
⑥ 李行健:《现代汉语规范词典》,外语教学与研究出版社、语文出版社2004年版,第1354页。
⑦ 全国人大教科文卫委员会教育室、教育部语言文字应用管理司:《中华人民共和国国家通用语言文字法学习读本》,语文出版社2001年版,第280页。

国连锁，有统一的设计装潢要求，进而推动了不规范用字的使用和传播。

最后，集宁区的文字规范政策的宣传和贯彻力度不够，监管欠缺。目前，当地相关文字政策的宣传贯彻很大程度上只停留在中小学的语文教学中，对街道招牌的社会用字没有强有力的监督机构，对违反文字政策的现象没有一套完备的整治措施，更没有大规模地宣传，以至于集宁区街道招牌用字基本上是我行我素。此外，尽管 1955 年《第一批异体字整理表》、1964 年《关于简化字的联合通知》、1986 年《批转国家语言文字工作委员会〈《关于废止第二次汉字简化方案（草案）》和纠正社会用字混乱现象的请示〉的通知》、1986 年《关于重新发表简化字总表的说明》早已在数十年前对不规范用字做了明确规定，但目前集宁区多数人对此却一无所知，这无疑也是相关政策宣传工作的失职。此外《中华人民共和国国家通用语言文字法》第二十二条、第二十三条明确说明"地方语言文字工作部门和其他有关部门，管理和监督本行政区域内的国家通用语言文字的使用""县级以上各级人民政府工商行政管理部门依法对企业名称、商品名称以及广告的用语用字进行管理和监督。"第二十六条又规定："城市公共场所的设施和招牌、广告用字违反本法第二章有关规定的，由有关行政管理部门责令改正，拒不改正的，予以警告并督促其限期改正。"1987 年国家语言文字工作委员会、商业部、对外经济贸易部和国家工商行政管理局《印发〈关于企业、商店的牌匾、商品包装、广告等正确使用汉字和汉语拼音的若干规定〉的通知》明确规定："企业、商店的牌匾、商品包装、广告等具有广泛的社会性，用字必须合乎规范。"而目前集宁区仅仅对牌匾、广告的材料、尺寸有统一的规定，而对内容用何种字体和怎么写，基本无人干涉。这种监管不力、执法不严的状况，应当引起有关部门的重视。

四　促进集宁区公共场所社会用字规范化的建议

从内蒙古集宁区公共场所用字问题的调查与分析，可折射出全自治区乃至全国的公共场所用字问题。要解决公共场所用字的问题，净化国家通用文字的使用环境，使汉字能够在社会上规范、健康地使用，就应该区别不同使用对象采取不同对策，不能搞"一刀切"。同时，对一些具体问题还要具体分析。

首先，要促进公共场所用字规范化，需要统一规范汉字的界限和标准。目前学术界对规范汉字还没有统一的界定。究竟如何界定规范汉字？王铁琨先生认为，对规范汉字的认识应该把握四个要点：一是规范汉字事实上客观存在，不是文字学家们主观臆想杜撰出来的。二是规范汉字有层次之分。我们这里所说的规范汉字，主要指现代通用于我国大陆一般交际场合的汉字。三是规范汉字是经过整理产生的。四是不同时代有不同的汉字规范，同时代的汉字规范又因应用领域、场合的不同而有不同的要求。[①] 在当代，收入现行字表中的字即为"一般交际场合"的现行规范汉字。此外，我国大陆的汉字字形规范本身是有欠缺的；而且有些规范还经常调整变化，不够稳定；同时，各标准之间也存在矛盾。这就需要整合规范标准。令人欣慰的是，有关部门正在做这项工作，这就是《规范汉字表》

[①] 王铁琨：《关于〈规范汉字表〉的研制》，《语言文字应用》2004 年第 2 期，第 12 页。

的研制工作。教育部、国家语委于 2001 年 4 月批准《规范汉字表》研制课题立项；2002年 10 月，这一课题被国家语委科研规划领导小组明确为语言文字应用研究"十五"科研规划的重大项目；次年，此项工作被列入《教育部 2003 年工作要点》。研制《规范汉字表》，将从当代社会语文生活的实际出发，以主要满足一般交际场合社会通用的需要为主，在现有多个字表（字符集）的基础上，尽可能消除现行规范标准之间的矛盾和不合理之处，通过定量、定形、定音、定序等工作，集原有若干规范标准于一身，力求做到科学性、历史延续性和可行性的最佳组合，从而研制出能综合反映简繁字、正异字和新旧汉字字形对应关系，兼顾汉字形、音、义组合关系的规范字表。预期该字表将基本满足汉字在现代社会一般应用领域（如教育基本用字，新闻出版用字，人名、地名用字，民族、宗教用字，行业专用字，科技术语用字，计算机信息处理基本用字等）的需要，不但适用于现代汉语印刷出版物，也适用于普及性的古籍出版物；不仅是一般社会用字的标准，也是计算机用字的标准。字表发布后，通过一定过渡期的试用，将会在一个较长时期内保持一般应用场合汉字的稳定和规范，最终实现现行通用汉字的标准化。

其次，要促进公共场所用字规范化，需要依法做好语言文字的管理工作。就集宁区的情况而言，目前各标牌广告制作店有工商、税务等部门经常上门监管，而他们制作产品的语言文字规范问题该谁管，尚无明确的责任归属。因此，政府部门应该建立健全集宁区语言文字主管机构，使之明确职责，发现问题，及时解决。同时要通过语言文字规范培训提高监督人员的语文能力和执法水平，对从事规范汉字检查监督的工作人员须通过汉字水平评测。

再次，要促进公共场所用字规范化，还需要加强语言文字规范化的社会宣传。在调查中我们了解到，这项工作的力度尚显不足。目前多数不规范用字的使用者有的不知道繁体字的使用有何种规定，有的不知道"二简字"已经废止，还有的不知道牌匾的字形字体写法需遵守何种规章制度。这都需要我们加强社会的语言文字规范化宣传工作，充分利用现有的一些宣传手段，丰富宣传形式和宣传内容；采取新的宣传措施，加大宣传力度，扩大宣传范围，提高国家通用语言文字的社会知晓度，提高全社会的语言文字规范意识。例如可以在"推普周"期间将普通话、规范汉字的方针政策及规范常识一起宣传。目前吉林省、江苏省等已明确地在本省实施《国家通用语言文字法》的办法中规定："每年九月的第三周为本省推广普通话和推行规范汉字宣传周。"确立了其"推广普通话和推行规范汉字宣传周"的法律地位。我们也应吸取这一经验，为我们集宁区的语言文字规范化工作再增加一道屏障。

最后，要促进公共场所用字规范化，还需要加强和学校内的语言文字规范教育。目前大、中、小学教育对外语的重视程度不可谓不高，但对规范汉字运用能力的教学、考核力度不足，这将迫使文字运用者将学习用字的目光投向网络等缺乏语言文字规范引导的环境。因此为提高中小学生的汉字书写水平，教育部印发了《关于加强义务教育阶段中小学生写字教学的通知》，国家语委根据这一文件精神要求，正在组织研制"汉字书写等级标准和考查办法"，条件成熟后准备在中小学建立写字等级考查制。这些举措如能在集宁区实施，将对提高本地汉字使用者的语言文字规范素质有重要帮助。

五 结语

通过对内蒙古集宁区主要街道的调查，我们发现，集宁区公共场所各种不规范用字现象依然存在，其中繁体字使用的比例最高，同时还存在使用异体字、旧字形、"二简字"和书写错别字的现象，还有一些其他不规范情况。对此我们进行了分类统计，对其产生的原因进行了分析，并结合国家语言文字政策法规和集宁区的具体实际提出了一些促进当地用字规范化的建议，我们希望通过这种调查和研究，能够让有关部门和市民中对用字规范化问题引起足够重视，并使集宁区公共场所社会用字逐步规范起来，以促进集宁区经济和社会文化的繁荣和发展。

参考文献

1. 高更生：《现行汉字规范问题》，商务印书馆 2002 年版。
2. 《语言文字规范手册》，语文出版社 2006 年版。
3. 教育部语言文字应用管理司：《城市语言文字工作评估实用手册》，语文出版社 2002 年版。
4. 全国人大教科文卫委员会教育室、教育部语言文字应用管理司：《中华人民共和国国家通用语言文字法学习读本》，语文出版社 2001 年版。
5. 李宇明、费锦昌：《规范汉字百家谈》，商务印书馆 2004 年版。
6. 国家语言文字工作委员会政策法规室：《国家语言文字政策法规汇编（1949—1995）》，语文出版社 1996 年版。
7. 中国文字改革委员会：《第二批汉字简化方案（草案）》，《人民日报》1997 年 12 月 20 日第 1 版。
8. 陈汝东：《当前城市社会用字中的不规范现象及其成因和对策》，《北京大学学报》（哲学社会科学版）1999 年第 5 期。
9. 吕冀平、戴昭铭：《当前我国语言文字的规范化问题》，上海教育出版社 2000 年版。
10. 蒋重母、邓海霞：《武汉街道招牌用字不规范现象管窥》，《武汉教育学院学报》2001 年第 1 期。
11. 王磊：《关于净化和规范社会用字的思考：从牌匾、橱窗用字谈起》，《北方论丛》2002 年第 5 期。
12. 萧世民、邱斌、陈小建：《社会规范用字存在的问题及解决对策》，《井冈山师范学院学报》（哲学社会科学版）2003 年第 3 期。

帛书《周易》字用研究述评*

张　喆

1973年长沙马王堆3号汉墓出土的帛书《周易》经文内容完整，但卦序、卦名与今本都有不同，还存在大量异文，因此一经面世，就成为学界关注的热点，文字考释、内容阐述、卦序研究等方面的成果不断出现。本文关注的是帛书《周易》经文的字用研究情况，因此有必要先就汉字语用学的产生发展、学科内容、研究方法做一番梳理。

一　汉字语用学

汉字语用学（以下简称"字用学"）是一门新的学科，属于文字学的分支，主要内容是研究汉字的使用职能和使用现象。它不同于只研究汉字本体形义的汉字构形学，也不同于只研究文献用字意义的训诂学，而是将二者结合起来，既研究本形本义，也研究汉字所记录的意义在具体文献中的变化，从而厘清相关字词之间的关系。汉字语用学的主要内容包括：考察一个字记录了哪些词，或者一个词用了哪些字来记录；对特定文本用字现象的全面测查描写，包括字量、字频、字用属性等；对单字的使用职能和文本的用字现象进行比较分析，总结使用规律、探讨变化原因、进行专题论述等。

汉字语用学是建立在厘清汉字和汉语关系的基础上的。传统"小学"对于汉字和汉语的关系认识不清，经常混为一谈，直到20世纪初章太炎、黄侃诸位语言文字学家创立了"语言文字学"，才逐渐从文字和语言的关系上分析文献材料，这是汉字语用学最初的意识萌芽。赵诚先生指出："就语言现象而言，任何一个字词句所具有的或表现出来的价值，不仅存在于该字词句本身，还存在于和其他字词句的关系当中，就形音义而言也是如此。有时候，某些价值在关系中就存在，离开了那种关系就因之而减弱或者消失。"[①] 这一阶段的语言文字研究是从传统语文学向现代语言学的过渡。

经过上述学者的研究，学界已经认识到，研究文字不仅应该研究文字本体的形义，还应该研究文字在具体文献语境中的使用情况。最早将这种观点上升为理论的是王宁先生，她在《〈说文解字〉与汉字学》一书中提出："汉字学既要弄清一个汉字字符源初造字时的状况——字源，又要弄清汉字在各个历史阶段书面的言语作品中使用的情况——字用。"还指出："汉字字用学就是汉字学中探讨汉字使用职能变化规律的分科。"[②] 这里所

---

* 本文原载《励耘学刊》（语言卷）第2辑（总第18辑），学苑出版社2014年版。
① 赵诚：《传统语文学向现代语言学的发展（一）——兼论黄侃的学术贡献》，《古汉语研究》1998年第2期。
② 王宁：《〈说文解字〉与汉字学》，河南人民出版社1994年版。

说的"汉字字用学"也就是我们说的"汉字语用学"。

李运富先生在王宁先生提出的"字用"概念的基础上，在《汉字语用学论纲》一文中，正式提出应建立"汉字语用学"，该文讨论了建立这一学科的学理依据、学科定义和学科内容（在本节开头已经介绍）。李运富先生还发表了《论汉字数量的统计原则》《论汉语字词形义关系的表述》《论出土文本字词关系的考证和表述》《论汉字的字际关系》《关于"异体"字的几个问题》《论汉字职能的演变》《论汉字的记录职能（上、下）》《楚简"䑛"字及相关诸字考辩》《〈包山楚简〉"䑛"义解诂》《早期有关"古今字"的表述用语及材料辨析》等一系列论文，来探讨字用学的学科内容和研究方法。以上论文均收入《汉字汉语论稿》[①]一书中。在李运富先生2012年的新著《汉字学新论》[②]中，已将字用学理论指导下的对汉字职能和汉字关系的研究纳入汉字学的大框架内，形成了一个严密的包括汉字形体学、汉字构形学、汉字语用学三个层面的汉字学体系。

在"汉字语用学"理论的启发和指导下，产生了一系列通过字用学理论和方法研究出土或传世文献用字的成果，其中学位论文有：赵菁华《郭店楚简〈老子〉及马王堆帛书〈老子〉用字比较研究》、刘畅《〈包山楚简〉字用研究》、叶峻荣《定州简本〈论语〉与传世本〈论语〉异文研究》、王旭燕《〈说文〉部首字中头部字的历时职能考察》、李玉平《郑玄〈三礼注〉对文献字际关系的沟通》、赵莲峰《现代政区地名用字状况考察》、温敏《现代常用汉字职能属性考察》、李京勋《〈论语〉异文研究》、喻英贤《〈论语〉字用研究》、曹云雷《王观国〈学林〉字用学思想研究》、王颖《基于字料库的〈尚书〉用字研究》、许万宏《楚系简帛文字形用问题研究》、杨清臣《〈尔雅〉名物词用字的历时考察与研究》、熊加全《〈正字通〉沟通字际关系材料的测查与研究》、樊莹莹《〈左传〉用字研究》、覃勤《先秦古籍用字统计研究》；学术专著有：韩琳《黄侃手批〈说文解字〉字词关系研究》、陈斯鹏《楚系简帛中字形与音义关系研究》、刘君敬《唐以后俗语词用字研究》、肖瑜《〈三国志〉古写本用字研究》、王华权《一切经音义刻本用字研究》、沈澍农《中医古籍用字研究》、王彩琴《扬雄〈方言〉用字研究》；期刊论文有：徐加美《现代汉语字典中的字用学概念和研究内容》、李晶等《阮刻〈论语注疏〉用字研究》、匡鹏飞《俗文学视角下的〈二拍〉用字研究》、曹建昭等《三套小学低年级语文教材用字研究——以人教版、苏教版和上教版教材为研究对象》、于龙等《识字教学的问题与对策——基于语料库的小学语文教材用字研究》、杨秀恩《春秋金文用字研究》、王贵元《简帛文献用字研究》、张仁明《墨经用字现象研究——繁文省文辨》等。

目前，汉语字用学仍是一门亟待发展的学科，需要应用于更多的文献用字研究，以使这一学科的理论得到印证和完善。

二　帛书《周易》字用研究现状

目前对帛书《周易》的字用研究主要集中在两个方面：一是释文中对异文性质的初

[①] 李运富：《汉字汉语论稿》，学苑出版社2008年版。
[②] 李运富：《汉字学新论》，北京师范大学出版社2012年版。

步辨别；二是注释中对异文间字际关系的分析。这里的异文指的是将帛书《周易》与王弼注本《周易》或阮元刻《十三经注疏》本《周易正义》进行对校后发现的不同用字。以下分别概述释文和注释中的异文研究成果。

（一）帛书《周易》释文

最早一篇帛书《周易》释文是马王堆汉墓帛书整理小组在《文物》1984 年第 3 期上发表的《马王堆帛书〈六十四卦〉释文》（以下将这篇释文简称为"文物本"）。释文前附简略的注释，没有介绍校勘所使用的对校本（根据同时发表的张政烺《帛书〈六十四卦〉跋》[①]可知，整理者之一张政烺是用《周易》王弼注本及汉唐石经残卷与帛本进行对校的），只提到了释文的体例是以（ ）注出假借字、异体字之本字；以〈 〉表示改正明显的误字。[②] 这种体例说明整理者将帛本异文确定为假借字、异体字和误字三种情况。

在《张政烺论易丛稿》一书中收录了张政烺《六十四卦》释文，与"文物本"比较接近。该篇释文将异体字和假借字（同音异字）用圆括号标明，对于假借字没有区分本字和借字，也不说明本义或引申义，作者指出要做这种分别很难，短期内很难做到，一般来说帛书假借字多，王弼本用字要好得多，但也不能一概而论。同义异字，如"臣""僕"，在第一次出现时出校记，其中有音韵关系者按假借字处理。对字、句不同，出校记。字形、字音的解释以及个别字义问题出校记，指出假借字其字音关系不明者。于豪亮也参与了马王堆帛书《周易》的整理，他的《帛书周易》也发表在 1984 年第 3 期《文物》上。张政烺在《六十四卦》释文的手稿上提道："于稿字数太多，读起来沉闷，今加以选择。选取的是于稿的精华，全部在此。"所以张政烺《六十四卦》释文中也吸收了于豪亮的研究成果。

1998 年，廖名春作《马王堆帛书周易经传释文》，刊于上海古籍出版社《续修四库全书》第一册，后收录于《易学集成》第三卷及廖名春《帛书周易论集》。释文是在"文物本"的基础上形成的。学界一般将廖名春释文称为"四库本"。"四库本"释文没有对帛本的通假字、异体字做出标示，对于帛本字形的转写有的与"文物本"释文不同。比如《键》卦初九爻辞"文物本"释文为"浸龍勿用"，"四库本"释文为"潚龍勿用"；九四爻辞"文物本"释文为"或鯩在淵"，"四库本"释文为"或鱻在瀟"；九五爻辞"文物本"释文为"翟龍在天"，"四库本"释文为"翟蠱在天"；尚九爻辞"文物本"释文为"抗龍有悔"，"四库本"释文为"抗龍有慸"。以上所列仅《键》卦的释文就有 5 处不同，其余卦的不同释文也比较多。不同释文从另一个侧面反映和印证了帛书《周易》用字现象的复杂性，以致在释文的转写过程中存在诸多疑难点。同时，不同释文对于确定帛本与今本异文的相互关系具有一定的参考价值。

（二）帛书《周易》注释

下面我们汇总了其中影响比较大的成果，主要整理了几位学者对帛书《周易》经文

---

① 张政烺：《张政烺论易丛稿》，中华书局 2010 年版，第 30 页。
② 马王堆汉墓帛书整理小组：《马王堆帛书〈六十四卦〉释文》，《文物》1984 年第 3 期。

进行校释时，对与今本相异文字的处理方式，包括标注的方式、确定字际关系的依据、参照文本、参考文献等。

邓球柏《帛书周易校释》是第一部对帛书《周易》进行校释的著作，以"文物本"为底本，以《四部丛刊》影宋本王弼注《周易》本为校本（书中简称"通行本"），参校本主要有《经典释文》本、《周易集解》本、《唐开成石经》本、《周易音训》本。书中将帛本和通行本并列排出，以展示二者的异同，并汇总了帛本卦爻辞中与通行本的异文，列以表格形式。书中统计帛本卦名与通行本同者29、异者35；帛书卦辞（不含卦名）共64条计636字，仅缺损35字，与通行本不同的字81个；帛书爻辞共386条，计（不含爻名，含《乖·九二》复出之"无咎"二字）3444字；与通行本不同的字771个。这些汇总和数字对后人的研究给予了很大的便利。邓球柏指出："……与通行本不同的字是研究古文字、音韵、训诂以及研究春秋、战国、秦、汉社会的物质生活、精神生活的极宝贵的材料。其中有一些不见于字书的字，是研究文字变迁的珍贵资料。其中大部分是同源字，这些同源字到了音韵学家手中或许能够发现规律性的东西。"[①] 对出现的异文，作者从文字的本义出发，判断该字在卦爻词中多表示的意思是假借还是引申；对帛本与今本不同用字之间的关系试图做出解释，对进一步的研究提供了参考。

张立文《帛书〈周易〉注释》[②] 专注帛书《周易》卦爻辞，原文以"文物本"为底本，参照《帛书六十四卦》书影，与王弼注《周易》《周易正义》和《周易集解》作比对，吸收了清人及近人研究成果。释文以圆括号标出假借字和异体字之本字。注释的顺序为先校勘，次释假借字、异体字，次注释字意和文义，再给出今译。《帛书〈周易〉注释》对释文中的假借字和异体字，进行了详细的考证，充分借助古代训诂注释典籍，尽量为异文之间的假借或异体关系寻求合理的解释。

连劭名《帛书周易疏证》[③] 对《周易》经文部分，注重利用文字训诂的方法辨析卦象，从读音、意义的角度找出帛书《周易》与今本《周易》所用不同文字的联系，但对于异文之间的具体关系未作分别。

丁四新《楚竹书与汉帛书周易校注》[④] 帛书部分以"文物本"为基础，参考了其他学者的意见，文字少有改变。在校注中，将假借字、异体字以（）标出，讹文经改正后的正字用〈〉标出。版本对校看了楚竹书、汉石经和陆德明《经典释文》，并详作征引。在文字辨形上，吸纳了当今古文字学家的成果，训诂、释义采用清人以上意见较多。

肖从礼的硕士学位论文《马王堆帛书〈周易〉考释》[⑤] 以"文物本"为底本，以《周易正义》本为主校本，以楚竹书本《周易》、阜阳简本《周易》和熹平石经本《周易》为参校本，对诸本异文的音义关系做出了分辨。

---

① 邓球柏：《帛书周易校释》，湖南人民出版社2002年版。
② 张立文：《帛书〈周易〉注释》，中州古籍出版社2008年版。
③ 连劭名：《帛书周易疏证》，中华书局2012年版。
④ 丁四新：《楚竹书与汉帛书周易校注》，上海古籍出版社2011年版。
⑤ 肖从礼：《马王堆帛书〈周易〉考释》，硕士学位论文，西北师范大学，2008年。

（三）帛书《周易》字用研究论著

以论文的主要内容大致分为校注、考释异文、研究假借三个方面，事实上各类所涉及的具体内容有交叉的部分。

校注方面：何琳仪《帛书〈周易〉校记》① 以帛书《周易》为底本，参考上海博物馆藏战国楚竹书《周易》、阜阳汉简《周易》以及《十三经注疏》本互校，写出 20 条札记。对"文物本"提出一些疑义，对几个本子异文的关系做出一些判断。丁四新《马王堆帛书〈周易〉卦爻辞校札九则》② 就部分疑难卦爻辞的训释做了探讨。吴辛丑《从帛书异文看〈周易〉训诂中存在的问题》③ 在比较通行本《周易》和汉墓帛书《周易》文字异同的基础上，结合语法分析，对《周易》训诂中的一些疑难词句提出了新的看法，并从语言学角度对《周易》训诂中存在的一些问题进行了分析。西山尚志《从帛书〈周易〉"小"、"少"的区分释"亨小利"》④ 根据统计分析提出通行本与阜阳简本、上博本都没有"小""少"的区别，但是，帛书本却存在明显的区别，由此认为，"亨小利"断句还是应该以"亨小，利……"为是。

考释异文方面：朱方棡《帛本〈周易〉与通行本〈周易〉卦名异字考》⑤ 将卦名异字进行了详细划分，分为同音而可以代用的，由于语音关系可以通假的，意义上有联系而可以代用的三种情况。刘大均《今、帛、竹书〈周易〉综考》⑥ 从汉代今、古文经学研究的角度，对各本经文中的异文做了考证，对经文中的某些今、古文，依据传统资料进行辨析。行文中将各本经文一一列出，并整理了异文对照表格。王永嘉《马王堆帛书〈周易〉卦文校证（选录）》⑦ 将帛本与今本异文划分为通假字、后起增加义旁字、字形混讹、虚字通用四类，并对每组异文做了简要分析举证。

研究假借字方面：刘元春《马王堆帛书〈周易〉通假字例释》⑧ 认识到对帛书《周易》通假字研究的薄弱，选取帛书《周易》通假字中的若干个案，加以分析。分为音义确定通假字和音义不确定通假字两类。刘元春《略论马王堆帛书〈周易〉本经通假字的类型与传承》⑨ 将帛书〈周易〉本经通假字分为四类：无形体联系的通假字、声符相同形符不同的通假字、省减形符的通假字、增加形符的通假字。研究了这些通假字的流传演变和整体特征。

---

① 何琳仪：《帛书〈周易〉校记》，《周易研究》2007 年第 1 期。
② 丁四新：《马王堆帛书〈周易〉卦爻辞校札九则》，《周易研究》2011 年第 3 期。
③ 吴辛丑：《从帛书异文看〈周易〉训诂中存在的问题》，《华南师范大学学报》（社会科学版）1993 年第 1 期。
④ 西山尚志：《从帛书〈周易〉"小"、"少"的区分释"亨小利"》，《周易研究》2008 年第 3 期。
⑤ 朱方棡：《帛本〈周易〉与通行本〈周易〉卦名异字考》，《社会科学家》2004 年第 9 期。
⑥ 刘大均：《今、帛、竹书〈周易〉综考》，上海古籍出版社 2005 年版。
⑦ 王永嘉：《马王堆帛书〈周易〉卦文校证（选录）》，《宁波师院学报》（社会科学版）1987 年第 3 期。
⑧ 刘元春：《马王堆帛书〈周易〉通假字例释》，《中国文字研究》2007 年第 2 期。
⑨ 刘元春：《略论马王堆帛书〈周易〉本经通假字的类型与传承》，《广西社会科学》2008 年第 8 期。

三　帛书《周易》字用研究的不足

首先，对字际关系的判断缺乏逻辑性。上述学者大都认同帛书《周易》与今本的用字差异有字际关系演变的原因，也试图做出一些基本的解释，疏通了异文之间的音义联系，对于帮助读者认读出土《易经》来说，这种注释使读者很容易就明白不认识的字可以当现在的哪个字讲，不影响文本的整体阅读。但如果不考虑字词实际的形义联系，仅凭一两个证据就确定字词关系的做法是不科学的，正如李运富先生在《论出土文本字词关系的考证与表述》一文中提出的，仅仅根据异文就断言某字是某字的借字，或者仅仅根据形体相近就断言某字跟某字同字或读音相同，这在逻辑上是不具备充分理由的，不同时代的用字差异并不都是假借关系，更不会全是先代的字借用为后代的字。异文之间的关系是多种多样的，除了借字跟本字的关系外，还可以是异体字关系、同义字关系、借字跟借字的关系，甚至各自用借字来构成同义字关系。而在帛书《周易》的注释中，异文基本上都被定为异体或假借关系，实际情况却并不一定如此。以《马王堆帛书〈六十四卦〉释文》中《键》卦卦爻辞为例，整理者将帛本与王弼注本《周易》对校后形成的释文如下：

> 鍵（乾），元享〈亨〉，利贞。初九，浸（潛）龍勿用。九二，見龍在田，利見大人。九三，君子終日鍵（乾）鍵（乾），夕泥（惕）若属，无咎。九四，或鱲（躍）在淵，无咎。九五，翟（飛）龍在天，利見大人。尚（上）九，抗龍有悔。迵（用）九，見羣龍无首，吉。

以上释文帛本与王弼本的异文共 9 组，分别是：鍵——乾、享——亨、浸——潛、泥——惕、鱲——跃、翟——飞、尚——上、抗——亢、迵——用。根据释文的校勘说明："以（）注出假借字、异体字之本字；以〈〉表示改正明显的误字。"可知，除"享——亨"组外，其余都用括号标明是异体或假借关系，释文本身并没有对二者做出区分，至于王弼本字形是否一定就是本字，也值得商榷。之后我们看到在《张政烺论易丛稿》中所收的《六十四卦》校勘说明对这种情况有比较客观的解释："假借字（同音异字），在行间用圆括号标明，不出校记。这样做不能准确分辨出那是'正字'，那是'借字'；那是'本义'，那是'引申义'。要作这种分别很困难，不是我们的学力在短期内能做到的。一般说来，帛书假借字多，王弼本用字要好得多，但也不能一概而论。"[①] 这里可以看出整理小组对异文中假借字的判断条件是"同音异字"，区别于没有同音关系的异体字。张政烺对待异文的态度是谨慎客观的，但是由于时间精力所限，不能对异文的实际关系详加考证，因此在释文中还是出现了一些偏误。

释文将"享"视为"明显的误字"，用〈〉标出正确的字形"亨"，其实"享"并不一定是错别字。"亨"，《子夏传》释："通也。"《广韵·庚韵》："亨，通也。或作

---

① 肖从礼：《马王堆帛书〈周易〉考释》，硕士学位论文，西北师范大学，2008 年。

'亯'。"《说文·亯部》："亯，献也。从高省，曰象进孰物形。"段注曰："其形，荐神作亨，亦作享。饪物作亨，亦作烹。《易》之'元亨'，则皆作亨。皆今字也。"可知表示祭献鬼神的意思最初用"亯"，后"亨"和"享"都可以用来表示祭献。通过祭献祈求亨通，所以"亨""享"又都可表示祭献的引申义亨通。《广雅·释诂》："亯，通也。""亯"为"享"古文字形。因此可知在表示亨通义时，"亨""享"均是本字，二者构成异体字关系，不能简单地将"享"认定为误字。

除"享——亨"组外，上述异文中还有并非假借或异体关系的字组，如"尚——上"。"尚"，《说文·小部》释："曾也。"段注曰："曾，重也。尚，上也。皆积累加高之意。义亦相通也。"《康熙字典·小部》："尚，与上通。"《诗·魏风》："上慎旃哉，犹来无止。"注曰："上犹尚也。"《尚书序》："尚者，上也。言此上代以来书，故曰《尚书》。"由此可知"尚"的本义为曾，引申为积累增高，含有向上的意思。因此在表示上的意思时，"上""尚"均为本字，二者构成同义字关系。

其次，对字际关系的术语使用不规范。已有的帛书《周易》注释在解释字际关系时，还存在术语使用不当的问题。注释术语和文字学术语的含义是不同的，古人在注释古书时，通常使用"某某古今字"或"某同某"的说法，来告诉读者某个字应该当什么字理解。这些说法属于注释家的术语，它能帮助读者按对应字理解文意，而又避免了许多麻烦，因为它不是严格的文字学术语，所以不必反映字的使用属性（是本用还是借用）和字际关系（是异体字关系还是本字跟借字的关系等）。如今我们在文本考释时，有时是用古时注释家的术语，来表示字际关系的概念，难免出现偏差。在考释时对于不能确定其字际关系的字，应该避免使用"假借""异体"等术语，使用"某相当于某"这种可以起到文意疏通作用的表述就可以了。

如《井》卦爻辞："九五，井戾寒渿食。"张立文《帛书周易注释》："'渿'为'泉'之异体字。《字㵎》引汉相《孙君碑》：'波鄣渿溉。''渿'与'泉'同。《杨君石门颂》：'平阿渿泥。'泉作渿。故渿与泉相假。"[①] 这段注释先后使用了"某为某之异体""某与某同""某与某相假"三种表达字际关系的术语，使人不明白二者到底是什么关系。其实作者只是想说明在这句话中，"渿"的意思就是泉水，相当于"泉"字。避开复杂的字际关系表述，反而能够使注释更清楚。如果要进行规范的字际关系表述，应当说在表示泉水这个意思时，"泉"是本字，"渿"是后出本字，二者构成异体字关系。

最后，对字际关系的梳理不全面。已有研究成果只是对与今本或其他出土版本有异的文字进行了字际关系的初步说明，但未从帛书《周易》整体用字特点的角度，对文献中所有字词关系进行梳理，因而无法体现帛书《周易》用字的整体风貌。目前还没有见到运用汉语字用学理论和方法对帛书《周易》进行系统研究的成果。

四　帛书《周易》字用进一步研究的方向

针对以上不足，我们可以运用汉语字用学的理论和方法，从以下几个方面展开进一步

---

① 张立文：《帛书〈周易〉注释》，中州古籍出版社2008年版。

的研究：

第一，对帛书《周易》与阜阳汉简、楚竹书、汉石经《周易》以及今本《周易》等不同版本的异文关系进行字用学角度的辨别，并用规范的训诂学术语来表示。李运富先生《论汉字的字际关系》一文对需要辨别的具体关系做了说明，要看在文献的具体语境中，不同用字之间是本字与本字的关系，还是本字与借字的关系，或者是借字与借字的关系。在本字与本字的关系中，还存在异体字与异体字、同义字与同义字、源本字和分化字三种情况；本字与借字的关系中，存在本字与通假字、假借字与后造本字两种情况；借字与借字的关系中，存在通假字与通假字、假借字与假借字两种情况。只有用上述关系来分析不同版本的异文，才能说实现了版本异文的完全考释。

第二，对帛书《周易》用字现象进行全面测查和描写，包括统计字量和字频；根据文献中汉字的实际使用情况确定字用属性，看是本用（用本字记本词）、兼用（本字记本词的派生词）还是借用（借字记他词）；统计同字异词和异字同词的种类及比率。对每项内容都形成翔实的数据和立体图表展示。

第三，将帛书《周易》与其他出土《周易》文本的用字现象进行比较分析，包括阜阳汉简、楚竹书、汉石经的《周易》文本等。再将这些出土文本与传世《周易》的用字现象进行比较，总结使用规律，探讨变化原因，从共时和历时的角度全方位表现《周易》文本在历史发展过程中的用字面貌。

第四，将帛书《周易》的用字与同时代其他典籍的用字进行比较，辨别异同，分析差异原因，以横向展示汉初用字的独特性。

参考文献

1. 赵诚：《传统语文学向现代语言学的发展（一）——兼论黄侃的学术贡献》，《古汉语研究》1998 年第 2 期。
2. 王宁：《〈说文解字〉与汉字学》，河南人民出版社 1994 年版。
3. 李运富：《汉字汉语论稿》，学苑出版社 2008 年版。
4. 李运富：《汉字学新论》，北京师范大学出版社 2012 年版。
5. 张政烺：《张政烺论易丛稿》，中华书局 2010 年版。
6. 马王堆汉墓帛书整理小组：《马王堆帛书〈六十四卦〉释文》，《文物》1984 年第 3 期。
7. 邓球柏：《帛书周易校释》，湖南人民出版社 2002 年版。
8. 张立文：《帛书〈周易〉注释》，中州古籍出版社 2008 年版。
9. 连劭名：《帛书周易疏证》，中华书局 2012 年版。
10. 丁四新：《楚竹书与汉帛书周易校注》，上海古籍出版社 2011 年版。
11. 肖从礼：《马王堆帛书〈周易〉考释》，硕士学位论文，西北师范大学，2008 年。
12. 何琳仪：《帛书〈周易〉校记》，《周易研究》2007 年第 1 期。

用字比较考察

秦楚玺印文献用字比较*

肖晓晖

在谈到战国文字时，人们最直接的印象就是"文字异形"。所谓"文字异形"，是指文献材料中记录同一个词的文字的外在形态不一样。究其实，应包括三个层面的"异"：字体之异、结构之异、用字之异。

字体之异，是指文字书写风格不同，书写者对文字的笔迹形态、结体布局等处理方式不同。结构之异，是指文字的构形属性有别，即文字在构形模式、构件等方面存在不同。用字之异，是指文字的记词职能不同，同一词用不同的字来记录。裘锡圭先生曾指出战国时期文字异形的三种情况："有些字在不同的国家里有很不一样的写法"；"有时候，同一个字所用的偏旁，在不同国家的文字里是不一致的"；"此外还可以看到，同一个词在不同的国家里或用本字或用假借字，以及不同的国家使用不同假借字的现象"。[①] 这其实就是概括了文字在字体、构形、字用三方面的差异。李运富先生近年来提出"汉字学三平面理论"，认为汉字具有形体属性、结构属性、职用属性这三维属性，相应地，汉字学应包括汉字形体学、汉字结构学、汉字职用学三个平面。[②] 讨论文字异形，自然也可以从这三个平面展开。

本文尝试对秦楚玺印文字的用字情况进行比较。本文所谓用字情况，包括了字的本用、兼用及借用。[③]

汉字的形义是相统一的，某字本来的意义与它本来的形体必然是相切合的。形是文字的本体，音义则体现了文字的记录功能。文字演变过程中，文字的记录功能和形体会发生变化。所以在文字研究中，必须分清以下概念：汉字临时记录的词和它本来记录的词、词的本义和引申义、字的构意和笔势[④]，等等。

考察用字情况，必然要涉及以下一些要素：字本来记录的原词、字临时记录的词、字的构件组合关系等。只有考察清楚了某字本来记录的词和临时记录的词，才能谈字用问题。字在文献中临时记录的词，由于有相关的语境做背景，较易求得。而文字本来记录的

---

* 本文为作者硕士学位论文《秦楚玺印文字比较研究》（北京师范大学，2000 年）2.2、2.3 两小节部分内容的改写。为便于排版，文中所列印蜕并非原大，大小各有调整，比例不一。因涉及字形或字用比较，文中会使用部分繁体字、异体字。谨此说明。

① 裘锡圭：《文字学概要》，商务印书馆 1988 年版，第 57 页。
② 李运富：《"汉字学三平面理论"申论》，《北京师范大学学报》（社会科学版）2016 年第 3 期。
③ 参见李运富《论汉字职能的变化》，《古汉语研究》2001 年第 4 期。
④ 关于"构意""笔势"等概念，可参见王宁《汉字构形学导论》，商务印书馆 2015 年版，第 55—76 页。

词，往往因语言文字现象的纷繁复杂而晦匿不明，难作定论。

探求某字本来记录的词，从汉字形义学的角度来看，就是要找到字的本义。"本义是与字形相贴切的词的义项，是由笔意分析出来的，可以用字形来证实的词义。""本义是一个操作概念。它可以从两个方面确定出来：第一，它必然存在在古代文献所使用的词义中，它可以从文献使用过的诸多义项中选出来；第二，它是与字形相贴切的义项，可以被字形所证实，字形就是选出这个义项的依据。"① 在探讨文字本来记录的原词或本义时，这是可据以执行的准则。当然，在实际操作中会有各种困难。字本义或字本用的确定，并不是一件容易的事。

一　秦印用本字楚玺用借字例

（一）"将"与"牆"

凡"将帅"之"将"，秦印用"将"字，如"铚粟将印"（图1a）、"章厩将马"（图1b），楚玺用"牆"字，如"亚牆（将）军鉥"（图1c）。

图1

"将"为本字，"牆"是借字。《说文·寸部》："将，帅也。从寸酱省声。""牆"是"酱"字的省写异构字。《说文·酉部》："酱，盬也。从肉从酉，酒以和酱也，爿声。牆，古文。䤖，籀文。"甲骨文有字作 ，从二又爿声。一般认为此字即《说文》"𡨦"字。《说文》："𡨦，扶也。"此义传世文献中写作"将"，即"出郭相扶将"（《木兰辞》）之"将"。从词义发展的角度来看，"将"之"率领"义、"将帅"义是由最初的"扶持"义引申而来的。 、𡨦、将三字字形不同，却在不同时期记录着同一个词。因此，学者或把 直接隶定为"将"②。甲骨文另有字作 ，从肉爿声，当即"酱"之初文。到了战国时期，秦文字材料"将""酱"分用③，而东方六国多用"牆"字兼表数义，如中山王𧊒方壶铭"牆（将）与虘（吾）君并立於𠁁（世）"之"牆"是"即将"之义，信阳楚简"一坪（瓶）某（梅）牆（酱）"之"牆"是"酱醢"之义，楚玺"亚牆（将）军鉥"之"牆"是"将帅"之义，等等。

---

① 王宁：《说文解字与汉字学》，河南人民出版社1994年版，第25、27页。
② 李宗焜：《甲骨文字编》，中华书局2012年版，第335页"将"字条。
③ "酱"字作 （睡虎地秦简日书甲种26简背），与《说文》同。

（二）"郑"与"奠"

姓氏或地名，秦印用"郑"，如秦印"郑大夫"（图2a）、秦封泥"南郑丞印"（图2b），楚玺用"奠"字，如楚私玺"郑□"（图2c）、双面印"奠（郑）岗·敬"。从字际关系来说，"郑"是本字，"奠"是借字。但是从发生学的角度来看，先借"奠"字记录此词，后来添加邑旁造成专字，"郑"是后起本字。

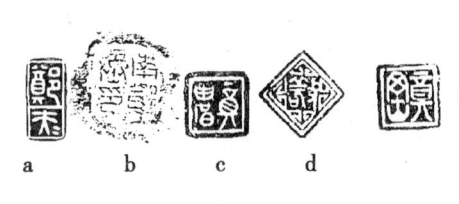

图2

（三）"邓"与"登"

人名或地名的"邓"，楚玺用"登"字来记录，如私玺"登（邓）癸"（图3b）、"登（邓）士"（图3c），秦印则已添加义符"邑"作"邓"，如封泥"邓丞之印"（图3c）。"登"是借字，"邓"是后起本字。

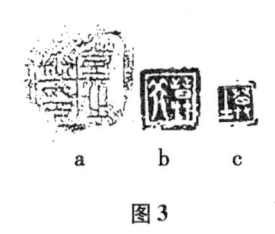

图3

二 秦印用借字楚玺用本字例

（一）"造"与"敊""俈"

凡"制造"之"造"，秦印用"造"字，如秦封泥"邯造工丞"（图4a），楚玺用"敊"或"俈"字，如楚官玺"敊（造）寶（府）之鉨"（图4b）、"俈（造）寶（府）"（图4c）。

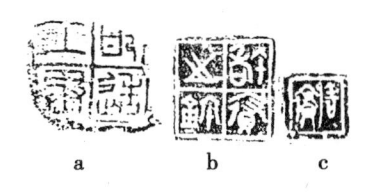

图4

《说文·辵部》："造，就也。从辵告声。谭长说，造，上士也。艁，古文造从舟。"字从辵，当与行走有关，因此它的本义应该是"诣""往"，即今所谓"造访"之"造"。《广雅·释言》："造，诣也。"《小尔雅·广诂一》："造，適也。"《尚书·盘庚中》："诞告用亶其有众，咸造勿亵在王庭。"《传》："造，至也。"至于其古文"艁"，或谓"制造"之"造"的本字①，或谓"造舟"之"造"的本字②。从现有出土文献资料来看，"艁"字基本用于"制造"义，或许此字本来就是为"制造"义而造。现在一般认为，艁所从舟旁不是义符，而是加注的声符，"艁"是一个双声符字。

古文字中另有"鋯""戠"等字③，于铭文中皆表"制造"义，从构件组合关系来看，它们记录的原词应该就是"制造"之"造"。

"敊"从"告"得声，"攴"当是表义构件。从目前所掌握的资料来看，此字基本上都是表示"制造"之义④。因此，我们认为"敊"表"制造"为本用，它是"制造"之"造"的一个本字。"俈"字从人，见于后世字书。《玉篇·人部》："俈，或嚳字。"《集韵·沃韵》："俈，阙，帝高辛之号。亦通作嚳。"可见，字书所载"俈"字本属人名专字，是古时五帝之一的名字，即"帝嚳"之"嚳"的本字。而"嚳"字本非高辛之名，其本义是"告急"。《说文·告部》："嚳，急告之甚也。从告，学省声。"段注："急告，犹告急也。告急之甚，谓急而又急也。"但值得注意的是，陈剑先生曾指出，"造"所从之声符"告"形跟"祝告"之"告"本非一字。⑤ 楚玺"俈賔"之"俈"亦见于楚简，皆用为"制造"义，且其"告"形同"造"所从之"告"而与"祝告"之"告"不同。据此，似乎楚文字中的"俈"与后世字书中的"俈"不是一回事。其字从人旁，字之本义究竟为何，已不可知。出土文献中用为"制造"义，也许是借用。

楚文字中也有"造"字，如包山137号简反面："……僕军造言之。""造"在此处正表示"诣""往"之义。凡是要表示"制造"义的地方，楚文字用"敊""俈"等字，不用"造"。而秦文字凡"制造"义、"往诣"义皆用"造"字。这是秦楚文字在字用方面的明显不同。

秦印"造"字、楚玺"俈"字都不是为"制造"之"造"而造的字，表"制造"义为借用。楚玺"敊"和出土文献中的"艁""宭""鋯""戠"等字一样，大概都是用来记录"制造"之"造"这个词的，表"制造"义为本用。

（二）"蔡"与"𨛜"

"陈蔡"之"蔡"，秦印用"蔡"字，如封泥"蔡阳丞印"、私印"蔡野"，楚玺用

---

① 高鸿缙《頌器考释》："宭，造之本字，亦作艁，从宀，从舟，告声。言屋或舟均人所制造也。后世通以造访之造代之，久而成习，而宭与艁均废。"此据《汉语大字典》"造"字条引。

② 段玉裁《说文解字注》："《释水》：'天子造舟。'毛传同。陆氏云：'《广雅》作艁。'按：艁者，谓并舟成梁，后引申为凡成就之言。"

③ "鋯"字见曹公子戈、陈侯因脊戈等器，"戠"字见高密戈等器。

④ 如鄝陵君鑑："戠（造）金监。"

⑤ 陈剑：《释造》，载《出土文献与古文字研究》第一辑，复旦大学出版社2006年版。收入《甲骨金文考释论集》，线装书局2007年版。

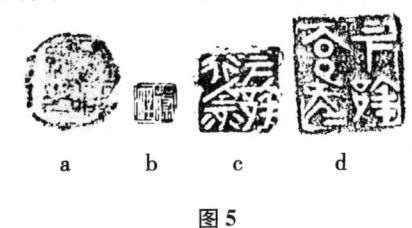

"邩"字，如楚官玺"下邩行录""下邩宫大夫"。

图 5

"蔡"本为"草蔡"之义。《说文解字·艸部》："蔡，艸也。从艸祭声。"段玉裁据"丯"字改为"蔡，艸丯也"，谓"艸生之散乱也"。

"𣎵"字在古时很早就出现了，甲骨文中即有此字（《戬寿堂所藏殷虚文字》33.9）。构意不明。或谓像人身上毛下垂之形①，或谓像锯割人腿之状②。此字读音与"杀"字相近，形体又与"杀"字的说文古文及三体石经古文相似。"杀"字与"蔡"字音近，如《尚书·禹贡》："三百里夷，二百里蔡。"孔颖达引郑玄："蔡之言杀，减杀其赋。"所以"𣎵"音近于"蔡"。

周文王第五子蔡叔度之封国，西周金文用"𣎵"字来表示，如虘钟铭之"𣎵姬"。可见蔡国之蔡本用"𣎵"字来表示（借用），迄至春秋战国皆如此。战国时期楚国文字或添加形旁邑作"邩"，使之成为地名、姓氏专字。就"邩"字本身而言，用为地名、姓氏，这是本用。而秦文字转用"蔡"字来记录此词，这只是借用。秦统一天下，书同文字，汉承秦制，又由经师按照秦汉用字习惯整理典籍，故传世文献多用"蔡"字而不用"邩"。

（三）"传"与"遱"

"传遽"之"传"，秦印用"传"字，如"传舍之印"，楚玺用"遱"字，如"遱迁（徒）之鉨"。

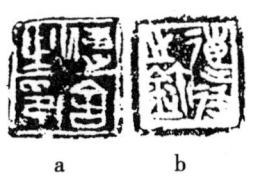

图 6

《说文》："傅，遽也。从人專声。""传遽"之"传"为何从人旁？研《说文》者一般并未深究，大概如马叙伦《说文解字六书疏证》所说，"以人故传从人"，认为传遽由人进行，故从人旁。仔细想来，这种解释其实颇显牵强。

古文字中有"遱"字，当是"传遽"之"传"的本字，从辵与"遽"字从辵意同。

---

① 何琳仪：《战国古文字典》，中华书局1998年版，第941页。
② 李零：《古文字杂识（五则）》，载《国学研究》第3辑，北京大学出版社1995年版。

从人之"傅"或许另有其义。甲骨文中有"傅"字，作🦴（合集9100）🦴（花东113），用为人名，但从字形写法来看，我们怀疑此字可以分析为从人从又叀声，示以手捕人之意，"叀"是表音构件。"傅"字"捕人"之义，于文献有征，如《汉书·刘屈氂传》："以奸傅朱安世。"注曰："逮捕也。"凡"傅遽"之义，楚文字用"䢅"或"遫"，秦文字用"傅"。楚文字中亦有"傅"字，见包山120号简，正表"捕人"之义。若此说成立，则"傅遽"之"傅"的本字应该是"䢅"，用"傅"表"傅遽"是假借用法。

三 秦印楚玺皆用本字而构形相异例

"汉字是由不同数量、不同功能的部件依不同的结构方式组合而成的。部件的数量、功能和组合方式（位置、置向、交接法），是每个汉字区别于其他汉字最重要的属性，汉字的信息量主要是由部件来体现的。"[①] 秦楚玺印文字存在皆用本字而构形不同的情况。所谓"异构字"，是指音义相同、功能也完全相同而构形属性有差异的字。也就是说，异构字记录着同一个词，但构件或构件组合关系不同。根据构形属性差异，异构可分为构件增减、构件替换、理据重选等不同情况。所谓"理据重选"是指选取不同的理据而形成异构，如"泪"与"涙"、"三"与"四"、"岳"与"嶽"等。

（一）玺

"玺印"之"玺"，秦印作"壐"，从土爾声，如秦单字印"壐"（图7a）、私印"疢壐"（图7b），楚玺文字用"鉨""坏"，如"鄟閞愧大夫鉨"（图7c）、"丁歆信坏"（图7d）。其中"鉨"为常态，"坏"较少见。"尔"本是"爾"之省写，即截取"爾"字上半部分，以局部代替整体，这是古文字形体变化中常见的现象，类似的字有"巨""易"等。[②] 战国时期，东方六国"爾"多省作"尔"，唯独秦文字仍作"爾"，保留旧形。秦汉以前的玺印，施用于封泥，故字或从土，其制作的常见材质为铜，故字或从金。

秦统一天下之前，"玺"并无等级规定，人人皆可用之。就语言习惯而言，东方六国的玺印一般自称为"玺"（写作"鉨""坏"等形），秦国一般自称为"印"，称"玺"者很少见。秦统一天下后，制定新的用印制度，规定"玺"这个名称为皇帝及皇后专用，并且皇帝玺印用玉，螭虎钮，官员不得僭用。蔡邕《独断》："天子玺以白玉，螭虎钮。"朝臣所用官玺及百姓所用私玺则称为"印"，延续了秦国传统。汉承秦制，又略有变化，制定了更为详细、严格的官印制度。文化制度反映在字形变化之中。本来秦印及汉代早期的印章，"玺"字皆从土。因用印制度的明确，"玺"名为天子王侯专用，且材质又多为玉，故后来"玺"字改从玉旁。

（二）厩

凡"马厩"之"厩"，秦印作"廄"，从殳，如"章厩将马"（图1-b）、"厩印"

[①] 王宁：《汉字构形理据与现代汉字部件拆分》，《语文建设》1997年第3期。
[②] 参见肖晓晖《古玺文新鉴》，世界图书出版公司2005年版，第15—16页。

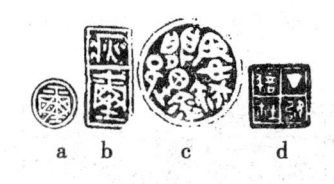

图 7

（图8a），楚玺作"厱"，从食，如二合印"□□大厱"（图8b）。此字亦见于楚简。楚文字"厩"又或作"廄""廏"①。

图 8

（三）岁

"岁"字本从步戉声，如西周金文作 （曶鼎）。战国时期，秦及齐晋等地区延续了这种写法，如秦印"晋岁"（图9a），而楚文字"岁"作 ，从歲省从月，如"职岁之鉨"（图9b）、"后职岁鉨"（图9c）。在"歲"的基础上增添"月"这个表义构件，强调此字与月相、时间的关系。从文字形体的传承关系来看，秦印"岁"字保守继承，楚玺"岁"字创新变化。

图 9

（四）市

兮甲盘"市"字作 ，从兮之声。到战国时期，"市"字形体已有较大变化，楚文字作 （图10c），上部仍从"之"，构件"兮"则已讹变讵甚："丂"上端横笔与"之"共用，下部的竖笔在增添横笔作为装饰后逐渐演变为构件"土"，"八"则简省成一条长长的弧笔（鄂君启车节"市"作 ，除了长弧笔外，还有一小段斜笔，正保留了"八"的部分痕迹）。秦印文字"市"作 （图10a、b），构件"兮"与"之"发生笔迹粘合，但仍可看出上部从"之"。

从形体演变源流来说，楚玺文字及秦印文字的"市"字应当是异写关系。但考虑到楚文字"市"中的"土"形可以看作是附加的表义构件，而且六国文字增加构件"土"

---

① 参见李守奎《楚文字编》，华东师范大学出版社2003年版，第551—552页。

的现象较为普遍，例如齐、晋地区的"市"字亦多从土①，所以把它们归入异构关系。

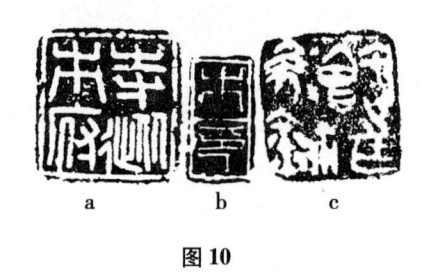

图10

（五）府

学者们论及战国时期各地区文字的特色，往往要举楚文字"賹"以为证。② 楚文字中"府库"之"府"都写作"賹"，如楚玺"大賹"（图11b）、"䣢行賹之鉨"（图11c）。賹字从宀从贝付声，"贝"表财货之意，"宀"表建筑之意，此字当是"府库"之"府"的专字。其实，"賹"字并不仅仅出现于楚文字中，其他地区也有这种写法。如三晋系的平安少鼎"府"即作"賹"，只不过所从"贝"省作"目"；燕系的二年右贯府戈"府"亦作"賹"。可见，"賹"字并非楚地所独有。

《说文》"府"字为秦文字写法，如秦印"私府"（图11a）。三晋地区"府库"之"府"则用"坿"字来表示。"坿"字本"培土"之义，记录的并非"府库"之"府"。《说文·土部》："坿，益也。从土付声。"所以，用"賹"或"坿"表示语言中的词"府"，其实质是不同的："府"字与"賹"是异构字；"坿"字则不过是"府"之借字。

《古玺汇编》第5548号印"羊錫客坿"（图11d），旧多将此玺归入楚系，而《古玺通论》则把这方印的域属定为三晋③。应该说，此印的文字风格较接近楚玺，如"客"字的写法与"左□客鉨"（《古玺汇编》162）、"羣粟客鉨"（《古玺汇编》160，图26b）诸印中的"客"字极为相近，"錫"字所从"言""易"形体与楚文字的一般书写特点相似。这方印的形制也较符合楚系玺印，而三晋官玺多是朱文小印，与此不类。但是，"坿"字多见于三晋玺印，楚文字都用"賹"字，我们没有见到楚文字用"坿"字的情况；而且，旧依惯例读为"羊坿錫客"，印面含义不明，曹锦炎先生读"羊錫（肠）客坿（府）"，则与文献相印证。考虑到这些因素，我们倾向于曹先生的意见，将此玺定为三晋玺印。

（六）阳

秦印文字"阳"字如说文正篆，从阝易声，如"宜阳津印"（图12a）、"茝阳少内"（图12b）。楚玺文字作"壄"，添加了"土"作为表义构件，如"壄𨚵之迩（鉨）"（图

---

① 裘锡圭：《战国文字中的"市"》，《考古学报》1980年第3期。

② 如何琳仪《战国文字通论》，中华书局1989年版，第154页；曹锦炎《古玺通论》，上海书画出版社1996年版，第78页。

③ 曹锦炎：《古玺通论》，上海书画出版社1996年版，第164页。

图 11

12c)。楚系文字"阳"多从土作。

图 12

(七) 陈

秦印文字"陈"字从阜東声,如"陈回"印（图 13a）,《说文》从之。楚系文字添加了"土"旁作为表义构件,作"陸",如楚官玺"陈之新都"（图 13b）。楚文字"陸"字也可以看成是从阜重声的字,发生了构件置换。

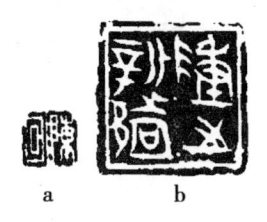

图 13

(八) 毕

"毕"字西周金文作 （段簋）、 （毕鲜簋）、 （史䀠簋）,下部像繩网之形,上部从田,会田猎之意。其中段簋"毕"字下部已变为"華"（bān）,为秦文字、《说文》小篆所从。《说文》:"。象形。"战国秦印文字"毕"字从田从華从廾,如"毕獶"（图 14a）、"毕最"（图 14b）,睡虎地秦简亦从廾,与说文小篆略有不同。《说文》所据当是秦汉时的篆文。泰山刻石"毕"字与说文小篆全同,自秦以降,所见"毕"字皆不从廾。楚玺"毕"字亦从廾,下部的繩网形已简省,并与"田"粘合在一起。大概是因为"田"与"華"上部形体相近,所以共用一形。又于字之顶端添加表义构件"网"以足其意。见楚玺"毕点"（图14c）、"毕□"（图14d）。

图 14

（九）得

凡"得失"之"得"，秦印用"得"，如"得臣"（图15a）、"焦得"（图15b），楚玺用"䙷"，如"干䙷"（图15c）。

《说文》把"得""䙷"分为二字："䙷，取也。从见、寸。寸，度之，亦手也。""得，行有所得也。从彳，䙷声。䙷，古文省彳。"从形音义及其源流来看，这两个字本为异体。"䙷""得"皆见于甲骨文，"䙷"本从贝，"得"字为"䙷"字之繁构，"彳"为赘加的表义构件，表示于道途中拾得财货。"䙷""得"二字虽形体有异，功能却并未分化。战国时期，秦用"得"字，楚用"䙷"字。目前所见战国楚文献皆用"䙷"字，齐、三晋之地亦多用"䙷"字，"贝"或省作"目"。说文止篆既分列"䙷""得"二字，又以"䙷"为"得"之古文，复误以"贝"为"见"。

图 15

（十）臧

《说文》："臧，善也。从臣戕声。""臣"有顺服之意。如战国时有"𦥑"字，见中山王器及包山楚简，亦见于古玺文字，在中山王器中读为"臣附"之"附"，在包山简中读为"仆"（下民自称）。"𦥑"当是"臣附"之"附"的本字。"附"字本义是"附娄"（《说文》："附，附娄，小土山也。从阜付声。春秋传曰：附娄无松柏。"）。包山简"仆"也从"臣"，表示下人顺服之意。或曰：逆为恶，柔顺则为善，故"臧"本义为"善"。但甲骨文"臧"字作䇂，从戈从臣，像以戈击目之意，与"民"字作𠕒（像以针刺目）构意相类，故其本义恐为"奴隶"。《方言》第三："臧，奴婢贱称也。荆淮海岱杂齐之间，骂奴曰臧。"

秦文字"臧"从臣，如秦印"董臧"（图16a），《说文》因之。楚文字"臧"皆作"戕"，从口，不从臣，如楚玺"臧昜"（图16b）。

图 16

（十一）昭

《说文》："昭，日明也。从日召声。"秦印"昭"字与说文小篆同，如"顔昭"（图17a）。楚玺"昭"字从日邵声，如"□昭"（图17b）。今从召得声的字，楚文字往往从"邵"，如"沼"作✍（包山179号简）、"绍"作✍（楚王酓忎鼎）①，楚玺中另有"愢"（图17c"愢鼻"）、"羿"（图17d"李羿"）、"䙴"（图17e"䙴竽"）等字，亦从邵。可见，"邵"作为表音构件，在楚文字中较为普遍。

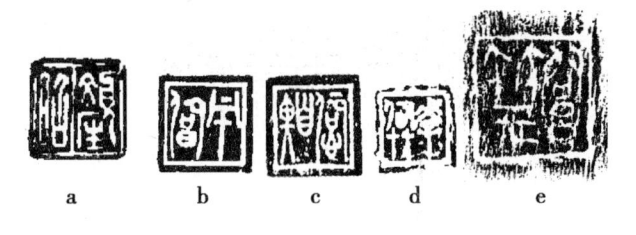

图 17

（十二）秦

《说文》"秦"字正篆作✍，从禾舂省；籀文作✍，从秝。秦印"秦"字写法与说文正篆相同，如图18a"秦褆"印。楚玺"秦"字则省去构件"廾"，从午从秝，如图18b"秦"。

图 18

---

① 《说文》"绍"字的古文写作✍，段玉裁根据《玉篇》《集韵》等材料改为✍，此古文字形虽有细微讹变，从糸邵声的结构却可确定无疑，与楚王酓忎鼎"绍"字写法正同。

（十三）恆

《说文》："㮓（恆），常也。从心、从舟，在二之间，上下一心以舟施恆也。死，古文恆从月。诗曰：如月之恆。"① 又，《说文》："㮓（極），竟也。从木、恆声。亙，古文極。""亙"是"恆"的初文，"心"旁应当是附添的表义构件。甲骨文"亙"字作（《殷虚书契后编》上 9 · 10），从上下二横、从月，会"月于天地之间永恆"之意。金文写法与甲骨文同（见亙鼎）。

秦印"恆"字从心从月从二，结构与《说文》篆文同，如图 19a "智恆"印、图 19b "恆鐇"印。秦文字"月"旁写法与"舟""肉"等构件极为相近，常常混同，《说文》遂误以"月"为"舟"。"極"字的《说文》古文其实便是"亙"字，"月"旁已经讹变成"舟"旁。楚文字则以构件"外"替换"月"，与《说文》古文同，如图 19c "恆"印。这种构件替换的情况也见于其他字符，如楚玺"閒"之作"䦘"（见下条）、三晋私玺"夜"之作（《古玺汇编》2947 号印）。

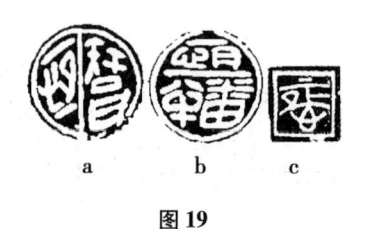

图 19

（十四）閒

《说文》："閒，隙也。从门、从月。䦘，古文閒。"秦印文字结构与说文正篆相同，如"魏閒"印（图 20a）。楚玺文字写法则与说文古文同，从门从外，如"鄩䦘愧大夫鉨"（图 7c）、"䦘安虗鉨"（图 20b）。

图 20

（十五）信

《说文》："信，诚也。从人从言，会意。䚬，古文从言省。䚬，古文信。"其实"信"字从人从言人亦声。战国时代，秦印"信"字与《说文》正篆同，如"信宫车府"（图

---

① 此条小徐本与大徐本略有出入，此从小徐本。

21a)。六国文字或借用"身"为"信",或在"身"字基础上加"言"字旁以构成"信"的异构字"誜"。楚玺"信"字一般在构件"人"上添加一短笔,使"人"变成了纯粹的示音构件"千",因此其结构可以分析为从言千声,如"周惑信鈢"(图21b)。

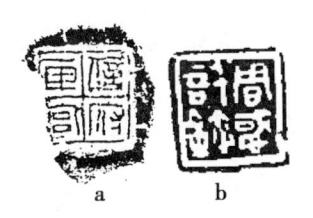

图 21

(十六) 昌

《说文》:"昌,美言也。从日、从曰。一曰:日光也。《诗》曰:东方昌矣。𣆶,籀文昌。"秦印"昌"字同说文正篆,从日从曰,如"戴昌"(图22b)。或又从日从口,如"昌武君印"(图22a)。楚玺"昌"字则从口从曰,如"安昌里鈢"(图22c)、"郔(蔡)昌"(图22d)。

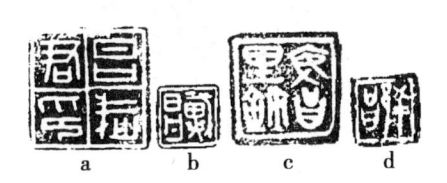

图 22

(十七) 仁

《说文》:"仁,亲也。从人从二。忎,古文仁从千心。𡰥,古文仁或从尸。"秦印"仁"字写法与说文正篆同,如"忠仁思士"(图23a)、"中仁"(图23b)。楚玺有成语玺,文曰"中㥯"(图23c)、"中身"(图23d)。因古文字材料中"身"常可作为"信"之借字,故过去多将这类印文中的"身"或"㥯"读为"信"。郭店楚简和上博楚简公布后,简文中的"㥯"字基本都可以读为"仁",有学者认为"㥯"字就是"仁"的楚地写法。因此,楚成语玺"中㥯""中身"可读为"中仁"或"忠仁"。"㥯"是"仁"

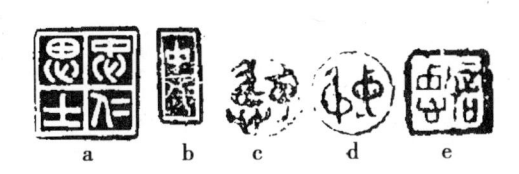

图 23

的异构，从心身声，与说文古文相近。从"人"得声之字，楚文字有时改从"身"，如"允"作🦴。楚简另有"仁"字作🦴（包山简 2.180），从尸从二，与说文另一古文同。楚玺另有"忠信"成语玺，如图 23e。

四　楚玺文字异构例

异构不仅仅存在于不同地区之间，在同一地区内部，同一字有时也有不同写法。就秦楚玺印文字而言，秦印异构现象较为少见，楚玺文字异构现象明显多于秦印文字。

（一）四

楚玺文字"四"有三、四两种写法，前者如"连嚣（敖）之三"（图 24a），后者如"西□□四"（图 24b）。"三"历史最为悠久，远绍甲骨文。"四"字产生时代较晚，最早在春秋晚期的徐王子钟、郾孝子鼎、邵钟等铜器铭文中才出现，此后它也没有完全取代"三"字，一直到汉代，"四"与"三"都是并行共用。

图 24

（二）登

《说文·癶部》："登，上车也。从癶豆。象登车形。䒫，籀文登从廾。"秦印文字"登"与说文正篆同，如"魏登"（图 25a）。楚玺文字则或同正篆，如"登聊"（图 25b），或与籀文结构一致，如"登癸"（图 3b）、"登士"（图 3c）、"登艛信鉨"（图 25c），形成一组异构字。

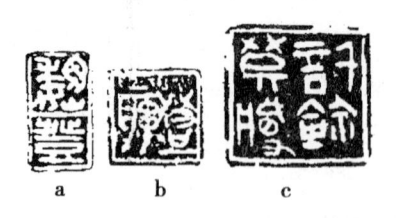

图 25

（三）粟

《说文》："粟，嘉谷实也。从卤、从米。孔子曰：粟之为言续也。䉇，籀文粟。"秦印文字"粟"与说文正篆同，只从米，如"銍粟将印"（图 1a）。而楚玺文字"粟"有从米者，如"郢粟客鈢"（图26a），亦有从禾者，如"羣粟客鈢"（图26b）。从禾与从米意同。战国"稟"字或从禾，或从米①，与此相类。

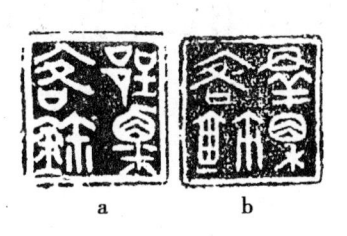

图 26

有时，由于材料的局限性，表面上看起来秦楚之间文字异构，但实情并非如此。例如，楚玺文字"丘"字作，从土，而秦印诸"丘"字不从土。若将视野放宽，可观察到楚文字"丘"字多添构件"土"，与说文古文相同，如：（鄂君启节）、（包山简2.237）。但楚简中也有不从土者，如（包山简188）。可见，与其说秦楚二地的"丘"字互为异构，不如说楚文字内部"丘"字存在异构情况。

从以上分析的例子来看，秦楚玺印文字在用字方面的差异表现为以下几点：

首先，大概由于材料本身的局限性（玺印缺少足够丰富的语境文本，其内容主要限定在地名、职官、姓名等方面），秦楚玺印文字在职用方面的区别并不大。值得注意的是，有部分楚文字在记词时形成分工，对应的秦文字则兼有本用、借用而未分化。例如，秦文字"造"兼有"往诣"（本用）、"制造"（借用）二用，而楚文字则以"敀"等表示"制造"，以"造"表示"往诣"，形成分工。楚以"遱"表示"传遽"，"传"表示"逮捕"，秦则用"传"兼表二义。当然，反过来的情况也存在。例如，楚之"酒"兼有"肉酱""将帅""即将"诸义，而秦用"将"表示"将帅"，用"酱"表示"肉酱"，形成分工。

其次，秦楚玺印文字存在皆为本用而形体结构不同的现象，其中主要是楚玺文字增加表义构件造成的，例如"市""阳""陈"增加土旁，"府"加贝旁，"岁"加月旁，"毕"加网旁，等等。楚玺文字常常习惯性地更换某构件，例如用"外"置换"月"（如"閒""恆"等字），用"卲"替换"召"（如"昭""绍"等字）。从部分构件的写法（例如楚玺文字一律将"爾"简化为"尔"）来看，楚玺文字是简化了；但就增添表义构件现象而言，楚玺文字又是繁化了。

最后，形体结构不同的现象并不仅仅存在于不同地区之间，楚玺文字内部也往往有异体。相对而言，秦印文字比较固定，异体较少。

---

① 吴振武：《战国"稟"字考察》，《考古与文物》1984年第4期。

《老子》简本与帛书乙本异文用字比较研究*

赵菁华　吴吉煌

引　言

　　现存的古代文献可以分为传世文献和出土文献两大类。传世文献经过各时代的辗转传抄（误抄、漏抄），政府或个人的校订和整理（删改和增添）而呈现出我们今天所见的面貌，是历时用字现象累积的结果，各时代用字状况和特点已经模糊。基于上述原因，它们不是用字比较研究的好对象。由于其特殊的成书过程，所以一般来说一种古籍有多个版本，因此对传世文献的用字研究多从属于校注的目的。而出土文献（载体多为简帛）却是形成于一个固定的时代，一个固定的抄手，抄好后埋入地下，未经后人篡改，呈现出那个时代的用字状况和特点，是进行用字研究的第一手材料，特别是用字比较研究的最好对象。帛书本和简本《老子》的出土为我们提供了宝贵的第一手材料，本文拟从历时文献用字比较研究的角度做一个新尝试。

一　帛书本及简本《老子》概述

（一）帛书本及简本《老子》概况

　　1. 马王堆帛书《老子》

　　1973 年 12 月从湖南长沙马王堆 3 号汉墓中出土了大批帛书，有十多万字，包括多种先秦古籍。其中《老子》有两种写本，现分别称为甲本、乙本。甲本字体为古隶，文中不避汉高祖刘邦讳，抄写时代在公元前 221 年—公元前 195 年。乙本字体则为今隶，文中有两个"邦"字改成"国"字，可知是避汉高祖刘邦讳的。但文中不避汉惠帝刘盈讳。由此推断其抄写年代比甲本略晚，在公元前 194 年—公元前 180 年，即汉惠帝和吕后执政期间。帛书甲、乙本分别是两部完整的《老子》写本，字数与今本相当。帛书本《老子》与传世的河上公注本，王弼注本和傅奕校订本存在着较大的不同。其一是诸本《老子》道经在前，德经在后；帛书本是德经在前，道经在后。其二是诸本《老子》分章，而帛书本则不分章节。甲本有 19 个分章圆点，乙本无；传世本分为 81 章或 72 章。其三是诸

---

* 本文由赵菁华《郭店楚简〈老子〉及马王堆帛书〈老子〉用字比较研究》节选改写而成，硕士学位论文，北京师范大学，2000 年。

本《老子》与帛书本文字、语句多有不同。

2. 郭店楚简《老子》

郭店楚简在1993年10月下旬出土于湖北省荆门市沙群区郭店一号楚墓头箱，由湖北省荆门市博物馆清理发掘。发掘者推断此墓葬年代应为战国中期偏晚，即公元前4世纪中叶至公元前3世纪初。郭店楚简的书写年代下限应略早于墓葬年代。

郭店楚简："简文字体有明显的战国时期楚国文字的特点，内容丰富，包含多篇古籍，以道、儒两家学说为主。"包括《老子》甲、乙、丙三组，凡十三篇。这批竹简古籍的出土，引起学术界高度重视。尤其是简本《老子》的发现，使老学史上一些争论不休的问题，如《老子》的成书年代等问题一锤定音。它是迄今为止发现的《老子》最早的古写本，但已并非全本，现存字数为2046个，约为今本的五分之二，结构上不分章次，但有分段标记，用字、句式、语句顺序与今本也有较大差异。其内容散见于今本《老子》的31个章节中，有的相当于今本全章，有的只相当于该章的一部分，排列顺序与今本不同。

（二）帛书本及简本《老子》用字研究概述

郭店简本《老子》出土以前，帛书本是当时所发现的最古的一个写本，理所当然引起了海内外学术界的关注，因此也取得了可观的研究成果。由于有传世的版本可供参照，版本校勘角度的研究文章不少。作校注要依赖于文字、音韵、训诂三门学科作为工具，所以从语言文字角度对帛书《老子》进行研究多数是以校注为其目的。用字研究方面的文章并不太多。

尹振环的《再论马王堆汉墓帛书〈老子〉》[①] 列举了16条帛书本与今本的异文，总结造成异文的原因是战国时代文字尚不统一，书体各异，各国语音的差异。论文指出《老子》在流传过程中不免出现音同字异的现象；秦汉文字统一后的订正校勘不可能把所有讹误都订正，甚至可能有订正为误者。毛远明的《帛书〈老子〉和通行本的文字差异》对帛书本和通行本的异文状况进行了初步统计，为其中的假借字作了分类。论文提出汉字发展过程中有一个假借阶段，古帛书可以帮助我们认识早期形声字，古代典籍多经后人涂改。[②]

这两篇论文对出土文献用字进行初步的比较研究，提出了一些有价值的观点。但前者列举的异文数量较少，不足以全面说明问题。后者将所有用字现象概括为通假字，将异体字、古今字、假借字等不同视角的字际关系混为一谈，未能条分缕析，对异文的形成原因也未作深入探求。

有鉴于此，本文拟通过对《老子》战国中期偏晚版本——郭店楚墓简本和汉初版本——马王堆汉墓帛书乙本的比较，钩稽这两个版本的用字差异（异文），从字与词、字与字的关系两个角度对每组异文进行分析、归类并作统计，以期使我们对战国中期和汉初《老子》一书的用字状况有较为全面的了解，并进而考察汉字经过隶变（从战国中期至汉

---

① 尹振环：《再论马王堆汉墓帛书〈老子〉》，《文献》1995年第1期。
② 毛远明：《帛书〈老子〉和通行本的文字差异》，《四川师范学院学报》（哲学社会科学版）1997年第4期。

初）后文献用字的发展变化。

　　简本是目前所能见到的《老子》最早版本，后世可与之比较的版本有很多，就出土资料而言，有两个版本：一为帛书甲本，一为帛书乙本。本文之所以选择帛书乙本作为比较对象，主要基于以下三个原因：

　　首先，从字体发展的角度来看，帛书甲本的字体是古隶，帛书乙本的字体是今隶（即汉隶）。古隶是汉字隶变过程中产生的一种过渡（小篆向今隶过渡）字体。今隶是古文字经过隶变形成的成熟字体，是比古隶更具有代表性的今文字。简本字体是战国古文（楚国文字），就字体而言，帛书乙本与简本的比较更能显示从汉字从古文阶段到今文字阶段的发展变化。

　　其次，从时间跨度来看，根据书中避讳可推知帛书甲本的抄写时代在公元前221年—公元前195年；帛书乙本的抄写时代在公元前194年—公元前180年。成书较晚的帛书乙本与简本在时间上跨度更大，用字变化更明显，更具可比性。

　　最后，从文献用字状况的代表性来看，据初步测查：帛书甲本、乙本之间用字差异不大，帛书乙本与王弼本之间的用字差异也不大。帛书乙本可以说是介于帛书甲本、今本（王弼本）之间的版本，它的用字既有与甲本的相同之处，亦有与今本的相同之处，能部分地反映甲本、今本的用字状况。因此可以作为这两种本子的代表与简本比较。

二　异文的界定及选取

（一）异文的界定

　　何为异文？王彦坤先生在《古籍异文研究》中指出："一般认为，'异文'一词具有广狭二义：狭义的'异文'乃文字学之名词，它对正字而言，是通假字和异体字的统称。广义的'异文'则作为校勘学之名词，'凡同一书的不同版本，或不同的书记载同一事物，字句互异，包括通假字和异体字，都叫异文。'"[①]张涌泉先生在《汉语俗字研究》中也对广义"异文"作了界定，即"由于抄手或传刻者时代及其他因素的影响，这些不同的写本、刻本的文字、内容都可能会有不同程度的差异。如前举《西游记》例，'行者……踧在咽喉之内'，'踧'字一本作'爬'。用校勘学的术语来说，这叫做异文"[②]。

　　异文是本文所要分析考察的对象。本文所说的异文与上面所述广、狭两种异文概念都不相同，但又有联系。广义上的"异文"的"文"不仅包括不同版本间相异的文字，也包括相异的词句（句式）。狭义上的"异文"是文字学中体现字际关系的一个概念，它与正字相对而言，是对具体用字现象在文字学角度的一种总结概括。而本文所分析的"异文"的"文"是"文字"的"文"，即指同一古籍的不同版本在相同语境下记录同一词义时所使用的不同的字。具体讲就是《老子》的简本和帛书乙本在相同语境（指句子）下记录同一词义时所使用的不同的字。它是从具体文献中通过比较挑选出来的，其中包括

---

① 王彦坤：《古籍异文研究》，广东高等教育出版社1993年版，第1页。
② 张涌泉：《汉语俗字研究》，岳麓书社1998年版，第198页。

异体字和通假字，但更复杂，远非狭义"异文"所能概括。因此本文的异文概念比"广义"的狭，比"狭义"的广。

（二）异文的选取

1. 语料所据版本

（1）简本《老子》以文物出版社 1998 年出版，荆门市博物馆所编的《郭店楚墓竹简》中的《老子》甲、乙、丙三组图版及其释文为主要依据，参考其他有关文字考释文章，择其善者而从之。

（2）帛书乙本《老子》图版以文物出版社 1974 年出版的《〈老子〉乙本及卷前古佚书》中的图版为依据，释文以文物出版社 1980 年出版的国家文物局古文献研究室编的《马王堆汉墓帛书（壹）》中的释文为依据。

（3）选择王弼本（上海书店出版社 1994 年第七版《诸子集成·老子注》）作为供参证的今本中的主本。因其是传世本中最通行、流传围最广、流传时间最长的版本。

2. 异文的选定原则

因简本《老子》仅存 2046 个字，只有帛书乙本的五分之二强，所以异文的选取范围以简本为准。若简本有字而帛书乙本残缺，亦不列入考察范围。也就是说，本文考察的是简本和帛书乙本都有的，可供比较的材料。

用于比较的字形以原件字形（楚文字和汉隶）为准，而非释文（楷书），释文只作为参考。标有重文符号的字当作一个字来处理。由于两个版本的字形一为战国古文（楚文字），一为汉隶，二者为两种不同字体，所以因笔画变异而形成的异写字大量存在，是一种普遍现象。① 这属于书体研究范畴的问题，对于用字研究的价值不大。因此本文所选定的异文排除了异写字材料。如："樊"（简本）和"樊"（帛书乙本）、"复"（简本）和"复"（帛书乙本）就是异写字，不列入异文。

异文是在表达同一词义的基础上选出来的，所以还存在一个词义确定的问题。此处所谓词义是指《老子》文本的原义。由于《老子》文本释义至今尚存在诸多争议，所以确定词义时，首选公认释义，次选大家之说；众说纷纭者，择善而从。

3. 选定的异文数量

本文所选取的可供比较的语料（简本仅存 2046 个字，与之相对的帛书乙本部分残缺约 283 个字）约有 3526 个字。根据上述界定和选取原则，最终选出异文 494 组，每组异文有 2 个字，即 988 个字，约占总语料的 25.2%。其中重复的异文有 211 组。所谓重复异文指字形相同，并且所记录的词义相同的异文组。考察时选取最先出现（以简本的先后为序）的一组为代表，其他重复者参与编号，但不参加数字统计。如：字形同为"聖"（聖）——"聖"（即），都记录"圣人"这一词义的异文仅作一组分析和统计。除去上述重复者，我们共选取不重复异文 283 组。其中部分异文由于简本字形待考或异文关系不明等

---

① 王宁："在同一体制下，记录同一个词，构形、构意相同，仅仅是写法不同的字样，称作异写字。""形体结构不同而音义都相同、记录同一个词，在任何环境下都可以互相置换的字，称作异构字。"详见《汉字构形学导论》第 151、154 页。

原因列入存疑之列，此类异文有 27 组。因此，实际上本文重点分析考察的异文有 256 组。

三　异文用字比较分析

（一）文献用字分析的两个视角

文献用字问题简单地说就是文献中用什么字来记录什么词的问题，或者可以说是文献中什么词用什么字来记录的问题。它属于字用学领域的研究。王宁认为："字用学就是研究在具体的言语作品里，汉字字符记录词或语素时职能的分化和转移的。它面对的是各种原因造成的同词异字和异词同字现象。"① 李运富进一步提出："汉字职用学（字用学的全称）是研究汉字使用职能和使用现象的科学，也就是研究如何用汉字记录汉语以及实际上是怎样用汉字记录了汉语的科学。"②

汉字是构意文字，早期的汉字是因义构形的，即依据它所记录的汉语语素的意义来构造形体。汉字的构形是有理据的，造字之初字与词之间的关系是单纯的。但在使用过程中，"一个字符可能记录多个词，一个词也可以用不同的字符来记录，从而形成复杂的字词关系、字际关系和词际关系。"③ 字与词、字与字之间的联系已非单纯依靠构形理据，而必须借助上下文的语意表达环境才可能确定。

因此，文献用字的研究应该从两个角度进行：首先是字词关系的角度，具体到本文就是每组异文（两个字）分别与它们所记录的词义之间的关系。其次是字际关系的角度，即对记录同一词义的不同的字之间关系的分析。具体到本文就是每组异文的两个字之间的关系。这两个角度既有区别又有联系，可以图释如下：

$$
\begin{array}{c}
词义 \\
\text{字词关系} \nearrow \quad \nwarrow \text{字词关系} \\
字（形）_1 \longleftrightarrow 字（形）_2 \\
字际关系
\end{array}
$$

由此可见，字用问题并非单纯的文字学问题，实际上还涉及训诂、音韵等诸多学科。

（二）从字词关系考察异文用字

1. 文献用字中字与词的关系

此处的"词"在文献中已具体到了义项，在词汇学中称作义位。"一个能够独立运用

---

① 王宁主编：《汉字汉语基础》，科学出版社 1997 年版，第 15 页。
② 李运富：《汉字语用学论纲》，载《励耘学刊》（语言卷）第 1 辑，学苑出版社 2005 年版。
③ 李运富：《论出土文本字词关系的考证与表述》，《古汉语研究》2005 年第 2 期。

的意义所形成的语义单位叫义位。义位是对词义的分项说明，是词的语义的基本存在的形式，是语义系统中基本的现成的单位。"① 义位存在于词，文献中表现为词。古代汉语以单音节词为主，一个汉字通常记录一个单音节词，二者正好相适应。文献中所要表达的词义实际上是已经确定的了，但用字者却可能选用不同的字（形）来记录。

从用字的角度来看，文献中字与词之间的对应关系不外乎三种：本用、借用、误用。

所谓本用是指字在文献中记录的是本词，即"与该字的构形理据密切相关的语词"②。该字在文献中用的是本义或引申义，即字与它所记录的词义之间有理据可寻。如："是以取人欲不欲"（帛书乙本释文，在王弼本64章）中的两个"欲"字即为本用。《说文·欠部》："欲，贪欲也。从欠谷声。"前者用的是引申义，后者用的是本义。

所谓借用"是将字形当作语音符号去记录与该字形体无关但音同音近的语词"③。借用中包括两种情况：同音借用和同源借用。同音借用与意义无关，同源借用既有音同音近的关系，又有义近义通的关系。但就用字者而言，有意义关联的同源借用本质上与纯同音借用应该是一样的。如：

"⿰攵弃利，覵㤓亡又。"（简本释文，在王弼本19章）《说文·見部》："覵，诸侯三年大相聘曰视。覵，视也。"《说文·心部》："㤓，痛也。"简文"覵㤓"二字与本义"聘问相见""悲痛"义无涉，借用来记录"盗贼"。

"往而不害，安坪大。"（简本释文，在王弼本35章）简文"坪"借用为太平的"平"。《同源字典》："平、坪叠韵。""《说文》：'坪，地平也。从土，从平，平亦声。'《广雅》：'坪，平也。'"④ 平、坪为同源字。

上举二例前者是同音借用，后者是同源借用。此处的同源借用与一般意义上讲的同源通用有别，它是同源通用的一部分。举一个例子来说明，如：20组"命"（简本）和"令"（帛书乙本），"命"和"令"是同源通用，但相对于其所记录的词义"让、叫"而言，二者皆为本用，因它们的词义引申系列中都有"让、叫"这一义项。

所谓误用是指某字在文献中被误用为另外一个字来记录音义不相近的词语。简单说就是记录词语时写了错别字。出现这种现象的主要原因是形近而讹误。如简本《老子》中"禾"（天）、"不"（而）二字常因形近而误用。值得注意的一点是如果只是笔画变异，多写一笔少写一笔，而并未误混为另一字，这不算在误用之列，而算在异写的范畴。称得上误用的字，它本身是为另一个词而造的，而不是为它现在所记录的词而造的，它之所以记录现在这个词，是因为与当用字形体相近而在无意识中写错了字。误用与借用的区别是：前者因形近而误用，是无意识的；后者因音近而借用，大都是有意识的。误用是一种偶然现象，并非文字使用者有意为之。严格来说，它是一种文字书写现象，并非用字现象，与文字的使用和演变规律没有关系。如果将误用字改为当用字后，与另一版本对应位置的文字并不相异，那么就不作为文献用字现象来考察。

---

① 王宁主编：《汉字汉语基础》，科学出版社1997年版，第339页。
② 李运富：《论汉字的记录职能》，《徐州师范大学学报》2003年第1、2期。
③ 同上。
④ 王力：《同源字典》，商务印书馆1982年版，第338、339页。

2. 对异文字词关系的实际考察

我们从字词关系角度对 256 组异文进行了分析统计，简本里本用字 104 个，借用字 145 个，误用字 6 个，分别占 256 个异文组的 40.6%、56.6%、2.3%；帛书乙本里本用字 163 个，借用字 86 个，误用字 1 个，分别占 256 个异文组的 63.7%、33.6%、0.4%。

具体来看，不同职能类型的异文组比率是：

1. 本用（简本）——本用（帛书乙本）：70 组　　占 256 组的 27.3%
2. 本用（简本）——借用（帛书乙本）：34 组　　占 256 组的 13.3%
3. 借用（简本）——借用（帛书乙本）：52 组　　占 256 组的 20.3%
4. 借用（简本）——本用（帛书乙本）：93 组　　占 256 组的 36.3%
5. 误用（简本）——本用（帛书乙本）：4 组　　占 256 组的 1.6%
6. 误用（简本）——借用（帛书乙本）：2 组　　占 256 组的 0.8%
7. 本用（简本）——误用（帛书乙本）：1 组　　占 256 组的 0.4%

（三）从字际关系考察异文用字

字际关系是指文献中记录了同一义项所使用的不同的字之间的关系。就本文而言是指每组异文（两个字）之间的关系。"在文献系统中，个体汉字的职能是靠语境显示的，通常只有一个确定的义项。文献系统中的字际关系主要是指字用属性关系和职能对应关系。""如果一个义项可以用或实际上用了不同的字来记录，那这些字相对于同一职能而言就形成了某种字用关系，这种同职能的字用关系正是我们需要重点考察的文献字际关系。"① 在记录同一义项的条件下，异文组所用的不同字形的职能对应关系和字用属性关系主要有以下几种情况：

1. 本字——本字

异文组中的两个字记录同一个义项，对这个义项来说，两个字形都是它的本字。具体包括下面几种情况：

（1）异体字—异体字

"异体字是记录同一词位而形体不同的字，文献中虽然选用不同形体，而这些形体对于同一词位（义项）而言都是本字。"② 判定异文为异体字关系之后，我们进一步考察其造字法是否改变和什么构件发生变化（形符、声符），以便从用字上分析其取舍的原因。

①造字法发生改变

A. 会意——形声

䌽（䌽）——绝（绝）　　词义：弃绝　　简甲 1.1　19 章③

䌽（䌽）——绝（绝）　　词义：弃绝　　简乙 4.8　20 章

按：《说文·糸部》："絕，断丝也。从糸从刀从卩。𢇍，古文絕，象不连体绝二丝。"《段注》改为"从糸从刀卩声"。甲骨文"绝"作䌽，金文作䌽，并会以刀断丝之

---

① 李运富：《论汉字的字际关系》，《语言》第 3 卷，首都师范大学出版社 2002 年版。
② 同上。
③ 指简本《老子》甲组第 1 号简第 1 个字。所标章号以王弼本为准。

意。古文字阶段文字的规范性不强，相同形符增减或构件的方向改变是常见现象（以不影响构意为前提）。简文 ![字] 、![字] 即古文"![字]"之异体。帛书及今天使用的"绝"是后起形声字。

![字]（衍）——![字]（道）　　词义：仁道　　简甲 6.18 30 章

按：《甲骨文字典》："罗振玉曰：'![字] 象四达之衢，人所行也。石鼓文或增人作 ![字]，其义甚明。'""道"字金文从行从首，或从行从止从首，或从辵从首，首亦声。简本作"![字]"为会意字，帛书乙本作"![字]"为会意兼形声字。

B. 形声——会意

![字]（閟）——![字]（閉）　　词义：闭塞　　简乙 13.1 52 章

按：《说文·门部》："閉，闔門也。从門，才所以距門也。"金文"閉"作 ![字]，门中的不是"才"，而像用来关门的键之形。《说文·门部》："閟，閉門也。从門必聲。"杨树达《积微居小学述林》认为"閟"是"閉"的形声异体字。

②造字法未发生改变

A. 形声——形声

a. 替换声符

![字]（海）——![字]（海）　　词义：大海　　简甲 2.20 66 章

按：简本作"![字]"，从水母声。帛书"![字]"从水每声。《说文·中部》："每，草盛上出也。从中母声。"

![字]（樸）——![字]（樸）　　词义：未经雕琢的木头　　简甲 9.19 15 章

按：《说文·木部》："樸，木素也。从木菐声。"《说文·人部》："僕，给事者。从人从菐，菐亦声。墣，古文从臣。"简文"![字]"从木墣声。

![字]（聞）——![字]（聞）　　词义：听　　简丙 5.16 35 章

按：《说文·耳部》："聞，知聞也。从耳門声。聉，古文从昏。"

b. 替换形符

![字]（復）——![字]（復）　　词义：恢复　　简甲 12.12 64 章

![字]（國）——![字]（國）　　词义：国家　　简乙 2.11 59 章

按："辵"与"彳"、"邑"与"囗"为义近形符，帛书乙本使用笔画少的形符"彳"和"囗"构成的形声字。

c. 形符，声符同时替换

![字]（逋）——![字]（動）　　词义：发动　　简甲 23.23 5 章

按：《说文·力部》："動，作也。从力重声。遱，古文动从辵。""遱"与"動"为异体字，"童"与"重"古音相同，可通用。由此可见"逋"是"動"的异构字。

B. 会意——会意

a. 替换形符

![字]（後）——![字]（後）　　词义：后面　　简甲 3.22 66 章

![字]（取）——![字]（取）　　词义：取得　　简甲 30.1 57 章

按："辵"与"彳"、"攴"与"又"义近，作形符时常常通用。帛书乙本使用笔画

少的形符"彳"和"又"构成的会意字。
    b. 增加形符
    丼（弃）——棄（棄）   词义：弃绝   简甲 1.3   19 章
    按：甲骨文作𠔁，像双手执箕，推弃箕中之子之形。《说文·華部》："𠔉，古文棄。"两字形相差只是表示工具的形符"丗"（箕）。
    c. 省减形符
    灋（灋）——法（法）   词义：效法   简甲 23.1   25 章
    按：简本"灋"，从氵从廌从去。帛书乙本省为从氵从去。
    敗（敗）——敗（敗）   词义：失败   简甲 10.23   64 章
    按：部件重复现象在古文字中常见，从一贝或二贝，构意无别。
    d. 会意理据不同
    敄（敄）——美（美）   词义：美丑之美 简甲 15.12   2 章
    敄（敄）——美（美）   词义：美丑之美 简甲 15.15   2 章
    按：《金文字典》："敄字甲骨文作𣄧、𣄧，从長从攴，金文并同。象人梳理头发，发经梳理则美，故敄有美妙之意。当为'媺'之初文。……《广韵》'媺'同'美'，《说文》失收。许氏误会意为形声也。""美"字从羊从大，像人正面站立，头有羊角或羽饰，会美饰之意。
（2）同义字—同义字
    异文是在词义相同的基础上选择出来的，因此异文中必然存在同义词替换现象。从构形角度看，同义字是指本义相同的字；而从用字的角度看，无论是本义还是引申义，只要有一个义项相同就可以看作同义字。如：
    厚（厚）——重（重）   词义：负担   简甲 4.11 66 章
    遠（遠）——失（失）   词义：失去   简甲 10.18 64 章
    銜（銜）——含（含）   词义：含怀   简甲 33.1 55 章
    即（即）——下（下）   词义：下一个   简丙 1.17 17 章
    邦（邦）——國（國）   词义：国家   简甲 29.21 57 章
    按：帛书《老子》乙本为避汉高祖刘邦讳，"邦"字全部用同义字"國"代替。
（3）古本字—重造本字
    它（它）——蛇（蛇）   词义：虫蛇   简甲 33.12   55 章
    按："蛇"是"它"的重造本字。因为"它"用于记录假借义，所以增加形符"虫"重造本字"蛇"记录其本用义。
    豊（豊）——禮（禮）   词义：礼仪   简丙 9.12 31 章
    按：《说文·豊部》："豊，行礼之器也。从豆，象形。……读与禮同。"
    邹晓丽《基础汉字形义释源》："豐、豊同字……字形是'豆'（祭器）中盛双玉之形。'玉'是古人祭祀的重物……从字义看，因器中丰满，故当'丰盛''丰富'讲，遂又造豊字表示祭祀之禮仪，禮器，名词。'豊'字形成于战国时期，'禮仪''禮器'的'禮'的本字。"隶变后的"豊"字已很难看出其构意，增加形符"示"使字形表义更明确。

㝵（䙷）——䙷（得）　　词义：获得　　　简甲12.6　　64章

按：《说文·彳部》：“得，行有所得也。从彳䙷声。䙷，古文省彳。”实际上"見"乃"貝"之讹变，古文"得"从貝从又（貝在古时为贵重之物），后又加形符"彳"，使字形表义更明确。

（4）源本字——分化本字①

①源本字——分化本字

喬（喬）——驕（驕）　　词义：骄傲　　　简甲7.20　　30章

按：见《同源字典》第204页。

保（保）——葆（葆）　　词义：保持　　　简甲10.12　　15章

按：见《同源字典》第244页。

孝（孝）——教（教）　　词义：教诲　　　简甲17.13　　2章

按：见《同源字典》第300页。

才（才）——在（在）　　词义：存在　　　简甲20.16　　32章

按：见《同源字典》第100页。

②分化本字——源本字

智（智）——知（知）　　词义：知道　　　简甲15.11　　2章

按：见《同源字典》第109页。

少（少）——小（小）　　词义：大小之小　　简甲20.21　　32章

按：见《同源字典》第217页。

孳（孳）——兹（兹）　　词义：慈爱　　　简丙3.14　　18章

按：见《同源字典》第99页。

2. 本字——借字

（1）本字—通假字

①借字（简）——本字（帛乙）

A. 偶然音同或音近

覘（覘）——盗（盗）　　词义：窃取财物　简甲1.13　　19章

按：《说文·见部》：“覘，诸侯三年大相聘曰覘。覘，视也。”《说文·次部》：“盗，私利物也。”视古音为透纽宵部②，盗古音为定纽宵部，二者声近叠韵，简本借"覘"为"盗"。

索（索）——素（素）　　词义：丝未染色者　简甲2.12　　19章

按：《说文·素部》：“素，白緻缯也。”《说文·巿部》：“索，草木茎叶可作绳索。”索古音为心纽铎部，素古音为心纽鱼部，二者双声，阴入对转。简本借"索"为"素"。

---

① 本文中字与字之间同源关系的判定主要以王力《同源字典》为准。
② 古音据郭锡良《汉字古音手册》，下同。

B. 声符与形声字

🗛（静）— 🗛（争）　　词义：争夺　　简甲 5.4　　66 章

按：《说文·青部》："静，审也。从青争声。"《爪部》："争，引也。从爪厂。""静"为"争"之借字。

🗛（谷）— 🗛（欲）　　词义：欲念　　简甲 10.17　　15 章

按：《说文·谷部》："谷，泉出通川为谷，从水半见出于口。"《欠部》："欲，贪欲也。从欠谷声。""谷"为"欲"之借字。

C. 同声符

🗛（鵒）— 🗛（欲）　　词义：贪欲　　简甲 13.20　　37 章

按：《说文·鸟部》："鵒，鸲鵒也。从鸟谷声。……鵒，鵒或从佳从臾。"《玉篇·佳部》："雊，或作鵒。""雊"为"欲"之借字。

🗛（新）— 🗛（親）　　词义：亲近　　简甲 28.10　　56 章

按：《说文·斤部》："新，取木也。从斤亲声。"《见部》："親，至也。从见亲声。""新"为"親"之借字。

🗛（眚）— 🗛（姓）　　词义：百姓　　简丙 2.16　　17 章

《说文·目部》："眚，目病生翳也。从目生声。""眚"为"姓"之借字。

② 本字（简）— 借字（帛乙）

A. 偶然音同或音近

🗛（頌）— 🗛（容）　　词义：描述容状　　简甲 8.23　　15 章

按：《说文·頁部》："頌，貌也。从頁公声。額，籀文。"《说文·宀部》："容，盛也。从宀谷。公，古文容从公。"简本用本字"頌"，帛书乙本"容"为"頌"之借字。

B. 声符与形声字

🗛（歬）— 🗛（前）　　词义：上位　　简甲 4.15　　66 章

按：《说文·止部》："歬，不行而进谓之歬。从止在舟上。"《说文·刀部》："前，齐断也。从刀歬声。"简本用本字"歬"，帛书乙本"前"为"歬"之借字。

🗛（勥）— 🗛（强）　　词义：勉强　　简甲 22.1　　25 章

按：《说文·虫部》："强，蚚也。从虫弘声。彊，籀文强。"《说文·弓部》："彊，弓有力也。从弓畺声。"简本"勥"从力强声，为"彊"之异构字。

🗛（屈）— 🗛（淈）　　词义：穷竭　　简甲 23.22　　5 章

按：《说文·尾部》："屈，无尾也。从尾出声。"引申有枯竭、穷尽义。《说文·水部》："淈，浊也。从水屈声。一曰：滑泥。一曰：水出皃。"简本用本字"屈"，帛书乙本用通假字"淈"。

C. 同声符

🗛（蠱）— 🗛（癘）　　词义：毒虫　　简甲 33.11　　55 章

按：《说文·虫部》："蠱，毒蟲也。象形。蠱，蠱或从蚰。"《说文·疒部》："癘，恶疾也。从疒，蠆省聲。"简本用本字"蠱"，帛书乙本用通假字"癘"。

⻖（客）—格（格）　　　词义：客人　　　简丙 4.17　　35 章

按：《说文·宀部》："客，寄也。从宀各声。""客"之本义应为宾客。寄为其引申义。《说文·木部》："格，木长貌。从木各声。"简本用本字"客"，帛书乙本用通假字"格"。

3. 借字——借字

一组异文的两个用字都是借字的组数远不如有使用本字的异文组数。有的是某词本无其字，所以两个本子用的都是假借字。有的时该词有本字，两个本子使用了两个不同的通假字。无论是哪种情况，多数情况下帛书乙本使用的通假字成为后世记录此假借义的通行用字。如：

夐（逾）—俞（俞）　　　词义：降下　　　简甲 19.14　　32 章
肰（肰）—然（然）　　　词义：这样　　　简甲 12.27　　64 章
安（安）—焉（焉）　　　词义：语尾词　　　简甲 19.24　　32 章
可（可）—何（何）　　　词义：疑问代词　　简甲 30.5　　57 章

另有一种特殊情况，两个用字都是"本无其字"的假借字，且都通行（使用义是借义），其词性多为虚词，否定词居多。

不（不）—未（未）　　　词义：否定副词　　简甲 2.3　　19 章
不（不）—毋（毋）　　　词义：否定副词　　简甲 7.9　　30 章
弗（弗）—毋（毋）　　　词义：否定副词　　简甲 7.19　　30 章
弗（弗）—勿（勿）　　　词义：否定副词　　简甲 7.23　　30 章
𣥂（此）—斯（斯）　　　词义：指示代词　　简甲 15.22　　2 章

4. 特殊的同义关系异文组

此类异文组中一组异文同为借字，其本字是同义字；或简本异文是借字，其本字与帛书乙本的异文是同义字。

才（才）—居（居）　　词义：处在　　　简甲 4.5 6　　6 章

按：《说文·才部》："才，草木之初也。"《土部》："在，存也。从土才声。"简本"才"是"在"的借字。帛书乙本"居"是"凥"的借字。"在"和"凥"是同义字。

蒼（蒼）—寒（寒）　　词义：寒冷　　　简乙 15.5　　45 章

按：《说文·水部》："凔，寒也。"简本"蒼"是"凔"的借字。"凔"与帛书乙本"寒"是同义字。

5. 正误字

共有 6 组，大多是简本使用误字。如：

季（季）—孝（孝）　　词义：孝顺　　　简甲 1.23　　19 章

按：郭店楚简"孝"字作"𡥐""𡥑"。简本此处作"𡥒"，与楚文"季"字（作𡥓、𡥔）讹混。

须（须）—寡（寡）　　词义：少　　　简甲 2.17　　19 章

按：金文"寡"作𡧢，从宀从頁，会独居之意。后在"頁"之左右加羡笔作𡧣。楚文字中写作𡧤、𡧥、𡧦。简本此处作𡧧，右下羡笔缺省，遂与楚文"须"字（作𡨀、𡨁）讹混。

四　异文用字的差异及原因

通过以上对异文组用字的分析和统计，我们发现《老子》一书从简本和帛书乙本在用字方面存在许多差异，有以下几个趋势值得注意。

（一）帛书乙本用字更讲求理据，字与词的形义联系增强了

这表现在：

1. 简本借用字明显多于帛书乙本，约为帛书乙本的 3 倍。简本中的借用字，在帛书乙本中都改用本字。原有本字的通假字改用本字，如：𨥨（斳）——塵（塵），词义：尘土。本无其字的假借字另造后起本字，如𠂤（皁）——譬（譬），词义：譬如。

2. 异文字际关系为异体字者，帛书乙本用字往往比简本多增加了形符，强化字形跟所记词项的理据联系，使汉字更好地表义。如：𥃦（昆）——得（得），实际上"見"乃"貝"之讹变，古文"得"从貝从又（貝在古时为贵重之物），后又加形符"彳"，使字形表义更明确。它（它）——蛇（蛇），因为"它"用于记录假借义，所以增加形符"虫"造分化本字记录其本用义。豊（豊）——禮（禮），隶变后的"豊"字已很难看出其构意，增加形符"示"，使其表义更明确。

（二）帛书乙本更强调用字记词的区别度

这表现在：

1. 异构关系的异文中简本多用会意字，而帛书乙本则用后起形声字，增加了字的区别度。如：㡭（㡭）——絶（绝）、㡭（㡭）——絶（绝）、見（視）——視（視）等。简文㡭（㡭）与㡭（继）形近易混，見（視）与見（見）形近易混，改用形声字后，与形近字的区别度提高。

2. 简本和帛书乙本记录同一词项而选用不同借字时，帛书乙本所用借字往往优于简本。或选用义项更少者，如：安（安）——焉（焉），借用为语尾词；員（員）——祆（衽）（衽），借用表示"众多"义。或选用使用频度更低，甚至本义废除者，如：可（可）——何（何），借用为疑问代词；子（子）——兹（兹）借用表示"慈爱"。或选用读音更近于本字者，如：溺（溺）——眇（眇），也借用为"微妙"义。

义项少、用频低、读音更确切，这就容易跟别的词区别开来。字际之间的区别度增大不仅有助于准确表词，甚至还能够减少误写。简本误用六例，而帛书乙本仅有一例，并且也是因古文字形区别度小而造成后代抄录时误抄为另一字。由此可见今隶文字比战国古文的区别度要大。如简本的見（視）与見（見）区别度很小，而隶变后的后起形声字"視"与"見"的区别度明显加大。又如简文天（天）、而（而）、夫（夫）三者形极近，易误用，而今隶三者字形区别度增大，不易误用。

（三）帛书乙本用字有时候也适当追求简易

这表现在：

1. 在异构关系的异文组中，帛书乙本的用字笔画往往较少。如：🗆（闢）—闭（闭）、🗆（樸）—樸（樸）、🗆（矜）—矜（矜）、🗆（後）—後（後）、🗆（取）—取（取）、🗆（國）—国（國）等。"辵"与"彳"、"攴"与"又"、"邑"与"囗"义近，作形符时常常通用，帛书乙本往往选用笔画少的形符"彳""又""囗"构成的字。有时帛书乙本用字还会省减构字部件，书写更简便、快捷。如：🗆（灋）—法（法）、🗆（敗）—败（敗）等。

2. 简本用本字而帛书乙本用借字时，往往是因为本字笔画过繁，故帛书乙本改用笔画少的借字，这些借字多数成为后世记录该假借义的通行字。如：🗆（頌）—容（容）、🗆（勥）—强（强）等。

3. 简本和帛书乙本都用借字时，帛书乙本所用的借字笔画更减省。如：🗆（員）—云（云）、🗆（惕）—易（易）等。

上述文献用字的差异和变化趋势可以让我们看到文献用字发展的规律，那就是简易律与区别律的协调作用。在字形能够区别的情况下，往往选用笔画简省的字；当字形影响区别时，就要选用区别度高或形义统一的字，为此不惜繁化。在简易律与区别律二者中，区别律是起主导作用的。帛书乙本异文用字可以从增加区别度角度分析的占绝大多数。

汉字是为适应记录汉语的需要而产生的。汉字系统为了使自身能够更好地承担记录汉语这一职责，也正是在这两条规律的作用下不断优化的。造字之初的原生字是形义相统一的，但是语言是千变万化的，词汇系统发展很快，原生字远远不能满足记录语言的需求。一方面较抽象的词义概念无法用字形表现，另一方面受人的记忆能力的限制也不能无限造字。为了克服原生字在使用方面的局限，而大量使用借字来记录语言。但借字过多并非好事，文字记录语言要以区别为第一目的，大量使用借字，破坏了字词之间的形义联系和固定的字词对应关系，无疑会给文献的阅读和理解带来障碍。为了克服文字借用带来的不便，汉字发展进入区别造字阶段，分化形声字大量产生，形义理据回归，字词对应关系得以加强。

战国中晚期到秦汉时期正是汉字使用由大量假借通用走向形义理据回归的时期，这一时期的用字变化与古文字的形体隶变有直接的关系。可以说隶变是文字使用过程中求简求俗的结果，而隶变的结果又从反面促进了汉字形义关系的发展。隶变冲破了古文字单纯的线条结构，把汉字变成了不同形态的点画结构，使汉字书写变得简便、快捷，但有意无意地破坏了古文字象形象意的直观表义功能，使象形文字不再象形，破坏了汉字原有的构形理据，造成了部分汉字的形体结构发生了讹变，从而使部分汉字的形体和所记词义失去联系。作为记录千变万化的语言的文字来说不能一味求简，不求区别度，会造成文献用字的混乱，不能很好地承担记录语言这一职能。所以隶变的时代也是一个产生分化字、造新字的时代，通过增加形符或声符来弥补被破坏的理据，是对理据的一种更高层次的回归。书写系统的求简易与构形系统的求区别和谐发展，使汉字系统更加优化。隶变是汉字发展过程中的一个重要过程。从汉初至今两千多年的时间里汉字系统变化不大，这表明在求简和求区别度两条线的作用下，经过隶变的汉字系统已形成与汉语系统相对科学的对应关系，更加优化了。

《老子》简本与帛书乙本的异文用字状况正好反映了隶变前后文献的用字状况。两相比较得出的几点文献用字变化趋势也是汉字系统为适应记录汉语的需求而不断优化的结果。帛书乙本用字状况反映了汉字发展史上大量产生分化字、形声字，使字词对应关系逐渐稳定，用字记词基本适应的状况。可见，用字的变化实际上是受到语言文字本身的发展规律约束的。

当然，上述文献用字的变化趋势也与秦、汉两代政府对文字规范和文献整理的重视密切相关。由秦代开始的政府对文字有意识的人为规范加速了汉字系统优化的进程。秦代的"焚书坑儒"造成部分古籍的湮灭和文化思想的禁锢，汉初政府废"挟书令"，并发动人力、物力对古籍进行全面收集、整理。大量"隶古定"书籍面世，用今隶抄写的帛书乙本，实际上是对简本古文的一种转写，许多异文恐怕就是在这样的转写过程中产生的。因此，帛书乙本用字的变化应该还有人为的因素存在。

参考文献

1. （东汉）许慎：《说文解字》，中华书局1995年影印本。
2. （三国）王弼：《老子注》，上海书店1994年影印本。
3. 《马王堆汉墓帛书》整理小组：《老子乙本及卷前古佚书》，文物出版社1974年版。
4. 高明：《帛书老子校注》，中华书局1996年版。
5. 郭锡良：《汉字古音手册（增订本）》，商务印书馆2010年版。
6. 国家文物局古文献研究室：《马王堆汉墓帛书（壹）》，文物出版社1980年版。
7. 荆门市博物馆：《郭店楚墓竹简》，文物出版社1998年版。
8. 李运富：《汉字语用学论纲》，《励耘学刊》（语言卷）第1辑，学苑出版社2005年版。
9. 李运富：《论出土文本字词关系的考证与表述》，《古汉语研究》2005年第2期。
10. 李运富：《论汉字的记录职能（上）》，《徐州师范大学学报》2003年第1期。
11. 李运富：《论汉字的记录职能（下）》，《徐州师范大学学报》2003年第2期。
12. 李运富：《论汉字的字际关系》，《语言》第3卷，首都师范大学出版社2002年版。
13. 毛远明：《帛书〈老子〉和通行本的文字差异》，《四川师范学院学报》（哲学社会科学版）1997年第4期。
14. 王力：《同源字典》，商务印书馆1982年版。
15. 王宁：《汉字构形学导论》，商务印书馆2015年版。
16. 王宁主编：《汉字汉语基础》，科学出版社1997年版。
17. 王彦坤：《古籍异文研究》，广东高等教育出版社1993年版。
18. 尹振环：《再论马王堆汉墓帛书〈老子〉》，《文献》1995年第1期。
19. 张涌泉：《汉语俗字研究》，岳麓书社1998年版。

定州汉墓简本《论语》与传世《论语》异文研究*

叶峻荣

一

定州汉墓竹简出土于1973年，1976年对简文进行了抄录整理，初步认定竹简中有《论语》《文子》《太公》《□①安王朝五凤二年正月起居记》等文本内容。被认为属于《论语》的汉简有620多枚，残简居多。全简长16.2厘米，宽0.7厘米，满字者19—21字（不算重文符号），两端和中腰用素丝连缀，尚留痕迹。录成释文的共7576字，不足今本《论语》的二分之一。其中保存最少的为《学而》，只有20字；最多的为《卫灵公》，有694字，可达今本的77%。这部《论语》虽是残本，但十分珍贵，因为它是公元前55年以前（墓主中山怀王刘修死于汉宣帝五凤三年，即公元前55年）的本子，是目前发现的最早的《论语》原抄本，是研究《论语》的新材料。

河北省文物研究所于《文物》1981年第8期发表的《定县40号汉墓出土竹简简介》一文首次公开定州汉简情况。后由于种种原因，竹简的整理工作暂停。直到1997年，《文物》第5期才又发表3篇有关文章：《定州西汉中山怀王墓竹简〈论语〉释文选》《定州西汉中山怀王墓竹简〈论语〉选校注》《定州西汉中山怀王墓竹简〈论语〉介绍》。同年7月，由河北省文物研究所定州汉墓竹简整理小组编的《定州汉墓竹简论语》②一书出版面世。该书包括三方面内容：定州汉简的简介、简本《论语》的介绍以及简本《论语》的释文。据作者介绍，简本与今本颇有不同，在不到今本一半的文字中，差异达七百多处，几占释文的十分之一。除《论语》各篇的分章简本和今本各有独特之处外，简本与今本的文字差异也很多，有脱文、衍文，有特殊的词句，有写法、用法不同的字形，还有误文。该书的释文后面附有校勘记和简单注释。作者校勘的主要依据是三种今本《论语》：《论语注疏》及阮元《十三经注疏》校勘记③，康有为《论语注》④，黄焯《经典释

---

* 本文原载日本《中国出土资料研究》2004年第8号。本文根据笔者2001年答辩通过的硕士学位论文删改而成，指导教师为北京师范大学李运富教授。

① 表示简文中残泐不能辨识的字。
② 定州汉墓竹简整理小组：《定州汉墓竹简论语》，文物出版社1997年版。
③ 《论语注疏》，中华书局1980年版《十三经注疏》本。
④ 康有为：《论语注》，中华书局1984年版。

文汇校》的《论语》部分。①

　　同一典籍在不同时代不同版本中的用字不同往往形成异文，通过异文的校勘成果来研究用字现象是一种切实有效的途径。本文拟以《定州汉墓竹简论语》的校释为基本材料，比较定州汉墓竹简本《论语》与传世本《论语》在同一义项上的用字差异，并描写和分析这些不同用字的字际关系，进而探讨造成用字差异的主要原因。

二

　　本文要通过"异文"来考察用字现象，首先得根据一定标准把"异文"提取出来。那么什么是"异文"呢？不少学者从不同角度对"异文"作过界定，王彦坤在《古籍异文研究》②一书中作了较全面的总结："一般认为，'异文'一词具有广狭二义：①狭义的'异文'乃文字学之名词，它对正字而言，是通假字和异构字的统称。②广义的'异文'则作为校勘学之名词，'凡同一书的不同版本，或不同的书记载同一事物，字句互异，包括通假字和异构字，都叫异文'。"这一广义"异文"的界定实际出自《辞海》③。张涌泉在《汉语俗字研究》中对广义"异文"作了更浅显易懂的说明："由于抄手或传刻者时代及其他因素的影响，这些不同的写本、刻本的文字、内容都可能会有不同程度的差异。……用校勘学的术语来说，这叫做异文。"④

　　广义的"异文"不仅包括不同版本间相异的用字，也包括相异的词、句，那对考察字用现象来说材料太泛。狭义的"异文"跟正字相对而言，是文字学中指称特定字际关系的一个概念，特定字际关系是要经过考察之后才知道的，因而也不适宜作考察之前选取材料的一个范围。为了操作上的方便，我们对"异文"的界定比狭义的要宽，比广义的要狭，即指简本和传世本在同一语境中为记录同一词语所用的不同字形，这就排除了广义"异文"中相异的词、句，而其字际关系又远比狭义"异文"所特指的通假字和异构字要复杂。判断这种"异文"的要点有两个：一是必须形体结构相异，即属于不同的"单字"，如果字形结构相同而只是写法不同或书体不同，那不构成异文，因而异写字是不在我们的考察范围之内的（因异写而引起部件变异的字除外）；二是这不同的字形必须记录同一个词，如果不属于同一个词，即使两个字结构不同而功能相同，那也不能算作异文，只能算是同义词，同义词不在我们的考察范围之内。要知道异文记录的是否同一个词，就有个确定字音和词义的问题。异文的两个字虽然结构不同，但必须音同或音近，而且表示的是同一个义项。义项的确定当然要以《论语》文本的具体语境为依据。《论语》文本释义至今尚有争议，我们对原文义项的确定，首选公认释义，次选大家之说，再次依己见择善而从。

　　简本《论语》释文共 7576 字，加上与之相对的传世本的 7576 字，总计 15152 个字，

---

① 黄焯：《经典释文汇校》，中华书局1980年版。
② 王彦坤：《古籍异文研究》，（台湾）万卷楼图书有限公司1996年版。
③ 《辞海》（中册），上海辞书出版社1979年版，第2465页"异文"条。
④ 张涌泉：《汉语俗字研究》，岳麓书社1998年版，第198页。

这就是本文可供比较的总语料。《定州汉墓竹简论语》的校勘原则是广义的"异文",包括字、词、句、章的不同,共有676组。根据本文对异文的界定,选出异文338组,排除其他不同传世本的版本和注本,如高丽本、日本足利本、皇侃的《论语义疏》、邢昺的《论语注疏》、孔安国的注本等,单以阮元本为代表,最终选出异文275组(仅以阮本为传世本的代表,是为了避免异文来源过于繁杂,使可比性更强)。其中有28组异文出现过两次或两次以上,重复者达56组。所谓重复者指字形相同,所记录的词义也相同的异文组。考察时选取最先出现(以简本的先后为序)的一组为代表,重复者不参加数字统计。排除重复者,共得异文219组,其中31组由于各种原因无法判断,暂不计算在内;又有7个误字(简本有误字6个,传世本有误字1个),改正后即不构成异文,所以也不计算在内。这样符合考察条件的有效异文共181组。

三

不同版本的"异文"反映了不同的用字现象。因此,对异文的分析也应该着眼于字用,从字词关系和字际关系两个角度来进行。字词关系是指汉字作为字符所记录语言的职能;字际关系是指汉字在一定职能条件下的形音义关系。

(一) 字词关系考察

文本中的词所要表达的词义由于上下文语言环境的限制其实是确定不变的,但记录或抄写的人由于各种原因可能使用不同的字来负载这同一个词义。这些不同的用字相对于同一个词来说,有的是本用,有的是借用。

"所谓本用,是指用本字来记录本词的用法。本字的构形是以本词的音义为理据的。立足于某词,根据该词的音义而造专用来记录该词的字形叫作该词的本字;立足于某字,与该字的构形理据密切相关的语词就是该字本来应该记录的本词。本字的本用包括记录本词中与本字构形密切相关的本义以及与本义密切相关的引申义。"① 判断文本中的某字是否本字本用,主要看该字的形体跟它所记录的词义是否有联系,有联系(包括直接联系和间接联系)则为本字本用。如果形体有变化,则需适当追索其较早的形体。形义的分析基本上依据《说文解字》(下均简称《说文》),适当参考甲金文。例如:简本247号用"常"、传世本《乡党》篇第6章用"裳"来记录"下衣"的义项,就都属于本字的本义本用。《说文》:"常,下裙也,从巾,尚声,常或从衣。"段玉裁《说文解字注》(下均简称段注):"今字裳行而常废矣。"而简本219号用"空"来记录"无一物"的义项,则属于本字的引申义本用。《说文》:"空,窍也。从穴,工声。"段注:"今俗语所谓孔也。"引申出"内无所有"之义。又如:传世本《卫灵公》篇第7章用"仕"来记录"作官"的义项也属于本字的引申义本用。《说文》:"仕,学也。从人、从士。"徐锴《说文解字系传》(下均简称徐锴系传)作"士声"。朱骏声《说文通训定声》(下文简称朱骏声通训定声):"犹今言试用也。"由"学习政事,见习试用"引申出"作官"之义。

---

① 李运富:《论汉字的记录职能(上)》,《徐州师范大学学报》(哲学社会科学版)2003年第1期。

"所谓借用，是将字形当作语音符号去记录与该字形体无关但音同音近的语词。这样使用的汉字原非为所记语词而造，所以不是所记语词的本字，而是借用音同音近的别词的本字，我们称之为'借字'；借字所记的语词不是自己构形理据的本词，我们称之为他词；借字所记他词的义项我们称之为借义。"[1] 根据借字所记他词是否拥有自己的本字，又可以将借用分为无本字的借用（即假借）和有本字的借用（即通假）。如："今之狂也汤"（汤：放荡，简本530号），传世本《阳货》篇第16章用"荡"。"汤""荡"二字都是"放荡"这一词义的假借字，"放荡"义无本字。《说文》："汤，热水也。""荡，水。出河内荡阴，东入黄泽。"又如："選与之言"（選：恭敬，简本237号），传世本《子罕》篇第24章用"巽"字。"選""巽"都是"恭敬"这一词义的通假字，本字是"遜"。《说文》："選，遣也。从辵、巽。巽遣之，巽亦声。一曰選择也。""巽，具也。从丌，卩卩声。巺，古文巽。巽，篆文巽。""遜，遁也。从辵，孙声。"由"逃遁"引申出"恭敬"之义。

根据上述原理，我们对简本《论语》和传世本《论语》的异文用字做了测查，发现简本里本用49个、借用132个，分别占简本181个异文的27.1%、72.9%；传世本本用129个、借用52个，分别占传世本181个异文的71.3%、28.7%。

为了考察用字的变化，可以把简本和传世本的异文用字按类别对应起来看，它们的具体情况是：

1. 本用（简本）——本用（传世本）：34组，占181组的18.8%。如：

简本306号用"咏"、传世本《先进》篇第26章用"詠"来记录"唱歌"的义项，都属于本用。《说文》："詠，歌也。从言，永声。詠，或从口。"今"咏"字通行。

简本429号用"立"、传世本《卫灵公》篇第14章用"位"来记录"位置"的义项，都属于本用。《说文》："位，列中庭之左右谓之位。从人、立。"《汉语大字典》："甲、金文'位'和'立'同字。'位'为后起字。"

简本563号用"返"、传世本《微子》篇第7章用"反"来记录"返回"的义项，都属于本用。《说文》："返，还也。从辵，从反，反亦声。""反，覆也。从又、厂。""返回"是"反"字的引申义。

2. 本用（简本）——借用（传世本）：15组，占181组的8.3%。如：

简本565号用"潔"来记录"清洁"的义项，是本用；传世本《微子》篇第7章用"絜"来记录是借用。《说文新附》："潔，瀞也。从水，絜声。""絜，麻一耑也。从糸，韧声。"

3. 借用（简本）——本用（传世本）：97组，占181组的53.5%。如：

简本151号用"诏"来记录"虞舜时乐名"的义项，是借用；传世本《述而》篇第14章用"韶"来记录是本用。《说文》："诏，告也。从言，从召，召亦声。""韶，尧舜乐也。《书》曰：'箫韶九成，凤凰来仪。'从音，召声。"

4. 借用（简本）——借用（传世本）：35组，占181组的19.3%。如：

简本503号用"涂"、传世本《阳货》篇第1章用"塗"来记录"道路"的义项，

---

[1] 李运富：《论汉字的记录职能（下）》，《徐州师范大学学报》（哲学社会科学版）2003年第2期。

都是借用。"道路"的本字是"途"。《说文新附》:"塗,泥也。从土,涂声。"《说文》:"涂,水。出益州牧靡南山,西北入渑。从水,余声。"《玉篇》:"途,途路也。"

简本131号用"唯"、传世本《雍也》篇第26章用"雖"来记录"即使"的义项,都是借用。这是无本字的借用。《说文》:"唯,诺也。从口,隹声。""雖,似蜥蜴而大。从虫,唯声。"

(二)字际关系考察

汉字作为一个系统,字符或字形之间都具有一定的联系。这些联系可以根据不同需要从不同的角度和层面进行归纳。对文本用字来说,具有同功能,也就是记录同一词语或同一义项的不同字形,有的是同字符异形字,有的是异字符异形字。

同字符异形字就是通常所说的异构字。它们的音义完全相同,是记录同一词语的不同结构形式,因而属于同一个字符。文本用字中对于同字符异形字可以根据习惯或需要任意选择。

异字符异形字指原本不是同一个字符,或者说不是为记录同一个语词而造的字,所以它们的本用职能不同,但在文本用字中,由于某种原因,实际记录了同一个词。这种同功能一般是指文本中的具体词义而言,就字符的全部职能来说是局部的。从字符跟所记词语的形义关系看,这些同功能的异字符字有的是本字,有的是借字;本字又有源本字、分化本字、古本字、重造本字等不同的性质,借字也有通假字与假借字之分。这些字相互对应为异文,就构成种种复杂的字际关系,如本字与通假字、通假字与通假字、假借字与假借字、源本字与分化本字等。如果从文字制造的角度看,有的字际关系是历时的,但汉代以后,正统文献中新造字不是太多,基本上是对已有字形的选用,所以我们的字际关系考察着重看各自选用了什么字(对所记词而言),一般不考虑这些字的产生时代和先后关系。

根据上述原理,简本《论语》和传世本《论语》异文组的字际关系有下面几种情况。

1. 同字符异形字,共14组,占7.7%

(1)形声字选择的声符不同(3组)。如:

䭖——饿[①],词义:饿死,简493号/《季氏》12章。

㤪——怨,词义:怨恨,简371号/《宪问》10章。

按:这两组中的"䭖""㤪"均不见于字书,它们的声符分别为"義""宛",虽与"饿""怨"的声符"我""夗"不同,但"義"与"我""宛"与"夗"的示音功能是一致的,且义符相同、记词功能相同,所以可判断是异构字。

侮——侮[2][②],词义:侮辱,简485号/《季氏》8章。

按:"侮"不见于字书。《说文》:"侮,伤也。从人,每声。侮,古文从母。""毋""母"古为一字,后从"母"字分化出"毋"字。"母"与"每"同音,"毋"与"每"亦音近,所以"侮"也可看成是"侮"置换声符的异构字。

(2)形声字选择的义符不同(6组)。如:

---

① A——B,A为简本用字,B为各传世本的相同用字,后皆同此。
② A——B_C,下标C为相同异文的组数,后皆同此。

魌——神，词义：天神，简 046 号/《八佾》12 章。

按：《说文》："魌，神也。从鬼，申声。"俞樾《诸子平议补录》①："首山魌也，魌即神之异文。""魌"的构件位置变化则形成异构字"魌"。

歺——朽，词义：腐朽，简 085 号/《公冶长》10 章。

按：《说文》："歺，腐也。从屮，丂声。朽，歺或从木。"段注："今字用朽，而歺废矣。""歺""朽"也是异构字关系。

（3）形声字选择的声符义符都不同（2 组）。如：

疎——疏，词义：粗糙，简 370 号/《宪问》9 章。

踈——疏，词义：粗糙，简 252 号/《乡党》11 章。

按：以上两组三个字互为异构字，还有另一相关异构字"踈"。《广韵》："疏，俗作疎。疏，俗作踈。"《说文》收有"疏"，《玉篇》收有"踈"，"疋"与"足"是相通的构件，则"疏"与"踈"是异构字，从而又沟通了"疎"与"踈"。但"疋"与"足"分别是"疎"与"踈"的义符，"束"为二字相同的声符；"疋"与"足"分别是"疏"与"踈"的声符，兼有示义功能，"㐬"为二字相同的义符。《说文》："疏，通也。从㐬从疋，疋亦声。"

（4）形声字的部件发生变异（1 组）。如：

舉——舉，词义：任用，简 601 号/《尧曰》1 章。

按："舉"字保存着篆文的结构，其义符"手"隶变后成为"舉"下的非字部件（记号），不再具有表义功能，因而"舉""舉"由笔画的异写引起了部件的变异，应该算作一组异构字。

（5）由于省写部件造成的（2 组）。如：

贛——贡，词义：人名（赐），简 216 号/《子罕》6 章。

貢——贡₄，词义：人名（赐），简 1 号/《学而》15 章。

按：《说文》："贛，赐也。"段注："端木赐字子贛，作子贡者，亦皆后人所改。"因为古人的名和字有一定的关系，所以确定"贛"是本字。"貢"不见于字书，其实是"贛"字的省写（略去左边部件"章"），后来进一步省掉上面的"夂"，就成了"贡"字。可见这个"贡"并非贡献的"贡"，只是跟贡献的"贡"字同形而已。因此我们把"貢"和"贡"都看作本字"贛"简省部件而造成的异构字。

2. 异字符异形字，共 167 组，占 92.3%

（1）本字—通假字，共 17 组，占 9.4%。

同一个意义，简本用本字，传世本用通假字，共 17 组。其中有的具有谐声关系，如：

歟——與，词义：语气词，简 115 号/《雍也》8 章。

按：《说文》："歟，安气也。从欠，與声。"段注："今用为语末之词，亦取安舒之意。"《说文》："與，党與也。"作语气词用，"歟"是本字，"與"是通假字，而"與"为"歟"的声符。

---

① （清）俞樾：《诸子平议补录》，中华书局 1959 年版。

何——荷₂，词义：担负，简 405 号/《宪问》39 章。

按：《说文》："何，儋也。从人，可声。"徐铉等注："儋何即负何也，借为谁何之何。今俗别作担荷。"甲骨文"何"字像人荷戈之形。《说文》："荷，芙蕖叶。从艸，何声。"可见就担负义而言，简本用"何"是本字，传世本用"荷"是通假字，"荷"以"何"为声符。

择——繹₂，词义：分析鉴别，简 238 号/《子罕》24 章。

按：《说文》："择，柬选也。从手，睪声。"引申出"分析鉴别"之义。《说文》："繹，抽丝也。从糸，睪声。"可见就"分析鉴别"义而言，简本用"择"是本字，传世本用"繹"是通假字，二字均以"睪"为声符。

没有谐声关系的字只要读音相同或相近也可以通假，下面各组异文也都是本字与通假字的关系。如：

贾——沽，词义：卖出，简 227 号/《子罕》13 章。

按：《说文》："贾，贾市也。从贝，襾声。一曰，坐卖售也。""沽，水。出渔阳塞外，东入海。从水，古声。"可见，"贾"是记录"卖出"义的本字，"沽"是借字。又依据陈复华、何九盈《古韵通晓》①（下文的字音判断均依此书），"贾、沽"都是见母鱼部字，既双声又叠韵，也就是声母韵母都相同。

如——若，词义：好像，简 193 号/《泰伯》5 章。

按：《说文》："如，从随也。从女，从口。"邹晓丽《基础汉字形义释源》："'若'是一女子用手梳理头发之形。本义是'柔顺'。金文中有的字形加'口'，隶变后字形与从艹、右的'若'相混了。"②"如"的本义是"从随"，"好像"为引申义，则"如"是记录"好像"义的本字，"若"是借字。又"如"为日母鱼部字，"若"是日母铎部字，鱼铎对转，所以这组异文属于双声而韵部相近的音近字。

（2）通假字—本字，共 97 组，占 53.6%。

简本中的通假字在传世本中被大量地换用为本字，共有 97 组。其中多数具有谐声关系。

有的是声符字与形声字的关系，如：

仁——佞，词义：有口才，简 125 号/《雍也》16 章。

按：《说文》："佞，巧谄高材也。从女，信省。"段注："小徐作仁声，大徐作从信省。"段同意小徐的观点。查《古韵通晓》：仁为"日"纽"真"部，佞属"泥"母"真"部。日泥准双声，叠韵。所以"仁"为借字，"佞"为本字，"仁"为"佞"的声符。

山——讪，词义：诽谤，简 551 号/《阳货》24 章。

按：《说文》："讪，谤也。从言，山声。"所以"山"为借字，"讪"为本字，"山"为"讪"的声符。

有的是形声字与声符字的关系，如：

---

① 陈复华、何九盈：《古韵通晓》，中国社会科学出版社 1987 年版。
② 邹晓丽：《基础汉字形义释源》，北京出版社 1990 年版。

葆——保，词义：守，简 175 号/《述而》29 章。

按：《说文》："葆，草盛貌。从艸，保声。"唐兰《殷虚文字记》："负子于背谓之保，引申之，则负之者为保；更引申之，则有保养之义。"① 由"保养"可引申出"守"之义。"葆"为借字，"保"为本字，"保"是"葆"的声符。

溉——既，词义：已经，简 332 号/《子路》9 章。

按：《说文》："溉，水。出东海桑渎覆甑山，东北入海。一曰灌注。从水，既声。"李孝定《甲骨文集释》"既"字："契文象人食已，顾左右而将去之也，引申之为尽。"② "溉"为借字，"既"为本字，"既"是"溉"的声符。

还有的是同声符字。

浅——践，词义：踩着，简 284 号/《先进》20 章。

按：《说文》："浅，水不深也。从水，戋声。""践，履也。从足，戋声。""浅"是借字，"践"是本字，二字同从"戋"声。

靡——磨，词义：磨治，简 514 号/《阳货》7 章。

按：《说文》："靡，披靡也。从非，麻声。"《集韵》："治石谓之磨。""靡"是借字，"磨"是本字，二字同从"麻"声。

在通假字换用本字的异文中，没有谐声关系而音同音近的较少。如：

梁——谅₂，词义：信用，简 455 号/《卫灵公》37 章。

按：《说文》："梁，米名。从米，梁省声。""谅，信也。从言，京声。"则"梁"是借字，"谅"是本字。又二字均属来母阳部字，既双声又叠韵，可以算音同的通假。

窖——奥，词义：奥神，简 048 号/《八佾》13 章。

按：《说文》："窖，地藏也。从穴，告声。""奥，宛也。室之西南隅。从宀，羍声。"则"窖"是借字，"奥"是本字。又"窖"属见母觉部字，"奥"属影母觉部字，见影邻纽，所以二字是叠韵而声母相近的音近字，故可通假。

（3）通假字—通假字，共 8 组，占 4.4%。

简本与传世本都不用本字而都用借字的有 8 组。其中有谐声关系的共 5 组。如：

亦——奕，词义：下棋，简 545 号/《阳货》22 章。

按：《说文》："亦，人之臂亦也。从大，象两亦之形。"高鸿缙《中国字例》："（亦）即古腋字。从大（大即人），而以八指明其部位，正指其处，故为指事字。"③《说文》："奕，大也。从大，亦声。"《说文》："弈，围棋也。从廾，亦声。"所以，记录"下棋"义的本字是"弈"，"亦"和"奕"都是借字，前者是后者的声符字。

财——才，词义：人才，简 323 号/《子路》2 章。

按：《说文》："财，人所宝也。从贝，才声。""才，艸木之初也。从丨上贯一，将生枝叶。一，地也。""材，木梃也。从木，才声。"徐锴《系传》："木之径直堪入用者。"段注："材，引申之义，凡可用之具皆曰材。"所以，记录"人才"义的本字是"材"，

---

① 唐兰：《殷虚文字记》，中华书局 1981 年版。
② 李孝定：《甲骨文集释》，（台湾）"中央研究院"历史语言研究所 1974 年版。
③ 高鸿缙：《中国字例》，（台湾）三民书局 1960 年版。

"财"和"才"都是借字，后者是前者的声符字。

没有谐声关系而音同音近的异文有3组。如：

志——識$_3$，词义：记住，简173号/《述而》28章。

按：《说文》："志，意也。从心，之声。""識，常也。从言，戠声。"刘心源《奇觚室吉金文述》："常者，旗常画日月者。"《说文》："職，记微也。从耳，戠声。"[①] 朱骏声通训定声："五官耳与心最贯，声入心通，故闻读者能记。从耳，与聖同义。"桂馥《说文义证》："经典通用从言之識，以此職为官職。又以幟代識，行之既久，遂为借义所夺，今人不知識为幟正文，職为識之本字矣。"是"職"为"记住"义的本字，"志"与"識"均为通假字。又"志"是章母之部字，"識"是章母职部字，之职对转，所以二字是双声而韵母相近的音近字。

祝——笃，词义：诚实，简285号/《先进》21章。

按：《说文》："祝，祭主赞词者。""笃，马行顿迟。""竺，厚也。"由"厚"引申出"诚实"之义。则"祝""笃"都是"诚实"这一词义的通假字，本字是"竺"。又"祝"是章母觉部字，"笃"是端母觉部字，章端准双声。所以二字是声母相近叠韵的音近字。

衎衎——侃侃，词义：温和快乐，简274号/《先进》13章。

按：《说文》："衍，水朝宗于海也。从水，从行。""侃，刚直也。从亻，亻，古文信；从川，取其不舍昼夜。""衎，行喜貌。从行，干声。"王筠《说文句读》："《释诂》《毛传》皆曰：'衎，乐也。'"则"衎""侃"都是"温和快乐"这一词义的通假字，本字是"衎"。又"衎"是喻母元部字，"侃"是溪母元部字，二字的声母相差很远，但韵母相同，所以二字是叠韵的音近字。

（4）假借字—假借字，共27组，占14.9%。

在无本字的情况下，简本与传世本选用不同借字的有27组。其中有谐声关系的是16组。如：

襄——攘，词义：盗窃，简345号/《子路》18章。

按：《说文》："襄，汉令：解衣耕谓之襄。"《基础汉字形义释源》："陆宗达老师认为'衣'指'地衣'（即表层土壤），即春旱之时用犁按行垄把表土推开把种子置于水分多的土层之中。"《说文》："攘，推。从手，襄声。"段注："推手使前也。古推讓字如此作。"则"襄""攘"都与"盗窃"义无关，都是假借字，"襄"是"攘"的声符。

幕——莫，词义：大约，简182号/《述而》33章。

按：《说文》："幕，帷在上曰幕；覆食案亦曰幕。从巾，莫声。""莫，日且冥也。从日在草中。"则"幕""莫"是"大约"义的假借字，"莫"是"幕"的声符。

维——惟，词义：只有，简029号/《为政》21章。

按：《说文》："维，车盖维也。从糸隹声。""惟，凡思也。从心隹声。"则"维""惟"是"只有"义的假借字，"隹"是二字相同的声符。

没有谐声关系而音同音近的异文有11组。如：

[①] 刘心源：《奇觚室吉金文述》，光绪二十八年（1902年）石印本。

绞——儌，词义：抄袭，简552号/《阳货》24章。

按：《说文》："绞，缢也。从糸交声。""儌，循也。从彳敫声。"徐锴《系传》："循犹绕也。"则"绞""儌"是"抄袭"义的假借字。又"绞""儌"都是见母宵部字，所以二字是既双声又叠韵的音同字。

幾——豈₃，词义：语气词，难道，简183号/《述而》34章。

按：《说文》："幾，微也，殆也。从丝，从戍。戍，兵守也。丝而兵守者危也。""豈，还师振旅乐也。一曰欲也，登也。"则"幾""豈"是"难道"义的假借字。又"幾"是见母微部字，"豈"是溪母脂部字，见溪旁纽、微脂旁转，所以二字是声母韵母都相近的音近字。

獻——唁，词义：鲁莽，简282号/《先进》18章。

按：《说文》："獻，宗庙犬名羹獻。犬肥者以獻之。从犬，鬳声。"商承祚《殷契佚存》："本作鬳或鬳，从虍从鼎，或从虍从鬲，后求其便于结构，将虍移于鼎或鬲之上而字之下体写为犬形，遂成獻与獻矣。以传世古甗证之，三足之股皆作虎目，即此字之取义……后写误作獻，乃用为进獻字。"①《广韵》："'唁'同'唁'。"则"獻""唁"是"鲁莽"义的假借字。又"獻"是晓母元部字，"唁"是疑母元部字，晓疑旁纽，所以二字是声母相近叠韵的音近字。

耏——能₂，词义：能够，简394号/《宪问》28章。

按：《说文》："耏，罪不至髡也。从而，从彡。耐，或从寸。诸法度字从寸。"段注："彡，拭画之意。此字从彡、而。彡谓拂拭其而去之。会意字也。而亦声……此为罪名法度之类，故或从寸也。"《说文》："能，熊属，足似鹿。从肉，㠯声。能兽坚中，故称贤能，而强壮称能杰也。"徐铉等注："㠯非声，疑皆象形。"则"耏""能"是"能够"义的假借字。又"耏"是泥母之部字，"能"是泥母蒸部字，之蒸对转。所以二字是双声韵母相近的音近字。

（5）源本字—分化本字，共14组，占7.7%。

源词由于词义引申而派生出新词，同时孳乳分化出新字。在新字没有产生之前，新字的意义用源字记录，新字产生之后，按道理讲，原字不应该再记录新字的意义，因为它已经属于另一个词，而实际上由于用字的习惯以及源词与派生词的音义相关，新字的意义仍然常用源字记录，这种情况一般当作通假，但新字的意义曾经是源字的引申义，或者说源字曾经是新字意义的本字，分化后仍然有音义关联，所以并不同于一般的通假。为了反映这种用字现象的实际本质，我们把记录新字意义的原字称为源本字，而把新字称为分化本字。

简本用源本字，传世本用分化本字的异文共14组。如：

臧——藏，词义：躲藏，简144号/《述而》11章。

按：杨树达《释臧》："盖臧本从臣从戈会意，后乃加爿声……甲文臧字皆象以戈刺臣之形，据形求义，初盖不得为善，以愚考之，臧，当以臧获为本义也。战败者被获为

---

① 商承祚：《殷契佚存》，金陵大学中国文化研究所1933年影印本。

奴，不得横恣，故臧引申有善义。"①《说文新附》："藏，匿也。"徐铉等按："《汉书》通用臧字，从艸后人所加。""藏匿"之义应为"臧获"之义的引申义，为了区别"臧获"义及其他引申义，在"臧"字的基础上增加表义构件（即形符）"艸"，分化出另一个字"藏"，承担"藏匿"之义而独立成词。

受——授，词义：教给，简 329 号/《子路》5 章。

按：《说文》："受，相付也。"林义光《文源》："象相授受形，舟声。受、授二字，古皆作受。"②后来为了区别"受"的两个属于对立统一的不同本义"授予"和"接受"，在"受"字的基础上增加表义构件（即形符）"手"，分化出另一个字"授"，承担"授予"之义而独立成词。

说——悦，词义：高兴，简 342 号/《子路》16 章。

按：《说文》："说，说释也。从言、兑。一曰谈说。"徐锴《系传》："从言，兑声。"段注："说释，即悦怿。说、悦，释、怿皆古今字。许书无悦怿二字。""高兴"是"说释"之义的引申义，后改换"说"的形符"言"为"心"，分化出另一个字"悦"，承担"高兴"之义而独立成词。

大——太，词义：太庙之太，简 257 号/《乡党》21 章。

按：《说文》："大，天大、地大、人亦大，故大象人形。"王筠《说文释例》："此谓天地之大，无由象之以作字，故象人之形以作大字，非谓大字即是人也。"段注："后世凡言大而以为形容未尽则作太。"在"大"字的基础上增加一个非成字构件"丶"，分化出"太"字。

（6）分化本字—源本字，共 4 组，占 2.2%。

简本用分化本字，传世本用源本字的异文共 4 组。如：

殁——没，词义：死，简 214 章/《子罕》5 章。

按：《广韵》："殁，死也。"《说文》："没，沉也。"段注："没者，全入于水，故引申之义训尽。""死"当是"尽"的引申义。后改换"没"的构件"水"为"歹"，分化出另一个字"殁"，承担"死"之义而独立成词。

智——知，词义：聪明，简 129 章/《雍也》22 章。

按：《说文》："𥏼，识词也。从白、从亏、从知。"徐颢《说文解字注笺》："知𥏼本一字，𥏼隶省作智。"《释名》："智，知也，无所不知也。"《说文》："知，词也。从口、从矢。"段注："'词也'之上当由'识'字。"徐锴《系传》："凡知理之速，如矢之疾也，会意。"由"识"义引申出"聪明"之义。后在"知"字的基础上增加构件"白""亏"，分化出另一个字"𥏼"，承担"聪明"之义而独立成词。

四

上面具体分析了《论语》简本与传世本的异文情况，从中可以看出它们在用字上具

---

① 杨树达：《释臧》，载《积微居小学金石论丛》，中华书局 1983 年版。
② 林义光：《文源》，1920 年石印本。

有很大的差异。这些差异是什么原因造成的呢？我们认为大致有版本源流、文字发展规律和社会干预三个方面的原因。

（一）版本方面的原因

经过考察发现，简本《论语》和传世本《论语》并非同一版本来源，简本属于今文经，传世本则是今、古文经的融合，因而它们的用字本来就存在差异。

1. 参照《经今古文字考》中关于《论语》确凿可信的今文字与古文字的异文，找到39组相同的异文，排除今文字与古文字互换的7对（即14组），共25组。其中能证明简本用字是今文、传世本用字是古文的有22组，占88%。

这22组材料中，与《经今古文字考》中异文出处完全相同的有9组，如：

惠——慧，词义：聪明，简431号/《卫灵公》17章。

按：《经今古文字考》："《卫灵公》篇之《经典释文》引郑注云：'《鲁》读慧为惠，今从古。'郑玄以作'惠'字为《鲁论》今文，作'慧'字为古文。"

贾——沽，词义：卖出，简227号/《子罕》13章。

按：《经今古文字考》："《隶释》及《东观余论》载汉熹平《石经论语》'沽'作'贾'。汉《石经论语》是用今文本，则知作'贾'字为今文，作'沽'字为古文。"

出处不同，但异文的记词功能相同，符合相同的用字习惯的有13组，如：

赣——贡，词义：人名（赐），简216号/《子罕》6章。

按：《经今古文字考》的这组异文出自《学而》篇第15章，"《隶释》载汉熹平《石经论语》'贡'作'赣'。汉《石经论语》是用今文本，则知作'赣'字为今文，作'贡'字为古文。"

志——識，词义：记住，简173号/《述而》28章。

按：《经今古文字考》的这组异文出自"《子张》篇第22章"，"《隶释》载汉熹平《石经论语》'識'作'志'。汉《石经论语》是用今文本，则知作'志'字为今文，作'識'字为古文。"

由于古书在流传过程中历经改动，所以难免有一些不符合常规的特例产生。但根据高达88%的比例，我们完全可以判断简本源自今文经，传世本融合有古文经。

2. "《经典释文》引郑玄注'《鲁》读某为某，今从古'共有23条，没有一条提起《齐论》。可见郑玄只是根据《古论》改正《鲁论》，未曾用过《齐论》。"[①]"王国维《书〈论语郑氏注〉残卷后》列举充分证据之后说：'郑氏本所据本为自《鲁论》出之《张侯论》，及以《古论》校之，则篇章虽仍从《鲁》旧，而字句全从古文。'"[②] 郑玄对《论语》的改订本即是传世本《论语》的来源，可见传世本的用字主要依据《古论》。

《论语序》说："《古论》唯博士孔安国为之训解，而世不传。至顺帝时，南郡太守马融亦为之训说。"《经今古文字考》通过翔实的证据得出："孔安国当初虽有古文《论

---

① 参见金德建《经今古文字考》，齐鲁书社1986年版，第423页。

② 参见孙钦善《〈论语〉的成书流传和整理》，载《北京大学古文本研究所集刊》，北京燕山出版社1992年版，第16页。

语》，但他把《论语》读成为今文传授教人，照理没有《古论》了。直到东汉马融（79—166年）把通行的今文《论语》尽量校订成为古文本而再出现。……那么从孔安国到马融期间应该通行今文《论语》。"孔安国与司马迁（前145—前86? 年）是同时代人，那么公元前100年，应该通行今文《论语》，简本是公元前55年前的本子，很有可能是今文本。同时，"在定州汉墓竹简中和《论语》一起出土的，还有萧望之的奏议。萧望之在当时是皇太子的老师，是传授《鲁论》的大师。刘修死后把《论语》同萧望之的奏议放在一起，应不是偶然的。"[①] 由此可见，简本最有可能是《鲁论》的本子。

（二）文字表达方面的原因

版本方面的原因其实只是一个表象，因为版本用字差异本身也是一种结果。因此，归根结底，造成用字差异的根本原因还是文字本身的发展规律。传世本定型于18世纪末19世纪初（阮元的生卒年是1764—1849年），距离简本的时代（公元前55年以前）1800年到1900年，在这漫长的历史变迁中，文字的构形和使用自然也会有所发展。传世本用字的不同有很大一部分其实就反映了文本用字的某些演变规律和价值取向。

1. 为了追求理据和规范，传世本用字往往改简本的借字为本字，从而使字形与所记词语的关系更加密切。简本用本字、传世本用借字的异文只有15组，而简本用借字、传世本用本字的异文却有97组，传世本用本字的数量比简本增加了82个。例如：《论语》的简本和传世文本中有四处出现了记录"已经"这一词义的不同异文组，简本选用了四个不同的通假字：蒆（简本214号）、塈（简本305号）、溉（简本332号）、曁（简本540号），与之相对应的传世本《子罕》篇第5章、《先进》篇第26章、《子路》篇第9章、《阳货》篇第21章都使用的是本字"既"。又如：简本选用了两个不同的通假字"智"（简本016号）和"智"（简本022号）来记录相同的义项"知道"，与此对应的传世本《为政》篇第11章和第17章都用的是本字"知"。这说明简本用字随意性强，缺乏稳定性。相比较而言，传世本用字就要规范、稳定得多。传世本用字字形与所记词语的关系更加密切，说明时代越晚的文本用字越讲求理据和规范。

2. 为了追求用字表词的区别度，传世本更喜欢用分化字，从而使字符的记词功能更加明确。例如简本与传世本都用本字的有32组，其中有15组异文是简本用源本字而传世本用分化本字的关系（而分化本字与源本字的关系只有4组）。分化本字承担了源本字的某项或某些职能，从而增强记词的明确性。如："为正以德"（正：政治，简本002号），传世本《为政》篇第1章用"政"。"政"是在"正"字的基础上增加表义构件"攴"分化而来，是记录"政治"之义的专字。《说文》："正，是也。从止，一以止。"饶炯部首订："'正'下云'是也'。'是'下说'直也'，义即相当，无偏之谓。"《说文》："政，正也。从攴，从正，正亦声。"《管子》："政者，正也。正也者，所以正定万物之命也。"可见"正"是源本字，"使正确""政治"是"正"的引申义。而"政"则是分化专用字，是"使正确""政治"的分化本字。

简本和传世本为表达同一词义而选用不同借字时，传世本所用借字也往往比简本所用

[①] 参见《定州汉墓竹简论语》，文物出版社1997年版，第4页。

更为科学。例如有的传世本选用的借字比简本的借字更接近本字的声音。如："冉有、子赣，衍衍如也"（衍衍：温和快乐，简本274号），传世本《先进》篇第13章用"侃侃"。记录"温和快乐"这一词义的本字是"䜣"。而"䜣"是喻母元部字，"侃"和"䜣"都是溪母元部字。则传世本用的借字"侃"与本字"䜣"的声音是完全相同的。有的传世本借字比简本借字义项更少，因而区别度更高，字词的对应关系更明确。如："夫子之员"（员：说的话，简本591号），传世本《子张》篇第23章用"云"。《汉语大字典》："'员'是方圆的'圆'的本字。"而"员"又常用于记录"物的数量"，很显然它的义项比只记录"云雨"的"云"字要多，所以传世本改用了义项更少的"云"字来作为记录"说话"之义的假借字。后来"云"字也成了记录此假借义的通行字。

3. 传世本也适当追求简易，这可以从三个方面看出来。

第一，同字符异形字中同为形声字，形符相同时，传世本选用的声符往往比简本的简单。如："贫而无怼难"（怼：怨恨，简本371号），传世本《宪问》第10章用"怨"。"伯夷、叔齐餩"（餩：饿死，简本493号），传世本《季氏》第12章用"饿"。

第二，简本用本字而传世本用通假字时，往往是本字笔画过繁，故传世本改用笔画少的借字。这是造成本字废弃不用，而借字通行的原因之一。如：简本在记录"朋友"这一词语时用的是互为异体字的两个本字"倗"（简本105号）和"倗"（简本360号），而异文组中传世本《公冶长》篇第26章和《子路》篇第28章却都改用了同一个借字"朋"，借字比两个本字的笔画也都简单。

第三，简本和传世本都用本字，传世本使用笔画少的本字。如：在记录人名子赣时，当简本用笔画较多的本字"赣"（简本216号）和"贛"（简本1号）时，传世本则用了由于省写而造成的笔画较少的异构字"贡"（《子罕》篇第6章、《学而》篇第15章）。

（三）社会方面的原因

"社会方面的原因"主要指人为规范，这与文字本身的发展规律不同，它不一定追求字词对应和形义相关，例如现代汉字的规范就是如此。但社会规范及其他人为因素对文本用字肯定有影响，特别是对古籍用字的整理。传世本《论语》肯定是经过多次整理的，因此对原来的用字有所改动也是无疑的。

例如唐文宗开成二年（837年），文宗命郑覃、玄度等刊刻十二种儒家经典，立在长安务本坊国子监内，现存于西安碑林博物馆。石经经过校勘，用当时通行的楷书写刻，可以说是当时儒家经典的范本，供天下读书人校正经书。石经中的《论语》在用字上有些跟别的本子不同，可以看出人为整理的痕迹。如"鐘鼓云乎哉"（鐘：古代的打击乐器，简本524号），唐石经《阳货》篇第11章改成了"鍾"字。①《说文》："鍾，酒器也。从金，重声。""鐘，乐鐘也。秋分之音，物種成。从金，童声。古者垂作鐘。銿，鐘或从甬。"则唐石经把本字改成了通假字。可见社会规范不一定追求字词对应和形义相关，但也有所依据。据《正字通》记载："鍾，《汉志》黄鐘，《周礼》作鍾，《诗》鍾鼓，亦作鐘。古二字通用。"又如"加朝服，拖绅"（拖：曳引，简本255号），唐石经《乡党》

---

① 参见《定州汉墓竹简论语》，文物出版社1997年版，第87页。

篇第 19 章改成了"扡"字。①《集韵》："扡,《说文》：'曳也。'或作拖，亦省。"则唐石经选用了不同的异构字，这个异构字并没有成为通行字，简本用字"拖"却成了通行字。这是继郑玄之后对《论语》文本用字的一次重要整理。

唐代以后，由于兴起于唐末五代、大盛于宋元明清的雕版印刷业的发达，汉字字形基本稳定、规范，没有大的革命性的变化。这样，标准的、以楷书为主的雕版字体印刷成书得以广泛流传，不再需要社会大规模的古籍用字整理。

清代，随着小学的繁荣和考据学的发展，出现了不少《论语》的校勘考异之作。如翟灏《四书考异》②、阮元《论语校勘记》③、叶德辉《日本天文本论语校勘记》④ 等。其中"君子于天下，无谪也，无莫也"（简本 067 号），阮元的《十三经注疏·论语注疏》本（《里仁》篇第 10 章）选用了"適"字。他在"校勘记"中提到了这一用字的主要依据是："《释文》出'適'字，云：'郑本作"敵"。'《九经古义》云：'古"敵"字皆作"適"'。"⑤ 阮元根据《九经古义》选用了"古字""適"。又如"内之鄰胄之有司"（简本 611 号），阮元本（《尧曰》篇第 2 章）选用了"纳"字。他在"校勘记"中提到了这一用字的主要依据是："'内''纳'古今字。"⑥ 阮元选用了后来通行的"今字""纳"。由以上两个例子可见，阮元作异文的校勘时，按照自己的用字标准规范过《论语》。

---

① 《定州汉墓竹简论语》，文物出版社 1997 年版，第 47 页。
② 《皇清经解》本，其中《论语考异》二十卷。
③ 阮元：《论语校勘记》，《皇清经解》本，《十三经注疏》附。
④ 叶德辉：《日本天文本论语校勘记》，光绪癸卯自刻本。
⑤ 参见《十三经注疏·论语注疏》，中华书局 1980 年版，第 2472 页。
⑥ 同上书，第 2536 页。

《易经》出土本及今本用字比较研究*

张 喆**

目前所能看到的《易经》出土本①包括上海博物馆藏战国楚竹书《易经》（以下简称"竹本"）、长沙马王堆汉墓帛书《易经》（以下简称"帛本"）、安徽阜阳双古堆汉简《易经》（以下简称"阜本"）、东汉熹平石经《易经》（以下简称"熹本"）、敦煌唐写本《易经》（以下简称"敦本"）及唐代开成石经《易经》（以下简称"开本"）。由于所处年代和残损程度的差异，这些《易经》出土本中的用字情况各不相同，我们从字量、字位、字频、字用属性、字用功能五个方面对这些版本的用字情况进行统计分析；同时以阮刻《十三经注疏》中的《易经》（以下简称"今本"）作为标准，将不同出土本的用字情况与今本进行对比，并以此为基础探讨《易经》用字历代的传承和变化。

一 各本用字基本情况比较

（一）字量、字位比较

本文所说的"字量"是指在每个版本中实际的存字量，是所有重复和不重复的单字数量。"字位"是指没有结构属性差异的字形单位，即把没有结构属性差异而仅仅是写法不同的字形归纳为一个单位，具有结构属性差异的字形则属于不同字位。据统计，《易经》各出土本及今本的字量和字位数量如表1所示。

表1

	竹本	帛本	阜本	熹本	敦本	开本	今本
字量	1815	4300	1013	820	1849	4925	4936
字位	472	733	363	299	470	784	790

可以看出与今本比较而言，开本是6个出土本中字量、字位最多的，也就是说开本

---

* 基金项目：本文是陕西师范大学中央高校基本科研业务费专项资金项目（立项号16SYB21）的研究成果。本文由张喆博士学位论文《〈易经〉出土本及今本用字比较研究》节选改写而成，北京师范大学，2015年5月。

** 张喆（1980— ），陕西师范大学国际汉学院教师，主要研究方向为汉语言文字学、对外汉语教学。

① 本文对"出土文献"的界定采取宽式标准，即墓葬、遗址、古建筑中发现的文献，主要包括甲骨文和金石文献、简帛文献以及敦煌文献几大类。

《易经》是保存最完整的出土本；接下来是帛本，帛本的字量与今本相差 636 个，但是字位的数量只差 57 个，这说明通过帛本，已经可以比较全面地了解汉代《易经》的用字情况了；竹本和敦本的字量都是今本的 2/5 左右，字位数量占到今本的一半以上，竹本是战国时期的出土本，虽然只保存了一半的字位数量，但是对于研究《易经》在先秦时期的用字面貌有非常重要的意义，敦本是唐代的手写材料，作者不止一人，字迹有的工整有的潦草，所以可作为《易经》在唐代用字的补充研究材料，尤其是可以反映出政府规范的开本《易经》之外民间的用字现象；阜本、熹本《易经》，字量都不到开本的 1/5，但是作为汉代帛本用字的补充材料，可以更全面反映汉代《易经》用字现象。

各出土本和今本所存的字位并不只有数量的差异，还有字位本身的差异，比如竹本所存字位 472 个，但这 472 个字位中，有一半以上都是与今本不同的字位，各本字位与今本字位异同的情况可见表 2。通过该表可以看出，虽然各出土本存留的字位数量不同，但如果将各本的字位与今本字位进行比对，就会发现，并不完全是存留的字位越多，与今本相同字位就越多；相反，不管存留的字位有多少，与今本相同的字位都是随着出土本书写时间的推移而增多的，表中"与今本相同字位比例"一栏的数据非常明显得说明了这个变化的过程。

表 2

版本	字位数量	与今本相同字位数量	与今本相同字位比例	与今本不同字位数量	与今本不同字位比例
竹本	472	211	45%	261	55%
帛本	733	454	62%	279	38%
阜本	363	304	84%	59	16%
熹本	299	270	90%	29	10%
敦本	470	425	90%	45	10%
开本	784	762	98%	22	2%

先秦时期的竹本，反映的是战国时期楚地的用字状况，字形与今本差异很大，有 45% 的字位数量与今本不同。

汉代的帛本、阜本和熹本虽然同属于一个大时代，但字位存留情况却有明显差异。首先帛本是唐代以前出土本中存留最完整的，所存字位中与今本相同的比例达到 62%，比竹本的比例提高了近 20%，这是秦代以小篆统一六国文字后，小篆又发展为隶书的演变结果。其次是阜本，阜本存留字位中有 84% 与今本相同，比例的增加幅度甚至超过了竹本到帛本的增加幅度。两个本子从考古发现的地点和时间来看，阜本发现于安徽阜阳双古堆西汉第二代汝阴侯墓，该墓下葬于汉文帝十五年（前 165 年），而帛本发现于湖南长沙马王堆 3 号汉墓，该墓下葬于汉文帝十二年（前 168 年），二者下葬年代只相差 3 年，那么与今本字位相同的比例相差较大的原因，我们估计一是因为地域用字差异造成的，帛本发现于湖南长沙，阜本发现于安徽阜阳，两地可能存在一些用字差异；但更主要的原因是书写时期的差异，虽然两个墓葬的下葬时间只差了 3 年，但是帛本的书写年代要早于阜本。据考证，马王堆汉墓帛书的抄写时间可大体分作两类，抄写时间较早的一类，字体近篆书，不避汉高祖刘邦讳，大约是秦汉之际所写；抄写时间较晚的一类，字体为隶书，讳"邦"为"國"，但不避惠帝刘盈和文帝刘恒讳，当为汉初至汉文帝初年所写。帛本、阜本《周易》均用隶书写成，而帛本的书写风格还留有篆文的风貌。《师》卦上六爻辞竹本作："上六，大君子又命，启邦丞豪，少人勿用。"帛本作："尚六，大人君有命，啟國承家，小人勿囗。"阜本作："上六，大君有命，啟邦囗囗，囗囗囗囗。"帛本为避刘邦讳，将竹本的"邦"改为"國"，阜本回改为"邦"，可知帛本抄写于汉初武帝时期（前202—前195年），阜本抄写于汉文帝初年（前180—前157年）。汉武帝时期是隶书由古隶向汉隶的过渡时期，到汉宣帝时期（前47—49年）完成汉隶的定型。帛本的用字更多保留了古隶的书写形式，而阜本用字已经向汉隶转变，从我们考察出的字位差异也可以看出，古隶和汉隶不仅是书写风格的变化，在字体结构上也存在很大差异。汉代最后一个出土本熹本与今本字位的相同率已达到90%，《熹平石经》东汉熹平四年（175年）始刻，光和六年（183年）刻成，刊刻目的是通过统一经文，达到统一经学，石碑刻成后立于洛阳太学讲论堂东西两侧。作为国家推行的标准经文版本，熹平石经起到了教科书和范本的作用，是汉隶最规范的用字代表，隶书与楷书在字形结构上大体一致，所以熹本虽然只存留299个字位，与今本的相同率却高达90%。

唐代敦本是在敦煌藏经洞内发现的唐朝前后的手抄本，《周易》文本用楷书写成，从现存文本版图的书写风格看，至少有6位写手参与了抄写工作，每个人的书写习惯不同，用字习惯也有少许差异，致使敦本的字位数量虽然比熹本多近一倍，与今本相同的比例却持平（如果从整体文本来预测，敦本的比例应该比熹本更低），这说明虽然字体楷化后字的书写形式和字体结构应更加固定，与今本应更趋一致，但是文本的书写或刊刻用途不同，会影响到用字的情况，敦本中出现的异体字和讹误字的数量会比熹平石经更多。而唐代的《开成石经》代表的是国家对于汉字规范的最高标准，是唐代正体用字的模板，所以开本中与今本相同的字位率达到最高，可以说开本是今本的直接来源。

（二）字频比较

本文所说的"字频"是指各本所存不重复的单字出现的次数。在进行字频统计时，我们根据各本字频表格的字位数量分布，大致划分了几个字频的等级，即出现次数在1—9次的叫低频字，出现次数在10—30次的叫中频字，30次以上的叫高频字。表3是各本低、中、高三个频次字位数量占各本总字位数量的百分比情况。

表3

	竹本	帛本	阜本	熹本	敦本	开本	今本
低频字	435（93%）	667（91%）	340（94%）	280（94%）	434（92%）	710（90%）	717（91%）
中频字	24（5%）	39（5%）	21（5%）	16（5%）	23（5%）	44（4%）	44（6%）
高频字	11（2%）	27（4%）	2（1%）	3（1%）	13（3%）	30（4%）	30（4%）
总字位数	470	733	363	299	470	784	791

从表3可以看出，虽然每个出土本的字位数量不同，数量最多的开本是数量最低的熹本的3倍左右，但是每个本子用字频次的分布是一致的，都是使用频次越低的字数量越多。竹本中仅使用了1次的字占所有字位的54%，帛本中仅使用了1次的字占所有字位的41%，阜本中仅使用了1次的字占所有字位的63%，熹本中仅使用了1次的字占所有字位的63%，敦本中仅使用了1次的字占所有字位的54%，开本中仅使用了1次的字占所有字位的42%，今本中仅使用了1次的字占所有字位的42%。相反，频次越高的字位数量越少。而且各本用字频次的百分比基本是稳定的，低频字的数量占90%—94%，中频字的数量占4%—6%，高频字的数量占1%—4%。

各本的高频字按使用频率从高至低列表如表4所示（其中阜本、熹本因高频字数量过少，都只有两个，为便于比对，将这两个本子的中频字也收入表中。

表4

出土本	高频字
竹本	六、九、亡、吉、丌、又、称、贞、不、晶、咎
帛本	六、九、无、吉、贞、利、有、亓、不、咎、三、于、之、二、初、五、人、尚、四、復、用、往、大、亨、亡、悬、子
阜本	吉、有、不、贞、无、利、其、于、咎、三、二、人、亨、上、四、五、兑、復
熹本	无、吉、咎、有、之、二、利、三、其、五、大、孚、上、四、于、贞
敦本	九、六、吉、无、有、咎、之、利、贞、其、三、不、凶
开本	九、六、无、吉、有、利、贞、其、咎、不、三、于、之、初、二、上、四、五、凶、用、大、人、往、亨、孚、子、悔、小、攸、如
今本	九、六、无、吉、有、利、贞、其、咎、不、三、之、于、初、二、上、四、五、凶、用、大、人、往、亨、孚、子、悔、小、攸、如

第一，除了竹本中的"丌""称""晶"；帛本中的"尚""復""悬"；阜本的"兑"和"復"之外，其余各本的高频字都包括在今本的高频字范围之内，这说明同一内容的出土文献，不管其缺损程度如何，文本中高频字的出现情况都没有大的变化。因为版本缺损，会使某些本是高频字的出现频次降低，成为中频字，但存留下来的高频字仍然是包含在完整版本（今本）的高频字范围之内的。

第二，各本间高频字的异文数量非常少，竹本与今本只有"丌—其""称—利""晶—三"三组异文；帛本与今本只有"尚—上""悬—悔"两组异文；阜本与今本只有"兑—凶"一组异文；其余几个版本则没有与今本的异文。结合各本低频字、中频字与今本的异文现象来看，高频字的使用是最稳定的。

（三）字用属性比较

本文所说的"字用属性"是指某个字用来记录文献中具体词项的使用属性，包括本用和借用两种。本用是指用本字记录跟字形有密切联系的本义或者跟本义有某种联系的引申义的情况；借用是指用借字记录跟字形没有联系的假借义的情况。

根据我们对《易经》各出土本所用文字的职能分析和统计，得出图1。从图中所显示的结果看，首先不管是哪个时代的出土本，字的本职使用都是占绝大多数比例的，也就是说70%以上的汉字都还是承担着它们在造字之初就被赋予的记录某个词的职能，而这也是符合字用规律的，虽然汉字产生之后经历了数千年的发展演变，但我们至今依然能看懂大部分古人的字，读懂古人的书，就是靠着这至少70%的本用传承，这些字记录的意思自古至今都没有改变或者改变了也有内在的能让人理解的联系。

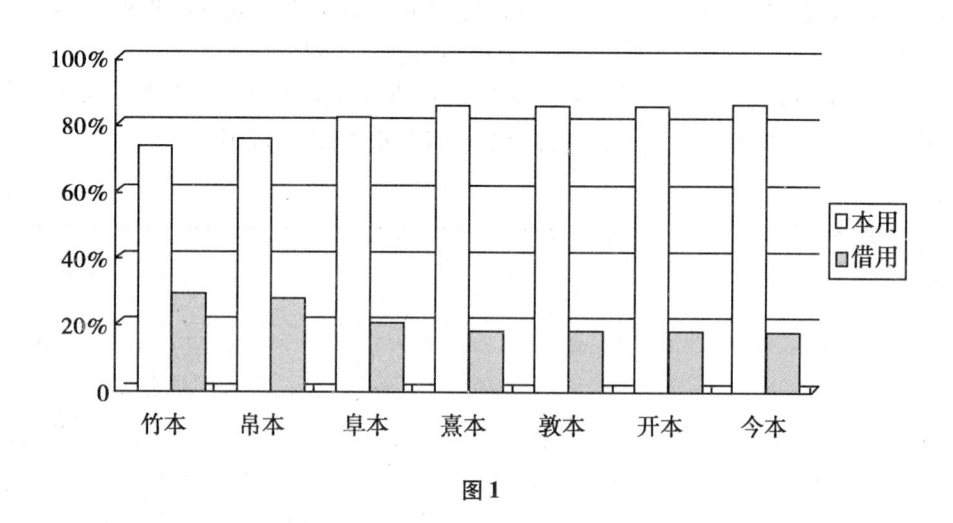

图1

其次，我们也不得不注意到，依然有至少16%以上的字，没有被用来记录本用词项，而是被借用记录其他的词项。从《易经》历代出土本的字用统计来看，战国楚竹书的借用比例是最高的，达到了近30%，汉初的帛书的借用比例与竹书相当，也达到了25%以上，这与战国和汉代初期汉字使用仍然相对随意有关，不管是在字形的书写还是在字的职能方面，都存在较多变化；但是到了阜阳汉简之后，随着汉字使用越来越规范，汉字的形义联系越来越受到重视，许多原来的通假字被本字取代，原来的假借字被后造本字取代，致使借用的比例开始逐渐下降，从汉初的25%降到了唐代开成石经的16%左右。

最后，汉字16%的借用比例在唐代之后就相对固定了，与今本的比例几乎没有差别，这说明经过历代的发展演变，这16%的借用，已经成为汉字固定的用法，也就是说从汉字使用者的角度，已经将这些字的借用职能当作了它们的基本职能。

（四）字用功能比较

本文所说的"字用功能"指一个字记录词项的功能。本文的"字用功能"，限于测查的文本范围，如果一个字在该文本中只记录了一个词项，就叫作"单用字"；如果一个字在该文本中同时记录了多个词项，就叫作"多用字"。

《易经》各出土本中单用字和多用字的数量与比例如表5所示。单用多用受文本内容的影响较大，比较效果有限，但是我们从字用功能统计表中可以看出，竹本、阜本、熹本、敦本、开本的多用字比例相差不大，但是帛本的多用字明显比其他几个版本高。我们认为，帛本多用字的比例比竹本、阜本、熹本高的主要原因是这几个本子的残损度比较高，以至于一个字记录别的词的用法我们无法看到。而帛本比开本多用字的比例高，主要是因为汉字发展到唐代，有不少多用字的职能被其他字分化了，只有少量帛本中的一字多用现象被存留下来。

表5

	竹本	帛本	阜本	熹本	敦本	开本	今本
单用字	439（94%）	611（83%）	337（93%）	285（95%）	432（92%）	685（87%）	692（87%）
多用字	31（6%）	122（17%）	26（7%）	14（5%）	38（8%）	99（13%）	99（13%）
字位数	470	733	363	299	470	784	791

各本的单用字和多用字综合起来看也存在个体差异，原因主要有以下三个方面：

第一，版本缺损造成的字用功能差异。比如"自"在阜本、熹本只存留了｛自2｝（自从）的用法，是个单用字；而竹本、帛本、敦本、开本、今本中的"自"除了记录｛自2｝，还在《颐》卦、《睽》卦中记录｛自1｝（自己），是多用字。这是因为阜本和熹本的《颐》卦、《睽》卦缺损，不能表现"自"记录｛自1｝的用法。

第二，同样是用一个字记录多个词项，不同版本用了不同的字。如开本和今本"包"记录了｛包｝、｛庖｝、｛匏｝三个词项，其中记录｛包｝（包容）是本用，记录另外两个是借用。但帛本是用"枹"记录｛包｝、｛庖｝、｛匏｝的，"枹"的本义是"鼓槌"，它记录这三个词项都属借用。

第三，某一个版本用一个字记录多个词项，这些词项有的是这个字的本用，有的是借用，借用的词项在别的版本中用这个词项的本字来记录。比如竹本用"方"记录｛方2｝（方国）和｛牽｝两个词项，均属借用，但在其他版本中，｛牽｝不是借用"方"来记录，而是用本字"牽"记录，因此竹本中"方"的字用功能就与别本不同，是个多用字，而别的版本中"方"是个单用字。又如帛本用"尚"记录｛尚｝、｛上｝、｛赏｝三个义项，其中记录｛尚｝是本用，记录另外两个是借用，但在其他版本中，｛上｝不是借用"尚"来记录，而是用本字"上"记录，因此帛本"尚"的字用功能就与别本不同，承担了别本中"上"的职能。

二 《易经》各本用字的传承与变化

（一）从各本的用字相同看传承

根据前文的统计，今本《易经》中共出现了791个不重复的字，我们将这些字与之前各出土本进行比对，发现从竹本一直传承到今本，也就是说各本都出现的相同的字数量非常少，仅有50个。考虑到版本缺损的情况，我们扩大了考察范围，以先秦、汉代、唐代这三个时代为标准，只要在这个时代范围内的出土本中出现的字，都算这个时代出现的字，那么从历时的角度看，从先秦到汉代，再到唐代以后，《易经》中传承使用的字有188个。按照这些字在《易经》中的字用属性（是记录本义或引申义的本用，还是记录假借义的借用）和字用功能（只记录一个词项的单用字，还是记录多个词项的多用字），可以把这些字分成以下几类（带＊的是6个出土本及今本都出现的字）：

1. 只记录本义的单用字（86个）

安、道、德、斗、飛、缶、官、寒、好、虎、角、迷、年、前、丘、驅＊、羣、三＊、喪、殺、山、射、身、十＊、碩、死、祀、同、外、尾＊、先、莧、小＊、羊＊、藥、衣、有＊、折、雉、左、臣、成、東、焚、觀＊、祭、戒、鳥、矢、受、一＊、魚、雨、車、豐、黃＊、疾＊、馬、豕、无、心、命、訟、係、邑＊、畜、遇、艮、言、頤、川＊、涉、王＊、人＊、大＊、初＊、二＊、上＊、五＊、凶、四＊、咎＊、不＊、吉＊、九＊、六＊

2. 只记录引申义的单用字（19个）

伐、反＊、光、建、連、臨、內、慶、師、它、顯、經、困、丈、取、出、元、曰、南

3. 只记录假借义的单用字（17个）

敦、而、弗＊、若＊、未＊、亦、則＊、北、嘉、舊、莫、求、我＊、乃、所＊、勿＊、于＊

4. 记录本义和引申义的多用字（24个）

弟、戶、門、妾、食＊、宗＊、足＊、畜、從、金、克、明、首、右、天、夬、君＊、夫＊、征、行＊、日＊、子＊、見＊、用＊

5. 记录多个引申义的多用字（2个）

號、至

6. 记录本义和假借义的多用字（17个）

肥、汲、林、石、載＊、父、婦、需、血、譽、母、尚、比＊、中、自、可、貞＊

7. 记录多个假借义的多用字（7个）

甲、易、攸＊、其、或、西、之

8. 记录本义、引申义和假借义的多用字（7个）

即、既、僕、巳、是、革、女

9. 记录引申义和假借义的多用字（9个）

實、酌、方＊、爲、已、事、以＊、孚、亡＊

通过以上分类可以看出，各时代出土本之间相同的单用字有122个，占所有相同用字的64%，从这个比例来看，各本相同用字中，单用字和多用字的相差不是特别大。但如果对以上多用字进行考察，就会发现，多用字的多种用法中，并不是每个用法都在各本间传承，比如"弟"字在竹本、帛本、敦本、开本、今本中都有使用，记录了{次}（第二）和{娣}（随嫁的女子）两个词项，但并不是说"弟"记录这两个词项的用法在这几个版本中都有，事实上只是在帛本中，"弟"记录了两个词项，在别的版本中，只记录{次}这一个词项，也就是说，"弟"字只有记录"次"的用法是传承的，记录"娣"的用法没有被传承，只是帛本特殊的用法。而我们在这里讨论相同用字的传承，就应该只考察"弟"记录{次}这种用法的传承，那么我们需要从这个角度对以上第4类至第9类记录多个词项的多用字再次进行考察，排除这些多用字没有被传承的用法，只保留被传承的用法：

只记录本义（25 个）：弟、門、妾、畜、金、克、右、天、征、用、肥、汲、石、載、父、婦、血、譽、母、比、中、貞、僕、巳、女

只记录引申义（15 个）：食、宗、從、引、夬、號、至、即、實、方、爲、已、事、孚、亡

只记录假借义（7 个）：尚、可、甲、易、攸、其、或

记录本义和引申义（5 个）：君、夫、日、子、見

记录多个引申义（1 个）：行

记录多个假借义（1 个）：之

记录引申义和假借义（1 个）：以

以上统计可见，虽然第一次统计出的各本间传承的多用字有 66 个，但只有"君、夫、日、子、見、行、之、以"这 8 个字的多种用法都被传承了，其他 58 个字被传承的只有一种用法，而被传承的用法，以记录本义和记录引申义的本用占绝大多数（40 个），只有 7 个字的借用用法被传承。

我们又对这些被传承的字在今本中的使用频率进行了考察，发现使用频率在 1—9 次的低频字有 134 个，占今本低频字的 19%；使用频率在 10—29 次的中频字有 29 个，占今本中频字的 66%；使用频率在 30 次以上的高频字有 24 个，占今本高频字的 80%。

由此我们可以得知，在各时期版本间传承的字，具有以下特征：

被传承的字，以记录一个词项的单用字居多，占 64%；

被传承的单用字，以记录本义和引申义的本用字居多，占 79%；

被传承的多用字的多个不同用法中，只有一种用法被传承的居多，占 88%；

被传承的多用字的多个不同用法中，以记录本义和引申义的本用用法居多，占 70%；

被传承的字，以高频字所占的比例居多，占 80%。

可见在汉字发展的过程中，那些只记录词语的本义和引申义，用法单一、使用频率较高的本用字是最稳定的，它们无论是在字形还是在字用功能上，都很少发生变化，是汉字稳步发展的基础成分。

（二）从各本的用字不同看变化

我们统计了各版本之间用字的变化情况，详细划分出了在每个版本中，哪些字不用了，哪些字是新用的，由此可以看出各版本用字的差异。各本异文产生的原因有三种，即因字形异体而产生的异文、因通假而产生的异文、因字形讹误而产生的异文。按照这三种原因，对各本与今本的异文进行统计，结果如表 6 所示。

表 6

	竹本	帛本	阜本	熹本	敦本	开本
异体异文	115（24%）	62（8%）	27（7%）	16（5%）	26（6%）	24（3%）
通假异文	144（31%）	241（33%）	45（12%）	18（6%）	7（2%）	2（0.2%）
讹误异文	4（0.8%）	8（1%）	2（0.5%）	0	2（0.4%）	1（0.1%）
总字位数	472	733	363	299	470	784

整体而言，从先秦到汉代，再到唐代，因异体、通假以及讹误而产生的异文的数量和比例都是逐渐下降的。具体到每个时代，先秦时期通假异文的数量超过了异体异文的数量，但是二者的数量差别不大，异体异文占24%，通假异文占31%；到了汉代，从存留情况比较完整的帛本来看，异体异文的数量大量减少，下降到8%，而通假异文的数量和比例比竹本还要高一些，汉代中后期的阜本和熹本中，异体异文的比例与帛本持平，通假异文的数量和比例也开始大量减少；唐代之后，异体异文的数量比汉代稍有下降，通假异文的数量下降得更多一些，一致唐代的异体异文数量超过了通假异文。由此可知汉字中异体异文的大量减少发生在汉代初期，这是因为在汉字规范的过程中，字形的规范比字用属性的规范更容易；通假异文的大量减少发生在汉代中后期，到唐代降到最低，因为通假异文是借用一个字来代替另一个字，在具体用字过程中，不像字形可以很容易做到统一，但是随着汉字记录职能逐渐稳定，特别是在具体的专书文献中，用哪个字记录哪个词项日渐固定，因此到了开本中几乎没有因通假而产生的异文了。

参考文献

1. 韩自强：《阜阳汉简周易研究》，上海古籍出版社2004年版。
2. 濮茅左：《楚竹书〈周易〉研究》，上海古籍出版社2006年版。
3. 张立文：《帛书〈周易〉注释》，中州古籍出版社2008年版。
4. 张涌泉主编：《敦煌经部文献合集》（第1册），中华书局2008年版。
5. 丁四新：《楚竹书与汉帛书周易校注》，上海古籍出版社2011年版。
6. 李运富：《汉字学新论》，北京师范大学出版社2012年版。

景祐本《史记》《汉书》用字异文研究[*]

李 娟[**]

《史记》是我国第一部纪传体通史，《汉书》是我国第一部纪传体断代史。班固在写作《汉书》的过程中对《史记》多有借鉴，不仅借用了司马迁写史的体裁形式，而且在文字内容上也多有袭用之处。这些袭用主要表现在刘邦建国至汉武帝太初末年这段历史中。我们说袭用而非照抄是因为班固在叙述这段历史时对司马迁的语言进行了各种分合、取舍和改造，由此导致了两书在众多篇目中出现了用字异文。

前人对两书异文的研究要么仅限于指出异文现象的存在，要么止于举例性质分类列举。暂时还没有见到以两书中的所有用字异文为研究对象，从汉字职用学的角度切入的研究成果。再者，现有的《史记》《汉书》研究所据版本多为中华书局本，而本文之所以选用景祐本为研究对象，是出于两个方面的考虑：第一，景祐本是两书现存最早的版本之一，它最接近两书用字的原貌；第二，景祐本是两书为数不多的善本之一，用字的可信度高。有感于此，本文将以汉字职用学理论为指导，对景祐本《史记》《汉书》中的全部用字异文进行研究，分析用字异文产生的原因。

一 从字词关系看景祐本《史记》《汉书》用字异文

异文的形成，从语言文字本身而言，是因为文字系统中存在着多个字记录同一词的现象。在文字产生之初，它们的记录职能是单一的，一个字形就记录一个词义。但是词义引申广泛存在于语言实际中，为了满足记录语言的需要，往往一个字要记录由本义引申出的许多引申义项。当承担的义项多到一定程度时，人们就会为引申义造新字，我们将这种新字称为分化字。这样，在文字系统中源字和分化字都可以记录同一义项，进而导致一词多字。同一个义项，人们从不同角度出发，会为其造出不同的本字，即我们通常所说的异构字。所以，异构字是形成一词多字局面的另一个途径。还有一种情况，是为假借义造本字，即一开始文字系统中没有某个义项的对应本字，于是就借用音同或音近的其他字去记录，后来为了明确文字的记录职能，就为该义项造了新的本字。

对于字词之间的复杂关系，前辈学者的观点主要有：

---

[*] 本文由李娟博士学位论文《景祐本〈史记〉〈汉书〉用字异文研究》节选改写而成，北京师范大学，2015年5月。景祐本《史记》《汉书》的改字及其考证详参李运富、李娟《传世文献的改字及其考证》，载《文献语言学》第2辑，中华书局2016年版。

[**] 李娟（1988— ），江西科技师范大学文学院讲师，主要研究方向为汉语言文字学。

裘锡圭认为"一词用多字"主要有四种情况："A. 已有本字的词又使用假借字。B. 同一个词使用两个以上不同的假借字。C. 一个词本来已经有文字表示它，后来又为它或它的某种用法造了专用的分化字。D. 已有文字表示的词又使用同义换读字。"① 蒋绍愚说："汉字是用来记录汉语词汇的，但字和词又不是一对一的关系。有时候是一词多字，即同一个汉语的单音词，可以用几个不同的汉字来记录；有时候是一字多词，即同一个汉字可以记录不同的单音词。"② 王宁的观点是："在使用过程中，字与词的对当关系是不平衡、不整齐的。由于通假和文字兼职现象的存在，加之异体字不可避免地出现，使同词异字和异词同字现象较多地存在。"③

我们认为景祐本《史记》《汉书》用字异文形成的内因就在于一词多字现象提供了用字选择的可能。或者说，景祐本《史记》《汉书》用字异文本身就是一词多字现象，其形成原因主要有三个：因文字分化造成一词多字；因文字借用造成一词多字；因文字异构造成一词多字。

（一）因文字分化造成一词多字

词义引申导致一个字记录多个义项，为了明确字词关系，人们往往会在源字的基础上通过增旁、换旁、增减笔画、变形等方式造出新字去记录某个引申义项。新字出现后，它所记录的义项仍有被源字记录的可能。这样一来，在文字系统中源本字和分化本字都可以记录同一义项，进而形成一词多字的局面。为了更简洁有效地说明问题，下面我们仅以增旁方式造成的分化字举例分析之。

【慰/尉】

（1a）且纵单于不可得，恢所部击其辎重，犹颇可得，以慰士大夫心。(《史记·韩长孺列传》)

（1b）且纵单于不可得，恢所部击，犹颇可得，以尉士大夫心。(《汉书·窦田灌韩传》)

按：《说文·心部》："慰，安也。"东汉《郑固墓碑》："故建〔防〕共坟，配食斯坛，以慰考妣之心。"《鲜于璜墓碑》："慰绥朔狄，边宇艾安。"此外，《杨震墓碑》《孔彪墓碑》《郑季宣残碑》《曹全碑》也有"慰"的用例。"尉"的本义为{熨烫}，《说文·火部》："尉，从上案下也。从㞋、又，持火以尉申缯也。"由此本义出发，"尉"可引申出{抚慰}。《隶释·荆州刺史度尚碑》："冊书尉荐。"北魏《崔猷墓志》："廿二年，兼员外散骑常侍，尉劳涡阳。""今《说文·火部》既有'尉'字，《心部》又收'慰'字，《老部》既有'耆'字，《口部》又收'嗜'字，此等当皆是汉俗字，或出秦人，非

---

① 裘锡圭：《文字学概要》，商务印书馆 1988 年版，第 258 页。
② 蒋绍愚：《古汉语词汇纲要》，北京大学出版社 1989 年版，第 190 页。
③ 王宁：《训诂学原理》，中国国际广播出版社 1996 年版，第 36 页。

周所有，而许氏有之。许氏参酌古今定此书，虽好古，实则大半皆从秦汉人说。"① "以尉士大夫心"师古曰："古尉安之字正如此，其后流俗乃加心耳。"《汉书·公孙刘田王杨蔡陈郑传》："尉安众庶。"师古曰："尉安之字，本无心也，是以《汉书》往往存古体字焉。"《玉篇》："尉，武官之称也。"由于"尉"常用于记录官名，如"太尉""都尉""上尉"等，于是人们就在"尉"的基础上通过增加形旁"心"生成分化字"慰"来专门记录引申义{抚慰}。

【悬/县】

(2a) 南越王头已悬于汉北阙。今单于能即前与汉战，天子自将兵待边。(《史记·匈奴列传》)

(2b) 南越王头已县于汉北阙下。今单于即能前与汉战，天子自将兵待边。(《汉书·匈奴传上》)

按：《说文·县部》："县，系也。"金文县作 （縣妃簋），从系、从木、从首会意树木上悬挂首级，所以"县"的本义当为{悬挂}。《关沮秦汉墓简牍》："取肥牛胆盛黑叔中，盛之而系，县阴所，干。"₃₀₉《张家山汉简·引书》："其大把，长四尺，系其两端，以新累县之，令其高地四尺。"₄₁《随州孔家坡汉墓简牍》："困居西南而北向廥，毋绝县肉，绝县肉必有经死焉。"《春秋繁露》："于是自断狸首，县而射之。"由于"县"经常被借用于记录{州县}，人们就在其基础上通过增加形旁"心"生成分化字"悬"来专门记录本义{悬挂}。《魏公卿上尊号奏》："民命之悬于魏邦，民心之系于魏政。"《孟子·公孙丑上》："民之悦之，犹解倒悬也。"赵岐注："倒悬，喻困苦也。"《淮南鸿烈解》："缘木而处，悬釜而炊。"《汉书·高帝纪》："带河阻山，县隔千里。"师古曰："此本古之悬字耳，后人转用为州县字，乃更加心目别之，非当借音。他皆类此。"《汉书·西域传》："其西则有县度。"师古曰："县绳而度也。县，古悬字耳。"《广韵》："悬，《说文》云：'系也。'相承借为州县字。悬，俗，今通用。"

（二）因文字借用造成一词多字

我们这里所说的借用包括本无其字的假借和本有其字的通假两种情况。

【礼/体】

(3a) 封禅用希旷绝，莫知其仪礼。(《史记·封禅书》)
(3b) 封禅用希旷绝，莫如其仪体。(《汉书·郊祀志上》)

按："礼"和"体"在这里记录的是{礼貌}。"礼"甲骨文写作 （後下八·二），金文写作 （中山王壶），小篆写作 。《说文·示部》："礼，履也，所以事神致福也。"由此可见，

---
① 王鸣盛：《十七史商榷》，上海古籍出版社2013年版，第307页。

"礼"的本义是﹛敬神﹜，引申有﹛礼貌﹜。"体"金文写作🅣，小篆写作🅣。《说文·肉部》："体，总十二属也。"东汉《景君碑》："身殁而行明，体亡而名存。"可见，"体"的本义是﹛身体﹜。以﹛身体﹜为起点，"体"引申不出﹛礼貌﹜。但"体"和"礼"古音相近，前者透母脂韵，后者来母脂韵，叠韵，透来旁纽，可通假。《大戴礼记》："信者，信此者也。礼者，体此者也。行者，行此者也。强者，强此者也。"《春秋繁露·服制像》："故其可食者以养身体，其可威者以为容服，礼之所为兴也。"董仲舒在"礼"下出按语："案礼他本误作体。"《春秋繁露·天地之行》："体不可以不顺，臣不可以不忠。"董仲舒在"体"下出按语"案他本体误作礼"。《战国策》卷十："而孟尝令人体貌而亲郊迎之。"高诱注："体，一作礼。刘作礼。"《新书·审微》："曲县者，卫君之乐体也。"此句《春秋战国异辞》《绎史》《两汉三国学案》皆作"礼"。《焦氏易林》卷六"未济"："仪体不正，贼孽为患。"《武威汉简·甲本有司》："其位继上宾而南，皆东面，其晋体仪也。"46(缺)""体"读为"礼"。此外，在西汉出土文献和碑刻文献中也发现"礼"通"体"的用例，如《银雀山汉简·论政论兵之类》："故一节痛，百节不用，同礼也。"18《山东金乡汉墓镇墓石》："身礼毛蚤，父母所生，慎毋毁伤，天利出。"

【弱/若】

(4a) 而弱燕不服，齐必距境以自强也。(《史记·淮阴侯列传》)
(4b) 若燕不破，齐必距境而以自强。(《汉书·韩彭英卢吴传》)

按："若燕不破"宋祁曰："若，一作弱。""弱"和"若"记录的是连词﹛如果﹜。"弱"不见于甲金文，小篆写作🅣。《说文·彡部》："弱，桡也，上象桡曲，彡象毛牦桡弱也。弱物并，故从二弓。"段注："桡者，曲木也，引申为凡曲之称。直者多强，曲者多弱。""曲似弓，故以弓象之；弱似毛弱，故以彡象之。"可见，"弱"引申不出﹛如果﹜。"若"甲骨文写作🅣(甲二〇五)，金文写作🅣(孟鼎)、🅣(毛公鼎)，小篆写作🅣。《说文·艹部》："若，择菜也。从艹，右。右，手也。一曰杜若，香艹。"商承祚《殷墟文字类编》："案：卜辞读若字象人举手而跽足，乃象诺时巽顺之状，古诺与若为一字，故若字训为顺。古金文若字与此畧同。"所以，"若"的本义应为﹛顺从﹜。以﹛顺从﹜为出发点，"若"也引申不出﹛如果﹜。文字系统中，没有﹛如果﹜的本字，于是就借用读音相同或相近的其他字来记录，"若"和"弱"就是其中的两个。《白虎通德论》："大夫致仕，若不得谢，则必赐之几杖。"《春秋繁露》："金者，司徒，司徒弱不能使士众，则司马诛之，故曰火胜金。"《盐铁论·论儒》："弱燕攻齐，长驱至临淄，愍王遁逃，死于莒而不能救。"

（三）因文字异构造成一词多字

异构字音义完全相同，但形体构成不同，形体的不同主要表现为形符和声符的更换。人们从不同的角度去为某个义项造本字，往往会选用不同的形符去提示意义的类别和范畴，而声符都满足音同或音近的条件。

【裙/帬】

(5a) 每五日洗沐归谒亲，入子舍，窃问侍者，取亲中裙厕牏，身自浣涤，复与侍者，不敢令万石君知，以为常。(《史记·万石张叔列传》)

(5b) 每五日洗沐归谒亲，入子舍，窃问侍者，取亲中帬厕牏，身自澣洒，复与侍者，不敢令万石君知之，以为常。(《汉书·万石卫直周张传》)

按："帬"和"裙"在这里记录的是｛下裳｝。《说文·巾部》："帬，下裳也。从巾，君声。裠，帬或从衣。"《集韵》："帬，亦书作裙。"《张家山汉简·遣策》："锦帬一，箦囊一，卮一合。"《急就篇》："袍襦表里曲领帬。"《释名·释衣服》："裙，下裳也。裙，羣也，联接羣幅也。"《申鉴》："常衣大练，裙不加缘。"宋本《玉篇》："帬，音羣。与裙同。"《干禄字书》（唐石刻本）："帬帬裙帬，并上通下正。""帬"和"裙"是一组异构字，声符相同，形符"巾"和形符"衣"相通，可换用。诸如此类的字还有"帗"与"袚"、"幢"与"褌"等。这样一来，在文字系统中"帬"和"裙"都可以记录｛下裳｝。

【媿/愧】

(6a) 魏其侯大媿，为资使宾客请，莫能解。(《史记·魏其武安侯列传》)

(6b) 婴愧，为资使宾客请，莫能解。(《汉书·窦田灌韩传》)

按："媿"和"愧"在这里记录的是｛惭愧｝。《说文·女部》："媿，惭也。从女，鬼声。愧，媿或从耻省。"邵瑛《羣经正字》："今经典多从或体作愧。"《毛诗注疏》（清嘉庆二十年南昌府学重刊宋本十三经注疏本）："不愧于人，不畏于天。"郑玄笺："媿，九位反。或作愧。"《古列女传·辩通·齐太仓女》："非朕德薄而教之不明欤？吾甚自媿。"可见，"媿"和"愧"是一组异构字。《尔雅·释言》："愧，惭也。"《马王堆汉墓帛书·春秋事语》："二子之袭失量于君，愧于诸悊德訾怨，何叚之不图。"汉《谒者景君墓表》："唯郭有道，无愧色。"《汉书·文帝纪》："以不敏不明而久抚临天下，朕甚自媿。"师古曰："媿，古愧字。"由于惭愧是一种心理活动，所以"愧"逐渐取代"媿"成为记录｛惭愧｝的习用字。但是，在汉代的文字系统中，"媿"和"愧"都可以记录｛惭愧｝。

二　从用字习惯看景祐本《史记》《汉书》用字异文

用字习惯有个人用字习惯和时代用字习惯之分。就个人用字习惯而言，不同的人在记录同一义项时往往会选用不同的字，《容斋随笔》卷第十"六经用字"条："'六经'之道同归，旨意未尝不一，而用字则有不同者。如佑祐右三字一也，而在《书》为'佑'，在《易》为'祐'，在《诗》为'右'；惟维唯一也，而在《书》为'惟'，在《诗》为'维'，在《易》为'唯'，《左传》亦然。又如《易》之'无'字，《周礼》之'灋、眠、薨、鱻、盇、臯、獻、櫐、斛、襧、簪'等字他经皆不然。"① 文章的类型、作者的语言文字修养以及个人用字习惯都会造成用字的不同。司马迁"年十岁则诵古文。二十而南游江淮，上会稽，探禹穴，窥九疑，浮沅湘。北涉汶泗，讲业齐鲁之都，观夫子遗风，乡射邹峄；戹困蕃、薛、彭城，过梁楚以归。"② 深厚的古文修养和大量的游历经验，使得司马迁在写作《史记》时非常注意语言文字的运用。对前代文献他自言"余所谓述故事，整齐其世传，非所谓作也"，在整齐前代文献的过程中，司马氏有意将古奥难懂的文字改换成当时通俗易懂的文字。并且吸收了许多游历过程中接收的民间口语用字到《史记》的写作中。与之相比，生活在东汉初期的班固，从小受到正统的儒家教育，是一名古文经学家。"古文家言详于训诂，穷声音文字之原。"③ 所以，班固在引用《史记》中的相关内容时，就对某些字进行了更改。

时代不同，记录某一义项的习用字也会有所不同。对于汉字的时代性，曾良指出："汉字在一个个词相对应的时候，在古代和现代既有相同，又有不一致的地方。……如果我们用今天的汉字体系去理解古人的汉字体系，往往会出错。……这说明文字体系在不同的时代可能是不同的系统。"④ 裘锡圭将古今用字习惯的不同称为古今"用字方法"不同，他在《简帛古籍的用字方法是校读传世先秦秦汉古籍的重要根据》中说："我们所说的用字方法，指人们记录语言时用哪一个字来表示哪一个词的习惯。用字习惯从古到今有不少变化。有很多和后代不同的古代用字方法，是后人所知道的，通常在字典里就有记载。……但是如果某种已经被后人遗忘的古代用字方法，在某种或某些古书中（通常只是在古书的某一或某些篇章语句中）还保留着，就会给读这些古书的人造成很难克服的困难。"⑤ 在一定时期内，记录同一个义项的不同文字中，通常有一个字处于主导地位，裘锡圭将其称为习用字。一个时代有一个时代的用字习惯，习用字会随着时间和地域的变化而有所不同。西汉和东汉之间相距两百多年，在这个过程中有些义项的习用字会发生变化。当时代用字发生变化时，班固在引用《史记》的过程中就会受到影响，从而将司马迁的用字改成东汉时代的习用字。

所以，从个人用字习惯和时代用字习惯看景祐本《史记》《汉书》用字异文的产生会有四种可能：一是司马迁用社会习用字而班固用个性字；二是司马迁用个性字而班固用社会习用字；三是司马迁和班固都用个性字；四是司马迁和班固都用社会习用字。

（一）司马迁用社会习用字而班固用个性字

【野/壄】【野/埜】

(7a) 吾闻汶山之下，沃野，下有蹲鸱，至死不饥。(《史记·货殖列传》)

---

① （宋）洪迈：《容斋随笔》，上海古籍出版社1978年版，第531—532页。
② （汉）班固：《汉书·司马迁传》。
③ 刘师培著，陈居渊注：《经学教科书》，上海古籍出版社2006年版，第3页。
④ 曾良：《俗字及古籍文字通例研究》，百花洲文艺出版社2006年版，第167页。
⑤ 裘锡圭：《裘锡圭学术文化随笔》，中国青年出版社1999年版，第294页。

(7b) 吾闻崤山之下，沃埜，下有蹲鸱，至死不饥。(《汉书·货殖传》)

(8a) 出乎椒丘之阙，行乎洲游之浦，径乎桂林之中，过乎泱莽之野。(《史记·司马相如列传》)

(8b) 出乎椒丘之阙，行乎州淤之浦，径乎桂林之中，过乎泱莽之埜。(《汉书·司马相如传上》)

(9a) 海旁蜄气象楼台，广野气成宫阙。(《史记·天官书》)

(9b) 海旁蜃气象楼台，广埜气成宫阙。(《汉书·天文志》)

(10a) 搏豺狼，手熊罴，足野羊，蒙鹖苏，绔白虎，被豳文，跨野马。(《史记·司马相如列传》)

(10b) 搏豺狼，手熊罴，足埜羊，蒙鹖苏，绔白虎，被斑文，跨埜马。(《汉书·司马相如传上》)

(11a) 常从上至长杨猎，是时天子方好自击熊彘，驰逐野兽。(《史记·司马相如列传》)

(11b) 尝从上至长杨猎，是时天子方好自击熊豕，驰逐埜兽。(《汉书·司马相如传》)

(12a) 是以贤人君子，肝脑涂中原，膏液润野草而不辞也。(《史记·司马相如列传》)

(12b) 是以贤人君子，肝脑涂中原，膏液润埜中而不辞也。(《汉书·司马相如传》)

按：【野/埜】出现6次，【野/埜】仅出现1次。"野"和"埜"在三个义项上构成异文：第一个义项是{田野}，如例(7a)、(7b)；第二个义项是{旷野}，如例(8a)(8b)、(9a)、(9b)；第三个义项是{野生的}，如例(10a)、(10b)、(11a)、(11b)。同时，"野"和"埜"在{野生的}义项上也构成异文，如例(12a)、(12b)。

"埜"字出现的时间最早，甲骨文、金文和楚简皆写作此字。《甲骨文编》："埜，不从予，埜之初文。"(前4.33.5) 用例如《甲骨文合集》："庚午卜贞。埜丁至于祈迫入甫。兹用。"金文写作埜(克鼎)，战国文字写作埜(《古玺汇编》3992)、埜(《包山楚简》171)。"埜"到汉代已经不大使用，在汉代出土文献中，我们只发现1个用例，即：《阜阳汉简·周易》："……咎不利行作道埜囗……"汉代碑刻文献中没有发现用例。"埜"字在汉代传世文献中也很少见，除了在《汉书》中出现1次外，只在《前汉纪》中发现1个用例，即："息牛桃林之埜，示天下不复输。"

"埜"是"埜"的声符累增字。"埜"虽不见于《说文》字头，但许慎在对"野"字的解说中指出："埜，古文野。从里省，从林。"罗振玉《增订殷墟书契考释》："许书之古文亦当作埜……今增'予'者，殆后人传写之失。"《睡虎地秦墓竹简》"埜"字13见，如《法律答问》："有贼杀伤人冲术，偕旁人不援，百步中比埜，当赀二甲。"[101]《马王堆汉墓帛书·天文气象杂占》："入人之埜。"我们今天所见的"埜"是"埜"的讹误字。"予"和"矛"只一笔之差，人们在书写的过程中很容易将"予"以及以"予"为构件的字错写成"矛"。汉代的出土文献中没有发现"埜"的用例，东汉碑刻文献2见，即《潘干墓碑》："狱𧮴呼嗟之冤，壄无叩匄之结。"《繁阳令杨君碑》："壄无奸回，宿不命闾。""壄"在汉代传世文献中亦少见，除《汉书》的用例外，只在《盐铁论》和《扬子云集》中发现3个用例，《盐铁论》："器用不便，则农夫罢于壄，而草莱不辟。"《扬子云集》："其余荷垂天之罼，张竟壄之罘。""禹治其江，淳皋弥望，郁乎青葱，沃壄千里。"

"野"战国文字写作 𭎆（《十钟山房印举》3.37）、𡐠（《古陶汇编》5.516）、𡐠（《睡虎地秦简文字编》日甲32），小篆写作 𡐠。《说文·里部》："野，郊外也。从里，予声。"《张家山汉简·盖庐》："军于外，甚风甚雨，道留于野，粮少卒饥，毋以食马者，攻之。31"《随州孔家坡汉墓简牍》："五月：刑在术，德在野。""七月：刑在术，德在野。"《散见简牍合辑》："故里毋负天地，更亡更在立如野庐下。"《居延新简》："野马一匹出。E.P.T43：14""它贤所追野橐。E.P.T5：97""民皆布在田野。E.P.F22：167"。《肩水金关汉简（一）》："☐病野远为吏死生恐不相见☐。73EJT6：35"《马王堆汉墓帛书·五十二病方》："一，煮鹿肉若野彘肉，食［之］，歆汁。99"东汉《燕然山铭》："然后四校横徂，星流彗埽，萧条万里，野无遗寇。""野"也写作"埜"，如《巴郡朐忍令景云碑》："深埜旷泽，哀声切切。"《曹全碑》："攻城埜战，谋若涌泉，威牟诸贲，和德面缚归死。"这是继承战国文字的写法。

《史记》没有"壄"和"埜"的用例，用"野"记录{田野}、{旷野}和{野生的}出现了69次。《汉书》用"埜"记录{野生的}出现了1次，用"壄"记录{田野}、{旷野}和{野生的}出现了21次，用"野"记录{田野}、{旷野}和{野生的}出现了73次。可见，在《史记》和《汉书》中"野"都是记录这三个义项的习用字。此外，我们还对汉代其他传世文献进行了调查，也证明"野"是记录{田野}、{旷野}和{野生的}义的习用字。

"野"在汉代取代"壄""埜"成为习用字，这实际上和人们对三字所记录的本义认识发生变化有关。林沄认为"埜"之所以会变成"野"，是因为"随着人口衍增和生产力发展，野不断被开垦为耕地，也出现了村落（所以在较晚的时代，埜字改写成野，成了用'里'作表示语义的符号、用'予'作表示语音的符号的字），野就成为一种比较更远离中心邑的地域概念"①。"野"所从之"里"具有提示意义范畴的作用，《说文·里部》："里，居也。从田，从土。"《尔雅·释地》："野：邑外谓之郊，郊外谓之牧，牧外谓之野，野外谓之林，林外谓之坰。"可见，"野"之所以能记录{郊外}，大致是因为进入农耕文明后，随着生产力的发展，郊外多被开垦为耕田。《释名·释地》："已耕者曰田。"而古时由于人口有限，郊外多为树木所覆盖，所以才造出从林、从土，土亦声的"埜"字。此外，与"土"相比"予"的读音更接近"yě"。"土"上古读音是鱼部透纽，"予"上古读音是鱼部喻纽，"yě"亦属鱼部喻纽。

那么，班固为什么在上述例句中要将习用字"野"改成非习用的个性字"壄"和"埜"呢？班固是古文经学家，对先秦古文字比较精通。正是这种精通使得班固在抄写《史记》原文的过程中自觉或不自觉地将其中的某些今字改成了古字。从自觉的方面说，

---

① 林沄：《关于中国早期国家形式的几个问题》，载《林沄学术文集》，中国大百科全书出版社1998年版，第91页。

班固改习用字为非习用的个性字可以避免用字的千篇一律,增加行文的变化。

(二) 司马迁用个性字而班固用社会习用字

【葆/保】

(13a) 宛兵迎击汉兵,汉兵射败之,宛走入葆乘其城。(《史记·大宛列传》)

(13b) 宛兵迎击汉兵,汉兵射败之,宛兵走入保其城。(《汉书·张骞李广利传》)

按:"葆"和"保"在这里记录的是{保卫}。班固改"葆"为"保",共出现4次,除上文所举用例外,另外3次分别见于《西南夷列传》/《西南夷两粤朝鲜传》1、《匈奴列传》/《匈奴传》2。

保,金文写作 、,小篆写作 ![]。《说文·人部》:"保,养也。"从金文看,"保"的本义应为{负幼儿于背},{养}是其引申义。《诗·大雅·崧高》:"南土是保。"郑玄笺:"保,守也。"可见,{保卫}也是"保"的引申义。《居延汉简》:"凤伏地言:'保卿足下毋恙。'260.15"《武威汉简·日忌杂占》:"乙毋内,财不保,必亡。2"《马王堆汉墓帛书·战国纵横家书》:"虽使据之,臣保燕而事王,三晋必不敢变。"东汉《三公山碑》:"赖明公垂恩网极,保我国君,羣挚百姓,永受元恩。"《衡方墓碑》:"尊尹铎之䕺,保郜二城。"《营陵置社碑》:"天资勤敏,恭简温良,深达事神保民之义。"

《说文·艹部》:"葆,艹盛皃。从艹,保声。"《太平御览》卷九百九十四引东汉服虔《通俗文》:"草盛曰莑,生茂曰葆。"所以,"葆"的本义是{丛生的草}。以此本义为出发点,"葆"引申不出{保卫},但"葆"与"保"读音相同,可通假。《新书》:"于实无丧,而葆国无患。"《银雀山汉简·守法守令等十三篇》:"身不治,不能自葆。818"《银雀山汉简·兵法佚文》:"毋疏巨闲,戚而行首积刃而信之,前后相葆。202""施伏设援,毇其移庶。此毇葆固之道也。239"《定州汉墓竹简论语》:"人絜己以进,与其絜也,不葆……175"《定州汉简·文子》:"身,葆其亲,必强大,有道则不战。619"《北大汉简·老子》:"桓而允之,不可长葆。143"《马王堆汉墓帛书·十六经》:"数举参者,有身弗能葆,何国能守?"《马王堆汉墓帛书·战国纵横家书》:"令梁中都尉□□大将,其有亲戚父母妻子,皆令从梁王葆之东地单父,善为守备。"《马王堆汉墓帛书·老子甲本卷后古佚书》:"后环择吾见素,乃□三公,以为葆守,藏之重屋。"《居延新简》:"葆作者。ESC:81"

《史记》用"葆"记录{保卫}8次,用"保"记录该义项58次。《汉书》用"葆"记录{保卫}1次,用"保"记录该义项128次。在汉代其他传世文献中,"葆"与"保"记录{保卫}的比例是4∶127。所以,司马迁所用的"葆"是个性字,班固所用的"保"则是社会习用字。

（三）司马迁和班固都用个性字

【舩/舡】

（14a）项羽乃悉引兵渡河，皆沈舩，破釜甑，烧庐舍，持三日粮，以示士卒必死，无一还心。(《史记·项羽本纪》)

（14b）羽乃悉引兵渡河。巳渡，皆湛舡，破釜甑，烧庐舍，持三日粮，视士必死，无还心。(《汉书·陈胜项籍传》)

按："舩"和"舡"在这里记录的是{舟}。

《说文》无"舩"，但汉代应该有其字，《隶释·光尼和碑》："乃乘小舩，至父没处哀哭。"《居延旧简》："肩水候官元康二年七月粪卖舩钱出囗$_{255.3}$"《盐铁论·取下》："同床胹席侍御满侧者，不知负辂挽舩登高绝流者之难也。"《字汇·舟部》："舩，俗船字。""舡"亦不见于《说文》，但许慎在给《淮南鸿烈解》作注时使用过"舡"字，如《淮南鸿烈解·原道训》："负者常转，窾者主浮，自然之势也。"许慎注："窾，空也，舟舡之属也。"《玉篇·舟部》："舡，船也。"《扬子云集》："吉甫闻舡人之声，疑似伯奇援琴作子安之操。"《说文·舟部》："船，舟也。"《睡虎地秦简·日书甲种》："丁卯不可以船行。六壬不可以船行。"《张家山汉简·二年律令·贼律》："其杀马牛及伤人，船人赎耐；船啬夫、吏赎墨。"《张家山汉简·奏谳书》："朔病六十二日，行道六十日，乘恒马及船行五千一百卅六里，衡之，日行八十五里，畸卅六里不衡。"《肩水金关汉简（壹）》："囗……藉船……累计移囗$_{73EJT1.278}$"《散见简牍合辑》："船一。$_{683}$"

《史记》用"舩"记录{舟}有7个用例，除（14a）外，其他6个用例分别见于《秦本纪》1、《郦生陆贾列传》1、《淮南衡山列传》1、《平津侯主父列传》1和《西南夷列传》2；没有用"舡"记录{舟}的用例；用"船"记录{舟}的用例有40个，分别见于《夏本纪》1、《秦本纪》1、《项羽本纪》2、《孝武本纪》1、《封禅书》3、《天官书》1、《平准书》7、《齐太公世家》2、《楚世家》1、《陈丞相世家》3、《晋世家》3、《管蔡世家》1、《张仪列传》2、《淮阴侯列传》1、《淮南衡山列传》2、《南越列传》5、《东越列传》1、《大宛列传》1、《佞幸列传》1和《货殖列传》1。《汉书》用"舡"记录{舟}有4个用例，除（14b），其他3个用例分别见于《陈胜项籍传》2和《王莽传》1；用"舩"记录{舟}有18个用例，分别见于《食货志》3、《景十三王传》5、《贾谊传》1、《佞幸传》1、《货殖传》1、《李广苏建传》1、《韩彭英卢吴传》1、《郦陆朱刘叔孙传》1、《张陈王周传》3和《元后传》1；用"船"记录{舟}有45个用例，分别见于《武帝纪》1、《宣帝纪》1、《食货志》4、《郊祀志》4、《天文志》1、《五行志》2、《地理志》7、《沟洫志》4、《蒯伍江息夫传》2、《公孙弘卜式儿宽传》2、《严朱吾丘主父徐严终王贾传》6、《隽疏于薛平彭传》2、《王商史丹傅喜传》1、《何武王嘉师丹传》1、《西南夷两粤朝鲜传》4和《西域传》3。可见，在《史记》和《汉书》中"船"都是记录{舟}的习用字。

下面我们再来看一下汉代其他传世文献中，"舩""舡"和"船"记录{舟}的用字情况，《盐铁论》3∶1∶0、《韩诗外传》0∶0∶1、《新书》0∶0∶2、《孔丛子》2∶0∶0、《淮南鸿烈解》3∶2∶5、《新序》0∶0∶2、《说苑》0∶0∶13、《论衡》7∶0∶7、《越绝书》0∶0∶16、《吴越春秋》0∶0∶7。可见，在汉代其他传世文献中，"船"也是记录｛舟｝的习用字。

综上所述，"船"是汉代记录｛舟｝的社会习用字，司马迁所用的"舩"是个性字，班固所用的"舡"也是个性字。

（四）司马迁和班固都用社会习用字

【谿/溪】

(15a) 振谿通谷，骞产沟渎，谽呀豁閜，阜陵别岛。(《史记·司马相如列传》)
(15b) 振溪通谷，骞产沟渎，谽呀豁閜，阜陵别隝。(《汉书·司马相如传上》)

按："谿"和"溪"在这里记录的是｛山间的小河沟｝。

《说文·谷部》："谿，山渎无所通者。从谷，奚声。"《淮南鸿烈解》："登千仞之谿，临蝯眩之岸，不足以滑其和。"可见，"谿"是｛山间的小河沟｝的本字。该字在西汉《马王堆汉墓帛书》2见，即《胎产书》："令其母自操，入谿谷□□□之三，置去，归勿顾，即令他人善埋之。"31《相马经》："积之我我，圂浴谷投谿。"16《银雀山汉简》1见，即《孙膑兵法》："五地之败曰：谿、川、泽、斥。"347 东汉碑刻6见，如《西狭颂》："两山壁立，隆崇造云，下有不测之谿，阸苲促迫。"《隶释·桂阳太守周憬功勋铭》："千渠万浍，合聚谿涧下。"①

"溪"最早见于战国中期包山楚简文书，写作(140反)，"登人所渐木四百先于鄝君之埊囊溪之中"。"溪"字不见于《说文》，但汉代有其字。西汉《马王堆汉墓帛书》3见，《老子》甲本："知其雄，守其雌，为天下溪；为天下溪，恒德不鸡。"《阴阳五行》甲篇："小月浴于川溪。"109《银雀山汉简》4见，《守法守令等十三篇》："小溪浴古罔不得入焉，百而当一。"955"前唯有千仁之溪。"968"半其为山林溪浴。"905《尉缭子》："缘山入溪亦胜。"东汉碑刻1见，《车骑将军冯绲碑》："车骑将军南征五溪蛮夷。""溪"形声字，从水、奚声，也是记录｛山间的小河沟｝的本字。

《史记》无"溪"字，用"谿"记录｛山间的小河沟｝有10个用例，分别见于《秦始皇本纪》1、《陈涉世家》1、《春申君列传》1、《司马相如列传》3、《匈奴列传》2、《龟策列传》1和《太史公自序》1。《汉书》用"溪"记录｛山间的小河沟｝仅1见，用"谿"记录｛山间的小河沟｝有10个用例，分别见于《五行志》1、《郊祀志》1、《西域传》1、《匈奴传》3、《司马相如传》2、《严朱吾丘主父徐严终王贾传》1和《司马迁传》1。由此可见，在《史记》和《汉书》中"谿"都是记录｛山间的小河沟｝的习用字。

---

① 在东汉碑刻中，"谿"也写作"磎"，如《郙阁颂》："磎源漂疾，横柱于道。"

那么，既然如此，班固又为什么要将《史记》上述例句中的"谿"改成"溪"呢？根据我们对汉代其他传世文献的测查，发现西汉传世文献中"谿"和"溪"记录｛山间的｝的比例是：《淮南鸿烈解》15∶0、《新序》2∶0、《盐铁论》2∶1；东汉传世文献中"谿"和"溪"记录｛山间的｝的比例是：《论衡》0∶5、《越绝书》0∶7、《吴越春秋》1∶1。这些数据说明"溪"在东汉有取代"谿"成为记录｛山间的小河沟｝习用字的趋势。所以，我们认为班固改"谿"为"溪"可能与其受东汉时代用字变化的影响有关。

参考文献

1. （汉）司马迁撰，（南朝）裴骃集解：《史记集解》，二十五史编刊馆1955年影印本。
2. （汉）班固：《汉书》，北京图书馆出版社2003年版。
3. （汉）许慎：《说文解字》，中华书局1963年影印本。
4. 李运富：《汉字汉语论稿》，学苑出版社2008年版。
5. 李运富：《汉字学新论》，北京师范大学出版社2012年版。
6. 王彦坤：《论古书异文之间的关系》，《古汉语研究》1991年第1期。
7. 陈斯鹏：《从楚系简帛看字词关系变化中的代偿现象》，《中山大学学报》（社会科学版）2011年第4期。
8. 刘君敬：《唐以后俗语词用字研究》，博士学位论文，南京大学，2011年。

两种出土《缁衣》篇与传世《缁衣》篇用字比较

张素凤

郭店一号楚墓发掘的竹简和上海博物馆所藏楚竹书都有《缁衣》篇。两个简本的《缁衣》篇内容大致相近，皆与传世本《礼记·缁衣》有所出入。本文根据字用学理论对郭店楚简和上博竹简《缁衣》篇的用字情况进行全面测查比较，并与相应传世用字进行对照，以期对战国时期楚国用字情况进行客观描写和说明。

根据两种出土《缁衣》篇与传世《缁衣》篇的用字比较，首先将用字情况分为以下两大类：

一　两种出土用字相同，而与传世用字不同

根据字形与其意义是否相切合，郭店楚简和上博简《缁衣》篇用字相同的情况，又可进一步分为：

（一）所用之字同为本字

两种出土《缁衣》篇所用之字相同，且均为本字的情况，又可根据其与传世用字的关系，进一步分为以下四种情况：

1. 异构字关系

指两种出土用字相同，为本字；传世用字也是本字。出土用字与传世用字之间是异构字关系。如"轻绝贫贱而重绝富贵，则好仁不坚"中"轻"字，在两种出土《缁衣》篇中作"翠"，从羽巠声。"翠"与传世用字"轻"是异构字。"此言之砧，不可为也"中"砧"字，在两种出土《缁衣》篇中作"砧"，从石占声。"砧"与"砧"是异构字。"则忠敬不足而富贵已过也"中"富"字，在两种出土《缁衣》篇中作"賵"，从贝畐声。"賵"与"富"是异构字。"民之蓝也"中"蓝"字，作"藍"，其中"继"构件是"绝"的古文字形，因此"藍"也是形声字，与"蓝"是异构字关系。同样的例子还有：

过—迡（则忠敬不足而富贵已过也。）　　闻—睧（故君子多闻，齐而守之。）
诰—畀（尹诰云；康诰云。）　　　　　　谋—憨（故君不与小谋大。）
背—怀（信以结之，则民不背。）　　　　善—教（教此以失，民此以变。）
仁—息（上好仁，则下之为仁也争先。）　　辇—劳（卒劳百姓。）
图—惇（毋以小谋败大图。）　　　　　　禹—雫（禹立三年，百姓以仁道。）
卒—翠（卒老百姓。）　　　　　　　　　牙—齐（君牙云。）

斂—㪉（吾大夫恭且俭，㪉人不敛。）

以上各组字中，前边的字是传世用字，后边的字是出土《缁衣》篇用字，括号中的句子是该字在出土《缁衣》篇中的出处。显然，以上出土用字与传世用字是异构字关系。（下文括号中的句子均为出土《缁衣》篇中的例句，不再赘述。）

2. 古本字与分化字关系

指两种出土用字相同，均为古本字，而传世用字为后起分化字。如"故言则虑其所终"中"终"字，在两种出土《缁衣》篇中作"夨"，"夨"与甲骨文"⌒"、金文"∩"、《说文》古文"夨"一脉相承。"夨"是"终"的古本字。同样，以下例句中，前边的出土《缁衣》篇用字为古本字，后边的传世用字是后起分化字。

白—伯（好美如好缁衣，恶恶如恶巷伯）。　　正—政（教之以政，齐之以刑。）
立—位（靖共尔位。）　　　　　　　　　　　惪—德（尹躬及汤咸有一德。）
豊—禮（尹长民者教之以德，齐之以礼。）　　厶—私（私惠不怀德。）
𢇍—绝（轻绝贫贱而重绝富贵，则好仁不坚。）

3. 本字与借字关系

指两种出土用字相同，均为本字，而传世用字是借字。后因传世所用借字成为规范字，出土所用本字反而被废弃。如"淑慎尔止"中"淑"字，本义是"清澈"，用为"善"义是假借。[①] 该词在两种出土《缁衣》篇中作"叔"[②]。"叔"是本字，"叔"与"淑"是本字与借字的关系。同样，以下各例中，出土《缁衣》篇用字为本字，传世本用字是借字。

厌—猒[③]（我龟既厌，不我告猷。）　　　爱—㤅[④]（慈以爱之，则民有亲。）
夺—敚[⑤]（此以生不可夺志，死不可夺名。）

4. 同义字

"臣事君，言其所不能，不辞其所能，则君不劳"中"辞"字（本义是"讼辞"，引申有"言说"义）在两种出土《缁衣》篇中作"訋"，即"词"。"词"的本义是"语词"，引申有"言说"义。也就是说，"辞""词"都有"言说"义，都是本字用法，它们在"言说"意义上是同义词。

---

① 《尔雅·释诂上》"淑，善也"，郝懿行义疏"淑者，俶之叚音也"。
② "淑"在《郭店楚简·五行》"淑人君子"中作"婌"，"婌"和"叔"都是本字，属于异构现象。
③ 根据《说文》，"猒"的本义是"笮也"，即"压，倾覆"。段玉裁《说文解字注》："笮者，迫也。此义今人字作'壓'，乃古今字之殊。"徐灏《笺》："猒者，猒饫本字，引申为猒足，猒恶之义。俗以厌为厌恶，别制饜为饜饫，饜足。又从猒加土为覆壓字。"因此，"厌"用为"满足"义是假借，本字当作"猒"。该词在两种出土《缁衣》篇中作"猷"，即"猒"的异写形式。
④ 根据《说文》，"爱"的本义是"行㒵"，用为"仁爱"义是假借。该词在两种出土《缁衣》篇中作"㤅"，根据《说文》，"㤅，惠也"。段玉裁《说文解字注》："今假爱为㤅而㤅废矣。爱，行㒵也，故从夊。"因此"㤅"是本字。"㤅"与"爱"是本字与借字的关系。
⑤ "夺"的本义是"丧失""脱落"，用为"强取"义是假借。

（二）同为借字

指两种出土《缁衣》篇所用之字相同，为字形不能与其音义相切合的借字。根据出土用字与传世用字的关系，这种情况可进一步分为：

1. 借字与本字关系

即两种出土《缁衣》篇所用之字是借字，而传世用字是本字。如"故长民者彰志以昭百姓"中"姓"是本字，在两种出土《缁衣》篇中写作"眚"，根据《说文》，"眚"的本义是"目病生翳也"，即一种眼病，因此该字用来记录"百姓"义属于借字。"故长民者彰志以昭百姓"中"昭"是本字，在两种出土《缁衣》篇中写作"卲"，"卲"的本义是"高尚美好"，因此该字属于借字。同样，以下各例中，出土《缁衣》篇用字都是借字，与传世用字是借字与本字的关系。

莊—妝①（毋以卑御息庄后。）　　彼—皮（彼求我则，如不我得。）
直—植（好是正直。）　　用—甬（苗民非用灵，制以刑。）
彰—章（有国者章好章恶以示民厚。）　　制—折（制以刑，唯作五虐之刑曰法。）
物—勿（君子言有物，行有格。）　　师—帀（出入自尔师虞，庶言同。）
允—夋（允也君子，厕也大成。）　　吾—虐（吾大夫恭且俭。）

2. 借字与借字关系

指两种出土《缁衣》篇所用之字相同，都是字形不能与意义相切合的借字；传世用字也是借字。因此，它们之间是借字与借字的关系。如"人苟有言，必闻其声"中"苟"的本义是草名，用作连词是假借用法；它在出土《缁衣》篇中作"句"，"句"也是借字。"诗云"中"云"的本义是"云彩"，用为"说"义是假借，它在出土《缁衣》篇中作"鼎"，即"员"的古字形，"员"也是借字。同样，"朋友攸摄，摄以威仪"中"攸"是借字，它在出土《缁衣》篇中作"卣"，"卣"也是借字。

二　两种出土用字不同

两种出土《缁衣》篇所用之字不同的情况，根据出土字形能否与其意义相切合，可分为以下四种情况：

（一）均为本字

两种出土《缁衣》篇所用之字虽然不同，但其字形都能与意义相切合，也就是说都是本字。两个出土本字之间的关系又可进一步分为：

1. 异构字

（1）两个出土用字都与传世用字不同

这种情况是指，两个出土《缁衣》篇用字都是本字，且与传世用字不同。如："好美

---

① 根据段玉裁《说文解字注》："说解当曰，莊，艸大也，从艸壯声。此形声兼会意字。壯训大，故莊训艸大。古书庄壯多通用。"

如好缁衣，恶恶如恶巷伯"中"巷"字，《郭店楚简》作"遗"，《上博简》作"衙"，"遗"和"衙"均为本字，异构字关系。《郭店楚简·缁衣》"人而无恒，不可为卜筮也"中"筮"字作"簪"，《上博简·缁衣》"龟筮犹弗知，而况于人乎"中"筮"字作"䇂"。同样，以下各例中，破折号前边的字是《郭店楚简》用字，后边的字是《上博简》用字，它们都不同于传世用字，但都是字形能够与音义相切合的本字。

望：𩕳—弈（为上可望而知也。）　　陈：迪—緾（君陈云）
谨：懂—歎（则民慎于言而谨于行。）　美：敚—頿（好美如好缁衣。）
纶：紅—绪（王言如丝，其出如纶。）　疑：悇—悇（则君不疑其臣。）
仇：㤅—敊（执我仇仇，亦不我力。）　格：迮—陞（言有物，行有格。）
赖：購—訦（一人有庆，万民赖之。）　磨：磻—𥒎（白珪之石，尚可磨也。）
宁：盗—盈（邦家之不宁也。）　　　服：放—芳（则民臧服而刑不屯。）
危：隑—舍（言不危行，行不危言。）怀：塞—襄（私惠不怀德。）
从：窂—逆（从容有常。）　　　　　遹：褛—迩（此以迩者不惑。）
恒：贅—死（人而无恒）　　　　　　虐：瘖—虞（唯作五虐之刑曰法。）

此外，"靖共尔位，好是正直"中"靖"字，《郭店楚简》作"情"；《上博简》作"静"。从现代汉字体系看，"情""静"似应是借字，但从战国时楚国的汉字体系看，"情""静"应为与字义相切合的本字。"为上可望而知也"中"知"字，《郭店楚简》作"智"；"精知，略而行之"中"知"字，《上博简》作"䇂"。"䇂"和"智"异构字。从现代汉字体系看，"智""䇂"似应是借字，但从战国时楚国汉字体系看，"智""䇂"应为与字义相切合的本字。

（2）其中一个出土用字与传世用字相同

这种情况是指，两种出土《缁衣》篇所用之字，属于同词异构本字，其中一个字与传世用字相同。如"好美如好缁衣，恶恶如恶巷伯"中"好"字，《上博简》作"丑"，《郭店楚简》中作"好"。"制以刑，唯作五虐之刑曰法"中"法（繁体作灋）"字，《上博简》作"佥"，《郭店楚简》中作"灋"。"民以君为心，君以民为体"中"体（繁体作體）"字，《上博简》作"體"，《郭店楚简》作"體"。同样，以下各例中，《郭店楚简》用字与传世用字相同，而《上博简》用字是与之不同的异构字。

友：友—習（故君子之友也有向，其恶也有方。）
萬：萬—墳（仪刑文王，万邦作孚。）
志：志—旹（故君子多闻，齐而守之；多志，齐而亲之。）

相反，也有的《上博简》用字与传世用字相同，而《郭店楚简》用字为与之不同的异构字。如"故言则虑其所终"中"虑"（繁体作慮）字，《郭店楚简》作"懪"，《上博简》作"慮"。同样，以下各例，《郭店楚简》用字是与传世用字不同的异构字，而《上博简》用字与传世用字相同。

家：豠—家（邦家之不宁也。）　　　威：悇—威（敬尔威仪。）
一：弌—一（淑人君子，其仪一也。）功：恭—功（非其止之，共唯王功。）
留：窗—留（君子不自留焉。）　　　長：長—倀（故长民者彰志以昭百姓。）
匹：駜—匹（唯君子能好其匹，小人岂能好其匹。）

也有的字，两种异构字在两种出土文献中兼用。如"上人疑则百姓惑"中"惑"字，《郭店楚简》作"諴"，《上博简》作"惑"；而"此以迩者不惑，而远者不疑"中"惑"字，《郭店楚简》作"惑"，《上博简》作"諴"。此外"臣不惑于君"中"惑"字，《上博简》作"或"，而《郭店楚简》作"惑"。

2．古本字与分化字

是指两种出土《缁衣》篇所用之字，都不同于传世用字。其中一个为古本字，另一个为后起分化本字。而后起分化字与传世用字不同。如"仪刑文王，万邦作孚"中"作"字，《郭店楚简》作"乍"，为古本字，《上博简》作"复"，"复"是"乍"的后起分化字。有的后起分化字不止一个。如"朋友攸摄，摄以威仪"中"仪"字，《郭店楚简》和《上博简》都作"義"，为古本字。而"仪刑文王，万邦作孚"中"仪"字，《郭店楚简》作"愻"，《上博简》作"埑"。"愻""埑"都是"儀"的异构字，也是后起分化字。《上博简·缁衣》"有共德行，四国顺之"中"国"作"或"，为古本字；《郭店楚简·缁衣》"谁秉国成，不自为正，卒老百姓"中"国"作"寍"，《上博简·缁衣》"有国者彰好彰恶以示民"中"国"作"邨"。"寍""邨"都是"国"的异构字，也是后起分化字。

（二）均为借字

是指两种出土《缁衣》篇用字不同，都是字形与音义不能切合的借字。根据出土用字与传世用字的关系，可以进一步分为：

1．两个借字，一个同于传世用字

"淑人君子，其仪一也"中"其"字，《郭店楚简》作"其"，与传世用字一致，是借字①；《上博简》中作"丌"，也是借字。同样，《缁衣》"苟有车，必见其轼"中"必"字，《郭店楚简》作"必"，与传世用字一致，属于借字②；《上博简》中作"北"，也是借字。

2．都不同于传世用字

"恭以莅之"中"恭"字，《郭店楚简》作"共"，《上博简》作"龔"；"靖共尔位，好是正直"中"恭"字，《郭店楚简》作"共"；《上博简》作"龏"。显然，"共""龔""龏"都是借字，且不同于传世用字。"恭以莅之"中"莅"字，《郭店楚简》作"位"；《上博简》作"立"。"位"和"立"都是借字，且不同于传世用字。同样，以下例句中，两个出土《缁衣》篇用字，都是借字，且都与传世用字不同。前边的字是《郭店楚简》用字，后边的字是《上博简》用字。

士：事—使（毋以卑士息大夫卿士。）　　虞：于—雩（出入自尔师虞，庶言同。）
岂：剴—敳（唯君子能好其匹。）　　　　播：膰—匽（播刑之迪。）
雖：唯—佳（人虽曰不利，吾弗信之矣。）　摄：㚔—図（朋友攸摄，摄以威仪。）
廢：灋—鴈（故心以体废。）　　　　　　溶：俗—俱（日溶雨。）

---

① "其"的本义是"簸箕"，用作代词，是假借用法。
② "必"的本义是"柲"，即兵器的柄。用作代词，是假借用法。

且：叡—虘（吾大夫恭且俭。）　　述：㦿—埶（君子好述。）
悦：敓—兑（则民至行已以悦上。）　忒：紅—弋（则民情不忒。）
弊：敞—蔽（行则稽其所弊。）
免：季—冖①（教之以政，齐之以刑，则民有免心。）
爵：雀—雀（故上不可以势刑而轻爵。）　焉：女—安（君子不自留焉。）
刑：荆—型（教之以政，齐之以刑。）

显然，使用这些借字的原因，主要是楚国文字中没有这些语词的本字，只能借用同音近音字来记录这些语词。而借用哪个同音近音字，还没有统一规范。这样，就形成了同一个词语借用不同字来记录的现象。其中"爵""焉""刑"在出土《缁衣》中的两种写法，互为异构关系。

还有一些语词，在同一种出土文献中，兼用两种不同字形。如："大雅"的"雅"字，《郭店楚简》《上博简》中都既有写作"頣"的，又有写作"虽"的。这两个字形都是"夏"的本字，因此，都是借字。

（三）本字与借字关系

指两个出土《缁衣》篇用字不同，其中一个是本字，另一个是借字。根据两个出土《缁衣》篇用字是否有一个与传世用字相同，可以进一步分为：

1. 一个同于传世用字

比较常见的是：《郭店楚简》用字是不同于传世用字的借字，《上博简》用字是同于传世用字的本字。如《缁衣》"民情不忒"中"情"字，《郭店楚简》作"青"，是借字，《上博简》作"情"，与传世用字相同，是本字。《郭店楚简·缁衣》"毋以卑御息庄后"中"后"字作"句"，是借字；《上博简·缁衣》"毋以嬖御疐庄后"中"后"字作"后"，是本字。同样，以下各例中，《上博简》用字是与传世用字相同的本字；《郭店楚简》用字是与传世用字不同的借字。

是：氏—是（靖共尔位，好是正直。）　　正：贞—正（靖共尔位，好是正直。）
守：獸—守（故君子多闻，齐而守之。）　亡：芒—亡（君以民亡。）
贱：戔—贱（大人不亲其所贤而信其所贱。）

此外，《缁衣》"好美如好缁衣，恶恶如恶巷伯"中"恶"字，《郭店楚简》和《上博简》都作"亚"。而"有国者彰好彰恶以示民"中"恶"字，《上博简》中作"恶"。说明"恶"作为后起本字，在《上博简》产生的时代已经出现。这种情况，可以看作"恶"字产生后在使用中的过渡现象。

也有的用字，情况正好相反，即《上博简》中用的是借字，《郭店楚简》中用的是本字。如：《缁衣》"精知，略而行之"中"精"字，《上博简》作"青"，是借字，《郭店楚简》作"精"，与传世用字相同，是本字。《缁衣》"政之不行，教之不成"中"成"字，《上博简》作"城"，是借字，《郭店楚简》作"成"，与传世用字相同，是本字。

---

① 此字为"冕"的本字。

《上博简·缁衣》"毋以嬖士蠹大夫卿士"中"卿"字作"䖝",是借字①;《郭店楚简·缁衣》"毋以卑士息大夫卿士"中作"卿"字,与传世用字相同,是本字。此外,"尹躬及汤咸有一德"中"汤"字,《郭店楚简》作"汤",与传世用字一致,《上博简》作"康",与传世用字不同。

2. 两个字都不同于传世用字

"则民至行己以悦上"中"己"字,《郭店楚简》作"异",是借字,《上博简》作"吕",是本字。"缁衣"中"缁"字,《郭店楚简》作"兹",是借字,《上博简》作"紃",是本字。同样,以下各例句中,两种出土用字,与传世用字都不同,其中《郭店楚简》中所用之字是借字,《上博简》中所用之字是本字。

诗:寺—岀（诗云。）　　　　　　示:旨—賹（人之好我,示我周行。）
第:敩—鞏（苟有车,必见其第。）展:堲—䵺（允也君子,展也大成。）
亲:新—旱（大人不亲其所贤,而信其所贱。）
著:紙—貼（轻绝贫贱而重绝富贵则好仁不坚,而恶恶不著。）

相反,有的出土《缁衣》篇用字,《郭店楚简》用字是本字,《上博简》用字是借字。如"从容有常"中"容"字,《郭店楚简》作"颂",是本字,《上博简》作"䛥"②,是借字。同样,以下各例句的用字都不同于传世用字,前边的《郭店楚简》用字是本字,后边的《上博简》用字是借字。

坚:䦎—䢍（好仁不坚。）　　　　　　稽:䭔—旨（行则稽其所弊。）
等:䓁—齿（为下可类而等也。）　　　争:秭—静（下之为仁也争先。）
瞻:觇—䕢（赫赫师尹,民具尔瞻。）朋:俚—䵾（朋友攸摄。）
斁:惮—臭（服之不斁。）　　　　　　迪:迨—古（播刑之迪。）
顺:忞—川（有共德行,四方顺之。）
顾:贕—㝱（故君子顾言而行以成其信。）
向:䖝—䭳（故君子之友也有向,其恶也有方。）
俭:籲—㑂（吾大夫恭且俭,靡人不敛。）
欲:愙—谷（故君民者彰好以视民欲。）

以上分析的 141 组目标字中,《上博简》用本字 85 个,借字 55 个,此外,"恶"有"恶"和"亚"（借字）两种写法,本字比率为 60.6%;《郭店楚简》用本字 88 个,借字 53 个,本字比率为 62.4%;传世用本字 125 个,借字 16 个,本字比率为 88.7%。在这 141 组目标字中,有 45 组在两种出土《缁衣》篇中用字相同,而不同于传世用字,其中 30 个属于本字,15 个属于借字,本字比率为 2/3;有 96 组在两种出土《缁衣》篇中用字不同,其中 40 组都属于本字,22 组都属于借字,34 组一个本字一个借字,本字比率为 59.4%。在两种出土用字不同的 96 组字中,有 29 组为一种出土用字与传世用字相同,其中 27 个是本字,2 个是借字,本字比率为 93.1%。具体情况见表 1。

---

① 此字在《郭店楚简》中为"向"字。
② 根据《说文》"颂,皃也","颂"的本义就是容貌,因此是本字;而"容"的本义是"盛也",即"容纳",而"䛥"为"容"的异构字,因此"䛥"为借字。

表1

	上博简	郭店楚简	传世用字	上博简与郭店楚简相同	上博简与郭店楚简不同	与传世用字相同	与传世用字不同
本字	85.5	88	125	30	114	27	147
借字	55.5	53	16	15	78	2	106
本字比例	60.6%	62.4%	88.7%	66.7%	59.4%	93.1%	58.1%

从以上分析可以得出以下结论：传世用字本字比率明显高于出土文献用字，这说明秦统一中国后的"书同文"政策，选择的规范字大都是形义相切合的本字，对于与秦文字不一致的异构字、古本字或假借字，大都予以废弃。而同是出土于楚国的《缁衣》篇，用字不同情况如此严重，说明在当时"诸侯力政"的形势下，不仅各诸侯国"文字异形"，同一个诸侯国内文字异形情况也十分严重。可见，秦统一后，"书同文"是十分必要的，也是十分成功的，它有效地保存了汉字的表意特征。

参考文献

1. 陈澔注：《礼记》，上海古籍出版社1987年校注本。
2. （清）段玉裁：《说文解字注》，上海古籍出版社1981年版。
3. （清）郝懿行：《尔雅义疏》，上海古籍出版社1983年版。
4. 荆门博物馆：《郭店楚墓竹书》，文物出版社2005年版。
5. 马承源：《上海博物馆藏战国楚竹书》，上海古籍出版社2004年版。
6. （清）徐灏：《说文解字注笺》，《续修四库全书》第225、226、227册。
7. （汉）许慎：《说文解字》，上海古籍出版社2007年版。

太平天国文献特殊用字研究*

韦良玉

太平天国运动是清朝咸丰元年到同治三年（1851—1864）间，由洪秀全等人领导的反对清朝封建统治和外国资本主义侵略的农民起义运动。与以往的农民起义有很大不同，太平天国运动不仅以攻城略地为目标，而且具有独特的宗教思想和政治主张。为了宣传教育、团结民众，太平天国在立国十余年内，发行了大量公私文书和书籍等，其中有许多不同于经典和同时期其他文献的用字现象。太平天国文献特殊用字就是指太平天国印发颁行的文献中具有的，而其他文献特别是清代官方文献等同时期、同类型的文献中少见甚至没有的用字现象。对这些特殊用字进行分析探究既有利于扫清太平天国文献的字面障碍，帮助人们更好地理解文献含义，也有利于为字用学研究提供一些新材料，做一些基础的测查工作。且前已有一些研究涉及太平天国文献中的语言文字问题，关注太平天国的避讳现象和特殊文字词汇现象等，如吴良祚《太平天国避讳研究》（广西人民出版社1993年版）、史式《太平天国词语研究》（广西人民出版社1993年版）等。但以往的研究多是从史学角度出发，目的主要是疏通文意，或者对相关的政策制度进行探讨，而非对语言文字本体进行研究。真正从语言文字角度关注太平天国文献，对其中的用字现象进行客观描写、分类、规律探讨的研究目前还很少。本文试图从形体角度，根据特殊用字的形体来源，对太平天国文献中的特殊用字现象加以分类归纳，进而从用字角度对造成这些现象的原因加以分析。其中既要关注太平天国文献中出现的独特字形，也要关注虽形体并不特殊但用法独特的字。

一 使用新造字形记录词语

太平天国用字者有时使用新造的字形来记录词语。新造字形指太平天国独有，而前代和同时其他文献中没有的特殊字形，且这些新字形与原有的记录该词的一般用字形体无关，是太平天国完全重新构造的。

【龛】

本侯相谨将天父、天兄差天王救人之深心，东王乃龛之大德，暨列王仁慈之至意，宣与我们兄弟姐妹知之。（《天情道理书》）

乃师救饥能疗病，乃龛万国得常生。（《醒世文》）

---

* 本文由韦良玉硕士学位论文《太平天国文献特殊用字研究》节选改写而成，北京师范大学，2016年。

"夅"字为太平天国文献中独有的字形，其他文献中未见。《汉语大字典》收录并释为"太平天国新造字"。"夅"只与"乃"连用，组词"乃夅"。太平天国文献中还有"乃埋"一词，如：

> 今日我们一班弟妹，真真好得我四兄，乃埋牵带，方得成人。（《天父下凡诏书（第二部）》）

"乃埋"有时讹为"乃理"：

> 代世赎病，乃理天下万国，使人人讥得升天。（《东王杨秀清答复英人三十一条并质问英人五十条诰谕》）

联系几则例句上下文语境可知，"乃夅"即"乃埋"，为动词，常与"救人""教导"等词对用，宾语一般为"万国""人民"等。"乃"在粤方言中可以借用记录｛拉｝，如：

> 一车两边不可挨，挨近兜开然后乃。车带乃直车就直，缓步徐行开心怀。（《天父诗·四百二十二》）

"埋"在粤方言中本为虚词，有时用作时态助词，表示已然之意，如"讲埋"即"讲出"；也作处所副词，表示"靠近"，如"企埋"即"站拢"。史式认为"乃埋"是粤语方言词，音［noimo;i］，含义是拉近、团结、提携帮助。① 钟文典、陈华新认为是客家方言词，音［noikong］，含义是团聚、团结、拉在一起。② 粤语和客家话词汇交集不少，有时语音略有不同，故两种观点大致相符。"乃埋（夅）"为动词加助词结构，中间可以插入其他成分，如"乃不得夅"（《天兄圣旨》）。由于"乃""埋"连用整体表示"团结（民众）"之义，太平天国用会意的构形方式为"埋"造了从合从共的本字，字形能更直观地体现出团结之义。

"乃夅"主要用于称赞东王杨秀清的功绩，这在太平天国文献和历史记载中多有体现。特别是杨秀清有一次生了重病后又康复，被宣传为是在代世人赎罪，提携民众。如《天父圣旨》："皆因代世赎病，乃夅尔等世人，脱鬼转天，以致如此辛苦。""普天下皆知尔东王赎罪之功劳，尔东王赎病之乃夅。如此代世人之苦难，就是尔东王之名为清也。"但该词偶尔也用于其他领袖，如《天兄圣旨》："西王大骂妖魔曰：'尔是乜人称相，扶得太平。我乃不得夅。'"就是用于西王萧朝贵。

【剪】

> 且看剪年亮烧官，当知亮大不可冲。（《天父诗·一百二十九》）

---

① 史式：《太平天国词语汇释》，四川人民出版社1984年版，第10—12页。
② 同上书，第401页。

"戞"同"舊",记录{陈旧},为太平天国文献中独有的字形。《说文解字·雈部》:"舊,鸱舊,舊留也。从雈臼声。""舊"为形声字,本义为鸟名,"原先、从前的"是其假借义。"舊"有异体"旧"。《宋元以来俗字谱·臼部》引《通俗小说》《古今杂剧》等有"旧"字形,是宋元以来常见的形体。《汉语俗字研究》:"'旧'本是'臼'的俗字,……俗因或书'臼'作'旧'(《干禄字书》:'旧臼:上俗下正。'),又变作'旧'。……因为'舊'从臼得声,'舊''臼'音近,俗书因借用'臼'代'舊'。"①"臼"为"舊"的声符,"旧"从"臼"形体变异而来,但从字形上已看不出与"舊"语音上的关系。

"舅"从男,臼声,母之兄弟为"舅"。"舅""舊"音同、声符相同,且为同源关系,舅舅即母亲原先家庭中的男子。"舅"有时写作"旧",如:

如今旧旧正升了外省去,家里自然忙乱起身。(清·曹雪芹《脂砚斋重评石头记(庚辰本)》第四回)

可见"舅"与"舊""旧"均关系密切。"戞"从一,舅声,"一"仅为区别性的标志,是专为记录{陈旧}而造的本字,比"旧"示音更明确,但形体更繁琐。

二 使用改造字形记录词语

太平天国文献中还有用改造字形记录词语的特殊用字现象。改造字形也是太平天国特有,而前代和同时其他文献中没有的字形。但与新造字形不同,改造字形与原有的记录该词的一般用字形体相关,是在原有形体基础上改造而来。需要说明的是,有的改造字形恰与某个前代已有的形体同形,似乎也可视为"换用其他字形"(详见下节)一类。我们认为,二者的区别标准在于用字者知道这一特殊形体历史上原本存在的可能程度。如果该形体在历史上虽然存在,但相当生僻,我们估计太平天国这些文化水平有限的用字者不太可能知道,就视为改造字形,而不能视为有意识借用已有的形体。而如果该形体在历史上或同时其他文献中常用,我们估计用字者一定知道其原本就存在,也就不能视为造字,而是视作换用其他字形。我们根据特殊形体和记录同词的一般形体在构件、笔画两个层面的区别与联系,对使用改造字形的特殊用字现象分类加以说明。

(一)使用构件改换的字形

一些改造字形与一般用字的字形相比,在构件层面有所增加或替换。

【猵玁】

兹猵玁妖首于七月十有六日已经丧亡。(《诛妖檄文》)

---

① 张涌泉:《汉语俗字研究》,商务印书馆2010年版,第95页。

太平天国文献中有时用"猃豐"记录清帝奕詝年号"咸豐"。"猃""豐"是太平天国所造新字，通过在原字形基础上增添构件犬而来。只有在记录{咸丰}时用"猃"代"咸"、用"豐"代"豐"，记录"咸""豐"的其他义项时不改。

"猃"这一字形前代存在。一音 yán，《广韵·咸韵》："猃，羊有力也。"《集韵·咸韵》："猃，羊牝谓之猃。"又音 gǎn，《集韵·感韵》："猃，犬名。"《改并四声篇海·犬部》引《搜真玉镜》："猃，犬吠甚。"但历史上的"猃"较为生僻，与记录{咸丰}之"猃"从构字理据到使用职能都不相关，太平天国用字者在造字时，估计并未考虑历史上存在的这一字形，因此我们将两个"猃"仅视为偶然同形关系。"豐"这一字形前代不存在，为太平天国的独创，《汉语大字典》等未收。

类似地，太平天国用"韃"记录{鞑子}，指满清。如：

三人同日诛狗韃。(《同天同日享永活诏》)

"韃"是通过在原字形"韃"的基础上增加犬旁而成。

【悊】

娘娘不易做，速炼得悊悊。(《天父诗·三十三》)
一样不悊是不虔，诈盲诈哑是瞒天。(《天父诗·四百零三》)

"悊"为太平天国改造的新字形，在记录{思想端正}时代替"正"字，可以视为"正"的分化字，通过在"正"字上加表义构件心而成，表示字义和心理情感相关。"速炼得悊悊"即"迅速炼正"。"炼正""修好炼正"为太平天国常用词，有"修炼端正内心，虔诚敬主"之义。按构字理据，"悊"主要用于思想方面，其他情况下还用"正"。但二字在实际使用中时常是混乱的，有时思想上的"端正"也用"正"字，如：

头一炼正，第二遵旨。(《天父诗·十一》)
人炼得正正，人炼得直直，人炼得善善，人炼得真真，就转得天也。(《天父诗·十六》)

有时其他事物的"正"反而用"悊"字，如：

万样不论论道理，头光髻悊好道理。(《天父诗·四百一十》)

【㴱】

"㴱"是太平天国文献独有的形体，具体有两种用法：一是作为列王封号，记录{列王}，如《李秀成自述》："然后列王封多，又无可改，王加头上三点，以为'㴱'字之封。"二是记录{姓王}，作为姓氏的"王"可用此字。《钦定敬避字样》规定："凡王姓可添用'坓'避之。"关于这一字形的构字理据,吴良祚认为是"小王"的合文。① 刘乐孙认为"当为小王二字连写"②。这种观点有一定道理,但不尽准确。既然以"坓"代"王",则"坓"与"王"音义相同,读 wáng,而不读"小王",所以这种现象不宜称为合文、连写,我们可以将其分析为在"王"的基础上增加表义构件"小"构成的新字,与"王"是异体本字与异体本字关系。

【洸、溯】

主欲连夜到林桥,待溯早他三人赶来也。(《太平天日》)

太平天国文献中有用"洸"记录{光},"溯"记录{明}的现象。如太平天国将领邓光明的名字又写作邓洸溯。《钦定敬避字样》规定:"光、明,惟光王、明王可用,其余若取名字,加水旁作洸、溯字样。"也就是说,"洸""溯"是太平天国为代替"光""明"而增加水旁改造的新字。"洸"这一形体前代存在。《说文·水部》:"洸,水涌光也。从水,从光,光亦声。"《尔雅·释训》:"洸洸,武也。"但"洸"并非常用字,太平天国用字者在造字时,很可能不知道前代已有这一字形。因此我们将太平天国的"洸"与前代就有的"洸"视为偶然造成的同形字关系。

"溯"前代没有,但《汉语大字典》收录并释义为:"清代'三合会'专用字,用以代'明'字。"清代徐珂《清稗类钞·会党类·三合会》:"会中人以欲守秘密,使外人见之亦不通晓,故用种种方法以制造特别之字,或写作不经见之字……如合作夯,会作芬,明作溯。"也就是说,用"溯"代"明"并非太平天国独创。三合会活动时间和太平天国运动时间相近,《清稗类钞》:"三合会或称天地会,世人以此名之,会中人亦即以自名,遂成为通称。""庚戌,三合会抗两广各地,粤寇洪秀全效之,起事广西,辗转而至中原。"因此两者很可能有一定联系,相互影响。但太平天国用"溯"代"明"的缘由与三合会不同,也不能断定太平天国是借用了三合会的新造字,因此可以将"溯"视为太平天国所创造的字。

【艤】

凡遇我国货船米艤来镇,尊国之人受雇在船,驶闯进关,既不容关卡稽查,又不容兵民平买。(《志天义何文庆致宁波法国领事命戒饬该国船商人等照会》)

"艤"仅见于太平天国文献,是记录{用船运载}的专字,可视为"载"的分化字,通过增加表工具义的构件"舟"而来。该字前代未见,台湾《异体字字典》《中华字海》都收录且释为太平天国新造字。按清代还有一"儎"字,本义为"舟车运载之货物",如清徐珂《清稗类钞·孝友类》:"两舟各揽客儎。"后引申出"舟车运载"义,如《汇音

---

① 吴良祚:《太平天国避讳研究》,广西人民出版社1993年版,第379页。
② 罗尔纲:《李秀成自述原稿注》,中华书局1982年版,第323页。

宝鉴·皆下去声》："𦩘，舟车运物，同载。"该字是近代为专门记录"载"的"运载"义而产生的新字。太平天国的"艤"可能受此影响，造舟旁之"艤"专记{用船运载}。

【謪】

今日小弟同韦正、达开、曾天芳、蒙得天到清弟府謪议。(《天父下凡诏书》)
其时小子既得謪度此城易功之话。(《天父下凡诏书》)

太平天国文献中"謪"同"商"，记录{商议、商量}，在"商"基础上增加表义构件言，表示字的义类和语言相关。学者一般认为这是太平天国的新造字。《荀子·儒效》："若夫謪德而定次，量能而授官。"杨倞注："謪与商同。古字。商度其德而定位次。"但王念孙《读书杂志》予以否定，认为是"谲"的讹写："作謪者，谲之讹耳。"因此"謪"虽然是前代就有的字形，但用例罕见，也不用于记录{商}。太平天国文献中的"謪"可以视为在原字基础上增加表意构件改造的新字形。

【鑾】

当时天父上主皇上帝命主战逐妖魔，赐金鑾一，云中雪一。(《太平天日》)

太平天国用"鑾"记录{金玺}。"鑾"从金，是太平天国在"璽"的基础上，根据事物材质改变表义构件而新造的字，可视为"璽"的分化字，而"璽"则专指{玉玺}。《说文·土部》："璽，王者之印也，所以主土。从土，尔声。籀文从玉。"先秦时期印均称"璽"。《广雅·释器》："印谓之璽。"王念孙疏证："卫宏曰：'秦以前，民皆以金玉为印，龙虎钮，唯其所好。秦以来，天子独以印称璽，又独以玉，群臣莫敢用也。'"可见，从先秦时玺印就有金属、玉石等多种材质，但秦以来帝王只用玉制的玺印，且"璽"只能用于指称帝王的印章。为体现天国超越凡间政权的优越性，太平天国将玺印神化，如《太平天日》中记载了皇上帝亲赐洪秀全金鑾的传说。同时对玺印制度加以改革，提出根据材质分为黄金、玉石两种，分别称"鑾""璽"。

【伉】

普天之下皆兄弟，灵伉同是自天来。(《原道救世歌》)
不信山中清贵止，亦念伉爷立主真。(《天命诏旨书》)

"伉"同"魂"，是太平天国为记录{灵魂}新造的字。《说文·鬼部》："魂，阳气也。从鬼云声。"太平天国改鬼旁为人旁，创造"伉"字。并利用类推机制，逐渐将所有从鬼之字改为从人，造出一系列新字。这一用字习惯后来通过官方文件的形式固定下来，《钦定敬避字样》明确规定："魁：凡写魂、魄、愧、魏等字均从人，写作伥、伉、佤、伖字样。"这一规定客观起到了简化字形的作用，并且一定程度上体现了汉字的系统性，因此得到较好推行和落实。

【福】

务当亟早回头，速出迷津，各保永祔。(《诛妖檄文》)

太平天国文献中有时用"祔"记录{福}。《钦定敬避字样》规定："福，代用以衣旁。""祔"与"福"声符相同，但改从示为从衣。"祔"未见于《康熙字典》，可见较生僻，但事实上该形体前代存在，音 fù，有"充满"义。《广雅·释诂》："祔，盈也。"《韩诗外传》："祔乎天地之间者，德也。"又有"藏"义，《史记·龟策列传》："邦祔重宝，闻于傍乡。"裴骃《集解》引徐广曰："祔，音副，藏也。"又可充当量词，《广韵·宥韵》："祔，衣一祔。"又同"副"，有"第二位"之义，颜师古《匡谬正俗·卷六》："副贰之字，副字本为祔字，从衣，畐声。"但太平天国用字者很有可能不知道前代有此从衣的字形。从这个角度我们可以将前代存在的"祔"与太平天国记录{福}的"祔"视为偶然同形的关系，认为"祔"是太平天国所创的改造字形。由于示旁和衣旁相近，前代就有将"福"写作"祔"的情况，如：祔（魏·上尊号碑）、祔（北魏·元怿墓志）、祔（北魏·塔基石函铭刻），但这些写法大多数是无意识、不规范的俗写，与太平天国有明确规定且反复出现的用字现象性质不同。

【庿】

且具本章不得用龙德、龙颜及百灵、承运、社稷、宗庿等妖魔字样。(《钦定军次实录》)

"庿"同"廟"，记录{宗庙}，这一形体在其他文献中未见。关于该字前人多有论述，如史式《太平天国的造字与改字》认为太平天国有意改"廟"为"庿"，"为了推崇'天朝'之'朝'，不愿意把它用于藏有偶像的寺庙之中。"[①] 吴良祚则认为太平天国根本否定宗庙社稷，所以"庿"不是为避讳而有意造字，而是一个俗写异体字。"至于'廟'字的简写，自宋元以来，或作'庿'或作'庙'，'庿'是其异体，这跟避讳是没有什么关系的。"[②] 我们认为，后者说法更确切。《说文·广部》："廟，尊先祖貌也。從广，朝声。庿，古文。"后代俗写多作"庙"，是从"庿"省易而来。如《宋元以来俗字谱·十五画》引《通俗小说》及一些杂剧刻本等有"庙"字形。《俗书刊误·去声·啸韵》："廟，从舟。俗作庙，非。古文作庿。""庿"从广苗声，而"庙"从广从由，与"庿"形体接近，且更为简化，只是失去了部分理据。在手写体中，"母"之两点常连写，类似一竖，如 母 唐·孙过庭 母 清·乾隆，与"由"形体较为接近，故"庙"可能讹为"庿"。又因粤语中"庙（miu6）""母（mou5）"语音相近，用字者能重新赋予"庿"字"从广、母声"的理据。因此，我们推测"庿"可能是两广一带或太平天国专门为记录{庙}，通过改造声符而造的新字。

[①] 史式：《太平天国的造字与改字》，载《太平天国学刊》第 4 辑，中华书局 1987 年版，第 157 页。
[②] 吴良祚：《略论太平天国避讳的研究和利用》，载《太平天国学刊》第 5 辑，中华书局 1987 年版，第 262 页。

（二）使用笔画变化的字形

一些改造字形与记录同词的一般用字字形相比，在笔画层面有所减省或变异。

【順】

第五天条孝順父母。皇上帝曰：孝順父母，则可遐龄。(《天条书（重刻本）》)

太平天国文献中多有用"順"记录{順}的用例。如《天条书》共有两个版本，一是初刻本，二是重刻本，封面题"壬子二年新刻"（1852年）。例句中的"順"字初刻本均作"順"，重刻本减省一竖当是有意为之。又如《增天豫监理民务龚得胜发给黎里镇恒顺店印照》和《浙江省天军主将邓光明发给关顺昌廷记预知由单》中的"恒順""关顺昌"墨填均作"順"。① 《军中档册》中人名有"顺"字的多作"順"，如"周順福""杨泉順""陆順发"等。② 记录太平天国时期见闻的一些文献也有相关记载，如毛隆保《见闻杂记》："铺家招牌有'順'字者，俱改去中一直。"③ 黄辅辰《戴经堂日钞》："惟'順'字只写两直，云系照古'順'字。"④

"順"这一形体前代存在，如魏碑有 <元鉴妃吐谷浑氏墓志>⑤，属于无意识的异写现象。太平天国将"順"减省笔画作"順"是有意为之，与前代因书写任意性而形成的"順"性质不同，因而我们视太平天国的"順"为改造的新字。

【華】

缘夫天下者，中華之天下，非胡虏之天下也。宝位者，中華之宝位，非胡虏之宝位也。子女玉帛者，中華之子女玉帛，非胡虏之子女玉帛也。(《诛妖檄文》)

太平天国文献中有时将"華"写作"華"，该形体是通过笔画变异，在"華"形体基础上，中间一竖向上延长，与草字头的横画相交形成，二者外形差异甚微。但《钦定敬避字样》明确规定："華，凡用以花、華字代。"也就是说，太平天国通过笔画差别，区分两个形体，视"華"为与"華"截然不同的字，而非随意的异写现象。

三 换用其他字形记录词语

换用其他字形指在记词时，不用一般常用的形体，而是换用另一个形体。但与前两类

---

① 参见《太平天国革命文物图录续编》，上海出版公司1953年版，图65；《太平天国革命文物图录》，上海出版公司1952年版，图70。
② 王庆成：《影印太平天国文献十二种》，中华书局2004年版。
③ 毛隆保：《见闻杂记》，《太平天国史料丛编简辑》，中华书局1962年版。
④ 黄辅辰：《戴经堂日钞》，载《太平天国资料》，科学出版社1959年版。
⑤ 毛远明：《汉魏六朝碑刻异体字典》，中华书局2014年版。

不同，换用的形体是前代就已经存在的，形体本身并不特殊，但在太平天国文献中职用特殊。这里的换用其他字形属于用字问题，前提是在文献中记录同一个词项，字形虽然改变，但音义不能变化。判定是用字问题中的换用还是词汇问题的标准之一，是特殊用字本来的语音与实现特殊职能时的语音是否相近。当特殊用字的本音和被替代字的语音相近时，应为用字者有意选用同音的字来记词，可确认为用字问题。此外，有时特殊用字本来的语音与被代替字的读音相距较远，但在文献中所记词语及其音义确实一致，这时也能确认为用字问题。换用字应该都是音同音近的字，如通假字、异体字等，但有时也会出现换用原本音义无关的字的情况，下面主要依据形体关系分类例析。

（一）换用构件变化的字形

太平天国文献中有时会换用与一般用字相比构件有所增减或改换的字形来记录词语。

【伙】

伙速去邪归正，痛改前非。(《附天侯汪丙育警告乱徒告示》)

"伙速"即"火速"，太平天国文献有时用"伙"记录｛火｝，"伙"较"火"增加了构件人。"伙"本义为军营中共同炊煮用饭的几个人或饭食，引申为"同伴"义，从人，从火，火亦声。"火""伙"形体相近，读音相同，意义也相关。

【詮、荃、铨】

必须留发，以詮父母鞠育之恩。(《钦定军次实录》)
吾侪罪恶是滔天，幸赖耶稣代赎荃。(《太平天日》)
诸事和俺存厚道，求荃责备惹人嗔。(《醒世文》)
主独留礼拜堂，与花旗番罗孝铨共处数月①。(《太平天日》)

"詮、荃、铨"均记录｛全｝，《钦定敬避字样》规定："全，凡用以铨、詮等字代。""詮、荃、铨"分别较"全"增加言、艹、金，均以"全"为声符，音相同，形体也相关。

【柱】

有财帛者为财柱，以其能柱持财帛也。吾谓善用财帛者为财柱，不善用者是名财奴。(《钦定军次实录》)

这里"柱"记录｛主｝，"财柱"即"财主"，"柱持"即"主持"。"柱"从木，主声，与"主"形音俱相关。

【木】

---

① 罗孝铨即 Issachar Jacob Roberts，中文名罗孝全。

木俊良，错非装，革伊职，任伊常。(《恩赦李俊良、祁万如、胡玱祥诏》)

例句出自太平天国赦免几个人罪过的诏书。这里用"木"记录{姓李}，"木俊良"即"李俊良"，人名。该人因为吸食鸦片受罚，但特赦从轻发落。文献中将其姓"李"的示音构件"子"省减，只保留表义构件"木"。这里的"木"与树木之"木"仅形体相同，音义皆不同。

【伸】

弟等拟于明天令伸后正侍卫张维昆带领各匠作在朝门伺候。(《东王杨秀清奏请兴工盖造天朝宫殿本章》)

太平天国有时用"伸"记录{神}。如例句中"伸后"即"神后"，为古代天文学十二天神之一，亦是十二月将之一。"神""伸"声符均为"申"，而义符不同。

另外，太平天国有时还用"申"记录{神}，如《金陵省难纪略》记载："（侍卫）又分十二支神名，自神后子至登明亥，亦有正副，避神字改用申，如申后。""申"为"神"声符，减省构件示。

【囯】

夷齐让囯甘饿死，首阳山下姓名垂。(《原道救世歌》)
皇上帝六日造成天地山海人物以来，中囯番囯俱是同行这条大路。(《天条书》)

太平天国常用"囯"记录{国}，主要是用于指称自身政权，有时也用于泛指中国或一切国家。"囯"本为民间俗字，见于北齐《宋敬业造象记》《贾思业造象记》等①，据张涌泉考证出现于六朝时期②。《龙龛手鉴》《四声篇海》《字汇》等字书均收此字形，敦煌写卷中亦多见，更于宋元小说中大量使用③。因此我们推测太平天国用字者可能预先知道该形体的存在，不是凭空创造的。太平天国选用从囗从王之"囯"为记录国号的专用字，也就是以之为官方规定的正体字。这与其他文献中俗写地位的"囯"用法不同，属于独特的用字现象。《说文·囗部》："國，邦也，从囗从或。""囯"与"國"形体相近，但改从或为从王。

（二）换用笔画有所增减的字形

太平天国用字者有时会使用较一般用字笔画有所增减的形体记录词语，且这些形体是汉字系统中本就存在的。

---

① 参见罗振玉著，北川博邦编《偏类碑别字》，(东京)雄山阁出版社1975年版；秦公《碑别字新编》，文物出版社1985年版。
② 参见张涌泉《汉语俗字研究》，商务印书馆2010年版，第41页。
③ 参见刘复、李家瑞《宋元以来俗字谱》，文字改革出版社1957年版。

【戶】

挨提阿伯郭戶之挨提阿伯人，管金库有大权之阉官，前上也路撒冷礼拜。(《新遗诏圣书·圣差言行传》)

太平天国有时用"戶"记录{后}。如"郭戶"即"国后"。"戶""后"不仅语音相近，且"戶"的形体恰与"后"减掉最后几笔的形体接近。

【止】

不信山中清贵止，亦念乩爷立主真。(《天父诗·其八》)

例句用"止"代"正"，记录人名。这首诗是洪秀全早期的创作，比《天父诗》刊行更早的《天命诏旨书》也引该诗，其中的"清贵止"作"清贵正"。又《天兄圣旨》："自今以后，除清正贵到，或他着人带信到之外，不论远近兄弟，不好界知。""清贵正（止）"指太平天国运动领袖杨秀清、萧朝贵、韦正（韦昌辉）三人。"止"较"正"减省最上方一横画。

【于】

太平天国有时用"于"代"干"。如《钦定旧遗诏圣书·约书亚书记》中的"干犯""亚干""隐干宁""无干""无干涉"等，"干"均作"于"。"于""干"本来音义不相关，但二者形体接近，仅相差一勾画。

（三）换用形体无关仅语音相近的字形

【花】

无如我中花之人，忘其身之为花，甘居鞑妖之下，不务实学，专事浮文，良可慨矣！(《资政新篇》)

留心真道之内，如在荣花之天矣。(《天平天国己未九年会试题》)

例句中"花"同"華"，分别记录{中华}和{荣华}。《钦定敬避字样》规定："華，凡用以花、華字代。""花""華"语音接近而形体无关。

【居】

太平天国有时用"居"代"基"。多用于翻译人名、地名。《钦定敬避字样》规定："基，凡用以居字代。"如《旧约》中的许多地名翻译中使用了"基"，太平天国依据《旧约》编纂《旧遗诏圣书》时，多将"基"改为"居"。"居""基"形体无关，但语音相近，粤方言中"居""基"同音。

【珊】

岁八月，南王同曾澐正由紫荆珊来探黄盛均。故黄盛均等知南王在紫荆珊也。（《太平天日》）

太平天国用字者有时用"珊"字记录｛山｝，"珊"与"山"形体无关，仅读音相同。《钦定敬避字样》规定："山，凡用以珊字代。"

【郭】

而天下万郭万代，永远同行上帝真道矣。（《诏书盖玺颁行论》）
即番郭亦有一个军师。（《天兄圣旨》）

太平天国文献中常用"郭"代"國"记录｛国家｝，且只用于指称他国，指称自身政权时用"国"。《钦定敬避字样》规定："天国：独我天父天兄天王太平天国可称，其余列邦及人地各名俱以郭字代。""郭"本义为外城，用"郭"代"國"是借用同音字。

【開】

二十二癸開元。（《太平天国癸好三年新历》）
辛開元年三月十八日，天兄劳心下凡。（《天兄圣旨》）

癸開即癸亥，辛開即辛亥。《钦定敬避字样》规定："亥，改用開字。"太平天国亦用干支纪年，但在使用时对干支字改动颇多，如改"丑"为"好"，改"卯"为"榮"，改"亥"为"開"。由于前两者本字和改字读音差异很大，不宜视为用字问题。但"亥""開"读音相近，应视为记录同词的关系。

四 太平天国文献特殊用字成因

太平天国作为独特的政治集团，文献中特殊用字众多，纷繁复杂，有着与一般文献不同的用字面貌。如果我们进一步对产生这些现象的原因加以探究，可以发现其中虽有一些意图不明者，但也有很大一部分是用字者有意使用不同的形体来记录语词造成的，可以分析出用字者的意图。造成这些特殊用字现象产生的因素多样，如避讳、表达情感、思想观念影响、追求表义明确等。

首先，很多特殊用字现象是由于避讳造成的。太平天国运动的目的是推翻清政府的统治，反对等级制度和剥削压迫，但事实上，太平天国封建等级思想浓厚，在定都天京后更是封建化迅速。封建等级思想在文字上的表现之一，就是避讳现象。

太平天国避讳范围广泛，不仅避君主的名讳，也避其他领导人的名讳，还规定一些尊称也要避讳；由于太平天国宗教信仰的特殊性，他们对宗教偶像的名号也进行避讳，这与中国历史上的避讳现象有所不同。太平天国需要敬避的字众多，且多为常用字，一字常有多个代字，很不方便推行，且一定程度违背了规律。如用"詮、荃、銓"代"全"，是为避天王洪秀全名讳。用"褔"代"福"，是为避幼主洪天贵福名讳。用"洸"代"光"，用"湖"代"明"，是为避天王三子光王洪天光和四子明王洪天明的名讳和封号。用"珊"代"山"，是为避南王冯云山名讳。用"于"代"干"，是为避干王洪仁玕封号。

除了避尊者名讳，也有避其他与皇权相关的字的例子。如用"尘"代"王"是通过使用增加构件"小"的形体避讳。用"戶"记录古代王侯或神明称呼中的"后"，是通过缺笔方式避讳，同时还体现出太平天国用字者认为其他的"后"地位不够尊贵，不能和天王后妃并论。用"郭"记录｛外国｝，是为避天国的国号。

太平天国还避拜上帝教的宗教偶像名号称呼。避讳传统历史悠久，但宗教避讳现象前代鲜见。涉及的有"皇上帝"及其名"爷火华"，"基督"及其名"耶稣"，乃至对爷火华和耶稣的称呼"主""上""爷""哥""兄"等。如太平天国为避皇上帝爷火华（即耶和华）名中的"火""華"字，规定除指称上帝外，日常行文中遇到｛火｝时不能用"火"记录，借用"伙""夥"等替代；遇到｛华｝时不能用"華"，可以用"荜""花"等替代。还有为避耶稣基督尊号中的"基"，行文中遇到｛基｝，借用"居"字记录。为避对上帝的称呼"主"，行文中要改用"柱"字。

其次，一些特殊用字现象是由于用字者希望通过用字表达某些思想情感造成的。如太平天国信奉拜上帝教，宗教观念影响了太平天国对鬼的态度。他们认为天朝之人虔诚信奉上帝，死后灵魂会升入天堂，故天朝不应有鬼。汉字中与人的灵魂有关的"魂、魄"等字形从鬼。孔颖达《左传正义》："魂魄，神灵之名，本从形气而有；形气既殊，魂魄各异。附形之灵为魄，附气之神为魂也。附形之灵者，谓初生之时，耳目心识、手足运动、啼呼为声，此则魄之灵也；附所气之神者，谓精神性识渐有所知，此则附气之神也。"由于"魂""魄"为主宰人身体和精神的无形神秘力量，所以从鬼。《说文》："人所归为鬼。"但拜上帝教的教义与中国传统的观念不同，他们认为，人的灵魂是天父上帝赋予的，这在太平天国文献中多有论及。如《原道救世歌》："普天之下皆兄弟，灵亿同是自天来。"正因如此，太平天国也称天父上帝为"亿爷"，如《天父诗》："真神能造山河海，不信亿爷为何功。"太平天国还认为天朝之人死后灵魂会升入天堂，不为鬼。如《天父圣旨》中所说："盖其生也，有自来；其升也，有所往。亿归天堂，名留人间。"因此，太平天国根本不应有鬼存在。在他们的眼中，"鬼"旁意味着"鬼怪"之义，人的魂魄不应由"鬼"主宰，所以要将鬼旁改为人旁，体现"脱鬼成人"的教义。拜上帝教还影响了太平天国对神灵的认识。他们认为皇上帝是唯一的神，不承认民间俗信的各种神灵，故文献中的｛神｝要改用"伸""申"等记录。

有的特殊用字是由于用字者希望以此表达对某些事物的仇视和贬低情感造成。有时用字者会通过改变字形，表达对所记词语所指对象的厌恶和贬低之情，这也被称为恶意避讳。太平天国用字者有时通过增加表义构件的方式构造新字、体现贬义。如改当时清政府皇帝奕詝年号"咸丰"为"獫豐"，用"韃"记录｛鞑子｝，均在一般用字形体上增加犬作表义构件。犬是常见的表示兽类的义符，从犬的字多与兽类、动物有关。而咸丰是清帝奕詝的年号，清朝习惯以年号称呼皇帝，指称大清皇帝的词却用从犬的字形来记录，明显带有轻贬厌恶的色彩。有时通过减省笔画和构件的方式表示贬义。如改"顺"为"川頁"。

学者对此多有论述："或曰此字为二百零八之合写（谓清朝寿命只有 208 年之意）。"① 但这似乎缺乏根据，因为太平天国信奉拜上帝教，反对预测、术数之类"妖术邪说"。吴良祚认为是由于广东天地会众曾受清朝招募，参加围攻永安太平军，他们的二房以"洪顺堂"为号，并有以"川"代"顺"的用字之法，如将"顺天行道"写作"川大丁首"，将"顺天转明"写作"川大车日"，因此太平天国嫌恶"顺"字。也可能是太平天国作为反抗统治者的农民起义集团，反感归顺、顺从，因此抽掉"顺"中的一竖。在笔画的减省中，体现出用字者对"顺"的反感和厌恶。有的特殊用字巧借与本字相关的形体传达出用字者的贬低情感。如改叛变的北王韦正（韦昌辉）之"正"为"止"，改因为吸食鸦片受罚的李俊良的姓氏"李"为"木"。

相反地，有的特殊用字是由于用字者希望以此表达对某些事物的称颂和赞扬造成。如用"囯"记录{天国}，体现自身政权的优越性。造"壐"字来记录{金玺}，因玺印是政权的象征，太平天国以此体现自身政权与众不同。

一些太平天国特殊用字是出于迷信和趋吉避凶的心理。迷信避讳古已有之，如相传"罪"本从自从辛，秦始皇认为字形类"皇"，改为从网从非。这种迷信避讳的现象在民间很多，如认为"箸""住"同音，寓意不佳，故改为"筷子"。太平天国文献中这类原因造成的避讳改用现象也为数不少，但大多因为字音差距大，不能视为用字问题。如改"丑"（音同"醜"）为"好"，改"卯"（音同"冇"）为"荣"。但也有一些可以视作特殊用字现象，比如改"亥"（音同"害"）为"開"。開、亥虽然语音不完全相同，但较为接近，可以视为同词。吴良祚《太平天国避讳字谱》："因'亥''害'同音忌讳而避。"② 也就是说，为避不吉的音，改用音相近但不同的"開"记录地支名"亥"。又如太平天国用"龛"字记录{乃埋}，造字动因主要是"乃龛"这个方言词在太平天国的宗教政治宣传中有独特的所指，即杨秀清等人的"救世"之功。这样重要的词，在粤客方言区却一般使用有埋葬义的"埋"字记录，太平天国用字者不愿用这样的字形来记录这个重要而积极的对象，故专门造从合从共的新字，字形能更直观地体现出"乃埋"的词义，也就能更形象地体现出太平天国领导人团结救助民众的功德，同时蕴含着趋吉避凶的情感。

最后，语言文字内部因素也会影响太平天国用字。有的特殊字形是专门为记录方言词而造的，如"龛"。方言对用字的影响还体现在，用字者还会根据方言语音方面的特点，使用新造字或选用某一特殊形体。如用"庿"记录{宗庙}，用"居"代"基"都是受到粤语语音的影响。

太平天国用字者也经常为追求表音表义明确创造新字，或者有意识选用某些字形来记录词语，使文字职能更明确，形音义关系更密切。如用以"舅"为声符的"夏"记录{旧}，用增加义符心的"恶"记录{内心端正}，用增加义符舟的"艖"记录{用船运载}，用增加义符言的"謫"记录{商议、商量}。

总之，造成太平天国文献特殊用字现象的原因是多方面的，有时一个特殊用字现象同时受到几种因素的影响，各种因素共同起作用，值得我们深入分析。

---

① 史式：《太平天国词语汇释》，四川人民出版社 1984 年版。

② 吴良祚：《太平天国避讳字谱·太平天国避讳研究》，广西人民出版社 1993 年版。

宋代碑刻字书未收字研究

于笑妍　韩　琳

大型字书在收字过程中，一方面会把在已有字书中属于贮存领域中的汉字收入到字书当中来；另一方面，还会把在应用领域中出现、前代字书中未收的字收入进来，但字书在收字过程中难保全面和穷尽，有些新字也会被遗漏掉，有些本已发现的字会被漏收。本论文就着重分析在宋代碑刻当中出现的字书未收字。它们既包括了代表新义或旧义的新形体，同时也包括了当时所出现的一些俗讹字。笔者试图把对这些字书未收字的分析与后代字典编纂紧密地结合起来，为已有解释提供一定的用例参考，并争取对前贤辞书编撰之中的材料的缺失与偶误有所补正。

一　宋代碑刻字书未收字的判定

（一）范畴和依据

我们这篇论文即主要针对碑刻文献当中所出现的字书未收字进行归纳整理。因结构类型的改变和笔画的增减所造成的共时存在的局部异体现象是需要用一个横向的归纳比较来进行专门研究的，不在考察范围内，在此，以上所界定的"字书未收字"，主要包含以下范畴的字：

第一，新出字。一是指与前代字书相比新增加的字种，即记录新词的新字；二是古代有该词，并有表示该词的本字，但在碑刻中又出现新的记录该词的形体，也即指用来记录旧词的新形，从宏观上来看即异体字的一种，但我们考察的重心是时代的先后性，对于前文提到的共时的异体现象我们不予考虑，以上两种情况我们把它们合称"新见字"；三是古代有记录本词的本字，而在碑刻内容中用这个字来记录了一个新的词汇意义，也就是说这个字在碑刻内容中首次产生了新义，即同形的新字，这类字在宋代碑刻当中所占数量不多，但也在我们的研究整理范围内，因为我们的分析是以字的概念为核心的。以上情况中新增加的字都属于新出字。

第二，字书漏收字。碑刻中出现的汉字在宋以前的字书中未见，但在宋代以前的出土文献或传世文献当中已出现过，字书没有对其进行收录（剔除异写字、异构字），这种字也在我们的"字书未收字"的收录范畴内，我们姑且称之为"字书漏收字"。这些字大多是俗语方言字，要么，不符合以往字书的收字标准，比如"阢"字，它是一个敦煌俗字，

---

* 本文由于笑妍《宋代碑刻字书未收字研究》改写而成，硕士学位论文，北京师范大学，2010 年。

就没有被当时的字书收录；要么，由于受到当时所能见到的文献材料的限制，而没能被收录；这些所谓"字书漏收字"与前面三种情况中的新出字共同构成了本文"字书未收字"系统的重要组成部分。我们所参照的字书主要是唐宋时期的。通过对这些字书未收字的整理，提炼出一个较之前代，较之其他文献不同的字书未收字的使用列表，并通过对这些字书未收字的形音义来源的整理分析，争取对宋代碑刻文字以及宋代的社会用字情况有一个较为感性的认识。为了进一步明确在本论文中提出的几个概念，在这里，我们需要把"新见字""新出字""字书漏收字"这几个概念之间的关系再简要梳理一下。本论文的题目为"宋代碑刻字书未收字研究"，字书未收字既包括了"新出字"，也包括了"字书漏收字"。而新出字又包括新见字及"同形的新字"。新见字的概念是从汉字形体的角度提出的，指的是新出现的形体。新出字是一个泛概念，既包括代表新词语的旧词形，也包括记录新词新义的新形体，即既包括新见字，同时也包括同形的新字。

第三，疑似字。有这样一些字，《玉篇》收录，却不能够确定是原本《玉篇》中所有，还是后人补入的。对于这些字我们也会整理并列举出来，但不做详细考证，只把这些字及释义附录在正文之后。本文只着重考察新出字和字书漏收字。

本论文主要研究的是字书未收字，判定依据是字书，所依据的字典辞书一类是用来检验收录情况的宋代以前的字书，如东汉许慎的《说文解字》、唐代的《篆隶万象名义》《玉篇》等；另一类是用来考证音义的，包括宋代及宋代以后的字书，如宋代的《类篇》《广韵》《集韵》等。凡是在第一类字书当中没有被收录进去的汉字，我们参照第二类字书进一步对其音义进行详细考证。

（二）对字书未收字的分类

根据不同的标准，可把已整理出的字书未收字分成不同的类别。但是不管如何分类，一个字所具有的形、音、义这三种基本属性都是不变的，最早的文字学专著《说文解字》就已经提供了解说范本。文字在经历过形声化以后，形、音、义的联系也更加密切了。另外，我们的考察需具体理解碑文内容，此时即涉及"字用"问题，因此对文字的考证是力求对字的"形、音、义、用"四个方面都能做出相应的考释。"'形、音、义'的考证是关于字符构形属性的考证，它的目的是要弄清字符的结构理据及其所负载的本词本义；而'用'的考证是关于字符职能属性的考证，它的目的是要弄清字符在文本特定语境中实际记录的词语和义项。"[①]

因此，对下面这些被考察的字所进行的分类，实际上只是形式上的一种划分，无论何种类别都遵循对其形、音、义、用的考证。目的是便于对这些字进行系统分析，掌握其综合性特征。

1. 新出字

前面已说过，新出字是指新的文字形体或能代表新义的旧形。它包括两种类型：新见字和同形的新字，其中新见字又分记录新词的新字和记录旧词的新形。

---

① 李运富：《论出土文本字词关系的考证与表述》，《古汉语研究》2005年第2期。

(1) 新见字

新见字指首次出现的文字形体。

①记录新词的新字

记录新词的新字，也即新形新义字，是指在碑刻当中出现的某个字，在宋代碑刻以前的文献或字书中没有与这个字所表示的内容相对应的词义，该字所表示的语义内容是新的，记录该词的汉字形体也是新的，而不是由累增或衍生的方式产生的。这类字只有 7 个。下面举其中两例加以分析。

A. 䬯【38.116】"苐阿鼻詥，左觐䬯……。"（张素墓幢）

音义同"羚"，义不详。最早见于《字汇补》。

按：《字汇补·羊部》："羚，亦作䬯。""羚""䬯"二字，当以"䬯"为正字，而"羚"是"䬯"的异构字，因为从字书考证可知，《龙龛手镜》："䬯，牟含反。"另外，在《龙龛手镜》第四卷的"杂部"中也有"䭎"字，为牟感反。如果羚为正体，则与切字所用字不合，且又有"䭎"字为佐证，故判断正字应是"䬯"，而不是"羚"。而《汉语大字典》中表述为："'䬯'同于'羚'"，这种说法即本末倒置了。应为"䬯"字早出，另外，《生冷僻字汇编》："䭎，俗䬯。"由此更加确知，"䬯"字是独立代表一个词义的新的字形，尽管无论从字典考释，还是从碑刻上下文中都难以确知其词义（因为这篇碑文是佛经译语，由于笔者水平所限，难以推断词义），但由首次字典收录的时间来看，应该是一个符合我们的字书未收字标准的新形新义字。

B. 娂【43.15】"绍兴壬子十月廿有三日，浚仪赵庆裔良吉同弟廉裔州隅方裔季距娂穮种，奉亲来游三洲岩。"（赵庆裔等题名）

娂，胡公切，音红。女字。最早见于《五音集韵》。

按：《五音集韵》："娂：女字，或从工。"《康熙字典》："娂，胡公切，音红。女字。"《正字通》："'娂'，同'娂'，二字读音均为'红'，表示女字。从'娂'，同'娂'来看，应该是以'娂'为正字。"在碑文中，此字用作人名，因此不能为字书解释提供释义用例。

②记录旧词的新形

记录旧词的新形是指在碑刻当中出现一个新的形体，这个形体所表示的意义在此之前已经有其他字形可以表示，这个新出现的汉字形体，与原有字形表示相同词义，这个新出的汉字即记录旧词的新形。

A. 塠【37.184】"虽寿数之有终，寔亲属之无厌。痛号塠恸，长幼何依。"（药继能墓志）

徂回切，音崔。丘也。义同"堆"。见《集韵》。

按：《集韵》（金州军刻本）："塠，徂回切，音崔。丘也。堆塠，大聚貌。"《集韵》（潭州宋刻本）："塠、堆，土聚貌。"因为"堆"的字义字形古已有之，因此"塠"是一个旧词新形字。但碑文中应为动词词义，表"堆聚"义，正是由其名词"土堆"进一步引申而来，但在字书中没有关于其动词词义的说明。

B. 庨【37.62】"暗庨孙每月供人工醋一硕伍趴直至圆。"（阎训等修塔助缘题名）

庨字音尧，义未详。见《篇海·广部》。

按：见《篇海·广部》引《川篇》："庨，音尧。"字书又有"庨"字，与"庨"同音，盖一字之变。① 但究竟从哪个字变化而来，无从得知，从碑文内容来看，这三字独在一起，与"每月供人工醋一硕伍斗直至圆"中间空二字，从"每月供"来看，缺少主语，前面三字可能为人名，因为无法从碑文中判读其字义。

(2) 同形的新字

同形字是指形体相同但所记词位不同的字。同形的新字可能存在这样三种情况：一是新造的字跟原有的某个字同形；二是把假借看作新造字而认为该假借字跟原来的某个字同形；三是某个原有的字形变异产生新形体，而这个新形体恰好跟原来的某个字同形。② 因为假借属于用字现象，在这里就不当作同形新字处理，当作新字的前提是以前没有这种假借用法。

A. 扗【41.137】"郓州动阿县秦扗左班殿直前训练……"（黄石公祠石香炉款识）

扗，取本切，音忖，读若寸上声。截也。最早见于《广韵》。

按：《集韵》："扗，取本切，音忖，读若寸上声。截也。"《钜宋广韵》"扗，截也。"《生冷僻字汇编》"扗，俗村"。也就是说，"扗"有两个解释，一是"村"的俗体字，形成原因是古文中"木"和"手"易混，即：扗₁；二是与动词"截"的意思相同，其造字理据来源于提手旁，表示动作，即：扗₂。"扗₁"是原有的"村"字异写而产生的新形体，这个形体恰好跟同时产生的另一个新词新字即"截"义的"扗₂"同形。用同一个形体表示两个完全不同的意思，两种意义解释之间没有任何联系，二者是同形字的关系。当作"截"义讲时是用新的字形表示已有的词义，相对应于"截"这个字所表示的词义，属旧词新形。据字书记载，这个字的形体最早出现于宋代。但在碑刻中是作为"村"的俗体字出现的，所以当村讲的"扗₁"应该看作记录旧词的新字形，当"截"讲的"扗₂"应该看作新词新字。因为在碑刻中使用的是"扗₁"，所以把它放在旧词新形一组来分析。"扗₂"不见于碑刻，不做分析。

B. 負【38.134】"……场屋#落負大才器登封识之以吾归尔族始。"《吴#妻杜氏墓志》

負，音"裴"，河神。见《字汇》。

按：《字汇》："負，簿回切，音裴。河神名。作防父切，误。按负、負二字异音。负音附，負音倍，似蕡山之蕡，从負。蕡草之蕡从负，不可以'倍'音废'附'音也。又与'倍'同。倍尾，山名。亦作负尾。上从力，与负字异。"从以上解释来看，也即当"負"读成"倍"时，义与"倍"同，可组成专有名词为"倍尾"，没发现有单用的例证，与"裴"音同的时候是河神名。因此两个读音所表示的意思没有引申或假借关系，按照使用意义的时间先后，表示后出义的字较之前者来说属于同形新字，在碑刻中，从下文意来看，不可能是表示"河神"的"裴"音的"負"，作"倍"讲，意思可能更接近。但由于碑文中有缺字，上下文义晦涩难懂，不能准确判断其词义。

2. 字书漏收字

所谓"漏收字"，涵盖两种情况，一是宋代以前字书未收录的字，一是至今所有字书

---

① 参见张涌泉《汉语俗字丛考》，中华书局 2000 年版。
② 参见李运富《论汉字的字际关系》，载《汉字汉语论稿》，学苑出版社 2008 年版，第 117—136 页。

都未收录的字。

（1）宋前字书未收字

①俗字

A. 趺【38.80】"提趺"（义从墓幢）

这是一个新出俗字。俗"跋"字。见《龙龛手镜》。

按：《康熙字典》"跋"，【瀚堂新勘】又"跂"。又《龙龛手镜》："'趺'俗，'跋'正。"《龙龛手镜》："趺趺，蒲未反。跂，萨足貌也。又猎也。"碑文乃是一篇佛经，"提趺"二字为一词，前后是佛经用语。

B. 杜【38.80】"杜耶杜耶"（义从墓幢）

音义同"社"，新出俗字。见《龙龛手镜》。

按：《龙龛手镜》"杜，音社。"《康熙字典》："杜。"《海篇》："音杜。"又《康熙字典》《王宏源新勘》："俗社。音杜，音社之误。"也即说《海篇》中所说"音杜"是错误的，实际上是"社"字。《可洪音义》："垳杜（杜）：上丁礼反，下時夜反。"碑文上下文义不清楚，乃是一篇佛文。

②繁字

A. 【44.85】"积究庆"（巩峤增修学廪记）

音孔，见《字海》。

按：《字海》："究，音孔。究竉，洞窟。见《古今骈字》。"又《王宏源新勘》："孔，又究。"古代"宀""穴"通，"穴"在写的时候常常省略两点。比如38.1中："近闻归住长安寺松老书，又几年。"中的从上下文义推断就应该是"推"字。又根据《王宏源新勘》"孔"又写作"究"。"孔"本义为"大"，所以可判断在此用的是孔的"大"的本义。因此，原文中虽没有上面的两点，但应该是一个字。

B. 浸【37.76】"非日非月，先之所及者远，不江不海，润之所浸者……。"（夫子庙堂碑）

按：《康熙字典》："浸，一名大漳水，兼有浸水之目。"《正字通》："浸，同浸。有余则用溉浸。本作寖。"碑文中用的是浸润义。

③讹字

A. 贼【44.154】"四十长齐有所不为，修人天福果贼颜，毡帽高近尺。"（合亭冈祠桥记）

这是一个讹字。

按：《宋元正俗形辨系列》："睉贼贼，女利反。肥贼皆俗。正作腻。"《篇韵》："贼，同'腻'。"由此知："'腻'讹作'贼'，后又讹作'贼'"。

B. 闠【41.96】"远去闤闠而井邑涂陌直其下。"（陕州府学记）

闠，原文里面的下半部分是"豕"字，其实应该是"闠"字。《古今韵会举要》："闠，市垣也，《广韵》闤闠，古今注云：闠，市门也。"碑文中闤闠二字连用，正是指市门之义。所以此字当是"闠"的讹字。

新出字和字书漏收字，是我们所着重考察分析的。在前文中我们已经做了详细考证。

还有这样的一批字，属于《玉篇》收字，但在《玉篇》残卷中未见，因为《玉篇》经过唐上元元年（760）由孙强增字，宋大中祥符六年（1013）陈彭年、吴锐、丘雍等人重修。现存《大广益会玉篇》已非野王原本，因此我们所查询到的《玉篇》中最早出现的字可能是唐以前出现的，但也可能是后出的，这些字我们叫作疑似字。

④佛语用字

A. 㗚【38.80】"娑婆嚩秋地阿鼻诜者苏楬多伐析那阿密㗚（二合）多毗。"（义从墓幢）

㗚，嘍㗚，言不了也。见《钜宋广韵》。

按：《叶韵汇辑》："㗚，力质切。嘍㗚，言不了也。"《钜宋广韵》："㗚，嘍㗚，言不了也。"《集韵》："㗚，嘍㗚，拏也。"《龙龛手镜》："㗚，音栗。嘍㗚言不了也。又俗音溧。郑贤章：'㗚'乃'㗚'字之讹。"《广韵》："㗚，力质切，音栗。嘍㗚，言不了也。"《集韵》："嘍㗚，拏也。"

《说文》："㗚，疾也声也。""㗚"应该是"㗚"之讹。

B. 䩕【38.116】"地瑟耻（二合）帝没䩕没䩕（田夜冬）尾冑馱野。"（张素墓幢）

亭夜反。响，梵音。见《续一切经音义》。

按：《续一切经音义》："亭夜反。字书无。文翻译之家用影，梵声。"《五音篇海》："䩕俗䩕。"

《词源》：影，因挡光产生的阴影，或光线反射的虚像；响，回声。影、响二字同义连用。

（2）至今字书未收字

①俗字

【37.1】"水驚波# 長川而不，白駒……過空隙而無迴。"（韩通墓志）

应为"逮"字的俗字，字书未收。

按：从碑文内容来看，应为"逮"的俗写字，语义与"逮"相同，此段大意为时间飞逝，时不我待。由"歹"这个声旁来看，音与"逮"同。从造字理据来说，用"歹"做声旁更能体现形声字的特点。

②错字

错字是指在碑文当中所出现的临时使用上的错误，未见通用，应属于个别错字现象。

【39.60】"夫人温慈惠和，清约自然，在家事父母，至孝。与其昆弟妹数人亲之下，友于熙熙及适。"（姚奭妻米氏墓志）

同"睞"，义为"亲昵"，见碑文。

根据碑文中上下文来看，该字应表示"亲昵"义，与"亲"字是同义连用，又从形体来看，与"睞"只是形旁之差，且形旁极为相近，应是"睞"字的错写。

③义未详字

A. 檫【43.157】"厥身居东道主弟知承接迎过使客趣了亭传为先务檫邀马上载星而入……"（平江府学御书阁碑）

音义不详。

按：从碑文内容来看，这段话的大意是他作为东道主迎接客人，使客人很快就到。那么,"檡"后面的"遫"字在《说文》中的解释是:"疾也。一曰召也。古作'警'。籀作'遬'。"由文义及断句来看,此"檡"字应与"遫"字为同义词连用,字义相近。在这里,"檡"字根据上下文义也应为"疾"义。

B. ▨偣(人字旁,右侧上中下结构,立中口)【38.133】:"……铭曰:有奕崇山,卜兑其室,是维偣万年。"(文彦若墓志)

音义不详。字义不可考。

3. 疑似字

(1) 伇【38.9】(吴元戴墓志)《玉篇》:"伇音夙。憴伇,不伸。"

(2) 砼【42.128】(荣事堂记)《玉篇》:"口黠切,坚也。"《集韵》:"丘八切。石坚貌。石也。"

(3) 訏【41.30】(王宷墓志)《玉篇》:"知与切,智也。"

二 宋代碑刻字书未收字产生的原因

根据上面的分类整理来看,这些字书未收字的产生原因比较复杂,有俗字、简字、讹字、错字,还有一些佛语用字。其中,方言俗字所占比重很大,从统计来看,占据了字书未收字的50%。而新形新义字则占据了总数的38%。之所以有这么多字书未收字的俗字,首先可认为是文字本身的原因,从字形结构来看,部分正字或本字的结构相对比较复杂,不容易记忆和书写。而"别异是文字增多的主要原因"①。从字音来看,方言俗字的偏旁结构更适应地域语音差别,具有很好的表音性。比如有一些字在使用中,人们知道字的读音,但在写的过程中对于字的表音的偏旁就找一个简单易写的对原有偏旁取而代之了。比如碑刻中的▨字。同于"逮"字。直至今天,这种用字现象也还存在,比如"酒"人们往往写成"氿"。至于新出字,更是汉字完善交际表达功能的重要表现。下面,我们就详细阐述这些字书未收字产生的原因。

(一) 文字发展的因素

随着汉字的不断发展演变,形声字越来越占据主体地位,因为形声字具有象声写词的特点,所以后世所造新字,多用这种意音组合的方式,这种向以形声为主体过渡的变化是汉字作为使用工具,其功能更加完善的一种表现。由于可以表音化,使汉字格外易记易认;又由于汉字的表意偏旁的使用,使得汉字具有的通过字形可以推知字义的特点更加独具魅力。

在这些我们所认定的"新出字"当中,全部都是形声字,比如"楩"字;另外,原有的汉字形体被代替,所使用的新形体也都是形声字,即用新形表旧义,就是汉字的表意功能使然,汉字的产生是表意的需要,因此新事物的出现需要新的汉字来记录,用新形表新义。另外,由于汉字表述功能的分化,同一汉字形体,可以表述两个完全不同的意义,用旧形表新义,比如"扡"字,取本切,音忖,读若寸,上声。截也。最早见于《集

---

① 唐兰:《中国文字学》,上海世纪出版集团2005年版,第106页。

韵》。在碑刻中是"村"字的俗体。《生冷僻字汇编》"邨，俗村"。由以上分析可知，在宋代出现的汉字主要是以形声为主要造字方式，而且形声字的表音方式也有了相对固定的位置，一般都是"左形右声"的结构。以上所分析的这几个"新出字"都是"左形右声"的结构。

（二）语言发展的因素

　　文字的发展，常常会受到语言特征的制约。"语言和文字是两种不同的符号系统，后者存在唯一的理由是在于表现前者。"① 一方面，由于社会文化与交际的需要，人们就会不断地对文字进行加工改造，有时，甚至会使整个文字系统改换成另外一种文字系统，而汉字，作为一种表意文字，数千年来，之所以没有被其他的文字取代，是因为它能在"表意与表音的相互促进中一直顽强地坚持自己的表意特点，不断采用新方式来增强个体构形部件和整个符号系统的表意功能"②。不断地调整文字和语言之间的这种不平衡，而适应语言的发展变化。当一个汉字记录的词义的内容发生了变化，汉字的表意部件很可能也随之发生相应的变化，或者是由于进一步表音的需要，表音部件功能也会逐渐增强。比如碑刻当中出现了一个"恠"字，即我们现在常用的"怪"字的俗字写法，以"在"为声符，与"怪"的韵母读音一致。碑刻原文为"浩如倾河，谲恠##"通过对字书的查询考证可以得知：宋吴棫《韵补》："恠，怪或作恠。《风俗通》：怪者，疑也。《白虎通》异之言，恠也。《易林》：五心六意，岐道多怪，非君本意，生我恨悔。"又《钜宋广韵》："恠，俗。"由此，我们可以得知"恠"即为"怪"的俗字。可以说，作为一个表音兼表意的文字来说，"恠"更符合形声字发展的趋势。从表音的功能上来说，"恠"字比"怪"字更便于记忆，但可能是由于这是一个俗字，并没有被广泛流传使用，所以作为重复表示同一词义的异体字来说，"恠"字最终没能战胜"怪"字。再比如，前面所说的 字，是"逮"的俗体字，从实际使用来看，这个字无疑也更便于人们的记忆与书写。但作为俗字的地位并没有得到提升。但从文字产生与使用情况来看，是适合于语言的使用与发展的。

　　另外，古代汉语中的多数词，是单音节的，同是单音节词，就会出现许多同音词的现象，声调固然可以起到区分词性、词义的效果，但汉字的形体结构上表意的特点与用声调区分词性词义的方法并不合适，这等于用拼音的方法来制定汉字，但汉字几千年来并没有走上拼音化的道路的事实告诉我们，汉字不能走表音化发展的道路，因此，综合运用表音表意这种方法是最适合汉字的发展的。这样做的结果必然是会有更多文字的分化与产生。如"鎷"字，是由母字"写"分化而来。"鎷"字的"金"字旁显然就属于累增的义符。又如，"玣，本又作'弁'"（《经典释文》）。但几千年来的语言现象不容推翻，只能用文字的调整来适应其发展。

---

① 索绪尔：《普通语言学概论》，复旦大学出版社 2005 年版。
② 欧阳澜：《浅析汉字传承至今的原因》，《咸宁学院学报》2007 年第 5 期。

（三）社会发展的因素

中国幅员辽阔，在不同的地域产生了大批的方言俗字，这些方言俗字是某个方言区域所创造或使用的与正字相对的字。社会因素的影响（主要是时代与地域的因素），促使大量俗字的产生。虽然前代已经创造出大量可供使用的汉字，但随着语言的不断发展，已有汉字仍不能满足记录语言的需要，各个时代、各个地域的人们仍然需要不断地创制新的汉字。所以新造出来的汉字有的是表示新的词汇意义的新的字种，有的只是构形上的不同。又由于不同地域的人们的思维习惯与生活方式的不一致，所创造出来的汉字形体上就会被打上地域与时代的烙印。同一个字，可能同时就有几种不同的写法出现，比如，鬭《五音篇海》："鬭，同阙。"《龙龛手镜》："鬪鬭（二俗），去月反。"

再有，汉字在经过汉代的隶变以后，也出现了社会用字的混乱现象，俗字、讹文等触目皆是，在前文我们统计的这些字书未收字中，除去疑似字22个以外，详细考证的有52个。除去10个字义不详的字，1个错字以外，其中俗字有23个，占总数的将近50%。有些新字形是在原有字形基础上演变而来，但还有大量字形与文献用字脱节，变体与正体失去联系，字书收字未及，来源无从考证。只能在文献中发现这些字曾流传过的迹象。比如上面我们考证过的"䋌"字，由《龙龛手镜》卷四糸部："紂（紂）、䋌、緇，侧持反。黑色缯也。"可知，"䋌"乃"緇"的讹俗字，所幸形旁还没有变化，但仅凭声旁判断，是很难将这两个字联系到一起的。但还有十几个字，根本找不到用例或者字书收字的其他旁证。

值得一提的是，佛教文化在汉字发展的过程中，也有过一定的影响。"由西域传入的佛经迅速汉化，并经无数信者抄写得到广泛传播，这种文化传播的方式，显然给汉字这种表意体系的文字使用带来了压力。……在文字上的最明显的表现则是大量俗字的使用并传播。"① 因为碑刻所涉及内容广泛，所以也有几篇碑文有大量佛经译语字的出现与使用，本论文考证了3个字书未收字。

三　宋代碑刻字书未收字的演变

（一）字书未收字的消亡

有一部分字书未收字还来不及被推广，便随着时间的逝去很快退出了文字使用的舞台，没有广泛地为社会所接受与使用。在这52个字当中，有8个字书漏收字只在碑刻中有发现，就现有材料来说，无论宋前宋后的文献或字书都没有这个字，从碑文中来看也很难考证其义。这些字分别是：秤、槾、垔、庿、䩻、扬、诞、䕺，剩下那些在字书当中曾经收录过的汉字，大多数因为使用频率的不断减少而已经消亡或处于消亡的边缘，如"睯""濡"等，要么是俗字被替代，要么是正字不常用。其消亡主要是由以下几种原因造成的。

---

① 中国文字协会、河北大学汉字研究中心：《汉字研究》，学苑出版社2005年版。

首先，汉字的独立表意性。任何一个文字的出现与使用都要具备这样的条件：记录语言中的词；独立地准确地记录语言中的词。如果一个汉字在表意上不能很好地具备以上的条件，那么，当同时有其他的更好的记录该词的文字出现与其并存的话，前者就将接受淘汰的命运，会因为不适应表达的需要而不被采用，直至最终走向消亡。因此，尽管从理论上来说，汉字的字数会随着词汇的不断丰富、意义的不断增多而无限量地增多，但事实上，汉字经过了同音替代，异体字，生僻字淘汰，形声化等多种方式简化以后，我们常用的汉字到现在也不过 2500 个，加上次常用的 1000 个，一共 3500 字，足够满足日常生活使用需求。就表义功能来看，这些字相互之间具有无可替代性，不重复性。比如在碑刻中出现有"淕"字，它是"济"的异体字，无论从笔画上还是从表音效果来看，都不如"济"实用，因此被淘汰掉。

其次，汉字的通用性。汉字只有通行，才能发展沿用。在宋代碑刻中新出现的这些文字，有的在之前的文献当中也略有使用，但无论是否被字书收入，其使用范围都没有被推展开。比如"恠"字，其实从形体和表音上来看，都比现在通用的"怪"更具有可用性，但因为是一个俗体字，通用范围比较狭窄，且又较"怪"晚出，所以一直到最后也没能走上正字的位置。而且，南北朝到宋朝这段时期，社会用字混乱，虽然字书收字甚多，但不可能全面收到，这些汉字在贮存领域就没有被很好地保存下来，因此，随着社会用字的规范化，只靠文献保留的这些字，在当时可能不被人们所熟知，流通领域就渐渐缩小，最终淡出汉字使用的舞台。

最后，汉语的双音节化。有些汉字的表意功能比较细化，带有一定的时代特色，比如，和马有关的词就有很多，在碑刻中也出现了一个"驨"字，但现在更多的都用双音节词来表示，以一个核心词素"马"来构词，这是从表意方面来说，不需要那么细致的分工，减少人们记忆的负担，因此其使用频率就越来越低。

（二）字书未收字的沿用

同样的道理，如果这些新出现的汉字能够适应表达的需要，那么优胜劣汰的结果会使其被选择使用的过程中占据上风，汉字被传承的地位也正是在通用的过程中得到了提高与稳固。本文所考证的字，大部分都不再通用于现代汉语当中，只有很少的几个被沿用下来，被沿用的字有瑨、楦、玶、鐯。对于新形新义字来说，"由于记录语言的需要特为制字以写新词"[①]，但因为它们所表事物并不常见，所以这几个字用到的也极少，也即说，一方面，由于它们各自所表意义的确定性和词语的不可替代性，使它们没有被淘汰；另一方面，由于受到指代内容的不常用性的限制，这些字出现的频率也非常低。至于那些新形旧义字，有的是在原有字的基础上加声旁或形旁，变成形声字，有的则是为了"出于别异的需要而制作分别文"[②]，例如"鐯"。但无论如何，从这些字本身的历史发展趋势来看，是符合汉字发展规律的，适于表达的需要，因此得以延续下来。

[①] 郑廷植：《汉字学通论》，福建人民出版社 1997 年版。

[②] 同上。

（三）字书未收字的变化

字书未收字的变化包括三种：形体上的变化、职能上的变化和地位上的变化。

1. 形体上的变化

汉字的发展一方面要适应记录汉语的需要，另一方面也要遵循汉字自身的发展规律，汉字的发展是一个从粗疏到精密的过程，由此推动了汉字表意化的发展，形成了形声字占主导地位的格局，这是一个不断完善发展的过程。如"玣"字，根据前面的考证我们知道，这个字从形体来源上看，是在"弁"的基础上增加了表示玉名的表意符号的，音义同"弁"。在增加了意符"王"变成了形声字以后，有助于我们由字形推知字义，很多汉字都是如此，逐渐形成了以某一意符为核心的表意系统。

2. 职能上的变化

汉字职能的变化包括三种情况：职能的扩展，职能的减缩以及职能的转移。根据我们所整理的碑刻文字材料来看，比如前面分析过的"鎷"字，《集韵》："鎷，洗野切，音寫。范金也。"《正字通》："鎷，俗'寫'字，范金。古作'寫'，俗加'金'，旧注分为二。"《增韵》："寫，倾也，输也。又转本曰'寫'，又摹画曰'寫'。"因此可知，加"金"表示"范金义"的"鎷"字应是由"寫"的"摹画义"分化而来，也即说这是一个后造分化本字。由母字"寫"分化而来。"鎷"字的"金"字旁显然属于累增的义符。这种现象就属于汉字职能减缩中的母字分化现象。若再细化，则属于母字分化的变异分化、增旁分化和换旁分化中的增旁分化。换旁分化的如"扫"字，《集韵》："扫，取本切，音忖，读若寸上声。截也。"《钜宋广韵》："扫，截也。"《生冷僻字汇编》："扫，俗村。"作为"村"的俗字来说，则属于换旁分化。

3. 地位上的变化

地位上的变化是指从通用字变为常用字，由方言俗字变为正字等的变化。俗字伴随着文字的产生而产生，必然存在于汉字史的各个发展时期，并会随着时间的推移地位也会发生变化。但是在我们的统计中，俗字能够转为正字的比较少，在所考证的这 23 个俗字中，有"楉""鎷"二字，"楉"有俗体字转为正字，"楉"音缯，表示编发绳，这个字最早在《龙龛手镜》中可见："楉（俗）音缯。编发绳。"但并未指出是哪个字的俗字，也即正字并不清楚，因此后世把"楉"当作正字用。"鎷"本是在原有字"寫"字的基础上加"金"旁而来，演变到后来已经变成一个独立表意的字。另外，为适应时代发展和语言发展的需要，每一个时代都在产生一些新字，不能适应语言变化的字变成生僻字不再使用。这是汉字历史发展的普遍现象。在宋代这个历史时期，虽然绝大多数文字仍然继承了唐宋时期逐渐稳定下来的楷书正字，但也还是增加了一些新字，并改造了一些传统正字，对一些笔画过多或者声符失实的字加以省简，这些字逐渐约定俗成，成为近代汉字常用字的组成部分，汉字发展到宋代的时候，已经逐步形成为一种成熟而实用的体系了，许多俗字在民间或者宗教当中都是通行的。但也有的俗字虽然在结构上更合理，却没有能够广泛地使用开来，比如"𥄙"即"视"，碑文中还出现一个古体的字；"𢓜"即"逮"字；恠，俗字，音义与"怪"同等。这些字更符合形旁表意、声旁表声的特点。因此说，俗字在汉字发展过程中也起到了十分重要的作用，对俗字的深入考察和研究对于全面研究汉字学意义也是非常重大的。

从以上字书未收字的分析来看，可以大致归纳为两点：第一，宋代碑刻字书未收字中新出的"正字"不多，说明汉字发展到宋代，经过隶变、楷化，形成的正字楷书已经非常稳定。第二，俗字、异体字混杂，产生了很多新的字形，宋代的汉字使用，继承了唐代、魏晋南北朝时期的文字混乱的余绪，在不同的领域仍然大量使用正字以外的俗体字、方言字。

四　结语

王宁《辞书与辞书学散论》："编纂一部辞书的目的大致有三个：贮存、整理、沟通。这是三个相辅相成、不可或缺的目的。""贮存的最终目的，从宏观上说是为了保留人类的文化。"[①] 但字书在贮存上却由于各种主客观的原因，不会将所有的汉字全部收录进去，有一部分字是由于使用过程中所出现的异形字，其中有大量字形是书写、传抄失误所造成的，故编纂者有意不收；但也有一部分汉字，是真正为适应记录汉语词汇的需要而新造的，虽然数量上占据少数，却很有意义，但由于辞书编纂者主观的疏忽而未得贮存。大型字书之所以为"大"，在很大程度上是靠收录异体俗字的情况而有所体现的。但古籍文献中所出现的异体俗字数量又实在太多，又由于以上所说的原因，所以很多俗字异体字并未及时地反映在字书当中。对于本论文中所考证的至今字书都未收录的"字书未收字"，可以补现代大型字书之缺失。

至于宋代以前字书未收录的字，我们可以由此考证出其所出现的年代。并提供相应的有力证明。本文中所考察到的一些字，正是起到了为字典辞书中所收录的没有例证的字找到证据的作用。比如"槷"字，在字典辞书中只有字形，没有音义。但是在碑刻中，可根据上下文内容求得其义。另如："鎬"字，字书中也只有对字的音与形体来源的说明，并没有该字的相应用例证明，但我们在碑文内容发现了文字使用的用例，发现，"铸"与"鎬"连用，在碑文中所反映的词义正好与字书中的解释及字形相印证，这就为字典辞书提供使用实例。

同时，本文的研究也有助于对异体俗字的归纳和整理。通过对这些碑刻中所出现的字书未收字的整理，我们不难看出，异体俗字占据了这些字的 50% 以上。可见，俗字异体字的使用在民间是非常广泛的。我们在掌握这些第一手资料的基础上，对这些字进行一定的考证与探讨，希望能够对专门的异体字俗字的研究提供一点帮助，对于阅读校理古代典籍具有很大的参考价值。

总之，宋代是文字发展稳定的时期。就汉字形体本身来说是不断演进的过程，通过这些碑刻文献，我们能够发现并留存文字发展变化的迹象。

---

① 王宁：《辞书与辞书学散论》，《辞书研究》1992 年第 4 期。

传世文献的改字及其考证

李运富　李　娟

一

　　一种文献的初始文本生成后，在传世过程中除非不再产生新的版本，否则就难免出现错讹和改字。无意识的错讹往往会造成原文的解读困难，历来为训诂学校勘学所重视；有意识的改字一般并不影响原文的解读，跟训诂关系不大，但改字直接反映了写字者的用字心理和时代习惯，是研究汉字职能变化和字词关系变化的极好材料，所以也有越来越多的学者加以了关注。

　　义不变而字变，改字者总是有某种目的的，或为了适应当代的用字习惯，或为了书写的方便快捷，或为了猎奇而使用新出字，或为了减少理解的困难而将通假字换成本字等。太田辰夫《中国语历史文法·跋》中说很多文献整理者"由于缺乏语言变化的知识而把文字任意改成时髦的了。看来把文字改成时髦的，这一点，从古到今所有的校订者无一例外地一直在做"。[①] 李荣在《文字问题》中指出："传世古籍屡经抄刊，屡经'当代化'，某字某种演变始于何时往往无法查考，始见于何书也难于查考。我们只能一面采用前人的说法，一面根据文献来验证补充。"[②] 张涌泉《汉语俗字研究》："古籍在流传过程中，文字不断地被'当代'化。传世古籍一经六朝以迄唐五代人的染指，无不打上俗字的烙印，至宋以后刊版流行，则又往往以正字改易俗字。"[③]

　　这些学者注意到改字现象的"当代化"问题，但在考证"当代化"改字时，通常运用的是传统"校勘四法"，很少提出或运用别的方法。我们认为，"当代化"改字现象有时并非仅靠"校勘法"就能判定的，因我们今天看到的各种"版本异文"和"引用异文"大都属于"后时材料"[④]，未必就是真正的异文，或许异文本身也是由于改字而形成

---

* 本文原载《文献语言学》第2辑，中华书局2016年版。
① ［日］太田辰夫：《中国语历史文法》，北京大学出版社1987年版，第375页。
② 李荣：《文字问题》，商务印书馆1987年版，第76页。
③ 张涌泉：《汉语俗字研究》，商务印书馆2010年版，第159页。
④ 太田辰夫《中国语历史文法》把文献资料分为"同时资料"和"后时资料"两种，本文参照这种分法并变通某些说法以指称有关材料。"所谓'同时资料'，指的是某种资料的内容和它的外形（即文字）是同一时期产生的。"当然不必限于作者自写的文本，"粗略地说，比如宋人著作的宋刊本，姑且看作同时资料也可以"。"所谓'后时资料'，基本上是指外形比内容产生得晚的那些资料，即经过转写转刊的资料，但根据同时资料不严格的规定，后时资料的内容和外形间有无朝代的差异就很重要。比如唐人集子宋刊本就是后时资料。中国的资料几乎大部分是后时资料。"（蒋绍愚、徐昌华译，北京大学出版社2003年版，第374—375页。）

的。所以确定文献中的某个字是否有意"改字",或者"异文"中究竟哪个是改字,有时不能靠"异文"本身来校勘,还需要用别的更严密的考证方法。

文献用字是否被后世改动,主要看"嫌疑字"的形义是否符合文献的时代。所以我们认为考证文献改字除了校勘的基本方法外,还有两种方法可以运用:一是通过考证相关字符的产生和使用时代以确定"改字";二是通过考证相关义项的产生和使用时代以确定"改字"。

考证的有效材料大致有四种:一是其他文献的"同时材料"(如有本文献的同时材料就无须考证);二是"同时代书写材料",即文献内容是前代的,而记录文献的文字是跟被考文献同时代书写的;三是古代注家说明了用字情况(如字际关系和字形结构等)的"注释材料",原文献的用字情况一经注释家特别出注说明,就相当于加了一层保鲜膜,通常能体现用字的原貌;四是跟被考文献同时代的"后时材料",这种材料不能主证,但可以通过"使用频率"的统计和比较来佐证某个时代的用字习惯,还可以跟其他相对可靠的材料互证。

通常所谓出土文献、碑刻文献、手写本、宋刻本、明刻本等跟上述材料是指称角度的不同,实际所指可能相同。其中既有"同时材料",也有不少文字跟文献内容并不同时的"后时材料",相对于原文献而言,出土材料本身也存在改字的可能。但出土文献、碑刻文献等一般书写时代明确,即使不是"同时材料",也可以作"同时代的书写材料"用来证明"同时代"的被考文献的用字,因同时代的书写材料可能具有用字习惯的一致性。

二

通过考证相关字符的产生和使用时代以确定"改字",其实是有学者提到过的方法。裘锡圭在讨论《史记》《汉书》中的古今字异文时说:"一般都认为司马迁作《史记》多用今字,班固作《汉书》多用古字。《汉书》的确有用古字的地方。但是,有些人举出来的《史记》用今字《汉书》用古字的例子,如《史记》用'烹'《汉书》用'亨',《史记》用'早'《汉书》用'蚤'等(《汉书》颜师古注屡言'蚤古早字'),却是有问题的。从我们现有的关于古代用字情况的知识来看,在司马迁和班固的时代,从'火'的'烹'根本还没有出现;把早晚的{早}写作'蚤'在班固的时代是很常见的,在司马迁的时代更是普遍现象。《史记》原本一定也跟《汉书》一样,是以'亨'表{烹},以'蚤'表{早}的,后来才被传抄、刊刻的人改成了'烹'和'早'。就这两个例子来说,《史记》《汉书》都用了当时的通行字,根本不存在一古一今的问题,只不过《史记》所用的字被后人改成了他们所用的今字而已。《汉书》里被后人改成今字的字,要比《史记》少得多。人们之所以会产生《史记》多今字《汉书》多古字的印象,这是一个重要原因。"① 裘先生这段话虽然针对的是"古今字"问题,但其中暗含了一种重要的考证改字的方法,就是在缺乏本文献的"同时材料"的情况下,要调查具体字符的出现时代以及相关时代的用字习惯。如果我们看到某个版本上的甲字在该文献产生时代及以前时

---

① 裘锡圭:《文字学概要》,商务印书馆1988年版,第272页。

代都没有出现过,而且"同时代书写材料"显示该文献时代记录该词项惯用的是乙字,传世文献的字频统计也能提供佐证,那么基本上就可以判断甲为后世的改字。例如:

【景—影】

传世文献中,很早就有用"影"记录｛阴影｝的例子。如《尚书》(四部丛刊景宋本):"惠迪吉,从逆凶,惟影响。"孔安国传:"若影之随形,响之应声也。"《史记·平津侯主父列传》(景祐本,下同):"夫匈奴之性,兽聚而鸟散,从之如搏影。"又《平津侯主父列传》:"未有树直表而得曲影者也。"其他如汉代的《春秋繁露》《韩诗外传》《盐铁论》《淮南鸿烈解》《说苑》等都有用"影"记录｛阴影｝的用例。甚至连汉人注释材料中也有很多｛阴影｝义的"影"字,如上引孔安国传。再如《史记·天官书》:"日方南金居其南,日方北金居其北。"唐张守节正义:"郑玄云:'方犹向也。谓昼漏半而置土圭表阴阳,审其南北也。影短于土圭谓之日南,是地于日近南也;长于土圭谓之日北,是地于日近北也。凡日影于地,千里而差一寸。'《周礼》云:'日南则影短多暑,日北则影长多寒。'孟康云:'金谓太白也。影,日中之影也。'"《孟子》(四部丛刊景宋大字本):"君行仁政,斯民亲其上,死其长矣。"赵岐章指:"言上恤其下,下赴其难。恶出于己,害及其身,如影响自然也。"《淮南鸿烈解·说林训》(北宋本,下同):"使景曲者,形也。"许慎注:"形曲,则影曲也。"

但我们看到的这些传世文献的版本大都是宋代以后的,属于"后时文献"。后时文献不能证明"同时文献"的用字。这些文献的"同时"版本已佚,我们只能根据"同时代"的文本用字来考证。从同时代的材料看,汉代以前尚无"影"字,｛阴影｝义是用"景"字记录的。

《说文·日部》:"景,光也。从日,京声。"段注:"光所在处,物皆有阴。""后人名阳曰光,名光中之阴曰影,别制一字,异义异音。"可见"景"的本义是｛日光｝,如《陌上桑》:"景未移,行数千。寿如南山不忘愆。"日光照耀在物体上地面会留下阴影,所以"景"引申可记录｛阴影｝,在汉代出土文献和碑刻文献中记录｛阴影｝义时全用"景"字。如《马王堆汉墓帛书·老子乙本卷前古佚书》:"如景之隋刑,如向之隋声,如衡之不臧重与轻。"[76]《居延新简》:"孤山里景□。"[E.P.T59:167] 东汉《祀三公山碑》:"神熹其位,甘雨屡降,报如景响。"《潘干墓碑》:"于是远人聆声景附,乐受一廛。"《唐公房碑》:"休谒徙来,转景即至,阖郡惊焉。"《樊敏碑》:"所历见慕,遗歌景形。"《隶释·金乡长侯成碑》:"于是儒林众儁,惟想邢景,乃树立铭石,昌扬洙美。"《隶释·费凤碑》:"不悟奄忽终,藏形而匿景。"《隶释·老子铭》:"背弃流俗,舍景匿形。"汉代以前的传世文献也有不用"影"记录｛阴影｝义的,如《汉书》(景祐本,下同)无"影"字,共30个｛阴影｝义都用"景"字记录,分别见于《艺文志》《天文志》《郊祀志》《五行志》《律历志》《楚元王传》《张冯汲郑传》《蒯伍江息夫传》《司马相如传》《董仲舒传》《扬雄传》《贾邹枚路传》《眭两夏侯京翼李传》《杨胡朱梅云传》《王莽传》和《叙传》。

"影"字不见于《说文》,那么用"影"记录｛阴影｝是什么时候才有的事呢?大概由于"景"还可记录｛光明｝、｛景色｝、｛大｝等义项,为了分担"景"的记录职能,使文字的表义更加明确,人们在"景"的基础上增加"彡"生成新字"影"来专门记录

{阴影}。王观国引徐铉《新修字义》曰："景非设饰之物，不合从彡。""以此知是俗书影字，于偏旁之义，皆不可攷。"因而断言："古之日影字不从彡，只用景字。"① 这个所谓俗字"影"，南北朝时期的颜之推认是到晋代才出现的。《颜氏家训·书证》（四部丛刊景明本）："《尚书》曰：'惟影响。'《周礼》云：'土圭测影，影朝影夕。'《孟子》曰：'图影失形。'《庄子》云：'罔两问影。'如此等字皆当为光景之景。凡阴景者，因光而生，故即谓为景。《淮南子》呼为景柱，《广雅》云：'晷柱挂景。'并是也。至晋世葛洪《字苑》，傍始加彡，音于景反。"晋代以后的字书也都收录了"影"字，如唐初日本空海和尚据原本《玉篇》删改而成的《篆隶万象名义》："影，于景反，随形也。"《广韵·梗韵》（泽存堂本，下同）："影，形影。"《集韵·梗韵》（潭州宋刻本，下同）："景，物之阴影也。葛洪始作影。"《类篇》（汲古阁本，下同）："影，于境切。物之阴影也。葛洪始作影。"日本学者佐野光一通过对汉代的出土文献进行研究，也认为"盖自汉以后，虚始为墟，犹形景为影，本乎稚川也"。② 段玉裁曾对颜说提出怀疑："惠定宇说汉《张平子碑》即有影字，不始于葛洪。"但陈直予以驳正："或说汉《张平子碑》即有影字，不始于葛洪。张碑原石久佚，殊不可据。东晋末《爨宝子碑》云：'影命不长。'此影字之始见。又东魏《武定六年邑主造石像铭》云：'台钧相望，珪璋叠影。'景之作影，在六朝时始盛行耳。"看来颜之推的说法是可信的。那么上引各种汉魏以前的文献，其传世各种版本中如果用了"影"来记录{阴影}，就应该是后世改字的结果。所以王楙说："古之阴影字用景字……自葛洪撰字苑，始加彡为阴影字。古之战阵字用陈字……至王羲之小学章，独自旁作车为战阵字。而今魏汉间书，或书影字阵字，后人改之耳，非当时之本文也。"③ 王观国也指出："明皇不好隶古，天宝三载，诏集贤学士卫包改古文尚书从今文，故有今文尚书，今世所传尚书，乃今文尚书也。今文尚书多用俗字，如改说为悦，改景为影之类，皆用后世俗书。"④ 这说明实际情况应该以晋为分界线，晋以前"景"是记录{阴影}义的习用字，晋及晋以后"影"逐渐取代"景"成为记录{阴影}义的习用字，凡不符合这种用字时代性的后时文本都可能是改字造成的。

【倦—勌】

在传世文献中，记录{疲倦}义的"勌"最早见于春秋战国时期，如《庄子·应帝王》（四部丛刊景明世德堂刊本）："有人于此，向疾彊梁，物彻疏明，学道不勌。"汉代文献中出现更多，如《汉书·韩彭英卢吴传》："今足下举勌敝之兵，顿之燕坚城之下，情见力屈，欲战不拔，旷日持久，粮食单竭。若燕不破，齐必距境而以自彊。"《盐铁论·禁耕》（明弘治涂氏江阴桼本）："今陛下继大功之勤，养劳勌之民，此用糜鬻之时。"《孔丛子·诘墨》（明翻宋本）："臣闻孔子圣人，然犹居虏勌，惰廉隅不脩。"《论衡·道虚篇》（上海涵芬楼藏明通津草堂刊本，下同）："周章远方，终无所得，力勌望极，默复归家。"但实际上这都是后时文献改字的结果，魏晋以前尚无"勌"字，凡{疲倦}义大

---

① （宋）王观国：《学林》，中华书局1988年版，第323页。
② ［日］佐野光一：《木简字典》，雄山阁出版株式会社昭和六十年版，第633页。
③ （宋）王楙：《野客丛书》，中华书局1987年版，第234页。
④ （宋）王观国：《学林》，中华书局1988年版，第20页。

都用"倦"字记录。

《说文·力部》:"券,劳也。从力,卷省声。"臣铉等曰:"今俗作勌,义同。"段注:"今皆作倦,盖由与契券从刀相似而避之也。"《说文·人部》:"倦,罢也。从人,卷声。"可见"券"与"倦"两个异构字,都是记录{疲倦}的本字。战国时期已经出现"倦"字,历代沿用。如《上海博物馆藏战国楚竹书(二)·从政》:"敦行不倦,持善不厌,虽世不识,必或知之。"《上海博物馆藏战国楚竹书(三)·仲弓》:"刑政不缓,德教不倦。"《郭店楚简·唐虞之道》:"四肢倦懈,耳目聪明衰,禅天下而授贤,退而养其生,此以知其弗利也。"《马王堆汉墓帛书·十问》:"明大道者,亓行陵云,上自糜摇,水溜能远,龚登能高,疾不力倦,□□□□□□巫成柖□□不死。"东汉《袁博残碑》:"常以易诗尚书授,训诲不倦。"《子游残碑》:"否则独善(阙数字)□著书不倦。"此外,《隶释·济阴太守孟郁脩尧庙碑》《隶释·安平相孙根碑》《隶释·从事武梁碑》《隶释·玄儒娄先生碑》《隶释·凉州刺史魏元丕碑》《隶释·太尉刘宽碑》等也有"倦"记录{疲倦}的用例。《史记》无"勌"字,而用"倦"记录{疲倦}达20次,分别见于《高祖本纪》《平准书》《乐书》《孔子世家》《外戚世家》《孟子荀卿列传》《游侠列传》《司马相如列传》《屈原贾生列传》《东越列传》《仲尼弟子列传》《楚世家》《淮阴侯列传》《平原君虞卿列传》,这说明到汉代"倦"仍然是{疲倦}义的习用字。

"勌"不见于《说文》,也不见于汉代的出土文献及碑刻文献。该字可能是为了区别"券"与"券"而将"券"的声符"卷"写完整,于是产生从力卷声的又一个异构字"勌"。最早的可靠用例见于北魏时期的碑刻文献,如《元子直墓志》:"丝纶告勌,执戟云疲,唯梁请牧,连率是縻。"《高猛妻元瑛墓志》:"加以批嚻问史,好学罔勌。"在其他文献中尚不多见。慧琳《一切经音义》(狮谷莲社刻本)"不倦"条:"不倦,下拳卷反。《声类》云:'倦,犹疲也。'《说文》云:'劳也。罢也。从人,卷声。'录作勌,误也。"这一记载说明慧琳编撰《一切经音义》时"倦"依然是记录{疲倦}的习用字,而把"勌"看作误字。在唐代碑刻文献中"倦"的可靠用例有72个,"勌"却只有1个,即《韩君妻赵摩墓志》:"举案以对良人,忧勤之志无勌。"可见"勌"到了唐代还不怎么常见。

但到宋代,"勌"字就用得多了,字书也开始收录这个字。宋本《玉篇·力部》(影泽存堂本):"勌,居员切。劳也。"《广韵·线韵》:"倦,疲也。或作勌。"《增修互注礼部韵略》(文渊阁四库本,下同)去声三十三线:"勌,渠卷切。罢也,厌也,懈也,劳也。勌、券,俗作倦。"《礼部韵略》是科举考试用书,在一定程度上反映了当时的实际用字面貌,它把"倦"看作"俗字",那么"勌"反而成了宋代的规范字。宋代的"同时材料"也可证明当时确实习用"勌"来记录{疲倦}义。如《太平御览》(影宋本):"猎者时往寄宿,文夜为檐水,而无勌色。"《参寥子诗集》(上海涵芬楼景印宋刊本):"度谷勌闻车轧轧,穿林愁听马萧萧。"《温国文正公文集·奉和早朝书事》(宋绍熙刊本):"疋马精神勌,前驺意思豪。"《沈氏三先生文集》(明覆宋本):"年来病勌厌寻山,且寄清冷白水间。"

由上述可知,魏晋以前的文献不应该有"勌"字,传世魏晋前的文献如果有"勌"字,应该是把原文本的"倦"当代化为"勌"的结果。如《汉书》用"倦"记录{疲倦｝义 19 例（分别见于《武帝纪》《食货志》《礼乐志》《匈奴传》《西南夷两粤朝鲜传》《王贡两龚鲍传》《扬雄传》《严朱吾丘主父徐严终王贾传》《司马相如传》《赵充国辛庆忌传》《贾邹枚路传》《谷永杜邺传》《隽疏于薛平彭传》和《王莽传》），而用"勌"记录｛疲倦｝义只有 2 例，这 2 例就应该是后时改字造成的。《汉书·严朱吾丘主父徐严终王贾传上》："留而守之，历岁经年，则士卒罢勌，食粮乏绝。"颜师古注："罢读曰疲。勌亦倦字。"这条注释说明两个问题：一是在唐以前已经有人把习用的"倦"字改成了"勌"；二是到唐代"勌"字还不大为人熟知，所以才需要用社会上通行的"倦"给它作注。直到宋代，"勌"字取代"倦"成社会规范字，所以宋刻本会把许多汉以前文献中的"倦"当代化改为"勌"。但习用"勌"的时间可能并不太长，元明以后"倦"杀了个回马枪，重又占据了习用地位。

【温—㬉】

《史记·封禅书》："至中山，曣㬉，有黄云盖焉。"

"㬉"在这里记录的是｛暖｝。

"㬉"不见于《说文》，汉代出土文献及汉魏六朝碑刻文献皆不见"㬉"字。在《史记》时代前后记录｛温暖｝义一般使用"温"字。根据"同时代材料"考证，"㬉"大概出现于五代，那么五代前的《史记》不可能使用"㬉"字。

《说文·水部》："温，水。出犍涪，南入黔水。"可见，"温"的本义是水名。但至晚在秦代，"温"就可以记录｛暖｝，《关沮秦汉墓简牍》："而炙之炭火，令温勿令焦，即以傅黑子，寒辄更之。"[318] 在汉代出土文献中，"温"记录｛暖｝的频率很高。《张家山汉简》"温" 5 见，其中记录｛暖｝义 4 见，如《张家山汉简·引书》："冬日，数浴沐，手欲寒，足欲温，面欲寒，身欲温。"[7] 《武威汉简》"温" 6 见，皆用于记录｛暖｝义，如《武威汉代医简》："温饮一小桮，日三饮。"[80乙] 《马王堆汉墓帛书》"温" 35 见，其中记录｛暖｝26 见，如《五十二病方·诸伤》："稍石直温汤中，以洒痈。"《杂疗方》："取醇酒半桮，温之勿热。"《居延汉简》"温" 2 见，其中记录｛暖｝1 见，即"以温汤饮一刀刲，日三，夜再，行解，不出汗"。《居延旧简》"温" 4 见，其中记录｛暖｝1 见，即"以温汤饮一刀刲"。《敦煌汉简》1 见，即"于兰莫乐于温，莫悲于寒"。[1409] 《随州孔家坡汉墓简牍》"温" 11 见，皆用于记录｛暖｝，如"必温，不温，民多疾，草木、五谷生不齐"。[469] 东汉《鲁峻碑》："内怀温润，外撮强虐。"《淮南鸿烈解》："寒不能煖。"许慎注："煖，温。"《春秋繁露》（上海涵芬楼藏武英殿聚珍版本）："冬温夏寒。"

宋景祐本《史记》用"温"记录｛暖｝义有 6 个用例，分别见于《孝武本纪》《乐书》《天官书》《田敬仲完世家》和《扁鹊仓公传》。而用"㬉"仅上举 1 例，且该用例在《孝武本纪》中"曣㬉"写作"晏温"，集解引如淳曰："三辅谓日出清济为晏，晏而温也。"此外，《增修互注礼部韵略》："曣，《史记·封禅书》'至中山曣温'，亦作㬉。"宋景祐本《汉书》无"㬉"字，而用"温"记录｛暖｝义有 29 个用例，分别见于《天文志》《郊祀志》《五行志》《艺文志》《西南夷两粤朝鲜传》《循吏传》和《眭两夏侯京翼李传》。可见，在《史记》和《汉书》中，"温"都是记录｛暖｝的习用字。那么《史记》中这个仅见的"㬉"就应该是后世的偶尔改字。

可靠的"㬉"字见于五代时《可洪音义》的收录："㬉曣，上乌昆反，下奴短反。"

我们将"暍"放在基本古籍库中检索，发现从宋代开始用例逐渐增多，故推测"暍"可能是唐五代时期产生的新字。宋代的字书已普遍收录此字，如《集韵》："暍，日出而温。"《类篇》："暍，日出而温。"《增修互注礼部韵略》："暍，日暖。《史记·封禅书》'至中山，瞕暍'，《汉书·扬雄传》作'晏温'。"《班马字类附补遗》（宋写本）："暍，《史记·封禅书》'瞕暍，有黄云盖焉'《武帝纪》作'晏温'。"宋代的同时文献中，也有"暍"的用例，如《温国文正公文集·次韵和邻几秋雨十六韵》（宋绍熙刊本）："瞕暍方有望，蔚荟已随生。"此外，《西山文集》（明正德刊本）也有"暍"的用例，即"鸣銮凤驾，喜景气之瞕暍；奠璧霄升，仰月星之明概"。

可见宋代通行用"暍"记录｛温暖｝义，《史记》中的这个"暍"大概也是在宋代被改用的。但宋代把古代文献的"温"改"暍"并不普遍，《史记》的这个"温"之所以被改为"暍"，大概也受到前字"瞕"的形旁"日"的类化影响。对于宋人改前代文献用字，卢文弨曾云："今之所贵于宋本者，谓经屡写则必不逮前时也。然书之失真，亦每由于宋人。宋人每好逞臆见而改旧文。"①

【砂—沙】

《史记·衞将军骠骑列传》："会日且入，大风起，砂砾击面，两军不相见，汉益纵左右翼绕单于。"

这个例子中的"砂"字，《汉书·卫青霍去病传》作"沙"。"砂"和"沙"在这里都是记录｛细碎的石粒｝义。

"沙"，甲骨文写作"⿱"，金文写作"⿱"（休盘），小篆写作"⿱"。《说文·水部》："沙，水散石也。从水从少，水少沙见。"段注："石散碎谓之沙。"《马王堆汉墓帛书·五十二病方》："胻伤：取久溺中泥，善择去其蔡、沙石。330"《疏勒河流域出土汉简》："日不显目兮黑云多，月不可视兮风非沙。636; 疏*687"《居延新简》："虏可廿余骑萃出块沙中。E. P. T58;17"《居延旧简》："地热多沙。502·15A"东汉《韩勒造孔庙礼器碑》："离败圣舆食粮，亡于沙丘。"《说苑·杂言》（平湖葛氏传朴堂藏明钞本，下同）："得其人，如聚沙而雨之；非其人，如聚聋而鼓之。"可见，"沙"的本义是｛细碎的石粒｝。

"砂"不见于《说文》。汉代的传世文献除《史记》外，"砂"还见于《说苑·谈丛》："蓬生枲中不扶自直，白砂入泥与之皆黑。"《吴越春秋》（乌程刘氏嘉业堂藏明刊本）："飞石扬砂，疾于弓弩。""飞砂石以射人，人莫能入。"《前汉纪》（无锡孙氏小绿天藏明嘉靖本，下同）："漠北地平，少草木，多大砂。"但是在汉代的出土文献和碑刻文献中皆不见"砂"字。"砂"字最早见于北朝东魏《南宗和尚塔铭》："师世家砂候社水峪村人氏，禀性温良，仁慈好善，为僧戒行。"但是它记录的不是｛细碎的石粒｝，而是地名。《正名要录》（影敦煌文献，下同）："右字形虽别，音义是同，古而典者居上，今而要者居下，……沙砂。"宋本《玉篇·石部》："砂，色加切。俗沙字。"《类篇》："砂，师加切。水散石也。"《集韵》："沙沁砂，师加切。《说文》水散石也……亦从石。"

《史记》用"沙"记录｛细碎的石粒｝3 见，分别见于《留侯世家》《屈原贾生列传》和《淮阴侯列传》。用"砂"记录该义项仅 1 见，即上文所举用例。《汉书》无

---

① 《重雕经典释文缘起》，《抱经堂文集》卷二。

"砂",用"沙"记录｛细碎的石粒｝12见,《韩彭英卢吴传》《司马相如传》《扬雄传》《李广苏建传》《卫青霍去病传》《赵充国辛庆忌传》《酷吏传》《傅常郑甘陈段传》和《西域传》皆1见,《匈奴传》3见。

综上所述,《史记》中的"砂"可能是发生在唐代前后的改字。将"沙"改成"砂"大致有两个原因：其一,受下文"砾"的"石"旁类化影响；其二,从字形上"砂"的形旁"石"能更好地提示本义｛细碎的石粒｝的意义类别。

【炉—鑪】

《史记·屈原贾生列传》："且夫天地为炉兮,造化为工；阴阳为炭兮,万物为铜。"

这个例子中的"炉",《汉书·贾谊传》作"鑪"。"炉"和"鑪"在这里都是记录｛火炉｝义。

"炉"不见于《说文》,汉代出土文献及碑刻文献皆不见。《汉书》无"炉"字,《史记》"炉"2见,除上文所举用例外,还有1例见于《刺客列传》："夫以鸿毛燎于炉炭之上,必无事矣。""炉"除了在《史记》中出现外,还见于《前汉纪》："炉分为十,一炉中消铁,散如流星飞去。"《申鉴》（江南图书馆藏明文始堂刊本）："故大冶之炉可使无刚。"但是,这些文献是明代的版本,其中的用字很可能被后人改动过。那么"炉"出现在什么时代呢？现在能找到的最早用例见于北齐《高建墓志》："至如日华飞观,庭燃百枝,风清曲沼,水文千叶,牀施象席,阶陈凤炉。"宋本《玉篇·火部》："炉,火炉也。"《正名要录》："右字形虽别音义是同,古而典者居上,今而要者居下……炉鑪。"《干禄字书》（唐石刻本）："壺壷、炉鑪、蒲蒲、蘇苏、畾图,并上俗下正。"唐《成君墓志》："因心不亏,其操炉香屡爇。"《王鍊墓志》："阴阳相扇兮洪炉炽焚,万物变化兮各归其根。"《剑阁诗刻》："东吴千年管钥谁熔,范只自先天造化炉。"

｛火炉｝一开始由"卢"记录,"卢"甲骨文写作"🔲"(甲三六五二)、"🔲"(佚九三五),金文写作"🔲"(嬰次卢),小篆写作"🔲"。《说文·皿部》："卢,饭器也。"徐灏注笺："卢,即古鑪字。"于省吾《殷契骈枝续编》："（甲骨文）为鑪之象形初文。上象器身,下象欹足……加虍为声符,乃由象形孳乳为形声。""后世作卢,从皿,已为絫增字。"郭沫若《殷周青铜器铭文研究》："许书之释卢为饭器者,盖假借之义。"郭沫若《新郑古器之一二考核》："卢,余谓此乃古人然炭之鑪也。鑪字其后起者也（今人作炉,又其后起）。"《张家山汉简·奏谳书》："臣有诊炙肉具,桑炭甚美,铁卢甚磬。"165《居延汉简》："索卢酒处一。"《居延新简》："炭卢。"ESC:84可见,"卢"的本义是｛火炉｝。

《说文·金部》："鑪,方鑪也。"臣铉等曰："今俗别作炉,非是。"段注："方对下圜言之。凡然炭之器曰鑪。"徐灏注笺："鑪,古祇作卢,相承增金旁。"贾谊《新书》（江南图书馆藏明正德长沙刊本,下同）："且夫天地为鑪,造化为工。"《淮南鸿烈解》："譬若钟山之玉,炊以鑪炭,三日三夜,而色泽不变。"《论衡》："火之在鑪,水之在沟,气之在躯,其实一也。"可见,"鑪"的本义是｛火炉｝。《释名·释地》："地不生物曰卤。卤,炉也,如炉火处也。"毕沅疏证："炉,《水经注》引作卢,今加火旁,俗。"《史记》"鑪"1见,但记录的不是｛火炉｝。《汉书》"鑪"4见,分别见于《五行志》2、《贾谊传》1和《扬雄传》1。

综上所述,《史记》中的"炉"可能是发生在南北朝时期的改字。孙奕（2014,388）

《履斋示儿编》引《雌黄》云："晋宋以来，多能书者，至梁大变。萧子云改易字体，邵陵王颇行伪字，'前'上为'草'，'能'傍作'长'之类是也。至为一字唯见数点，或妄斟酌，遂使转移。北朝丧乱之余，书迹猥陋，专辄造字，猥拙甚于江南。"《史记》所用原字有两种可能：一是写作"卢"，汉代出土文献中多用"卢"记录｛火炉｝；二是写作"鑪"，《汉书》保留了《史记》的原本用字。改字发生的原因可能是"炉"字产生后，与"鑪"相比它不仅书写简便，而且从字形上也能看出本义｛火炉｝的构造意图，符合造字规律，容易被大众接受。

三

上述例证说明，传世文献中的用字如果见于"同时代书写材料"，则基本可以证明该字的使用是符合"时代性"的，但要确证其属于原用字，还得附加一个条件，就是该字表达的义项也应该符合当时的实际情况，即其实有义项在本文献的具体语境中能够讲得通，上述例证除了字符出现的有无，义项上也是符合时代性要求的。如果当时有其字而非其义，则该字也有可能是后时的改字。所以在改字与被改字同时存在的情况下，我们就需要通过义项的时代性来考证改字现象。例如：

【谍—喋】

（1）夫绛侯、东阳侯称为长者，此两人言事曾不能出口，岂敩此啬夫谍谍利口捷给哉！（《史记·张释之冯唐列传》）

（2）夫绛侯、东阳侯称为长者，此两人言事曾不能出口，岂效此啬夫喋喋利口捷给哉！（《汉书·张冯汲郑传》）

"喋"[①] 和"谍"在这里记录｛多言｝义，它们是否都符合原文献的用字呢？可验以汉代的"同时材料"和"同时代的书写材料"。

"喋"不见于《说文》，但汉代有其字，且可以记录｛多言｝义。东汉《张迁碑》："帝游上林，问禽狩所有，苑令不对，更问啬夫，啬夫事对，于是进啬夫为令，令退为啬夫。释之议为不可：苑令有公卿之才，啬夫喋喋小吏，非社稷之重。"这段话叙述的内容与《史记》《汉书》相同，其中的用字应与汉代的真实用字最接近。此外，《汉纪》（四部丛刊景明嘉靖刻本）对此事亦有记载，用的也是"喋"，即"上问上林尉禽兽，簿尉不能对，虎圈啬夫代尉对，响应无穷。上曰：'为吏不当如此邪。'诏释之拜啬夫，欲为上林令。释之进曰：'陛下以周勃、张相如何如人？'上曰：'长者也。'释之曰：'此两人称为长者，言事曾未出口，岂若啬夫喋喋利口捷给哉！'"在《史记》中，用"喋"记录｛多言｝有2个用例，见于《匈奴列传》。《汉书》用"喋"记录｛多言｝，除上文所举用例外，还有2个用例见于《匈奴传》。

[①] "喋"，景祐本《汉书》写作"嗫"，因二者是异写的关系，没有构意上的差别，所以我们将其写成通行的"喋"。

"谍"在汉代亦有之，但与｛多言｝义无涉。《说文·言部》："谍，军中反闲也。从言，枼声。"《周礼·秋官·掌戮》（四部丛刊明翻宋岳氏本，下同）："掌戮掌斩杀贼谍而搏之。"郑玄注："谍，谓奸宼反闲者。"可见，"谍"的本义是｛间谍｝。此外，"谍"在汉代还记录｛公文｝义和｛谱系｝义，如《隶释·济阴太守孟郁脩尧庙碑》："复刊碑勒谍，昭示来世。"

《史记》中"谍"有10个用例，分别见于《三代世表》3、《十二诸侯年表》4、《廉颇蔺相如列传》1、《张释之冯唐列传》2，其中有7个记录的是｛谱系｝义，1个记录的是｛间谍｝义，还有2个记录的是｛多言｝义。《汉书》中"谍"有3个用例，分别见于《礼乐志》《艺文志》和《扬雄传》，记录的都是｛谱系｝义。可见，在《史记》和《汉书》中"谍"是记录假借义｛谱系｝的习用字。同时，我们对汉代其他传世文献中的"谍"进行测查，发现它的用例有8个，其中，3个用于记录｛间谍｝义，如《淮南鸿烈解》："善用间谍，审错规虑……出于不意，敌人之兵无所适备，此谓知权。"3个用于记录｛谱系｝，如《扬子云集》（清文渊阁四库全书本）："灵宗初谍伯侨兮，流于末之扬侯。"2个用于记录｛多言｝，即汉徐干《中论·覈辩》（上海涵芬楼借江安传氏双鉴楼藏明嘉靖乙丑青州刊本景印）："然而好说而不倦，谍谍如也。"在魏晋时期的其他文献中，我们没有发现"谍"记录｛多言｝的情况。所以《汉书》中的"喋"符合汉代的用字情况，而《史记》中的"谍"则有可能是后人的改字。

《史记》："岂敦此啬夫谍谍利口捷给哉。"集解引晋灼曰："音牒。"索隐："《汉书》作'喋喋'。喋喋，多言也。"《汉书》："岂效此啬夫喋喋利口捷给哉。"晋灼曰："喋，音牒。"这说明南朝刘宋时的裴骃在给《史记》作集解时，见到的依然是"喋"而非现在所见的"谍"，否则他不会引用晋灼《汉书音义》中的注释，因为晋灼在给《汉书》作音义时出的注释就是"喋，音牒"而非"谍"字。并且裴骃和颜师古在对相同的字词作注涉及引用前人的注语时，他们引述的注语内容大多相同。到唐代司马贞写作《史记索隐》时，见到的就是已经改过的"谍"字了。《玉篇·言部》（罗本玉篇）："谍，徒颊反。……《史记》：'岂效此啬夫谍谍利口捷给哉。'野王案：辨利之皃也。"《金楼子》（清知不足斋丛书本）："虽谍谍利口，致戒啬夫。便便嘲，且闻谑浪。"由此，我们认为后人改"喋"为"谍"可能是发生在南朝宋梁之际。

那么改字发生的原因是什么呢？可能是因为"喋"除了记录｛多言｝外，还经常用于记录｛流血貌｝。为了分担"喋"的记录职能，同时更好地提示｛多言｝的意义类别和范畴，人们以"言"为形符，造出"谍"字，而恰好与间谍的"谍"同形。另一种可能是形符"口"与"言"义相通，如《说文》"吟"的或体作"訡"，"咏"的或体作"詠"等，所以在使用中人们误以"谍"是"喋"的异构字，也能表达多言义。

【侮—嫫】

（1）四人者年老矣，皆以为上慢侮人，故逃匿山中，义不为汉臣。（《史记·留侯世家》）

（2）四人年老矣，皆以上嫚嫫士，故逃匿山中，义不为汉臣。（《汉书·张陈王周传》）

"侮"和"姆"在这里记录的是{轻慢}义。

"侮"甲骨文写作"🈷"(粹1318)，金文写作"🈷"(中山王鼎)，小篆写作"🈷"。《说文·人部》："侮，伤也。从人，每声。㑄，古文从母。"《诗·大雅·烝民》："不侮矜寡，不畏彊御。"孔颖达疏："不欺侮于鳏寡孤独之人。"《居延新简》："常衆所欺侮。E.P.T51:230"《隶释·汉成阳令唐扶颂》："忧耆闵稚，不侮煢矜。"可见，"侮"的本义是{欺侮}，引申可记录{轻慢}。《定州汉墓竹简论语》："[不知天命而畏也，狎大]人，侮圣人之言也。485"

《说文·女部》："姆，女师也。从女，每声。读若母。"《礼记·内则》（四部丛刊景宋本）："女子十年不出，姆教婉娩听从。"《仪礼·士昏礼》（四部丛刊景明徐氏翻宋刻本）："壻御妇车授绥，姆辞不受。"可见，"姆"的本义是{女师}。北魏《王遗女墓志》："至高太后以女历奉三日，终始靡怠，蒋训紫闱，光讽唯阐，故超升傅姆焉。"北齐《高显国妃敬氏墓志》："方谓永延嫔德，长祚姆师，嶬山尚远，石火已谢。"《五经文字》（后知不足斋本）："姆姆，二同，并莫又反，女师也。又音母。今《礼记》并用下字。"宋本《玉篇》："姆，同姆。""姆，音茂，女师也。"可见，从汉至唐"姆"都只记录{女师}这一个义项。唯独在《汉书》和《新书》中出现"姆"记录{轻慢}的用例，所以，我们认为这里的"姆"可能是后世的改字。

《史记》无"姆"字，用"侮"记录{轻慢}9见，分别见于《高祖本纪》3、《礼书》1、《留侯世家》1、《陈丞相世家》1、《孔子世家》1、《老子韩非列传》1和《魏豹彭越列传》1。《汉书》用"侮"记录{轻慢}9见，分别见于《高帝纪》3、《五行志》1、《霍光金日磾传》2、《魏豹田儋韩王信传》1、《佞幸传》1和《王莽传》1；用"姆"记录{轻慢}2见，即《贾谊传》："今匈奴嫚姆侵掠，至不敬也。"师古曰："姆，古侮字。"《张陈王周传》："皆以上嫚姆士。"师古曰："嫚，与慢同。姆，古侮字。"《班马字类附补遗》（宋写本）："姆，《汉书·张良传》'上慢姆士'，古侮字。"这说明景祐本《汉书》"上嫚姆士"中的"姆"在唐以前的本子中就已经出现。

汉代其他传世文献中，用"侮"记录{轻慢}83见，分别见于《蔡中郎集》4、《大戴礼记》3、《春秋繁露》2、《论衡》2、《潜夫论》4、《中论》2、《前汉纪》5、《风俗通义》2、《吴越春秋》1、《扬子法言》5、《太玄经》4、《古列女传》4、《说苑》11、《新序》9、《淮南鸿烈解》4、《孔丛子》8、《新书》3、《盐铁论》1、《韩诗外传》3、《尚书大传》6。用"姆"记录{轻慢}1见，即《新书》："今匈奴嫚姆侵掠，至不敬也。"

综上所述，我们认为"上嫚姆士"中的"姆"可能是唐以前的改字。改字发生的原因或是受前字"嫚"的形旁"女"影响而改"侮"的"人"旁为"女"旁。诸如此类受前后字影响而改换形旁的还有"稷"改为"禝"。东魏《封延之墓志》："真所谓社禝之卫，匪躬之臣者矣。""禝"，本当作"稷"，由于受"社"的影响，形旁类化，改"禾"部为"礻"部等。① 上文论述的"瞫喗""砂砾"也属这种情况，看来受上下文类化改字可以总结一条规律。当然改"侮""姆"也可能是因"人"旁和"女"旁类义相通而改，

---

① 参见毛远明《汉魏六朝碑刻异体字研究》，商务印书馆2012年版，第346—347页。

如"嫉"的异体字写作"佚"。改字发生后颜师古为之作注,"姆"记录{轻慢}逐渐得到认可,于是记录{女师}的"姆"和记录{轻慢}的"姆"构成同形字关系。但是这个改字并不彻底,在唐代前期其他抄本中依然有写作"侮"的情况,如日本大谷文书中的一件残片保留了《汉书·张陈王周传》的部分内容,该残片用的就是"侮"。[①] 唐代的正字书《五经文字》只收录了"姆"的一个义项{女师},这说明"姆"记录{轻慢}在唐代没有得到社会的认可。到宋代,不仅韵书字书收录了"姆"的{轻慢}义,如《集韵》:"侮伓侮悔姆务,《说文》伤也。一曰慢也。古作伒侮悔,或作姆务。"《类篇》:"姆,冈甫切。伤也。一曰慢也。又满补切。女师也。又莫候切。"《佩觿》(铁华本):"姆姆,上莫古、莫布二翻,女师。下古侮字。"而且有同时文献用例,如《诚斋集·墓志铭》(宋写本):"是缀是附,畴予敢姆。"

四

传世文献中的改字情况有时相当复杂,可能一改再改,可能是多种因素造成,所以不能简单地用有意、无意来区分,也不能用单一的方法来证明。这时就需要综合考证,弄清每一个环节的来龙去脉。例如:

【匮—鐀】

（1）卒三岁而迁为太史令,紬史记石室金匮之书。(《史记·太史公自序》)
（2）卒三岁而迁为太史令,紬史记石室金鐀之书。(《汉书·司马迁传》)
（3）周道废,秦拨去古文,焚灭诗书,故明堂石室金匮玉版图籍散乱。(《史记·太史公自序》)
（4）周道既废,秦拨去古文,焚灭诗书,故明堂石室金鐀玉版图籍散乱。(《汉书·司马迁传》)

"匮"和"鐀"在这里记录的是{匣子}义。

《说文·匚部》:"匮,匣也。从匚,贵声。""匮"字见于战国中期的《包山楚简》:"呆瘅在漾陵之厽（参）鈢（玺）,鬨（闲）迎（御）之典匮。"[13] 汉代以后沿用,如《张家山汉简·二年律令》:"民宅园户籍、年细籍、田比地籍、田命籍、田租籍,谨副上县廷,皆以篋若匮匣盛,缄闭。"[331] 《隶释·张平子碑》:"金匮壬板之舁,讖契图纬之文。"《淮南鸿烈解·精神训》:"夫有夏后氏之璜者,匣匮而藏之,宝之至也。"《论衡·别通》:"富人之宅,以一丈之地为内,内中所枊匮所赢缣布丝绵也。"可见,"匮"是记录{匣子}的本字,在汉代的出土文献、碑刻文献和传世文献中都能找到"匮"记录{匣子}的用例。

"鐀"不见于《说文》,汉代出土文献及碑刻文献皆不见此字,汉代传世文献除《汉

[①] 参见荣新江《〈史记〉与〈汉书〉——吐鲁番出土文献札记之一》,《新疆师范大学学报》(哲学社会科学) 2004 年第 1 期。

书》外也找不到其他用例。《史记》无"鐀",用"匦"记录{匣子}4见,分别见于《鲁周公世家》1、《樊郦滕灌列传》1和《太史公自序》2。《汉书》用"匦"记录{匣子}15见,分别见于《高帝纪》1、《艺文志》1、《爰盎鼂错传》1、《樊郦滕灌傅靳周传》1、《外戚传》1、《元后传》1和《王莽传》9;用"鐀"记录{匣子}2见,皆见于《司马迁传》。此外,"鐀"除了在《汉书》中有2个用例外,直到宋代才能找到其他的用例。因此,我们怀疑"鐀"可能是后人的改字。

《汉书》原本所用的字大概有两种可能:第一种可能是用"馈"字,因在"紬史记石室金鐀之书"句下颜师古注释说:"馈与匦同。"颜师古《汉书注·叙例》:"《汉书》旧文多有古字,解说之后屡经迁易,后人习读,以意刊改,传写既多,弥更浅俗,今则曲覈古本,归其真正。"这说明唐以前古本《汉书》用的是"馈"。"馈"字出现很早,也见于战国中期的《包山楚简》,写作"🗎",小篆写作"🗎"。《说文·食部》:"馈,饷也。从食,贵声。"《周礼·天官·膳夫》:"凡王之馈,食用六穀,膳用六牲。"郑玄注:"进物于尊者曰馈。"《外黄令高彪碑》:"圣朝宗虔,特加礼馈。"可见,"馈"的本义是{进食于人}。由{进食于人}可引申出{食物},《诗·小雅·伐木》:"于粲洒扫,陈馈八簋。"《史记》"馈"8见,记录的是{赠送}、{运送粮饷}或{祭祀}。《汉书》"馈"7见,记录的是{赠送}、{食物}或{祭祀},没有记录{匣子}的用例,在《白虎通德论》中"馈"记录的依旧是{食物}。汉代其他的传世文献中我们也没有发现"馈"记录{匣子}的情况。但是"馈"和"匦"有通假的条件,读音相近,在西晋碑刻文献中,有"匦"通"馈"的用例,即《徐君妻管洛墓碑》:"整脩中匦,仆御肃然。"因此,我们认为之所以没有在汉代发现"馈"通"匦"记录{匣子}的用例,可能是因为现在可见的汉代文献有限。第二种可能是《汉书》本来用的是和《史记》一样的"匦"字。"匦"不仅是记录{匣子}的本字,同时也是习用字,所以《汉书》一开始可能用的就是"匦",只是后来流传到唐以前才被人改成了读音相近的"馈"。

那传世版本中的"鐀"是怎么来的呢?我们认为"鐀"是"馈"的讹误字,讹误大致发生在唐代。理由有三:第一,楷书"食"和"金"字形相近,并且受前字"金"的影响也容易将从食的"馈"写成从金的"鐀",这些因素使讹误发生具备了可能条件。第二,在唐代的碑刻文献中,我们发现了将"馈"错写成"鐀"的事实,例如《王令墓志》:"仙娥而亮彩虔恭靡忒嫔风绚乎中鐀。"唐传世文献中,也发现了1个用例,《盈川集·为梓州官属祭陆郪县文》(明童氏刊本):"哀哀弱嗣,朝暮一溢;皎皎孀妻,鐀乎下室。"这些"鐀"都应该作"馈",典出《易·家人》:"无攸遂,在中馈。"孔颖达疏:"妇人之道……其所职,主在于家中馈食供祭而已。"第三,颜师古在给《汉书》作注时所依据的唐以前的古本用的是"馈",而到宋人李曾伯写《班马字类附补遗》时所见的版本已写作"鐀",《班马字类附补遗》(宋写本):"鐀,《汉书·太史公传》:'紬金鐀石室之书',与匦同。补遗:旧本作'馈',盖转写误。"那为什么不按照李曾伯的说法,把"馈"看作讹误字,而认《汉书》原用字就是"鐀"呢?如果这样,则颜师古的注文也应该是"鐀与匦同"而被后人"转写误""馈与匦同"了(事实上也确有将颜注再误"鐀"的,如《汉语大词典》"鐀"字头下所引颜注)。这种推论情理上是说得过去的,但无奈缺乏"同时代书写材料"的支持,因除《汉书·司马迁传》的2例外,汉代以前甚至唐代以前的所有文献资料都无法找到"鐀"字。

就造字理据而言，{匣子}义的"匮"可以有异体字"柜（櫃）"，但有意新造"鐀"字的可能性很小，因铁柜子并不多，在已有"匮""柜"的情况下不会专铁柜子造"鐀"字，所以这个字看作假借字"馈"的误写或因形改正也许更合理。尽管唐人把"馈"写成"鐀"是出于讹误，但从字形上把"鐀"的"金"旁看作柜子的制作材料也勉强可行，所以积非成是，记录{匣子}义的"鐀"字在宋代得到认可而被收进了字书韵书，如《类篇》："鐀，求位切。匣也。"《集韵·至韵》（潭州宋刻本）："匮鑎柜，求位切。《说文》'匣也'。或作鐀柜匮。一曰乏也。"《增修互注礼部韵略》："鐀，匣也。《司马迁》'紬石室金鐀之书'，亦作匮。"而且有许多同时材料的用例，如《容斋四笔》（宋刊本）卷第八第十七则："传其子迁，紬金鐀石室之书，罔罗天下放失旧。"《诚斋集·李仁甫侍讲阁学挽诗》（宋写本）："芝庭过晁董，金鐀续春秋。"此外还有高频使用"鐀"字的同时代文献可旁证，如沈括《梦溪笔谈》（丛书集成初编本）卷二："大夫七十而有阁。天子之阁，左达五，右达五。阁者，板格，以皮膳者，正是今之立鐀。今吴人谓立鐀厨者，原起于此。以其贮食物也，故谓之厨。"洪适《盘洲文集·乐章·蝶恋花》（上海涵芬楼影印旧钞本）："鹂语金鐀诗人新，得句江山应道来。"麗元英《文昌杂录·序》（文渊阁）："昔太史公父子紬金鐀石室之书，而《世本》《战国策》《楚汉春秋》咸补旧闻之阙，后之学者殆将有考于斯。"杨至质《勿斋先生文集·代回严州卫守》："书登金鐀，密联东壁之辉，车拥朱幡，高压客星之次。"这些书的版本虽不是宋本，但它们可以作为证明宋代用"鐀"记录{匣子}义的旁证。

总之，由于颜师古的注文出现了"馈"或"鐀"字，《汉书》中的"鐀"就不太可能是"匮"的直接改换，因颜师古之前没有"鐀"字，则被注释的字应该是"馈"，而"鐀"既然不是一个现成的字，当然也不可能看成"匮"的借字，那么最大的可能就是《汉书》本来用的是通假字"馈"，而被唐宋时人错写或改造成"鐀"，并且在宋代得到认可而看成"匮""柜"的异构字。

《史记》三家注"一作"研究

李 娟

"《史》《汉》自服虔、应劭至三刘，注解多矣。"① 其中，为《史记》作注最著名的当数南朝宋裴骃的《史记集解》、唐代司马贞的《史记索隐》和张守节的《史记正义》，世称"《史记》三家注"。"裴骃作《集解》，自称采经传百家先儒之说，增演徐广《音义》，以徐为本，号曰《集解》。司马贞《索隐》之作，则又所谓增演《集解》者也，故书中多称道徐、裴二家之说，然亦间有称旧解者。"②"《正义》注《史记》用唐人经疏例，并注《集解》。"③《史记集解》《史记索隐》和《史记正义》原各自单行，现存最早的三家注合刻本为南宋庆元建安黄善夫刊本。本文选择2003年由北京图书馆出版社出版的中华再造善本为研究对象就是因为该本影印的是南宋建安黄善夫刊本，该本较多地保留了三家注用字的原貌。

三家注不仅是人们读懂《史记》的重要工具，而且也是仅存的三部作于唐以前的注作。安平秋先生将三家注的价值归纳为三类：一是三家注引用古字的价值；二是三家注注明史料出处的价值；三是三家注引用许多今已佚亡的古书的价值。④ 对于三家注中广列的古字价值，应三玉进一步说道："三家注注释《史记》，虽然是各据传本，但也都注出以前的古本异字。这古本异字，有时为后世研读《史记》者提供可取的资料，它比宋本元本明本都珍贵。"⑤ 三家注采取多种术语形式来标示各本间文字的改动，如"一作""一本作""亦作""一本云""一云""或作""多作""旧本作""古本作""俗本作""他本皆作""他本亦作……唯一本作……""多作……又或作……""一云……一云……"等，其中，尤以"一作"标示的文字改动现象为多。据统计，三家注中涉及"一作"的注释有620条，排除人名、地名、官名、鸟名，表达不同义项以及不涉及原文用字等的"一作"，共得异文330组。通过对330组异文进行分析，我们发现从异文是否与其他字发生关系的角度可将其分为直接异文和间接异文。

除非发现汉代出土的《史记》，否则我们很难在异文之间断定哪个才是司马迁写作时的用字，而且就算有汉代出土的《史记》也不能百分之百确定那就是作者写作时"藏之名山，传之后世"原本的用字，因为在当时就有不同的抄本存在。所以，我们不打算在

---

① （元）胡三省：《新注资治通鉴序》，《资治通鉴》，中华书局1992年版。
② 朱东润：《〈史记〉考索》，武汉大学出版社2009年版，第98页。
③ 同上书，第115页。
④ 安平秋：《史记三家注简论》，中国《史记》研究会论文第一集《史记论丛》，陕西人民出版社2004年版。
⑤ 应三玉：《〈史记〉三家注研究》，凤凰出版社2008年版，第10页。

这个问题上纠结，而是着重研究保留在《史记》三家注"一作"中的异文，希望从这个侧面来了解传世文献的改字现象。

一　直接异文

直接异文，是指一组异文在表达同一义项时不涉及其他的字，它们本身就可以达到表达同一义项的目的。在《史记》三家注"一作"中直接异文主要有四类：因通假而形成的异文、因讹误而形成的异文、因同字异构而形成的异文、因异词同义而形成的异文。

（一）因通假而形成的异文

(1) 蜚鸟尽，良弓藏；狡兔死，走狗烹。(《越王勾践世家》)
【集解】徐广曰："狡，一作'郊'。"

按："狡"与"郊"在｛狡猾｝义项上构成异文。"狡"，本义为｛少壮的狗｝。《说文》："狡，少狗也。"《广雅·释诂》："狡，狯也。"王念孙《广雅疏证》："狡者，《众经音义》卷三引《方言》云：'凡小儿多诈而狯谓之狡猾。'"所以，"狡"可引申出｛狡猾｝义。《广韵·巧韵》："狡，猾也。""郊"，本义为｛城市周围的地区｝。《书·费誓》："鲁人三郊三遂。""郊"由本义｛城市周围的地区｝无法引申出｛狡猾｝义。但"狡"和"郊"古音相同，皆为见母、宵韵，符合同音通假的条件。所以，我们认为"狡"和"郊"这组异文在｛狡猾｝义上构成本字与通假字的关系。

(2) 廉将军虽老，尚善饭，然与臣坐，顷之三遗矢矣。(《廉颇蔺相如列传》)
【索隐】谓数起便也。矢，一作"屎"。

按："矢"与"屎"在｛粪便｝义项上构成异文。"矢"，本义为｛箭｝。《诗经·大雅·公刘》："弓矢斯张，干戈戚扬。""矢"由本义｛箭｝无法引申出｛粪便｝义。"屎"，本义为｛粪便｝。屎的甲骨文像人遗屎形。"矢"和"屎"古音相同，皆为书母、脂韵，符合同音通假的条件。如《庄子·人间世》："夫爱马者，以筐盛矢。"陆德明释文："矢，或作屎，同。"所以，我们认为"矢"和"屎"这组异文在｛粪便｝义上构成通假字与本字的关系。

（二）因讹误而形成的异文

(3) 乘流则逝兮，得坻则止。(《屈原贾生列传》)
【集解】徐广曰："坻，一作'坎'。"骃案：张晏曰"坻，水中小洲也"。
【索隐】《汉书》"坻"作"坎"。《周易》坎"九二，有险"，言君子见险则止。

按：我们认为"坻"和"坎"这组异文是正字和讹误字的关系。理由有三：
首先，从句义上看将"坎"理解为｛险难｝义与上下文语境不符。对此，王先谦在

《汉书补注》中是这样论述的:"孟康曰:'《易》坎为险,遇险难而止也。'张晏曰:'谓夷易则仕,险难则隐也。'【补注】先谦曰:'坎,《史记》《文选》作坻。【集解】徐广曰:坻,一作坎。张晏曰:坻,水中小洲也。'先谦案:坻、坎意同,总谓不可行耳,不当作险难,解言行止一听,自然非有计较之私,亦无关仕隐之义,如孟张说,与上下文恉不合矣。"所以,"坎"应理解为{水中小洲}义。

其次,从与《汉书》的对比来看,"坻"是后人改动的结果,为的是给{水中小洲}义找出正字。徐广说"坻"的异文为"坎",司马贞指出《汉书》用的是"坎"。《汉书》由于是对《史记》的袭用,所以很可能保留了《史记》最初的用字。这表明《史记》用"坻"可能是后人改动的结果,并且这个改动在徐广生活的时代就已经完成。也就是说,在汉代司马迁写作时可能用的本是"坎"字,只是到了后来才改成了"坻"字。这从贾谊的政论集《新书》"乘流则逝,得坎则止"到《文选》"乘流则逝兮,得坻则止"可得到一定程度的说明。这个改动是一个讹误的过程。讹误的具体过程为:"坻"的异体为"汷",《说文》:"坻……从土氐声。汷,坻或从水从夂。渚,坻或从水从耆。""夂"和"夊"形体相近,书写过程中很容易产生讹误。在汉魏六朝碑刻中"夊"和"欠"有相混的用例,如"敇"在《若干云墓志》《元龙墓志》和《徐显秀墓志》中都有将右边的"夊"换成"欠"的写法。"汉字作为系统符号,某一构件的改变,在整个系统中会产生类推,很多具有相同构件的字会发生同形替换。"① 据此类推,"汷"在书写时可能会将右边的"夂"写成"欠"。另外,"水"旁和"土"旁在一定范围内可以互换,"汷"会进一步讹写成"坎"。"坻",本义为{水中小洲}。"坎",本义为{坑},无法引申出{水中小洲}义。所以在表达{水中小洲}义,"坻"是正字,"坎"是讹误字。

最后,与前人的判断一致。梁玉绳在《史记志疑》"得坻则止"条说"坻作坎者是",清王耕心《贾子次诂》"得坎则止"下注:"《史记》坎作坻,《文选》同,《汉书》如文。愚按:坎,止之义,《易》家之古训。作坻,以示异非也。今定如文。"

所以,我们认为这组异文的出现是后人将讹误字改为正字的结果,目的是更好地理解文意。

(4) 上礼之恭,常自送之。(《袁盎晁错列传》)
【集解】徐广曰:"自,一作'目'。"

按:"自"和"目"这组异文是讹误字和正字的关系。此句《汉书·爰盎晁错传》作"上礼之恭,常目送之"。王先谦曰:"君无自送臣之理,帝礼绛侯,亦不至是。"《资治通鉴》《佩文韵府》《太平御览》等皆引作"上礼之恭,常目送之"。"自"和"目"字形相似,"自"省去上面的撇画就很容易讹误成"目"。汉魏六朝时,字多有省撇画者,如"卑"在《王浚妻华芳墓志》和《义慈惠石柱颂》中皆有省上撇的写法,② "伯"在

---

① 毛远明:《汉魏六朝碑刻异体字研究》,商务印书馆2012年版,第332页。
② 同上书,第95页。

《孙秋生等造像记》和《元龙墓志》中也有省去白字上的撇画的写法。[①] 所以，按照事理和汉魏六朝有省写撇画的惯例，我们认为"自"应该是"目"的讹误字。

（三）因同字异构而形成的异文

（5）淮夷蠙珠臮鱼。（《夏本纪》）

【集解】孔安国曰："淮、夷二水，出蠙珠及美鱼。"郑玄曰："淮夷，淮水之上夷民也。"

【索隐】按，《尚书》云"徂兹淮夷，徐戎并兴"，今徐州言淮夷，则郑解为得。蠙，一作"玭"，并步玄反。

按：蠙，《玉篇·虫部》："蠙，珠名。"《广韵·真韵》："蠙，珠母。"《书·禹贡》："淮夷蠙珠暨鱼。"孔颖达疏："蠙是蚌之别名。此蚌出珠，遂以蠙为珠名。""玭"，《说文》："玭，珠也。从玉、比声。宋弘云：'淮水中出玭珠'。玭，珠之有声。蠙，《夏书》玭从虫、賔。"由此可见，"蠙"和"玭"是一组从不同角度为{珍珠}义而造的异构字，它们都是形声字，只是所选用的形旁和声旁都不相同，前者从虫、賔声，后者从玉、比声。

（6）十二月晦，靁。（《孝景本纪》）

【集解】徐广曰："一作'雷'字，又作'圕'字，实所未详。"

按：靁，《集韵·灰韵》："雷，古作靁。"《通志》："回，古雷字，后人加雨作靁。回象雷形，古尊罍多作云回。"又作靁，以晶为声，省作雷。《说文》："靁，阴阳薄动靁雨，生物者也。从雨，晶象回转形。"由此可见，"靁"和"雷"是一组由不同造字方法为{雷}义而造的异构字。前者是在"回"的基础上增"雨"旁表{雷}义，是个会意字；后者是"靁"的省声字，从雨、晶声，是个形声字。

（四）因异词同义而形成的异文

（7）鸿水滔天，浩浩怀山襄陵，下民皆服于水。（《夏本纪》）

【索隐】一作"洪"。鸿，大也。以鸟大曰鸿，小曰雁，故近代文字大义者皆作"鸿"也。

按："鸿水"指{大水}。"鸿"的本义为{鸿鹄}，鸿鹄是一种大鸟。《诗经·豳风·九罭》："鸿飞遵渚。"郑玄笺："鸿，大鸟也。"所以，"鸿"可以引申有{大}义。

[①] 毛远明：《汉魏六朝碑刻异体字研究》，商务印书馆2012年版，第96页。

"洪"的本义是｛大水｝，由大水这种具体的大，可以引申出抽象的｛大｝义。《尔雅·释诂上》："洪，大也。"由此可见，"鸿"和"洪"是两个不同的词，但它们经过各自的词义引申，都可以表示｛大｝义，二者在｛大｝这个义项上构成引申义和引申义相同的同义字。

（8）始高祖微时，尝辟事，时时与宾客过巨嫂食。（《楚元王世家》）
【集解】徐广曰："《汉书》云'丘嫂'也。"
【索隐】刘氏云"巨，一作'丘'"。应劭云"丘，姓也"。孟康云"丘，空也。兄亡，空有嫂也"。今此作"巨"，巨，大也，谓长嫂也。

按："巨嫂"指｛大嫂｝。"巨"的本义为｛规矩｝，也可表示｛大｝义。《方言》："巨，大也。齐宋之间曰巨。""丘"的本义是｛因地势而自然形成的土山｝，引申可表｛大｝义。《广韵·尤韵》："丘，大也。"在这里"丘"应理解为｛大｝义，而不是表｛空｝义或者姓氏，有两个方面的原因：一方面，从上下文语境上看，"及高祖为帝，封昆弟，而伯子独不得封"，"伯"是长兄，因而"丘嫂"应为"长嫂"之义；另一方面，《汉书·楚元王传》："高祖微时，常避事，时时与宾客过其丘嫂食。"颜师古注引张晏曰："丘，大也。长嫂称也。"由此可见，"巨"和"丘"是两个不同的词，但它们经过各自的词义引申，都可以表示｛大｝义，二者在｛大｝这个义项上构成的是引申义和引申义相同的同义字。

二　间接异文

间接异文，是指一组异文在表达同一义项时，会涉及另外的字，它们本身不能实现表达同一义项的目的。在《史记》三家注"一作"中间接异文主要有四类：因通假加通假而形成的异文、因讹误加通假而形成的异文、因通假加同义而形成的异文、因讹误加同义而形成的异文。

（一）因通假加通假而形成的异文

（9）不党不偏，王道便便。（《张释之冯唐列传》）
【集解】徐广曰："一作'辨'。"

按："便便"在这里表达的是｛平坦通畅｝义，徐广指出"便"的异文为"辨"。但"便"和"辨"本身都没有｛平坦通畅｝义。实际上，是"辨"与"平"通假，"便"与"辨"读音相同，才实现了共同记录｛平坦通畅｝义的目的。
要厘清"便"和"辨"的异文关系，须经过三个步骤：首先，"辨"与"平"通假。前者並母、元韵，后者並母、耕韵，读音相近。《荀子·富国》："为之出死断亡而愉者，无它故焉,忠信调和均辨之至也。"王念孙《读书杂志》:"辨读为平,平辨古字通。"①其次,"便"和"辨"读音相同,皆为并母、元韵。故而,"便"亦可与"平"通。最后,"平"的本义为{宁静},由{宁静}可引申出{平坦通畅}义。《诗经·小雅·黍苗》:"原隰既平,泉流既清。"

(10) 田䦖争宠,姜姓解亡。(《太史公自序》)
【集解】徐广曰:"䦖,一云'监'。解,一作'迁'。"

按:"解"在这里表示的是{于是,就}的意义,徐广指出"解"的异文为"迁"。但是二者本身都不具有{于是,就}义。实际上,是"解"的正字"鲜"和"迁"通过与"斯"通假才实现了共同记录{于是,就}义的目的。

要厘清"解"和"迁"的异文关系,须经过四个步骤:首先,"解"为"鲜"的讹误字。汉魏六朝时,"鱼"旁和"角"旁经常讹混,如"鳡"在汉《北海相景君铭》中有将"鱼"旁换成"角"旁的写法。此外,"解"的俗字作"觧",颜元孙《干禄字书》:"觧解解,上俗中通下正。"其次,"斯"与"鲜"声相近,故字相通②。前者心母、元韵,后者心母、支韵,读音相近。朱骏声《说文通训定声》:"鲜,鲜之声又转为斯。"再次,"迁"与"鲜"读音相近,前者清母、元韵,后者心母、元韵,故而"迁"亦可与"斯"通假。最后,"斯"有{于是,就}义,"鲜"和"迁"与其通假后,便都具有{于是,就}义。

(二)因通假加讹误而形成的异文

(11) 今单于闻,不至而还,臣以三万人众不敌,祇取辱耳。(《韩长孺列传》)
【集解】徐广曰:"祇,一作'祇'也。"

按:"褆"和"祇"在{只}义上构成异文。"褆",本义为{衣厚貌},无法引申出{只}义。汉魏六朝时,"衤"旁和"礻"旁经常讹混,如"被"字在《元祐墓志》中有将"衤"旁写成"礻"旁的字形,"初"字在《元肃墓志》中也有将"礻"旁写成"衤"旁的字形。③ 此处"褆"应是"禔"的讹误。"禔",本义为{安}。"禔"与"祇"读音相近,可通假。钱大昕《十驾斋养新录·祇》:"古文'氏''是'通用,则'祇''禔'亦可通,但相承读为支音,与'神祇'音小异耳。"④《汉书·司马迁传》:"今虽欲自彫瑑,曼辞以自解,无益,于俗不信,祇取辱耳。"师古曰:"祇,适也。""祇"有{只}义。《诗经·小雅·无将大车》:"无将大车,祇自尘兮。"由此可见,要厘清"褆"

---

① 王念孙:《读书杂志》,江苏古籍出版社2000年版,第679页。
② 王念孙:《读书杂志》,江苏古籍出版社2000年版,第171页。
③ 毛远明:《汉魏六朝碑刻异体字研究》,商务印书馆2012年版,第287页。
④ 钱大昕:《十驾斋养新录》,上海书店出版社2011年版,第5页。

和"祇"在记录{只}义时的异文关系,须经过三个步骤:首先,认清"禔"是"褆"的讹误字;其次,明白"褆"是"祇"的通假字;最后,了解"祇"有{只}义。

(12) 旼旼睦睦,君子之能。(《司马相如列传》)
【集解】徐广曰:"旼,音旻,和貌也。能,一作'熊'。"

按:"能"在这里表示的是{形状}义。"能"本身没有这个义项。但是,由于"能"和"态"读音相近,可通假,这样"能"就具有了"态"的{形状}义。《汉书·司马相如传》即作"君子之态"。徐广指出"能"的异文为"熊","熊"本身没有{形状}义,并且也无法与其他字通假来获得这个义项。"灬"和"心"作为构件处于其他构件之下时很容易产生讹误。所以,"熊"很可能是"态"的讹误字。

(三) 因讹误加同义而形成的异文

(13) 石父为人佞巧善谀好利,王用之。(《周本纪》)
【集解】徐广曰:"佞,一作'諂'。"

按:"諂",当为"谄"。"臽"和"舀"字形相似,以二者为构件的字在古籍中经常出现讹混。如《隶释》卷十四《石经论语残碑》:"(贫)而无諂,富而无骄",按文意"諂"当为"谄"。杨伯峻《论语译注》用的就是"谄"字。《唐代墓志汇编续集》贞元○三○《大唐故尚书左仆射赠司空李公墓志铭》:"凶党决死,既精且坚;公以小利啗之,奇阵误之。"其中的"啗"按文意当为"啖"。并且文献中"谄巧"经常一起出现,如"其治容容随世俗浮沈,而见谓谄巧"。(《张丞相列传》)"佞人,谄巧之人也。"(《论语集说》)

"佞"本义为{谄谀}。《说文》:"巧讇高材也。""谄"本义亦为{谄谀}。《说文》:"讇,谀也。从言,閻声。谄,讇或省。"邵瑛《群经正字》:"今经典多作或体。"《玉篇·言部》:"讇(谄),佞也。"所以,我们认为"佞"和"諂"的正字"谄"在{谄谀}义上构成本义和本义相同的同义字。

(14) 夫秦王怛而不信人。(《白起王翦列传》)
【集解】徐广曰:"怛,一作'粗'。"

按:"怛",应为"恒"。"旦"和"且"字形相近,特别是当"旦"草写时很容易变成"且"。斯318《洞渊神咒经斩鬼品第七》:"道言:自今辛巳壬午年已有九十六种煞鬼,鬼来煞人,村村有四十六万黄且鬼。""且"当是"旦"之讹。《唐代墓志汇编续集》圣历○○一《大周故朝散大夫行洛州陆浑县令韦府君墓志铭》:"九畹含芳,早濯芳于春露;七年养器,且晞干于朝阳。""且"当是"旦"之讹。《左传·成公二年》:"韩厥梦子舆谓己曰:'且辟左右。'"唐石经"且"作"旦"。此外,《左传·昭公廿五年》:"宋公梦太子栾即位于庙,已与平公服而相之。旦召六卿。"今本亦误"旦"为"且"。

"怛"在这里表达的是｛粗暴｝义,但本义为｛痛苦｝的"怛"引申不出这一义项。"怛"有｛粗暴｝义,《集韵·模韵》:"怛,心不精也。通作粗。"所以,我们认为"怛"是"怛"的讹误字。"粗"本义为｛糙米｝,引申有｛粗暴｝义。由此可见,"粗"和"怛"的正字"怛"在｛粗暴｝义上构成引申义和本义相同的同义字。

(四) 因通假加同义而形成的异文

(15) 秦楚争强,而公徐过楚以收韩,此利于秦。(《樗里子甘茂列传》)
【集解】徐广曰:"过,一作'适'。"

按:"过"在此句中表｛责备｝义。"过",本义为｛经过｝,引申有｛责备｝义。《广雅·释诂一》:"过,责也。"《吕氏春秋·适威》:"烦为教而过不识,数为令而非不从。"高诱注:"过,责。""适",本义为｛往,至｝,引申不出｛责备｝义。但"适"和"谪"可通假,朱骏声《说文通训定声》:"适,假借为谪。"《诗经·商颂·殷武》:"岁事来辟,勿予祸适,稼穑匪解。"毛传:"适,过也。"王引之《经义述闻》:"谪与适通。……言不施谴责也。""谪"的本义即为｛责备｝。由此可见,"过"和"适"的通假字"谪"在｛责备｝义上构成引申义和本义相同的同义字。

(16) 先生曷鼻,巨肩,魋颜,蹙齃,膝挛。(《范雎蔡泽列传》)
【集解】徐广曰:"曷,一作'仰'。巨,一作'渠'。"
【索隐】曷鼻谓鼻如蝎虫也;巨肩,肩巨于项也。盖项低而肩竖。偈,其例反。

按:"曷鼻"即仰天鼻。《说文》:"曷,何也。"曷,本身无法表达与"仰"相同的义项,但经过一些列的通假,则可以实现。具体过程为,首先,"曷"与"遏"通。前者匣母、月韵,后者影母、月韵,读音相近。朱骏声《说文通训定声》:"曷假借为遏。"其次,"遏"与"偃"通。偃、遏一声之转,偃鼻之为遏鼻犹偃豬之为遏豬、千金堰之为千金遏也。① 最后,"偃"有｛仰｝义。《说文》:"偃,僵也。"段注:"凡仰仆曰偃,引申为凡仰之称。"《广雅》:"偃,仰也。"由此可见,"仰"和"曷"的间接通假字"偃"在｛仰｝义上构成本义和本义相同的同义字。

各类异文在"一作"中出现的频率是不一样的,根据我们的统计,在《史记》三家注"一作"中直接异文出现了284次,占总数的86.1%;间接异文出现了46次,占总数的13.9%。其中,因直接讹误和间接讹误而导致的异文出现了169次,占总数的51.2%。这表明在雕版印刷术还未形成的写本时代,传世文献因书写讹误而导致的改字现象特别严重。并且这些异文大多在东晋以前就已经形成,因为"一作"在集解中出现的频率最高,而集解对"一作"的分析几乎全部来自徐广的《史记音义》。"一作"在集解中出现了

---

① 王念孙:《读书杂志》,江苏古籍出版社2000年版,第131页。

306 次，占总数的 92.7%；在索隐和正义中只出现了 24 次，仅占总数的 7.3%。

参考文献

1. 朱东润：《〈史记〉考索》，武汉大学出版社 2009 年版。
2. 应三玉：《〈史记〉三家注研究》，凤凰出版社 2008 年版。
3. 毛远明：《汉魏六朝碑刻异体字研究》，商务印书馆 2012 年版。
4. 王念孙：《读书杂志》，江苏古籍出版社 2000 年版。
5. 钱大昕：《十驾斋养新录》，上海书店出版社 2011 年版。

由清华简三篇论《逸周书》在后世的改动[*]

黄甜甜

引言

20世纪以来,出土简帛中陆续发现一些先秦古书,先秦古书的研究迎来新的机遇。首先体现在文本的校订与释读方面,特别是可与存世先秦古书对勘的简帛古书,改正存世先秦古书中的不少错讹,纠正前人不少误读。[①] 先后整理刊布的清华简《皇门》《祭公之顾命》和《命训》三篇,[②] 可与今本《逸周书》同名三篇对勘。本文即以这三篇为研究对象,以此考察《逸周书》在后世的改动。

《逸周书》早期多被称作《周书》。《汉书·艺文志·六艺略》记载汉时存《周书》71篇,颜师古注引刘向说法,认为《周书》是孔子所论百篇《尚书》之余。[③]《尚书》在历代备受尊崇,研究文献汗牛充栋。而所谓"百篇之余"的《逸周书》,仅有西晋孔晁为之作注,清代卢文弨等为之校勘注疏,[④] 今本文字的错讹和脱失仍然较为严重。清华简三篇为《逸周书》的进一步校订和训释提供了契机。诚然,我们无法证明今本《逸周书》这三篇是从简本直线传承而来,但通过简本和今本之间仔细的对勘,后人整理《逸周书》出现的字词释读、脱字与衍文等问题一目了然。自俞樾《古书疑义举例》以来,后人不断增补各种古书疑义条例,[⑤] 但这些条例所依据的多是经过传抄的古书和古文字资料。以出土文献为参照,分析古书疑义形成的原因,归纳相关条例,不仅有助于《逸周书》的

---

[*] 本文原载《中华文史论丛》2016年第2辑。

[①] 20世纪以来以出土文献对读传世文献的回顾性研究参见冯胜君《二十世纪古文献新证研究》第五章《出土文献与传世文献的对读》,齐鲁书社2006年版,第143—199页。

[②] 《皇门》《祭公之顾命》图版和整理报告参见李学勤主编《清华大学藏战国竹简(壹)》,中西书局2010年版;《命训》参见李学勤主编《清华大学藏战国竹简(伍)》,中西书局2015年版。下简称为《清华简》。本文所引简文暂依整理报告,释文从宽。

[③] 《汉书》卷三十,中华书局1962年版,第1706页。

[④] 《逸周书》历代校勘与注释,参见黄怀信、张懋镕、田旭东《逸周书汇校集注》(修订本),上海古籍出版社2007年版。

[⑤] 俞樾《古书疑义举例》、刘师培《古书疑义举例补》、杨树达《古书疑义举例续补》、马叙伦《古书疑义校录》和姚维锐《古书疑义举例增补》五书共见于俞樾等著《古书疑义举例五种》,中华书局1956年版。此外尚有徐仁甫《广古书疑义举例》,中华书局1990年版;裘锡圭《〈论衡〉札记》,原载《文史》第5辑,收入《裘锡圭学术文集(语言文字与古文献卷)》,复旦大学出版社2012年版。

校勘和释读，也可验证补充前人所总结的古书疑义条例，推进先秦古书的校勘与训释。

一　语言与文献层面的改动

考虑到简本和今本可能分属不同版本系统，① 今本与简本之间同词异字和近义词的替换等原因形成的一些异文，可能在先秦不同版本间已经形成，本文暂不纳入讨论范围。② 我们只讨论语言文字和文献两个层面中较为确定的错误。语言文字层面的错误包括文字的误释、误读和语法的误解等；文献层面问题包括衍文和脱文等。

（一）语言文字层面

王引之《经义述闻》"通说"曾总结大量古书中"形讹"的例子，③ 俞樾《古书疑义举例》也曾提道"不识古字而误改例"和"不达古语而误改例"。④ 今本《逸周书》某些问题明显是文字的误释和误读。后人面对古文字写本，因为不明古文字构形，予以隶定转写时，出现误释；或者因为不明用字习惯，即不理解前人记录语言时惯用哪一个字来表示哪一个词，⑤ 出现误读；或者上述两种原因兼而有之。以下分别举例说明。

1. 不明构形而误释

（1）今—命

今本：命我辟王，小至于大，我闻在昔有国誓王之不绥于恤。⑥

简本：今我譬小于大，我闻昔在二有国之哲王则不恐于邮。⑦（《皇门》简2）

按，简本《皇门》"今"字形作"𠔯"。战国文字材料中，多次出现以异体字"含"⑧ 表示"今"的用例，如中山王𰶹方鼎"寡人含（今）方壮"（《殷周金文集成（修订增补本）》02840），字形作"𠔯"。郭店简《语丛（一）》"《诗》所以会古含（今）志也者"，字形作"𠔯"（简38）。秦汉文字中"今"的典型写法作"今"（马王堆帛书《老子》甲69），"命"字作"命"（武威汉简《士相见》1）。由于秦汉文字多来源于秦系文字，其中"今"字典型写法与前述战国文字"今"字写法差异明显。反倒是秦汉文字中的"命"和战国文字"今"的异体字形相近，造成后人误释古文字的"今"为"命"。传世先秦文献及金文中常见"辟王"一词指代君王，如《诗经·大雅·棫朴》"济济辟王，左右趣之"。郑玄笺："辟，君也。君王谓文王也。"⑨ 因误释"今"为"命"在前，

---

① 今本《逸周书》的版本源流参见黄怀信《逸周书源流考辨》，西北大学出版社1992年版，第127—139页。
② 这些异文的研究概况参见韩宇娇《清华简〈皇门〉篇研究现状》，《管子学刊》2013年第4期。
③ （清）王引之：《经义述闻》，江苏古籍出版社2000年影印本，第778—780页。
④ （清）俞樾：《古书疑义举例》，中华书局1956年版，第130—139页。
⑤ 裘锡圭：《考古发现的秦汉文字资料对于校读古籍的重要性》，《中国社会科学》1980年第5期。
⑥ 本文所引今本《逸周书》据明嘉靖二十二年章檗刊本《汲冢周书》，四部丛刊缩印本，57册，《汲冢周书》，第30页下栏。
⑦ 《清华简（壹）》，第164页。
⑧ 这里的"含"只是"今"的异体字，与"包含"之"含"只是同形关系。
⑨ 《毛诗正义》卷一六之三，十三经注疏本，中华书局1980年影印本，第514页上栏。

很容易进一步误解"辟"为常见的"辟王","辟王"即命令的对象。

(2) 肯—屑

今本：不屑惠听无辜之乱辞。①

简本：不肯惠听无辠之辞。②（《皇门》简 8）

今本《皇门》此处文意难解，卢文弨曾怀疑"不屑"为"不肯"之讹。③ 清华简字形作"✱"，严格隶定当为"肎"，即"肯"字，证实了卢文弨的推测。

按，《说文·肉部》："肎，骨闲肉肎肎箸也。从肉从冎省。一曰骨无肉也。"④ 以出土文字材料来看，更合理的分析是从肉从冎省，⑤ 从秦至西汉，代表性的字形有 肎（睡虎地《封诊式》92）、肎（肩水金关 E.P.F22：30）、肯（居延汉简 551·9），时间越往后与战国文字"✱"的字形差距越大。而《说文·尸部》对"屑"（即屑）字形分析为"从尸肖声",⑥"屑"战国文字作"✱"（上博简《吴命》简 5），汉初古隶如马王堆帛书中作"屑"（《五十二病方》186），字形与战国文字"✱"非常接近，造成后人误释"肎"为"屑"。

(3) 弇—食

今本：乃食盖善夫，俾莫通在士王所。⑦

简本：乃弇盖善夫，善夫莫达才王所。⑧（《皇门》简 11）

简本整理者认为"弇"当读为"掩"，有掩盖、阻拦义。引王念孙《读书杂志》："'食'当为'弇'。《尔雅》：'弇，盖也。'《字通》作'掩'，孔注云'掩盖善夫'，是其明证矣。……'弇'与'食'字相似，故'弇'误为'食'。"简本得以证之。⑨

按，今本文意不明，症结在于"食"字于前后文意中突兀。"弇"与"食"形近，造成讹混。王念孙根据孔晁注，推测"弇"误为"食"，简本予以证实。"弇"与"奄"在覆盖义上"实同一词"，⑩"掩"是为"奄"字"掩盖""掩蔽"的引申义所造分化字。"弇"与"奄""掩"构成古今字关系。"弇"在古文字阶段常用，而"奄"和"掩"在今文字阶段常用。后人因为不认识"弇"这个古字，误将其讹作形近的"食"字。

2. 不明用字习惯而误释误读

(1) 沓—沈

今本：下邑小国，克有耇老据屏位，建沈人，非不用明刑。⑪

---

① 《汲冢周书》，第 31 页上栏。
② 《清华简（壹）》，第 164 页。
③ 黄怀信等：《逸周书汇校集注》，上海古籍出版社 2005 年版，第 553 页。
④ （汉）许慎：《说文解字》，中华书局 1963 年影印本，第 90 页下栏。
⑤ 黄德宽：《古文字谱系疏证》，商务印书馆 2007 年版，第 247 页。
⑥ （汉）许慎：《说文解字》，中华书局 1963 年影印本，第 174 页下栏。
⑦ 《汲冢周书》，第 31 页下栏。
⑧ 《清华简（壹）》，第 164 页。
⑨ 同上书，第 170 页。
⑩ 王力：《同源字典》，商务印书馆 1982 年版，第 622 页。
⑪ 《汲冢周书》，第 30 页下栏。

简本：朕寡邑小邦，蔑有耆耇虑事屏朕位，肆朕𡇰（冲）人，非敢不用明刑。①（《皇门》简1）

按，今本《皇门》"建沈人，非不用明刑"，孔晁注："建立沉伏之贤人，无不用明法。"② 古书中未见"沉伏之贤人"的说法。简本作"𡇰人"，"沈"当为"𡇰"字之误读。今本《尚书·金縢》"冲人"的"冲"字，清华简《金縢》即作"𡇰"。"冲"古音在定纽冬部，"𡇰"从"沈"得声，古音在定纽侵部。侵、冬两部关系密切，两字可通假。《尚书》等文献中多见"冲人"一词，《洛诰》"今冲子嗣"，"冲人"伪孔传训为"童子"。李学勤先生指出这类"冲人"是自谦之词，不一定指年幼之人。③ 后人不明白"𡇰"字可对应"冲人"之"冲"这种用字习惯，误将"𡇰"字读为谐声的"沈"。

（2）悳—直

今本：王阜良乃惟不顺之言于是人，斯乃非维直以应。④

简本：我王访良言于是人，斯乃非休悳（德）以应。⑤（《皇门》简8—9）

按，今本《皇门》"非维直以应"，文意难以理解。对比简本可知前后文意是王访求良言，这些人不以美善之德去回应王。今本"直"字当为"悳"字之误释。战国文字多用"悳"表示"德"，如《皇门》此处作"悳"、又或作"悳"（郭店《语丛（三）》简54）。但秦系文字惯用"德"，如"德"（《秦封泥汇考》1280）。"书同文"之后，沿用秦系文字构形，典型字形作"德"（马王堆帛书《老子》甲27）。相对战国文字"直"的形体，秦汉文字"直"变化不大，如"直"（睡虎地秦简《秦律》80），形体接近战国文字"悳"所从"直"旁。后世整理者可能习知今文字中惯用字形"德"来表示"德"这个词，不知道字形"悳"也曾用来表示"德"这个词。"悳"从心，直声。因而误将其读为谐声的"直"字。

（3）𥑬—始

今本：维我后嗣，旁建宗子，丕维周之始并。⑥

简本：惟我后嗣，方建宗子，丕惟周之𥑬（厚）屏。⑦（《祭公之顾命》简13—14）

按，今本此句难懂，孔晁注："旁建宗子，立为诸侯，言皆始并天子之故也。"末句有增字解经的嫌疑。清代学者潘振云认为"并"即"屏"，树也，所以为蔽也。引《诗经》"大邦维屏"为旁证。⑧ 但"始"于前后文语境仍然难解。

简本"𥑬"字形作"𥑬"，从石句声，是"厚"字异体。《说文·𠂤部》对"厚"构

---

① 《清华简（壹）》，第164页。
② 黄怀信等：《逸周书汇校集注》，上海古籍出版社2005年版，第545页。
③ 李学勤：《清华简九篇综述》，《文物》2010年第5期。
④ 《汲冢周书》，第31页上栏。
⑤ 《清华简（壹）》，第164页。
⑥ 《汲冢周书》，第45页下栏。
⑦ 《清华简（壹）》，第174页。
⑧ 黄怀信等：《逸周书汇校集注》，上海古籍出版社2005年版，第935页。

形分析为从𣪏、从厂。① 战国文字中,"厚"的上部构件"厂"类化为"石",下部构件不定,简文从石句声,只是其中一种构形。战国文字中"句"旁多作"㔾"形,② 与今文字中"台"字形十分接近。今文字阶段通行的"厚"字构形源自秦系文字,下部构件"子"由"𣪏"讹变而来。③ 后代整理者较熟悉从𣪏从厂的"厚"字,不明白古文"𠂤"字的构形,更不明白它用来记录什么词。因误将"𠂤"字声旁"句"释为形近的"台",进而读为谐声的"始"。

3. 不明古语而误读④

(1) 哲王—誓王

今本:我闻在昔有国誓王之不绥于恤。⑤

简本:我闻昔在二有国之折(哲)王则不恐于恤。⑥(《皇门》简2)

简文"折"当读为"哲","哲王"是先秦古书习语,指贤明的君王。《尚书·酒诰》有"在昔殷先哲王",《诗经·大雅·灵台》有"下武维周,世有哲王",⑦ 而"誓王"不词。后人不明"哲王"这一古书习语,因为"折"与"誓"两字谐声,将"折王"误读为"誓王"。

(2) 柔比—茂

今本:百姓兆民用罔不茂在王庭。⑧

简本:百姓万民用无不脜(柔)比在王廷。⑨(《皇门》简4—5)

整理者注释:"脜"读为"扰",《书·皋陶谟》传:"顺也。""比",《尔雅·释诂》"俌(辅)也",《诗·皇矣》"克顺克比"。⑩ 按,《说文·百部》:"脜,面和也。从百从肉,读若柔。"⑪"脜"即"脜",简文"脜"当参考《说文》读作"柔"。清华简《程寤》简8"使俾脜(柔)和川(顺)"可为旁证。⑫ 但整理者训作"顺"仍然可从。

"柔比"也是上古习语。清华简《芮良夫毖》简20有"绳断既政,而互相柔比"之语,⑬"柔比"仍然是和顺之义。"脜"古音在日纽幽部,"茂"古音在明纽幽部。明纽与日纽偶见通假用例,如郭店简《五行》简41"不刚不矛(柔)",明纽幽部的"矛"通日纽幽部的"柔",明纽字与日纽字存在通假用例。后人不明白"柔比"是古人习语,未能

---

① (汉)许慎:《说文解字》,中华书局1963年影印本,第111页上栏。
② 汤余惠:《战国文字编》,福建人民出版社2001年版,第131页。
③ 季旭升:《说文新证》,(台北)艺文印书馆2014年版,第459页。
④ 严格而论,古语不明而误读也属于用字习惯不明而造成的误读,考虑到古语的重要意义,此处单独分析。
⑤ 《汲冢周书》,第30页下栏。
⑥ 《清华简(壹)》,第164页。
⑦ 《尚书正义》卷一四,十三经注疏本,第206页下栏;《毛诗正义》卷一六之五,第525页下栏。
⑧ 《汲冢周书》,第31页上栏。
⑨ 《清华简(壹)》,第164页。
⑩ 同上书,第167页。
⑪ (汉)许慎:《说文解字》,中华书局1963年影印本,第184页上栏。
⑫ 苏建洲:《清华简三·芮良夫毖研读札记》,《中国文字》新40期,第50页。
⑬ 《清华简(叁)》,第146页。

将"朜"读为"柔"。而是读为音近的"茂",训为"勉",孔晁解释为"勉在王庭"。①大概有人认为"茂比"也难以成词,文本流传过程中,"比"字又脱失。

(3) 膺受—应受
(4) 敷闻—敷文

今本:维皇皇上帝,度其心,寘之明德,付畀于四方,用应受天命,敷文在下。②

简本:惟时皇上帝宅其心,享其明德,付畀四方,用䌛(膺)受天之命,尃(敷)䎹(闻)在下。③(《祭公之顾命》简4—5)

按,"膺受大命"是上古时叙述君王承受天命的习语。如《文选·三月三日曲水诗序》李善注引《逸周书》逸文"武王曰:'膺受大命革殷,受天明命'"④,秦公镈"秦公其畯龏在位,膺受大命"(《集成》00267)。后世整理者不明古语,依"䌛"字声旁"雁"为线索,误读为谐声的"噟(应)"。

"敷闻在下"是歌颂君王广布声誉令闻的先秦习语。整理者指出语见《尚书·文侯之命》"丕显文武,克慎明德。昭升于上,敷闻在下"⑤。"敷"多训为"布","闻"即"声闻"。⑥ 孙星衍《尚书今古文注疏》认为"昭升于上,敷闻在下"是"言光显之文武,能诚勉其德,著见于上,布闻于下也"。⑦ "敷闻在下"是说文王武王布誉在下,与《祭公之顾命》"敷闻在下"意思相同。"闻"和"文"古音皆在明纽文部,后世整理者不明"敷闻在下"这一说法,误读为"文"。

4. 不明语法而误改

今本:夫民生而丑不明,无以明之。能无丑乎?若有丑而竞行不丑,则度至于极。

夫民生而乐生,无以谷之。能无劝乎?若劝之以忠,则度至于极。

夫民生而恶死,无以畏之。能无恐乎?若恐而承教,则度至于极。⑧

简本:夫民生而耻不明,上以明之,能无耻乎?如有耻而恒行,则度至于极。

夫民生而乐生谷,上以谷之,能毋劝乎?如劝以忠信,则度至于极。

夫民生而痛死丧,上以畏之,能毋恐乎?如恐而承教,则度至于极。⑨(《命训》简3—5)

整理者认为今本"无"字是"上"字之误。⑩ 我们猜测"上"可讹误为形近的

---

① 黄怀信等:《逸周书汇校集注》,上海古籍出版社2005年版,第549页。
② 《汲冢周书》,第45页上栏。
③ 《清华简(壹)》,第174页。
④ 《文选》卷四六,中华书局1977年影印本,第648页上栏。
⑤ 《清华简(壹)》,第176页。
⑥ 周秉钧:《尚书易解》,岳麓书社1984年版,第303页。
⑦ 孙星衍:《尚书今古文注疏》,中华书局2004年版,第544—545页。
⑧ 《汲冢周书》,第4页上栏。
⑨ 《清华简(伍)》,第125页。
⑩ 《清华简(伍)》,第127页。

"无",① 后人又改写为"无"。也可能是后人误解语法后，有意改"上"为"无"。

这段话位于《命训》开篇部分，开篇首句言"天生民而成大命。命司德正之以祸福，立明王以顺之"，② 下文一系列排比，都是在讲"明王"如何训导人民。"夫民生而耻不明，上以明之"，第二小句的主语"上"代指前文的"明王"。"上以明之"意在强调"明王"的训导。今本"夫民生而丑不明，无以明之"，卢文弨注："无以明之，民不能自明也。"③这提醒我们，后世整理者对句中主语理解错误，不明白"上"在句中所指，误认为"明之"的施事者仍然是"民"，所以改"上"为"无"。"无以明之"的"无"有否定义，正好承接前一句"民生而丑不明"。

（二）文献层面

文本在流传过程中常常出现衍文或缺文的情况，今本《逸周书》的脱字和衍文十分明显。与简本对勘，今本又发现不少衍文和缺文。俞樾《古书疑义举例》总结"重文不省而致误"例，④ 钱玄《校勘学》总结"不审文义而误删"例。⑤ 以下就三篇《逸周书》所出现问题，分别举例。

1. 不明古书体例而误增误删

今本：夫司德司义，而赐之福禄，福禄在人，能无惩乎？若惩而悔过，则度至于极。夫或司不义，而降之祸，在人，能无惩乎？若惩而悔过，则度至于极。⑥

简本：夫司德司义，而赐之福=（福，福）禄在人=（人，人）能居，如不居而重义，则度至于极。

或司不义，而降之祸=（祸，祸）过在人=（人，人）□毋惩乎？如惩而悔过，则度至于极。⑦（《命训》简2—3）

按，清人唐大沛和孙诒让先后指出今本第二句"在人"前面当增"祸"字，⑧ 简本证明了他们的推断。或因为"祸"字右下的重文符号"="在流传过程中漏抄，导致本该第二次出现的"祸"字脱失。

此外，前后两句句式对比可以发现，今本"赐之福禄"的"禄"当是衍文，应该是因下句的"福禄"一词而误衍。

2. 不明古语而误删

今本：我亦维有若文祖周公，暨列祖召公，兹申予小子，追学于文武之蔑。⑨

---

① 类似推测参见刘国忠《清华简〈命训〉初探》，《深圳大学学报》（人文社会科学版）2015年第3期，第39页。
② 黄怀信等：《逸周书汇校集注》，上海古籍出版社2005年版，第20—21页。
③ 同上书，第24页。
④ （清）俞樾：《古书疑义举例》，第130—138页。
⑤ 钱玄：《校勘学》，江苏古籍出版社1988年版，第38页。
⑥ 《汲冢周书》，第4页上栏。
⑦ 《清华简（伍）》，第125页。
⑧ 黄怀信等：《逸周书汇校集注》，上海古籍出版社2005年版，第23页。
⑨ 《汲冢周书》，第45页上栏。

简本：我亦惟有若祖周公暨祖召公，兹迪袭学于文武之曼德。① （《祭公之顾命》简6）

整理者注认为"曼"可训为"长"。曼，明母元部字，今本作"蔑"，明母月部，可通假。②"追学于文武之蔑"，今本孔晁注解释为"言己追学文、武之征德"。卢文弨校改"征德"为"微德"，理由是"微德释蔑字义"。③王念孙则认为："正文但言蔑，不言蔑德，与《君奭》之'文王蔑德'不同，注不当加德字以释之。"主张参考《小尔雅》"蔑，末"，"蔑"即"末"。文中的周王是穆王，"穆王在武王之后四世，故曰追学于文武之末"。④

按，今本仅有一个"蔑"字，像王念孙所理解，"蔑"训为"末"，单字也可成义，因而认为"德"字是衍文。简本证明王念孙说法不可从，此处本该有两字"蔑德"。"蔑"可从简本整理者读为"曼"，训为"长"。后人不理解"蔑（曼）德"这一古语，一旦训"蔑"为"末"，像王氏那样理解文意为"追学于文武之末"，"德"字变得可有可无而被误删。

二　改动原因的分析总结

《逸周书》的整理和编订，古书没有明确记载。陈梦家先生认为今本《逸周书》是刘向据中秘所存原始材料加以整齐而成编。⑤《王会》篇所附《商书·伊尹献朝》题目下所言"不《周书》，录中以事类来附"，清代学者怀疑这是刘向校书之语。有学者据此推测《逸周书》最早于西汉末年由刘向编辑成书。⑥李学勤先生根据近年简帛竹书发现情况，推论西汉时期所见古书远比历史记载的多。清华简多篇《逸周书》的发现，再次证明先秦有多篇《书》的流传。71篇《逸周书》由汉人选编，71篇加《尚书》29篇凑足百篇。⑦我们同意说西汉可能有多篇古文字写本《逸周书》的发现。上述简本与今本的对勘研究揭示的错字原因，说明今本《逸周书》错字的产生多是因为某些秦汉文字与古文字字形的相似而误释。个别错字几乎可以确定是西汉时的作为。如"屑"西汉古隶仍然从"肖"，与战国文字"冒"形近。最晚至东汉，下部讹为"肖"，如史晨碑作"屑"，⑧与战国文字"𦣞"有绝然差别。两字形近而误释极可能发生在西汉。因此，古文字写本《逸周书》最初的整理，最有可能发生在古文字向今文字转换的西汉。在刘向编订之前，多篇古文写本《逸周书》可能已被初步整理，由古文转写为今文。

---

① 《清华简（壹）》，第174页。
② 同上书，第176页。
③ 黄怀信等：《逸周书汇校集注》，上海古籍出版社2005年版，第929页。
④ （清）王念孙：《读书杂志》，江苏古籍出版社2000年版，第26页。
⑤ 陈梦家：《尚书通论》，中华书局2005年版，第291页。
⑥ 张怀通：《逸周书新研》，中华书局2013年版，第56页。
⑦ 李学勤：《清华简与〈尚书〉〈逸周书〉的研究》，《史学史研究》2011年第2期，第107—108页。
⑧ 演变脉络参见汉语大字典字形组《秦汉魏晋篆隶字形表》，四川辞书出版社1985年版，第608页。

《史记·儒林列传》言及孔安国整理古文《尚书》时说："孔氏有古文《尚书》，而安国以今文读之，因以起其家。"① 我们可参照今人整理出土文献的步骤方法来理解这段话。转换古文为今文，先后需要文字构形的分析、隶定和文献中字所记录词的推定。由于汉字的字词对应关系复杂，② 构形分析之后，还须放诸文献语境中，结合用字习惯，确定某字的实际用法，即某字在文献中实际记录哪一个词。西汉学者虽具备一定释读能力，由于不熟悉战国文字的构形和用字习惯，一些古代习语也不再流传使用，整理先秦古文字写本的文献有一定困难。本文所分析的语言文字层面问题都出现在构形分析和字所记录词的推定过程中。今—命、肯—屑、拿—食，属于古文字字形被错误地隶定为今文字中形近的他字；沓—沈、悳—直、折—誓、吾—始，属于不清楚古文字构形和用字习惯，对汉字在文献中所记录词的推定错误；敷闻—敷文、膺受—应受、柔比—茂，属于不明白古代习语，对习语中某字所记录词的推定错误。文献层面的衍文和脱文，则属于对古书体例或古语不明而误增误删。③ 孔安国所见古文《尚书》有今文本可对读，若《逸周书》没有今文本可对读，西汉最初的整理者出现较多错误，恐怕在所难免。

三　据通假习惯校读《尚书》一例

　　前人总结的古书疑义条例已经非常丰富。以出土文献为背景，一方面可以订正前人所分析的诸多条例与例证，如《古书疑义举例》"重文不省而致误例"所举例证。《逸周书·宝典》"一孝子畏哉，乃不乱谋"，俞氏认为当改为"一孝，孝畏哉，乃不乱谋"，改正后句式合于下句"二悌，悌乃知序"。第三句"三慈惠，兹知长幼"，俞氏根据句式改为"三慈惠，慈惠知长幼"④ 第三句校改可能有误。"惠"字是后人为了与"慈"搭配而误增。出土文献中多见"兹"通"慈"的用例，⑤ 这里的"兹"也当读为"慈"，原句当改为"三慈，慈知长幼"，句式和字数才与前两句完全弥合。

　　另一方面也可总结出新的古书疑义条例，如"不明用字习惯而误释误读""不明语法而误改"前人总结较少。出土文献揭示出战国时期大量用字习惯，如简本《逸周书·皇门》篇"沓人"本来对应于传世文献中"冲人"，后人不明这一用字习惯，错误地释读为"沈人"。用字习惯也反映出一些通假习惯，以此为线索，我们可以解决古书中有疑义的

---

　　① 《史记》卷一二一，中华书局1959年版，第3125页。这段话古今的解释较多，段玉裁认为所谓"读"有四义，分别是"讽诵其文""定其难识之字""得其假借之字"和"抽续其义而推演之"。段氏说法大体符合整理出土文献的方法。参见段玉裁《古文尚书撰异》卷1上，经韵楼丛书本，第18页；李零《兰台万卷：读〈汉书·艺文志〉》，三联书店2011年版，第26页。
　　② 汉语字词关系的基本概况参见李运富《汉字语用学论纲》，载《励耘学刊（语言卷）》第1辑，学苑出版社2005年版。
　　③ 文献层面问题不一定全是汉人之误，也可能发生在汉以后。如西晋孔晁注"追学于文武之蔑德"，说明原文"德"字当时可能还没脱失。
　　④ （清）俞樾：《古书疑义举例》，第106页。
　　⑤ 参见高亨《古字通假会典》，齐鲁书社1989年版，第428页；白于蓝：《战国秦汉简帛古书通假字汇纂》，福建人民出版社2012年版，第21页。

字词训诂。《尚书·盘庚》盘庚对臣民的训诰有一句"汝曷弗告朕，而胥动以浮言，恐沈于众"，[1]"沈"字当如何读，前人意见众多，但据前后文意，这里的"沈"与"恐"义近。今有出土文献揭示通假线索，定纽侵部"沈"与定纽冬部的"冲"存在通假可能。古音东冬二部十分密切，我们倾向将《盘庚》"沈"读为透纽东部的"恫"。[2]《史记·燕召公世家》"三年，国大乱，百姓恫恐"，司马贞《索隐》："恫音通，痛也。恐，惧也。"王念孙也认为"恫，亦恐也"，有恐惧义。[3]《盘庚》"沈（恫）"也作动词，有恐惧义。

---

[1] 《尚书正义》卷九，第169页下栏。
[2] 马楠先生读为东部之"动"，依据也是金文和简牍有"沈子""沈人"读为"冲子""冲人"之例。参见马楠《周秦两汉书经考》，博士学位论文，清华大学，2012年。
[3] 《史记》卷三四，第1556、1557页；（清）王念孙：《读书杂志》，江苏古籍出版社1985年版，第100页。